CARLOS FUENTES
Hautwechsel

Roman

Aus dem Spanischen von
Christa Wegen

VERLAG VOLK UND WELT
BERLIN

Übersetzung fremdsprachiger Textstellen
am Schluß des Bandes

ISBN 3-353-00561-7

1. Auflage
Lizenzausgabe des Verlages Volk und Welt, Berlin 1989
für die Deutsche Demokratische Republik
L. N. 302, 410/92/89

Originalausgabe: Cambio de piel, *erschienen bei Seix Barral, Barcelona 1966*

Printed in the German Democratic Republic
Einbandentwurf: Hans-Joachim Petzak
Satz, Druck und Einband: Karl-Marx-Werk Pößneck, V15/30
LSV 7361
Bestell-Nr. 649 066 6

Für Aurora und Julio Cortázar

Ein unmögliches Fest

Der Erzähler endet seine Erzählung in einer Septembernacht in La Coupole und beschließt, das wurmstichige Mittel des Epigraphs zu verwenden. Vom Nachbartisch reicht ihm Alain Jouffroy ein Exemplar von *Le Temps d'un Livre:*

> *... comme si nous nous trouvions à la veille d'une improbable catastrophe ou au lendemain d'une impossible fête ...*

Da es endet, beginnt das Buch. Ein unmögliches Fest. Und ehe der Erzähler anhebt, bittet er – wie der Held der Ballade, bevor er zu singen beginnt – erst um Erlaubnis.

Als ihr vier heute ankamt, saht ihr nichts als die schmalen schmutzigen Straßen und die gedrängten einstöckigen Häuser, die sich alle gleichen: gelb und blau verputzt, eine fensterlose Wand, eine zu große Tür aus rissigem Holz. Ja, ja, ich weiß, gelegentlich kamt ihr an einem protzigen Anwesen vorbei, dessen Fenster sich zur Straße hin öffneten, einem eleganten Haus mit den Attributen, die den Mexikanern so unwiderstehlich scheinen – dekorative schmiedeeiserne Gitter oder vorspringende quergestreifte Markisen. Aber wo, Isabel, waren die guten Leute, die hinter diesen Fenstern wohnen? Kamen sie, euch in der Stadt willkommen zu heißen, oder überließen sie dies dem Staub und Schmutz, dem Elend um euch her, den barfüßigen, dunkelgesichtigen Frauen mit ihren Schals und den schweren schwangeren Leibern, den nackten Kindern, den Rudeln von Straßenhunden? Rudel von Kötern, die ziellos durch die Stadt irren. Manche sind gelb, manche schwarz, alle verloren, träge, gleichgültig, kraftlos und hungrig. Sie flöhen sich und kratzen an den Schwären, die ihre verkrüppelten, ausgemergelten Körper bedecken, sie wühlen in der Gosse nach Abfällen, und die schrägen roten und gelben Triefaugen erinnern an ihre Abkunft von den Koyoten. Mit weißen Schnauzen, struppigem Fell, von Räude zerfressener Haut begleiten sie stumpf und ziellos den langsamen Rhythmus dieser stumpfen, ziellosen Stadt, die einst das Pantheon der alten mexikanischen Welt war. Cholula, heute eine Stadt des Elends, die an diesem Sabbath, dem 11. April 1965, von kranken Hunden wimmelt und von Frauen mit geschwollenen Leibern, die barfuß den Staub treten und lautlos lachen, während sie einander ihre spaßigen Geheimnisse und geheimen Späße erzählen – fast unhörbar, mit dürftig modulierten Worten, verschliffene Ketten lautloser Silben.

Der Spanier Hernán Cortés beobachtet die vier Indianer aus Cholula, die statt Proviant die dürre Antwort bringen: Unsere Kaziken bedauern, daß sie dir heute nicht ihre Aufwartung machen können, *Teul.* Sie fühlen sich nicht wohl und zu unpäßlich, um ihre Geschenke zu überbringen. Cortés hört sich an, wie ihn die vier Indianer verspotten, und die Männer aus Tlaxcala, seine einstigen Feinde und jetzigen Verbündeten, runzeln die Stirn und flüstern. Hüte dich vor Cholula und der Macht der Stadt Mexiko, warnen sie. Sie bieten ihm zehntausend Krieger an. Er lächelt. Tausend genügen. Er wird die Straße des Friedens gehen.

Der Marsch der Spanier kündet Frieden. Sie schlagen am Ende des Tages neben dem Fluß ihr Lager auf, eine knappe Meile nur von Cholula entfernt. Ihre Indianer bauen ihnen Hütten und halten Wache mit ihnen. Geräusche im Dunkeln, Rascheln, etwas bewegt sich unsichtbar im Unterholz. Kalt ist die Nacht. Und noch ehe es tagt, kommen Abgesandte aus der Stadt mit Hühnern und Maisbrot, die sie um das Feuer vor Cortés' Hütte häufen. Mit zerzaustem Haar und offenem Hemdkragen befiehlt Cortés seinen Dolmetschern, für die Geschenke zu danken. Jerónimo de Aguilar: kurze Stiefel, Baumwollhose. Malinche, des Hauptmanns Geliebte und Dolmetscherin: schwarze Zöpfe und ironisches Lächeln.

Heute hast du ihre Kinder gesehen, Isabel. Frauen mit niedriger Stirn, kurzen Zöpfen und kleinen Zähnen im dikken Zahnfleisch, vorzeitig gealtert, in Schals gehüllte junge Frauen, deren Bäuche das nächste Kind wölbt, während sie das jüngste an der Hand halten, in den Armen oder auf dem Rücken im Schultertuch tragen. Männer mit weißen Hemden, Drillichhosen und steifen, gelackten Strohhüten, die langsam auf Fahrrädern vorbeifahren oder mit Werkzeugen in den Händen daherkommen. Junge Männer mit glatter Schokoladenhaut und borstigem dunklem Haar. Dicke Männer mit gelichteten Schnurrbärten, abgenutzten Stiefeln und gestärkten Hemden. Und Soldaten: die Pistole im Gürtel, die Mütze schräg auf dem Kopf, eine blasse Messernarbe quer über der Wange, der Schläfe oder am Hals; mit ausrasiertem Nacken und einem Zahnstocher zwischen den Zähnen lehnten sie an den Arkadensäulen gegenüber dem großen, leeren, verwahrlosten Platz. Ihr vier besuchtet die Plaza, doch ihr bliebt nicht lange. Ein verdorrter Garten. Im Pavillon leierte eine mißtönende Kapelle endlose Cha-Cha-Chas. Hast nicht du diese fröhliche kleine Kapelle ausfindig gemacht, Pussycat? Und als sich die Musikanten ausruhten, hast da nicht du den Lautsprecher entdeckt, der einen regionalen Sender übertrug, auf dem ein Diskjockey eine Twist-Platte nach der anderen abspielte und jede davon einer anderen Señorita des Ortes widmete. Ihr gingt zurück, vorbei an den schrecklichen Standbildern vor den Arkaden, dem bronzenen Hidalgo mit der Standarte von Guadalupe und der Inschrift: Gedenket der kommenden Geschlechter. Und Juárez, ganz in Gold getaucht, mit feierlichem Gesicht: Hirte, Prophet und Befreier.

Im frühen Morgenlicht glühen die vierzigtausend weißen Häuser der heiligen Stadt. Sie durchqueren den dichtbesiedelten Streifen fruchtbaren Ackerlands, der die Stadt umschließt. Vom Pferd aus erblickt Cortés Wasser und Weideland, das große Viehherden ernähren würde, aber er sieht auch das Heer der Bettler, die aus der Stadt gekommen sind und von Anwesen zu Anwesen, von Markt zu Markt ziehen, ein barfüßiger, zerlumpter Haufen von Mißgestalten, mit ausgestreckten Händen und Mündern, die verrottete Maiskolben kauen. Die Felder mit Ajipfeffer, Mais, Gemüse und Agaven bleiben zurück, und die Spanier nähern sich der hochgebauten Stadt. Rudel halbverhungerter Hunde begrüßen sie. Cholula, Pantheon der vierhundert Türme, Gebetsstätten und Pyramiden. Von Türmen, Esplanaden und Plätzen steigt der Lärm der Trompeten und Kesselpauken auf. In einem feierlichen Zug kommen ihnen Kaziken und Priester entgegen, sie tragen bestickte, tunikaartige Baumwollgewänder und glühende Becken, von denen Kopalduft aufsteigt. Als sie der tausend Tlaxcalteken ansichtig werden, lassen die Priester die Becken sinken. Nein, protestieren sie, unsere Feine dürfen die Stadtgrenze nicht überschreiten. Cortés befiehlt den Männern aus Tlaxcala, ihr Lager draußen auf den Feldern aufzuschlagen, und zieht nur mit seinen Spaniern, seiner Wache aus Cempoalteken und der Artillerie in die Stadt ein. Staunend und lachend blicken die Leute von den flachen Dächern herab. Die Pferde, was für graue und rotbraune Ungeheuer. Die Armbrüste, die Kanonen, die Musketen. Und die Kesselpauken dröhnen.

In der Stadt hält Cortés eine Ansprache. Sie sollen Götzendienst und Menschenopfer aufgeben und nicht länger das Fleisch von ihresgleichen essen. Sie sollen der Sodomie und anderen Verirrungen entsagen und wie so viele mächtige Kaziken vor ihnen dem König von Spanien Gehorsam geloben. Die von Cholula erwidern: Wir werden deinem König gehorchen, aber von unseren Göttern lassen wir nicht. Lächelnd führen sie den Hauptmann und sein kleines Heer zu geräumigen Quartierhallen.

Du gingst unter den Arkaden, von deren Mauern die Farbe abblätterte, Isabel, neben dir Franz, es folgten Elizabeth und Javier. Grün, grau, blaßgelb. Aus einem kleinen Krämerladen roch es nach Seife und ranzigem Käse. Daneben hatte ein Austernverkäufer zwei Aluminiumtische und sieben Korbstühle ins Freie gestellt. Aber niemand setzte sich, um die Austern zu essen, die im grauen Wasser der Bottiche schwammen. Den Mittelteil der Arkade füllten Verwaltungsgebäude: Rathaus, Finanzamt und das Hauptquartier des Dritten Bataillons. Schwarzgekleidete Winkeladvokaten und Boten. Verschlossene, gleichgültige, kalt lächelnde Gesichter der Soldaten. Hinter einem roten Mosaik die Polizeiwache. Dann der Kolonialwarenladen der Brüder García: Besen und Bürsten, Kabel, Säcke, Draht, Matten, Weidenkörbe und über der Tür ein Schild: Ohne Ansehen der Person, wünschen wir keinerlei Klatsch.

Zwei Tage lang herrscht Friede. Aber am dritten Tag erhalten sie kein Essen. Ein paar alte Männer bringen lediglich Wasser und Brennholz und behaupten, es sei nichts Eßbares mehr übrig. Montezumas Gesandter trifft ein und wird zu Cortés geführt. »Kommt nicht in die Stadt Mexico«, warnt er. Erstickte Schreie und schwacher Blutgeruch steigen auf, als Cholula Opfer für den Sieg darbringt; nachts wurden sieben Kinder auf dem Altar des Huitzilopochtli geschlachtet. Cortés ordnet ständige Alarmbereitschaft an und läßt zwei Priester von der großen Pyramide vor sich bringen. In ihren schwarzgefärbten Gewändern reden sie mit Malinche, der Prinzessin, welche die Spanier Doña Marina nennen. Sie enthüllen Montezumas Befehle und die geheimen Pläne der Stadt. Die Spanier sollen ergriffen und zwanzig auf Montezumas ausdrückliches Geheiß auf der Pyramide geopfert werden; er hat den Kaziken Versprechungen, Kleinodien, Kleider und eine Trommel aus lauterem Gold gesandt. Zwanzigtausend seiner aztekischen Krieger liegen kampfbereit im Hinterhalt: im buschigen Gestrüpp und den dichtbewachsenen Schluchten um Cholula, ja selbst in den Häusern der Stadt. Brustwehren wurden zum Schutze derer errichtet, die auf den Dächern kämpfen werden. Und um die Pferde der Spanier zu behindern, wurden tiefe Löcher in die Straßen gegraben und anschließend mit Matten verdeckt. Andere Straßen wurden verbarrikadiert.

Keiner von euch sprach. Das lebendige Sterben der Stadt hatte euch angesteckt, und der widersinnige Lärm des Lautsprechers machte die Starre noch fühlbarer. In einem Fahrradgeschäft flüsterten sich drei bis zum Gürtel nackte, fettverschmierte Halbwüchsige Witze zu und blickten euch mit idiotischem Lächeln nach. Aus dem Badehaus roch es nach Schwefel, drinnen im Schatten zeigte eine Frau üppige Schenkel und ohrfeigte einen kleinen Jungen, der nicht ins Wasser wollte. Am Wahlbüro pinselte ein Maler die Fassade und löschte langsam, Strich für Strich, den Slogan der vorletzten Wahl: CROM CON ADOLFO LÓPEZ MATEOS, dann den der letzten: CROM CON GUSTAVO DÍAZ ORDAZ. Der Billardsalon »Muttertag« war leer hinter den Schwingtüren, auf denen Minderjährigen der Zutritt untersagt war. Ein Alter in einem kragenlosen gestreiften Hemd und einer offenen Weste rieb langsam Kreide auf die Spitze seines Billardstocks und gähnte, daß man die schwarzen Lücken zwischen den Zähnen sah. An der Ecke saß ein Mann in einem Korbstuhl vor der Arztpraxis, wo

Silberlettern auf schwarzem Grund verkünden: Kinderkrankheiten, Hautkrankheiten, venerische Infektionen, Blut-, Urin-, Auswurf- und Fäkalanalysen.

Cortés hält Rat. Einer schlägt vor, die Route zu ändern und über Huejotzingo nach der nur zwanzig Meilen entfernten Stadt Mexico zu marschieren. Ein anderer rät, sich mit denen aus Cholula zu einigen und dann nach Tlaxcala zurückzukehren. Ein dritter meint, weiterer Verrat sei sicher, wenn sie den von Cholula hinnähmen. Wir müssen kämpfen, sie vernichten. Der Anführer mit den harten Kinnbacken beschließt, am nächsten Morgen den Abzug vorzutäuschen. Bewaffnet und kampfbereit verbringen sie die Nacht. Die Wachen lösen einander ab, die Fackeln verglimmen. Zu vorgerückter Stunde schleicht eine Alte herein und zieht Doña Marina beiseite: Montezuma ist zur Rache entschlossen, aber wenn Malinche will, kann sie entkommen. Die Alte wird ihr einen Sohn zum Manne geben, und sie wird in Sicherheit sein. Das Schicksal der Spanier dagegen ist besiegelt, alles ist zu ihrem Untergang vorbereitet. Malinche dankt. Sie bittet die alte Frau zu warten, bis sie Schmuck und Kleider zusammengerafft habe. Statt dessen geht sie zu Cortés und enthüllt ihm, was sie weiß.

Mit der Morgendämmerung erwachen die Spanier vom Lachen der Indianer. Ganz Cholula hallt wider von Gelächter. Die Falle ist gestellt; bald wird sie zuschnappen. Aber Cortés und seine Stellvertreter ziehen ruhig zur großen Pyramide, mit ihnen ein Teil der Artillerie. Dort tritt der Hauptmann den Kaziken und Priestern im Innenhof des Tempels gegenüber. Kessel mit Salz, Ajipfeffer und Tomaten stehen schon bereit für das Fleisch der zwanzig Spanier, die auf Geheiß Montezumas, des Herrschers vom Goldenen Stuhl, geopfert werden sollen. Vom Pferd aus erteilt Cortés gelassen einen Befehl, und die Gewehre explodieren. Cholulas schwarzgekleidete Priester sinken zu Boden; die Baumwollgewänder der Kaziken färben sich rot. Es ist das Signal für die Schlacht. Wiehernde Pferde stürmen zum Angriff. Federschmuck taucht aus dem Unterholz vor der Stadt auf und prescht vorwärts. Ein Getöse von Trommeln, Pfeifen, Muschelhörnern, Trompeten, Kesselpauken, Kanonenfeuer. Der scharfe Laut vibrierender Armbrüste. Wurfmaschinen und das Krachen von Steinen. Im Schutz von baumwollgepolsterten Schilden fallen die tausend Tlaxcalteken in die Stadt ein, schreien, schwingen Zweihänder, zertrümmern Türen, legen Brände, erklettern die Dächer und vergewaltigen Frauen, während drunten auf den Straßen der Kampf tobt, Mann gegen Mann, Hand gegen Hand, Federputz gegen Eisenhelme, Pfeile gegen Wurfspeere, braune gegen weiße Haut, Baumwollhemd gegen Brustharnisch, zerrissene Chinchillamäntel, schweißgetränkte Wolle, Schleudern, die faustgroße Steinbrocken durch die Luft wirbeln, Geschütze, die den Boden bestreichen, Trompeten und Pfeifen. In den Tempeln brennt Kopalweihrauch, zerschmetterte Pulque-Fässer tränken die Straßen mit klebrigem Alkohol, der sich mit Blut vermischt, aus aufgeschlitzten Säcken rinnt Mais, hastig und leise streichen Hunde vorbei, ihre Schnauzen sind fettig vom Speck und weiß von Kassiva, verbrannte Pfeilschäfte in dunklem Fleisch, Aufprall und Schrei, schließlich fallen die roten und weißen Standarten, die Tlaxcalteken sind beladen mit erbeutetem Gold, Kleidern, Baumwolle und Salz, es wimmelt von nackten befreiten Sklaven, Cholula stinkt nach frischem Blut und ewigem Kopal, nach Speck, Pulque und Eingeweiden. Cortés befiehlt, Türme und Befestigungen anzuzünden. Die Spanier stürzen die Idole, zerstören die Götzen. Hastig tünchen sie eine kleine Kapelle, in der sie das Kreuz aufrichten. Sie befreien jene, die geopfert werden sollten. Nur fünf Stunden hat die Schlacht gedauert. Dreitausend liegen tot in den Straßen, in der Asche der zerstörten Tempel.

»Sie sind Götter«, geht es von Mund zu Mund. »Sie ahnen den Verrat und rächen sich. Keine Macht kann ihnen trotzen.«

So liegt nun der Weg nach der Stadt Mexico, zur Großen Tenochtitlán, frei vor ihnen. Auf den Ruinen von Cholula werden vierhundert Kirchen errichtet, auf den geschleiften Cués, auf den Fundamenten der Pyramiden.

Ich beobachtete, wie ihr vier die Plaza überquertet und auf die Kirche des heiligen Franziskus zugingt. Das Kloster. Die Festung, an deren Mauern sich einst die Angriffe der Indianer zerschlugen. Du, Elizabeth, sahst mich im Vorübergehen, ließest es dir jedoch nicht anmerken. Aber du, Pussycat, kleine Isabel, bliebst unvermittelt stehen und starrtest mich nervös an. Zum Glück blickten die anderen über die weite Fläche der Esplanade und bemerkten es nicht. Drei Eschen, zwei Pinien und ein Steinkreuz. Eine Bogenreihe und eine zugemauerte Pförtnerloge gehören zur Kirche. Auch hier die gleichen Zinnen wie auf der äußeren Festungsmauer. Eine gelbe Fassade, Strebepfeiler aus braunem, schwarzgesprenkeltem Stein. Javier wies zum Mittelpunkt der Fassade, auf das Lieblingsmotiv der einheimischen Bildhauer: um das Rundfenster wand sich eine steinerne Schlange – die Schlange, immer die Schlange, dachte Elizabeth zum zweitenmal an diesem Tage. Javier las die Inschrift über dem Eingang mit den plastischen Steinurnen:

IHS
SPORTAHECAPERTAIPECATORIBUSPOENITENTIA

Am Auferstehungstag füllen Indianer das Atrium. Langsam nähern sie sich mit ihren Gaben: zusammengefaltete Umhänge aus Hasenfell und Baumwolle, mit den Namen von Jesus und Maria bestickt, mit Fransen, Blumen und Kreuzen geschmückt. Vor den Altarstufen breiten sie die Umhänge aus und knien nieder. Sie heben die Gaben zur Stirn und verneigen sich. Sie beten schweigend. Dann schieben sie ihre Kinder vor, damit auch diese ihre Geschenke zeigen und knien lernen. So groß die Menge ist, wartet doch jeder geduldig, bis er an die Reihe kommt. Sie warten schweigend, mit dunklen Gesichtern, einige in den Resten der ehemaligen Festtagsgewänder, viele in gewaschenen und geflickten Arbeitskleidern. Barfuß. Über ihre Köpfe ziehen Schwaden von verbranntem Kopal und Rosenduft.

Ich steckte eine Zigarette an und verfolgte eure Bewegungen. Du versuchtest meinem Blick auszuweichen, Isabel. Mit deinen Begleitern besichtigtest du die drei gelbgetünchten Glockenkapellen entlang der alten Befestigung. Die Schlichtheit dieser Kapellen kontrastiert mit der reichen Ornamentik am Seiteneingang der Kirche. Neues begrub die Strenge des 16. Jahrhunderts. Säulen, die üppigen Rebstöcken gleichen, wurden in das Portal eingefügt, und von demselben Geist zeugen die romantischen Grabmäler, welche die Reichen Cholulas vor etwa hundert Jahren auf diesem geweihten Grund errichten ließen: Steinkreuze, die Holz imitieren, falsche Steingirlanden, steinerne Botschaften an die Dahingegangenen. Und hinter dunklen Strebepfeilern, hohen vergitterten Fenstern und einem Trupp Kinder, die mit ihren rutenbewehrten Religionslehrern vorbeitrotten, wiederholen schrille Stimmen: »Drei Personen, ein wahrer Gott.«

Die Kinder lernen zu knien. Sie bringen als Gaben Kopal und kleine, mit Gold, Silber und Federn bedeckte Kreuze. Sie bringen dicke, mit grünen Federn und Silberverzierungen geschmückte Kerzen, und auf Tellern und in Schüsseln bringen sie gekochte Speisen. Ihre Eltern ziehen lebende Tiere, Schweine und Lämmer, die an Stöcke gebunden sind, hinter sich her. Wenn sie zum Altar hinaufsteigen, um den Segen zu empfangen, nehmen sie die Tiere in die Arme, und eine Welle von Gelächter breitet sich aus, als einer der Gläubigen erfolglos versucht, die Füße seines Ferkels zu bändigen und das Quieken zu ersticken.

Ihr gingt auf die Königskapelle zu, und ich trat meine Zigarette aus. Du wandtest dich um, Isabel, und gabst vor, die Kapelle zu bewundern, tatsächlich wolltest du jedoch sehen, ob ich folgte; beide versteckten wir uns hinter dunklen Brillengläsern. Ursprünglich war die Kapelle in arabischem Stil gebaut, mit offenen Bogengängen in den sieben Schiffen, wo einst den im Atrium versammelten Indianern Mysterienspiele gezeigt wurden, um sie die Mythen ihrer neuen Religion zu lehren. Später wurden die Schiffe zugemauert, und die Kapelle erhielt Zinnen, gotische Spitzbögen und Wasserspeier, so daß von dem arabischen Plan nichts geblieben ist als die Kuppeln, durch deren alte Glasfenster das Licht ins Innere fällt. Die lange Kapelle schließt ein gelber Glockenturm ab, den man durch eine Tür mit zwei Wappen betritt: das eine zeigt den Arm des heiligen Franziskus verschlungen mit dem Arm eines Indianers, das andere ist eine indianische Darstellung der fünf Wunden Christi, seltsame Wunden aus Blut und Federn, deren größte einer Handvoll Maulbeeren gleicht.

Ihr betratet die Kapelle. Ich folgte und wartete unter der Tür. Du, Elizabeth, Tigrin, netztest die Finger in einem der beiden Taufbecken, und ich sah dich lächeln, als dir der Widersinn bewußt wurde: es waren die alten heidnischen Urnen, in welche die Priester Cholulas die Herzen der Menschenopfer warfen. Perlbleiches Licht sickerte in das christlich maurische Gewölbe und dämpfte die verbrannte Farbe des *tezontle*-Bodens, verlieh ihm einen unbestimmten Ton, den Ton des Übergangs zwischen der brennenden Hölle unten und dem milchigen Himmel oben. Der Raum ist groß und nahezu leer. Einem verspotteten Christus in Spitzenumhang und Lendenschurz tropft Essig von den Lippen und Blut von der Stirn, die sorgfältig gekräuselte Perücke ist mit Dornen gekrönt, und in den Händen hält er das buffoneske Zepter seiner Macht. Diese Gestalt ruhmloser Demütigung ist weit entfernt von den vier bunten Engeln, die den Altar bewachen, doch sehr nahe den Symbolen des Purgatoriums, den Hauptmotiven dieser Kapelle: ein Relief auf dem Altar, das die von Engeln gekrönte Himmelskönigin darstellt, wie sie über den Sündern thront, schnurrbärtigen Herren, Damen mit entblößtem Oberkörper und rosiger Brust, tonsurierten Mönchen, König und Bischof, die von den Flammen der Reue umzüngelt werden. Vor dem Altar der Sarkophag mit der Mumie eines Bischofs – die Mitra ist ihm vom Haupt gerutscht, die Eingeweide liegen offen – und darüber ein Wandteppich, auf dem die Seelen der Verdammten im Fegefeuer brennen:

STATUM EST HOMINIBUS SE MELMORE & POST
HOC IUDICIUM

Die Indianer sitzen im großen Atrium und sehen lächelnd dem Spiel zu, wie Gott Gericht hält über das erste sterbliche Paar – das noch keinen Nabel hatte. Mächtige Felsblöcke, Bäume, der ganze Garten ursprünglicher Glückseligkeit ist zwischen den Bögen der Kapelle aufgebaut. Goldene Vögel mit echten Federn sitzen auf den Zweigen.

Papageien schnattern, Affen blinzeln nach den Gefilden Edens. In der Mitte steht der Baum des Lebens mit den goldenen Äpfeln. Ein April-, ein Maienparadies. Truthähne stolzieren über die Szene und schütteln Kämme und rote Halslappen. Als Tiere verkleidete Kinder tollen umher. Adam und Eva erscheinen in ihrer anfänglichen Unschuld. Eva liebkost Adam verführerisch, redet auf ihn ein, fleht ihn an, doch mit übertriebenem Entsetzen weist er sie zurück. Sie ißt vom Baum der Erkenntnis, hält ihm den Apfel hin, und schließlich beißt auch er hinein. Einen Augenblick lachen die Zuschauer, aber als Gott der Herr mit seinen Engeln herabsteigt, füllen sich die Gesichter mit Entsetzen. Von nun an müssen Adam und Eva Kleider tragen. Die Engel zeigen Adam, wie man das Feld bestellt, und Eva geben sie eine Spindel. Die Gefallenen werden aus dem Paradies vertrieben, und die Indianer weinen, während sich die Engel zum Publikum wenden und singen:

»Warum aßest du,
Erstes Weib, warum?
Warum versuchtest du
Die verbotene Frucht?

I'll give you back
Your time.«

Ein altes Lincoln-Kabriolett hielt vor der Arkade der Plaza, und der Fahrer, ein blonder, bärtiger junger Mann, zog die Handbremse und öffnete die Tür. Neben ihm streckte sich gähnend ein Mädchen in schwarzen Hosen, schwarzem Sweater und schwarzen Stiefeln, und ein junger Neger mit einem *charro*-Sombrero küßte sie lachend auf den Hals. Vom Rücksitz sprang ein langer Bursche in einer Lederjacke auf die gepflasterte Straße. Er trug eine Gitarre in der Hand. Das zweite Mädchen, das hinter dunkler spiegelnder Sonnenbrille, hinter hochgeschlagenem Mantelkragen und breitkrempigem Hut fast verschwand, stand auf, nahm die Brille ab und blickte sich in Cholula um. Sie trug kein Make-up, die Brauen waren ausrasiert, die Lippen nahezu unsichtbar unter dem hellen Lippenstift. Sie blinzelte und reichte dem jungen Mann, der noch saß, eine Hand. Als einziger war er konventionell in einen Sakko aus kastanienbraunem Tweed und eine graue Flanellhose gekleidet. Er schloß die gelbe Aktenmappe auf seinen Knien und sagte ruhig: »Eines Tages muß ich sie überzeugen.«

»Das ist unwichtig«, sagte das schwarzgekleidete Mädchen. Sie zuckte die Achseln und stand da, als hätte sie schon von den Arkaden Besitz ergriffen.

»O doch«, widersprach der junge Mann mit der Aktenmappe. »Musik ist etwas Innerliches. Man braucht sich nicht zu verkleiden. Der wahre Revolutionär sieht aus wie ich.«

»Aber Mann, so erschrecken wir ihn mehr.« Der große Bursche zerzauste sich das Haar.

»Ist er da?« fragte das Mädchen mit den ausrasierten Brauen. In der grellen Sonne war sie wehrlos wie ein Albino.

»Darauf kannst du Gift nehmen«, sagte der Neger.

Auf der Straße stellte das Mädchen in Schwarz sein Transistorradio an und suchte einen Sender.

Der Fahrer zog einen weißen Stift hervor und schrieb über die Windschutzscheibe: PROPERTY OF THE MONKS, das Mädchen fand endlich einen Sender, und der Große wischte den Schweiß von der Stirn und begleitete die Radiomusik mit der Gitarre. Alle sechs hakten sich unter und verschwanden singend unter den Arkaden:

»I'll give you back your time.«

Aber ich hörte nur das leise ineinanderfließende Wimmern und Schluchzen, von dem ich wußte, daß es aus dem Kofferraum ihres Wagens drang.

In Leib und Seele

Beide sind abwesend. »Ich war nicht dort«: Zitat aus einem Brief des Erzählers an seinen 1880 verstorbenen deutschen Großvater, einen Lassalle-Sozialisten, den der Eiserne Kanzler des Landes verwies. Der Brief erreichte den Empfänger nicht. Hautwechsel. Mutierende Gene. »I wasn't there.« Deshalb zitiert der Erzähler Tristan Tzara: »Tout ce qu'on regarde est faux«, um dem Musealen und der Perfektion zu entgehen und an einem persönlichen Happening, einem Roman zum sofortigen Verbrauch teilzuhaben: Rekreation. Michel Foucault sagt:

> *»Et puisque cette magie a été prévue et décrite dans les livres, la différence illusoire qu'elle introduit ne sera jamais qu'une solitude enchantée.«*
>
> *Les Mots et les Choses*

Eines Tages, Elizabeth, fingst du zu erzählen an, wie die Schnecke über die Wand kroch, während du auf dem Bett lagst, den Kopf hobst und die Silberspur sahst, der du so langsam folgtest, daß mehrere Sekunden verstrichen, ehe dein Blick das dunkle Schneckenhaus erreichte. Du fühltest dich schläfrig, wie du da in dem zweitklassigen Hotel mit vorgestrecktem Hals und den Händen in den Achselhöhlen dalagst und nichts sahst als eine Schnecke auf einer Wand, von der die grüne Farbe abblätterte. Javier hatte die Vorhänge zugezogen, und das Zimmer war dämmrig. Jetzt packte er aus, und du wandtest den Kopf und sahst ihn die Riemen des blauen Lederkoffers lösen, am Reißverschluß ziehen und den Deckel aufklappen. In diesem Moment hob er den Blick und gewahrte eine zweite graugeäderte Schnecke, die reglos unter ihrem Haus verharrte. Die erste Schnecke näherte sich der zweiten, Javier senkte den Blick und bewunderte die perfekte Ordnung, mit der er seine Kleider für die Reise gepackt hatte. Du zogst die Beine an, bis die Fersen die Oberschenkel berührten, und jetzt bemerktest auch du die zweite Schnecke an der Wand und daß die erste neben der zweiten haltgemacht hatte und den Kopf mit den vier Fühlern vorstreckte. Du strichst den Rock glatt, während du den Mund der Schnecke betrachtetest, diesen klaffenden Schlitz inmitten des feuchten gehörnten Kopfes. Nun erschien auch der Kopf der zweiten Schnecke. Ihre Häuser glichen kleinen, an die Wand geklebten Spiralen. Klebriger Schleim quoll unter ihnen hervor. Die Fühler berührten sich. Du öffnetest weit die Augen, und gern hättest du schärfer, mikroskopisch scharf gehört. Die beiden weichen, schleimigen Körper glitten langsam aus ihren Gehäusen und vereinigten sich mit geschmeidiger Kraft. Javier beobachtete sie stehend. Du breitetest auf dem Bett die Arme aus. Die Schnecken bebten schwach, ehe sie sich langsam trennten. Wenige Sekunden beobachteten sie einander, dann kehrten sie in ihre Häuser zurück. Du strecktest eine Hand aus, fandest die Zigaretten auf dem Nachttisch, und mit gerunzelten Brauen zündetest du dir eine an. Javier nahm seine Hosen aus dem Koffer: Hosen aus blauem Leinen, aus cremefarbenem Leinen, aus grauer Seide. Er breitete sie aufs Bett, strich mit der Hand über die Falten, wählte aus dem alten Schrank ein paar der weniger verbogenen Kleiderbügel und kehrte damit zum Koffer zurück. Du verfolgtest jede Bewegung und lachtest, indes du die Hand mit der Zigarette gegen die Wange stütztest.

»Man könnte meinen, du wolltest für immer hierbleiben.« Dein Blick schweifte über die feuchten Wände, die zerbrochenen Scheiben. *Some pad.*

Mit beiden Händen griff Javier nach den Socken, die er passend zu seinen Hemden und Hosen ausgewählt hatte. »Vor zehn Jahren war das bestimmt ein ganz modernes Hotel«, sagte er. »Doch all die unglückseligen Reisenden, die – unfreiwillig wie wir – hier Station machen mußten, haben es ruiniert.«

So redet er, Tigrin. Ja, so redet dein Mann. Du kannst jede Wette eingehen. Frag ihn: »Wann ist das Auto fertig?«, nur um seine höchst scharfsinnige Antwort zu hören: »Das solltest du Franz fragen.« Er preßt die Socken gegen die Brust, während du den Rauch durch die Nase bläst.

»Für eine Nacht brauchst du deine Sachen jedenfalls nicht in die Schubladen zu räumen.«

Er trug die Socken zur Kommode, als seien sie ein Dutzend zerbrechlicher Eier.

»Eine Nacht, ein Monat, das Prinzip ist das gleiche. Wir sollten die Zeit nutzen, die wir hier sind.«

»Hier?« Du rolltest dich im Bett zusammen und stütztest dich auf die Ellbogen. »In diesem elenden Kaff?«

Javier reihte die Socken in der obersten Schublade auf. Du mußtest lachen. Wieder zogst du die Beine an, lachtest und dehntest die Brüste, während du zusahst, wie er seine Hemden in die Fichtenkommode legte, eines nach dem anderen, sehr ordentlich, das blaue Baumwollhemd, das schwarze Trikothemd, das gelbe seidene, die plissierte *guayabera* und das Frotteehemd, das er nach dem Schwimmen tragen würde. Du schlugst dir auf die gespreizten Schenkel und lachtest.

»Entscheidend ist nicht, ob es eine elende Stadt ist, sondern daß du nichts wirklich beobachten kannst«, sagte Javier.

»Habe ich nicht ihre stumpfen Kinder gesehen?«

Die Wäsche lag zuunterst im Koffer. Er hob sie heraus und trug sie auf flachen Händen zur Kommode. Dort zählte er sechs Jockey-Unterhosen, sechs Unterhemden. Dann verzog er das Gesicht. Du wußtest warum: wie gewöhnlich hatte er die Taschentücher vergessen.

»Die Bettler kamen bei Morgengrauen aus der Stadt, zogen von Anwesen zu Anwesen, von Markt zu Markt . . .«

Mit einem Satz sprangst du aus dem Bett.

»Man versteht nicht, was sie hier sagen, Javier, nicht ein verfluchtes Wort versteht man.« Und mit beiden Händen schlugst du gegen die Hände deines Mannes, daß die Wäsche durchs Zimmer flog. Wieder lachtest du.

». . . ein barfüßiger, zerlumpter Haufen Mißgestalter, ausgestreckte Hände . . .«

Das wirst du mir noch viele Male erzählen, Tigrin. Du weißt, daß es beim erstenmal hart sein wird, daß du vom zweiten soviel erwarten wirst und daß dir erst beim drittenmal alles richtig scheinen wird. So. Einen Augenblick keuchtest du Javier ins Gesicht. Dann ließest du dich mit dem Gesicht nach unten aufs Bett fallen. »Sie waren damals genau wie heute. Dinge ohne Augen, ohne Ohren, ohne Stimme. Zum Teufel mit ihnen, sie langweilen mich. Laß mich jetzt schlafen.«

Javier kniete sich hin, las die Jockey-Unterhosen und -hemden auf und räumte sie in die Kommode.

»Willst du nicht baden und dich umziehen?«

»Wozu? Um in dem verdorrten Park zu flanieren und Cha-Cha-Chas anzuhören?«

Wieder verbargst du das Gesicht im Kissen. Javier machte die Schublade zu. Mit geschlossenen Augen rolltest du dich auf den Rücken. Javier betrachtete dich, die feinen Spuren der Erschöpfung auf deinem Gesicht, das sich mit dem Schließen der Augen von der Welt zu lösen schien, als sei deine Stimme auf immer verstummt, ja als sei dein Körper nicht mehr vorhanden. Mit dem Lederetui, in dem seine Arzneien und Pomaden reisen, ging Javier zum Bad. An der Tür blieb er stehen, und du lachtest leise. »Gebt Götzendienst und Menschenopfer auf. Ja, warum auch nicht? Eßt nicht länger das Fleisch von euresgleichen. Entsagt der Sodomie und euren anderen Verirrungen. Haha. Gewiß. Mach dein Diplom, geh zur Marine und sieh die Welt. Schiff ahoi.«

Du erhobst dich und sahst deinen Mann an, als du dich vor die zerbrochenen Scheiben des Fensters setztest, das auf einen säuerlich riechenden Hinterhof ging. Du setztest dich in einen Schaukelstuhl neben den Vorhängen, schaukeltest und wartetest auf den Augenblick, da du sagen würdest: »Wir gingen an den Arkaden entlang, schweigend, vom lebendigen Sterben angesteckt . . .«

Heftig zogst du an der Schnur, die Vorhänge flogen beiseite, und voll strömte die Nachmittagssonne herein. Und boshaft fuhrst du fort: ». . . vom lebendigen Sterben dieser verrottenden Stadt. Javier! Javier, bist zu zufrieden?«

Du schlugst die Augen auf. Er war nicht mehr da.

»Javier! Javier! Begreifst du nicht, daß ich dies alles für dich tue?«

Du hörtest Wasser ins Waschbecken strömen, dann die Stimme deines Mannes: »Nur fünf Stunden hat die Schlacht gedauert. Dreitausend liegen tot in den Straßen, in der Asche der zerstörten Tempel.«

Du stütztest die Hände gegen den Rahmen der Badezimmertür und sagtest sehr still: »O ja, sie sind Götter. Sie ahnen den Verrat und rächen sich im voraus. Wer kann ihnen trotzen?«

Du tratest ins Bad. Im Hintergrund, halb verdeckt vom Duschvorhang, saß Javier auf der Toilette, seine Knie waren nackt, die Hose über Knöchel und Schuhe gerutscht.

Ohne Hast, ja fast berufsmäßig gingst du auf ihn zu. Du zogst den Vorhang zurück, halfst ihm vom Sitz und hieltest ihm Papier hin. Er nahm es. Mechanisch, doch genau – o ja – riß er drei Blätter von der Rolle und wischte sich ab. Dann zog er an der Kette und streifte die Hose hoch. Du lächeltest mit verzerrtem Mund. So, lieber Gott, will ich vor Dir stehen am Tage des Jüngsten Gerichts.

»Ruh dich jetzt aus, Javier.«

»Aber ich bin nicht schläfrig.«

»Nimm eine deiner Schlaftabletten.«

Du umschlangst seine Taille, legtest das Kinn auf seine Schulter.

»Ich habe meine Arznei noch nicht ausgepackt.« Reglos verharrte er in deinen Armen.

»Elizabeth?«

»Ja?«

»Weshalb sind wir hier?«

»Weil wir zum Meer reisen wollen. Weil wir manchmal einfach aus der Stadt herausmüssen. Fühlst du dich nicht schon wohler? Ist das Klima hier unten nicht schon besser? Komm schon, leg dich hin und ruh dich aus. Hol deine Schlaftablette.«

»Ich habe den Namen vergessen. Sie ist, glaube ich, gelb. Eine Kapsel. Mein Gott, Ligeia. Wie gut ich sonst meine Arzneien kannte! Was ist nur mit mir los?«

»Mach dir keine Gedanken. Such nach der Tablette und leg dich dann hin.«

Javier stand unter der Badezimmertür und blickte auf die Frau hinunter, die keine Zeit oder keine Lust gehabt hatte, den zerknitterten Rock und die Bluse zu wechseln, welche sie auf der Fahrt von Mexico City nach Cholula getragen hatte. Auf dich, Elizabeth. Liz, Lizzie, Lisbeth. Auf dich, Beth, Bette. Mit einem Kleenex putzte er sich die Nase und zog dann den Reißverschluß der Hose zu.

»Ligeia, weißt du was?«

Oh boy, dachtest du. Jetzt kommt's.

»Ja?«

»Die Schnecke ist androgyn. Warum kamen die beiden Schnecken auf der Wand aus ihren Häusern? Ich meine, wenn beide zweigeschlechtlich sind, was treibt sie dann dazu? Kannst du mir das sagen, Ligeia?«

An jenem Morgen, Tigrin, fuhr auch ich von Mexico City nach Cholula. Unterwegs blätterte ich die Seiten der Sonntagszeitung durch und strich interessante Stellen mit Rotstift an. Zum Beispiel: Gestern starben Linda Darnell und La Belle Otero. Die siebenundneunzigjährige Carolina Otero aus Altersschwäche. Siebenundneunzig lange Jahre hatte sie mit ihrer fetten Klitoris stets wacker gekämpft. Sie starb in einer Kammer neben den Eisenbahngeleisen, ohne einen Pfennig, mehrere Jahre mit der Miete im Rückstand, mit nichts als ein paar vergilbten zaristischen Aktien, die ihr einst ein russischer Adliger geschenkt hatte. Nominalwert eine Million Rubel. Doch dann kam die Revolution. Immer kommt die Revolution, und die Aktien sind perdu. Und das zu einer Zeit, als sich Revolutionen noch leicht vorhersagen ließen. Heute jedenfalls verschenkt niemand mehr Aktien im Werte von einer Million Rubel, weder vor noch nach der Revolution. La Belle Otero. Und schau, Tigrin, sie verließ uns, gerade da unsere eigene Belle Époque anbricht: Sie sah das Jahrhundert wieder dem Jugendstil zujubeln, Oscar Wilde, Gaudí und Beardsley, Firbank, Radiguet und Baron Corvo . . . da trat sie ab. Es heißt, sie sei in Cádiz geboren. Als Tochter einer Zigeunerin, die ein griechischer Offizier auf Urlaub in Andalusien verführt habe. Doch wie ich Zigeunerinnen und Griechen kenne, vermute ich eher das Gegenteil. Dreizehnjährig rannte sie mit einem Liebhaber von der Schule weg und ging nach Portugal, wo sie in einem Nachtklub tanzte. Das Metier der Geliebten: sie hat es gemeistert. Sie gewährte D'Annunzio ihre Gunst. Ja, ihre Gunst. Schau dir das Bild der alten Schönen an. Schöne Gunst, was? So entdeckte D'Annunzio, daß ein Schriftsteller nur dann gut sein kann, wenn er nicht lockerläßt, und so war er gefangen, wand sich, von Schatten genarrt, in der ranzigen Grotte der Belle Otero, verwechselte beobachtende Askese mit der Geilheit des Hengstes. Nun gut, Sexotherapie. Aber das beste war doch die Nacht, als sie mit fünf gekrönten Häuptern dinierte:

mit Eduard VII. von England, Nikolaus II. von Rußland, Alfonso XIII. von Spanien, Wilhelm II. von Deutschland und Leopold II. von Belgien. Im Café de Paris. *Oh, the royal cocks!* Ja, nun verstehe ich. Stell dir die Gelassenheit, die Berechnung und kalte Intelligenz vor, deren es bedurfte, um sich ihnen hinzugeben und doch ein jungfräuliches Wesen zu bewahren, eine Jungfräulichkeit, die nur höchste Gleichgültigkeit und höchste sexuelle Virtuosität hervorbringen. Man muß sehr optimistisch sein, um so zu lieben. Weder hastig noch hoffnungslos. Gleich uns glaubte auch La Belle Otero, ihre Epoche werde nie zu Ende gehen. Nur daß wir unsere Überzeugung unter einem Pessimismus verbergen, der uns lediglich unsere psychische Gesundheit bewahren soll: wir sagen uns, die Welt werde nicht mit einem Aufschrei, sondern mit einem Schluchzer sterben, Dr. Strangelove sei losgelassen und Big Brother sähe alles. Die Zukunft ist düster. Wir betonen dies, wir finden uns damit ab, ja genießen es sogar. Nichts als Psychotherapie. Unser Pessimismus ist Hygiene für unseren unbesiegbaren Optimismus. Wir benutzen das Präservativ, das uns Thomas Stearns Orwell verschafft hat. La Belle Otero und die Belle Époque hingegen wußten sehr wohl, daß sie nicht überdauern würden. Ihre Fröhlichkeit war Ausdruck einer tiefen Verzweiflung, so grauenvoll wie die Zuckerbäckerpaläste von Barcelona, die schlaffen Brüste von Beardsleys Salome. *And then she went on the dole.* Sie starb gestern, am Vormittag; man fand ihre Leiche. So las ich in meiner Zeitung, Elizabeth, während du neben deinem blonden, sonnenverbrannten Deutschen vorn im Volkswagen saßest, hinter euch Isabel und dein Mann. Und du drehtest das Radio ab, doch die Stimmen der Beatles hingen noch einen Augenblick in der Luft. Dann blicktest du hoch und sahst die Kurve. »Paß auf!« sagtest du scharf, packtest Franz am Arm und tratest gleichzeitig mit dem Fuß hart auf eine imaginäre Bremse. Auf dem Rücksitz fuhr sich Javier mit dem Taschentuch über die Lippen, lächelte und meinte, kurvenreiche Straßen brächten es mit sich, daß man sich nur schwer unterhalten könne, und Franz erwiderte, das Schlimmste hättet ihr bald geschafft. Du bemerktest, daß Isabel Javier nicht umklammert hatte wie du Franz und daß sie dich unverwandt ansah, als du Franz losließest und sagtest: »Vor zehn Jahren war hier alles dichter Wald. Aber die Mexikaner verstehen es nicht, ihre Reichtümer zu bewahren.«

Du wandtest den Kopf und blicktest auf die Baumstümpfe, die einst Wald gewesen waren, auf die tiefen Schluchten, die das rasche schlammige Wasser ausgewaschen hatte, das Wasser, das Mexikos Berge abträgt, seine Hügel einebnet und uns ein Land aus Kot und Dreck beschert: ausgedörrt, erstickt, feindselig. Du machtest die Augen zu und ließest dich vom gleichmäßigen Dröhnen des Motors und den Kehren der Landstraßen einlullen. Javier bat Franz, das Radio wieder anzustellen, aber Franz schüttelte den Kopf und sagte, du seist eingeschlafen. Doch dann fuhrst du plötzlich hoch und unterbrachst Franz, der gerade etwas über enge Kurven sagte. »Gab es nicht vor Jahren ein großes Rennen von Grenze zu Grenze?«

»Ja«, erwiderte Isabel, »das Panamerikanische Rennen, keiner der Fahrer überlebte es.« Du achtetest nicht auf Javiers nasales Lachen, denn du warst nun mit deiner Handtasche beschäftigt, in der du nach Spiegel und Kamm kramtest. Mit raschen Bewegungen kämmtest du das aschgrau gefärbte Haar und schnittst deinem Spiegelbild eine mißbilligende Grimasse. Du griffst nach dem Lippenstift, verzogst den Mund und schminktest die Lippen, die tatsächlich, süße Tigrin, groß und üppig sind, dann ließest du den Spiegel vor deinem Gesicht kreisen, und deine grauen Augen betrachteten sich. Jetzt erst fiel dir auf, daß Javier wieder redete und Franz von Zeit zu Zeit nickte, ohne den Blick von der Straße zu nehmen. Javier sagte, es einfach zu wissen, genüge vielleicht den Frauen, aber ihn, den Mann, zwinge dies, etwas Gemäßes zu erfinden. Du wandtest dich um und starrtest Javier ins Gesicht, während Franz trocken bemerkte, schließlich handle es sich dabei auch um Vergnügen, und er verlange von keiner Frau, so oder so zu sein. Franz wies ins Tal und meinte, von da an sei die Straße nicht mehr so beschwerlich. Das wäre ja auch absurd, sagte dein Mann. Ja, das sagte er. Du sahst ihn an und fragtest: »Wieviel Stunden fahren wir noch bis zum Meer?«

»Zum Meer?« Javier lächelte. »Wie lange, Franz?«

»Nicht vor morgen.«

Wieder machtest du die Augen zu. Ein paar Minuten schwiegt ihr alle. Du fühltest Franz nach Zigaretten suchen, schlugst die Augen auf, griffst an ihm vorbei nach dem Päckchen in seiner linken Hemdtasche, zündetest ihm eine Zigarette an und reichtest sie ihm mit dem roten Ring deiner Lippen. Dann stecktest du dir eine an. Erst als du die Zigarette zu Ende geraucht hattest, sagtest du, als wäre die Unterhaltung keinen Augenblick unterbrochen gewesen: »Alles kann ich akzeptieren, nur nicht, daß dieselbe alte Geschichte endlos wiederholt wird. Nichts ist so wundervoll, daß es nicht langweilig werden könnte.«

Du spürtest Javiers Blick und strichst mit der Hand über dein Haar.

»Man kann auch ohne Leidenschaft lieben«, sagte Javier. »Man kann Schönheit und Charakter einer Frau kühl und ohne Begehren schätzen. Ohne Hunger, ohne Drang lieben.« Franz zog eine Braue hoch und zuckte die Achseln. Ich hätte das gleiche getan, Tigrin. Bestimmt.

Ihr kamt durch ein Dorf, und Franz fuhr langsamer. Absichtlich wandtest du dich vom Fenster ab. Aber Isabel preßte die Nase gegen die Scheibe und beobachtete, wie graue, unverputzte einstöckige *adobe*-Häuser vorüberzogen, kleine Straßenstände, die Eierpunsch und Maulbeeren, Pflaumen und billigen Ramsch feilboten, reglose, kältestarre Gestalten, die in grauen Decken am Straßenrand standen. Ihre Nase preßte sich gegen die Scheibe, die von ihrem Atem beschlug, und sie zeichnete darauf eine Katze und spielte gegen sich selbst *tick-tack-toe:* rundes O, gekreuztes X. Ihre Rechte, die die X zeichnete, wurde von den O der Linken besiegt. Sie hielt inne und fuhr mit den Fingern über die sonnengebräunte Haut ihres Arms. Rechts von ihnen erstreckte sich nun richtiger Wald, und gegen den dunklen Hintergrund muß Isabel ihre Augen in der Scheibe gespiegelt haben, grüne glänzende Augen über hohen Wangenknochen. Eine schöne Frau, Tigrin. Niemand kann mir vorwerfen, sie nicht zu schätzen. Niemand. Plötzlich beugte sie sich über den Sitz, riß die Tür neben dir auf und schnellte lautlos darauf zu. Ebenso lautlos packte Javier sie bei den Schultern und riß sie zurück, während du die Tür wieder zumachtest und Franz gleichmütig, ohne Überraschung, sagte: »Vorsicht hier!« Dann fiel Isabel mit dem Gesicht auf Javiers überkreuzte Beine, weinte mit offenem Mund an seinen Schenkeln und wartete darauf, daß er sie streicheln und beruhigen, ihr langes dunkles Haar berühren und ihre Tränen wegwischen würde. Javier beachtete sie nicht. Als er die Hände bewegte, war es nur, um die Fingernägel zu prüfen. Er lachte leise, streckte den Arm aus und streifte deinen Nacken. Du rührtest dich nicht, Elizabeth. Du starrtest geradeaus. Bravo. Um es mit deinen Worten zu sagen: Du hattest dein Diplom gemacht, gingst zur Marine, und Schiff ahoi.

»Wohin jetzt?« fragte Franz.

Du und Javier, ihr sagtet gleichzeitig: »Fahr nicht durch Cuernavaca.«

»Folg einfach der Landstraße.«

»Ja, aber wie weit?«

»Bis zur Abzweigung.«

»Vor oder nach der Zollschranke?«

»Danach. Du zahlst die Gebühr bis Alpuyeca. Vor Alpuyeca biegst du ab.«

»Ah ja, ich entsinne mich.«

»Warst du denn schon mal in Xochicalco?«

»Mensch, Lisbeth, aber natürlich. Wir vier waren ... ich meine, wir drei waren doch vor einem Jahr dort.«

»Wie albern, ich hatte es vergessen. Kleine Isabel.« *That bitchy smile of yours.*

»Was?«

»Nichts. Ich meinte, daß du dein Debüt noch nicht gegeben hattest, als wir letztes Jahr nach Xochicalco fuhren.«

»Very funny«, sagte Javier langsam.

»Yes, isn't it?« Jetzt erst wandtest du dich nach ihnen um. Aber Isabels Kopf ruhte nicht mehr auf den Schenkeln deines Mannes. Sie hatte sich aufgesetzt und puderte sich die Nase.

»Was kostet es?«

»Fünf Pesos, glaube ich.«

»Ich habe kein Kleingeld.«
»Aber ich. Da, nimm.«
»Dann nach rechts?«
»Ja. Ich glaube, dort ist ein Pfeil.«
»Stell das Radio wieder an.«
»Ja, das da! Es ist hübsch.«
»Wie heißt der Walzer?«
»Die lustige Witwe«, sagte Franz.

Und während ihr vier auf gewundener Straße Freundlichkeiten tauschtet, fuhr ich über die Schnellstraße nach Puebla, lehnte mich bequem zurück und las verschiedene Broschüren, die man in den gewöhnlichen Reiseagenturen nicht erhält, da bei einem Besuch dieser Orte niemand etwas verdient. Doch muß man sich unterrichten, muß zum Beispiel wissen, daß man die kleine Festung durch eine Steintür betritt, über deren Sturz eine einzelne gelbe Glühbirne hängt, und daß diese Tür rechts und links von einem Fenster eingerahmt wird. Darüber wächst Gras auf einer dünnen Erdschicht, als sei die Festung ein Keller oder ein Grab oder der verschüttete Stollen eines Bergwerks. Aus dem Gras ragen Kamine auf. Wie bei einer Fabrik. Zuerst kommt der Verwaltungsbezirk mit seinen flachen Dächern: ein Aufnahmeraum, die Wachstube, der Gang mit den Gewehrständern, dann das Büro des Kommandanten. Rechts die Kleiderkammer. Dahinter die Garage und der erste Hof, dann erst betritt man das eigentliche Gefängnis. Eine Backsteinmauer umschließt den Hof. Um das Ganze ein tiefer schlammiger Graben.

Du ließest den Spiegel vor deinem Gesicht kreisen, und deine grauen Augen betrachteten sich. Jetzt erst fiel dir auf, daß Javier wieder redete und sagte, einfach zu wissen, daß man liebe, genüge vielleicht einer Frau, aber ihn, den Mann, zwinge es, etwas zu erschaffen, eine seiner Liebe gemäße Vision von der Frau. Du wendest dich um und starrst Javier ins Gesicht, voll Angst, was er als nächstes sagen werde, und wortlos flehst du ihn an, aufzuhören, nicht alles zu wiederholen, zumindest einige der Worte, die du auswendig weißt, im Verborgenen zu lassen. Du unterbrichst ihn: »In wieviel Stunden sind wir am Meer?« und suchst nach einem Thema, das ihn interessieren und ablenken könnte, einem Thema, das breit und tief und lang genug wäre für die ganze Strecke bis zum Meer.

Ein Dorf gleitet vorbei, und du wendest dich vom Fenster ab, hebst eine Hand vor die Augen, denn du willst es nicht sehen. Wieder ein Dorf genau wie alle anderen. Keines unterscheidet sich von dem, das du als erstes bei deiner Ankunft in Mexiko sahst: alle starr, elend, verrottend. Und du machst dir etwas vor, denkst, gerade deshalb seist du gekommen: um das romantische Mexiko zu entdecken, die Heimat deines Mannes. Hätte dieser schöne poetische Mann nur damals seinem Land geglichen. Dem Elend, den Lumpen, der Krankheit.

Dies ist die eine Seite Mexikos. Die andere ist das abgeschmackte Gesicht eines Landes, das aufhört, arm zu sein, nur um vulgär zu werden, nur um die lausigen USA nachzuäffen. Also bist du niemand und nichts entronnen, da du hierherkamst. Bliebst eine Gefangene. Nein, Tigrin, dies ist keine Behauptung. Ich frage nur.

Isabel liegt auf Javiers Knien. Er spürt ihren warmen feuchten Atem durch den dünnen Stoff der Hosen und denkt – dessen kannst du gewiß sein –, daß die Anziehungskraft dieser jungen Frau auf ihrer katzenhaften Schmiegsamkeit beruht (Mache ich das gut, Tigrin? Habe ich seinen Ton getroffen?), die vielleicht ihr wesentlichster und offenkundigster Charme ist. Seine Finger fahren durch das graue, sich lichtende Haar, und seufzend überlegt er, daß ihm vielleicht früher Isabels Zärtlichkeit genügt hätte, jene Zärtlichkeit, die ihr für sie selbst und einen Liebhaber ausreichend scheint. Sie begreift nicht, daß dies nicht genügt. Sie kennt ihn nicht.

Isabel weint und glaubt, du und Franz, ihr könntet sie nicht hören. Wie kindlich, wie offensichtlich, sagst du in Gedanken. Nun, soll sie doch weinen, bis seine Hosen durchweicht sind. Gott weiß, wer sie begreifen kann. Und jetzt berührt er – genauso offensichtlich – meinen Nacken und will mich verleiten zurückzuschauen, doch ich werde es nicht tun. Er will, daß ich mich umwende und sehe, wie er sie tätschelt, wie sie ihn umarmt und küßt, jung und schwach, jung mit der intuitiven Perversität der Unschuld, eine andere Frau, seine kleine Isabel. Ich werde mich nicht nach ihnen umdrehen, werde den Blick nicht von dem weißen Strich wenden, der den Verkehr teilt und mahnt, daß, wer immer ihn mißachtet, einen Unfall, ja den Tod riskiert. Ein weißer Strich, der nicht enden wird, bis wir das Meer erreichen.

»Ein Keks, Franz?«

Er schüttelte den Kopf. Das Keks knirschte in deinem Mund. Du hieltest die kleine zellophanverpackte Schachtel hinter deinen Kopf. »Ihr dahinten, wollt ihr eins?«

»Was für welche?« fragte Javier.

»Schokolade. Keine Angst, sie sind von Sanborns. Speziell für Gringomägen.« Du lachtest und schwenktest die Schachtel.

»Wie nett die Yankees doch alles anbieten«, sagte Javier. »Brosamen für die Bettler.«

»Aber, aber.« In gespielter Mißbilligung schnittest du eine Grimasse. »Bitte, hack nicht schon wieder auf den Yankees herum. Javier ist wie alle Mexikaner. Sie reden schlecht von den Gringos, aber sie ahmen uns in allem nach. Reiner Neid.« Mit einem leichten Klaps auf seine Hand zogst du die Schachtel zurück. *»Are you sure,* Franz?«

Franz schüttelte den Kopf. Der Walzer aus der *Lustigen Witwe* endete, und als der Sprecher für eine neue Sendereihe warb, drehtest du das Radio ab. Ihr schwiegt eine Weile, als ihr an Reis- und Getreidefeldern vorbeifuhrt, die im Schatten der mexikanischen Vulkane gedeihen. Aber die fruchtbaren Gegenden, die in diesem trockenen Land ohnehin vereinzelt und unglaubwürdig wirken, blieben bald zurück. Der Wagen erklomm eine Schotterstraße zwischen kleinen durstigen Bäumen. Am Rande eines Abhangs trat Franz auf die Bremse und hielt. Ihr stiegt aus, strecktet eure verkrampften, eingeschlafenen Beine, bürstetet Krümel vom Schoß und stricht eure zerknitterten Kleider glatt. Unter euch erstreckte sich in endlosen Wellen die Ebene. Alle Schattierungen von Grün: das blasse, verwaschene Grün junger Maispflanzen, das intensive Chromgrün des

Zuckerrohrs und die trockene tote Strohfarbe ausgelaugter oder brachliegender Felder. Und darüber flüchtige Wolken im mexikanischen Himmel, der unglaublich schön sein muß, um die Öde und Hoffnungslosigkeit der Erde auszugleichen. Wie dein berühmtes griechisches Meer, Elizabeth. Es gibt Länder, die nicht einen Tag überdauerten, wenn sie sich selbst überlassen blieben: sie brauchen den Spiegel des Himmels – Mexiko – oder des Meeres – Griechenland. Im Wimpernschlag von Licht und Schatten verbargen und enthüllten kleine Wolken Mexikos Sonne. Sonne, Schatten und Stille warfen ein bewegliches Muster von Hell und Dunkel über das Tal, modellierten Hügel und Senken, markierten die Wechselwirkung zwischen dem Land, das an der gezackten bergigen Grenze des Horizonts in Wällen und Gipfeln aufragt, und dem Himmel, der sich auf diese aufgeworfenen Hügel, hohen Vulkane und trokkenen Krater herabsenkt. Und alles umschließen gewaltige schroffe Berge, die zu dieser Stunde noch klar und greifbar nahe schienen und erst ganz in der Ferne allmählich in der Durchsichtigkeit des Nachmittags verdunsteten.

Isabel stand neben deinem Mann. Ihr nackter Arm streifte flüchtig den seinen. Sie bebte leise, und in dieser uneingestandenen Bewegung erkannte der immer sensible und wachsame Javier ihre weibliche Absicht, die eigene Schönheit mit der Schönheit der Natur vor euch zu verschmelzen, die Natur zuerst zu ihrem Komplicen im Lieben, dann im Besitzen und schließlich im Herrschen zu machen. Aber Javier, der stets den falschen Weg einschlägt, wandte der Aussicht und Isabel den Rücken. Sie legte einen Arm über die Brust, ließ den anderen locker herabhängen und spielte mit den Fingern nervös an ihrem Schenkel, während sie zum Himmel aufsah und in den Wolkendriften Wale, Gesichter und Tiere zu erkennen suchte.

Du nahmst Franz bei der Hand und klettertest den Pfad hinauf, der zu der einstigen toltekischen Feierstätte führt. Ziegen störtet ihr auf; sie flohen, und die Hufe klangen wie Stein auf Stein. Der Pfad war felsig, und zu beiden Seiten wuchsen Dornbüsche und Zwergfarne. Auf der Esplanade breitete Franz lächelnd die Arme aus. Du lächeltest ebenfalls, und als du sagen wolltest, wie froh du wärst, dich des Besuches vom vergangenen Jahr nicht zu erinnern, denn so sei es nun wie das erste Mal, voll ursprünglicher Überraschung und Freude, da kam Franz dir zuvor: »Ich hatte es vergessen.«

Aus der Luft muß Xochicalco wie eine Sandburg aussehen, nachdem die Flut darüber hingegangen ist und sie geglättet hat: reine Form, ohne jede Einzelheit. In spielerischer Symmetrie steigen die Terrassen an, bis die oberste im großen Haupttempel gipfelt; einsam steht er auf der Fläche. Von fern begleiten ihn die Säulenstümpfe des zerfallenen Palastes; dessen Reste ragen über den Absturz zur nächsten Terrasse, auf welcher der alte *pelota*-Hof mit seinen geschwärzten Ringen lag.

Beide Hände von Franz ruhten auf deinen Schultern. Du entferntest dich von ihm, begegnetest Javier und Isabel, die gerade die Esplanade erreicht hatten, und ranntest zum Basrelief, das sich um die vier Seiten der Pyramide windet. Dies Relief ist eine einzelne Schlange, ein Kreis von Schlangen ohne Anfang und Ende, eine gefiederte fliegende Schlange mit vielen Köpfen, vielen Schlünden, vielen Giftzähnen. Du bliebst stehen, berührtest den Schwall von Stein, dann gingst du um die Pyramide herum. Als du außer Sicht warst, berührtest du ihn wieder und legtest deine Arme auf die endlose Schlange, deren Krümmungen und Bewegungen durch die anderen Figuren im Relief bewirkt scheinen, durch die Menschen, Tiere, Vögel und Bäume, die alle in diesen Windungen eingeschlossen sind: sitzende toltekische Würdenträger mit üppigen Ornamenten, Halsketten und kunstvoll hohem Kopfputz; abgehackte Baumwollstrünke; Schriftbänder; Jaguare, Kaninchen, verwitterte Granitadler. Du preßtest das Gesicht gegen einen der Schlangenköpfe, und einen Augenblick deckten sich eure Profile. Ich kenne die Versuchung, die dich überkam. Du dachtest, daß du gern so verschlungen würdest, daß du im Kreis dieser Gewalt deinen Willen und deine Identität verlieren möchtest, um Sklave einer Kraft zu werden, die deiner eigenen gleicht; daß du fast genau dies immer gesucht hast; daß du gern für immer in diesem Gebetshaus, diesem Ort sakraler Riten, diesem *bejt-hatfile* bleiben möchtest. Deine Hände liebkosten den alten Stein, in dem Licht und Schatten erstarrt waren, der Jahrhunderte überdauert hatte und von dem du glauben konntest, er enthielte das geheime Herz Mexikos, das authentische Sein unter den Hüllen von Armut und Hartnäckigkeit, Stolz, Elend, Grausamkeit und Mittelmaß. Hier, dachtest du, lag die verborgene Größe dieses Landes: seine verwitterte Sonne, sein verlorener Strahl Mondlicht. *Okay,* Tigrin, *okay,* ich glaub schon, daß du deinen D. H. Lawrence gründlich gelesen hast. Da standest du nun, lehntest gegen die alte Granitschlange und wünschtest, im Geiste dort zu bleiben, obwohl du dem Anschein nach weggehen und zum Volkswagen zurückkehren würdest, um neben dem blonden Franz, vor dem ergrauenden Javier und der jungen Isabel zu sitzen, wieder zu reden und zu lachen, Bosheit, Liebe, Verzweiflung und Hoffnung zu empfinden und dabei zu warten, zu warten und das Meer herbeizusehnen, das ihr nicht vor morgen erreichen würdet. Du warst versucht. O ja, du warst versucht, die Gefangene des Schlangenkreises zu werden, in der Flut ihrer verwitterten Federn zu ertrinken, wieder mit fest geschlossenen Augen und gefalteten reglosen Händen zu leben, über die Macht der Passivität und die Macht der Unterwerfung zu frohlocken, nichts zu entscheiden, noch nicht einmal das, deinen Willen nicht im geringsten zu erproben, durch völlige Enthaltsamkeit zu überleben ... wieder in deiner Juiverie, deinem Vicus Judaeorum, deiner Carriera, deiner Judengasse, deinem verdammten Getto. Hier könntest du zu diesem Land zurückkehren und dein Exil beenden. Was? Elizabeth? Bist du einer Falle entflohen, nur um in die nächste zu gehen?

Du hörtest nicht die Schritte deines ruhigen Deutschen, der um die Pyramide herumgegangen war und jetzt in einiger Entfernung stand, rauchte und dich beobachtete. Kurz darauf erschienen Isabel und Javier, und Franz verbarg dich, indem er ihnen den Blick auf dich verstellte. »Gehen wir hinauf«, schlug er vor. Die drei entfernten sich und erklommen die großen Stufen zum flachen Dach der Pyramide, wo die Steintafeln und Reliefs außerhalb der einkreisenden Macht der Schlange sind. Kleine Spruchbänder schweben neben den Lippen sitzender Menschen. Ein Jaguar liegt mit gebleckten Fangzähnen auf der Lauer. Steinkiefer, die zu keinem Körper gehören, zerbeißen einen Kreis, den das fremde, aufgezwungene Kreuz in Viertel teilt.

»Hast du Feuer?« fragte Javier Franz.

Franz hielt ein Streichholz hin und wartete, daß Javier seine Zigarette zwischen die Lippen stecken würde. Javier starrte in die Ferne. »Hast du bemerkt, es gibt nur eine einzige Schlange, nicht mehrere?«

»Ja.« Das Streichholz brannte herunter. Unmittelbar bevor es seine Finger versengt hätte, ließ es Franz zu Boden fallen.

»Verzeih«, sagte Javier.

Franz lächelte und zündete ein neues Streichholz an.

Isabel, die ihren Strohhut aufsetzte und mit einem orangefarbenen Gazetuch unterm Kinn festband, stand vor einer Gruppe amputierter Beine in hohen Stiefeln. Plötzlich sprang sie lachend weg und rief: »Wir wollen so tun, als wären wir verzaubert!«

Auch Franz lachte, rannte hinter ihr her und faßte sie bei der Schulter. Isabel erstarrte. »Komm, berühr mich, Javier! Brich den Bann!«

Grinsend kam Javier auf sie zu. »Gut, aber sei dir im klaren, daß neben dir eine Hexe steht, vom Alter zerfressen, die den Zerfall ihres lebendigen Gesichts mit einer weißen Totenkopfmaske übermalt hat. Und an ihrer Seite erwartet dich inmitten von Eulen und Spinnen ihr Mann. So.« Er umarmte und küßte sie, als ihre Arme seinen Hals umfingen; Franz stand rauchend dabei und betrachtete die beiden. Javier schloß die Augen. »Nein«, sagte Isabel, »bleib.« Wieder küßten sie sich, und Franz betrachtete sie noch immer. Schließlich trennten sich ihre Lippen. Sie sahen Franz an. Isabels Gesicht war jung und glücklich, das von Javier kalt in eitlem Stolz.

Alle drei blickten hinab und sahen dich tief drunten zum *pelota*-Hof gehen.

Sie stiegen die Treppe hinunter. Auf halbem Weg blieb

Javier stehen. Er streckte einen Arm aus und zeichnete die Krümmungen der Schlange in die Luft.

»Redest du mit uns?« fragte Isabel lächelnd.

»Ja.«

»Du redest wirklich mit uns?« wiederholte sie.

»Ja, ja.«

Sie lächelte noch immer.

»Wenn ich dich recht verstehe, dann bist du ein Dummkopf.«

Sie streichelte seinen Arm.

»Nun, ja«, sagte Javier und strich über sein gefälteltes Hemd. *»Perchè sì fuggo questo chiaro inganno?«*

Und als Javier auf das Pflaster hinabblickte, sagte er sich, daß der Morgen heiß werden würde. Er hatte gerade die Drehtür des Verwaltungsgebäudes hinter sich gelassen, und jetzt schlenderte er an den Obstständen vorbei, blieb stehen und betrachtete die aufgehäuften Früchte. Dann trat er näher, und mit steifem kleinem Finger berührte er eine Papaya-Scheibe, aus der ein Büschel schwarzer Kerne wuchs. Er sah den Obstverkäufer mit einem einzigen Hieb der Machete die harte Rinde der Wassermelone spalten. Zwei Hunde kauten weggeworfene Orangenschalen. Saft rann von dem Holztisch auf den staubigen Boden, wo alte Marktweiber mit runzligen reglosen Gesichtern auf den Fersen hockten und von Zeit zu Zeit ihre Ware ausriefen.

Seine Hand griff in die Innentasche der leichten Gabardinejacke. Er hatte heute morgen diese graue Jacke gewählt, da die Zeitung einen sehr warmen Tag vorausgesagt hatte und der März in Mexico City wärmer sein kann als warm, trockener als trocken, so trocken, daß Haut und Zunge einfach nicht glauben können, daß es so etwas wie Säfte gibt, nicht einmal im roten Herzen einer Melone. Seine Hand berührte den kleinen Lederausweis mit den goldenen Buchstaben, dem ordentlich abgestempelten Foto, der feierlichen, bedeutend wirkenden Schnörkelschrift: der Inhaber ist Beamter der So-und-so-Forschungsabteilung der Wirtschaftskommission für Lateinamerika im Rahmen der Vereinten Nationen. Mit anderen Worten: ein kleines quadratisches Büro hinter graugetönten Scheiben, die das grelle Sonnenlicht abhalten, ein grauer Stahlschreibtisch, auf dem sich Papiere und Berichte in Acht- und Zehn-Punkt-Bodoni-Schrift türmen, vierundzwanzig Quadratmeter, eine abgegriffene Charta der Vereinten Nationen – als könne er der Verfassung der Welt seinen persönlichen Stempel aufdrücken, wenn er sie nur oft genug anfasse –, eine mattierte, gerahmte Fotografie Dag Hammarskjölds an der Wand, ein Drehstuhl mit schwarzem Lederbezug und Armlehnen aus einem ihm unbekannten vernickelten Metall. Das also besagte der kleine rote Lederausweis, den er stets in der Innentasche, nahe am Herzen trug, so daß er sich mit einem Griff gleich doppelt vergewissern konnte. Jetzt preßte er die Finger gegen die Brust und versuchte auszumachen, ob sein Herz gleichmäßig schlug, dann griff er sich an den Kragen – Arrow-Hemd, Modell Gordon, Oxford-Leinen, *button-down*-Kragen, Halsweite 39, Ärmel 63 cm – und fühlte die trockenen Schweißtropfen, die zusammen mit dem Staub und der unsichtbaren, aber verdreckten, von Abgasen verseuchten Luft dort einen dunklen Rand hinterlassen würden, und heute abend wären auch die Manschetten schmutzig, und er würde keine Zeit haben, ins Apartment zurückzukehren und sich vor der Cocktailparty der Botschaft umzuziehen. Aber jetzt wenigstens war er frei. Ohne Bescheid zu sagen, ohne seinen Schreibtisch aufzuräumen, hatte er sein Büro verlassen, war in den Aufzug gestiegen – einen automatischen Otis, der nach Chrom und Leder roch –, hatte die Terrazzohalle durchquert, die Drehtür passiert und war, ohne einen Blick zurückzuwerfen, die Straße zum Markt hinuntergegangen. Wie stets hatte er sie sich als Strand vorgestellt. Es machte ihm Spaß, die Straßen mit einem Strand der Türme, Fenster, Türen und Balkone zu vergleichen, einem Strand, der kein Meer verdirbt, an den keine Flut faulenden Fisch und Tang anspült, an dessen Horizont sich nicht Ozean und Himmel begegnen, um das Auge zu zerstreuen und zu allzu fernen Reisen zu verlocken. Und wenn er nun Angst hatte, sich umzusehen – es war die erste bewußte Angst dieses Morgens –, so deshalb, weil er befürchtete, seine Fußspuren nicht im Sand des betonierten Bürgersteigs zu finden. Warum war er von seinem Büro weggelaufen? Sein Herz, das noch vor einem Augenblick gehorsam und ordentlich geschlagen hatte, pochte auf einmal mit beunruhigender Heftigkeit, und ein beklemmendes Gefühl erstreckte sich bis zu jenem Zentrum im Solarplexus, von dem ein vegetatives Leben ausstrahlte, das gewiß seine fünfte Zigarette an diesem Morgen geweckt und freigesetzt hatte, damit es sich wie Furcht und Hoffnung durch die komplizierten Gänge und Verbindungen seines Nervensystems ausbreite, ein System, das seinem Körper entfremdet war. Nein, seine Nerven waren an diesem Morgen in keiner guten Verfassung. Sie waren gespannt, sie bebten. Und irgendwo in seinem Gehirn gab es ein winziges allmächtiges Läppchen, das nur angestoßen, berührt, ein wenig gestochen oder ein wenig betäubt werden müßte, damit er den Rest Freiheit verlöre, der ihm nach Jahrhunderten der Entwicklung und Jahren der Ehe noch geblieben war, und er mechanisch reagieren würde wie ein Pawlowscher Hund: entsetzt, rasend oder unterwürfig auf die mit einer Stahl- oder Hühnerfeder bewehrte Hand; beherrscht, völlig hilflos beherrscht, unfähig, seine so mühsam erworbenen Ideen zu gebrauchen, seine Persönlichkeit, die er in vierzig und mehr langen Jahren so hoffnungsvoll entwickelt hatte; unfähig sogar, über seine primitivste Sinnlichkeit zu gebieten. Nun, diesen Alptraum hatte er Gott sei Dank nur in seinen Wach-Phantasien. Schlimmer jedoch war der Alptraum, den er nachts vom Ozean träumte. Eine Angst, dem Ozean zu nahe zu kommen, einzutauchen und in einem Zustand bewußtloser Glückseligkeit zu ertrinken: er war dabei völlig passiv, bewegte weder Arme noch Beine, die Wellen schlugen über ihm zusammen, und schwarzer Sand verschlang ihn, ohne daß er sich dagegen wehrte. Ein entsetzlicher Alptraum. Doch ebenfalls eine imaginäre Angst. Nicht imaginär war hingegen sein stürmisches Herzklopfen. Und es wäre vielleicht noch erträglich, wenn es auf sich selbst beschränkt bliebe, wenn es nicht kalten Schweiß aus seinen Handflächen triebe, seine Knie nicht mit einem Gewicht beschwerte, das er nicht schleppen konnte, seinen Kopf nicht mit einem wirbelnden Schwindel erfüllte, der ihn zwang, stehenzubleiben, einen grünen Pfosten zu umklammern und den Blick auf eine Neonröhre zu heften. Vielleicht, wenn er die Augen schlösse? Nein, denn durch die selbstgeschaffene Dunkelheit würden nur närrische Lichter tanzen, die weder seinen Schwindel beheben noch sein Ohr von dem schrillen, mißtönenden Lärm des Marktes ablenken könnten. Die Menge wogte zwischen den Buden und Ständen hin und her, man trug gerupfte Hühner am gefiederten Kopf, wog Schweinsfüße in der Hand, beschnüffelte weißen Käse, feilschte über die Preise, schüttelte *matraca*-Rasseln, steckte Zwanzig-Centavo-Münzen in den unermüdlichen Musikautomaten und öffnete Bierflaschen mit einem Knall. Er sehnte sich nach Frieden und fand ihn nicht, weder um ihn her noch in sich selbst, keine Stille, keine Ruhe, keine innere klösterliche Abgeschiedenheit, wo selbst seine eigene Stimme, die den Alptraum vom Meer erzählte, nicht zu hören wäre; es gab keine Tür, keinen Ausweg, er mußte sich allem aussetzen. Darum hatte er heute morgen so früh die Wohnung verlassen, war so früh zum Büro gegangen und von dort wieder auf die Straße geflohen: er hatte gehofft, wenn er einfach dem Trottoir folgte, einen Fuß vor den anderen setzte, Fenster und Gesichter vorbeitreiben ließe, dann werde er die nötige Ruhe finden, um wieder einen Tag mit den alten Spannungen und Krisen durchzustehen. Aber jetzt spülte die Magensäure hoch und hinterließ einen metallisch bitteren Geschmack in seinem Mund, nagte in den gereizten labyrinthischen Windungen seines Leibes, wo jeder Röntgenstrahl klar und unverkennbar die Zickzacklinie eines Krampfes enthüllte, der bis hinauf zum Grimmdarm reichte. Er verließ den Markt und sah zum schmutzigen blauen Himmel empor. Ein Sandsturm zog herauf, der Himmel bebte davon. Und er hatte das Büro verlassen, ohne irgend jemand zu sagen, wo er hinginge oder wann er zurück sein würde. Langsam schlenderte er an den Schaufenstern vorbei. Wenn sie vom Widerschein der Sonne blind waren, beachtete er sie nicht, doch vor den durchsichtigen Scheiben blieb er stirnrunzelnd stehen und betrachtete die Schuhe aus schwarzem Lack, Krokodil oder Wildleder. Socken aus Nylon, Seide, Wolle. Kurzärmlige Sporthemden mit bunten Paspeln. Frackhemden, deren Etikett versprach, sie würden in der Wäsche nicht eingehen. Hemden mit runden Kragen, Hemden mit breiten Kragen, gestreifte Hemden, farbige Hemden, weiße Hemden, die in der Sonne schon vergilbt waren. Dahinter lächelnde lakkierte Fensterpuppen mit blondem Kunsthaar, dunkel gemalten Augen und schimmernden Zähnen, in Lederjacken, Gabardinejacketts, plissierten *guayaberas*. Eine Auslage weiter die Gefährtinnen in schwarzen Seidenbüstenhaltern, lila Höschen und Strumpfbandgürteln. Nylonstrümpfe über verstümmelten Beinen aus durchsichtigem Plexiglas. Nun stand er vor einer Konditorei. Berge aus Schokolade. Dome aus Gummibonbons. Pyramiden aus kandierten Früchten. Büchsen mit Ananaskompott. Sein Speichel begann zu fließen, seine Magensäfte verdoppelten ihren verfluchten Angriff, und er spürte den scharfen Schmerz, der – wie ihm seine Ärzte erklärt hatten – nicht vom Geschwür selbst ausging, nicht vom entzündeten Magenmund, sondern ein Echo aus der Lebergegend war, als hätte das Geschwür einen flammenden Pfeil abgesandt, den er gern mit einem schützenden Zuckerguß abgestumpft und gemildert hätte; doch er wußte, daß die Erleichterung nur wenige Minuten anhalten würde, wenn er jetzt etwas Süßes äße, daß die ätzenden Schwefelsäuren zwar vorübergehend besänftigt wären, doch nur auf Kosten einer nervösen Verdauungsstörung, daß der schon einsetzende Krampf nicht aufzuhalten wäre und der unschuldigen Süßigkeit schließlich den Durchgang versperren würde, daß er sie wütend angreifen, heftig schütteln und von allen Seiten mit den Gasen bombardieren würde, die seinen Bauch hart anschwellen ließen. Eine anhaltende Verstopfung oder eine ebenso anhaltende Diarrhöe wären die Folge. Und da ihn Abführmittel noch mehr als seine eigene bittere Sekretion reizten, müßte die Verstopfung durch eines jener unwürdigen Glyzerinsuppositorien behoben werden, die in gestreiften, durchsichtigen Flaschen und mit schwarzem Deckel auf den Markt kamen, oder durch ein noch unwürdigeres Klistier, bei dem er seine Frau bitten müßte, ihm das Gefäß mit dem Wasser zu halten, während er nackt, teilweise von einem Tuch bedeckt, mit gespreizten Beinen auf dem Bett läge, mit der eigenen Hand den Schlauch hielte, nach seinem verspannten nervösen After suchte, um das verfluchte Ding einzuführen, zu spüren, wie dieser schwarze Rüssel auf höchst zweideutige Weise in ihn eindrang, seine legitime Funktion überschritt und ihn bis zum Schlund durchbohrte, wo er die warme Flüssigkeit schmeckte, die wieder zum Mittelpunkt seiner zusammengeballten schmerzenden Eingeweide zurückfließen würde, um dann die Flora wegzuschwemmen, die er so nötig zur Verdauung brauchte, so daß er seine Frau daran erinnern müßte, Joghurt zu kaufen – es gab jetzt welches mit Erdbeergeschmack – und in den Eisschrank zu stellen; ja, entweder eine elende Verstopfung oder eine Diarrhöe, die er zuerst stets auf eine der in Mexiko so häufigen Infektionen zurückführte, als ob er nicht wisse, daß ihn von Kindheit an seine eigenen Amöben gegen alle fremden geschützt hatten, seine eigenen Antikörper gegen die Mikroben, die in der Milch wimmeln, gegen das trichinenverseuchte Fleisch oder das kloakenverunreinigte Trinkwasser; und er müßte die Entero-Vioform-Tabletten schlucken, die komischerweise stets seine Nerven beruhigten, doch nicht die geringste Wirkung auf seine Eingeweide hatten. Noch einen Augenblick betrachtete er die Süßigkeiten und den Schwarm schwarzer Fliegen, der darüber schwebte, darauf herumkroch. Dann ging er mit kalten, schweißnassen Händen weiter. Nach wenigen Schritten betrat er einen kleinen Ausschank, bestellte ein Tamarindenwasser und sah zu, wie der fette Wirt mit einem Löffel in den Aluminiumbehälter fuhr, ihn in das milchig blaue Glas kippte, Wasser hinzufügte und umrührte. Er hielt das Glas unter die Nase und trank gierig. Darauf verlangte er ein zweites Glas, der Wirt mischte das Getränk, reichte es ihm, und er trank und zahlte einen Peso, den der Mann wortlos in seine Hemdtasche steckte. Fabriksirenen heulten. Weder hatte er die leiseste Ahnung, welche Stunde sie ankündigten, noch wollte er auf die Uhr sehen. Sehr langsam ging er auf der linken Seite des Trottoirs gegen den Verkehrsstrom, stieß mit Ellbogen und Schultern zusammen und nutzte diese Begegnungen, um sich zu entschuldigen, Gesichter zu mustern, Hände zu berühren, die Angerempelten vielleicht zu zwingen, Kenntnis von ihm zu nehmen. Seine Finger fuhren über das kurzgeschorene Haar eines kleinen Jungen, der drei angeschlagene Murmeln von einer Hand in die andere rollte, sie glitten über die gefügigen Schultern eines Mädchens mit Dauerwelle, dunkler Brille und einer billigen Seidenbluse, die sich so anfühlte, wie sich das Kratzen eines Messers auf einem Metallteller anhört. Er drängte, schubste, stieß mit den Ellbogen an wie ein Blinder, doch dabei achtete er gespannt auf Erwiderungen und Gesten, den Ausdruck der Gesichter, der Augen – fragend, gereizt, schwarz, schutzlos, anklagend, wachsam –, auf die vollen oder schmalen Münder, zusammengepreßt oder halboffen, um Luft einzusaugen, auszuatmen, mit der Zunge über die Unterlippe zu fahren. Jetzt blieb er stehen, sah die Straße hinauf und hinunter und runzelte die Stirn. Wo war er? Er hatte nicht die entfernteste Idee. Er hatte sich verirrt. Ja, er hatte sich verirrt: wieder war er ein Kind, hatte das Haus verlassen, um seiner Mutter zu folgen und herauszufinden, wohin sie jeden Nachmittag verschwand, hatte sie dabei aus den Augen verloren und wußte nun nicht, wo er war, denn er kannte nur die vertrauten Koordinaten und gewohnten Wege, von seinem Elternhaus auf der Calzada del Niño Perdido zur Konditorei an der Ecke oder zum Parque de Ajusco oder zur Schule der Maristenväter an der Avenida Morelos. Er hatte sich verirrt, und für alle, die an ihm vorbeigingen, war er unbekannt und gleichgültig, völlig unwichtig, ohne Bedeutung, nur daß er eine Art Hindernis bildete, indem er reglos und verwundert auf dem Trottoir stand, gleich einem falsch angebrachten Laternenpfahl oder einem verlorenen Briefkasten, dem sie in einem kleinen Bogen ausweichen mußten. Sie kannten ihn nicht und wollten ihn auch nicht kennen. Sie spürten nicht die brennenden Säfte in seinem Magen, das unregelmäßige Schlagen seines Herzens, die tote Schwere seiner Beine, den kalten, klebrigen Schweiß seiner Handflächen, das protestierende Zucken seines Nervensystems, als seine Finger die Zigarettenpackung berührten. Nichts wußten sie von ihm, nicht das geringste, weder, wer er war, noch, was er war, noch, warum er hier war, nichts außer der zufälligen flüchtigen Tatsache, daß er sich im Augenblick mit ihnen am gleichen Ort befand ... und den kannte er nicht. Zum Teufel mit ihnen. Er kehrte sich von ihrer Eile ab, wandte der Straße den Rücken, legte die nassen Handflächen auf eine Mauer aus altem behauenem Stein, kniff die Augen gegen die im Staub aufgelöste Morgensonne zusammen. Ein paar Sekunden lehnte er so, dann bog er in einen Eingang, der zum Teil von herabgefallenen Steinen versperrt war, und ging vorsichtig durch einen dunklen Bogengang zu einem großen leeren Patio, in dem ein ausgetrockneter Brunnen von vergilbten Zeitungen und vergessenem Einwickelpapier überquoll. Er setzte sich auf den Brunnenrand und roch sofort einen durchdringenden Gestank. Er streckte die Hand aus und erwischte den Schwanz eines fliegenbedeckten, wurmzerfressenen gelben Hundekadavers. Das Fell war braun und schwarz verkrustet von getrocknetem Blut, das Maul stand offen. Eine Welle des Ekels spülte von seinem Magen hoch, und mit einem Ruck ließ er den Kadaver los, der lautlos zwischen die Zeitungen zurückfiel. In dem verwesenden Fleisch krümmten sich die Würmer, wimmelten durcheinander, nisteten sich wieder ein. Er stand auf, nahm ein Stelabid heraus und versuchte es mit Speichel zu schlucken, aber die Kapsel blieb in seinem Hals stecken und würgte ihn, bis er zu husten begann und schließlich dermaßen hustete, daß er sich mit der Faust auf den Rücken klopfen mußte. Als er wieder Luft bekam, verschränkte er die Arme über der Brust und sah sich um. Er stand vor einem der sehr alten, sehr frühen Kolonialpaläste, die indianische Maurer unter der Anleitung spanischer Architekten gebaut hatten. Um den nötigen Platz zu schaffen, hatten sie vermutlich ein noch älteres Bauwerk einebnen müssen, vielleicht einen ihrer Steintempel; hatten ihn abgerissen und seine schweren Trümmer in den See geworfen und dann Boots- und Wagenladungen des neuen Steins, des rosafarbenen vulkanischen *tezontle,* herbeigeschafft, hatten neue Fundamente gelegt, die großen, dicken

Mauern und im Patio ein reichgeschmücktes Portal errichtet, das nun fast unter den verblichenen Schildern jener Läden und Geschäfte verschwand, die sich später dort angesiedelt hatten. Die beiden bizarren Steinsäulen des Portals ruhten auf den mächtigen Klauen eines Dschungeltiers, eines Tigers oder eines Löwen, traubenschwere Weinreben rankten sich an ihnen empor und verflochten sich oben in einem verschlungenen Netzwerk, welches als Schlußstein das schwarze Steinkreuz trug. Hoch darüber die kleinen Scheiben der Dachluken und bleierne Regenrinnen mit Wasserspeiern, aus deren Rachen während der Regenzeit – nicht jetzt – das Wasser hervorschoß. In der Mitte des Patio der ausgetrocknete Brunnen und in der Mitte des Brunnens die beiden einst vergoldeten Tritonen, die früher Wasser spien, heute jedoch rissig, grünlich und trocken dalagen, nur Staub und Spinnweben im offenen Mund. Auf beiden Seiten führten große, kunstvoll verzierte Türen zu den einstigen Sälen, doch diese waren schon lange durch Trennmauern in viele kleine Kammern unterteilt, die man von dem verlassenen Patio aus durch schäbige Türen aus splitterndem Holz und zerbrochenem Glas erreichte. Er hob den Kopf, erblickte wieder das verschlungene Rebenwerk über dem hohen Portal und mußte an das noch verschlungenere Gewirre großer und kleiner Gefäße und Nerven denken, die sein eigenes Fleisch durchzogen. Das Stelabid machte ihn schon ein wenig schwindelig, ein wenig benommen, hatte ihn aber nicht von dem Schmerz in der Lebergegend befreit. Langsam verließ er den Hof. Er zog die Zigaretten aus der Tasche, steckte eine zwischen die Lippen, befeuchtete das Papier, sog Luft ein und hielt die Streichholzschachtel in der Hand – *Talismans,* beste Qualität, goldener Skorpion auf rotem Grund und eine Papyrusrolle mit der Mahnung: *Seien Sie nicht mißtrauisch.* Nein, denn Mißtrauen, Zweifel und Argwohn fordern den Verrat heraus. Mißtraue dem, der dir zum Mißtrauen rät. Er steckte Zigaretten und Streichhölzer wieder in die Tasche und hörte auf die Automotoren, die Geräusche von Radios, Musikautomaten und schrillen Pfeifen, eine singende Stimme, Mörtel, der gegen Backstein klatschte, das Kreischen einer Handsäge, ein hell klimperndes Klavier, die Schritte eines Lumpenverkäufers, der seine Waren anpries, das Klappern von Dominosteinen auf einer Tischplatte, einen Seufzer, einen Schrei, das Gackern von Hühnern, die ihr Besitzer auf dem Rücken vorbeitrug. Er schlug die Augen auf. Menschen in Trauer kamen aus einer Kirche. Ein Buckliger, der seine Bürsten, Wichsen und Lappen in einer kleinen, mit Glassplittern und Kupfer-Centavos verzierten Holzschachtel aufbewahrte, polierte fremde Schuhe. Eine Küche mit ihren ineinandergestapelten Kesseln und ihrem Geruch nach gekochtem Huhn, weißem Reis und *garbanzo*-Suppe. Eine Bäckerei, deren Waren sich auf dem Gehweg vor dem Laden türmten: große und kleine Laibe, Brötchen, Pasteten, runde flache Semmeln, Schnekkennudeln, Hörnchen – in endloser Vielfalt. Jenseits der Straße ein Telegrafenamt. Er ging hinüber, trat ein, stützte die Ellbogen auf den Marmorschalter und legte das Gesicht in die Hände. Nun war er entspannt und voll jener Mattigkeit, mit der das Barbiturat den Schmerz verdrängt hatte. Aber in ein oder zwei Stunden wäre die Mattigkeit verflogen, und wieder würde eine banale, sterile Spannung einsetzen, wieder würden seine Nerven gespannten Drähten gleichen, und Angst würde ihn peinigen, seine Angst vor dem Tod durch Wasser oder die absurde Angst – deren Lächerlichkeit er sich vergeblich vorhielt –, plötzlich auf der Straße zu sterben. Seine Angst würde sich in der verkrampften Magengrube konzentrieren, er würde die Augen schließen und sich sehen: kalt und bleich läge er da, mit einem Bart, der wie Finger- und Fußnägel weiterwachsen würde, mit von Gasen geschwellten Eingeweiden, als sei noch Leben in ihm, als könnten die glasigen Augen noch sehen, der graulippige, stumpf geöffnete Mund noch atmen. Seine Hände umschlossen sein Gesicht, wurden zu tastenden Spiegeln, die alle Vorsprünge und Vertiefungen wiedergaben, das Haar, die Öffnungen, die Fette und Öle, die trockenen und feuchten Stellen, das Gewicht. Noch immer rochen sie nach Eau de Cologne. Er zog sie vom Gesicht. Über die Marmorplatte waren neue Telegrammformulare verstreut und dazwischen zerknitterte, zerknüllte, weggeworfene, die er glattstrich und las: *Bitte komm heim alles vergeben. Herzliche Glückwünsche zum Geburtstag liebste Mutter. Ankommen heute abend Bus aus Acapulco. Freddy alles gut bestanden Küsse. Papa gestern gestorben bitte komm. Rorra mein Leben wie lange willst du deinem Schatz noch widerstehen. Bezugnehmend unser Gespräch bestellte Ballen verschifft. Wollte dich nicht verletzen verzeih mir denk an unsere Liebesnächte. Junge geboren Alicia wohlauf alle glücklich. Buch für Dissertation nicht mehr im Druck. Fühle mich hier ganz zu Hause wünschte dich hier Mutter stop.* Stop, und vielleicht konnte ein Vergnügen doch nur dadurch dauern, daß man es einfach wiederholte, bis die Dauer selbst zum Vergnügen wurde, wie abgedroschen die Wiederholung auch sein mochte. *Denk an unsere Liebesnächte.* Sein Herz schlug wieder zu schnell, seine Beine waren bleiern, und das Zucken in seiner Brust würde sich nach unten ausbreiten, den Krampf auslösen und die brennenden Säfte auf das Geschwür am Zwölffingerdarm loslassen. Trotz allem müßte er wieder zum Röntgenarzt und zusammen mit anderen apathischen Patienten eine Stunde in jenem Raum warten, der erfolglos als Lesezimmer getarnt war, alle würden sie wie steife Wachspuppen auf den Schaumgummikissen sitzen, keiner würde es wagen, ein Gespräch zu beginnen, um mehr als Feuer oder einen Aschenbecher zu bitten, alle hungrig nach Trost, der unangemessen und unverdient wäre, denn ihrer warteten keine Schmerzen, sondern lediglich eine Erfahrung, die aller Würde entbehrte. Und wenn die dunkelhäutige bebrillte Schwester käme und seinen Namen aufriefe, würde er aufstehen, die neugierigen Blicke hinter sich lassen und ihr zur engen Umkleidekabine folgen, Jacke, Krawatte und Hemd ausziehen und beim Versuch, sich der Hose und der Leibwäsche zu entledigen, mit Ellbogen und Knien an die Wände stoßen; nachdem er die Unterhose abgestreift hätte, würde er einen Augenblick nackt dastehen, auf seine Füße in den roten Socken und schwarzen Schuhen starren und dann den weißen, vom vielen Waschen zerschlissenen Kittel anziehen, der hinten offen war und mit Bändern geschlossen wurde. Die Krankenschwester würde die Tür zu einem dunklen Raum öffnen, er würde sich auf die farblose

Oberfläche eines Untersuchungstisches legen, und sobald er sich dort ausgestreckt hätte, würde der Arzt erscheinen, Lichter an- und ausschalten, Knöpfe drücken, und die Röntgenkamera würde erst seinen Bauch streifen und dann kräftig pressen, bis sie fast das Rückgrat berührte; man würde ihm befehlen: atmen, Atem anhalten, atmen, Atem anhalten, atmen ... während er dächte, alles Mitleid, das so kalt und objektiv wie das des Arztes sei, verdiene den Namen Mitleid nicht. Dann würde sich der Tisch mechanisch heben, er wäre wieder in der Vertikale und fühlte die Kälte der Nickelteile und des Kameratubus auf der Haut. Die Schwester würde ihm ein Glas voll widerlichem Schlamm reichen, eine weiße, kreidige, klumpige Flüssigkeit. Und es heißt, Röntgenstrahlen könnten Krebs erzeugen, doch jedesmal wenn er den Krampf spürte, beschloß er, sich wieder durchleuchten zu lassen, eine Kur, die vielleicht schlimmer war als die Krankheit. Nach dem zweiten Glas Barium würde man ihm eine Pause gönnen, dann müßte er indezente Stellungen einnehmen, damit seine Eingeweide bis auf den letzten Knoten fotografiert werden könnten, und er würde seinen Körper verrenken, eine Schulter heben, eine Hüfte vorschieben, die Hinterbacken zusammenkneifen, die Beine spreizen, erst auf der einen, dann auf der anderen Seite liegen, und mit einemmal würde es heißen, alles sei vorüber und er müsse ein Abführmittel nehmen, da sich Barium wie Stein im Bauch verhärten könne. Durch die Verbindung von Barium, Rizinusöl, Röntgenstrahlen und erhöhter Spannung wäre die Reizung noch schlimmer, und eines Nachts würde er schwach und erschreckt aufwachen und Blut spucken, eine Ambulanz müßte ihn zum Krankenhaus bringen, blutend, aufgelöst, hilflos, zu spät, zu früh, zu ...

Ligeia lachte oft. Das aber war eine andere Geschichte.

O ja, du lachst, Tigrin. Ein Wunder, daß du dich noch nicht totgelacht hast.

»Tigrin«, fragte ich dich, »wie war es das erste Mal?«

»Gut, aber schau mich nicht so an. Laß mich lachen.«

»*Okay*, ich werde mich zusammennehmen. Also?«

»Er schlief. Es hatte den ganzen Nachmittag geregnet, und ich nahm die Subway nach Flushing Meadows. Javier schlief im Motel, und als ich die Tür öffnete, war ich klatschnaß, mein Regenmantel triefte . . .«

»Du brauchst mich nicht zu belügen, Elizabeth.«

»Wer belügt dich denn? Ich erzähle dir, wie es geschah. Er lag auf dem Bett und schlief fest, und als ich hereinkam, war ich bis auf die Haut durchnäßt, stand dort unter der Tür und sah ihn an.«

»*Okay*, ich wollte nicht wissen was, sondern wo es geschah.«

»Ich sah ihn an und wartete.«

»Den ganzen Abend?«

»Nein, *caifán,* nicht den ganzen Abend. Unterbrich mich nicht dauernd. Ich wartete, weil ich sicher war, meine Gegenwart würde ihn aufwecken, und weil ich das Gefühl auskosten wollte, daß er noch schlief und ich wartete.«

»Ja?«

»Ja, *caifán.* Ich glaube alles, was man mir erzählt. Aber du bist ein mißtrauischer Bursche. Du glaubst wohl keinem?«

»Das kommt drauf an. Ein paarmal bin ich reingefallen.«

»Wir werden einfach alt, das ist alles.«

»Ich weiß. *I'll wear the bottoms of my pants rolled up.* Denk nicht mehr dran.«

»Es stört dich? Das finde ich komisch. Ob du's glaubst oder nicht, mich stört es nicht im geringsten. Bis auf eines. Man wird so verflucht tolerant. Wissentlich tolerant. Ist das nicht gräßlich?«

»Du deprimierst mich, Tigrin. Genug hinausgezögert. Du wartetest also. Wachte er auf?«

»Natürlich wachte er auf. Und ich ging mit triefendem Regenmantel, nassem Haar und Regentropfen im Gesicht auf ihn zu. Ich ging auf ihn zu. Endlich. Auf den Jungen, den ich im City College getroffen hatte und den ich unbedingt haben wollte. Den schönen Jungen aus Mexiko, der so verdammt gut aussah, daß man seinen Augen nicht traute.«

»Ein dunkler Apoll?«

»Hm, wenn du willst. Und ich sagte meinen Freundinnen, vielleicht auch nur mir selbst, daß ich auf diese oder jene Weise, Schritt für Schritt, gleichgültig, wie lange es dauern mochte, diesen Mann erobern würde.«

»Du dachtest den schönen Weiberhelden mit Zeit und Geduld zu gewinnen?«

»Scheiße, *caifán.* Hör auf zu grinsen. So war es nun mal.«

»Du verstehst mich nicht genau, Tigrin.«

»Genau genug. Warum lachst du immer?«

»Vielleicht, weil mich die Lösung nicht interessiert.«

»Morgen fahren wir in die Ferien.«

»Wohin?«

»Veracruz. Ich möchte das Meer wiedersehen.«

»Wer fährt mit?«

»Javier und ich.«

»Wer noch? Los, Tigrin, heraus damit.«

»Klein Isabel.«

»Sonst niemand?«

»Nun gut, Franz.«

»Ahhh.«

»Ist das nicht eine Lösung?«

»Vielleicht. Vielleicht auch nicht. Doch zurück zu dem Motelzimmer.«

»Ich kniete mich aufs Bett, und Javier schlug die Augen auf und lächelte mich an. Er streckte die Hand aus und knöpfte meinen Regenmantel auf. Ich trug nichts als einen Slip darunter. Javier war fassungslos, oh, er war schockiert. Wirklich. ›Bist du so den ganzen Weg von zu Hause gekommen?‹ Genauso prüde wie heute, doch damals hielt ich es für Unschuld, dachte, er sei rein und unerfahren. Er zitterte . . .«

»Und du, Elizabeth? Was fühltest du? Beeil dich.«

»Daß . . . daß alles sehr schnell geschehen würde. Zu schnell.«

»Wofür?«

»Zu schnell für . . . Liebe, denke ich, für Zauber, Traum, Wirklichkeit. Das Wort spielt keine Rolle. Daß es sehr schnell vorbei und vergangen sein würde, weil uns die ganze Welt vorwärtsstieß, uns drängte, so daß wir nicht warten, uns keine Zeit nehmen konnten . . .«

»Ja, ich glaube, ich verstehe. Mach weiter, Elizabeth.«

»Ja, und nun waren wir ein Paar geworden, *una pareja.*«

»Schon ein Paar?«

»Ja, schon. Denk dir, danach ließen wir das Waschbecken vollaufen und wuschen uns im Badezimmer des Motels gemeinsam die Hände, gemeinsam seiften wir sie ein, und unsere Finger berührten sich im warmen Wasser . . .«

»Vielleicht ist die Frage zu persönlich, aber wart ihr so sehr ein Paar, daß es schon beim erstenmal stimmte?«

»Nichts, was du mich fragst oder was ich dir erzähle, ist zu persönlich, *caifán.* Nein, damals nicht. Erst viel später, nach Jahren der Gemeinsamkeit.«

»Was sagtest du zu ihm?«

»Danach? Ich dankte ihm. Ich bat ihn, sich keine Gedanken zu machen, sich ganz gehenzulassen, denn nur gebend könne er nehmen, nur verschwendend sparen. Ist es nicht wahr?«

»Ja, sehr wahr. Wie antwortete er dir?«

»Oh, ruhig und in komplizierten Worten. Aber sehr aufrichtig. Er sagte, er liebe mich, weil ich kein Echo seiner Vergangenheit sei, seiner Kindheit, seiner Jugend. Unsere Beziehung sei echt und keine Parodie. So ähnlich. Wahrscheinlich hatte er es irgendwo gelesen. Aber damals schien er sehr bewegt und aufrichtig.«

»Und was erwidertest du?«

»Ich fragte, wie er denn wisse, daß er nicht lüge, wenn er mir seine Liebe versicherte.«

»Eine vernünftige Frage.«

»Er beantwortete sie nicht. Wir schliefen wieder zusammen und empfanden, daß wir tief miteinander verbunden waren. Ein Paar.«

»Ein schönes Paar. Selbstgetraut. Das sich gegenseitig bestiehlt.«

»Vermutlich. Aber ich glaube, schon damals fühlte ich, daß er ein Problem suchte, etwas, was ihn aufscheuchen, beunruhigen, ängstigen würde. Daß ich vielleicht genau das für ihn bedeutete. *La troublante, the troubling,* die Schwierige. Mein Gott, ich vergesse, welche Sprache ich spreche.«

»Du sprichst Pop, Dragona. Pop-Literatur. Das große Plakat im Hintergrund: POP LIT

»Was, *caifán*? Langsam. Manchmal flimmerst du wie ein Neonlicht.«

»Tut mir leid, Pussycat. Ich ließ mich fortreißen. In Flushing Meadows, sagst du?«

»Was, Flushing Meadows? Gott, nein. Hier, hier in Mexiko war es. In einem Motel an der Straße nach Toluca. Er brachte mich in einem bruchreifen Taxi hin.«

»Nichts gegen Taxis, Pussycat. Keine Witze über Taxis. Taxis bedeuten eine Menge für mich. Sie helfen mir aus der Klemme. Sie halten mich in Schwung. Sie gehören zu meinem Gewerbe. Mit meinem Taxi allein . . .«

»Eines Tages wirst du noch ersticken, *caifán,* an purer Luft, in Worten ersaufen.«

»Nun, Worte gehören auch zu meinem Gewerbe. Was sagte er zu dir?«

»In dem Motel? Du weißt ja. Daß er mich liebe. Daß er mich liebe, weil mit mir alles neu und frisch sei, weil er nichts aus seiner Vergangenheit wiederhole. Du weißt ja, wie er redet. Daß wir keine Parodie lebten. Und solchen Quatsch.«

»Und du glaubtest ihm?«

»Weißt du, der Proffy ist nett. Nachdem wir geschlafen hatten, stand er auf und ging ins Bad, ganz ohne Würde, halb benommen, halb daneben, so gar nicht *hip.* Es gefiel mir. Weißt du, was ich meine?«

»Gewiß, Isabel, ich weiß immer, was du meinst.«

»Er hatte einen Slip mitgebracht, und ich mußte ihn anziehen. Dann steckte er mich in seinen Regenmantel, schob mich unter die Dusche und drehte das Wasser an, bis ich klatschnaß war. Ich lachte. Darauf bat er mich, hinauszugehen, anzuklopfen, wieder hereinzukommen und ihn anzusehen. Er stellte sich schlafend. Ich näherte mich dem Bett, kniete nieder, und ganz langsam knöpfte er den Mantel auf und nahm ihn mir ab. Und da kniete ich in dem geborgten Slip, und wir liebten uns, dann schliefen wir ein. Es war nett, *caifán.* Anders.«

»Du schliefst ein, und die Träume begannen? Die Gedanken wandelten sich in einen Traum, der immer dünner wurde.«

»Mann, woher wußtest du das?«

»Artaud sagte: ›Wir glauben an die absolute Macht des Widerspruchs.‹«

»Wer bist du?«

»Wer bist *du*? Wir wollen es geheimhalten.«

Nachdenklich und dich erinnernd gingst du den Pfad zum Volkswagen hinunter, Elizabeth. Ihr saßet in einem Café in Heraklion. Javier rezitierte ein Gedicht von Gaspara Stampa und sah dich an, während du den Männern in den goldbestickten Hosen nachblicktest; dann spielte er auf die *Duineser Elegien* an und fragte: »Erstaunte dich nicht auf attischen Stelen die Vorsicht menschlicher Geste?« Du schlürftest deinen türkischen Kaffee und erwidertest, in Griechenland schiene alles einen Namen zu haben, während in Amerika viele Dinge namenlos, entweder gar nicht oder nur sehr vage bezeichnet seien, so daß man sie nur schwer in Worte, ja kaum in Gedanken fassen könne, und dies sei einer der Gründe, weshalb du so gern hierhergekommen seist, in einem Café säßest und die ledernen Gesichter jener Menschen betrachtetest, die Namen und Bedeutungen der Dinge kennten. Javier lächelte, drückte deine Hand und sagte, er sei gekommen, um die lebende Verkörperung jener Vorsicht zu sehen, die Erinnerung an jene noch immer bewahrten Gesten, die Art, wie sie sich bewegten, einen Arm ausstreckten, ihren Kopf trügen. Aus Büchern, fuhr er fort, könne man eine bestimmte Denkweise, eine Sprache erschließen, doch nicht die physische Bewegung. Er wolle herausfinden, wie jene Vorsicht doch alle Leidenschaft enthalten könne. Während er noch jung genug sei, wolle er die Lektion lernen, die man vor allem in ihrer Architektur fände, wo die Form ihr eigener Inhalt sei, ohne eines Ornaments oder eines Kommentars zu bedürfen. Genau wie ihre Tragödie architektonisch sei, so sei ihre Architektur steingewordenes Drama. Alles sei genau das, was es scheine. Grauhaarige Frauen mit dicken Bäuchen, Doppelkinn und feisten Armen unterhielten sich von Balkon zu Balkon, und ihr saht euch die goldenen Masken von Mykenä an, jene Begräbnissonnen, die ein drittes Gesicht erfassen, eines, das zwischen dem des Lebens und dem des Todes liegt, das einzige, das wir von anderen empfangen können, die einzig mögliche Huldigung an den Tod: zu begreifen, daß es jenseits des Lebens, aber diesseits des Todes ein Gesicht geben kann, das beides enthält. Ihr saht die toten Kinder unter der dünnen Schicht Blattgold, die in Marmor entworfenen Kykladenfrauen, ihre hohen Brüste, ihre einfachen, schlanken, eckigen, doch biegsamen Gestalten, so ganz anders als die breithüftigen Frauen aus Ägina, deren kräftige Hände auf schweren Knien ruhen, anders auch als die Athener Karyatiden, die zum Tragen bestimmt waren, ihr Schicksal jedoch durch die blinden, abwesenden Augen überwanden, Augen, die für immer in die Ferne blickten, weit hinaus über den für immer zugewiesenen Ort, über die Akropolis und den Schritt, den ihre reglosen Beine gerade in eine andere Zeit tun wollten, denn die Zeit ihrer Entstehung hatten sie überlebt.

»Zweimal schlief ich mit dir, weil ich dachte, du hättest verstanden.«

Verstanden? In jenem Sommer und dem sanften mittelmeerischen Herbst in Phaleraki verbrachtest du deine Tage damit, Strandkiesel zu suchen. Fast wurdest du zu einer Institution: die blonde Amerikanerin, die nach bunten Steinen sucht: *Klondike Lizzie, the Pebble Rush.*

Und eines Tages kam die Sonne nicht heraus. Eines Tages im November schlugen die Wellen der kleinen Bucht ungestüm und kalt gegen das Ufer, das Meer wurde schiefergrau und salziger als gewöhnlich – du konntest es auf den Lippen schmecken –, aufgewühlt und drohend. Die Fischer fuhren nicht hinaus. Nur ein alter Mann stand in der Ferne unterm Regen und schlug einen toten Polypen gegen den Fels. Du gingst an den verlassenen Strand, um zu schwimmen. Javier folgte dir von weitem. Der Regen durchnäßte seinen Rollkragenpullover und seine Kordhosen, und seine bloßen Füße sanken in den einst goldenen, nun dunklen Sand. Du schwammst zu der Stelle, wo der Alte den Polypen gegen die Felsen schlug, strecktest die

Arme aus dem Wasser, und grinsend warf er dir den Polypen zu. Langsam schwammst du zurück. Alles schien vorherbestimmt

»... als würdest du einen Pakt einhalten, Ligeia ...«

und die weiße Katze kam aus dem im Sand begrabenen Haus und erwartete dich naß und zitternd am Ufer

»... und du kamst aus dem Meer, Ligeia ...«

aus dem kalten Wasser, Elizabeth, und die schwarzen Polypenarme schlangen sich um deine Arme und die nackten Brüste. Du strecktest eine Hand aus, die Katze kam, und du hobst sie auf, setztest sie auf deinen Kopf und gingst im rosigen ockerfarbenen Licht, das die klaren, fast statischen Umrisse deiner braunen, blonden, katzengekrönten Gestalt abzeichnete, langsam auf Javier zu.

Tigrin, schau, in welcher Zeit wir leben. Da hast du's in der Zeitung. Eine Meldung aus Pittman, Nevada. Verbrechen aus Leidenschaft. Die Waffe: eine zweimotorige Cessna. Drei Opfer in einer Bar, während die Person, gegen die sich das Attentat richtete, unverletzt blieb. John Covarrubias (hurra, ein Landsmann!), achtunddreißig Jahre (mehr noch, ein Zeitgenosse!) hatte nachmittags einen heftigen Streit mit seiner Frau in einer Bar. In Pittman, Nevada. Er wollte sich mit ihr aussöhnen und bat sie, wieder mit ihm zusammen zu leben. Als sie sich weigerte, holte er blind vor Wut seine Cessna, flog über die Stadt und stieß im Sturzflug auf die Bar hinunter. Daneben. Zerstörte zwei Autos, brennende Trümmer schlugen in die Bar ein und verletzten drei Gäste. Und der zornige Mr. Covarrubias starb, während seine gute Frau, die gerade die Straße hinuntergegangen war, mit dem Schreck davonkam ... und hinfort wohl glücklich war. So ist das, liebe Elizabeth. Beginnt man erst über den Schädel Yoricks zu monologisieren, dann entdeckt man, daß der Zweifel des Dänen der einzige Weg ist, die elementare Wahrheit zu bestätigen, daß wir sind und nicht sind; waren und nicht waren; sein werden und nicht sein werden. *Now you see me, now you don't*: buh. Das heißt: ein Zustand des Nichtseins fordert uns ständig heraus, und wir fühlen Entsetzen, Lachen oder

Wahnsinn. Und wir spielen gern mit der Möglichkeit, aber wer weiß, auf einmal spielen wir unsere Rolle im Ernst, die des ewig gegenwärtigen und ewig verleugneten Nichts. Nun, nicht jeder tut diesen Schritt. Zuviel riskiert man dabei. Der Teufel holt dich, oder du heißt Rimbaud. Es ist zum Jammern öde, Elizabeth. Doch zurück zu dir. Wenn wir je herausfinden wollen, wer Javier ist und warum er ist, dann müssen wir zurückgehen und uns erinnern, und auch er muß zurückgehen und sich erinnern. Es gibt keinen anderen Weg, so ermüdend du es auch finden magst, während du in dem muffigen Hotelzimmer von Cholula sitzt und zu ihm sagst: »Du bist abgespannt, Javier. Das viele Reden greift dich an. Warum legst du dich nicht hin?«

Dein Mann beachtet dich nicht. Er öffnet den Reißverschluß des kleinen Ledeetuis und stellt die Flaschen und Büchsen nacheinander auf das schmale Glasbord, das über dem Waschbecken im Bad von zwei Nägeln gehalten wird. Er betrachtet sich im Spiegel und fragt leise: »Willst du deine Sachen nicht auspacken?«

»Was? Ich kann dich nicht hören.«

»Ich fragte, ob du nicht . . . oh, nichts.«

Er nimmt die Rasierschale, stellt sie auf das Bord, legt den Pinsel mit den weißen Borsten hinein und das silbrige flache Rasiermesser daneben.

»Hör, Ligeia. Die Party war fast vorüber . . .«

»Was?«

». . . abgestanden, ausgelaugt, kurz vor ihrem Ende, obwohl der Augenblick gekommen war – wie er auf jeder Party irgendwann kommt –, da die noch vorhandenen Gäste glauben konnten, sie hätte nie begonnen und werde nie enden. Doch ein Neuankömmling wie ich erkannte, daß die Party fast vorüber war.«

Er steht unter der Badezimmertür und sieht dich an. »Bitte, Javier, bitte. Ich kenne diese alte Geschichte«, sagst du müde. »Wir beide kennen sie. Sie ist vorbei, unwiederbringlich vorbei, ein abgeschlossenes Kapitel. Bitte, fang nicht wieder von vorn an.«

»Und eben weil ich dies wußte, was sie nicht wahrhaben wollten, begrüßten sie mich mit einer gewissen Kälte.« Er geht wieder ins Bad und redet weiter, während er die Flaschen auspackt und nebeneinander aufreiht: das Eau de Cologne von Jean-Marie Farina; die Augentropfen; das Alka-Seltzer. Dann die Nagelschere und eine Flasche Vitamin-C-Tabletten. Die Desenfriol-Kapseln. »Doch sie heuchelten Frohsinn, begrüßten mich als einen verlorenen Sohn, einen Nachzügler, dem verziehen werden konnte, da seine Ankunft einen Vorwand lieferte, weiterzumachen, eine neue Platte aufzulegen, eine ungeöffnete Flasche zu suchen. Aber nach ein paar kurzen betrunkenen Worten ließen sie mich stehen, überließen mich meinem Schicksal, und ich suchte ein sauberes Glas und Eis und etwas zu trinken.«

Der Schildpattkamm. Die Flasche Deodorant. Die runde Zelluloidpackung mit den in Goldfolie gewickelten Präservativen.

»Ligeia.«

»Was, Javier, was?«

»Ich habe meine Zahnbürste und die Zahnpasta vergessen.«

»So?«

»Ich kann meine Zähne nicht putzen. Warum kümmerst du dich nicht um diese Sachen? Jetzt müssen wir in eine Drogerie.«

»Wenn es hier überhaupt eine Drogerie gibt.«

»Was?«

»Wenn es in diesem verdammten Kaff einen solchen Luxus gibt.«

Er lacht leise und fährt fort: »Ich konnte kein sauberes Glas finden und mußte mich mit einem gebrauchten begnügen, an dem Lippenstiftspuren waren. Eine Mädchenhand reichte es mir, das Mädchen selbst konnte ich nicht sehen. Nur ihre Hand, ihren Arm . . .«

Er hebt die undurchsichtige Flasche mit dem grünen Etikett hoch und liest: 10 mg Hydrochlorid des 7-Chlor-2-methylamino-5-phenyl-3H-4-benzodiazepin-4-oxyd mit 190 mg Korrigentien, nach der Formel von Hoffmann-La Roche & Cie., S. A. Basel, Schweiz. Er stellt die Flasche auf das Bord.

». . . die Hand, den Arm und den Drink, den sie mir reichte. Eine bernsteinfarbene Flüssigkeit. Fast geschmolzenes Eis. Der Rand orange mit Lippenstift verschmiert. Ein Kupferarmband am Handgelenk. Hörst du zu?«

»Ja, Javier, ich höre.«

»Der Plattenspieler spielte, und im Wohnzimmer tanzten mehrere Paare. Jemand hatte die Lichter gelöscht. In dem trüben, flackernden Licht konnte ich ihr Gesicht nicht erkennen. Doch ihre Stimme hörte ich, sie sang sehr leise, und ich versuchte mir die orangefarbenen Lippen, das unsichtbare Lächeln vorzustellen . . .«

Du sitzt im Schaukelstuhl und summst vor dich hin. Schließlich fallen dir die Worte wieder ein: *It's the wrong song, in the wrong style, though your smile is lovely, it's the wrong smile . . .*

Wieder liest er: Jede Kapsel enthält 1,18 mg Trifluoperazincyclohydrat, Isopramiddiodid 6,79 mg. Anwendungsvorschrift: oral. Dosierung nach ärztlicher Anweisung. Vertrieb nur auf Rezept und unter der Aufsicht eines von der Gesundheitsbehörde zugelassenen Arztes.

»Ihre Stimme war einschmeichelnd und so leise, daß sie sich kaum von der unsichtbaren Stimme des Plattenspielers abhob. Dann hörte sie auf zu singen und sagte . . .«

»Hallo, du siehst heute abend glänzend aus.«

»Stimmt. Woher wußtest du das? Ich faßte sie bei der Hand, zog sie an mich und legte die andere Hand auf ihren nackten Rücken. Einer ihrer Arme schlang sich um meine Schultern, der andere hing locker herab, ich umschloß das Handgelenk, und wir tanzten . . .«

Du summst: *»You don't know how happy I am that we met. I'm strangely attracted to you . . .«*

». . . tanzten sehr langsam, kaum daß wir uns bewegten, unsere Körper berührten sich leicht, trennten sich. Im schwachen Licht konnte ich jetzt ihr Gesicht sehen, aber nur undeutlich. Um sie deutlich zu sehen, hätte ich mich von ihr entfernen müssen, doch ich wollte sie lieber ohne Augen entdecken, wollte die warme und elementare Entdekkung eines nicht so sehr fremden als vielmehr vergessenen Menschen.«

Javier hebt die Flasche Stelabid neben sein Spiegelbild. Du betrittst das Bad und spiegelst dich hinter ihm. Dein

Blick fällt auf eine der Flaschen. Orotsäure 55,8 mg, Xanthin 6,66 mg, Adenin 3,34 mg, Corr. ad. 250 mg. Du stellst sie auf das Bord.

»Ich sprach nicht mit ihr. Ich fürchtete, was immer ich sagen würde, werde sie zum Lachen reizen. Oder wie ich könne sie nur in Klischees reden. So schwieg ich. Ich schloß die Augen an ihrer Wange und spürte ihren jungen, warmen Atem, den schwachen Duft ihrer hohen Brüste, und als wir uns aus der Umarmung des Tanzens lösten, fiel das flackernde Licht darauf, betonte ihre Form ...«

Du ziehst die Bluse aus und hängst sie über die Toilette. Mit der Hüfte schiebst du Javier auf eine Seite des Waschbeckens und drehst den Wasserhahn auf.

»Ob es in diesem Loch warmes Wasser gibt?«

Du tauchst die Finger in den rostfarbenen Strahl.

»Kalt. Natürlich. Nichts zu machen. Gib mir deinen Rasierer.«

»Wir sahen einander an. Ich sah dunkle Augen, schwere, fast orientalische Lider, orangefarbene Lippen, tiefe Grübchen in glatten Wangen, leicht gebräunte Haut ...«

Du hebst einen Arm über den Kopf und seifst die Achselhöhle ein.

»Ich hielt sie in den Armen. Ich sah und sehe sie für immer.«

»Immer?« Deine Brauen sind vor Konzentration gefurcht, und du fährst vorsichtig mit dem Rasierer durch die Achselhöhle. Javier umschlingt deine Taille, berührt deine Brüste.

»Nein!« sagt er scharf. »Es ist alles vorbei, vorbei und vergangen! Man kann nicht mehr zurück. Die Platte ist zu Ende. *There's someone I'm trying so hard to forget ...*«

»Javier! Verdammt, jetzt habe ich mich wegen dir geschnitten!« Du greifst an die Achselhöhle und zeigst ihm die blutverschmierten Finger. »Gib mir etwas Eau de Cologne.«

»Ich ging an den Tisch zurück, wo ich mein Glas gelassen hatte. Es war weg. Ich sah sehr genau dort nach, wo ich es gelassen hatte, aber es war weg.« Er gießt ein wenig Eau de Cologne in die Hand. »Dann stand ich reglos da und blickte mich nach dem Mädchen um ...«

»Beeil dich, Javier. Ich blute.«

Er reibt Eau de Cologne in deine Achselhöhle, die Achselhöhle der Señora Elizabeth Jonas de Ortega.

»Au! Es brennt.«

»Mein Blick suchte sie unter den Paaren, die langsam zur Musik einer neuen Platte tanzten. Ich entsann mich ihrer Taille, ihrer Wange, ihres Ohrläppchens, ihres Geruchs. Und daß wir nicht geredet hatten, daß ich kein Wort gesprochen hatte, daß es vorbei war, aus . . .«

»Javier, bitte, geh mir aus dem Weg und laß mich in Frieden.« Du seifst die andere Achselhöhle ein. Javier lehnt sich gegen die Wand. Eine Wand aus uneben verlegten Kacheln, die hier und da mit Mörtel verschmiert sind. Fleiß: Eins, Betragen: Sechs, zensierst du ihn in Gedanken.

»Nein, so war es nicht, Ligeia. Nicht so. Ich habe gelogen.«

»You don't know how happy I am that we met«, singst du leise beim Rasieren, *»I'm strangely attracted to you. There's someone I'm trying so hard to forget. Don't you want to forget someone too . . .«*

»Hör, Ligeia. Versprichst du, still zu sein und zuzuhören?«

»Ich glaube, es fängt an.«

»Was fängt an?«

»Meine Periode, Dummkopf. Schau, ob wir außer deinen medizinischen Schätzen auch ein paar Kotex mithaben.«

Javier öffnet das kleine Lederetui und wühlt zwischen Watte, Heftpflaster, Mull und der Jodflasche.

»Nein, keine.«

Ärgerlich hältst du inne und starrst ihn an. »Keine Kotex? Und was fällt dir dazu Poetisches ein?«

»Du hättest dich drum kümmern sollen. Du weißt . . .«

»Aber das Zeug für deine Nerven haben wir nicht vergessen. Die Pillen, die dich bloß noch mehr vergiften.«

Er packt dich bei den Schultern. »Ich bin krank. Ich brauche meine Arznei.«

Seine Hände tun dir weh, und du verziehst das Gesicht. *»Shit,* mein Lieber. Alles Einbildung. Jeder Arzt sagt dir das. Es . . .«

»Die Ärzte wissen nicht alles!« Er schüttelt dich heftig.

»Javier, du tust mir weh.« Du gibst nach, machst dich schlaff.

»Ich weiß, wann ich Schmerzen habe und wann ich keine Schmerzen habe.«

»Schon gut. Natürlich weißt du's.«

Endlich läßt er dich los, und du preßt die Arme an die Rippen.

»Gib mir ein bißchen Watte.«

Sorgsam zupft Javier eine Handvoll Watte heraus und reicht sie dir. Er verläßt das Bad, und im Spiegel siehst du ihn zum Bett gehen und sich hinlegen. Als auch du das Bad verläßt und er dich über die knarrenden Dielenbretter kommen hört, steht er wieder auf. Du läßt dich aufs Bett fallen. Erst zwei Stunden bist du in dem schäbigen Zimmer, und schon hast du zwei fette, blutgeschwellte Flöhe gefunden. An der Wand über dem Bett zeigen schmierige Flecken, wo du sie plattgedrückt hast.

»Wir hätten bis Veracruz durchfahren sollen.«

»Schließlich habe nicht ich darauf bestanden, die Ruinen zu besichtigen. Was mich angeht . . .«

»Und deine Geschichte hängt mir zum Halse raus.«

Er betrachtet dich auf dem Bett und denkt, daß deine Taille trotz allem noch immer biegsam ist wie ein Schilfrohr. Was für ein Rohr? Es wäre Pedanterie, sich des wissenschaftlichen Namens zu entsinnen. Dennoch flüstert er in der Hoffnung, du werdest ihn nicht hören: *»Phragmites communis.«* Nun, Tigrin, der Mensch lebt nicht von Brot allein, und Javier schon gar nicht. Er verurteilt sich wieder zum Schweigen, aber schon hat er wie von selbst die alte Definition auf den Lippen: *»Un roseau pensant . . .«*

»Wenn ich wollte, könnte auch ich ein paar Geschichten erzählen«, fährst du fort. Mit dem Gesicht nach unten liegst du auf dem Bett und läßt auf einer Seite den Kopf, auf der anderen die Füße herunterhängen. Die Bettdecke ist hier und da gelb verfleckt.

»Javier, bitte, nimm ein Kleenex und wisch die zerquetschten Flöhe weg.«

Blut strömt in deinen Kopf, schwellt die Adern an Schläfen, Stirn und Hals. Du läßt die Schuhe von den müden Füßen gleiten, bewegst die Zehen wie Finger auf einer Klaviatur.

»Oh, wenn ich wollte, könnte ich Geschichten erzählen, die dich auch langweilen würden.«

Javier spielt mit der bronzenen Vorhangstange der Musselinvorhänge, welche die Glastür verdecken.

»Javier, es ist muffig hier. Merkst du das nicht? Stört es dich nicht? Warum beschwerst du dich nicht bei der Direktion?«

»Das Pittoreske riecht meistens nicht besonders gut. Aber keine Sorge. Eines Tages gibt es auch ein Cholula-Hilton.«

Das Blut in deinem Kopf macht dich schwindlig. Und die zerquetschten Flöhe kleben noch immer an der Wand. Wieder schließt du die Augen. »Zum Beispiel könnte ich dir die Geschichte mit Elena erzählen.«

»Elena?«

Du hebst den Kopf und siehst ihn wie verwundert an.

»Elena, aber ja, Elena. Erinnerst du dich nicht an den Strand von Phaleraki? An die bunten Kiesel? Die Feigen, die Elena verkaufte. Die heißen, von der Sonne verdorbenen Feigen. Sie verkaufte sie aus einem Eimer denen, die im Sand unter der gleichen Sonne lagen, die zuletzt auch sie verderben würde . . .«

»Die Sonne, immer die Sonne.« Während du sprichst, schließt er die Läden der Tür. »Seit ich dich kenne, hast du Sonne und noch mehr Sonne gesucht.«

»Warum schließt du schon um sechs Uhr nachmittags die Läden?«

»Weil es ein öffentlicher Durchgang ist und dein Rock bis über den Hintern hochgerutscht ist.«

Du lachst ein gurgelndes Lachen, und Javier schließt die Augen im Dunkeln. Er hat unrecht mit dem Durchgang, Tigrin. Dieser ist nicht frei zugänglich, sondern eine geschlossene Galerie, welche die vier Seiten eines Patio umgibt, und über dem Patio wölbt sich ein verglastes Spinnennetz aus Eisen, in dessen Winkeln und Gabelungen sich Staub angesammelt hat.

Javier schlägt die Decke zurück und legt sich schweigend auf den Bauch. Mit angezogenen Beinen sitzt du im Bett, und die Decke wölbt sich über deinen Knien. Obwohl Javier das Gesicht abwendet, erreicht ihn der Geruch nach Frau: Eau de Cologne, Menstruation, Müdigkeit. Mit einem Zipfel des Bettuchs überm Gesicht murmelt er: »Die Amerikaner sind empfindlicher als wir gegen Gerüche. Sie sind aseptisch. Jeder Geruch scheint sie zu beleidigen, stört sie, reizt sie. Wir sind immun.«

Er zieht das Tuch vom Gesicht und mustert dich verstohlen aus den Augenwinkeln, wie du mit offenen Augen dasitzt und rauchst. Dein Blick ist nachdenklich und abwesend. Wieder bedeckt er sein Gesicht und atmet deine Gerüche.

Just a deterioratin' little boy, Mama-Tigrin.

Als er aufwacht, glaubt er nur wenige Sekunden geschlafen zu haben. Er hatte nichts gespürt. Aber als er sich mit einem Ruck das Tuch vom Gesicht reißt und laut »Ligeia! Ligeia!« ruft, sieht er, daß du nicht mehr dasitzt. Dein Abdruck ist noch auf dem Kissen und der Bettwäsche, aber du, Elizabeth, bist verschwunden. Auch das Licht ist erloschen. Er seufzt und sagt bitter: »Ligeia, um Himmels willen!«

Manchmal weiß ich wahrhaftig nicht, wie du mit ihm redest oder wie du ihm zuhörst, Tigrin. Bei ihm wird mir allzu bewußt, daß wir alle den Kreis unseres Lebens schließen wollen, daß wir glauben möchten, die runde Linie ende, wo sie begann, daß wir in unser einziges Leben viele Leben hineinpacken möchten und daß wir überzeugt sind, wir könnten unserer kleinen Vergangenheit Sinn verleihen, besäßen wir nur mehr Klugheit, Willenskraft und Phantasie. Unbewußt sind wir alle Dichter und kämpfen gegen die Natur mit unseren Kategorien an: gegen die Natur, die uns keineswegs als Einzelwesen betrachtet, sondern vielmehr als Zusammenfluß von Lebensströmen, die sich nicht trennen lassen, die sich in einem Wirbel ohne Anfang und Ende mischen. Nimm an, wir begegneten jemand, der glaubt, er habe seinen Kreis endgültig geschlossen, habe alles hinter sich gelassen, alles verstanden: Was geschieht, wenn du ihn ansprichst, wenn du irgendwelche Worte, einen beliebigen Satz, gleichgültig wie kryptisch, zu ihm sagst? Zum Beispiel: »Das ist eine Fingerschale. Wenn du die Garnelen gegessen hast, tauchst du die Finger hinein und wischst sie ab. So, schau! Du mußt das lernen. Sonst heißt es, wir hätten dich schlecht erzogen.«

Dann muß er sich daran erinnern, daß er dachte: Wohin gehe ich nach dem Abendessen? und auch, daß er ihr eines Tages folgen wollte, um herauszufinden, wohin sie jeden Nachmittag verschwand, aber daß er sie aus den Augen verlor und sich verlief. Er war zehn Jahre alt und hatte das erstemal das Haus ohne festes Ziel verlassen. Wenn er sonst allein ausging, wußte er immer, daß er den Weg zum Park, zur Konditorei oder zur Schule einschlagen würde. Außerdem fuhr er mit dem Bus zur Schule. Diesmal ging er über die Koordinaten hinaus – Calzada del Niño Perdido, Parque de Ajusco, die Schule der Maristenväter an der Avenida Morelos, und nach vier oder fünf Querstraßen wußte er nicht mehr, wo er war, und bemerkte, daß er die Stadt nicht kannte, daß er in Wirklichkeit nichts von ihr wußte, da er sie nie allein durchstreift hatte.

»Wo warst du heute nachmittag?«

»Im Kino, im Parisiana.«

»Mit wem?«

»Mit zwei Schulfreunden.«

»Wie heißen sie?«

»Pedro und Enrique.«

»Welchen Film habt ihr gesehen?«

»Einen Tonfilm. Den Titel habe ich vergessen.«

»Gib mir die Zeitung. Er muß drin stehen.«

Schließlich war er nicht in der Stadt aufgewachsen. Er wohnte erst seit einem Jahr dort. Vorher waren die Züge seine Welt, viel mehr als die Städte. Immer hatten sie Verspätung. Oft wurden sie durch Maschinenschäden aufgehalten, manchmal saßen sie vierundzwanzig Stunden mitten in einer Wüste fest, und seine Mutter trocknete sich den Schweiß mit Spitzentaschentüchern, während sein Vater im Speisewagen, der nach überreifen Bananen roch, mit anderen Männern Karten spielte. Zuerst hieß es, niemand solle aussteigen, es handle sich um einen geringfügigen Schaden und in zwanzig Minuten führe man weiter. Dann ging das Gerücht um, weiter vorn seien die Geleise gesprengt, und einige Passagiere stiegen aus, rauchten Zigaretten und tranken aus Feldflaschen, aber die Sonne war zu stark, und sie flüchteten wieder in den Schatten der Abteile, und seine Mutter trocknete sich den Schweiß im Nakken und zwischen den Brüsten und sagte zu ihm: »Du steigst nicht aus. Es ist zu gefährlich.« Hinter den staubbedeckten Scheiben sah man die Wüste wie eine Spiegelung ihrer selbst, farblos, öd, eine Bühne, auf der jeden Augenblick etwas Fürchterliches geschehen und alle Farben aus der Abwesenheit jeglicher Farbe entstehen könnten. Nur die Wolken bewegten sich und liefen miteinander um die Wette; dies unterhielt Javier eine Weile, aber nicht lange. Er stellte sich vor, der Zug sei müde. Er hatte geschnauft und geächzt, um die hochgelegene Wüste zu erreichen, und nun war er erschöpft niedergesunken, lag keuchend und kraftlos auf dem Bauch, und alles roch nach müdem Dampf, Fett und abgestandenem Essen. Mit dem Finger zeichnete er Häuser, Bäume und Gesichter in den Staub des Fensters.

»Geh die Hände waschen, solange es noch Wasser gibt.«

Ein alter Mann aß *chongos zamoranos* und bot ihm davon an. Javier schwitzte, aber man hatte ihm verboten, die ziegelrote Wolljacke auszuziehen. Er setzte sich neben den alten Mann, dieser hielt ihm lächelnd einen Holzlöffel voll der geronnenen Milch hin, und Javier machte den Mund auf und schmeckte die Süßigkeit und die Maserung des splittrigen Löffels. Wieder lächelte der Alte mit zahnlosem Mund. Der Honig rann über sein faltiges Kinn und über das weiße, zugeknöpfte Hemd ohne Krawatte. Er trug einen verblichenen Filzhut, einen schwarzen Anzug mit abgewetzten Ellbogen und Aufschlägen und aß die *chongos,* ohne ein Wort zu sagen.

»Wo ist der Junge?«

»Im Wohnzimmer.«

»Was macht er?«

»Seine Hausaufgaben.«

»Schließ die Tür.«

Ja, schließ die Türe. Die Türe ihres Schlafzimmers oder die Türe des Abteils, wenn der Zug über den Fluß fuhr und die Häuser hinter sich ließ, deren Rasen nicht ummauert waren, sondern kleine Schilder mit den Namen der Familien trugen, die Geschäfte, Kinos und *soda fountains.* Die Leute waren anders. Nein, das stimmte nicht: anders waren die, welche in Nueva Laredo zustiegen, nachdem der Zug den breiten, seichten braunen Fluß zwischen den erdigen Steilufern überquert hatte, den Fluß mit den kleinen Sandbänken, Inselchen und Büschen, die mitten im Wasser wuchsen. Und dann verstand er die Sprache wieder. Die Anspielungen, die Scherze, diese Art zu reden, ohne je die Dinge beim Namen zu nennen. Als würde man sich die Zunge daran verbrennen, als seien sie verboten und geheim und das treffende Wort gefährlich, so daß man sich ihm beweglich und lachend aus der Ferne nähern müsse. Als bedürfe es des beschwichtigenden Diminutivs, des uneigentlichen Idioms. Sein Vater Raúl ließ die Hosenträger herabhängen und kratzte sich am Kopf, während er die Erwerbungen von der anderen Seite eine nach der anderen hochhielt: Verlängerungsschnüre, Tranformatoren, elektrische Bügeleisen und Kaffeemaschinen. Und seine Mutter Ofelia stand vor dem Spiegel des Abteils und hielt sich ihr neues Kleid an, bis sich ihr Sohn mit einem kleinen Boot in der Hand hinter ihr spiegelte und sie ihm mit einer Kopfbewegung befahl, die Tür zu schließen.

Selten verstand er, was bei Tisch geredet wurde. Und sie redeten sehr wenig. Ohne zu wissen warum, dachte er, daß die vertrauten Gesichter und Hände, Körper und Gesten nichts mit den Worten zu tun hatten, die sie beim Essen sprachen.

»Gib mir das Salz, bitte.«

Und Raúl hatte die Angewohnheit, das Brot zu brechen und in die Suppe zu brocken.

»Du siehst müde aus.«

Wogegen Ofelia immer eine Zitrone über ihrer Suppe ausdrückte. Immer, jeden Tag.

»Ja. Was erwartest du auch?«

Javier verscheuchte die Fliegen von dem schützenden Metallnetz überm Brot, das manchmal alt und weiß darunter wurde.

»Vielleicht können wir Ende des Jahres in die Ferien fahren.«

Am lustigsten waren die langen, schmalen Bilder im Eßzimmer. Sie erzählten die Geschichte eines Jungen, der einen schlafenden Hund neckt (erstes Bild); der Hund erwacht (zweites Bild); beißt den Jungen in den Hosenboden (drittes Bild), und weinend klettert der Junge auf einen Baum.

»Vielleicht. Ich weiß nicht. Es kommt drauf an.«

Der Perlvorhang klirrte, als das einzige Dienstmädchen aus der abgelegenen Küche kam, wo noch immer auf einem Holzkohlebecken gekocht wurde. Dünne, mit Zwiebeln bedeckte Filets.

»Es wäre schön, ein paar Tage ans Meer hinunterzufahren.«

»Ja, Ofelia, es wäre schön.«

Solange das Mädchen servierte, verstummte das Gespräch, und danach wurde es nur mühsam wieder aufgenommen.

»Javier erhält sehr gute Noten.«

»Schön. Sehr schön.«

»Nicht wahr, Javier?«

Er nickte, ohne mit dem Kauen aufzuhören, und versuchte zu verstehen, was seine Mutter und sein Vater sagten – mechanisch und ausdruckslos, obwohl ihre Lippen lächelten. Und von Zeit zu Zeit warf Ofelia fast glücklich den Kopf zurück: Ferien Ende des Jahres.

»Fang nicht vor deinem Vater zu essen an. Es gehört sich nicht. Es wird heißen, wir hätten dich schlecht erzogen.«

Er schob den Vorhang zurück, um . . .

»Ligeia, wo bist du? Um Himmels willen.«

. . . in seine obere Liege zu klettern, und da, in der unteren, in der er zu sein hatte, die ihm zugewiesen war, lag der alte Mann der *chongos zamoranos,* keuchend und grau, aber mit der Kraft der Erschöpfung, die den Alten gehört, weil sie in der Gewohnheit wurzelt. Damals verstand Javier das zahnlose Lächeln auf seinem Gesicht nicht, aber hätte er später darüber schreiben oder gar reden wollen, so hätte er es als die flüchtige Maske des Augenblicks beschrieben, der in die Erstarrung hinein andauert. Verwittert und sehnig lag er da in dem kragenlosen weißen Hemd, das bis zum schlaffen Gesäß reichte, und neben ihm die Alte, seine Frau; sie sah Javier zuerst und zog lange weiße Strähnen über ihr Gesicht, doch die nackten schweren Brüste mit Warzen wie braune Krater und den Bauch, faltig wie altes Leinen, ließ sie unbedeckt. Sie murmelte etwas, und der Mann drehte sich um und sah, wie Javier sie anstarrte. So war es. Oder nein, ganz so war es nicht, nur das Wo und das Was stimmten, und Javier schrieb nie darüber, da er fühlte, daß es bedeutungslos war, ohne innere Beteiligung geschah. Mit diesen Gedanken schob er den Vorfall beiseite, kritzelte in eines seiner Hefte und kommentierte, daß die trennende Entfernung manchmal nicht nur mehr Wert, sondern auch mehr Bedeutung hat als die Nähe, die uns vereinigt. Er traf sie wieder, nicht dieselben und doch dieselben, Jahre später, als er ein halbwüchsiger Schuljunge war und für irgend etwas bestraft wurde – etwa als er die Unterschrift seines Vaters Raúl gefälscht hatte und im Klassenzimmer bleiben mußte, nachdem alle anderen gegangen waren. Allein stand er vor der Tafel und schrieb: *Ich darf die Unterschrift meines Vaters nicht fälschen. Ich darf die Unterschrift meines Vaters nicht fälschen. Ich darf die Unterschrift meines Vaters nicht fälschen* – zwanzigmal, bis die Tafel vollgeschrieben war und er das Geschriebene löschte, um es weitere Zwanzigmal zu schreiben; und als die Dunkelheit wuchs, veränderte sich hinter ihm das behelfsmäßige Klassenzimmer im Souterrain der Maristenschule, war nicht länger der vertraute Ort mit dem schräg einfallenden Licht und Schatten und den vertrauten Gerüchen von Tinte, Papier und Bleistiften, dem Schweißgeruch nach den Spielen im Hof, der Mischung aus Holz, Bodenwachs, Kreide und Staub, der durch die hohen offenen Fenster hereinkam, wo er saß und den Lehrer entweder überhaupt nicht hörte oder nur ganz unbestimmt wie das Summen einer fernen Hummel. Und der Raum war nicht mehr der gleiche und füllte sich langsam mit Dunkelheit und Kühle, die des Tages Gerüche auszulöschen schienen. Und er schrieb noch immer *Ich darf die Unterschrift meines Vaters nicht fälschen,* bis er fertig war, alle Sätze mit Ausnahme des letzten wegwischte, seine Sachen zusammenpackte, sorgfältig die Lichter ausmachte und die Tür ins Schloß zog. Und morgen würde allen Studenten im ersten Semester Jura die Beichte abgenommen. Er hatte seine Strafe erfüllt: auf Ehrenwort, wie der Lehrer es gewollt hatte. Nachts war die ganze Schule dunkel, bis auf jene versteckten und verbotenen Patios und Zellen des angrenzenden Gebäudes, wo die Nonnen lebten, die blassen Frauen ohne Schminke, die in jenen Jahren der Verfolgung ihre Tracht nicht tragen konnten; ihr Haar war streng zurückgekämmt und die Knoten mit Nadeln und Kämmen gespickt, sie trugen goldgerahmte Brillen, dunkle Blusen, dunkle Röcke und hohe Schnürstiefel. Er erreichte die Straßenecke. Und da sah er sie die Straße überqueren: den alten Mann in einem schwarzen Anzug und die weißhaarige alte Frau in einem grau und weiß gepunkteten Kleid, gebeugt, erschöpft, geduldig, eilig, dieselben und nicht dieselben – er hatte sie wiedergesehen.

Und hättest du ihn gefragt, Tigrin, so hätte er dir erklären können, daß es nicht so wesentlich ist, jemandem nahezukommen, sondern zu wissen, wie man sich nähert, daß das Wissen wichtiger und dauerhafter ist als die Erfüllung. Und als er rief: »Ligeia! Ligeia!«, saßest du nicht mehr neben ihm auf dem Bett, wie er dich zuletzt gesehen hatte, ehe er die Augen schloß. Er blickte zum Bad, und das Licht dort war gelöscht. Er seufzte, er stöhnte bitter: »Ligeia, eines Tages schicke ich dich zu den Heiden zurück«, und er nahm die Schere aus dem Nachttisch – Herr, erbarme dich unser –, streckte die Füße aus – Christus, erbarme dich unser – und begann sich vorsichtig und bedächtig die Fußnägel zu schneiden – Nimm die Hände aus den Taschen, Javier. Das gehört sich nicht. Es wird heißen . . . –, indem er jedem Nagel die Form eines nach innen gebogenen Halbmondes gab, so daß die Ecken leicht vorstanden und den Nagel daran hinderten, einzuwachsen. Denn als Junge mußte er einmal zu einem Fußpfleger gehen, um sich einen eingewachsenen Nagel entfernen zu lassen. Als er fertig war, stand er auf, ging ins Bad und schluckte zwei Kapseln Librium. Amen.

Ihr werdet mir bestimmt verzeihen, meine Lieben, wenn ich die Broschüren weiterlese, während ich über die Schnellstraße von Mexico City nach Puebla brause und ihr vier den Ruinen von Xochicalco den Rücken kehrt und zum Volkswagen hinuntersteigt. Langsam gehst du voraus, Elizabeth. Der Schal ist von deinen Schultern geglitten und schleift im Staub, aber du bemerkst es nicht, bis Franz dich einholt und darauf aufmerksam macht. Einen Augenblick bleibst du stehen und schaust in die *barranca* hinunter, die steile Schlucht, wo die Bäume verkümmert sind und die staubige Erde mit den trockenen, harten, säuerlich riechenden Exkrementen der Ziegen bedeckt ist. Nicht weit abseits des Pfades liegt ein Hundekadaver, und darüber kreisen geduldig die Bussarde, die ihr aufgescheucht habt und die nur darauf warten, daß ihr geht, um wieder hinabzustoßen und an dem Aas weiterzufressen. Ihr steigt in den Volkswagen – Isabel und dein Mann hinten, du vorn neben Franz –, der Motor springt an, heult auf und der Wagen fährt los. Darüber die Stimme von Franz: »Erstaunte euch nicht auf attischen Stelen die Vorsicht menschlicher Geste?«

Und ich in meinem Bus mache es mir so bequem wie möglich, schaue von Zeit zu Zeit auf die Felder, die mitten im Mai weiß von Hagel sind, lehne das Gesicht gegen die kalte Scheibe, vertiefe mich in die Broschüre und erinnere mich wieder, wie alles von einem elektrischen Hochspannungszaun und einem tiefen, schlammigen Graben umgeben ist: man tritt durch eine Steintür ein, über der eine einzelne gelbe Glühbirne hängt. Ein Fenster zu jeder Seite der Tür. Darüber Gras, als sei die Festung ein Keller oder ein Grab. Kamine ragen wie aus einer unterirdischen Fabrik auf. Der Verwaltungsbezirk. Die quadratischen Gebäude mit den flachen Dächern. Morastige Höfe, violette Mauern, vergitterte Fenster. Die Desinfektionsstation. Der Raum, wo die Häftlinge registriert werden. Die Wachstube. Davor ein Gang mit verriegelten Gewehrständern für die Waffen der Wachen. Das Büro des Kommandanten. Eine Kleiderkammer. Die drei Reihen Einzelzellen mit den beiden Eisenringen in der Mauer. Die Garage. Gemeinschaftszellen mit dreistöckigen Holzpritschen an der Wand: ein Ofen, der nicht brennt, ein Licht, das immer ausgeschaltet ist, ein Klo, ein Waschbecken, immer feuchte Wände. Zelle 16, wo die Alten und Kranken den ganzen Tag Kartoffeln schälen. Zelle 14, dort schlafen die Häftlinge, welche in der Waschküche arbeiten. Die Zelle 13 der bevorzugten Häftlinge, die Briefe und Pakete bestellen, kochen, servieren, Haare schneiden. Eine Tür und ein Gang und die zwanzig Zellen der zum Tode Verurteilten: völlig kahl, nur der Zementboden. Ein Hundezwinger. Der Abfallschuppen. Die Krankenabteilung, die ein Arzt-Häftling leitet. Der Amtsarzt kommt an zwei Abenden der Woche, doch nur um die Totenscheine zu unterzeichnen. Eine Brücke und der ehemalige Stall, der nun als Hospital dient. Strohsäcke auf nacktem Boden. Der Garnisongarten, wo krummrückige weibliche Häftlinge Gemüse ziehen. Das Leichenschauhaus, der dunkle Raum auf einer kleinen Anhöhe. Von hier werden die Toten zum Krematorium der Stadt gebracht; Urnen, die mit F oder M markiert sind, kehren zurück. Das alte Herrenhaus mit Gittern und Kieswegen, Portikos und Mansarden, Zentralheizung, Zimmern voll lackierter Möbel, Glastische und Alpenlandschaften, mit dem großen Radio und der Sammlung klassischer Platten, im Eßzimmer polierte Stühle, in den Schlafzimmern Mahagonibetten. Wieder eine Mauer: die Frauenabteilung. Dieselben riesigen Zellen, dieselben dreistöckigen Holzpritschen. Dieselben vergitterten Fenster, die auf einen morastigen Hof blicken. Die Zelle, in der Frauen Holzknöpfe bemalen, Socken für die Soldaten der Garnison stricken, Kleider für die Wärterinnen und Hemden für die Häftlinge nähen. Die Kantine der Wache. Werkstätten. Die Schmiede. Die Schlosserei. Die Tischlerei: Möbel, Spielzeug, Särge. Die Waschküche, in der nur Männer arbeiten, aber wo an manchen Samstagen ausgesuchte Frauen Leibwäsche waschen dürfen. Dann der vierte Abschnitt, der später gebaut wurde. Später, Elizabeth, ich wiederhole, später, als das Gefängnis überquoll. Die Gefangenen selbst bauten ihn. Fünf riesige Gemeinschaftszellen, Einzelzellen. Eine hohe Mauer und dahinter Rasen, ein Kino, ein Schwimmbecken. Zwei Schäferhunde bewachen den Tunnel voller Kartoffelhürden, den Tunnel, der zum Exekutionshof führt, zum Galgen und zur kugelzernarbten Wand. Zuletzt das Krematorium. Auch dies wurde später gebaut. Später, Elizabeth. Das Krematorium.

Ich schiebe Broschüre und Erinnerung beiseite. Warum fortfahren? Mir wird übel von dieser Erinnerung, die Verrat an meiner Natur ist. Meine Nerven sträuben sich dagegen, sie lehnen sich dagegen auf. Nur aus Disziplin erinnere ich mich. Und davon mag dir übel werden: erbrich dich, wenn du magst, Elizabeth. Hier bin ich, hier bin ich, und heute abend werde ich dort sein. Na und? Ich reise über die Schnellstraße von Mexico City nach Puebla, während ihr vier einer gewundenen Route folgt, Mexico City – Cuernavaca – Xochicalco – Cuautla – Cholula, die euch mit mir und meinen sechs jungen mönchischen Freunden zusammenführen wird. Und heute abend wird einer aus eurer kleinen Gruppe von der Bühne abberufen werden. Er wird abtreten auf Nimmerwiedersehen, und ich werde dort sein, um seinen Abgang zu überwachen, ihm die Tür weit aufzuhalten, ihn vielleicht ein wenig zu schubsen, bis er sie passiert. Heute abend wird einer von euch sterben, Elizabeth. Aber mach dir keine Gedanken. Niemand wird sich Gedanken machen. Weder ich noch Gott. Erinnern wir uns: *Vor allem will etwas Lebendiges seine Kraft auslassen – Leben selbst ist Wille zur Macht –: die Selbsterhaltung ist nur eine der indirekten und häufigen Folgen davon.* Oder wenn dir das nicht gefällt, dann bedenke: *Die einfachste surrealistische Tat besteht darin, auf die Straße zu gehen und wahllos in die Menge zu schießen.* Nietzsche und Breton an der Spitze von Erschießungskommandos in Auschwitz? Und ich? Dein *caifán,* dein Wortspieler, und einst dein Taxifahrer: bin ich nichts als wieder nur ein Rebell ohne Ziel, ein alternder Rebell, ein *middleaged beatnik,* ein *angry young man,* der noch immer zornig ist, doch nicht mehr so jung? Das gibt zu denken, Tigrin, nicht? Du sagst, meine Zitate gefielen dir nicht? Dann zitiere du, was du magst, wie ich zitiere, was ich mag, und beide werden wir glücklich sein.

Und eines Tages wirst du mir erzählen, daß die Fliegen durch das offene Fenster kamen, daß sie summten und dich störten, aber daß Franz das Fenster offenließ, während du sagtest:

»Als ich ging, redete er im Halbschlaf vor sich hin, wieder die alte Geschichte von der Party. Meine Periode hat angefangen. Stört es dich?«

»Im Gegenteil«, sagte Franz, als du den Kopf auf seine nackte Brust legtest. »Dann brauchen wir schon keinen Gummi.«

»Sag etwas Schlechtes über ihn, Franz.«

Franz lachte und faßte dich beim Kinn. Du schmiegtest dich an seine Schulter.

»Nein, verzeih. Wozu auch? Erzähl mir von dir. Eine Liebesgeschichte. Eine wahre Liebesgeschichte. Mein Gott, wie er mich langweilte. Dieselbe alte Geschichte. Tausendmal habe ich sie schon gehört. Erzähl mir eine neue Geschichte, eine wahre. Eine von Jugend und junger Liebe.«

Ihr lebtet am Strand von Phaleraki. In einem kleinen, vom Sande halb begrabenen Haus. Küste und Meer bilden dort einen Halbmond aus weißem Wasser, dessen vollkommene Symmetrie ein sanfter Wind stört, der das Meer bis zum Horizont in endlos wandernde Silberstreifen teilt. Sag es, los sag es schon: das schäumende griechische Meer, das dunkle Reich, ebenso gefährlich wie unermeßlich. Und Javier sagte, er könne es verstehen: es sei eine Aufforderung, der man folgen, ein Weg, den man gehen müsse, ein zwingender Gegensatz zu den Hügeln aus gelbem Stein, den niedrigen, trockenen Bergen, die dem Rücken eines Tieres glichen, dem Höcker eines Kamels, das übers Land getrieben und vor dem Meer aufgehalten wurde. Ihr mietetet die Hütte. Wie alle anderen war sie weiß, mit zwei schmalen Fenstern, in den Sand eingesunken, weiß unter der heißen Sonne, aber umrankt von Hyazinthen, Hibiskus und Oleander. Am ersten Morgen, als ihr dort erwachtet, hieltet ihr euch bei den Händen

». . . und taten, was wir am Strand selbst im hellen Tageslicht hätten tun sollen . . .«, atmetet den schweren Duft der giftigen Sommerblumen und dahinter den Geruch des Meeres, in dessen Steinbett die aufgehende Sonne lag, die Frische der eben verblassenden Dunkelheit. Javier drückte deine Hand, und ihr blicktet aus dem Fenster mit den gelben Blumen und saht Himmel und Erde, Tag und Nacht, Kälte und Hitze, den untergehenden Orangenmond und die gläserne Sonne, die ausgebreiteten Netze, die roten Fische, die Olivenbäume und den wurzellosen Wind, und ihr fühltet euch im Mittelpunkt der Welt und glaubtet, eure Worte wurden in konzentrischen Kreisen alles Sein erfassen. Ach ja. Jugend und junge Liebe.

Und hier, gleich zu Beginn, laß uns innehalten, Elizabeth, und fragen, ob du wirklich die Lüge vermeiden kannst. Sollst du Scham oder Mitleid empfinden, als Javier die Geschichte von dem Mädchen auf der Party erzählt? Eine so verwickelte und abwegige Geschichte, daß sie nicht von Liebe handeln kann, und doch ist sie auf ihre Weise eine Liebesgeschichte. Früher war er nicht so. Ihr schlieft so einfach, so selbstverständlich zusammen. Es gab gar keine andere Möglichkeit. Nichts hätte diesem Sommer von Rhodos hinzugefügt werden können. Und ihr kamt sehr einfach dort an, mit dem Geld, das Javier aus dem Verkauf seines Elternhauses an der Calzada del Niño Perdido erlöst hatte; es reichte nicht für die erste Klasse des Dampfers, aber darauf kam es nicht an. Die meisten Fächer der einzigen Seekiste waren noch leer. Ihr kamt einfach dort an und nach einfachen Ereignissen: nachdem ihr euch im New York City College begegnet wart und verliebt hattet. Du verabschiedetest dich von Gershon und versprachst zu schreiben ... hieltest du das Versprechen, Elizabeth? ... und Becky besuchtest du überhaupt nicht, denn zu jener Zeit hattest du deine Besuche eingestellt. Auf einem langsamen Schiff kamt ihr nach Rhodos, und die Worte dort galten dem Tag und dem Meer oder den Büchern. Worte waren nicht für die Nacht, wenn ihr in dem schlichten weißen Raum mit den weißen Balken und dem weißen Kamin beisammenlagt – einfach auch dies. Ihr konntet damals mit großer Klarheit denken, klar und genau, denn während ihr euch in dem Fischerbett umschlungen hieltet, glaubtet ihr, gemeinsam die Teile einer sehr kurzen Vergangenheit zu bewahren und zu vereinigen. Heute tragt ihr die hohle, doch schwere Schale vieler gemeinsamer Jahre, aber diese Jahre scheinen kürzer als jene kleine Vergangenheit, die ihr damals zusammen entdecktet und erschuft, eine Vergangenheit, die euch lehrte, wie einfach, aber auch wie schwierig Liebe sein kann. Wie manche Gedichte, in denen die Worte nicht verhüllt sind, sondern ihre Bedeutung offen tragen und doch zugleich Brücken zu einem geheimeren und tieferen Sinn bilden, so waren eure Nächte damals eine Geschichte, die eine zweite Geschichte erzählte, schweigend und verborgen im Hintergrund. Alles, euer Leben in der Hütte und am Strand, wie der Roman, den Javier damals zu schreiben begann – und des Schreibens wegen wart ihr hergekommen –, besaß zwei Wirklichkeiten. Es gibt einen Augenblick, und für dich und Javier kam er vielleicht damals in jenem warmen weißen Raum, der nach Hyazinthen, Salz und altem, in Holz gesickerten Wein duftete, einen Augenblick, da wir für uns selbst und im Einverständnis mit anderen handeln können, denn wir entdecken, daß unser an sich bedeutungsloses Tun dadurch bedeutungsvoll wird, daß es uns die zweite Wirklichkeit enthüllt, die von allem, was wir tun, getragen und verborgen wird. Wir kehren zu den Ursprüngen zurück, und erst jetzt entdecken wir, daß das Leben gleich der Kunst mit der Scheinwirklichkeit kämpft, mit einer hartnäckigen Welt, die uns beansprucht, zurückhält und unterdrückt – kämpft, um die Realität zu entstellen, zu verändern, zu bejahen und zu verneinen, bis sie wirklicher wird, so nämlich, wie wir sie wünschen und brauchen. Du und Javier kamt erschöpft von eurem Kampf mit der Welt nach Rhodos, das war alles. Vielleicht wußtest du, als du in seinen Armen lagst und seine Haut streicheltest, daß ihr nie wieder die Zeit und die Klarheit, die Einsamkeit und die Nähe erlangen würdet, um das wiederzugewinnen, was ihr in der Kindheit bei der großen zwangsweisen Verschmelzung eures Lebens mit dem eurer Familie verloren hattet. Und jetzt wart ihr zusammen, jeder für sich und doch vereint. Und es war dies und nicht bloß Sexuelles, jener Gemeinplatz des Jahrhunderts, nicht nur – freilich vollkommene und erfüllte – Körperlichkeit, sondern dies, was ihr beide in der Hitze und Kühle von Haut zu Haut empfandet, in verschlungenen Händen, endlosen Küssen. In der Nacht liebtet ihr euch, jeder für sich und doch vereint, Elizabeth und Javier, um nicht länger zu sein, was ihr als Kinder in euren Elternhäusern gewesen wart, was du gewesen warst, als du dich mit deinem Bruder im Schrank verstecktest, während deine Mutter Becky euch suchte, um mit euch zu Mendelssohns zum Essen zu gehen, was Javier gewesen war, als er in dem verregneten Patio unter einer nackten, von Moskitos umschwirrten Glühbirne saß, während seine Mutter Ofelia hinter der angelehnten Schlafzimmertür stand und ihn beobachtete; was du gewesen warst, als du auf den Schultern deines Vaters durch die sommerblauen Straßen Manhattans zum Hudson rittest; was er gewesen war, als er an Raúls Hand durch ein Mexico City lief, das sonntags von Drehorgelspielern und gelangweilten Dienstmädchen wimmelte. Um nicht länger zu sein, was ihr gewesen wart, um zu werden, was ihr seid. Und wenngleich du in jenen Nächten die Gewißheit besessen und erlebt hattest, würdest du nie sicher wissen, ob Javier alle äußeren Zeichen der Liebe wie du verleugnete, weil diese Gesten die Beziehungen, die man zu allen anderen hat, gespiegelt hätten. Doch es mußte so sein, denn er küßte dich nie in der Öffentlichkeit, prahlte nie vor anderen mit dir, nie näherte er sich dir, um die Zeit totzuschlagen, nie nutzte er einen müßigen Augenblick, um dich zu umarmen, um mit dir zu schlafen. Und genausowenig hatte er eure Beziehung dadurch entstellt, daß er in Wort oder Haltung darauf bestanden hätte, ihr mehr Bedeutung oder Wert beizulegen, als sie in sich selbst besaß. Darum konntest du seinen Körper mit solcher Freiheit küssen und dich den beharrlichen Geräuschen des Meeres und der Nacht mit ihren Grillen und Mandolinen verschließen, darum konntest du dich so ganz geben und alles nehmen. Die Tiefe eurer Beziehung gehörte nur euch beiden und bedeutete nichts, was einem anderen etwas hätte bedeuten, nichts, was die Welt hätte erklären können.

Dennoch ordnete und klärte sich die Welt für dich nur, wenn du verborgen in Javiers Armen lagst, und für ihn nur in der Dunkelheit deines offenen Körpers. Denn keiner von euch forderte etwas. Ihr wart beide einfach dankbar. Dankbar für die lastende, fast greifbare Augusthitze, für den schweren Hyazinthenduft, das wuchtige Bett, das nie den Geruch der Lammfelle verlieren würde, unter denen die Fischer schliefen, die sonst in der Hütte wohnten, für die spürbare Nähe des Fliesenbodens, der die Nachmittagswärme speicherte, für das Gewicht eurer Leiber vor allem; ohne diese diffuse Dichte des Fühlens, Riechens und Hörens wäre das andere, die kühle und hinreichende Isolation des einzelnen in der Vereinigung selbst, nicht möglich gewesen. Und ihr bliebt in der großen Nähe getrennt, bewahrtet die wesentliche Distanz, die es erlaubt, einander zu sehen und zu achten, die Distanz, die in der geschlechtlichen Vermischung zugleich aufgehoben wird und erhalten bleibt. Von Wert war auch dies nur, wenn es ausgegeben wurde wie Reichtum. Um es zu bewahren, mußte es gebraucht werden. Und du mußtest du selbst bleiben, wie er sich treu bleiben mußte, damit ihr nicht in das Labyrinth des völligen Einsseins stürztet. Damals und später im Winter, als die Dorfbewohner Fisch, geharzten Wein, Ziegenkäse und Oliven brachen, als graue Windstöße über die Insel fegten und ab und zu ein Wasserberg über den Kieselstrand hereinbrach, als ihr euch in die Hütte flüchtetet und auf den Wind lauschtet, der an den Dachziegeln rüttelte, als ihr fröhlich und erregt eine Angst heucheltet, die euch einander näherte, euch lange Stunden überraschender, stets neuer Küsse und Zärtlichkeiten schenktet, immer längere Umarmungen, in denen alles Unnötige aufgehoben war, alles, was den Stunden eurer Liebe fremd war, wenn ihr zusammen vor dem Feuer lagt, auf Lammfellen über den feuchten Fliesen, und manchmal zu dem alten Gebälk aufblicktet, über dem das Dach dem Sturm trotzte. Und tags lief Javier in Rollkragenpullover und Kordhosen gedankenverloren am nassen Strand auf und ab, setzte sich dann mit dem Gesicht zum Meer an den Kieferntisch, und du gingst hinaus, um ihn nicht abzulenken. Barfuß und mit durchweichtem Regenmantel gingst du am Strand entlang und entdecktest, daß in Griechenland das Meer kein anderes Gesicht der Erde ist, da sich Erde und Meer nicht unterscheiden und keine Grenze zwingt, überzuwechseln. Das stille grüne Meer erinnert an Sommer und weist niemand zurück. Es scheint ein anderes, sanfteres, schmiegsameres Land, über das man geht, während die flüssige Erde aufsteigt, umhüllt, doch nicht versinken läßt. Ein stilles Meer. Ein treues, stets gegenwärtiges, stets wirkliches Meer. Ein Meer, das dein Gesicht mit seiner Gischt besprüht, so daß die sonnengebräunte Haut und das blonde Haar glänzen, wenn du den Strand entlanggehst, besessen vom Meer und von dem Mann, der dich hierhergebracht hat, der hergekommen ist, um zu schreiben, um sich von destruktiven Verneinungen und modischen Forderungen zu befreien. Der am einfachen Tisch sitzt und schreibt und auf seine Art dort mit der Wirklichkeit ringt, sie umstellt, entstellt und bejaht. Und du liefst zu ihm, sobald er sein Morgenpensum beendet hatte und unter der Tür erschien; du liefst zu ihm, während seine Stirn noch vor Konzentration fieberte, und wenn du dann auf den Lammfellen unter ihm lagst, in einem Akt, der sich selbst genügte, dann war das Meer zu hören und ließ sich mit Worten benennen, die immer draußen und zurück blieben, Worte, die nur in dem Maße ausgesprochen werden konnten, in dem eure Liebe und Lust unaussprechlich waren. Und auch die Welt hatte einen Namen und gehörte euch; ihr besaßet sie, indem ihr ihr fremd bliebt, sie mit einer Einsamkeit beherrschtet, in der ihr nur euch sehen konntet, vereint und getrennt im dunklen pulsierenden Bogen, der sich von der Scham bis zu den suchenden Lippen spannte. Durch euer Leben verlieht ihr der Erde Leben, und fern von euch konnten die Menschen die Namen des Meeres aussprechen, die Wörter, durch die sie das Meer und die Inseln geschaffen haben, die Wörter, die allen Sprachen und Jahrhunderten gehören:

Weindunkles Meer des Odysseus.

»Mit was habt ihr eure Fahrt nach Griechenland bezahlt?«

»Ich sagte es dir. Mit dem Geld aus Javiers Hausverkauf. Oder mit seinem Stipendium? Ich weiß nicht mehr genau.«

Nymphen, Sirenen und gegen den Zauber und die Verlockung des Meeres versiegelte Ohren.

»Ein Lloyd-Triestino Schiff. Ein alter Kasten.«

Meer ohne Grenzen.

»Wieviel Tage?«

»Oh, ich entsinne mich nicht. Eine Bordkapelle spielte Walzer und Jazz. Du weißt, wie die Zeit auf dem Meer verfliegt. Wie soll man da die Tage zählen?«

Cholerischer Atem.

»Seid ihr erster Klasse gereist?«

»Nein, dazu reichte es nicht. Wir reisten zusammengepreßt wie Sandwiches zwischen der ersten Klasse und dem Heck. Hör auf zu fragen. Lies *Ship of Fools.* Oder schau dir einen alten Film mit Kay Francis und William Powell an.«

Meer, das der Mächtigste unter den Göttern bewohnt.

»One Way Passage.«

»Aber ja. Alle sind tot und wissen es nicht. Der Nachen Charons *and all the rest.* Nein, das ist *Outward Bound.* Verzeih.«

Poseidon mit dem goldenen Dreizack.

»Hattet ihr viel Gepäck?«

»Mach keine Witze. Eine Überseekiste – da geht eine Welt rein. Damals reisten alle so.«

Meer, Gürtel der Erde.

»Freilich. Man hätte die drei Marx Brothers in einer dieser Kisten verstauen können.«

»Wir lachten uns darüber fast tot. Die Scharniere quietschten, die kleinen Schubfächer quietschten. Sie war fast leer.«

Meer, das von gewichtlosen fliegenden Fischen brodelt.

»Aber damals konnte man ohne eine solche Seekiste nirgends hinfahren. Es war ein Muß. Reine Prestigefrage. Und heraus hüpfte Harpo mit seiner Harfe und den Augen eines harmlosen Irren.«

Von den Musen geliebte Delphine.

»Harmlos? Frag die Maniküre des Schiffes.«

»Weit gefehlt, *caifán.* Aber vom Film verstehst du etwa

soviel wie ich von magnetischen Feldern. Ich sage dir, Harpo war harmlos; der böse Wolf war Groucho. Aber wir taumelten auf diesem fünftklassigen Schiff mehr herum als irgendein Marxist.«

Kinder des Meeres.

»Wir schrieben Briefe auf Konzeptpapier und steckten sie in die leeren Fächer der Kiste.«

»Was schriebt ihr euch?«

Kinder der Nereiden.

»Das sage ich dir nicht. Du bist zu neugierig.«

»*Okay.* Was für Kleider nahmst du mit?«

Von Amphitrite gesäugt.

»Was damals Mode war. Ich sagte dir schon, wie Kay Francis. Ein geblümtes Baumwollkleid für tags. Dann ein Abendkleid mit weitem Rock und Schneiderkostüme mit kurzem Jäckchen, langem Rock und einer Art Smokingweste aus Pikee. Zufrieden?«

Schiffe, die die glatte grüne Fläche durchpflügen.

»Hast du in Phaleraki selbst gewaschen?«

»Elena half mir.«

Meer ohne Spuren.

»Wer ist Elena?«

»Du paßt einfach nicht richtig auf. Ich weiß nicht, weshalb ich dir das alles erzähle. Was hast du mit all diesen unwichtigen Details vor? Bist du Gallup oder Kinsey? Bist du ein Anwerber für den Vietnamkrieg?«

Meer der dunklen Purpurwellen.

»Ihr hattet genug Geld, eine Wäscherin zu bezahlen?«

»Greif nicht vor, mein Lieber. Geduld. Elena mochte uns. Verstehst du?«

Meer, verbunden mit der guten dunklen Erde.

»Wer kochte?«

»Ich. Aber wir kauften das meiste. Im Winter brachten es uns die Fischer, und im übrigen konnte man fast alles gleich essen. Du weißt ja, Käse, Oliven, Wein. Manchmal briet ich einen Tintenfisch. Aber lieber aßen wir, was auf der Erde wächst. Was für ein dürres Land . . . Jesus, ich weiß nicht, wie wir überlebten.«

Von der Meersonne Apollos verbrannt.

»Wie Robinson und Freitag, Tigrin. Wie die Schiffbrüchigen der *Medusa.* Die landesübliche Kost. Einverstanden. Eines Tages werden wir einander ebenbürtig sein. Woraus war der Kamin? Ziegel, Kacheln oder Stein?«

»Man sieht, daß du nicht viel gereist bist. Alles dort ist weiß. Nicht der Baustoff ist wichtig, sondern die Farbe. Alles weiß gekalkt. Alles. Warum machst du deine Marihuana nicht aus? Sie stinkt.«

Meer der sturmgepeitschten Segel.

»Und Javier?«

»Javier? Fangen wir nicht mit Javier an. Versuch dich nicht als sein Psychiater. Nichts könnte ihm besser gefallen.«

Ehe Sappho den bleichfingrigen Mond des Meeres beschwor . . .

»Psychoanalyse. Humbug. Freud machte lediglich das Melodrama respektabel. Oh, Javier liebt das. Er möchte gern ›Ödipus‹ oder ›Jason‹ hören, obwohl er in Wirklichkeit nur eine Mischung aus John O'Hara und Caroline Invernizzo ist, ein Bastard, den man in eine Kakteenwüste verpflanzt hat. *It's pure camp, all of it. Pure tango.* Oh, bring mich nicht auf Javier. Javier interessiert mich nicht, Javier interessiert im Grunde niemand.«

»Nein, ich wollte nur wissen, wie er sich kleidete.«

Mond des Meeres.

»Wohl als Bohemien, zwanglos romantisch?«

»Ich habe es dir schon einmal gesagt. Barfuß. Kordhosen. Ein Rollkragenpullover. Nein, das . . .«

Von Meersternen umgeben . . .

»Auf einem Strand von Maine haben wir das erstemal . . .«

»Maine? Sagtest du nicht Long Island?«

Während am Ufer Mädchen tanzen.

»*Forget it.* Er schrieb einen Roman. Ich habe es eben durcheinandergebracht.«

»Du erinnerst dich wohl nicht mehr, worin er schrieb?«

»In aramäisch, mein Kluger, damit Christus ihn lesen könne. *Oh, I don't care if it rains or freezes, long as I have my plastic Jesus.*«

»*There is flies on you and there's flies on me, but there's no flies on old J. C.* Mit dem Bestseller aller Zeiten. Blut, Hoden und der Heilige Geist. Seine Ghostwriter waren Lloyd C. Douglas und Cecil B. De Mille.«

Und der Schlaf dunkler Augen senkte sich auf sie herab, und ihre Flügel schlossen sich.

»Nein, ich meinte, in was für ein Heft, auf welche Sorte Papier?«

»Oh, da hatte er stets vorgesorgt. Wo immer er hinging, stets nahm er seine Hefte mit. Schulhefte mit linierten Seiten.«

Meer des Orpheus.

»Ehe wir New York verließen, deckte er sich bei Woolworth ein. Mit Tinte, Radiergummis, Faber-Bleistiften, einem alten orangefarbenen Füller wie der von Gironella, mit Tesafilm und Büroklammern. Genug, um Barbara Hutton noch reicher zu machen.«

»Tigrin, das stimmt nicht ganz.«

Heerführerin, unsterbliche Jungfrau.

»Was stimmt nicht ganz?«

»Tesafilm war damals noch nicht erfunden.«

»Nein? Verzeih. Jedem kann ein Lapsus passieren. Schau mich nicht so an.«

Göttergebärendes Meer.

»Die Hefte.«

»Liniert. Marmorierte Deckel. Eine Multiplikationstabelle. Der Kalender jenes Jahres.«

Meer, das ausgreift wie die Hörner eines Stieres.

»Und welches Jahr war das?«

»O nein, du Schnüffler. Wie soll ich das wissen? Du versuchst mein Alter herauszufinden.«

Meer, das sich grenzenlos unbeholfen wiegt.

»Welche Tintenfarbe benutzte er?«

»Weiß. Keine Spur, kein Wort blieb zurück. Unsichtbare Tinte!«

Meer, das mittags auf seinen Wellen schläft.

»Ich habe seine Handschrift gesehen. Sie ist winzig, sehr sauber.«

»Unsinn. Er schreibt wie ein Hurrikan. Mit Wellen,

Ebbe und Flut und Gebirgsketten, mit Haken und Schleifen.«

Prophetisches Meer.

»Es gab kein elektrisches Licht. Was machtet ihr nach Einbruch der Dunkelheit?«

»*We played footsie, Mr. District Attorney.* Hör, so kommen wir nicht weiter. Es war eine Zeit des Gefühls, der Liebe und der Poesie, und du möchtest gern Inventur machen.«

Meer, mit den Schiffen Trojas bewehrt.

»*Pop lit,* Tigrin. Langweilt es dich?«

»*Okay,* du hast recht. Verzeih.«

Meer des Prometheus, der den Dreizack des Ozeans zerbrach.

»Aber langweiltest du dich wirklich nicht?«

»Nein. Ich hatte meine Kieselsammlung.«

Blindes Meer.

»Trotzdem . . .«

»Der Bestseller jenes Jahres war . . . war . . . *Antonio Adverso.* Ich las *Antonio Adverso* von der ersten bis zur letzten Seite.«

Spiegel des Jünglings, des Mädchens, des Baums, des Vogels.

»Ich dachte, du hättest nur den Film gesehen.«

»Nein, ich las das Buch und sah den Film. Frederic March und Claude Rains. Und Olivia de Havilland, als sie noch bezaubernd war, vor dieser traurigen Geschichte mit der Schlangengrube.«

Spiegel des stummen Fisches in seinen Tiefen.

»So was!«

»*Gulp!* Du glaubst mir wohl nicht? Du zweifelst wohl an meiner Wahrhaftigkeit? Nun, dann will ich dir erzählen, was alles in dem Jahr geschah, da wir nach Griechenland gingen. Hitler kassierte Österreich. Mussolini trat aus dem Völkerbund aus. Wir hörten Kate Smith und Kay Kyser und lachten über Jack Bennys Witze. Vater Coughlin spie Gift und Galle. Huey Long wurde, glaube ich, ermordet. Cárdenas enteignete die Ölgesellschaften. Die Garbo liebte Taylor. Dick Tracy arbeitete an Boris Arson. Die kleine Waise Annie wuchs keinen Zentimeter. Léon Blums Kabinett wurde gestürzt. Alice servierte den vier Verrückten in Berchtesgaden Tee. John Steinbeck veröffentlichte *The Grapes of Wrath,* und John Ford drehte den Film mit Henry Fonda. Wir sangen *a tisket, a tasket, a green and yellow basket.* Orson Welles fiel in New Jersey ein. Laß sehen, was noch? Schneewittchen und die sieben Zwerge. Genug?«

Meer, Element, das sich aus dem ursprünglich Einen schied und verlor, damit es sich wiederfände.

»*Okay, okay,* wir benutzten Azetylenlampen. Schreib es auf.«

»Noch zehn Punkte, und du hast dein Diplom, Tigrin. Und wie war es mit den Briefen? Schriebst du nach Hause? An Gershon?«

»Bist du verrückt? Erzählte ich nicht, daß wir die Briefe in die Kiste warfen?«

»Ja, aber hier habe ich einen alten Umschlag.«

Weißes Meer.

»Gib her. Wo um alles in der Welt hast du ihn gefunden?«

»In einer alten Seekiste, Tigrin. Na und?«

Wiege der Träume, die kein Leid kennen.

»Sieh dir die Adresse an. Avenida Amsterdam 85, Colonia Hipódromo, Mexico, D. F.«

»Nein! Du hast kein Recht dazu! Noch nicht. Wo hast du die Kiste gefunden?«

Fürst der verzauberten Stunden.

»Und außerdem stimmt es nicht... Nein... 85 West 99th Street. Ja, das war's. Oder eine Adresse in der Bronx. Ich kann mich nicht mehr erinnern. Es ist schon so lange her.«

»Mach dir nichts draus, Tigrin. Wir alle wollen anders sein als wir sind.«

Meer, das die Asche der Brüder empfängt.

»Wir können nicht mehr anders sein. Hör, *caifán.* Wir müssen uns an etwas klammern, an das, was wir sehen, was wir sehen und greifen können, weder Griechenland noch Mexiko noch sonst etwas, sondern die Welt von *Paramount Pictures Presents...*«

»Gewiß. Das Banner von Revlon. Die Nationalhymne

von Disneyland. Die General Motors Armee. Und die Länder heißen U. S. Steel und Conrad Hilton und IBM. So sieht heute der Atlas unserer stinkenden Welt aus.«

Meer Orests und Elektras.

»Wir haben keine Mythen mehr.«

»Nein, plötzlich nur noch Träume. Aber wenn man Träume berühren kann, heißen sie Mythen.«

Meer der kleinen Seereisen, die das Land der Sonne nicht erreichen.

»Und ein Ort, *caifán.* Es muß einen Ort geben. Irgendeinen Ort, und sei er erfunden. Damit wir hingehen und neugeboren wieder zurückkehren können.«

»Eine Stätte, Tigrin, an der man ausharren könnte. *The Last Time I Saw Paris.* Oder: *San Francisco, Here I Come.*«

Vom Blute Agamemnons gefärbtes Meer.

»Was ist gegen Griechenland einzuwenden? Die Harmonie, der Klassizismus, der Geist. Unsere Wiege.«

»Zahlen Sie jetzt, reisen Sie später.«

Eiland des Wehgeschreis.

»Ich langweilte mich zu Tode. Ich weiß nicht, was du erzählen willst.«

»Ja, Medea.«

Bewachtes, gehütetes Meer.

»Wer sagte es dir?«

»Jason.«

Meer aus Pech.

»Du fandest unsere Welt?«

»Und öffnete die kleinen Fächer der Kiste.«

Hafen nächtlicher Dolche.

»Du weißt alles.«

»Fast alles. Sogar den Ort, wo ihr schriebt.«

Meer der blutigen Reben.

»Fast drei Wochen waren wir auf dem Schiff, *caifán.* Eine Ewigkeit. Irgendwie mußten wir uns unterhalten.«

»Ja, das ist die einfachste Antwort. Warum das Leben komplizieren?«

Meer der Eroberung.

»Ich weiß nicht, ob wir alles vorausahnten oder ob wir uns nicht jedesmal, da wir eine jener Szenen schrieben und uns darüber vor Lachen kugelten und das Blatt in die Kiste warfen – unsere Weltkiste –, ob wir uns damit nicht verdammten, dies alles früher oder später wirklich zu leben . . .«

»Aber dort gab es nur zwei Personen. Dich und Javier. Erinnerst du dich?«

Meer des Ruders und Schwert des Schicksals.

»Ja, nur zwei.«

»Alles ließ sich schreiben und – so Allah wollte – vorhersehen, und dann versagten die Akteure. Sie bewältigten ihre Rollen nicht.«

Grab des Steuermanns.

»Der Plan war vollkommen. Nur er, nur ich. Wir wollten leben, was wir im Scherz auf dem Dampfer geschrieben hatten.«

»Er war keineswegs vollkommen. Niemand kann alle Rollen eines Films spielen, nicht einmal Erich von Stroheim. Man braucht *supporting actors.*«

»Versprich mir, daß du von alledem nie wieder reden wirst.«

Meer.

»Nie wieder, Tigrin. Ich verbrannte die Blätter. Und damit du es weißt, es war verdammt schwer, diese Seekiste ausfindig zu machen. Ich durchwühlte ganz Mexico City. Schließlich fand ich eines Tages in der Tacuba-Straße einen alten Juden, der Dinge sammelte, die man ihm versetzt oder geschenkt hatte. So viele Juden kamen während des Krieges nach Mexiko. Und danach so viele Deutsche. Nie sprechen sie von diesen Dingen, sie haben sie vergessen. Da waren alte Kisten und Koffer, verschnürte Kartons, Fetusse in Alkohol, nackte Puppen, Celli, Unterröcke und Hüte, alte Fotoalben, Nazifahnen und Armbinden, alte Filmstreifen, zerbrochene Platten, Bücher ohne Einbände. Kram genug, um endlos darüber zu schreiben.«

»Komisch. Wir beide hatten unsere eigene Geschichte leben wollen, gemeinsam, nur wir beide.«

Nur durch die Hände verbunden. Du fielst vor ihm auf die Knie, um es zu benennen. Er stand vor dir, und du knietest vor ihm, umschlangst seine Beine fester und fester, deine Hände glitten zu seinen Hüften, und als er herablangte, konntest du dich nur an seinen Händen halten. Immer tiefer strebtest du zum Boden, immer höher ragte er auf. Du erhobst dich, suchtest ihn stehend, ihr vereinigtet euch, stütztet euch mit den Händen, bogt euch zurück, ohne Küsse, Liebkosungen, Blicke, vereinigt und aufrecht, bis ihr auf den Boden sankt, du auf ihm, er unter dir, und er zog dich auf sich, und du drangst in ihn ein, und du ahmtest ihn nach, tatest, was er tat, glaubtest ihn zu besitzen, wie er dich besaß, als du auf seinen Schenkeln lagst und er in dich eindrang. Nimm meine Haut, Javier, nimm meine Brüste, lerne alle deine Begierden zu erfüllen, schlafe auf meinen Brüsten und wache nicht auf, ehe der Tag so warm ist wie unser Blut und Elena an die Tür klopft . . .

Der Motor sprang an, heulte auf, und der Wagen fuhr los. Javier erzählte, als Junge habe er seinen Vater, der Kaufmann war, oft auf dessen Bahnfahrten in die Vereinigten Staaten begleitet. Aber nur bis Laredo, jenseits des Rio Grande, bis an die Grenze. Und jedesmal sei er mit einem unbestimmbaren Gefühl der Scham oder Trauer nach Mexiko zurückgekehrt. Darum habe er vor einem Jahr die lange Bahnfahrt nach New York unternommen. Um den Kontrast zu Mexiko aufzuheben, um die Vereinigten Staaten nicht im Vergleich mit einem anderen Land, sondern für sich, als einzelnes Bild zu sehen.

»*There you go again*«, seufzte Elizabeth.

Nur zwei oder drei klare Eindrücke seien ihm von dieser Reise geblieben. Die Autofriedhöfe: Massen verbeulten Blechs, rußige Luft und überall Rost.

»Man kann sie auch wie moderne Skulpturen betrachten«, unterbrachst du ihn. »Wie unerwartete, überraschende Skulpturen . . .«

»Nein«, sagte Javier. »Wenn in Mexiko die Natur zerfällt, so zerfallen in den Vereinigten Staaten die Maschinen. In Mexiko ist alles Zerfall, weil alles versprochen und nichts erfüllt wurde. Für die Vereinigten Staaten erfüllte sich alles und zerfällt doch auch.«

»Woran erinnerst du dich sonst noch?« fragte Isabel.

»An Neger, die auf ihrer Veranda saßen und den Autos auf den Highways nachblickten, als sähen sie Friedhöfe oder Trümmerhaufen aus Blech. Und dann sah ich ein paar Männer hinter der Umzäunung eines Lagerhauses stehen und dem vorbeifahrenden Zug nachstarren und fragte mich: ›Wer sind sie? Wer mögen sie sein?‹ Das ist wohl alles.«

»Weil du sonst nichts sehen wolltest«, sagtest du lächelnd. »Ich bin da anders, mich beeindrucken Orte wie Terre Haute oder Indianapolis. Ich lese gern die großen Tafeln über den Fabriken. *This is the home of Goodyear Tires* oder *Here Shredded Wheat is manufactured.* Monumente wie in einem anderen Jahrhundert die gotischen Kathedralen. Oder?«

Niemand erwiderte etwas, und du drehtest das Radio an: *»Help, I need somebody ...«*

»Irgendwann möchte ich nach Europa zurück«, sagte Franz.

»Wie lange bist du schon weg?« fragte Javier.

»Seit Kriegsende.«

»Und warum gehst du nicht?«

»Man würde mir kein Visum geben.«

»Wer würde dir kein Visum geben?« fragte Isabel.

»Die Tschechen. Wenn ich Europa sage, meine ich Prag. Dort bin ich zu Hause.«

»Hast du die Freiheit gewählt?« fragte Javier trocken.

Franz lachte. Isabel summte zur Musik der Beatles: *»Not just anybody ...«*

»Eine interessante These wäre, Ligeia«, sagte Javier nach einem Augenblick, »daß England heute den Ton angibt. In der Mode, in allem. Mit den Beatles, den Rolling Stones, Petula Clark und dem Agenten 007.«

»Nun, jemand müßte sich für die dreizehn Kolonien rächen.« Du gähntest.

Isabel schlief mit dem Kopf auf Javiers Schulter ein, und Franz versuchte sie im Rückspiegel zu sehen.

Du stütztest das Gesicht in die Hände, strecktest dich wie

eine Eidechse auf Franz' Körper aus und sahst ihm ins Gesicht.

»Erzähl mir eine neue Geschichte, eine wahre. Eine von Jugend und junger Liebe. Was du gern tatest, wie du warst, wohin du gingst. Irgend etwas, alles, solange es wahr ist. Was hast du studiert?«

»Das weißt du doch, Lisbeth.«

»Macht nichts. Wo lebtest du? Wen liebtest du? Wie war Prag?«

Franz lachte, packte deine Schultern und zog dich wieder auf seine Brust. Er streichelte deinen Kopf und sagte ruhig: »Manchmal scheinen mir die Städte nicht zu existieren. Wenn du eine Stadt liebst, wie ich Prag liebte, dann glaubst du zuletzt, du habest sie erschaffen und sie werde ohne dich verschwinden. Aufhören.«

»Warum?«

»Man könnte dasselbe auch so sagen: Nur die Liebe hält eine Stadt am Leben. Nein, nicht ganz so. Ich weiß nicht ... Aber wäre eine Stadt ein menschlicher Körper und wir könnten sie mit einem Skalpell öffnen ...«

»Hör auf. Was für eine schreckliche Vorstellung«, sagtest du lachend.

»Eine Stadt ist ein Gemeinplatz. Und denk daran, was eine Stadt vertuscht und was sie doch zum Leben braucht. Abfall, Abwässer, Mülltonnen. Orte, wo das, was wir essen, trinken und lieben, herkommt und hingeht. Friedhöfe.«

Du rolltest dich zusammen. »Nein, so sehe ich es nicht.«

»Wie dann?«

Du schütteltest den Kopf. »Ich kann es nicht sehr gut erklären. Aber mir scheint, auch Städte haben ein Unterbewußtsein – genau wie wir –, ein Unterbewußtsein, das mit unserem verbunden ist. Freilich wehren wir uns dagegen. Die Lieder, die Neonlichter, die Reklame in den Schaufenstern, die flüchtige Berührung der Menschen, die wir auf der Straße oder in der Subway streifen. Verstehst du, was ich meine? Ich bin, was ich bin, weil ich in New York lebte und ein Lied in mir trage, in dem es heißt, *any time at all,* und eine Reklame, die mahnt, sei nicht so, wenn du auch so sein kannst. Kontakte mit der schwitzenden Haut, der Jacke oder Bluse Fremder, die ich nicht suchte und eigentlich nicht duldete. All das.«

Er küßte deine Schläfe. »Ja. Prag ist sauber. Darum liebe ich es. Es ist rein und nimmt sich keine Freiheiten heraus. Stadt und Menschen sind dort eins. Zumindest war es so. Deshalb kann ich einen Ort wie Xochicalco nicht begreifen. Ich kann mir nicht vorstellen, daß lebende Menschen diese eisigen Steine je liebten.«

»Vielleicht verstehe ich. Sie liebten sie nicht, sondern fürchteten sie.«

»Ich weiß nicht. Leg dich hin, Elizabeth. Ich mag deinen Atem nicht auf der Brust.«

»Besser so?«

»Ja. Wenn ich damals die Karlsbrücke überquerte – ich war etwa neunzehn –, so blieb die Stadt sommers wie winters im Nebel hinter mir zurück. In Prag ist der Nebel am Morgen anders als am Abend. Und im Winter ist er grau, fast weiß. Als verdichte sich der Atem der Brückenstatuen zu Wolken. Im Sommer ist er gelb und kommt von fernher. Von den Quellen des Flusses. Vor und nach meinen Vorlesungen stand ich damals oft mitten auf der Brücke, und der Nebel hüllte mich ein. Ich fühlte mich zugleich innerhalb und außerhalb der Stadt. Der Nebel entfernte und näherte mich ihr nach Belieben. Von der Karlsbrücke kann man sie ganz überblicken und dennoch in ihr bleiben.«

»Wie wenn man die Fähre nach Staten Island nimmt und auf Manhattan blickt.«

»Nein, das ist nicht dasselbe. Dort hast du die Stadt verlassen. Schau, auf der Brücke umgibt dich noch alles. Alles ist in Reichweite: hier die Kleinseite und der Hradschin und drüben die Altstadt und die Hügel von Bubeneč.«

»Deine Namen. Sie bedeuten mir nichts.«

»Von den Brückenköpfen sieht man die Kanäle der Moldau. Sie fließen an gelben Häusern entlang, und man blickt auf die Flußgräser hinab; ihr Grün wechselt mit den Stunden und Jahreszeiten. Entlang der Kanäle ankern Kähne, und unter der Brücke liegen Fischerboote. Weiße Figuren auf dunklem Grund schmücken die Häuser, deren Fassaden sich zum Fluß kehren. Die Moldau fließt träge zwischen den ockerfarbenen Palästen. Weiden säumen die gepflasterten Ufer, und manchmal stehen dort Fischer mit Baskenmützen und Segeltuchmänteln, zähe alte Männer, die zwei Angeln benutzen. Weiter unten, nicht fern vom Hradschin, drängen sich asymmetrische Dächer, Dachluken und Kamine, Kirchtürme, manche spitz und katholisch, andere mit byzantinischen Kuppeln, wieder andere mit protestantischen Fenstern aus buntem Glas. Man hört die Glokken der Kleinseite und riecht Lorbeer und Zypressen aus den Innenhöfen der Häuser. Aber man riecht auch das stehende Wasser und die faulenden Blätter, die sich an den Kanalgittern sammeln. Dann wieder ist die Luft erfüllt vom wilden Duft der Kastanien.

Täglich ging ich über die Brücke zur Kleinseite, wo Professor Maher wohnte.«

»Mit wem?«

»Mit niemand. Ich ging allein. Lisbeth, es ist sehr heiß. Mach doch das Fenster auf.«

Nackt und biegsam erhobst du dich und gingst zum Fenster. Du öffnetest es und breitetest die Arme aus. Und mit ausgebreiteten Armen drehtest du dich um dich selbst, damit Franz dich betrachten könne. Anerkennend glitt sein Blick über deine Gestalt, die schlanke Gestalt, ohne Absätze merkwürdig klein, mit großen, ein wenig schlaffen Brüsten. Das aschgrau gefärbte Haar und das ergrauende Haar auf dem Schamhügel. Die leichte Senke zwischen Brust und Nabel, die feine bläuliche Linie des Bauches.

»Beweg dich nicht, Lisbeth. Bleib so stehen.«

»Ich spüre schon den Abendwind.«

»Du siehst hübsch aus.«

»Wirklich? Ich zeige mich dir gerne so. Es ist wie ein geheimer Ausflug. Schiff ahoi. Es ist ein Schlag ins Gesicht dieser überaus schamhaften Mexikaner. Vor diesen Leuten spiele ich bei jeder Gelegenheit die Hure. Ihre sexuelle Heuchelei macht mich krank. Stell dir vor, Javiers Großmutter trug noch ein Nachthemd, das bis zu den Knöcheln reichte und ein gesticktes Loch für Großvater hatte. Und bevor sie miteinander schliefen, knieten sie vor einer Kerze und sagten ein Verschen her, das mir Javier beigebracht hat.«

Du knietest dich neben das Bett, verdrehtest die Augen und schlugst mit der Faust gegen die Brust:

»Wir treiben's nicht aus Laster
Und sind nicht geil und toll.
Das Kindlein wolln wir machen,
Das Deinen Namen preisen soll.«

Du lachtest, und lachend küßte Franz deinen Hals.

»Und jedesmal wenn Großvater ejakulierte, rief er: ›Kyrie eleison!‹, und sein frommes Weib antwortete: ›Christe eleison!‹ Mein Gott! Ich sage dir, Mexiko ist das morbideste und puritanischste Land der Welt. Es widert mich an. Laß uns fortgehen. Versprich mir, daß wir dies Land eines Tages zusammen verlassen werden. Wie Magellan oder Gagarin. Versprich es mir.«

Du strecktest ihm die Hände entgegen, und Franz ergriff sie.

Gershon drückte deine Hand und sagte bitter: »Die Ignoranz kennt keine Gerechtigkeit. Keine, Lizzie.«

»Das ist gleichgültig, Papa.«

»Und woher weißt du das?«

»Ich sage dir, es ist gleichgültig.«

Dein Vater balancierte seine Tasse einen Augenblick unter der Nase und sah dich blinzelnd an, als wolle er im Dämmerlicht klarer sehen. Ihr saßet in der Cafeteria im Zwischengeschoß des Bahnhofs. Er stellte die Tasse aus billigem Porzellan zurück, zog sein Taschentuch heraus und schnaubte sich lachend die Nase. Unter Gelächter trocknete er sich die Augen und preßte dabei die Zunge gegen die Zähne. Er klopfte sich rasch an den Kopf, dann schlug er sich auf den Bizeps. Mehrmals wiederholte er diese Geste und sagte: »Köpfchen gegen Bizeps. Da hast du's, das ist alles.«

»Deine Erkältung ist sehr schlimm, Papa. Du hättest um Urlaub bitten sollen.«

»Bah. Es hilft nichts, wenn man sich mit einer Erkältung zu Hause einschließt. Besser, man lüftet sie.«

»Du hättest keinen Kaffee trinken sollen.«

»Nein? Sollte wohl Tee trinken?«

Er griff sich an die Stirn, dann an den Bizeps.

»Köpfchen gegen Bizeps. Immer das gleiche.«

Voll gelangweilter Abscheu näherte sich ihnen der Kellner. Er scheuchte Fliegen von harten Zimtkringeln, seufzte und schüttelte langsam den Kopf. Deine Hände krallten sich ins Kissen. Der Kellner riß die Rechnung ab und warf sie auf den Tisch. Gershon betrachtete sie einen Augenblick, senkte dann den Blick und suchte seine Brieftasche im Futter der Jacke. Er nieste, und der Kellner starrte zur niedrigen Decke empor, während du die Augen schlossest und den schalen, wäßrigen Kaffee rochst, das Fett und den Leim der Fliegenpapiere, die mit Bergen und Kratern von toten Fliegen dicht überzogen waren. Ein schwacher Hauch nach Verwesung ging davon aus. Der widerlich süße Geruch von Schokolade, Brombeeren und *rootbeer,* von altem Backwerk, fermentierendem Zucker und Zersetzung. Gershon schob eine Dollarnote neben die Rechnung. Du schlugst die Augen auf und sagtest so, daß der Kellner dich hören konnte: »Ein Dollar ist ein Dollar. Gleichgültig, von wem.«

Unterm Tisch preßte Gershon dein Knie mit der Hand, und du verstummtest, als der Kellner dich mitleidig betrachtete und euch den Rücken wandte, ohne die Rechnung oder den Dollarschein an sich zu nehmen. Er murmelte etwas, was du und dein Vater nicht verstehen konntet. Du starrtest den Leuten nach, die draußen den Bahnsteigen der Pennsylvania Station zustrebten.

»Magst du noch etwas, Lizzie? Noch etwas zu trinken? Ein Vanillesoda vielleicht?«

»Nein, Papa. Nein danke.«

Ein rothaariger, sommersprossiger Matrose kam mit seinem Leinensack vorbei und blickte sichtlich verloren in alle Richtungen. Ein Alter mit ausgebleichtem Filzhut, der ihm über die Ohren rutschte, wurde von einer jungen Frau geführt, die ihm sehr ähnlich sah – die gleichen feuchten

Augen und hohen Backenknochen, die gleiche spitze, ängstlich schnuppernde Nase. Sie blieb stehen, versuchte das schwarze Hutband zurechtzurücken und enthüllte dabei einen nicht verschossenen Filzstreifen. Der alte Mann achtete nicht darauf, und sie führte ihn zum Bahnsteig, wo die Züge nach Baltimore abfuhren. Zwei Mädchen lehnten gegen ein Eisengeländer und hielten sich spielerisch bei den Händen, die sie hin und her schwangen, ohne einander anzusehen, doch manchmal blickten sie auf die roten Socken und Lacklederschuhe, kicherten nervös, wurden von zunehmendem Gelächter gepackt, das sie schließlich lautlos schüttelte, bis sich eine die Hand vor den Mund hielt, während die andere beide Hände vors Gesicht schlug. Schließlich beruhigten sie sich, hakten sich unter und lehnten gegen das Eisengeländer, ohne einander anzusehen. Jungen in weißen Hemden – kurzärmlige Hemden mit einem Schulemblem, andere ärmellos und zerfetzt – drängten sich um den Zeitschriftenkiosk und blätterten in Cowboy-Heften und den Illustrierten voller Muskelmänner, die Lendenschürze aus Leopardenfell trugen. Einige der Jungen ließen ihren Bizeps um die Wette anschwellen. Andere lachten und strichen sich über den Flaum auf der Brust und unter den Achseln. Wieder kam der Alte in Begleitung der jungen Frau vorbei. Sie schienen ebenso verloren wie der rothaarige Matrose, der nicht mehr zu sehen war und sicher seinen Zug gefunden hatte. Nicht so die beiden. Als er stolperte, hielt sie ihn beim Ellbogen, blieb stehen und blickte durch die Scheibe der Cafeteria. Wieder schlossest du die Augen, und wieder rochst du den Kaffee, den fermentierenden Zucker, den Rauch der Züge und weiter weg, weit weg, die Trottoirs aus Beton und die geteerten Straßen, die verschwitzten Kleider, die schweißdunklen Kragen dieses Julitags.

Becky stöhnte, und du umschlangst ihre Taille. Du fühltest ihre zitternden, schweißnassen Hände, und beide schlosset ihr die Augen und verbargt euch ein wenig mehr, zogt euch noch ein wenig mehr zurück in die hinterste Ecke des bräunlichen Zimmers, das von draußen beleuchtet wurde, vom Licht der Gaslaternen, der Straßenlampen und Schaufenster. Das Licht fiel auf euch wie in einem Theater, zeichnete Beckys Profil nach und bildete eine schwache Aura um ihr Haar, das so streng und ordentlich zurückgekämmt war, daß sich das Licht nur in den wenigen losen Härchen fing, das schwache Licht, in dem sich undeutlich die Blumenvasen abzeichneten, die Häkeldeckchen, die über die Rücklehne des Samtsofas gebreitet waren, das leichte Schwanken der Perlvorhänge zwischen Wohnzimmer und Eßnische.

»Es ist nur die Katze, Mama.«

»*Die* Katze oder *eine* Katze? Was von beiden?«

»Die Katze von nebenan. Josephs Katze.«

»Halt mich fest, Betele, halt mich fest.«

»Aber, Mama, es ist nur die Katze.«

»Das hast du schon einmal gesagt, und es stimmt nicht. Du hast nicht die Wahrheit gesagt. Es ist keine Katze hier, und es ist nicht unsere. Entweder sind es Katzen, oder es ist *eine* Katze, aber *die* Katze ist nicht hier.«

»Mama, ich weiß nicht.«

»Halt mich fest. Merkst du nicht, daß ich . . .«

»Bitte mach Licht an.«

»Komm, halt mich fest. Sag mir . . .«

»Ja, Mama. Ich habe Angst. Ich fürchte mich und bin froh, daß ich bei dir bin, daß wir zusammen . . .«

»Du fürchtest dich?«

»Ja, ich fürchte mich sehr.«

»Bist du sicher, daß es eine Katze ist?«

»Ja. Hörst du sie nicht miauen?«

»Und es stinkt, Betele, stinkt es nicht? Oh, halt mich fest. Es stinkt nach Urin. Streite es nicht ab. Du riechst es auch, nicht?«

»Ja, Mama.«

»Sie werden uns finden, Betele!«

»Bitte, Mama. Mach Licht und fürchte dich nicht mehr.«

»Es ist elf Uhr abends. Und dein Vater ist noch nicht zurück. Warum sollte ich da Licht machen? Sag mir, wer macht schon um elf Uhr abends Licht, wenn der Vater daheim ist? Und sag mir, wer hätte um elf Uhr abends Angst, wenn . . .«

»Schau, Mama! Ich hatte recht, es ist Josephs Katze!«

»Schamlos. *Chuzpe!* Raus, raus mit dir, raus aus meinem Haus!«

Und manchmal ging Gershon mit dir auf die Straße, ohne Becky Bescheid zu sagen. Er nahm dich bei der Hand, und du stiegst mit ihm die Treppen hinunter, auf der Straße hob er dich lächelnd auf die Schultern, und du machtest es dir dort bequem, blicktest zu den schwarzen eisernen Feuerleitern empor, die wie Spinnweben über die schwarzen Backsteinmauern liefen, und diese waren so schwarz, als hätte der Brand schon stattgefunden und die Feuerleitern hätten zu nichts gedient.

»Superstitio et perfidia.«

Du stecktest deinen Penny in den Schlitz, und heraus kam ein hartes Bonbon, rund wie eine Murmel, und du lutschtest es.

»*Mizwe.* Jeden Tag eine gute Tat.«

»Gershon! Hol ein paar Heringe zum Abendessen!«

Du lutschtest die zuckerüberzogene Kugel, klammertest dich an den Kopf deines Vaters, und ihr ließt die Feuerleitern hinter euch. Es roch nach Käse und Knoblauch. Dann ein besserer Geruch – Orangen und Äpfel. Hunde bellten und Kanarienvögel zwitscherten. Obst- und Gemüseläden. Hutgeschäfte. Tabakgeschäfte. Feinkostgeschäfte. Kürschner. Geschäfte, die Capes, Seide und bunten Kattun verkauften. Flatternde Taubenbrüste. Und Hunde, die bellten und bellten und bellten.

»Sie haben die schönsten Wälder New Yorks zerstört und die häßlichsten Wohnviertel der Welt gebaut. Den Regierungen sei gedankt.«

Das Licht, Elizabeth. Ins dunkle Wohnzimmer, wo du den Perlvorhang, die Blumenvasen und gehäkelten Kissen nicht sehen, sondern nur ahnen konntest, fiel das Licht in schrägen Strahlen von der Straße und füllte den Raum mit falschen Aureolen. Und wenn das Licht verschwand, suchtest du es, oder, besser, du suchtest voll unbewußter Dankbarkeit nach seiner Quelle: an einer silbernen Stelle des Hudson, an einem nebligen grünen Fleck der Palisades, im gelben Wind, der aus dem verbrauchten Himmel mit der dampfenden Goldfarbe über dem unteren Manhattan kam. Manchmal gingst du mit einem Gefühl des Abenteuers bis hinunter zu den Fischmärkten von Fulton Street. Bis South Street, Peck Slip und Chinatown, wo der Fluß voller Geräusche ist und Kähne mit Eisenbahnwaggons beladen sind, wo die Schleppboote pfeifen und pfeifen, weil sie los und ledig sind, wo die Autos auf der Brücke eine geschwinde Musik machen und die Hochbahn dröhnt, unverwechselbar und in regelmäßigem Abstand.

Du siehst, Tigrin, es ist auch für mich eine Stadt der Sonne und des Nebels.

»Wir werden nach Amerika gehen. Wir werden Menschen sein.«

Du und dein Bruder Jake saßet auf Gershons Knien, und Gershon blätterte langsam die dicken vergilbten Seiten des alten Albums um und brauchte auf nichts hinzuweisen. Schaut, schaut euch das nur an! O nein, nicht das! Du und dein Bruder Jake lachtet und lachtet. Die Straßen ohne Pflaster, voller Schlamm, von Holzhäusern begrenzt. In der Ferne Zwiebeltürme. Ein Mann mit langem Bart, hohen Stiefeln und schwarzem Kaftan. Auf seiner Brust ein gelbes Rad.

»Gelb.«

»Jidd. He, Jidd. Eins-zwei, eins-zwei!«

»›Ein Jude und ein Schwein dürfen hier nicht herein.‹«

»Bist du das?«

»Ja, du bist's.«

Du und Jake lachtet, und Gershon wandte die Seiten, und ihr konntet nicht glauben, daß der Mann mit Favoris, Kinnbart und Kaftan der gleiche war wie der junge Mann mit Weste, Melone und einer Perle in der Krawatte. Dann wandtet ihr euch um und saht den anderen Gershon, der lächelte und mit der Zunge eine Zahnlücke schloß. Er trug ein gestreiftes, kragenloses Hemd, karierte Hosen und war barfuß. Die Hosenträger hingen herab, und die zu langen Ärmel hatte Becky gekürzt.

»Selbst sein Rücken ist gerader. Schau, selbst sein Gesicht ist verändert!«

»Erstaunte euch nicht auf attischen Stelen die Vorsicht menschlicher Geste?«

Der Volkswagen fuhr mit heulendem Motor los, und Franz sagte, auf ihrem Weg läge ein gutes Restaurant. »Bier, Würste, Senf.«

Isabel blickte aus dem Fenster. Subtropisches mexikanisches Land, eine Straße, deren Rohrhütten mit Strohmatten schräg gedeckt waren, tief kreisende Geier, Buben in zerschlissenen kurzen Hemdchen, unter denen die kleinen Genitalien und geschwollenen Bäuche hervorsahen, kleine vergessene Buben, deren Eltern sich in blauen Hemden und schlammverschmierten Sandalen über die Reisfelder beugten und mit den Händen das Wasser vorantrieben, damit es sich gleichmäßig entlang der gewundenen Kanäle verteile. Das Land veränderte sich. Der Volkswagen verließ das Tafelland und fuhr von der hochgelegenen Wüste hinunter zur tropenheißen Küste.

Franz fuhr rasch und geübt, verlangsamte und beschleunigte geschmeidig, schaltete in den Kurven herunter und wieder hinauf ohne Ruck. Der Wagen gehörte ihm, und er kannte ihn in- und auswendig. Er war ein Fremder wie du, Tigrin. Blond und ergrauend wie du, doch nahezu weißblond, so daß sich die sonnenverbrannte Haut scharf abhob. Ein Gesicht mit genauen festen Linien: kurze Nase, glatte Stirn, glatte Wangen, energischer, ein wenig vorspringender Unterkiefer. Weiße, ebenmäßige Zähne. Schmale Lippen, die mit Vorsicht lächelten. Ein Deutscher, Tigrin, so deutsch es nur geht.

Er liebte Musik und Architektur. Musik vor allem, obwohl er Architektur studierte. Mit seinem Freund Ulrich bewohnte er ein Zimmer über einer schmalen gewundenen Straße. Die Giebel der Häuser berührten sich fast und verdunkelten die Gasse. Man war zu dicht davor, konnte sich nicht weit genug entfernen, um ihre alten Barockfassaden richtig zu bewundern, genauer, die barocken Verzierungen, die später den mittelalterlichen Gebäuden aufgesetzt worden waren. Glatter alter Stein unter gelbem oder rosa Verputz, der nun abbröckelte, so daß das ursprüngliche Grau wieder zum Vorschein kam. Und die Stadt, eine deutsche Stadt, war voll von gelbverputzten Palästen mit goldenen Kuppeln, gerieften Säulen, launischen Dachtraufen, Nischen mit Reben und Putten, labyrinthischen Sälen und halbblinden Spiegeln.

Fliegen summten durch das offene Fenster. Sie störten dich. »Wir hatten wenig Geld«, sagte Franz. »Fast keines. So wohnten wir zusammen. Es verringerte unsere Ausgaben um die Hälfte.«

Es halbierte auch Aufwand und Zeit, die sie benötigten, um auf der elektrischen Platte zu kochen, das Bett zu machen und das Zimmer aufzuräumen. Mit dem Bett wechselten sie sich ab, eine Woche benutzte es Franz, die andere Ulrich. Wer gerade auf das Bett verzichtete, kampierte auf einem schmalen Sofa, das die ganze Nacht hindurch quietschte und so kurz war, daß man entweder die Füße auf einen Schemel (Ulrich) oder den Kopf auf die Armlehne des Sofas (Franz) betten mußte. Gemeinsam erwarben sie einen Zeichentisch und einen hohen Hocker. Über den Boden waren Papierrollen verstreut, und das Zimmer roch nach Tusche, Radiergummi und Leim. Auf die tapezierte Wand hatten sie mit Reißnägeln Abbildungen klassischer Architektur geheftet: das Pantheon, die Hagia Sophia, die Kapelle Karls des Großen in Aachen. Montag bis Samstag standen sie früh auf. Franz füllte unterm Wasserhahn im Gang eine Schüssel mit kaltem Wasser, während sich Ulrich die Augen rieb und benommen die Kaffeekanne wärmte. Mechanisch wuschen sie das Gesicht und tranken den Kaffee beim Anziehen.

»Nie werde ich vergessen, wie Ulrich auf dem Sofa saß, in der einen Hand die Tasse hielt und mit der anderen die Schuhe anzog, ohne die Schnürsenkel zu lösen.«

Sie wickelten sich in ihre Schals und stürzten davon, um die Tram um sieben Uhr zwölf nicht zu verpassen. Lächelnd trabten sie die gewundene Gasse hinunter, und ihr Atem stieg in Wolken vor ihnen auf. Dann standen sie draußen auf der Plattform – die Mütze schräg auf dem Kopf, den Schal überm Mund, die Hände in den Taschen – und kämpften um ihr Gleichgewicht, wenn die Tram mit einem Satz anfuhr und mit einem Ruck hielt. Die schaukelnde Bahn, die sie aus den überfüllten Straßen ins offene

Land brachte. Vorbei am Straßenbahndepot. Am Park mit bemoosten Statuen und Brunnen, die im Winter ohne Wasser waren. Vorbei an der Pinakothek und den breiten Alleen dahinter. Über eine neblige Ebene und schließlich zur Architekturschule. Dort trennten sie sich. Ulrich war ein Jahr weiter als Franz. Mittags trafen sie sich in der Mensa wieder. Wer zuerst kam, bemächtigte sich eines Tisches, notfalls mit Gewalt, verteidigte ihn, bis der andere eintraf, und bestellte unterdessen das Standardessen: zwei Würste, Kohl, Bier und ein Cremeschnittchen, das sie sich teilten. Und im Laufe des Vormittags waren sie jedesmal aufgestanden, wenn ein Professor den Hörsaal betrat. Vier Professoren jeden Morgen, verschiedene Namen, doch der gleiche Pomp: schwarzer Rock, gestreifte Hosen, Vatermörder, Gamaschen über den Schnürstiefeln.

»Emil Jannings im *Blauen Engel*«, unterbrachst du ihn lachend. »Erinnerst du dich? Ich sah ihn als junges Mädchen in einem Vorstadtkino. Wir alle wollten genau wie Marlene sein. Wie hieß sie doch?«

»Lola.« Franz lächelte. »Lola-Lola. Und er war Professor Unrat. Ja, Jannings verwandelte unsere Professoren in ganz gewöhnliche Sterbliche.«

Aber als er unter zweihundert frierenden Studenten saß, deren Atem das Amphitheater mit Dunst erfüllte, schien ihm von seinem hohen Sitz der Professor alles andere als gewöhnlich, sondern so kalt wie der Hörsaal, so unerreichbar wie fern. Auf der Tafel skizzierte der Professor rasch die Berechnungen zu einem Grundriß. Er erzählte, wie Brunelleschi bis zur Kuppel des Pantheon in Rom kletterte, einige Steine entfernte und das Geheimnis der sich gegenseitig stützenden Doppelbögen entdeckte und wie er darauf seine Zeitgenossen mit dem Dom von Florenz in Erstaunen setzte. Er verteidigte klassische Prinzipien gegen die Neuerungen von Gropius und der Bauhaus-Gruppe. Es war verboten, Fragen an den Professor zu stellen, der stets höchst würdevoll hereinkam, den stehenden Studenten kurz zunickte und eine Vorlesung begann,

». . . die er, ohne ein Wort zu ändern, seit zwanzig oder dreißig Jahren hielt«.

Mit der Hand verscheuchtest du eine Fliege, die über euren nackten Körpern kreiste.

»Soll ich nicht das Fenster schließen, Franz?«

»Nein, laß es offen. Es ist so heiß.«

Sie mußten das Essen hinunterschlingen, denn andere Studenten warteten auf ihren Tisch. Unter der niedrigen Decke der Mensa war die Luft von Zigarettendunst, Bier und Atem zum Schneiden dick. Nach dem Essen arbeiteten sie den ganzen Nachmittag hindurch in einem Saal mit hohen Fenstern und Dutzenden von schrägen Zeichentischen. Donnerstags wurden die Tische zusammengeklappt und gegen die Wand gelehnt, der Saal wandelte sich zur Turnhalle, und in langen Trainingshemden, schwarzen Turnhosen und Tennisschuhen sprangen und schwitzten sie, trieben athletische Übungen und stemmten Gewichte. Um fünf Uhr nachmittags machten sie sich zu Fuß auf den Heimweg. Trotz Kälte und Dunkelheit, welche die spärlichen Laternen nicht erhellten, gefiel ihnen der lange Weg über die lindenbestandene Ebene. Manchmal kauften sie geröstete Kastanien an einer Bude, die dort rätselhafterweise fern von allem Verkehr und Gedränge stand, und im Gehen kauten sie dann die trockenen süßen Früchte. Der Frühling kam, und ihr geregelter Tageslauf änderte sich nicht. Aber nun fühlten sie sich von so vielem befreit, von den Schals und der beißenden Kälte und daß sie nicht mehr die Hände warmhauchen und auf der Stelle hüpfen mußten, um den Blutkreislauf in Gang zu halten. Eine Befreiung, die man in Mexiko nie fühlt, da es die entsprechenden Notwendigkeiten nicht gibt.

»Ja, auch ich vermisse den Wechsel der Jahreszeiten.«

»Ich erinnere mich an einen Frühling. Das Jahr weiß ich nicht mehr. Aber er ist mir unvergeßlich, weil Ulrich zu seinem einundzwanzigsten Geburtstag einen Scheck erhielt.«

Ein großes, ein ungeheures Ereignis. Ulrich dachte angestrengt nach. Eines Tages ließ er Vorlesungen ausfallen und ging einkaufen, und als Franz an jenem Abend heimkam, stand weiß wie ein Iglu ein elektrischer Eisschrank an der Wand ihres Zimmers. Ulrich lächelte ein wenig besorgt, fast verschämt. Er kratzte sich am Kopf. Damals trug er das

Haar sehr kurz und war sehr blond. Seine Brille funkelte, als er die Tür des Eisschranks öffnete. Würste, Rippchen, Bierflaschen und eine große schlanke Flasche Weißwein.

»Ein Fest, Lisbeth!«

Sie öffneten das Bier, entkorkten den Wein, schnupperten an den Bratwürsten und aßen sie mit Senf. Hastig, in mächtigen Bissen, die sie mit kräftigen Schlucken Bier hinunterspülten. Schließlich tanzten sie mit großen Sprüngen im Zimmer herum und sangen aus Leibeskräften. Ulrich parodierte umwerfend ihre Professoren und rezitierte Teile aus der *Jungfrau von Orleans,* die jedes deutsche Kind auswendig kennt, mit Baritonstimme sang er *Tristan*-Arien, und Franz begleitete ihn mit Isoldes Koloraturen und an den Solostellen mit Orchesterimitationen. Der Spaß endete unvermittelt, als eine Faust gegen die Tür schlug. Franz öffnete. Er blickte hinaus und sah nichts. Eine gebieterische, tiefe Stimme erhob sich, er senkte den Blick und gewahrte die Mißgestalt eines Zwergs, der nicht einmal bis zu seinem Nabel reichte und mit wutverzerrtem Gesicht zu ihm aufstarrte. Ein Menjou-Bart und ein schütterer, doch sorgfältig gestutzter Kinnbart umrahmten verkniffene Lippen. Er trug einen rotseidenen Schlafrock, ganz offensichtlich eine Maßanfertigung, denn trotz der Kindergröße stammten alle Details aus der Garderobe eines Erwachsenen: blaue, mit Pagoden und Drachen bestickte Borten, schwarz wattierte Aufschläge, ein breiter, quastengeschmückter Gürtel. Der Zwerg ergriff ein Gürtelende, schüttelte die Quasten vor der Nase und beschuldigte Franz in seiner vollen, tiefen Stimme, einer wirklich schönen Stimme, sie hätten seinen Schlaf gestört. Man habe ein Recht auf Ruhe. Die Wirtin habe ihm versichert, dies sei ein ruhiges und stilles Haus. Kein Tollhaus. Solch mangelnde Achtung vor den Rechten anderer sei zivilisierter Wesen unwürdig. Offensichtlich habe man sie als Kinder nicht die einfachsten Grundregeln der Höflichkeit gelehrt. Franz bat um Entschuldigung und versuchte ein trunkenes Grinsen zu verbergen. Es werde nicht mehr vorkommen, versprach er. Sie hätten nicht gewußt, daß das Nachbarzimmer bewohnt sei. »Gestern bin ich eingezogen«, sagte das Männchen. »Und morgen werde ich wieder ausziehen, wenn dieser unerhörte Tumult nicht aufhört.« Ulrich trat zu ihnen, drückte seine Hoffnung aus, daß ihnen verziehen werde, gelobte hinfort vorbildliches Benehmen und lud schließlich den neuen Nachbarn auf ein Bier am kommenden Samstagnachmittag ein. Wortlos und mit wütendem Gesicht sah der Zwerg sie an, reckte hochmütig den großen Kopf und wandte ihnen den Rücken.

Aber am kommenden Samstag um fünf Uhr nachmittags klopfte es leise an ihre Tür. Winzig stand er im Schatten des Gangs. Er lächelte nicht, doch seine Miene war liebenswürdig. Mit einer Visitenkarte zwischen den behandschuhten Fingern trat er ein. Feierlich reichte er sie Ulrich. Und Franz las über die Schulter seines Freundes. *Urs von Schnepelbrücke. Kunstwerke. Reparatur von Puppen.* Langsam streifte ihr Gast die Handschuhe ab, während er sich kurz, aber prüfend in dem klcinen Zimmer umsah. Dann setzte er sich aufs Sofa. Mit den Händen mußte er das Polster niederdrücken und sich mühevoll hinaufschwingen, doch schließlich gelang es ihm, und seine kurzen Beine in Knopfstiefeln und grauen Gamaschen baumelten in der Luft. Nun, da er die Handschuhe abgelegt hatte, sahen sie die farbverfleckten Hände, die ebenso unverhältnismäßig groß waren wie der riesige Kopf. Schweigend blickte er sie an, bis sie sich ihrer Umgangsformen besannen und beinahe gleichzeitig ihre Namen nannten. Ulrich entschuldigte sich, daß sie keine Visitenkarten besäßen. Der Zwerg nickte und sagte, er erkenne ihre Lage auf den ersten Blick. Aber Armut sei das übliche Studentenlos.

Sie waren außerordentlich neugierig auf die doppelte Tätigkeit ihres Besuchers, und während Ulrich das versprochene Bier aus dem Eisschrank nahm, öffnete und einschenkte, fragte Franz Herrn von Schnepelbrücke, ob diese Gegend seiner Arbeit förderlich sei. Der Zwerg kostete das Bier und trank dann mit schaumbedecktem Schnurrbart. »Man sucht sich zum Arbeiten keine bestimmte Gegend aus«, sagte er fest und entschieden. »Man stößt ganz von selbst darauf. Die neuen Wohnblocks am Stadtrand sind sehr häßlich. Hier hingegen brauche ich nur aus dem Fenster zu sehen, um inspiriert zu werden.«

»Malen Sie?«

Er strich sich über den Bart. »Nein, ich bin nur ein Illustrator, kein echter Künstler. Ich erhebe keinen Anspruch auf Originalität. Ich reproduziere nur auf Leinwand. Die alten Häuser und Straßen, damit etwas von ihnen bleibt, wenn sie einst abgerissen und vergessen sind.« Er senkte die Stimme und zögerte, als schwanke er, ob er ihnen Vertrauen schenken solle.

Franz fragte, ob er es dann nicht für besser hielte, alles zu fotografieren.

»Nein. Eine Kamera besitzt weder Geduld noch Leidenschaft«, erwiderte er ernst. »Ich male jedes meiner Bilder zweimal. Einmal, wenn ich die Szene mit ruhigem, und ein andermal, wenn ich sie mit erregtem Blick betrachte. Und seien Sie versichert, zwischen beiden klafft ein Abgrund.«

Die Unterhaltung war schwierig. Herr von Schnepelbrücke schien eine Vorliebe für lapidare Sätze zu haben, und außerdem brachte er sie mit unangreifbarer Überzeugung vor. Sie erfuhren nichts. Doch blieb ihnen noch die zweite Hälfte der Visitenkarte. Ulrich fragte, ob er seinen Lebensunterhalt mit dem Illustrieren verdiene.

»Nein. Meine Bilder sind für mich selbst, obwohl es mir gelungen ist, einige zu plazieren. Die Zeit wird über das Schicksal meiner Werke befinden. Ich hege weder Träume, noch habe ich Gönner.«

Seine Pedanterie ärgerte sie.

»Ich lebe, wenn ich so sagen darf, von Spielsachen«, fuhr er fort. »Ich repariere Puppen.« Er streckte die kräftigen Hände aus und bewegte die Finger. »Meine Finger sind erstaunlich biegsam. Ich kann eine Wimper ersetzen, die winzigsten Lippen malen, eine Perücke Haar für Haar zusammenfügen. Meine Kundschaft bringt mir die kleinen, meist durch ein Übermaß mütterlicher Liebe zerquetschten und zerbrochenen Puppen, und mit derselben Liebe mache ich sie wieder heil. Denn um eine Braue mit dem feinsten aller Pinsel nachzuziehen oder verblaßte Wangen wieder rosig zu tönen, dazu gehört Liebe und Geduld.«

Sie sahen ihn an und wußten nichts zu sagen. Seine vorquellenden Augen betrachteten sie heiter. »Sind wir Deutsche nicht ein freundliches, gutes Volk?« fragte er überraschend. »Manchmal fast schon langweilig. Doch nur, weil wir unschuldig sind. Und aus dem gleichen Grund verlieren wir gelegentlich das rechte Maß. Uns fehlt die Erfahrung, die uns die Grenzen unseres Tuns diktieren könnte. Wenn wir daher zu weit gegangen sind, können wir Vergebung und Mitleid erheischen, wie sie der Unschuld zukommen. Mit einem Kind, das seiner Puppe die Arme ausreißt, kann man nicht streng sein. Haben Sie ein Kind je dabei beobachtet? Das kleine Gesicht verzerrt sich vor Vergnügen. Doch dann sieht es, was es angerichtet hat, und bricht in Tränen aus. Und wir müssen seinen Kopf tätscheln und den Schaden beheben.« Herr von Schnepelbrücke trank sein Bier aus, und ebenso unbeholfen und mühevoll wie beim Platznehmen glitt er auf den Boden. Er verbeugte sich.

»Er war wundervoll, Lisbeth. Einfach wundervoll. Jeden Augenblick erwarteten wir, das Gewicht seines Kopfes werde ihn vornüberziehen.«

Ihr lachtet beide.

»Er versprach, unsere Gastfreundschaft sobald wie möglich zu erwidern, und verließ uns. Um zu seinen Kunstwerken und Puppen zurückzukehren.«

»Warte«, sagtest du und strecktest den Arm aus. »Als ich klein war, erzählte man mir die Geschichte von General Tom Thumb.« Mit Anstrengung erreichtest du den Schuh, den du neben dem Bett hattest fallen lassen. »General Tom Thumb gehörte zum Circus Barnum, und Königin Victoria ernannte ihn zum General.« Mit dem Schuh in der Hand drehtest du dich um und knietest aufs Bett. Die Fliege saß still und ahnungslos auf der Wand. »In Neu-England war er berühmt, da er aus Bridgeport stammte. Und in unserem Apartment hat Javier eine Reproduktion des Velásquez-Bildes.« Du zieltest genau und zerquetschtest die Fliege mit dem Schuh. Sie fiel aufs Kissen. »*Antonio, el inglés.* Mit einer Rose auf der Schulter und dem Federhut in der Hand.« Franz schnippte die Fliege auf den Boden. »Er trägt einen Zierdegen und einen goldbestickten Anzug.« – »In Deutschland lebten die Zwerge und Gnomen unter der

Erde und waren berühmte Goldschmiede.« Franz lächelte. »Sogar einen König hatten sie: Alberich.«

»Ja«, sagtest du. »Oberon.«

Isabel blickte in den Rückspiegel und suchte Franz' Blick. Einen Moment sah er hoch. Ihre grünen Augen blickten ihn an. Dann verschwand ihr Kopf aus seinem Gesichtsfeld, und an seine Stelle trat die flüchtige, zurückweichende Landschaft.

Dein Kopf näherte sich Javiers Ohr, Pussycat, und du flüstertest: »Sag es noch einmal. Ich möchte es wieder hören.«

»Was?« Auch Javier flüsterte.

»Was du gestern zu mir gesagt hast. Daß ich zwei Gesichter habe.«

»Du hast zwei Gesichter. Deine Nase trennt den Engel vom Teufel.«

»Weiter.«

»Wenn deine Augen unschuldig und klar blicken, ist dein Lächeln gewaltsam, fast ein Krampf.«

»Weiter.«

»Wenn sich dein Mund ein wenig öffnet – überrascht oder zärtlich –, dann rächt sich dein Blick.«

»Und dann?«

»Wird er hart und kalt.«

Du lächeltest ihn an, Pussycat, und flüstertest: »Schreib es, Javier! Schreib es!«

»Genügt es nicht, daß ich es sage?« flüsterte er trocken.

Hier, Elizabeth, eine Notiz für dich, die ich aus der Tageszeitung gerissen habe, damit du sie deinem Mann zeigen kannst. Sie stammt aus Boonville, Missouri, vom 11. April 1965. Nein, dieser Tag ist für mich noch nicht erledigt. Du würdest mir sonst nicht länger glauben. Der alte Fuchs kennt seine Tricks, Tigrin, und spielt nicht den verrückten Mönch, nicht einmal im Spaß. Boonville: eine Mutter und ihr Sohn, die in entgegengesetzter Richtung fuhren, stießen vergangene Nacht zusammen und kamen beide ums Leben. Mrs. Bertha Bowen, siebenundfünfzig, kehrte nach Blackwater, Missouri, zurück, nachdem sie ihre Schwiegertochter und ihren neugeborenen Enkel im Hospital besucht hatte. Ihr Sohn, Ronald Wayne Bowen, zweiundzwanzig, befand sich auf dem Weg von Blackwater nach Boonville zu Frau und Kind. Die Polizei vermutet, daß Mrs. Bowen die Herrschaft über ihren Wagen verlor, ins Schleudern geriet und frontal mit dem Wagen ihres Sohnes zusammenstieß. Das nennt man Koinzidenz, was? Aber da steht es schwarz auf weiß in der Zeitung, und wir sehen, daß Dickens und Dumas wußten, wie der Hase läuft, und daß Norman Mailer so *hip* ist wie die Leitsterne. Und Albee irrt sich vielleicht nicht, wenn er Tiny Alice als die breite und schmutzige Straße zum Himmel darstellt. Wie du es auch drehst und wendest, meine Schwierige, die Sache ist barock.

Nimm etwa diese kleine Meldung aus Mexico City: Nachdem die weißhaarige großmütterliche Consagración Carranza de Gómez kürzlich beschlossen hatte, ihren Mann zu ermorden, arbeitete sie einen sorgfältigen Plan aus, der in den frühen Stunden des 9. April in die Tat umgesetzt wurde, gegen Ende eines Essens zu Ehren besagten Ehemanns, Abundio Gómez Loza. Die Alte beging den Mord mit Hilfe eines Sohnes aus erster Ehe, Rubén Darío, und ihres Bruders, Ubillado Carranza, sowie dessen Sohn, ihres Neffen Venustiano Carranza Amarillas. Abundio – auf dessen Wohl man während des Essens häufig angestoßen hatte, um ihn betrunken zu machen – wurde mit Fußtritten, Faust- und Knüppelhieben ermordet, und Doña Consagración, die ihn zuvor unbemerkt entwaffnet hatte, tanzte schließlich gar auf dem Gesicht ihres sterbenden Gatten herum, um ihn unkenntlich zu machen und die Identifizierung zu verhindern. All dies ereignete sich in der ärmlichen Hütte Nummer 54, Calle de los Cóndores, Colonia Las Aguilas, und erst gestern gelang es der Polizei, die Täter zu stellen. Doña Consagración erläuterte die Tat der Polizei: »Ich habe meinen Mann ermordet, weil er mich mit seiner Eifersucht plagte. Außerdem hatte er mich behext. Er verstand viel von schwarzer Magie, und ständig sagte er, die Karten verrieten ihm, daß ich mit einem anderen ginge.« Ihr Bruder Ubillado Carranza erklärte: »Meine

Schwester gab mir zweihundert Pesos, damit ich den Toten drei Straßen weiter in die Barranca del Muerto werfen würde, aber ich schwöre, mit dem Mord habe ich nichts zu schaffen.« – »Wir haben den Alten auch nicht umgebracht«, behaupteten die beiden jungen Männer Venustiano und Rubén Darío. »Wir haben nur mit ihm gespielt, um zu sehen, wer am stärksten sei.« So sagten sie auf der Polizeiwache aus, wo sie von Zeitungsreportern interviewt wurden. Nur wenige Minuten später, als sie zum Schauplatz des Verbrechens geführt wurden, überwältigte sie ihre Schuld, und sie gestanden. Ubillado erklärte: »Seit zwei Monaten wollte meine Schwester ihren Mann um die Ecke bringen. Sie sagte, sie könne ihn nicht mehr ertragen, und bat mich, ihn zu ermorden. Ich lehnte es ab und schlug statt dessen vor, zusammen nach Salvatierra zu gehen, wo wir herstammen. Da würden wir vielleicht jemand für diesen kleinen Job finden. Aber meine Schwester wollte nicht, denn sie hat Salvatierra mit einem schlechten Ruf verlassen. So lud sie uns alle zum Abendessen am Samstag ein. Den ganzen Nachmittag bereitete sie eifrig das Fest vor, kaufte Bier und so weiter. Als Abundio heimkam, erwarteten wir ihn schon: meine Schwester, ich, Rubén Darío und mein Sohn Venustiano. Wir setzten uns und aßen zu Abend und begannen zu trinken. In den frühen Morgenstunden war Abundio schwer besoffen. Da schlugen wir ihm vor, Fingerhakeln zu spielen, um zu sehen, wer der Stärkste sei. Alles verlief plangemäß, und schließlich schlug mein Neffe, Rubén Darío, Abundio mit der Faust ins Gesicht, der Alte fiel auf den Rücken und blieb reglos liegen. Rubén schlug weiter auf ihn ein und ...« Hier unterbrach ihn die gute Doña Consagración zornig: »Nein, ihr alle habt auf ihn eingeschlagen, ihr verdammten Hunde, nicht nur mein Sohn Rubén!« Ungerührt fuhr Ubillado fort: »Jedenfalls droschen wir tüchtig auf ihn ein. Da er jedoch immer noch atmete, schlug meine Schwester vor, ihn aufzuhängen. Dann tanzte sie auf seinem Körper und Gesicht herum, um ihn unkenntlich zu machen, und wir schnürten ihn mit Draht zusammen und legten ihn in einen Karton, den Consagración eigens zu diesem Zweck gekauft hatte. Alle weigerten sich, den Karton zu tragen. Schließlich bot sie mir zweihundert Pesos, und ich willigte ein.« Der makabre Zug verließ die Hütte und gelangte wenige Minuten später zur Barranca del Muerto. Am folgenden Tag wurde der Karton mit dem Leichnam von mehreren Leuten der Nachbarschaft entdeckt und die Polizei verständigt. Diese kämmte das Viertel Haus für Haus durch, aber niemand schien den Toten zu erkennen, dessen Gesicht tatsächlich völlig entstellt war. Vorgestern jedoch entdeckte die Polizei eine Spur, die direkt zu der Witwe führte. Während des gestrigen Verhörs war Consagración freundlich und aufgeräumt. Und als ein Fotograf versehentlich ein Heiligenbild umwarf, stürzte sie zu der Stelle und schrie angstvoll: »Halt! Nicht drauftreten! Nicht auf meine arme kleine Heilige treten!«

Diese kleine Heilige muß die gesegnete Jeanne Féry gewesen sein, die gestern in Mons exorziert wurde. Der gegenwärtige Erzbischof von Cambrai, M. François Buiseret, erzählte ihre Geschichte heute in der Zeitung. Zwischen 1573 und 1585 war Jeanne von nicht weniger als acht Dämonen besessen. Sie erklärte, im Alter von vierzehn sei sie vom Teufel selbst verführt worden. Von da an litt sie unter einer Art epileptischer Anfälle und wurde von bösen Geistern gequält, von Ketzerei, Hexerei, Belial, Wahrer Freiheit, Namon, Blutdurst, Mord. Unter Krämpfen und Delirien wurde sie von ihnen geliebt. Und da Jeanne diese Liebe nicht will, läßt sie sich von ihrer Familie und den Priestern in geweihtem Wasser baden, und während dieser Behandlung speit sie aus Mund und Nase die Hoden eines Ziegenbocks und anderes Getier, das in haarige Würmer verwandelt ist. Meist kommen die Anfälle nachts, und sie hat Höllenvisionen, die bestätigen, was sie in den Predigten vernommen hat: »Feuer, Schwefel, Finsternis und ein abscheulicher Gestank.« Die Schmerzen in ihrem Leib sind unerträglich: es ist, als werde sie lebendig von einer Schlange zerfressen, und darum willigt sie gern ein, ihre Dämonen zu treffen und die obszönen Worte zu schreien, die sie ihr eingeben. Sie wechselt zwischen *»les douleurs continuelles«* und *»la grande joye«*. In den Augenblicken der Ekstase kann sie weder essen noch sprechen, noch empfindet sie den Schmerz der Wunden, die sie sich zu anderen Stunden mit Hilfe der Dämonen selbst beibringt. Manchmal fällt sie in die Einfalt der frühen Kinderjahre zurück und vergißt alles, was sie von Gott weiß. Sie benimmt sich dann wie ein ungezogenes kleines Mädchen, spielt mit einer Statue der Maria Magdalena, als wäre sie eine Puppe, legt sie an die Brust und versucht sie zu stillen. Eines Tages nach der Kommunion stößt sie einen schrillen Schrei aus. Ein Priester findet sie auf den Knien, mit starrem Körper, bleichem Gesicht und weit offenen Augen. Nicht lange danach lacht sie sanft in sich hinein und wiegt den Oberkörper hin und her. Ihr Herz hämmert, und sie zittert heftig. Sie kann nicht sprechen, aber mit den Händen macht sie Zeichen. Eine Nonne setzt sich neben sie und reibt ihre Hände und Beine. Sie wird zu ihrer Zelle geführt und dort vor ein Feuer gesetzt. Wenig später stirbt sie.

So, Tigrin, Schwester Jeanne Féry. Und wir erkennen, warum wir, anstatt das gewöhnliche abgedroschene Spiel zu spielen, anstatt Nabel an Nabel zu legen, unsere Blasrohre hervorholen sollten, um uns und andere – Javier zum Beispiel – zu zwingen, die Wahrheit vor Augen zu haben. Ah, Elizabeth. Zwischen Teilnahme und Flucht bleibt uns nur unsere individuelle Krankheit, unser persönlicher Krebs, unsere Parodie der großen Synthese.

Javier schlägt die Decke zurück und legt sich schweigend auf den Bauch. Mit angezogenen Beinen sitzt du im Bett, und die Decke wölbt sich über deinen Knien. Obwohl Javier das Gesicht abwendet, erreicht ihn der Geruch nach Frau: Eau de Cologne, Menstruation, Müdigkeit. Mit einem Zipfel des Bettuchs überm Gesicht murmelt er: »Schließlich entdeckte ich sie und ging zu ihr, da ich sah, daß sie geweint hatte. Und ich dachte, eine Frau weint, um Aufmerksamkeit zu erregen, um ihren Schmerz mitzuteilen. Allein würde sie nie weinen. Oder nur, wenn sie glaubt, ihre Tränen könnten selbst den Abwesenden bezaubern, rühren, von einem Ohr vernommen werden, das außer Sicht, doch nicht außer Reichweite ist. Zwecklose Tränen gibt es nicht. Das waren, glaube ich, meine Gedanken. Sie weinte noch immer, und die Party um uns ging weiter. Wieder standen wir im Dunkeln. Zufällig war ich vielleicht die einzige Person, die auf sie eingestellt war, die in diesem Augenblick empfänglich war für ihre Tränen und den Faden der Stille, der mich zu ihr führte, vorbei an den tanzenden Paaren, die sich im Dunkeln küßten.«

Er zieht das Tuch vom Gesicht und mustert dich verstohlen aus den Augenwinkeln, wie du mit offenen Augen dasitzt und rauchst. Dein Blick ist nachdenklich und abwesend. Wieder bedeckt er das Gesicht und atmet deine Gerüche.

»Die Musik brachte es deutlich heraus, *that it was just one of those crazy flings.«* Seine Stimme ist von der Decke leicht gedämpft. »Ja, denn auf eine Party gehen heißt eine Begegnung riskieren, die allein vom Zufall abhängt. Aber man kommt nicht ungerüstet. Nein. Vielmehr stets im Panzer einer Anschauung, hinter dem Schild der Worte und der Lanze der Erinnerung. Und notfalls hat man ein spöttisches Wort bereit. Ein Spiel. Und was für ein Witz, wenn auch das Mädchen das Spiel spielte.

Ich fand sie wieder. Eine warme feuchte Hand, die ich nicht sah, ergriff die meine. Sie nahm meine Hand, nicht umgekehrt. Ich schwöre es. Sie fand mich mehr, als ich sie fand. Wir standen in der Dunkelheit, und der Gegensatz zwischen ihren warmen und meinen kalten Fingern war seltsam. Dann mußte es geschehen, ich mußte mich ihr nähern, meine Haut die Nähe der ihren suchen. Noch immer, ohne sie anzusehen. Und nun ergriff ich ihre Hand, wie sie die meine ergriffen hatte. Wir umarmten uns, preßten unsere Körper gegeneinander und tanzten. Tastend entdeckten wir einander nach und nach. Weiche Haut mit feinem Goldflaum, glattes blondes Haar, das zu einer Seite des Kopfes gekämmt war, warmer Hals. Feste Brüste, nackt unter dem Kleid. Straffe Schenkel.

›Du bist also allein gekommen?‹ sagte ich zu ihr.«

Rauchend sitzt du auf dem Bett, Tigrin, und erinnerst dich: »Das Mädchen nickte.«

»Ich fragte sie: ›Ließen sie dich ganz allein?‹ Wieder nickte sie. Ihre Hände waren wie die deinen. Sie riefen meinen Körper, und das Mädchen stellte sich nicht vor, daß wir beide das gleiche dachten. ›Und der Mann, dem du den Drink reichtest? Warum sagte er nichts zu dir?‹«

»Das Mädchen zuckte die Achseln«, erwidertest du und begleitetest die Worte mit der Bewegung. (Wenn er es nun so haben will, Tigrin, dann bist du bereit dazu, zumindest eine Zeitlang, so bereit, wie du auch damals warst.) »Mit leiser Stimme begleitete sie Ella Fitzgerald: *›Too hot not to cool down.‹*«

»›Vielleicht‹, schlug ich vor, ›hat ihn das Rätsel deiner Abwesenheit beunruhigt?‹«

»Sie hob das Gesicht und sah dich an, Javier.«

»Und ich fuhr fort: ›Vielleicht wollte er dir einen Schmerz ersparen. Vielleicht wußte er, daß du nicht glücklich gewesen wärst, hätte er dir seine Gedanken erzählt.‹«

»›Schlimmer ist es, mit Vermutungen zu leben‹, antwortete das Mädchen.«

»›Nein‹, sagte ich ihr. ›Oft ist es schlimmer, zu wissen. Als er dich dort im Halbdunkeln fand und du ihm den Drink reichtest, vielleicht liebte er dich da so sehr, daß er beschloß, nichts zu sagen.‹«

»Das Mädchen entgegnete, dann wäre ihr lieber gewesen, er wäre nicht so rücksichtsvoll.«

»Sondern der Komplice ihrer Intelligenz und ihrer Leidenschaft?«

»Ja, wohl so etwas Ähnliches.«

»Aber ich erwiderte: ›Er hätte seinen Stolz aufgeben müssen, und du hättest aufgehört, ihn zu lieben. Er weiß, daß du ihn nur so lange liebst, als du seinen Stolz überwinden und besiegen möchtest. Daß mit dem Sieg auch deine Liebe erlöschen würde.‹«

»›Nun, wenn ihn jemand kennt, dann ja wohl du‹, sagte das Mädchen.«

»Ich lachte. Ich lachte, weil sie mein Spiel so großartig spielte. Ich blieb stehen, und ohne ihre Taille loszulassen, nahm ich ein Glas von dem niedrigen Tisch. Sie war auf das Spiel eingegangen, auf die Parodie. Aber zugleich wurde es ein wenig riskant, denn sie begann es ernst zu nehmen. Ich beschloß, ihr das mögliche Ende nicht zu verraten. ›Meinst du, er hat schon alle Überraschungen aufgebraucht?‹ fragte ich sie.«

Du drücktest die Zigarette aus, stecktest eine neue an, Elizabeth, und atmetest den Rauch langsam aus. »›Oh, sag das nicht.‹«

»›Warum?‹«

»›Weil‹, so sagte das Mädchen zu dir, ›du dich diesmal wiederholen wirst.‹«

»›Magst du einen Drink?‹«

»›Danke.‹«

»›*De l'amour j'ai toutes les fureurs . . .*‹«

»›*Ja, de l'amour . . .*‹ Sie hielt inne. ›Nein, laß mich nachdenken.‹«

»Einen Augenblick dachte sie nach. Schließlich griff sie nach dem Glas, nahm es mir aus der Hand und leerte es, während sie den Kopf schüttelte.«

»Sie lehnte es ab, heute nacht darauf zu trinken.«

»Warum? Was beunruhigte sie? Was bedeutete heute nacht für sie? Bedeutete es: wir beide zusammen im Bett, jeder für sich und doch vereint. Oder mit anderen? Nein, ich verstand sie nicht.«

»Es bedeutete Labyrinth«, sagst du, streckst die Beine einen Augenblick aus und ziehst sie dann wieder an. Du bist überreizt vom anstrengenden Tag. Du bist des komplizierten Spiels-im-Spiel müde. »Ein verbrauchtes Labyrinth«, wiederholst du abgespannt.

»›Nein‹, sagte ich zu ihr.« Javiers Kopf befindet sich noch immer unter der Decke.

»›Ja, o ja‹, sagte das Mädchen. ›Theseus und der Minotaurus.‹«

»›Nein‹, wiederholte ich. Aber sie fuhr fort . . .«

»›Der Faden der Ariadne.‹«

»›Nein. Auch das nicht.‹«

»›Die Höhle des Zyklopen‹, sagte das Mädchen.«

»›Nein.‹«

»›Charybdis reißt den gefräßigen Rachen auf, speit schwarze Wogen und verschlingt sie von neuem. Auf der Insel Trinakria grasen die Herden des Sonnengottes. Orion verfolgt die Sommer-Plejaden, und sie stürzen sich ins

Wasser. Odysseus erkennt seine Heimat nicht mehr! Zwischen Skylla und Charybdis fallen die Tauben tot vom Himmel. Die Spannung fehlt, Javier. Der Mythos ist längst bekannt. Allen.‹«

»›Aber der Seefahrer erkennt seine Heimat nicht mehr. Darauf kommt es an.‹«

»›Ja‹, sagte das Mädchen. ›Und weiter?‹«

»›Ins Labyrinth steig ich mit dir hinab.‹«

»›Jaaah.‹ Sie war nicht überzeugt.«

»›Und mit dir werd ich gerettet oder verderben.‹«

»›N . . . nein.‹ Sie war ganz und gar nicht sicher. Sie war . . .«

»›Küß mich‹, sagte ich. Ich kannte die Szene nicht, die wir nun spielten. Aber ich konnte erraten, was zu tun war. ›Spielmann. Idiot. *This cold night will turn us all to fools or madmen.*‹ Ihre Lippen hielten mich gefangen, deine Lippen, Ligeia. *To fools or madmen.* Du ließest mich nicht los. *This cold night.*«

»›*Dost thou call me fool, boy?*‹ Sie lächelte dich an.«

»›*A bitter fool!*‹«

»›Bitter vielleicht‹, sagte das Mädchen. ›Wir haben das schon zuvor gespielt, Javier. Es ist auch verbraucht.‹«

»›Nie hast du die richtige Antwort gegeben‹, sagte ich zu ihr.«

»›Ja, und was hätte ich sagen sollen?‹«

»›*All thy other titles thou hast given away. That thou wert born with.* Als Narr wurdest du geboren, und als Narr wirst du sterben. Ohne zu wissen, ohne zu verstehen. Flach auf dem Rücken kamst du zwischen den Beinen deiner Mutter zur Welt, und flach auf dem Rücken werden dich die Sargträger auf ihren Schultern davontragen, ein Narr bis zuletzt, selbst noch im Tod. *Womb to the tomb.* Nein‹, fügte ich hinzu. ›Ist Stolz nicht bisweilen großmütig?‹«

»Und das Mädchen antwortete: ›Ja, wenn er nachgibt.‹«

»›Nachgibt oder unterjocht wird?‹«

»›Ich weiß nicht, Javier. Heute nacht weiß ich überhaupt nichts, verstehe ich überhaupt nichts.‹«

»›Ich muß von dir fortgehen.‹«

»›Nein‹, sagte sie. ›Bitte nicht.‹«

»›Und du wirst nicht frei über dich verfügen können, bis ich zurückkomme. Und wenn du mein Unglück, meine Schuld weißt, so stirbst du drum nicht minder, nur schuldiger.‹«

»›Was bedeutet schon der Tod?‹ sagte das Mädchen.«

»Ich lachte wieder, umarmte und küßte sie. Sie war wundervoll. Einfach wundervoll. Wie mein eigener Schatten war sie mir gefolgt. Mit nichts konnte ich sie verwirren. Ich wollte jetzt mit ihr fortgehen, rasch, um sie für den Ernst zu belohnen, mit dem sie mein spöttisches Spiel aufgenommen und zunichte gemacht hatte. Auch sie wollte mich belohnen, und sie sagte, ich sagte, wir sagten gleichzeitig: ›Gehen wir.‹ Nat King Cole spielte gerade, als wir unseren Weg durch unbekannte Paare bahnten und durch eine Tür ins Licht der Diele traten, wo sich die Damenmäntel auf einem Sofa türmten. Sie suchte den ihren, *the Rockies may crumble, Gibraltar may tumble,* hielt noch immer meine Hand und drehte die Futter auf der Suche nach ihren Initialen um, *they're only made of clay, but our love is here to stay.* Im Taxi küßten wir uns wieder. Wir küßten uns mit geschlossenen Augen – ein endloser Kuß –, aber zugleich lauschte ich gespannt auf jedes Geräusch, war so hellhörig wie noch nie. Die Stille der teuren Straßen von Las Lomas. Das Pfeifen der Nachtwächter, die ihre Runden gingen. Die Motoren der vorbeibrausenden Autos, das Peitschengeräusch der Reifen. Das Radio im Taxi: Die Stimme eines kleinen Jungen, der Lotteriegewinne ausrief, und draußen vom Diana-Brunnen das Flüstern fallenden Wassers. Wieder eine lange Stille. Wir hielten an einer Ampel. Aus einem Wagen neben uns die spöttischen Pfiffe Halbwüchsiger. Aus anderen Radiomusik. Ein Zeitungsjunge, der seine letzte Nummer von *Ultimas Noticias* loswerden wollte. Er steckte die Zeitung durch das offene Fenster auf der rechten Seite, unsere Lippen trennten sich, und das Mädchen richtete ihr Haar, während der Fahrer dem Jungen einen Peso gab. *›Never‹,* sagte er, als setze er ein Gespräch mit uns fort, und dabei betrachtete er uns im Spiegel, wie er uns wohl schon die ganze Zeit über betrachtet hatte. Dann fuhr er auf spanisch fort: ›Auf die muß man aufpassen. Die Schurken hier langen in den Wagen, wenn man halten muß, und hauen den

Hebel am Zähler runter. Man fährt mit abgestellter Uhr weiter und glatt für umsonst.‹«

»›Fahren wir zum Apartment‹, sagte das Mädchen. ›Jetzt, schnell.‹«

»›Nein, nicht zum Apartment.‹ Und ich wies den Taxichauffeur an, uns ans andere Ende der Avenida Juárez zu bringen. Er fuhr mit der Hand durch die Luft, und ich erinnere mich seiner Worte: ›Ganz wie Sie sagen, Mustafa. Sind ja Ihre Moneten. Keine Ein-Peso-Kundschaft für eine Weile. Sollen sie gegen die Tür hämmern, mein Laden läuft.‹«

»›Wohin?‹ fragte das Mädchen. ›Javier, ich möchte mit dir zusammen sein. Jetzt. Wo bringst du mich hin? Laß uns ins Apartment gehen.‹«

»›Der Mustafa hat Juárez gesagt‹, erklärte der Taxifahrer. Er beobachtete uns im Spiegel. Das Mädchen schwieg. Du schwiegst, Ligeia. Wir waren jetzt vor Bellas Artes, und ich bat den Fahrer zu halten. Ich stieg aus und reichte dem Mädchen die Hand. Sie wollte nicht aussteigen. ›Bringen Sie mich zur Ecke Rin und Nazas‹, sagte sie zu dem Fahrer. Aber als ich zahlte und ging, verließ auch sie das Taxi und folgte mir durch die Calle de Aquiles Serdán. Sobald ich stehenblieb und zurücksah, blieb auch sie stehen, kehrte mir den Rücken und berührte die Marmorbalustrade von Bellas Artes, ging ich weiter, dann ging auch sie. Unsere Schritte waren eins, meine Sinne zum Zerreißen gespannt. In der nächtlichen Stille zwinkerten, blubberten und lachten die Neonlichter. Die Zeitungskioske aus Zinkblech waren leer, die Drahtgitter vorgezogen. Kehricht auf der Straße, weggeworfenes Papier, Spitzen von Waffeltüten, Zigarettenstummel, zerrissenes Zellophan, ausgespiener Kaugummi, der Strom der Abfälle, der durch alle Straßen Mexico Citys fließt. Das Mädchen folgte, ich ging voran. Durch die Stille und den Schmutz. Meine Gummisohlen. Ihre klappernden hohen Absätze. Ich wartete auf sie und faßte sie beim Handgelenk.«

»›Nein‹, protestierte sie. ›Nicht hier. Was willst du hier?‹«

»›Hier betreten wir unser Labyrinth.‹«

»›Nein, Javier, bitte.‹«

»›Der Seefahrer erinnert sich nicht mehr an seine Heimat. Er muß sie wiederentdecken.‹ Ich lachte und stieß die Tür auf. Die Stille zerbrach, es wurde gesungen: *›Lo bajaron por la sierra, todo liado como un cohete . . .‹*«

»Aber es war schwer, in diesem Rauch etwas wiederzuentdecken. ›Hast du je solchen Rauch gesehen?‹ Er schloß uns ein, fast erstickte er uns.«

»›Schrecklich‹, sagte sie. ›Bitte laß uns gehen. Bitte.‹«

»›Wir trinken etwas.‹«

». . . lo traen desde San Miguel, lo llevan a Sombrerete . . .«

»›Barden, Ligeia. Spielleute. Barden mit gefärbten Silberhüten und von Pulque geblähten Bäuchen. Setzen wir uns. Hör! Eine Geige. Eine Gitarre. Ein *guitarrón.* Zwei Tequilas, bitte.‹«

»›Nein, nicht für mich.‹«

». . . Oiga usté, mi general . . .‹«

»›Weißt du, woran mich diese Stimmen erinnern, Ligeia?‹«

»›Nein. Woran?‹«

»›An Schreie bei der Geburt.‹ Als würden Mutter und Kind diesen Schmerz für den Rest ihres Lebens hinausschreien.‹«

»›Was soll's?‹ sagte das Mädchen. ›Es ist mir so egal wie nur etwas, Javier. Es interessiert mich nicht.‹«

»›Als habe die Geburt nie geendet. Blind schreien und heulen sie . . .‹«

». . . yo también fuí hombre valiente; quiero que usté me afusile en público de la gente . . .«

»›. . . als sei das Kind noch durch die blaue Schnur mit der Mutter verbunden, die zusammen mit ihm heult. Als sei es noch von der Plazenta umhüllt. Schau sie an, schau ihnen in die Augen.‹«

»›Es interessiert mich nicht. Laß uns gehen.‹«

». . . tanto pelear y pelear, con el máuser en la mano . . .«

»›Hör sie an. Hör, wie sie heute von der Gewalttätigkeit der Vergangenheit leben, als erinnerten sie sich bei der Geburt an die Brutalität der Empfängnis . . .‹«

»›Mein Gott, es reicht, Javier. Es reicht. Wie langweilig du sein kannst.‹«

»›Zum Wohl, Ligeia. Bringen Sie noch zwei.‹«

»›Nicht für mich.‹«

»›Dann nehme ich beide.‹«

»›Mein Gott, wie langweilig, wie quälend . . .‹«

»*. . . para acabar fusilado en el panteón de Durango . . .*«

»›*J'aime, je l'avouerai, cet orguei. généreux qui jamais n'a fléchi sous le joug amoureux . . .*‹«

»›Genug, Javier. Laß es genug sein. Es ist schon zerbrochen, unwiderruflich zerbrochen. Ein andermal.‹«

»›O ja, ein andermal! *Mourez donc, et gardez un silence inhumain; mais pour fermer vos yeux cherchez une autre main.* Zum Wohl.‹«

»*. . . ya no vivan tan engreídos de este mundo traidor . . .*«

»›Du hast genug getrunken‹, sagte das Mädchen. ›Hör jetzt auf!‹«

»›Schau ihnen in die Augen, Ligeia. Sie sind die Kinder der großen Hure.‹«

»›O mein Gott, wie originell.‹«

»›Ja, schau sie dir an. Sie hassen uns aufs Blut. Sie mögen nicht, daß wir sie hier besuchen. Warum sollten sie auch? Für sie sind wir Marsmenschen. Wir sprechen nicht wie sie, und wir denken nicht wie sie. Nie bleiben wir stehen, um sie auch nur flüchtig anzusehen. Wir kommandieren sie lediglich herum. Und wenn wir sie betrachten, dann wie im Zoo. Werfen wir also einen Blick auf die kleinen Bestien. Schau, sie sind Affen in Karnevalsgewändern, die wie Koyoten heulen. Und wir sind ihre Feinde, und sie wissen es. Wir stehen vor den Gittern ihres Käfigs und starren sie an. Vielleicht sollten wir ihnen ein paar Nüsse zuwerfen. Hier, Affe, fang.‹«

»›Javier! Hör auf!‹«

»›Maul auf und fangen. Kürbiskerne für die kleinen Affen hinter dem Gitter. Fangt sie! Freßt sie!‹

Die Musik brach ab. Wie sah der Mann aus, Ligeia? Erinnerst du dich an ihn? Ich erinnere mich gut. Er war dunkelhäutig und groß und hatte einen buschigen Schnurrbart, der den Mund umrahmte wie das buschige Haar den roten Hintern eines Affen. Ein Kreis ohne Anfang und Ende, eine Schlange, die sich in den Schwanz beißt. Sein Hut war mit Silberrosen geschmückt, und er riß ihn mit dramatischer Geste vom Kopf, als er langsam auf mich zukam. Er bewegte sich wie ein schmaler schwarzer Panther, Bewegungen, die wir durch unsere Sprungfedermatratzen, Porzellantoiletten und Stahlschreibtische vergessen haben. Wie ein Dschungeltier, das mit dem Kopf die Farne und Lianen beiseite schiebt. Wie Rousseaus Tiger: *burning bright in the forests of the night.* Scharfe weiße Zähne, geschwollene Halsadern, Klauen, die mich bei den Aufschlägen packten, und eine fauchende Stimme. ›Hör, Säufer! Hör!‹

›Hör? Jetzt ist die Stunde? Der Augenblick ist gekommen, zu hören und zu beten. Dein Gebet, Tiger. Zu Eurynome, der Mutter aller Dinge, die sich nackt aus dem Chaos erhebt, die Hände gegen den Bauch reibt und so die Schlange Ophion erschafft, worauf sie wild tanzt, während die Schlange sich zwischen ihre Beine drängt . . .‹

›Es langt, Säufer. Halt's Maul! Respekt für die Musikanten!‹

›. . . und mit der Mutter aller Dinge kopuliert, auf daß sie die große universale Ei lege . . .‹

›Hörst du nicht, Säufer? Maul halten, habe ich gesagt!‹

›. . . aus dem sie im Schlaf ihren Sohn Uranos ausbrütet, der seinen Samen zwischen die Beine der Mutter regnen läßt und sie mit Gras, Flüssen, Blumen und Vögeln überzieht. Und die Moral: Fick deine Mutter. Such deine verdammte Mutter, Meister der Musikanten, und fick sie, *this cold night will turn us all to fools and madmen.*‹

›An den Aufschlägen riß er mich hoch. Ich sah dich nicht länger. Statt dessen sah ich den verrückten Sternenwirbel der Lichter an der Decke, den dichten blauen Rauch dieser kalten Nacht, den Kreis irrer Affen, die sich schreiend und lachend um uns scharten, die heulend, kreischend und lachend auf Stühle und Tische kletterten, Goldzähne zeigten, platte Nasen, pockennarbige Wangen, dunkles fettes Haar, schwere Brüste, gepuderte Arme, Satinhemden, dürre Beine, schwarze Schnurrbärte, gespaltene rote Zungen, blanke Kohleaugen, kurze Hälse, schmutzige Unterhemden. Diese ganze Welt, die bis zu diesem Augenblick Schweigen und Gehorsam war, schrie nun. ›Gib's dem Hurensohn, mach Kleinholz aus ihm, polier ihm die Fresse, drück ihm die Augen ein, schneid ihm die Hoden ab, renn ihm das Messer ins Gedärm, schlag ihn zusammen, daß er in keinen Sarg mehr paßt, ertränk ihn, häng ihn am Schwanz auf, zertrample ihn, zermansch ihn, erwürg ihn. Reiß seinen Arsch auf für die Scheiße, die wir schlucken mußten, für das Ganz-recht-mein-Herr und das Ganz-wie-Sie-sagen-mein-Herr, das Achtung-Stufe-gnädige-Frau, den Dank für nichts und wieder nichts, für die warmen Brüder mit den fetten Ärschen, für die Tätscheleien auf den Hintern und die gebrochenen Versprechen, für den raschen Galgen und die bestechlichen Gerichte, für die Hand, die Peitsche und Pistole hält, für den Fuß, der auf uns steht und uns niederhält. Mach ihn kalt, verbrat ihn, renn ihm das Messer in den Leib! Ein schreiender Kreis aus Gewalt und Wut, und die Faust des großen Tigers schlug wieder und wieder zu, doch immer noch schienen sie mir fern und unbedeutend, und ich schrie in die Richtung, wo du standest, starr zusahst und mich liebtest wie nie zuvor, meinen zuckenden Körper, mein zerschlagenes Gesicht: ›*Et Phèdre au labyrinthe avec vous déscendue, se serait avec vous retrouvée ou perdue!*‹, und zugleich versuchte ich, mich ihrer Worte zu erinnern. ›Sperrt den Schweinehund ein! Den fickenden Hurensohn! Sperrt ihn ein, sperrt ihn ein!‹ Dann waren sie plötzlich sehr nahe, und ich fühlte die Fäuste auf meinem Gesicht, meiner Brust, meinem Bauch, meinen Hoden, wieder und wieder, bis ich hinstürzte und im Sturz schrie . . .‹«

»›Phädra. Theseus. Ich habe mich nicht verlaufen, oder?‹«

». . und schließlich, als ich auf den schmutzigen Boden fiel, zwischen Zigarettenstummel, Auswurf, Schleim und verschüttetes Tequila, entrissen sie mir ein wildes, hilfloses Stöhnen, einen Schrei, der sich in nichts von dem ihren unterschied. Sie hatten mich geschlagen und gefangen. Jetzt war ich auf ihrer Seite des Käfigs. Auch ich war ein Tier, als ich dort stöhnend und mit angezogenen Knien lag, um die Hoden zu schützen. Zwischen den Fingern gewahrte ich flüchtig die Deckenlichter in gelben Zellophanhüllen und das Gesicht des dunkelhäutigen Tigers, der mich besiegt hatte, sich nun knöchelreibend abwandte und den Hut wieder zurechtrückte. Wieder die Musik. Die Gitarre. Das *guitarrón.* Die Trompete. Wieder eine singende Stimme. Du halfst mir auf, und ich hing mich an deinen Hals. Ich konnte deine Augen nicht sehen, als du ein Taschentuch nahmst und mein Gesicht abwischtest. An der Tür wartete jemand und half uns in die kalte Straßenluft hinaus. Es war der gleiche Taxifahrer, der uns von Las Lomas hergebracht hatte. Ich roch den Rauch und Kohlegeruch der Lokomotiven. Wie spät es wohl war, und was war mit dem Mond geschehen? Es dämmerte. Ich hörte das Gurgeln der Kanalisation und das Dröhnen der großen Lastwagen, die bei Tagesanbruch mit Gemüse, Bier, Käse, Baumwollballen, Obst, gefrorenem Fisch, Eierkisten und Blumen in die Stadt kommen. Das dröhnende Geschwader der rosenfingrigen Morgenröte. Vielachsige Laster. Am Steuer Männer mit Lederjacken und Strohhüten, die die ganze Nacht gefahren waren, von Veracruz oder Monterrey, von der Guerrero-Küste oder den Oaxaca-Bergen. Um uns zu ernähren. Damit wir einander nicht wieder auffressen.

Das gleiche Taxi wartete, der Fahrer öffnete die hintere Tür, schob mich grob hinein, und trunken, erschöpft und kaum bei Bewußtsein, sank ich dort zusammen. Du nanntest ihm die Ecke Rin und Nazas und setztest dich neben ihn.«

»›Gewiß, Täubchen, ich bringe Sie geradewegs zu Ihrem Käfig. Den Mustafa lassen wir hinten in Frieden ruhen. Ich werde Sie sogar hineinbegleiten, ehe auch Sie tot umfallen und ich um meinen Lohn komme.‹«

»Wir waren wieder in Mexico City, Ligeia. Wir waren wieder zurück.«

Einen Moment schloß Javier die Augen. Nur einen Moment, er war dessen sicher. Aber als er sich mit einem Ruck das Laken vom Gesicht riß, warst du nicht mehr da.

»Ligeia! Ligeia!«

Du saßest nicht mehr auf dem Bett, wo er dich zuletzt gesehen und gehört hatte. Dein Abdruck war noch auf Kissen und Bettüchern. Er blickte nach dem Bad. Das Licht dort war gelöscht.

»Ligeia, um Himmels willen«, seufzte er. »Wir sind heimgekehrt. Finde dich darein. Finde dich darein.«

Herr, bewahre uns vor der Finsternis.

»Was machst du? Was denkst du? Sag es mir!«

»Bitte, Mama, bitte.«

Raúl war anders. Raúl stellte weder Fragen, noch redete er viel. Gewiß, manchmal warf er sich in Positur: fast immer zur Unterstützung seiner Frau, wenn sie Javier zurechtwies und ein ums andere Mal sagte: »Gute Manieren sind unerläßlich, wenn man es im Leben zu etwas bringen will«, und außerdem hatte er auch Grillen: Er bröckelte das Brot in die Suppe und tauchte das Gebäck in die Schokolade. Ofelias Grillen waren dagegen gewaltiger und komplizierter: Sie löschte die Lichter und zog die Vorhänge zu, als glaubte sie, im Halbdunkel wäre ihre Armut weniger sichtbar und das große alte Haus, in dem kaum die nötigsten Möbel standen, sähe dann fast behaglich aus, das Haus mit den verriegelten, unbenutzten Zimmern und der verbotenen Treppe zum Dachgeschoß. Abends machte Javier Hausaufgaben, während Raúl den Montgomery-Ward-Katalog studierte, mit rotem und blauem Stift Zeichen an den Rand schrieb und sich am kahlen Kopf kratzte. »Ich werde alt, nichts kann ich mehr behalten«, sagte er, und Javier konnte Ofelias Mienenspiel – ihre einzige Antwort – im verdunkelten Zimmer nicht sehen.

Zuflucht fand er im Patio, dort brauchte er sich nicht zu verstellen. Hohe Tonvasen mit Verzierungen aus eingelegtem Glas und Porzellan. Wasser tropft vom Eisengeländer, und in den Blumenkästen auf den Stufen wachsen Schattenpflanzen. Hemden und Bettücher durchkreuzen den Patio in allen Richtungen. Er sitzt dort im Zwielicht eines Märznachmittags, eines jener fiebrigen Tage, die ihn so ruhelos machen. Vorbei ist die durchsichtige Kälte des Winters. Ohne Übergang hat die Hitze eingesetzt, Staubwolken wirbeln auf. Jeden Nachmittag hängt eine gelbe Decke über der Stadt, und die Sonne wird dadurch noch stechender, noch brütender. Er wünscht, es wäre regnerischer Juli, wie er im Juli wünscht, es wäre trockener Januar, und als er so mit den Händen hinterm Kopf neben den hohen Vasen im Korbstuhl sitzt, spürt er, daß etwas von der Pflanzenfeuchtigkeit tief in sein Innerstes eingedrungen ist. Die Papageien schlafen schon. Bald erscheint Ofelia, macht die Runde durch den Patio und deckt die roten und weißen Käfige mit alten Tüchern zu. In einige wirft sie eine Handvoll Körner. Mutter und Sohn reden nicht miteinander, obwohl sich ihre Blicke kreuzen. Er streckt die Beine aus. Ofelia verschwindet, doch ist sie nicht weit. Sie steht hinter der angelehnten Tür und belauert ihn, wie sie ihn jeden Nachmittag belauert. Ruhig sitzt er im staubigen Licht, und ihr Blick gleitet von dem lockigen Haar zu den bloßen Füßen auf den *tezontle*-Fliesen, auf denen im März so rasch und geheimnisvoll die Eimervoll Wasser verdampfen die das Dienstmädchen jeden Morgen darüberschüttet. Sie trägt den geblümten Hausrock, und ihr rotes Haar ist ordentlich gekämmt, als sie mit schläfrigem Gesicht hinter der angelehnten Tür steht und ihn belauert. Der Vierzehnjährige sitzt im Schaukelstuhl, spürt beim Lesen ihren Blick und empfindet deutlich, daß sie ihn nicht zuletzt darum beobachtet, weil er sie an seinen verstorbenen Vater erinnert. Wie Raúl ist er dunkel und schweigsam, in seiner eigenen Ferne gefangen, in dunkle Träume verloren. Sie begreift ihn nicht, und sie versucht – vielleicht bitter, vielleicht verzweifelt, vielleicht auch nur aus Einsamkeit, doch stets verstohlen und begierig – ihn auf eine Formel zu bringen, zu vereinfachen, zu verstehen. Seit Raúls Tod gleicht sie nicht mehr der Frau, die in Laredo, Texas, neue Kleider kaufte. Ihr Gesicht ist rot und schlaff, ihre Brüste eine schwere Ebbe, ihr Bauch rund und hart. Mit gespreizten Beinen steht sie da und preßt die Hände gegen den Leib, als versuche sie damit den Schmerz wachzurufen, der ihre erste Erinnerung an ihn ist. In einem Baumwollrock und der ewig gleichen Schürze – der Schürze der hastigen Mahlzeiten und des hastigen Reinemachens – steht sie hinter der Tür und beobachtet ihn, ohne zu ahnen, daß er das Quietschen der Scharniere gehört hat und daß er ihre Augen auf dem dunklen Hintergrund des Schlafzimmers sieht, das immer dämmrig bleibt, um die Armut zu verschleiern. Und nach den Mahlzeiten, bei denen sie jetzt nur noch zu zweit sind, verläßt sie das Haus und verschwindet, ohne zu sagen, wohin, und er versucht ihr nicht zu folgen, denn er weiß, daß er sich zuletzt nur verirren würde und, da er die Stadt noch immer nicht kennt, sich auf die vertrauten und vorgeschriebenen Straßen beschränken muß.

Früher mit Raúl war das Leben anders. Aber vielleicht scheint es auch nur so, weil Raúl nun nicht mehr da ist. Nein, es war wirklich anders gewesen. Hand in Hand waren sie oft durch die Straßen geschlendert, und an Raúls Seite kannte er keine Angst, sondern genoß die gemächlichen Spaziergänge. Sonntags in aller Frühe gingen sie zum Chapultepec-Park. Manchmal ruderten sie in einem gemieteten Boot auf den künstlichen See hinaus und sahen den Jungen zu, die allein rudernde Mädchen verfolgten und erschreckten. In anderen Kähnen schleppten Familien Picknicktüten und Eimer voller Eis mit sich, aus denen die Hälse von Saftflaschen ragten. Manchmal ging ein Boot unter, die Mädchen kreischten, und die Jungen in Hemdsärmeln lachten. Es gab Eis am Stiel und Wolken von gesponnenem Zucker, gelbe und blaue Ballons, Tüten voller Erdnüsse, Kindergeschrei und das Pfeifen der Ballonverkäufer. Hand in Hand mit seinem Vater ging er über die gelben Wiesen, und der Wind spielte im Laub der Bäume. Sie bummelten entlang der Hauptallee und betrachteten die Autos, die hoch, schwarz und ohne Verdeck an ihnen vorüberrollten. Hupend vertrieben sie das Heer der Fußgänger und fuhren dabei langsam, als promenierten sie; von Wagen zu Wagen wurden werbende Blicke, Zeichen des Erkennens, besorgte Fragen und beruhigende Antworten gewechselt. In der Pergola spielte die Kapelle Ouvertüren von Weber und Rossini, und Javier lachte, wenn sein Vater mit dem Finger auf die Musikanten wies. Die unerschütterlichen Musiker, die mit Sammlung bliesen, zupften, sich verbeugten, die Notenständer zurechtstellten oder ein zusammengefaltetes Taschentuch auf die Schulter legten. Sie spielten ununterbrochen. Raúl roch nach Schweiß, Tabak, Leder und Rasierseife; er verkörperte für den Jungen die Sonntagsmusik, die Kapelle in der Pergola und die Gitarristen in den schmiedeeisernen Lauben, in denen Tische und Bänke standen und wo man Bier, Saft und belegte Brötchen kaufen konnte. Nicht weit vom Park hatte ein kleiner Jahrmarkt auf einem leeren Grundstück geflickte Zelte, ein paar Buden und ein gebrechliches Riesenrad aufgeschlagen. Die Holzpferde des Karussells wirbelten zur Musik einer zerkratzten Schallplatte herum, Zirkusleute gingen durch vergessene Straßen und bliesen auf schwächlichen Trompeten, ein Drehorgelmann drehte, und Dienstmädchen, die daheim geblieben waren, lauschten an offenen Fenstern. Sonntag war der Tag ihrer Freiheit und Kameradschaft. Gemeinsam kamen sie hierher, gemeinsam hörten sie all die Geräusche, und er fragte seinen Vater, was denn andere Leute sonntags täten. Raúl lachte und sagte, die einen stünden vorm Kino Schlange, andere schliefen den ganzen Tag, einige rasierten sich nicht, andere zögen ihre besten Kleider an, einige läsen Comics und andere schöben einen Kinderwagen, viele arbeiteten auch am Wochenende, um ihr schmales Einkommen aufzubessern, die Frauen gingen zur Messe, und um vier Uhr nachmittags begännen die Stierkämpfe. Aber Lupe, das Dienstmädchen, erzählte anderes. Lupe sagte, sonntags ginge sie manchmal ihre Familie in Tlaxcala besuchen oder in das Kino, das drei verschiedene Filme in einem Programm spielte oder sie nähme den Bus zu den Rundfunkstudios, wo sie gratis hineindurfte, wenn sie die Weisungen des Conférenciers befolgte: Gelächter, Applaus, Stille. Oder sie ging einfach in den Park, legte sich ins Gras und ließ sich vom Sprühregen eines Brunnens bespritzen.

»Sie zahlte einen Peso Eintrittsgeld zu einem dunklen Raum, wo ein Mann sie neben anderen Paaren im Stehen fickte, manchmal der gleiche, manchmal ein Unbekannter.«

Sonntags waren die Geräusche anders, klarer. Selbst das Hundegebell war lauter. Und es war der Tag, an dem die Frauen der Gefangenen in die Gefängnisse gingen, um ihre Männer zu besuchen und mit ihnen zu schlafen. Raúl meinte, er müsse sehr traurig sein, an einem Sonntag zu sterben. Er streichelte Javiers Kopf, und dann rief ihn Ofelia, und sie schlossen sich im Schlafzimmer ein und redeten so leise, daß nicht einmal ein Murmeln zu hören war.

»Bringt die Erinnerung uns die Orte zurück, die wir einst gekannt haben – die Menschen, die Gefühle? Ich weiß nicht, Ligeia. Aber ich weiß, daß du und ich heimgekehrt sind und daß du dich darein finden mußt.«

Die Landstraße wand sich in nicht enden wollenden Kurven zwischen schroffen Basaltwänden, die von dunklen, harten Adern und weicheren Bändern durchzogen waren. Franz fuhr schnell und geschickt, und als die Steinwände sich zu einem Canyon aus schimmerndem Ton weiteten, beschleunigte er. Javier löste sich von Isabel, lehnte sich vor und stutzte die Ellbogen auf die Lehne des Vordersitzes. Er berührte Franz bei der Schulter.

»Neulich abends nach dem Kino bist du der Diskussion ausgewichen. Ich behaupte noch immer, daß Liebe Erfindung, ja ein Willensakt ist . . .«

Franz antwortete nicht. Du wandtest dich halb um, Tigrin. »Bitte, Javier. Das hast du erst vor wenigen Minuten gesagt. Tausendmal hast du es schon gesagt. Bitte wiederhole dich nicht schon wieder.«

Javier legte den Kopf schief, um dein Gesicht zu betrachten, in dem die Brauen nun die Vertikale bildeten. Ein richtiger Spötter, Elizabeth. »Seit du mich kennst, habe ich immer nur ein oder zwei Ideen wiederholt. Schon lange vor deiner Zeit habe ich sie in jenem kleinen Buch niedergeschrieben, das mir das Stipendium für die Vereinigten Staaten einbrachte und dir Gelegenheit gab, meine Ideen kennenzulernen.«

»Ich kenne sie noch nicht.« Isabel berührte Javiers Arm. »Alles, was du sagst, ist für mich neu.«

»Jedenfalls lassen sich diese Worte wiederbeleben.« Javier lehnte sich zurück und spreizte die Schenkel. »Als kämen sie aus einer sakralen Urne und seien für unsere Toten als Sühneopfer verbrannt worden. Unsere Toten, Ligeia. Nein, uns selbst, dem Tod dessen, was wir einst waren, sind sie dargebracht. Denn wir alle, bis auf Isabel natürlich, waren einst anders.«

»Warum lachten, buhten und gähnten die Zuschauer während des Films?« fragte Isabel. Javier betrachtete sie anerkennend. In einer charakteristischen Geste legte sie die Hände unter die Brust, um ihren Körper mit einer Anmut und Geschmeidigkeit zu liebkosen, die der stumpfe Glanz des gelben Schantungkleides noch betonen würde.

»Weil sie es nicht verstanden«, sagte Javier. »Sie sind nicht gewohnt, auf der Leinwand das Leben zu sehen. Aber frag Ligeia: Sie ist der Filmexperte. Sie hat ihre ganze Jugend im Kino verbracht.«

Du sahst ihn nicht an, Tigrin. »Nein, das ist nicht alles.« Nervös öffnetest du die Handtasche, suchtest nach dem Spiegel und fandest ihn nicht. Du klapptest die Tasche wieder zu. »Diese Tölpel, die in einem solchen Film pfeifen und grobe Witze reißen, fühlen sich beleidigt. Es beleidigt sie, daß Antonioni Monica Vitti mit Achtung und Liebe, ja als Person behandelt.«

»Du meinst«, sagte Javier, »daß er seinen eigenen Rhythmus mitteilt, während er einen fremden empfängt. Sei vorsichtig.«

Mit der linken Hand verstelltest du nervös den Rückspiegel, bis du dich darin sehen konntest.

»Laß das«, sagte Franz barsch. »Die Straße ist verdammt gefährlich.« Er richtete den Spiegel wieder ein und gewahrte darin flüchtig den Wagen, der gerade zum Überholen ausbog. In einer Wolke von Beschimpfungen fuhr ein Ford an ihnen vorüber.

»Es irritiert sie, einfache Dinge zu sehen«, sagte Javier. »Bücher, Aschenbecher, Lampen: Dinge, die Teil unseres Lebens, aber nicht wir selbst sind. Alles möchten sie vermenschlichen. Ihres Schuldkomplexes wegen. Die Dinge, die eine Frau anfaßt, wenn sie sich von ihrem Liebhaber trennt. Von jenem Teil ihres Lebens, der nicht sie selbst ist, der ihr ebendarum so wert wurde und den sie nie wieder sehen oder berühren wird. Sie sehen nicht gerne, wie Männer und Frauen wirklich auseinandergehen. Sie wollen das Melodrama, das maskiert und rechtfertigt. Usigli nannte sie Gestikulierer, weil sie in die Gesten des Lebens verliebt sind und nicht ins Leben selbst. Sie wollen nicht wahrhaben, daß man Zeit vergeudet, durch Straßen geht und stehenbleibt, um nachzudenken. Sie wollen das wahre Licht der Morgendämmerung, des Tages, des Sonnenuntergangs und der Nacht nicht sehen. Sie wollen weiter die Lügen hören, die sie bereits seit anderthalb Jahrhunderten trösten, angefangen von der Poesie für höhere Töchter bis hin zum neuesten Fernsehopus auf Kanal 4. Sie leben in einer Sonnenfinsternis und erschrecken vor jedem wirklichen Licht.«

»Nein, es ist mehr als das«, sagtest du wieder. »Sie vertragen es nicht, daß eine Frau noch etwas anderes sein soll als ein mit romantischen Illusionen verbrämtes Geschlecht. Es macht sie wütend, die Entstehung einer Liebe zu sehen, in der die Frau ebenso frei und ebensosehr Person ist wie der Mann. Wenn die Vitti und Alain Delon in die Wohnung gehen und nicht sofort ins Bett springen, sondern sich Zeit lassen, einander zu entdecken, und wie kleine Tiere miteinander spielen, da sie sich zuerst entdecken und ein Lachen und ein Spiel gemeinsam haben müssen, um später apokalyptisch miteinander zu schlafen – falls ihr versteht, was ich meine –, bedingungslos, rückhaltlos, mit allen ihren Fehlern, Ängsten, Abneigungen und Schwächen . . . *das* beleidigt den mexikanischen Supermann. Was schrien sie während der einen Szene?«

»Mach sie schon fertig, mach sie fertig.« Isabel lachte.

»Ja, richtig.« Du lächeltest Isabel gezwungen zu. »Mach sie fertig, und zwar schnell, *pronto,* denn dazu sind die Frauen da. Im Grunde sind sie bloß Onanisten. Könnte der mexikanische Mann mit sich selbst verkehren, er würde es tun. Die Frau ist für ihn nicht mehr als ein notwendiges Objekt. Oh, sie ekeln mich an. Irgendwie sind sie alle homosexuell. Der geheime Wunsch jedes einzelnen dieser schnurrbärtigen Bastarde sind *enchiladas* mit *cold cream,* wie ein *caifán* Freund von mir einst sagte.«

Danke, Frau Professor. Ich verstehe: *Latins are lousy lovers.*

»Hast du je etwas Besseres kennengelernt?« fragte Javier mit hochgezogener Braue.

»Sei nicht plump, Javier.« Du legtest den Kopf wieder auf die Lehne.

»Du bist vieles, aber plump bist du nicht.«

Du schlossest die Augen und summtest lächelnd vor dich hin, während deine Hand blind nach einem Sender suchte.

»Dónde están mis amigos queridos de entonces? A pan y agua!« – »Eines Tages«, murmeltest du, »werden die Frauen der Welt Michelangelo Antonioni ein Denkmal setzen. Dem David, der den Goliath der Misogynie erschlug.« Du lachtest, und ohne deinen Mann anzusehen, fuhrst du fort: »Mit dem Kopf möchtest du es schon akzeptieren, Javier, aber drunter reagierst du wie alle mexikanischen Männer. Du kannst einfach nicht anders.«

»Du täuschst dich«, widersprach Javier. »Auch ich bin für die Frau.«

»Da hast du's: ›die Frau‹. Aber Antonioni ist für eine bestimmte Frau, und ohne etwas von ihr zu fordern, möchte er ihr alles geben!«

Franz schob deine Hand beiseite und suchte nach einem anderen Sender.

»Nun, wer wiederholt sich hier?« sagte Javier. »Genau das hat Franz vor kurzem gesagt. Meinst du, mit Pessimismus sei einer Frau etwas geboten?«

»Laß den Tango«, batest du und wandtest dich wieder zu Javier. »Für einen Intellektuellen bist du manchmal recht dickfellig. Gut, wir werden manche Dinge nie erreichen, doch dies zuzugeben heißt nicht, ihren Wert bestreiten. Begreifst du das nicht? Man nennt es Freiheit.«

Du stelltest das Radio lauter. *»Este tango nos unía en aquellas noches inolvidables de Armenonville.«* Und der ganze Witz, Tigrin: Nur wer als erster zupackt, gewinnt.

Buenos Aires. Januar. Javier hatte sich vage mit dir in einer Konditorei auf der Avenida Santa Fe verabredet. Du entsinnst dich des Monats, da die Straßen kaum begehbar waren. Der Teer war geschmolzen, und an einigen Ecken hatten sie Bretter von Trottoir zu Trottoir gelegt, damit die Fußgänger überwechseln konnten. Den ganzen Nachmittag warst du herumgelaufen, hattest alleine was gegessen. Dann zu Harrod's, um den Wollstoff für ein Herbstkostüm auszusuchen, aber in der Drehtür ändertest du deine Absicht und drehtest weiter, auf die Straße zurück. Eine kleine Rebellion. Auf der Haut fühltest du die feuchte Hitze, vermischt mit den Gerüchen, die du stets mit dieser Stadt in

Verbindung bringst: das argentinische Benzin, das keinem Benzin der Welt gleicht und der typischste Geruch von Buenos Aires ist, typischer als die Gerüche der Läden und Restaurants – Leinen, Wolle, Leder, aufgewärmte Pizza, gegrillte Steaks, Bratwurst, *kischke,* der schwache Duft schokoladeüberzogener Eiscreme – und über allem oder in allem die Gerüche der Docks: Teer, Kohle, Dampf, Gefrierfleisch, Vieh, Dünger, Wollballen. Warum hattest du im Januar an ein Herbstkostüm gedacht? Du gingst weiter. An der Ecke Maipú und Sarmiento war eine Baustelle, und die Arbeiter machten gerade Pause. Einige standen auf dem Trottoir vor dem Eingang des Baus, andere saßen wie in Nischen hoch oben zwischen den Gerüststangen. Sie aßen längliche Brote mit Käse, Schinken oder Fleischscheiben. Dazu tranken sie Wein und unterhielten sich in argentinischem Spanisch mit polnischem und italienischem Akzent. Vor den Schaufenstern bliebst du stehen: Krokodiltaschen, Stoffmuster aus Merinowolle und Mohair, Ponchos. Auf der Maipú betratest du eine Parfümerie. Hintereinander boten sie dir zehn oder zwölf Parfüms an, du lachtest, und nachdem sie dich mit allen besprüht hatten, verließest du den Laden in einer Duftwolke, ohne etwas gekauft zu haben. Du würdest eine Stunde in der Ateneo-Buchhandlung verbringen, um sie schließlich mit einer in Kuhleder gebundenen Ausgabe von *Martín Fierro* zu verlassen. Zu dieser Stunde war die Florida-Straße den Autos vorbehalten. So gingst du durch die Lavalle-Straße und studiertest die Plakate vor den Kinos. Vielleicht gab es neue Filme oder irgendeinen alten, den du verpaßt hattest. Oft zeigten sie unangekündigt alte argentinische Filme, die dich ungeheuer amüsierten. Schreckliche Melodramen mit vielen Tangos, viel Sehnsucht nach der Belle Époque und viel Folklore aus den verschiedenen Vierteln der großen Stadt. Vor jedem der dreißig Kinos der Lavalle-Straße bliebst du stehen. Du trugst ein orangefarbenes Seidenkleid, weiße hochhackige Schuhe, an denen der Teer hängenblieb, und in der Hand eine Tasche, die du hier gekauft hattest. Als erstes betrachtetest du die Plakate und Fotos eines Programms mit drei Filmen von Luis Sandrini, daneben zeigten sie *La Vuelta de Rocha* mit Mercedes Simone und Hugo del Carril. Dir gefiel die Musik der Stadt während jener Epoche. Im Sommer gingst du zu den Restaurants im Freien auf Maldonado, Belgrano und dem Weg zum Tigre, um die Orchester von Canaro oder Pichuco zu hören. Auch die Musik aus dem Landesinneren mochtest du gern, den *carnavalito,* den *pericón,* die *vidalita.* Man gab *Malambo* mit Delia Garcés. Du sahst viele bekannte Titel und Namen, denn seit ihr in Buenos Aires lebtet, warst du jeden Nachmittag hierhergekommen, um in der Lavalle-Straße Filme anzusehen. Floren Delbene, Tita Merello, *Tres Hombres del Río,* Nino Marshall, Esteban Serrador, Santiago Gómez Gou, *Los Ojos Más Lindos del Mundo,* Enrico Muiño, Angel Magaña, die Schwestern Legrand, *Los Martes Orquídeas,* Petrone, Amelia Bence, Silvana Roth, *La Casa de los Millones,* Olinda Bozán, Semillita . . .

»*J'étais une vraie cinglée du cinéma argentin* . . .«

Schließlich bliebst du vor den Szenenfotos von *Los Muchachos de Antes No Usaban Gomina* stehen, ein Titel, der dich belustigte. Du kauftest eine Eintrittskarte und betratest das kleine Kino mit den hohen, unbequemen Holzsitzen und dem Ventilatorengeräusch, das lauter war als die Tonspur. In einer der vorderen Reihen fandest du einen Platz. Der Film hatte schon begonnen. Zwei Dandys der Jahrhundertwende befanden sich auf einem feuchtfröhlichen Fest und hatten gerade Mecha Ortiz in der Rolle der blonden Mireya, der großen Kurtisane jener Zeit, kennengelernt, und sie tanzten die *milonga* »Der Schwan«, als dich eine Hand berührte. Du blicktest nach rechts, und da saß Larraín, der Sekretär von der chilenischen Botschaft, und schlürfte durch einen Strohhalm Schokoladenmilch. Er verneigte sich, sagte, die Welt sei doch klein, und bot dir einen Schluck von seinem Getränk an, dann meinte er leise, doch schrill, für diesen Nachmittag könntet ihr Liebespaar spielen, es bliebe euer süßes Geheimnis. Du wolltest entspannt und betäubt dasitzen und zusehen, wie Mireya gnadenlos den abschüssigen Weg ihres Schicksals gehen müßte – ein Weg so gnadenlos wie der Tango –, um als alte Blumenverkäuferin in der Gosse zu enden, wo die beiden gealterten

Dandys Arrieta und Parravicini sie auf den letzten Filmmetern entdecken würden. Fünfundzwanzig Lenze, die nicht wiederkehren. Der Tango, dachtest du abwesend, ist eine der wenigen zeitgenössischen Formen der Tragödie, und du erhobst dich zum Gehen.

»Aber Sie sind doch gerade erst gekommen . . .«

Du murmeltest etwas von einer vergessenen Verabredung und verließest das Kino. Ja, im Ateneo würde dich niemand belästigen. Du gingst zur Florida-Straße und ließest dich von der Menge in Richtung Corrientes spülen. Männer mit zu breiten Schulterpolstern, hohen, steifen Pikeekragen, dicken Krawattenknoten und Pomade im Haar. Alte und junge Männer, die Bulletins von *La Nación* lasen. Frauen, deren Haar in zwei Tönen gefärbt war. Die Buchhandlung mit den vertrauten Angestellten in Leinenkitteln und Ärmelschonern, die bis über die Ellbogen reichten, war nicht gut besucht. Mit einem in Lammleder gebundenen Band verließest du den Laden. »Moreira war nie wie die anderen Gauchos: feige, verbrecherisch, haltlos.« Du klapptest das Buch zu, bogst von der Florida- in die Maipú-Straße und gingst hinunter zur Plaza San Martín. Dort setztest du dich gegenüber dem Torre de los Ingleses auf eine Bank, atmetest den frischen Duft der hohen Bäume und betrachtetest, nur um etwas zu betrachten, das Muster der rosa Quadrate auf dem Gehweg. »Nein, Moreira war wie die meisten unserer Gauchos. Er besaß eine starke Seele und ein großmütiges Herz, und hätte ihn das Schicksal auf eine edlere Bahn gesetzt, an die Spitze eines Reiterregiments etwa, so hätte er seinem Vaterland zum Ruhme gereicht.« Es war Ferienzeit, und viele Kinder spielten nahebei in weißen und blauen Anzügen, die älteren trugen Knickerbocker, lasen *Billiken,* und du dachtest, daß du nirgends ernsthaftere und wohlerzogenere Kinder gesehen hättest als in Argentinien. Ein Junge mit angeklebtem Haar, der trotz der Hitze eine Krawatte trug, setzte sich neben dich und schlug ein Bändchen aus der Klassikerreihe von Sopena auf.

»Ich erinnere mich nicht mehr, was es war. Bei der Hitze . . .«

Er verbeugte sich leicht, und du grüßtest zurück. Dann vertieftet ihr euch beide in eure Lektüre, wandtet die Seiten fast gleichzeitig, und du vergaßest den Jungen über den Abenteuern des Gaucho Moreira. Du dachtest an Javier, als du bemerktest, wie Moreira zugleich Akteur und Opfer seiner eigenen Worte war: »Furchtlos und selbstsicher, stets im Mittelpunkt des Geschehens, nicht sehr katholisch, seinen Feinden wie ihr eigener Schatten auf den Fersen, ein guter Tänzer, die Augen stets offen, stets wachsam, stets auf der Hut . . .«

Die Sonne stand jetzt zwischen den Zweigen und blendete dich. Du klapptest das Buch zu. Vor dem Sonnenglast hatten die Gebäude um den Platz alle Einzelheiten eingebüßt, waren reine Silhouetten geworden, in der Ferne stiegen Rauchwolken vom Retiro-Bahnhof auf, und Dunst führte zu den Docks am bräunlichen Río de la Plata. Trotz des Sonnenuntergangs war der Fluß stumpf wie die Haut einer Echse. Du blicktest auf die Uhr. Kurz vor fünf. Du erhobst dich, nicktest dem Jungen zu, der einen Augenblick aufstand, und gingst dann in Richtung Santa Fe. Flüchtig verweiltest du vor einem Plattengeschäft. *Noches del Palais de Glace . . . ilusión . . . ya no estás . . . se me encoge el corazón . . .*

Die Konditorei hatte eine Klimaanlage. Du setztest dich in einen grünen Samtsessel vor einen Tisch mit grauer Marmorplatte und Mahagonibeinen. Er war für zwei Personen gedeckt: Tassen, kleine Teller, Zuckerdose, silberne Löffel und Gabeln. Nachdem du Tee und Sandwiches mit Pâté bestellt hattest, nahmst du aus deiner Handtasche eine Chesterfield. Der Kellner näherte sich mit der Flamme seines Feuerzeugs. Langsam, mit geschlossenen Augen inhaliertest du den Rauch, ohne dich umzusehen, ohne auf die leisen Gespräche der reifen Damen zu achten, die hier Stammgäste waren. Du hieltest die Zigarette zwischen den Fingern und betrachtetest den Speichelring, den du immer am Zigarettenende zurückläßt: Javier hatte gesagt, es sähe sehr häßlich aus. Fünf Uhr zehn. Dein Tee wurde serviert, und du sagtest, du nähmst keine Sahne. Du wickeltest zwei Zuckerstückchen aus und ließest sie mit überraschend lautem Geräusch in die Tasse fallen. Dann preßtest du ein paar Tropfen aus der Zitrone, sahst zu, wie sie den Zucker auflösten und wartetest, ehe du den Tee einschenktest. Du wartetest. Nach zwei oder drei Zügen drücktest du die Zigarette aus. Ein Streichertrio spielte etwas von Lehár.

»Vielleicht war es der Walzer aus der *Lustigen Witwe* . . .« und schließlich griffst du nach dem Kännchen, schenktest den Tee ein und trankst ihn in kleinen Schlucken. Du begannst mit der Gabel Furchen zu ziehen und vierbahnige Schnellstraßen auf dem weißen Tischtuch anzulegen. Geraden, Kreise, Kreuzungen. Wieder und wieder. Und du stelltest dir vor, das Tischtuch sei eine schneebedeckte Landschaft, aus großer Höhe gesehen. Dann versuchtest du, dem Walzerrhythmus zu folgen, glittest mit der Gabel hin und her und zerstörtest die Felder und Straßen. Du stecktest eine neue Zigarette an und ließest sie von den Lippen hängen, während du mit der Gabel weiter Linien zogst. Fünf Uhr zwanzig. Neben dir räusperte sich der Kellner, du sahst auf, lächeltest ihm zu und verbargst mit der Hand die Spuren auf dem Tischtuch. Er fragte, ob du jemand erwartetest. Du antwortetest nicht und sahst weg von dem kantigen Gesicht, dem angegrauten Haar, das mit Brillantine verklebt war und durch das Fett um eine Schattierung dunkler schien, von den hohen Brauen, der Hakennase, den fest zusammengepreßten Lippen, die sicher ein schwarzes Gebiß verbargen.

Ohne den Kellner anzusehen, drücktest du die Zigarette aus, griffst nach den weißen Glacéhandschuhen, liebkostest sie, rochst daran und hobst sie an die Lippen. Du spieltest mit ihnen. Leere weiße Handschuhe. Du spreiztest sie, Finger für Finger, riebst einen gegen den anderen, ließest sie zusammen tanzen, faßtest sie an den Spitzen und ließest sie baumeln, preßtest sie in der Faust, um sie gegen die Handfläche der anderen Hand zu reiben. Der Kellner hielt dir das Feuerzeug hin. Ohne ihn anzusehen, nähertest du deine Chesterfield der kleinen Flamme.

»Mögen Sie die Sandwiches nicht?«

Du blicktest auf die kleinen feuchten Brötchen. Roggenbrot, Pâté. Plötzlich verbeugte sich der Kellner leicht, wünschte einen angenehmen Nachmittag und zog den dir gegenüberstehenden Sessel zurück.

»Ja, die Welt ist wahrhaftig klein.«

Larraín lächelte und krauste die Nase. Mit einer Geste der rechten Hand lud er sich selbst ein, Platz zu nehmen, während der Kellner den Sessel mit der Serviette abwischte und bereithielt. Du errötetest.

»Nein ... ich habe mich schon verspätet. Kellner, die Rechnung bitte.«

Verwirrt standen sie vor dir, und du errötetest noch mehr. Die Minuten würden sich dehnen, bis der Kellner die Rechnung brächte, du gezahlt hättest und er nochmals gegangen wäre, das Wechselgeld zu holen.

»Setzen Sie sich und behalten Sie den Tisch, wenn Sie mögen.«

Larraín setzte sich mit seiner unerträglichen Miene, als kenne er alle Geheimnisse deines Lebens und habe dich soeben bei einem Laster ertappt. Er zog die Brauen hoch, als erwarte er eine Erklärung.

»Er setzte sich mir gegenüber, Javier, und er durfte nicht ahnen, daß ich seit vierzig Minuten hier auf dich wartete.«

Der Kellner brachte die Rechnung. Larraín spitzte die Lippen, legte den Zeigefinger dagegen und nahm die Brieftasche aus dem Innenfutter seines Mantels. Du erhobst dich. Ohne auf Wiedersehen oder danke zu sagen, gingst du einfach hinaus. Hinaus auf die Avenida Santa Fe, die von hochgewachsenen Mädchen mit langen Beinen und strahlenden Wangen wimmelte, den schönen Mädchen von Buenos Aires ...

»Was weiß ich: Kellnerinnen, Dienstmädchen, Angestellte in Läden und Büros, Künstlerinnen ...«

Noch immer schien die Sonne. Wieder bliebst du vor dem Plattengeschäft stehen. *Me dejaste en la palmera, me afanaste* ... Du spürtest die klebrige Hitze.

»Du hattest gesagt: ›Um fünf, aber ich bin nicht sicher, ob ich es schaffe. Vielleicht reicht es. Jedenfalls erwarte mich dort. Aber ich bin nicht sicher. Ich habe heute so viel zu erledigen. Wenn ich bis Viertel nach fünf nicht da bin, warte nicht länger.‹«

Taschendiebe. Du. Deine Mutter, dein Vater. Du gingst die Avenida Santa Fe hinauf bis zu dem Apartmenthaus auf der Quintana. Der Portier grüßte mit polnischem Akzent. Die Halle roch nach Gardenien. Javier war nicht daheim. Du legtest dich aufs Sofa und ließest die Schuhe von den Füßen gleiten.

»Oh, *shit,* Javier! *Shit! Shit! Shit!*«

In Strümpfen liefst du ins Schlafzimmer, öffnetest den Schrank, berührtest Javiers Kleider, die Jacken, die Hosen, die geordneten Hemden und rochst an der Seife, die er zwischen die Taschentücher gelegt hatte.

Franz bremste und gab zugleich Zwischengas, um herabzuschalten. Du hörtest das Getriebe, Isabel, das Aufheulen und dann das gleichmäßige Summen. Im Rückspiegel suchtest du den Blick von Franz. Einen Moment sah er hoch. Deine grünen Augen sahen ihn an. Dann verschwand dein Kopf aus seinem Gesichtsfeld, und an seine Stelle trat die flüchtige, zurückweichende Landschaft. Hohe orientalische Strohdächer deckten Hütten aus Weidengeflecht. Kupferfarbene Gesichter mit vorstehenden Backenknochen und tiefliegenden, ein wenig schrägen Augen. Dein Kopf näherte sich Javiers Ohr und du flüstertest: »Sag es noch einmal. Ich möchte es noch einmal hören.«

»Es stammt nicht von mir«, flüsterte Javier zurück. »Es ist von einem Klassiker. Die sexuelle Lust und die Herrschaft über den Körper einer Frau genügen dem bescheidenen Mann als Beweis des Besitzes. Ein anderer jedoch mit einem mißtrauischeren und ehrgeizigeren Durst nach Besitz begreift die zweifelhafte, ja nur scheinbare Natur der physischen Verbindung und verlangt überzeugendere Beweise, vor allem dafür, daß die Frau sich ihm nicht nur hingibt, sondern zugleich auch auf alles verzichtet, was sie besitzt oder besitzen möchte. Einem dritten genügt selbst dies noch nicht. Zweifelnd fragt er sich, ob die Frau nicht alles für ihn aufgegeben hat, weil sie sich ein falsches Bild von ihm macht. Er will, daß sie ihn durch und durch, bis auf den Grund seines Herzens kennt. Um geliebt zu werden, legt er ihr sein Innerstes bloß. Erst dann, wenn sie sich gewiß nicht in ihm täuscht, hat er das Gefühl, daß sie wirklich sein ist . . .«

Ja, Tigrin, in jener Nacht in deinem Apartment Ecke Rin und Nazas redetest du wie dein Mann. Wie er und von ihm und für ihn, obwohl ich offensichtlich dein Zuhörer war und meinen steifen Katzenkopf in dein angenehmes Fischglas getaucht hatte, während Javier, dies vollkommene Modell eines modernen Ehemanns, ausgezählt im Wohnzimmer lag. Du redetest vom Meer, vom Wein und den Inseln Griechenlands, von deinem Namen und vor allem, wieder und wieder, vom Sex . . .

»Ligeia. Du gabst mir diesen Namen. Mein wirklicher Name ist Elizabeth. Ligeia. Wie töricht. Du erinnertest dich damals. ›Nur aus übergroßer Willensschwäche liefern sich die Menschen dem Himmel und dem Tode aus.‹ Du erinnertest dich und nanntest mich Ligeia. Wie töricht, wie töricht. Bette, Beth, Betele, Liz, Lisbeth, Liza. Wie anders du damals warst. Manchmal verstandest du genau, was ich wollte, und manchmal . . .«

Manchmal half er dir auf die Sprünge. Aber das waren nicht deine besten Zeiten. Deine besten Zeiten waren dann, wenn alles so spontan und natürlich geschah wie einschlafen oder aufwachen. Wenn du sahst, daß er erschöpft war, nicht weil er sich ausgegeben hatte, sondern weil er den ganzen Tag erfolglos gearbeitet und seine nervöse Energie kein Ventil gefunden hatte, dann zogst du dich langsam vor ihm aus, im Wohnzimmer, in der Küche, wo immer du auch gerade warst, was immer du gerade tatest, ob du rauchtest, eine Limonadenflasche öffnetest oder ein Sandwich belegtest. Wenn er unzufrieden mit sich war, massiertest du seine Schläfen, zündetest ihm die Zigarette zwischen deinen Lippen an, legtest die Kissen auf den Boden und erwartetest ihn mit einer Gewißheit, die du heute nicht mehr fühlst, die du verloren hast und die dich schon damals unbewußt kränkte: wenn du dich ihm hingabst, weil er die Spannung der Vergeblichkeit lösen wollte, weil auch du es brauchtest, dann fandet ihr euch nackt und keuchend auf den ausgebreiteten Kissen und ließet den Worten die

Zügel schießen, Worte, die keiner von euch je auszusprechen gewagt hatte – weder er in seinen Büchern noch du mit den Lippen –, und nichts war zu überwinden, kein Hindernis, keine Schwierigkeit, nichts. Aber schlimmer, viel schlimmer noch war es, wenn nicht einmal eine Frustration, sein Ärger und seine Erbitterung dazu einluden, sondern wenn ohne Vorwand, ohne besonderen Anlaß

»... wir im Dunkeln beim Erwachen blind nacheinander griffen, und es nur mein Körper und dein Körper war, zwei Körper, die sich näherten und vereinigten, allein wegen der Nähe, der Wärme der Haut, der Morgenkälte, allein weil wir verheiratet waren und zusammen lebten. So konnte es nicht weitergehen, so inhaltslos, so mechanisch. Wer von uns beiden – warst du es oder ich – verlangte zuerst nach mehr? Besitzen, besitzen. Wie leicht es unsere Unzufriedenheit während der ersten Jahre beschwichtigte, wenn wir uns versicherten, der eine besäße den anderen. Das genügte, beharrten wir. *Shit,* gar nichts genügte. Zählte einer von uns, wie oft wir einander in jenen Tagen besaßen und verschwendeten? Ohne daß einer sich verlor – nur weil wir gerade zusammen waren. Deine Obszönitäten in Spanisch und meine in Englisch, manchmal mit vertauschten Sprachen, um das gleiche zu sagen, und was wir nicht wußten, mußten wir lernen, während mich deine Küsse suchten und all meine Geheimnisse zerbrachen, während du jeden Zentimeter meines Körpers entdecktest, von der Stirn hinunter über den Rücken. Und ich fühlte deinen Atem auf dem Gesicht, auf den Schenkeln, zwischen den Hinterbacken, und deine Zunge berührte mich überall, dein Speichel suchte mich zu besitzen, deine Zunge, deine Finger, dein Atem, dein Haar, deine Wimpern ...«

An wieviel Orten. An einem nassen grauen Atlantikstrand unterm Regen. Auf Rhodos in einer Hütte aus alten Balken und weißem Kalk neben einem weingetränkten, von schweren Messern zernarbten Holztisch. Auf einem spanischen Dampfer, der zwanzig Tage von Vigo nach Veracruz brauchte, damals als Javier beschloß, nach Mexico City zurückzukehren, da ihm Mexiko fehle, und wenn er es nicht mit all den schrecklichen Negationen dieses Landes aufnähme, werde er stets glauben, er habe den bequemen Weg gewählt, und sein Werk sei darum wertlos: auf dem spanischen Dampfer unter dem von Rauch und Salz verkrusteten Bullauge einer engen Koje. In eurem Apartment der Colonia Cuauthémoc auf dem breiten Bett eines Zimmers, das mit Plakaten geschmückt war; ihr hattet sie vor dem Krieg von Ausstellungen in Paris, Haarlem und Mailand mitgebracht – kühne, glänzende Schriften, kontrastierende Farben und inzwischen verlorene Namen und Bilder, Franz Hals, Gustave Moreau, Paul Klee, Ivan Meštrović.

»Mit jedem Monat wurden diese alten Plakate ein wenig unansehnlicher, bis wir sie schließlich vergaßen, und als wir die Wände neu strichen, wanderten sie auf den Müll. Denn wir waren nach Mexico City heimgekehrt, und du hattest die Möbel verkauft, die noch aus dem alten Haus an der Calzada del Niño Perdido übrig waren. Wie gewöhnlich hatte man dich übers Ohr gehauen, du hattest sie praktisch verschenkt, aber dennoch besaßen wir damit wieder ein bißchen Geld zum Leben, und du konntest dich dem Schreiben widmen. Auf der Suche nach was weiß ich für Kontrasten, Bildern, Worten, Profilen und Masken durchstreiftest du die Stadt. Denn du schriebst die Poesie des Alltäglichen, des sichtbar-unsichtbar Gewöhnlichen, du zogst aus, deine Worte in der Welt zu finden, einer Welt, die dir gehörte und die ich an deiner Seite entdeckte. Poesie des Alltäglichen. Weißt du, ich würde sie gern eines Tages lesen, ich wünschte, jemand schriebe wirklich die Poesie der alten Filme und Lieder, die mehr als die Hälfte unseres Lebens ausfüllen. So viele vergessene Lieder. Entsinnst du dich? *The Isle of Capri. In a Secluded Rendezvous. Flying down to Rio. Cheek to Cheek.* Was sagte ich doch?«

Daß im Orient alle Männer Tropenhelme und weiße Anzüge trugen wie Clark Gable in *China Seas* und daß auf dem Hintergrund einer Aufnahme von Singapur oder Macao Anna May Wong erschien, Sessue Hayakawa und Warner Oland alias Charlie Chan; sogar Peter Lorre, der Mr. Moto spielte. Marlene Dietrich entdecktest du natürlich im *Blauen Engel* mit Emil Jannings, und es schien dir wie gestern, ja wie vorhin, daß sich Marlene in silbernem Zylinder und schwarzen Strümpfen rittlings auf einen Stuhl setzt und singt. Nein, Marlene und die Garbo spielten nie im gleichen Film. In einen Fuchspelz gehüllt, betrat die Garbo das Grand Hotel, wo John Barrymore in einem schwarzen Seidenpyjama rauchend auf und ab ging und Joan Crawford ein Diktat von Wallace Beery aufnahm, der in Jackett und Vatermörder einen geilen Industriellen spielte. Er ahmte den deutschen Akzent nach, und Lionel betrank sich an einer enormen Chrombar. Den Hotelmanager gab Lewis Stone, der die eine Gesichtshälfte verbarg, da sie von einer Säure verbrannt war. Und Lionel würde an Krebs sterben, und die Crawford in einem dunklen Kleid mit breitem Voilekragen willigte daher ein, ihn zu heiraten – nach wenigen Monaten würde sie sein Geld erben. Sie hieß Flemschen ... Flemschen oder so ähnlich, und sie war göttlich, die beste und modernste Schauspielerin des Films. Selbst Jean Hersholt sah man in *Grand Hotel.* Erinnerst du dich? Später spielte er den Arzt, der die Fünflinge zur Welt brachte. Dr. Dafoe. Nein. Ich wette, du erinnerst dich nicht. Aber wir kannten sie alle. Jeden Nachmittag nach den Vorlesungen gingen wir ins Kino. Oder wir saßen in der *soda fountain* und fragten uns die Besetzung, die Kameramänner und die anderen Techniker ab. Ja, selbst die Namen der Kameramänner kannten wir. Und heute erinnere ich mich nur noch an Tolland und James Wong Howe und Tissé, den Kameramann Eisensteins. Aber damals kannten wir sie alle, Javier. Wir beide. Erinnerst du dich, wie wir gemeinsam die Filme erlebten: als hätten wir dieselben Augen und Ohren, dasselbe Gedächtnis? Und wer von uns verlangte zuerst nach mehr? Dachtest du damals dasselbe wie ich? Eines Abends hörte ich dich heimkommen ...

Du hörtest den Schlüssel kratzen, Elizabeth, als er nach dem Schlüsselloch suchte. Schließlich fand er es, aber stets steckte er den Schlüssel verkehrt herum hinein, dann Stille, bis ihm einfiel, daß die gezahnte Seite nach oben gehörte, wieder Kratzen, doch nun versuchte er es mit zuviel Kraft, und dabei verlangte das Schloß ...

»Sanftheit, fast Zärtlichkeit, als fädle man einen Faden in ein Nadelöhr oder als bereite man ein Käsesoufflé ...«.

Er versuchte es ein drittes Mal, steckte diesmal den Schlüssel langsam hinein, das Schloß gab nach, du hörtest das Quietschen der Angeln, das Knarren eines Dielenbretts, und all diese gewohnten Geräusche störten dich, eben weil sie so gewohnt, so sinnlos, so unabsichtlich und doch so bezeichnend waren, seine Schritte im Wohnzimmer, die Pause, als er die Post durchsah, das Geräusch der Umschläge, die er mit dem Zeigefinger aufschlitzte, den weichen Laut, als er sich aufs Sofa setzte, dann sein wohlbekannter Schritt, der sich dem Schlafzimmer näherte, und

»Jene abscheuliche Höflichkeit, die du an jenem Abend zum erstenmal mir gegenüber gebrauchtest. Mit den Knöcheln klopftest du an die Schlafzimmertür, als müßtest du mich warnen, als fürchtetest du, mich mit einem Liebhaber zu überraschen, und wolltest eine Szene vermeiden oder als spieltest du ein Spiel mit deiner ersten Liebschaft, vor allem jedoch, und darin lag deine Ironie, als wolltest du mir mit einer Rücksicht schmeicheln, die ich nie von dir verlangt hatte. Wie eine Haushälterin behandeltest du mich, und vielleicht war es nicht so gemeint, aber ich faßte es so auf, denn ich war noch wütend über den Mann, der nachmittags vorbeigekommen war und wissen wollte, ob ich die Station XEW höre, und darauf, ohne mich zu fragen, Haushälterin in seine Liste schrieb. Jenes ewige mexikanische ›gestatten?‹, jene verdammt monotone, völlig verlogene, rein dekorative Floskel, die nur einen Gegensatz zu eurer Brutalität und Gewalttätigkeit schafft: Ehe ihr dem Liebhaber eurer Frau das Messer in den Leib stoßt, fordert ihr ihn auf, es sich bequem zu machen, versichert ihr ihm: ›Mein Haus ist Ihr Haus.‹ Dann öffnetest du die Türe, und ich sah deine Gestalt, dein Haar, deine Augen und Hände, und einen Moment lang sah ich dich wieder so, wie ich dich gerne sah, schön, leidenschaftlich, großzügig, zu allem bereit, um mir gefällig zu sein. Und gerade dies störte mich mehr als alles andere, Javier. Diese rückhaltlose Bewunderung und Dankbarkeit, die ich für dich empfand, weil du mich liebtest und zu lieben verstandest. Ich war dir dankbar für das, was wir einander waren. Dankbar, denn durch dich war ich New York und der Bronx entronnen und auch

Gershon und Becky und dem toten Jake. Doch ich fühlte, wie mich so viel Dankbarkeit irgendwie verkleinerte, und wieder und wieder drängte es mich, anders zu dir zu sein, ebenso ehrlich, aber würdiger. Doch du sahst so gut aus, warst so zärtlich, daß ich nicht dazu kam. Weder an jenem Abend noch am folgenden Tag, sondern erst viele Tage, vielleicht gar Monate später, ja, viel später erst wußte ich: Ich mußte mich dir zu erkennen geben; nur so konnte ich dich zwingen, dich mir zu offenbaren. Unsere hemmungslose Hingabe versperrte mir die Möglichkeit, anders zu sein und von dir zwar nicht wie bisher, aber darum nicht weniger heftig geliebt zu werden. Du solltest nicht nur freundlich, liebenswürdig und entgegenkommend sein, sondern so, wie du wirklich warst, wie ich dich nicht kannte. Wenn wir ganz wir selbst sein könnten, wäre unsere Liebe reicher.

Überaus höflich klopftest du an die Tür, wartetest, tratest ein, und ich sagte: ›Hier, ein Brief für dich!‹ Ich hatte ihn geöffnet. Wortlos nahmst du ihn, stecktest ihn in die Tasche und verließest das Zimmer. Du schienst mir nicht böse, daß ich ihn geöffnet hatte. Fünfzehn Minuten später aßen wir gemeinsam zu Abend, und beide lächelten wir, als sei nichts geschehen.«

Solches Geschick, Vater, bereitest du deinen Menschenkindern.

Der Volkswagen ließ die kurvenreiche Strecke hinter sich und fuhr zügig an einem Feld entlang, auf dem sandfarbene Kälber spielten. Es ging abwärts, die letzten Höhen der Sierra Madre Oriental hinunter, in ein Tal mit trockenen Weiden. Jenseits der Ebene ragten die Berge auf, stumme Wälle aus durchsichtigem Blau, das von Kette zu Kette blasser wurde. Die Kälber tummelten sich, sprangen, warfen die Köpfe hin und her und schlugen mit den Hinterbeinen aus. Auf der anderen Seite des Feldes lag ein Gehölz mit runden Ulmenkuppen, in dem die Kühe erst wenige Wochen zuvor geworfen hatten.

Franz fuhr langsamer, Javier breitete die Karte auf den Knien aus, beugte sich darüber und verkündete: »Wir müssen eine Furt durchqueren. Es gibt keine Brücke.«

»Mein Gott«, stöhntest du. »Warum sind wir nicht gleich nach Veracruz gefahren?«

»Wollte etwa ich Xochicalco und Cholula unbedingt sehen?« Javier faltete die Karte wieder zusammen.

»Da, Franz, frag den Mann.« Du wiesest auf eine Gestalt, die am Straßenrand entlangtrottete.

Isabel streckte den Kopf aus dem Fenster und rief: »Zur Furt?« im gleichen Augenblick, da du begannst: »Bitte, wo ist . . .« Als Isabel dich unterbrach, verstummtest du. Franz hielt.

Der Mann war alt, grauhaarig und gebeugt. Er ging mechanisch und als trüge er eine schwere Last auf dem Rükken. Alt und verbraucht. Matt von der Arbeit und den Jahren. Und als er sich langsam umwandte und euch ansah, war seine Stirn gefurcht, als umspanne sie noch immer der Strick, der jahrzehntelang alle Bewegungen dieses müden schmalen Körpers gezügelt hatte, wenn er das schwankende Brennholz auf dem Rücken aus den Bergen trug. Er blieb stehen, starrte euch an und nahm den ausgefransten Strohhut ab, einen flachen Bauernhut mit breiter Krempe. Einst war er weiß gewesen, nun durchzogen ihn schwarze und schmutziggelbe Streifen. Franz zog die Handbremse, ließ den Motor laufen und stieg aus. Du, Tigrin, und Isabel saht ihm nach, wie er auf den Alten zuging, doch wegen des Motors konntet ihr nichts verstehen. Ihr saht Franz die hintere Hosentasche aufknöpfen und die Brieftasche herausziehen, während er mit dem Mann sprach, wie dieser antwortete, einen Arm ausstreckte und nach rechts wies. Dann drückte er den Hut flach gegen die Brust, verschränkte die Arme darüber und starrte Franz und das Auto mit ausdruckslosem Gesicht an. Es war ein Gesicht mit dichtem Schnurrbart, breitem Mund, aber unsichtbaren Lippen. Der Indio reichte Franz nicht einmal bis zu den Schultern, und sein schmächtiger Körper war in Lumpen gehüllt: ein locker geschnittenes, ursprünglich weißes Hemd mit einem irgendwie militärischen Kragen, doch ohne Knopfverschluß, so daß es über den Kopf gestreift werden mußte. Weiße, enge Hosen – auch diese ohne Knöpfe –, die nur halb die Waden bedeckten und von zwei

Streifen des Hosenbundes in der Taille zusammengehalten wurden. Vor langer Zeit waren die ersten Löcher und Risse mit weißen Baumwollflicken von einem noch älteren Kleidungsstück ausgebessert worden, doch später waren auch die Flicken brüchig geworden, hatten nachgegeben und mußten ihrerseits geflickt werden, so daß heute nichts blieb als ein Netz aus Fäden, eine undefinierbare Hülle aus kleinsten aneinandergesetzten Flicken, die zusammen einen einzigen großen Fetzen bildeten. Und die ausgetretenen Sandalen schienen Teil der schwieligen, verkrümmten, staubigen alten Füße. Franz zog einen Peso-Schein heraus und sagte etwas, und der Alte lachte und bedeckte den Mund mit einer braunen Hand, wischte sich dann mit derselben Hand die Nase, und Franz hielt ihm den Schein hin, und der Alte lachte wieder, während er Franz aus halbgeschlossenen Augen ein wenig boshaft, fast wild ansah. Er nahm den Schein, wandte sich um und ging weiter: langsam, alt, mechanisch. Franz kehrte zum Auto zurück.

»Der Weg zur Furt biegt dort vorn links ab.«

»Aber er wies doch nach rechts«, sagtest du.

»Er wollte uns irreführen.«

Der Volkswagen überholte den Alten, der den Hut zog, ohne den langsamen Trott zu unterbrechen. Ah, Macehual.

Eine gepflasterte Straße erschien.

»Da!« riefst du. »Es ist doch rechts.«

»Oberon«, sagtest du und schmiegtest dich an Franz' Schulter. Er nickte.

Eines Tages im Mai brachte ihnen die Hausmeisterin eine Karte von Herrn Urs von Schnepelbrücke. Es war eine Einladung, mit ihm in einem kleinen Restaurant des Viertels zu Abend zu essen. Doch ihre Prüfungen standen dicht bevor, keiner konnte die Vorbereitungen auch nur einen Abend lang unterbrechen, und so klopfte Franz bei ihrem Nachbarn an. Der Zwerg antwortete, ohne aufzumachen. Franz erklärte ihre Lage, und mit seiner prächtigen tiefen Stimme sagte Herr von Schnepelbrücke, er verstünde und hoffe, er werde das Vergnügen haben, sie ein andermal nach ihren gewiß erfolgreichen Prüfungen einzuladen. Er kam nicht auf den Gang, sondern redete hinter der geschlossenen Tür. Und so war es immer: Nie sahen sie ihn, nie hörten sie ein Geräusch aus seinem Zimmer. Sie waren neugierig und hätten gern die Hausmeisterin gefragt, aber da sie mit der Miete zwei Monate im Rückstand waren, gingen sie der keifenden Frau lieber aus dem Weg, denn wenn diese gerade nicht mit dem Ruf des Hauses und der guten Erziehung seiner Bewohner prahlte, dann suchte sie schrill und eifrig die Miete für die anonymen Besitzer einzutreiben. Schon wenn sie stehenblieben, um einen guten Abend zu wünschen, setzten sie sich Beschimpfungen und einer demütigenden Tirade aus.

Doch sobald die Prüfungen vorüber wären, würden sie sich mit einem Fest rächen, zu dem sie ihre Freunde eingeladen hatten. Da sie den einzigen Eisschrank in Studentenkreisen besaßen, würden sie ihn mit Wein und Bier füllen. Ihre Gäste hatten versprochen, weitere Flaschen mitzubringen und sich zu kostümieren. Eine Wucht.

»Am Prüfungstag tanzten wir fast den ganzen Weg nach Hause. Beide hatten wir bestanden. Wir rissen Witze, lachten und sangen. Aber vor dem Haus erwartete uns die Hausmeisterin. Sie hatte die Schürze vors Gesicht geschlagen und kaute an den Nägeln. Wir sollten laufen, schnell, schnell, rief sie uns entgegen. Wir befürchteten ein Unheil. Vielleicht war das Eis geschmolzen und das Zimmer stand unter Wasser. Oder ein Feuer war ausgebrochen.«

Während sie die Treppe hinaufeilten, erklärte die Frau, irgend etwas sei mit Herrn von Schnepelbrücke nicht in Ordnung. Seit vorgestern sei er nicht gesehen worden. Sie sei sicher, er habe sein Zimmer nicht verlassen, weder zum Essen noch um Puppen abzuholen. Und seine Tür sei verriegelt. Etwas sei geschehen! Franz drückte die Klinke. Tatsächlich, es war abgeschlossen. Ulrich näherte das Gesicht der Tür und rief: »Herr von Schnepelbrücke! Bitte machen Sie auf!« – »Ich sage Ihnen, ich habe schon den Hauptschlüssel probiert«, sagte die Hausmeisterin. »Es ist von innen zugesperrt.« Sie warfen sich mit den Schultern dagegen, während die Frau wehklagte, sich bekreuzigte und drohte, sie beim Hausbesitzer anzuzeigen, wenn sie die

Tür beschädigten. Schließlich gab das gebrechliche Schloß nach. Die Tür sprang auf. Während der eine nach dem Lichtschalter suchte, zog der andere die geschlossenen Vorhänge zurück.

Eine erstaunliche Unordnung umgab sie. Zerbrochene Puppen hingen an Drähten von der Decke, ein ganzes Arsenal kleiner Figuren, die mit leisen Klagelauten gegeneinanderstießen, nachdem Franz und Ulrich in sie hineingerannt waren. Zwanzig Puppen, die mit Drähten um die schmalen Hälse von der Decke baumelten. Blonde Perükken, Tüllröckchen. Lacklederschuhe. Leere Porzellanaugen. Da sie Herrn Urs' Beschäftigung kannten, waren sie zuerst nicht überrascht. Doch als sie näher hinsahen, staunten sie. Die Puppen hatten eine schockierende Einzelheit. Alle weiblichen Puppen trugen ein männliches Kleidungsstück oder Geschlechtsmerkmal oder umgekehrt. Einen Husar kleidete ein Spitzenmieder unter der mit Goldknöpfen besetzten Pelzjacke. Ein Mädchen in einer Krinoline hatte Militärstiefel an und hielt eine Reitpeitsche in der Hand. Einen Zugführer mit gestreifter Mütze zierten Batistunterhosen. Einem Chinesenmädchen mit schwarzem Zopf und silbernen Haarnadeln war aus noch feuchtem unbemaltem Gips ein kleiner Phallus sorgfältig zwischen die Beine geklebt.

»Es reicht, Franz«, sagtest du ruhig, Elizabeth. Er sprengte seine Rolle und überraschte dich mit etwas, das vielleicht nicht geistreich, aber unerwartet war. Allerdings konntest du dir jetzt denken, was folgen würde. Gute Nase, Tigrin.

»Während sich die Hausmeisterin die Schürze vor's Gesicht schlug und betete, betrachteten wir die Wände und fanden dort die gleichen Unstimmigkeiten. Einerseits Bilder mit den gewöhnlichsten und traditionellsten Szenen. Ein Schiff, das in den Hafen einläuft. Ein Frühstück am Flußufer. Die Dächer von München. Blumen in chinesischen Vasen. Und dergleichen mehr. Andererseits verzerrte, wahnwitzige, obszöne Gemälde. Verschwommene Gestalten mit aufgerissenen Mündern, entsetzensweiten Augen. Hände mit langen gebogenen Krallen. Haufen von Exkrementen. Kopulierende Tiere. Tote, faulende Schlangen und Elefanten unter Fliegenschwärmen. Abgetrennte grinsende Stier- und Wildschweinköpfe. Ein winziger Mann, den die Klaue eines riesigen unsichtbaren Vogels hoch oben durch die Lüfte trug.«

»Ich weiß, Franz. Ich weiß. Ich kann es mir vorstellen.«

Gebannt sahen sie sich um und hatten völlig vergessen, weshalb sie gekommen waren. Allmählich erst, nach und nach gewahrten sie beide das beherrschende Möbelstück des Zimmers, ein mächtiges altmodisches Bett, dessen vier Mahagonipfosten geschnitzte Reben zierten und Urnen krönten. »Ein breites Bett, Lisbeth, eine Wüste von einem Bett, von der Art, wie es sie heute nicht mehr gibt. Ungeheure Kissen. Zerwühlte Decken. Unter der roten Steppdecke und einem Spitzenkissen ein winziger Umriß. Wir hoben das Kissen und erblickten den Kopf. Seinen enormen Kopf.«

»Ich weiß schon. Caligari und der Schlafwandler verirren sich in einem weißen Labyrinth. Du brauchst nicht weiter zu erzählen.«

Er lag da, als schliefe er. Wie ein Kind in einem Alptraum. Mit offenem Mund und offenen Augen, das schwarze Haar in der Stirn, die Hände unter der Wange verschränkt. Klein und zur Seite gewandt, lag er da und wirkte noch kleiner durch die angezogenen kurzen Beine. Gelb und alt wie ein jahrhundertealter Papyrus.

Ulrich faßte ihn bei der Schulter und rüttelte ihn. Er schob die Hand unter seine Wange und fühlte den Puls, dann erklärte er ihn für tot. »Wissen Sie, ob er Angehörige hat?« fragte Franz die Hausmeisterin. Mit Kopf und Händen verneinte sie. »Wo hebt er sein Geld auf?« Auch dies wußte sie nicht. »Aber vielleicht schuldet ihm jemand etwas für die Puppen oder für eines der Bilder«, mutmaßte Ulrich, und die beiden Freunde lächelten. Die Hausmeisterin wehklagte wieder. Was sollte sie tun? Was sollte sie bloß tun? Ein toter Zwerg in einem ihrer besten Zimmer. Wenn die anderen Mieter davon erführen! Alle würden ausziehen. Über Nacht wäre das Haus leer.

»Ulrich und ich sahen einander an. Anderthalb Jahre hatten wir zusammen gelebt. Wir kannten uns in- und auswendig, waren im Geiste eins geworden, und nun kam uns beiden derselbe Gedanke. Zigarette, Lisbeth?«

»Gern. Nein, ihr wart verschieden. Er war Ulrich, und du warst Franz. Nie warst du ein anderer als du selbst.« Franz zündete deine Zigarette an und reichte sie dir. Im Spiegel auf der anderen Seite des Zimmers sahst du eure nackten Körper auf dem Bett, die Zigarette in deinem Mund, den aufsteigenden Rauch.

»Wir sagten der Hausmeisterin, sie solle sich keine Sorgen machen, wir würden uns um alles kümmern. Sie mußte den Flur überwachen, daß uns niemand sah. Wir wickelten Herrn Urs in seine Bettdecke, Ulrich nahm ihn in die Arme, und hastig eilten wir in unser Zimmer. Die Hausmeisterin wollte folgen, aber ich legte einen Finger an die Lippen und warnte: ›Kein Wort, oder die anderen Mieter kommen dahinter und ziehen aus. Es ist nichts geschehen. Nichts, gar nichts. Räumen Sie sein Zimmer auf, werfen Sie seine Sachen fort und vergessen Sie ihn.‹«

Du hobst den Kopf von seiner Schulter und betrachtetest euer Spiegelbild.

»Das reicht, Franz. Schau uns im Spiegel an. Wie sehen wir aus?«

»Ich weiß nicht. Wie Lisbeth und Franz. Ja?«

»Wir sehen aus wie eine Erinnerung oder eine Vorahnung.«

»Du bist so kompliziert wie dein Mann.«

»Bist du fertig?«

»Nein, ich will dir vom Fest erzählen.«

»Laß uns erst rauchen. Was sagtest du heute morgen zu dem alten Indio?«

»Nichts. Gar nichts.«

»Ich nehme alles hin, Franz. Nicht nur einen Teil, sondern alles. Aber es muß einen Ausgleich geben. Ich liebe diese Menschen wirklich. Und nur so können wir vielleicht Verzeihung erlangen.«

»Vielleicht, wenn ich dich recht verstehe.«

»Schau mich nicht an, als wäre ich eine Naive. Es ist wahr. Am Ende bleibt uns kein anderer Weg.«

»Es ist der Weg einer Frau.«

»Es ist mein Weg. Rauch deine Zigarette, Franz, leg deinen Kopf auf meine Brust und schlaf. Wach nicht auf, ehe der Tag so warm ist wie unser Blut.«

Elena klopfte an die Tür und kam herein. Es sei ein herrlicher Tag, sagte sie in ihrem gebrochenen Italienisch, legte die frischen Feigen auf den Tisch und kniff ein Auge zu. Javier erhob sich vom Bett, und Elena lachte laut und zeigte die Zahnstummel; sie bekreuzigte sich, bedeckte das Gesicht mit weitgespreizten Fingern und meinte, die Welt wäre besser, wenn der Signor genauso am Strand herumlaufen könnte, und du, Tigrin, seist glücklich, *oh, quant'è lungo, oh, quant'è bello il signor, sei fortunata, signorina, sei fortunatissima.* Du standest ebenfalls auf und zogst einen Bademantel an, während Elena dich nicht minder wortreich bewunderte wie zuvor Javier. Zu dritt verließet ihr dann im Gänsemarsch die Hütte, voran Elena im schwarzen Schal, mit ihrem Eimer voller Feigen, ihr Gesicht umrahmt von einem weißen zerschlissenen Tuch, ein Gesicht, dunkel und runzlig wie ein Nußkern, aus dem glänzende Augen lächeln. Elena: zugleich behender und müder Gang, schwarze Strümpfe und Leinenschuhe, die sie mit vollendeter Eleganz in den Sand stellte, als sie euch erzählte, was sie euch jeden Morgen erzählte, die Geschichte ihrer acht Kinder. Sie hat acht Kinder, fünf von ihnen sterben (nie gebrauchte sie die Vergangenheitsform, wenn sie von ihnen sprach), und ihr Mann leidet an Rheuma; der älteste Sohn arbeitet in Athen, aber sie weiß nichts Genaueres, nur daß er ein Mädchen dort hat und nie Geld heimschickt; der andere Sohn arbeitet als Kellner in einem Café auf Rhodos; das jüngste Kind ist ein kleines Mädchen. Und jeden Tag verläßt jemand die Insel, wandert in ein besseres Land aus, denn hier ist nur reich, wer Olivenbäume besitzt, und das sind nicht viele. Sie hebt den Arm und weist zu dem Restaurant am Strand. Der Besitzer und seine Frau waren früher so arm und mager wie sie selbst. Heute sind sie fette Schweine. Mit dem Finger zeigt sie nach ihnen und entblößt die faulen Zähne, als sie schreit: *»Brava, brava!.«* Sie lacht und ruft ihnen zu, jetzt, da jeder von ihnen zweihundert Kilo wiege, hätten sie vergessen, daß sie einst nicht einmal einen Pißpott besaßen. Das fette Paar grunzt und rennt ins Restaurant. Elena schreit: *»Brava, brava!«* und zeigt euch ihre Hände. Zweimal wöchentlich muß sie Wäsche waschen; sie zeigt euch das Kupferarmband, ihr Amulett, das Haut und Nerven vor den Schäden der schweren Arbeit schützt. Mit einem *carabiniere* kehren die Restaurantsbesitzer zurück. Sie schreien auf griechisch, er auf italienisch: Hundertmal hätten sie ihr schon gesagt, sie solle hier verschwinden, sie dürfe ihre Feigen nicht auf dem Strand des Restaurants verkaufen, wie oft müßten sie ihr das noch sagen? Elena stellt den Feigeneimer vor sich in den Sand, schaut Javier an, schaut dich an und summt ein Lied, das die Dicken wütend macht. Der *carabiniere* geht auf Elena zu, und sie singt jetzt laut. Du siehst Javier an, doch er rührt sich nicht, beobachtet nur. Du stellst dich vor Elena.

»Wenn ihr sie belästigt, essen wir nicht mehr in eurem Restaurant, nie wieder.«

Die Dicken sehen erst dich, dann einander an. Sie stekken die Köpfe zusammen, zucken schließlich die Achseln und laden den *carabiniere* auf ein Glas Lindos-Wein ein. Elena lacht und lacht und bietet dir eine Feige an, und du fühlst dich als Herrin von Phaleraki.

»Soy la dueña!« sagst du zu Javier.

»Mizwe.« Javier lacht. »Jeden Tag eine gute Tat. Oh, der Pfadfindergeist.«

»Soy la dueña!« wiederholst du. »Ich bin die Gebieterin, die Herrin!«

Seien wir ein wenig barock, Tigrin. Phalerakis Strandlinie: ein Kieselsaum. Während Javier in der Hütte sitzt und schreibt, sammelst du Steine. Du hast nichts zu tun, als deinen Mann zu lieben und am Ufer entlangzuwaten, manchmal zu tauchen und die Finger nach den kleinen polierten Steinen auszustrecken. Solange sie noch naß sind, glänzen sie, sogar dein Gesicht kannst du darin spiegeln. Stundenlang sitzt du am Strand, sortierst deine Kiesel und gibst ihnen Namen. Du nennst sie die Hemisphären der Meeresstunden. Du sagst, die Kiesel von Rhodos seien wie die härtesten Kinder der Insel, und du glaubst, eine geheime Meerestiefe habe ihnen vor undenklichen Zeiten die wäßrigen Farben gegeben, damit diese Töne nie verlorengingen. Sie sind rot, ocker, weiß, grün, gelb, schwarz, aber es sind nicht dieselben Farben wie auf dem Land; nein, es sind andere, neue Farben, wie die des polierten schildförmigen Steins, den du gerade in der Hand hältst: alle Grautöne vereinigen sich darin, die Venen sind von durchsichtigem Weiß, die Nerven Silber, die Arterien stumpfes Zinn. Einige gleichen gemeißelten Eiern, einige Senfkörnern, andere Halbmonden, und alle wurden sie von Wasser und Sand geschliffen und geglättet. Sie sind wertlos, doch Schätze für die Armen. Kinder schmücken ihre Sandburgen damit. Die Frauen der Fischer reihen sie zu Halsketten auf. Aber fern vom Wasser verlieren sie ihren Glanz, werden trübe und vergessen zuletzt ihren Ursprung. So sagen die Frauen von Rhodos, und sie haben recht.

Nie weißt du, für welche Kiesel du dich entscheiden sollst. Es sind so viele, und wenn sie auf dem weichen Sand liegen, dort, wo der Strand das Meer berührt, dann sind sie alle schön. Sie sind zugleich aus dem Meer und vom Land. Auf dem Ufer werden sie wie das Land. Aber im Wasser spiegeln sie die Lichter und Schatten des Meeres, all seine Farben. Sie sind die sanften Zähne, die das Meer in die Küste geschlagen hat, um sich am Land festzuhalten, und ohne sie wäre das Meer anders, wäre es eine andere Welt, ein anderer Traum, ein anderer Glaube, das Versprechen eines anderen Jahrtausends. Stundenlang sitzt du am Strand, betastest und betrachtest deine Kiesel. Außer Blau hast du jede Farbe darin gefunden.

Du sortierst deine Kiesel. Du weißt, daß jeder einzelne sich mit dem Stand der Sonne verändert. Das Gelb des Mittags färbt sich später orange, in der Dämmerung rot, unter dem Mond violett, fast blaurot. Aber nie darüber hinaus: nie zeigt sich ein klares, unvermischtes Blau. Du glaubst, es sei vorhanden, es sei in den engen konzentrischen Kreisen des kleinen Kiesels verborgen: Tag für Tag muß er dem Angriff der Sonne trotzen, die das Blau ans Licht zwingen möchte.

Der Kiesel läßt sich besiegen und wandeln, von gelb über orange zu violett, dann weiß in der Morgendämmerung und mittags wieder gelb. Aber das verborgene Blau darf allein die Dunkelheit sehen.

Soviel über deine Kieseljagd. Du warst jung und müßig in jenen Tagen, und es war ein unschuldiger Zeitvertreib, harmlos, von vage poetischer Natur. Jetzt muß ich dir einen Klassiker zitieren: *Was du mir sagst, ist nicht wahr, aber allein weil du es sagst, enthüllt es dein Wesen.*

Okay, Tigrin?

Okay.

Du hattest dich umgezogen, Isabel, trugst nun enge schwarze Stretch-Hosen und eine weiße Bluse mit offenem Kragen. Deine Brüste tanzten, als du mit offenem Haar, bloßen Füßen und vor Unzufriedenheit und Anstrengung gerunzelter Stirn zu einer Platte von João Gilberto herumwirbeltest und dabei am Nagel des kleinen Fingers kautest.

»Nein, verdammt, das stimmt nicht.«

Mit dem rechten Bein machtest du einen Schritt vorwärts, drehtest dich um dich selbst, hieltest die Arme in der Pose einer Hindugöttin und kautest wieder am Fingernagel.

»Paß auf. Sag mir, ob es diesmal klappt.«

»Aber, Isabel . . .«

»Ich weiß, daß du nicht tanzen kannst. Aber du kannst doch etwas dazu sagen, nicht? Na, mach schon, Liebling. Schau, der Witz beim Bossa Nova liegt darin, daß man den Rhythmus des Samba zum Gegentakt des Jazz durchhält. So. Siehst du?«

Wieder wirbeltest du lachend herum, bis hin zu Javier, der rauchend auf dem Bett lag und dich betrachtete. Lächelnd, mit halbgeschlossenen Augen, sahst du ihn an.

. . . náo pode ser, não pode ser . . .

Du fielst auf Javiers Brust und küßtest seine Stirn.

»Ich liebe dich.«

Mit einem Satz sprangst du auf, ranntest zu der geöffneten Coca-Cola-Flasche und leertest sie in einem Zug. Javier stützte sein Heft auf die Knie und kaute am Radierer seines

Bleistiftes. Du gingst zu ihm und strichst ihm zärtlich – ja, zärtlich – über das sich lichtende Haar.

»Gefällt dir mein Zimmer?«

»Aber ja. Es ist ganz erstaunlich. Du solltest unseres sehen.«

»Was heißt ›unseres‹?«

»Das von Elizabeth und mir, auf der anderen Seite des Gangs. Sogar zwei Schnecken klebten an der Wand.«

»Wo ist sie jetzt?«

»Sie hält Siesta. Es sieht aus, als wohntest du hier schon seit Tagen.«

»Das ist der Plattenspieler. Reise mit Grammophon. Und Coke für alle, die im Herzen jung geblieben sind. Was schreibst du da?«

»Oh, nur verschiedenes, woran ich mich erinnern möchte.«

»Wie etwa den Tag, an dem wir uns kennenlernten?«

»Er scheint so fern.«

»Vier Monate, Proffy. Du hattest mich gerade im Kurs für klassische Literatur durchrasseln lassen. Ich sagte dir, das mache nichts, so könnte ich dich nächstes Jahr wieder hören.«

»Und ich lud dich zum Abendessen ein. Auf der Stelle.«

»Aus reinem Narzißmus, Liebling. Ich habe dich aufgebaut.«

»Ja, das tatest du allein durch deine Gegenwart. Vielleicht unterrichte ich deshalb, um mit den Kindern in Kontakt zu bleiben, die so freundlich sind, mich gelegentlich aufzubauen.«

»Lüge nicht. Ich hatte dich in die Seile gehauen.«

»Hm, du warst schon eine Entdeckung.« Javier lächelte. »Im Taxi und im Restaurant, das du ausgesucht hattest, ging es weiter. Die Entdeckung deiner beiden Gesichtshälften – halb Engel, halb Teufel. Dein Gesicht, gerahmt von schwerem glattem Haar . . .«

»Weiter. Du bist ganz schön in Schwung.«

»Deine grünen Augen. Kindliche Augen ohne Bosheit, wenn dein Mund ruhig ist; glänzende kalte Augen, wenn dein Mund unschuldig lacht und wenn du von den einfachen Dingen aus dem Leben eines wohlerzogenen jungen Mädchens erzählst . . .«

»Wohlerzogen? Eine Entdeckung?« Du erhobst dich, drehtest die Platte um, und lächelnd tanztest du wieder. »Einmal sagte jemand, ich gefiele ihm so sehr, daß er Angst hätte, sich mir zu nähern. Wirklich! Und ein ganzes Jahr, bis du mich durchrasseln ließest und ich zu dir kam, war ich für dich nichts weiter als eine deiner Studentinnen. Nicht einmal der Fisch, den man ins Netz lockt. Und zu Hause machte man kein Getue um mein Aussehen. Himmel nein! Jetzt, Liebling, achte auf diesen Schritt. Dann sagtest du zu mir, ich sei schön, und brachtest mich in Schwung. Du bist noch immer ganz schön munter, Proffy.«

»Noch immer? Vielen Dank.«

»Bitte schön. Distinguierter Herr mit leicht angegrautem Haar. Immerhin lichtet es sich. Ich mag auch deine Gesichtsfarbe. So blaß.«

»Dann besuchst du also die Universität nur, um smarte Professoren zu studieren?«

»Nein, ich möchte in Kultur baden. Dazu gehörst auch du.« Lachend balanciertest du auf den Zehenspitzen. »Kein Witz. Wenn du redest, beginnen sich meine Rädchen zu drehen. Stell dir vor! Mir fällt allerlei ein. Ich fühle mich leicht und gelöst. Als ob ich schwebte. Worauf es hinausläuft: ich mag dich.«

»Und ich dich. Von der ersten Vorlesung an.«

»Daheim hieß es nur, Chabela, tu dies nicht, Chabela, tu das nicht. Lauf nicht mit offenem Haar herum, du siehst wie eine Existentialistin aus, wie ein Flederwisch. Chabela, bohr nicht in der Nase, deine Nasenlöcher sind schon groß genug. Du kannst dir denken, was ich fühlte. Langweile ich dich?«

Javier schüttelte den Kopf.

»Ich befreie mich gern von meinen Komplexen, indem ich darüber rede.«

»Aber vor allem . . .«

»Vor allem von meinen Eltern. Wußtest du, daß mein Vater einen Haufen Geld gemacht hat. Höher als das Matterhorn, wo er sein Geld übrigens auch aufbewahrt.«

»Mit was?«

»Tankstellen. Ganz einfach: Man besorgt sich eine Konzession, kassiert kräftig ab und läßt ein wenig davon an die Pemex zurückfließen. Und unversehens besitzt man ein Haus in den Lomas de Chapultepec. Mein Gott, wenn ich an Häuser denke! Entsinnst du dich an das Herrenhaus in dem Film, den wir neulich sahen?«

»Vom Winde verweht?«

»Ja, genau. Dorisch-ionische oder ionisch-dorische Säulen oder so. Grünes Schieferdach. Französische Fenster mit Jalousien, Liebling. Und innen! Gott allein weiß, wo sie diese Möbel aufgetrieben haben. Echtes Chippendale, sagt Mama. Quatsch! Sie täuscht sich um zwei Jahrhunderte und einen Kontinent. Glaubst du mir nicht?«

»Ich glaube dir immer.«

»Einige der Sessel haben Lederrücken und Kupfernägel, andere blaue Stickereien und dünne Beine, wieder andere lila Brokatbezüge und ungeheuer fette Beine. Und frag mich nicht nach meinem Schlafzimmer.«

»Das würde ich nie wagen.«

»Dummer. Als ich fünfzehn und eine junge Dame wurde, statteten sie mich neu aus. Ein Himmelbett, stell dir vor, und Drucke, von denen Mama behauptete, sie seien französisch. Einen Frisiertisch zum Kotzen, alles Tüll und Batist. Alles für eine wohlerzogene junge Dame.«

Die Platte endete. Breitbeinig standest du da, stemmtest die Arme in die Hüften und schütteltest dir das Haar aus dem Gesicht.

»Ein Coke?«

»Nein, danke. Du weißt doch, daß ich die Kohlensäure nicht vertrage.«

»*Ay tú.* Du und dein kostbarer Magen.« Du öffnetest eine neue Flasche und trankst sie rasch. »Dann landete mein alter Herr einen anderen kleinen Coup. Entsinnst du dich der letzten Entwertung?«

»Ich schon, aber du nicht. Du lagst damals noch in den Windeln.«

»Aber später kam ich dahinter. Der Alte wußte nämlich im voraus davon und kaufte wie besessen Dollars.«

»Wahrscheinlich weint er, wenn die Nationalhymne gespielt wird.«

»Kannst du glauben! Es war ein Freitag. Samstags wurde die Sache bekannt, und er hatte wer weiß wie viele Millionen verdient, ohne auch nur einen Finger zu krümmen. Wie findest du das?«

»Überaus tüchtig. Er hat es in sich. Er . . .«

»Nie habe ich von jemand gehört, der so viel verdiente und so wenig dafür tat. Er ist ein Genie. Und er glaubt es auch. Den lieben langen Tag redet er von Arbeit, Mühe und Plackerei und daß wir nur dank seinem Schweiß etwas zu beißen hätten. Soll ich weitermachen?«

»Ja. Solange ich zuhören darf.«

»Also dann zu Mama. Sie ist selbst ein Fossil. Vom Kindergarten an schickten sie mich zu den Nonnen. Ja, genauso war's. Jeden ersten Freitag Beichte und Kommunion. Während der Karwoche wird zu Hause geblieben. Und was für Ideen. Chabela, tanz nicht. Geh nicht ins Kino. Nimm dich vor den jungen Männern in acht. Schminke dich nicht. Chabela, sei vorsichtig, du bist eine Lilie, die der Teufel pflücken möchte! *Ay,* der alte klapprige tumbe Teufel! Er spielt mit der Klarinette zum Tanz auf. Er wartet am Eingang der Kinos. Er pfeift einem aus einem Kabriolett zu. Und meine Mutter, die Reuigste aller Reuigen, setzte alle ihre Hoffnungen in mich.«

»Kann ich mir denken.«

»Und ich sollte eine Heilige sein, jungfräulicher noch als die Jungfrau von Fatima. Und ganze Eimer voll Tränen sollte ich vergießen, um die Sünden meiner armen Mama wegzuwaschen. Aber was für Sünden, Liebling? Wie ich mir auch den Kopf zerbrach, ich konnte keine einzige finden. Aber es gab eine. O ja!«

»Eine schreckliche Sünde.« Javier lächelte.

»Wirst du's raten? Eines Tages wollte ich eine Zigarette aus dem Nachttisch meines Vaters klauen, und da lagen sie. Die Präservative. Ihre große Sünde. *Violines please.* Sie wollten die Horde Bälger nicht, die Gott der Herr ihnen bescheren mochte, und so benutzten sie Gummi, und meine Mutter fühlte sich um einiges weniger heilig als Maria Magdalena, und obwohl sie jeden Tag die Messe besuchte, ging sie nie zur Beichte. Ich mußte dermaßen lachen, daß ich sie von da an nie wieder ernst nehmen konnte. Ich fragte sie, und sie brach in Tränen aus. Wie konnte ein unschuldiges Kind von diesen Dingen wissen? Nun, ich machte mein Abitur bei den Nonnen, ging auf die Universität, und das Ende vom Lied: sie schicken mir jetzt meinen Wechsel und lassen mich in Frieden. Gelegentlich verlieren sie allerdings die Geduld, hacken auf mir herum und fragen, wie ich mich je ernstlich zu verloben hoffte – mit einem anständigen Jungen, der auch eine Zukunft habe –, wenn ich mich unentwegt mit dem Universitätsgesindel herumtriebe, diesen Roten und Aufwieglern. So, Maestro! *Sweet and lovely, tralala, the girl with the Ipanema smile.* Hör jetzt zu schreiben auf. Es reicht.«

»Aber ich habe doch noch gar nicht angefangen.«

»Dann fang jetzt nicht an. Du hast viel Zeit. Alle Zeit der Welt.«

»Isabel. Isabel.«

Javier küßte die Hände, die seinen Hals umschlangen.

Das Mädchen erschien, als der Herbst anbrach. Euer Apartment besaß einen kleinen Balkon, kaum breit genug für die Gartenschaukel mit dem gestreiften Sonnendach. Ihr hattet eine Klimaanlage, und so bliebt ihr während der Sommerhitze in den Zimmern. Doch jetzt, da es kühler wurde, saßet ihr häufiger auf dem Balkon. Ein paar Linden reichten über eure Etage hinaus, und im Sommer hingen ihre dichtbelaubten Zweige über den Balkon. Jetzt verschwanden die Blätter nach und nach, färbten sich erst golden und schwebten dann lautlos zu Boden. Ihr schaukeltet sanft und saht die Blätter fallen, Javier in seinem alten Rollkragenpullover, du mit fröstelnd verschränkten Armen, und jeden Tag wurde das Sonnenlicht schwächer und kühler. Manchmal ging Javier schon vor dir hinaus, legte Blues- und Foxtrottplatten auf und setzte sich in die Schaukel. Du warfst einen Pullover über die Schultern und folgtest ihm. Ihr plaudertet ein wenig, mit langen Pausen dazwischen. Er erzählte dir Neuigkeiten aus der Botschaft, von Dinnereinladungen und Cocktailpartys. Ihr schmiedetet Pläne, in den Süden nach Bariloche oder nach Carrasco jenseits des Flusses zu fahren, falls Javier im Juni oder November zehn Tage frei bekäme. Und ihr beobachtetet, wie der Blättervorhang des Sommers herabschwebte und das pastellfarbene Gebäude auf der gegenüberliegenden Straßenseite enthüllte, ein Gebäude, das keinem von euch zuvor aufgefallen war.

Javier entdeckte das Mädchen zuerst. Nie erfuhrst du, was er damals erblickte, obwohl du annahmst, daß sie dasselbe tat wie auch später. Das Fenster zerschnitt sie in zwei Hälften, und unterhalb des Torsos blieb sie stets unsichtbar, und manchmal, wenn der Wind den Vorhang vors Fenster wehte, war sie ganz verborgen. Sie unterschied sich in keiner Weise von den Mädchen, die nachmittags über die Avenida Santa Fe oder die Floridastraße gingen. Wenn es euch wichtig gewesen wäre, hättet ihr eines Tages abwarten können, bis sie das Gebäude betrat oder verließ. Aber nein. Ihr saht sie nur im Fenster, wie sie mit emporgereckten Armen das Haar zusammenband, mit Armen, die so nackt und braun waren wie das Gesicht. Manchmal von vorn, mit krausem Achselhaar und kräftig ausgeprägten Pektoralmuskeln. Manchmal von der Seite, mit kleinen, doch spitzen Brüsten. Manchmal von hinten, mit gespannten Rückenmuskeln, wenn sie die Arme hob, um das Haar zu binden oder die Kämme zu stecken. Ihr saht sie in Momentaufnahmen: Schnappschüsse von einer sich drehenden Statue. Sie cremte sich das Gesicht ein, zupfte die Brauen, legte Lidschatten und Lippenstift auf. Immer allein: nie betrat sonst jemand dies Schlafzimmer, obwohl in den umliegenden Fenstern Dienstmädchen mit Staubwedeln zu sehen waren, Studenten über aufgeschlagenen Büchern und Männer, die zwischen Hauptberuf und Nebenbeschäftigung hastig etwas aßen. Inmitten dieser Alltagsbilder eine sich drehende Statue, die sich jeden Nachmittag genau um drei schminkte oder das Haar kämmte. Manchmal steckte sie den Kopf aus dem Fenster und sah auf die Straße hinunter. Manchmal bewegte sie die Lippen, als singe sie. Nach und nach verlor ihre Haut den Bronzeton, den sie in Punta del Este oder Mar del Plata erworben hatte. Sie rauchte nie. Anscheinend schlief sie den ganzen Tag und stand erst um drei auf. Eines Tages zog sie den blauen Vorhang zurück und hielt ein Glas in der Hand. Gleich darauf verschwand sie wieder. Wenig später saß sie wie gewöhnlich an ihrem Frisiertisch.

»Ich erinnere mich ihrer zum Teil auch, weil ich meine Kurzsichtigkeit entdeckte, als ich ihr Gesicht genauer betrachten wollte.«

Wirklich, Tigrin. *Oh, come on, now!*

Du mußtest die Augen zusammenkneifen, um die dicken Brauen zu erkennen, den kleinen klargeschnittenen Mund mit den vollen rotgeschminkten Lippen, die Mandelaugen, die Stupsnase, das leicht vorspringende Kinn. So gingst du eines Tages zu einem Augenarzt und erfuhrst, daß dir auf dem linken Auge anderthalb Dioptrien fehlten. Du dachtest, Javier werde lachen, wenn er dich beim Essen mit der Schildpattbrille sähe. Er lachte nicht. Er war schockiert. Mit schlecht verhehltem Mißfallen bat er dich, die Brille nicht auf der Straße zu tragen.

»Und im Kino?«

»Auch nicht.«

»Und um das Mädchen von gegenüber besser zu erkennen?«

Er sah dich an, als hättest du eines seiner intimsten Geheimnisse verletzt, und du, Tigrin, wurdest beißend: Glaubte er denn, er allein habe sie all diese Monate bemerkt? Hielt er sie für sein Privateigentum? Was solltest du wohl anschauen – etwa die kahlen Zweige der Bäume, die vorüberfahrenden Busse, vielleicht den polnischen Portier? Der Anblick des unbekannten Mädchens war wohl sein Privileg? Und du begriffst: Ihr würde er gern all die Worte sagen, die er nie zu schreiben gewagt, die er nur in Gedanken an dich gerichtet hatte. Das geheimnisvolle, unberührbare Mädchen. Nicht nur in der Phantasie war sie die Seine. Schiff ahoi! In der Umkehrung des Begehrens, seines berühmten Begehrens-ohne-Begehren. Du lachtest, zogst den gelben Pullover über und gingst auf den Balkon. Javier, der kein Wort gesagt hatte, folgte dir. Du schlugst ein Spiel vor, in dem ihr versuchen würdet, Namen, Erziehung, Zivilstand und Hoffnungen der Unbekannten zu erraten. Eine

Heldin vielleicht, mit dem Namen einer Heldin: Ulalume, Berenice oder gar Ligeia? Aurelia, Myrto, Paquita mit den goldenen Augen? Oder in einer anderen Tradition – Becky vielleicht oder Jane oder Tess? Und sie mußte einen Helden haben. Wer mochte er sein? Der düstere Heathcliff? Der lächerliche Colonel Crawley? Der frivole de Marsay? Und wie wäre es, wenn er Javier hieße? Oder ... Superman! Ja, Superman sollte zu ihrem Fenster fliegen und herausfinden, ob sie eine Prostituierte war oder ein Mezzosopran am Maipo-Theater, eine Chemiestudentin, eine Gouvernante oder eine Jiddischlehrerin. Ja, Jiddisch: sie war Rebecca, Sarah oder Miriam, sie war eine Jüdin trotz der Stupsnase, eine schöne dunkle Jüdin, denn mit der neuen Brille konntest du blaue Schweißtropfen auf den Schläfen, in den Achseln, zwischen den Brüsten sehen. Eine brünette Jüdin, damit er ein kontrastierendes Paar hätte: du selbst die blonde angelsächsische Jüdin, Miriam die dunkle Jüdin aus dem Osten, mit schwerfälliger Zunge und langen schwarzen Orgasmen, verheiratet, ausgehalten, jungfräulich, verwitwet, ledig.

»Sie ist das gerade entdeckte Amerika, Javier. Warum gehst du nicht zu ihr? Nur das Trottoir und die Straße trennen euch. Eine Klingel, ein Aufzug, und ... Land ahoi! Hol sie schon, bring sie her. Oder bring sie nicht her. Erzähl mir nur von ihr. Erzähl mir, wie du heute mit einer Frau schläfst.«

Wortlos erhob sich Javier von der Schaukel und ging hinein. Er kehrte Miriam den Rücken, und Miriam, als habe sie ein unsichtbares Signal erreicht, zog den blauen Vorhang zu, um sich anzuziehen oder auszuziehen, einen Liebhaber zu empfangen oder Siesta zu halten. Ihr gingt nicht mehr auf den Balkon. Ihr wartetet, bis die Bäume wieder zu knospen begannen. Frühling: das Ende der Saison, das Teatro Colón schloß, der Pelzmantel wurde eingemottet, die bunten Sommerkleider gereinigt, Perón war an der Macht, Eva stand auf den Balkonen der Plaza de Mayo, auf den Kundgebungen wurden Slogans skandiert, und die Linden grünten wieder, verbargen von neuem den Blick auf das gegenüberliegende Gebäude.

Aber das Laub war nicht dicht genug, und so entdecktest du eines Nachmittags, als du zufällig über den Balkon blicktest, daß der blaue Vorhang verschwunden war. Nur ein nacktes Fenster und das leere Zimmer waren geblieben. Leere Zimmer wirken größer, lichter. Der Schatten der Möbel, die Bilder an der Wand, die Kleider über der Stuhllehne, alles war verschwunden wie durch Hexerei.

Apropos Hexerei, Tigrin, ob du's glaubst oder nicht, da steht es in der Zeitung. Mistress Jane, Tochter des wohlhabenden Bürgers Robert Throckmorton aus Warboys, erleidet im Alter von zehn Jahren seltsame und heftige Anfälle. Eine halbe Stunde niest sie ununterbrochen, dann wird sie mit offenen Augen ohnmächtig. Der Bauch schwillt an, und niemand kann sie überreden liegenzubleiben. Die Beine zucken, manchmal das eine, manchmal das andere. Eine alte Nachbarin, die siebzigjährige Mrs. Samuel, besucht die Familie und wird ins Krankenzimmer geführt. Jane schreit: »Schaut die Hexe dort! Sieht sie nicht ganz wie eine Hexe aus?« Mrs. Throckmorton, eine vernünftige Frau, achtet nicht darauf, und die Ärzte behandeln ihre Tochter weiter. Aber zwei Monate später zeigen Janes vier Schwestern – die jüngste ist neun, die älteste fünfzehn – die gleichen Symptome, und kurze Zeit darauf beginnen sieben Mägde der Throckmortons zu niesen, zu schreien, ohnmächtig zu werden, mit Armen und Beinen zu zucken. Einer der behandelnden Ärzte gibt zu, daß es sich um einen klaren Fall von Hexerei handelt, und die Eltern stellen die Kinder Nanny Samuel gegenüber. Die Mädchen brechen in Tränen aus, winden sich in seltsamen Qualen auf dem Boden und strecken flehentlich die Arme nach der alten Frau aus. Eine Zeitlang treten die Anfälle nur auf, wenn Nanny Samuel in der Nähe ist. Dann kommen sie zu allen Stunden, und die Kinder behaupten hartnäckig, die Gegenwart von Mrs. Samuel erleichtere sie. Daraufhin holen die Throckmortons die alte Frau in ihr Haus und zwingen sie, mit ihren Töchtern im gleichen Zimmer zu schlafen, und die Mädchen setzen ihr heftig zu und fragen, ob sie nicht die

Gestalten sehe, die um sie her rennen, hüpfen und spielen. Im September 1590 besucht Lady Cromwell, die vornehmste Dame der Grafschaft, die Throckmortons, und als sie Nanny Samuel erblickt, erklärt sie diese für eine Hexe, schlägt ihr mit einem einzigen Streich die Haube vom Kopf und befiehlt, eine Locke ihres Haares zu verbrennen. Die Alte weint, aber man weiß, daß Lady Cromwell hinfort an Alpträumen leidet. Ihre Gesundheit verschlechtert sich, und im Juli 1592 stirbt sie schließlich. Die Throckmorton-Töchter werden weiterhin von ihren seltsamen Anfällen heimgesucht, bis Nanny Samuel sie Weihnachten jenes Jahres beschwört, sich endlich zu benehmen. Die Anfälle hören auf. Jetzt hegen Mr. und Mrs. Throckmorton keine Zweifel mehr. Mrs. Samuel selbst glaubt nicht länger an ihre Unschuld und bittet um Verzeihung. Schließlich überredet Pastor Dorrington die alte Frau zu gestehen. Am folgenden Tag jedoch ist Mrs. Samuel ausgeschlafen und widerruft ihr Geständnis. Sie wird vor den Gerichtsherrn geholt. Die Throckmorton-Mädchen, die wieder unter ihren Anfällen leiden, treten als Ankläger auf und geben zu verstehen, Mrs. Samuel habe den Tod von Lady Cromwell verschuldet. Von ihrem großen Abenteuer sind sie äußerst erregt, tauschen hämische Blicke, werden von nervösem Gelächter geschüttelt und ruhen nicht, bis Nanny Samuel erneut gesteht und all das zugibt, dessen sie beschuldigt wird, auch daß sie der Teufel leibhaftig besucht habe. Als man ihr jedoch nahelegt, sie könne dem Galgen entgehen, wenn sie gestünde, daß Satan sie geschwängert habe, da legt sich die Alte eigenhändig die Schlinge um den Hals und ruft aus: »Eine Hexe mag ich sein, doch eine Hure war ich nie!« Und so endet Mrs. Samuel.

»Ich kenne diesen Zauber«, sagte Medea.

»Bist du fertig?«

»Nein, noch nicht. Wir schlossen die Tür. Ulrich öffnete den Eisschrank, und ich nickte. Wir hoben den Leichnam von Herrn Urs auf, wickelten ihn aus der roten Decke und stellten ihn aufrecht. Er trug ein sehr langes Nachthemd, über dessen Schleppe er im Leben gewiß gestolpert wäre.

Mit Mühe bogen wir die Beine gerade, lösten die Arme aus der Schlafstellung und banden sie an die Hüften. Sein Kopf weigerte sich, oben zu bleiben, und neigte sich beharrlich nach einer Schulter, aber wir schlossen ihm die Augen und banden den Unterkiefer mit einem Taschentuch hoch. Rasch nahm ich Käse, Bier und Salat aus dem Eisschrank. Und Herr von Schnepelbrücke betrat etwas krummbeinig zwar, aber im wesentlichen aufrecht und würdig seinen kalten Sarkophag. Wir schlossen die Tür und seufzten. Gib mir eine Zigarette, Lisbeth.«

»Das ist gut«, sagtest du, als du zwei Zigaretten ansteckte st und ihm eine davon reichtest. »Wirklich gut. Ich hatte es nicht erwartet. Aber weißt du, was ich jetzt vermisse? *Udolphos Geheimnisse. Der Mönch. Die Burg von Otranto. Melmoth der Wanderer.* Mrs. Radcliffe. Monk Lewis. Walpole. Maturin. Und weißt du, was mir am besten gefällt? Jean Epstein. Robert Weine. Henrik Gaalen. Paul Leni. Murnau. Fritz Lang. Conrad Veidt. Als kleines Mädchen träumte ich von Conrad Veidt, und seine vielen Gesichter waren übereinandergeschichtet, doch jedes einzelne vollkommen gegenwärtig und sichtbar. Bist du fertig?«

Bestanden, Tigrin. Wer brachte es auf, daß die Prinzessin und nicht die Hexe die Heldin ist? *Pitee ye poore Monsters!* Dein Klassiker von Revere Street 91 rät dies, und glaube mir, er irrt sich nicht. Hab Mitleid mit Herrn Woiwoden Dracula, selbst unter seinem Alias Nosferatu, denn ihm mangelt, was wir Sterblichen haben, ohne es zu brauchen. Oder was wir nicht zu brauchen vermeinen, *fools that we are.* Stell dir vor, welch eine Perspektive sich auftut, wenn zu so gewöhnlichen Notwendigkeiten wie: sich vom Wecker aus dem Schlaf holen zu lassen, sich mit einer Creme ohne Pinsel zu rasieren, Haferflocken stereophonisch zu frühstücken und um acht die Straßenbahn ins Büro zu nehmen, die entsprechende Notwendigkeit bestünde: das Blut junger Engländerinnen zu trinken, sich in einem Gemäuer der Karpaten mit Vampiren zu umgeben, auf einem unbemannten Schiff zu reisen und sein Nachmittagsschläfchen in einem eisernen Sarg zu halten, der mit transsylvanischer Erde gefüllt ist. Ganz zu schweigen davon, daß die Spiegel sich weigern, dein Bild zurückzuwerfen. Und bedenke, der Kerl mit dem Wecker erhält Sozialversicherung und bezahlten Urlaub und eine Pension und Altersheime mit Pflegerinnen und Lotto. Und all dies löst endlose Parlamentsdebatten aus, findet endlosen Widerhall in Presse und Bürgerkampagnen, während es für den armen Dracula keine humanitäre Gesetzgebung gibt, die ihm eine ruhige Ewigkeit mit regelmäßigen Hämoglobinzuteilungen garantiert. Wendet da soeben jemand ein, der Woiwode erfülle keine nützliche Funktion in der Gesellschaft? Bah, erfolgreiche Maskierung hat eine ungewöhnlich nützliche soziale Funktion. Setzen wir nicht alle unsere Masken auf, wenn wir vom Kaufmann nicht erkannt, vom Hausherrn nicht gegrüßt oder vom Chef nicht abgekanzelt werden wollen? Und wolltest du wirklich revolutionär sein, Tigrin, dann würdest du in die Maske von Major Barbara schlüpfen, mit deiner blauen Kappe und deiner Almosenschale herumgehen und Wahlrecht für die Hexen in *Macbeth* verlangen, damit sie, *when the hurly-burly's done,* auf ihr Altersheim zählen könnten und zuletzt einen Ruheplatz auf einem prominenten Friedhof fänden, wenn sie schließlich – so müde wie wir – auf die Unsterblichkeit verzichten und uns als unsere Herolde vorangehen. Und dies ist der entscheidende Punkt: Unsere Hexen und Ungeheuer verweigern den letzten Vorhang und exponieren sich damit, während wir weiterhin an *this mortal coil* geschmiedet bleiben; sie entschließen sich für die Unsterblichkeit, was eine viel härtere Nuß ist als die Angst vor der Sackgasse des Lebens. Sie gehen ihren Weg in jenes andere Land, das jenseits von Sterblichkeit und Unsterblichkeit liegt, das eine Parallele zur Sterblichkeit ist, von der wir keinen blassen Schimmer haben, obwohl der kanthusbekränzte Purdy behauptet: »Silhouetten sagen alles.« Und wer hat ein Recht darauf, der Medusa den Kopf abzuschlagen, da doch sie allein die Möglichkeit gab, ausgeglichen und fest bleibt, statt mit einem zu sentimentalen, verbrauchten und untauglichen Nervensystem schlotternd herumzuirren? Nimm Perseus. Dieser Ausbund eines reinen, häuslichen olympischen Jünglings betrog uns mit seiner verdammt pflichtbewußten Heuchelei für alle

Zeit, raubte uns das einzige Ungeheuer, das sorgfältiger Betrachtung wert war, brachte es auf sein Schiff und entfernte damit ein gutes und nützliches Potential für Überlegungen unwiderruflich aus dem Repertoire des Natürlichen und Möglichen. Aber wenn schon jemand beiseitegeschafft werden muß, dann sollten sie lieber Kleingehacktes aus dem Al Capone des Altertums machen, dem blutrünstigen Herkules, dessen Morde die Natur verzerrten, der sie und uns um den unverwundbaren Löwen, die giftige Hydra, den rasenden Stier und die verzauberten Rinder brachten, die andere Möglichkeiten des Daseins verkörperten. So beobachtet uns die Natur heute kalt, wenn nicht gar mißtrauisch und fragt sich zweifellos, ob wir wieder jemand zum Helden erklären werden, der nichts weiter als ein Advokat des Simplen ist und der ihre Vielfalt unserer anthropomorphen Schlichtheit gleichmachen möchte. Nein, wir wollen Buntheit, um Himmels willen. Noah beging einen großen Blödsinn, als er das Paar des Einhorns, des Salamanders und des Phönix ertrinken ließ. Und wer zum Teufel verlangte von Orest, die Furien zu zähmen und in die Unterwelt zu treiben, wo ihr heiliges Blut nicht länger Flüsse austrocknen und Ernten verbrennen konnte? Auch sie gehorchten der Natur. Orest, dieser scheinheilige *boy scout* in griechischen Sandalen eröffnete ihnen nur die Möglichkeiten der Verleugneten: die Chance wiederzuerscheinen, vom Meer verwandelt, mit Gesichtern, die Ordnung heuchelten, während ihr Blut noch immer vergiftet war, noch immer Verwirrung säte. Und da hast du es: Als die alten Helden die dunkleren Mächte der Natur vernichteten und sie zwangen, in Masken auf die menschliche Bühne zurückzukehren, da riefen sie die Literatur ins Leben, Epik, Lyrik, Tragödie, Psychologie und all die moralischen Dramen, die ihr Dasein einem Kampf, einer Überraschung, einer Scheidung, einer Onanie, also der Ambiguität zwischen dem eingeschränkten Helden und den unfaßlichen Furien verdanken, Furien, die bleiben, was sie von jeher waren: Kinder der fruchtbaren und allumfassenden Natur. Was mich am meisten erbost, sind jene Sherlocks der Geschichte, die mit ihren Lupen und Analysen herumrennen und den Schuldigen verfolgen. Es gibt keinen Schuldigen. Und laßt Professor Moriarty in Frieden und seid dankbar, daß er unter den Nationen ein wenig Verwirrung stiften half und auf Flaggen und Treue zu King & Country spuckte. Er war gerächt, als Sherlock Holmes mit dem vierschrötigen viktorianischen Dr. Watson zusammenzog und mit ihm lebte; das Elementare an dem guten Doktor beschränkte sich nicht auf seinen Grips, und Holmes' beständige Klage wäre etwas für eine Untersuchung von Wilhelm Reich. Aber eine Liebe ist der anderen wert, und so haben die Engländer selbst uns heute den Sex-Agenten James Bond beschert. Tarnkappe und Degen sind Vorwände der Ejakulation. Gewiß, Bedeutendes zeigte sich an, und es ist nicht der Raub der Goldreserven von Fort Knox, sondern das fleischige Horn des Agenten 007. *Orrida maestà nel fiero aspetto!* Oder, um deinen Klassiker Baudelaire zu zitieren, mit dem Javier rang, ehe ihr Mexico City verließt (*Die Blumen des Bösen,* Tigrin, sind ein hübsches kleines Buch, um es vor den Ferien zu lesen), *»Jusqúà cette froideur par où tu m'es plus belle!«* Oder wußtest du schon, daß alles, was die Moral verstümmelt, die poetische Schönheit erhöht? Gleichviel, ob du von drunten steigest oder droben, erschreckend Ungeheuer, harmlos, unverwandt . . .

Ich lege die Sonntagsausgabe beiseite, Tigrin. Dieser Leitartikel war zu langweilig.

»Ja, wenn du willst, erzähle ich dir, wie ich meine Tage verbringe.«

»Schön. Fangen wir mit dem Aufstehen an. Fällt es dir schwer, Tigrin?«

»Aufzuwachen ja, aufzustehen nein. Im Augenblick des Erwachens taste ich, ohne die Augen zu öffnen, mit dem Fuß nach einer kühlen, ganz unberührten Stelle, und wenn ich sie gefunden habe, dann packt mich die heftige Versuchung, wieder einzuschlafen.«

»Aber du besiegst sie.«

»Gewöhnlich ja.«

»Weil Javier ins Büro muß.«

»Richtig. Und weil ich vor ihm aufstehen muß.«

»Warum? Um sein Frühstück zu richten?«

»Natürlich nicht. Du wirst mir nicht glauben.«

»Alles glaube ich dir, sogar wenn du es selbst nicht glaubst.«

»Darüber muß ich einmal nachdenken. Nun, ich stehe als erste auf, um einen kleinen Sieg über Javier davonzutragen. Um zu beweisen, daß ich tatkräftig und energisch bin, bereit für alles, was der Tag bringen mag, während er noch immer im Bett liegt.«

»Der Krieg der Geschlechter auf den Bürgerkrieg in der Ehe reduziert.«

»Was sonst? Und während er mich mit Augen beobachtet, die immer wieder zufallen, öffne ich lebhaft das Fenster und mache meine Yoga-Übungen. Und dies ist ein weiterer Sieg. In zwanzig Jahren habe ich kein Pfund zugenommen, hat sich meine Figur um keinen Zentimeter verändert, während er langsam aus dem Leim geht.«

»Und so beweist du deinem verschlafenen Mexikaner deine geistige und moralische Yankee-Überlegenheit. Das ist psychologischer Imperialismus.«

»Mein verschlafener Mexikaner hat es sich wie alle Opfer des Imperialismus selbst zuzuschreiben. Mein Gott, wie er mich erbittert. Seine Trägheit, seine Hypochondrie, sein schlaffer Körper.«

»Was erbittert dich sonst noch? Ich meine nicht unbedingt Javier. Wie ist es mit Mexico City?«

»Ich weiß nicht, vielleicht liebe ich es, jedenfalls weiß ich verdammt genau, daß ich es oft nicht ausstehen kann. Diese Stadt ist unmöglich. Ihr habt hier einen Geheimcode, durch den ihr euch verständigt. Und wenn ein Fremder gerade glaubt, er habe ihn enträtselt, dann geht alles schief. Ich meine, er betritt die Bar X und gibt für alle eine Runde aus, und sie lieben ihn, weinen mit ihm und nennen ihn *cuate, mano,* was weiß ich. Dann geht er in die Bar Y und gibt wieder eine Runde aus, worauf alle die Messer ziehen und die Verständigung damit endet, daß sie ihm den Bauch aufschlitzen.«

»Wenigstens ist es spontan.«

»Spontan. Scheiße. Nichts als unbewußte Berechnung. Tod

und Fiesta, das sind eure beiden Pole, *caifán,* und alles dazwischen ist zeremonielle Starre.«

»Wenn wir starr sind, dann weil uns die Angst lähmt. Mexiko ist ein Land, auf dessen Bauch ein Tiger schläft, und wir alle fürchten, er könne in jedem Augenblick aufwachen.«

»Ja. Und mittlerweile betäubt ihr ihn mit dem Schlafmittel der Korruption. Weißt du, daß ich nicht mehr Auto fahre, daß wir meinen Wagen verkauft haben? Jedesmal wenn ich ihn fuhr, hielt mich ein Polizist an, und ich mußte ihn bestechen. Jedesmal. Immer derselbe, zuverlässig wie ein Uhrwerk. Und ich dachte stets, daß er mit den Einbrechern, die periodisch unsere Wohnung ausraubten, unter einer Decke stecke. Wenn er mich auf der Straße sah und angehalten hatte, dann rief er sie wohl an und sagte ihnen, die Luft sei rein. *It stinks, caifán. It really stinks.* Der Dieb beraubt den Bürger und teilt mit dem Polizisten, der teilt mit seinem Chef, der seine Untergebenen beraubt und mit dem Bürgermeister teilt, und der Bürgermeister beraubt seine Amtsvorsteher und Inspektoren und so fort, und er teilt mit dem Distriktskommissar, der alle ihm unterstehenden Bürgermeister beraubt und mit dem PRI-Delegierten teilt, der alle seine Distrikte beraubt und mit dem Gouverneur teilt, der all seine Delegierten beraubt und mit dem Minister teilt. In Mexiko gelangt man dahin, daß man sich von Zeit zu Zeit selbst besticht. Reiner Wahnsinn.«

»Die alte Pyramide der Macht, Tigrin, das ist alles. Kannst du sie nicht ästhetisch bewundern? Alles in Mexiko bildet eine Pyramide: Politik, Wirtschaft, Liebe, Kultur. Du mußt den armen Hund unter dir treten und dich von dem Dreckskerl über dir treten lassen. Gib und nimm. Und der oben löst immer die Probleme für den unter ihm, bis hinauf zum höchsten Vater an der Spitze, der im Namen der Gesellschaft maskiert ist. Wir alle sind maskiert – ein Gesicht, wenn wir hinabschauen, ein anderes, wenn wir hinaufschauen.«

»Ich weiß. Trotzdem seid ihr die schlechtesten Schauspieler der Welt. Als ich zuerst hierherkam, schrieb ich mich in einer Schauspielklasse ein, um die Zeit totzuschlagen und Spanisch zu lernen. Und weißt du, kein einziger aus der Klasse konnte spielen. Ich meine, Worte, die ein anderer geschrieben hat, so echt wiederholen, daß sie seine eigenen werden. Eine Rolle spielen. Sie kamen dem nicht einmal nahe. Alles klang falsch, falsch, falsch.«

»Weil jeder sein Leben lang eine Rolle gespielt hatte und sich mit einer weiteren übernommen hätte. Erst muß man jemand sein, ehe man vorgeben kann, ein anderer zu sein. Und die einzige Rolle, die man wirklich erfolgreich spielen kann, ist die eigene. Darin liegt wohl auch das Geheimnis, warum wir so hervorragende Schützen und so miserable Stierkämpfer haben. Wie lange hast du Schauspielunterricht genommen?«

»Nicht lange. Ich schloß mich einer englisch sprechenden Gruppe an, und wir spielten Noel Coward, ein Stück nach dem anderen, bis auch das langweilig wurde. Und dann las ich Romane, und so habe ich meine Tage zugebracht, seit ich nach Mexiko kam, fünfzehn Jahre, fünfzehnmal dreihundertundfünfundsechzig Tage, *caifán.* Uff.«

»Nun, zumindest kann man unter seinen Erinnerungen wählen.«

»Ja.«

»Und vor fünfzehn Jahren war diese Stadt ein richtiger Rummelplatz.«

»Da hast du recht. Eine Art unschuldiger Strich. Die Bordelle mit smaragdenen Lichtern und dem Geruch nach Desinfektionsmitteln. Die vielen hundert glitzernden aufgeputzten Tingeltangels. Die indianischen Prostituierten, die in Satinkleidern paradierten. Es war eine Stadt voller *con men and bouncers and pimps.* Und Leute wie Diego Rivera und Siqueiros und María Félix und Tongolele. *It was a brash, sentimental, gutty world.*«

»Alles, was noch von der Revolution übrig war, kurz bevor es zum Establishment wurde.«

»Vermutlich. Du sagst immer, die Revolution sei verraten worden. Ich weiß nicht.«

»Revolutionen werden immer verraten. Es ist unvermeidlich.«

»Warum?«

»Schau, eine Revolution zerstört einen Status quo und schafft einen anderen. Das ist alles. Aber dazwischen kann es großartige Momente geben. Ja, das ist alles.«

»Wahrscheinlich. Unser Leben hat sich während der letzten fünfzehn Jahre jedenfalls nicht verändert. Javier mit seinem nervösen Magen, seinen Röntgenstrahlen, seinen Pillen, seinem Unterricht an der Universität und seinem Job bei der UNO. Ich mit meinen Bestsellern. Was soll's, wozu überhaupt davon reden?«

»Erzähl mir, was du magst, und wenn du nicht magst, dann laß es sein. Schließlich schreiben wir kein Buch.«

»*Oh hell, no.* Apropos Bücher. Kürzlich las ich ein wirklich gutes. Einen Roman von Styron. Wenn du je ein Epigraph brauchst, hier ist eines, das ich mir für dich gemerkt habe: *›Didn't that show you that the wages of sin is not death, but isolation?‹*«

»Kehr es um, und du wirst verstehen, warum Borges sagt, daß während einer Totenwache der Tote durch den fortschreitenden Verfall all seine früheren Gesichter wiedererlangt.

»Der zurückgespulte Film.«

»Ja. Übrigens egal, was dein Mann denkt, ich sehe es gern, wie du aus dem Bett springst. *Zip, pow.* Wie die Marines bei einer Landung.«

»*Get off my neck, caifán.* Was dir gefällt, ist nicht, wie ich heraus-, sondern wie ich hineinspringe.«

»Bist du fertig?«

»Nein, Lisbeth, noch nicht. Ich möchte dir von unserem Fest erzählen.«

Ja, Tigrin, ein Fest junger deutscher Studenten zum Semesterabschluß, ein Kostümfest obendrein.

»Eine ganze Weile saßen Ulrich und ich neben dem Sarg-Eisschrank, als hielten wir Totenwache für Herrn Schnepelbrücke. Aber die Dunkelheit brach herein, und mit ihr würden unsere Gäste erscheinen. Ich rannte fort, um mehr Bier und Wein zu kaufen. Als ich zurückkam, war Ulrich schon kostümiert. Sein Anblick war zum Lachen. Eine braune Uniform mit breitem schwarzem Gürtel und breitem Riemen schräg über der Brust, schwarze Stiefel, eine Armbinde mit Hakenkreuz. Ich lachte, und Ulrich lachte, und er marschierte im Paradeschritt durchs Zimmer, streckte den rechten Arm zackig aus und schrie: ›Heil, Heil, Sieg Heil!‹ Er machte es vollkommen. Ich brüllte vor Lachen, bis mir die Seiten weh taten.«

»Die Nazis waren damals also ein Witz für euch?«

»Ich verschwand hinter der spanischen Wand und legte mein eigenes Kostüm an: einen gehörnten Helm, einen Brustpanzer und lange rote Röcke, eine gelbe Perücke, deren Zöpfe über die Schultern fielen. Mit schrillem Walkürenschrei und einem Bronzespeer in der Hand brach ich aus meinem Versteck, und nun war es an Ulrich, zu lachen.

Es klopfte, und unsere Gäste drängten mit Flaschen, Dosen, Brotlaiben, Würsten und Limburger herein, fröhlich, lärmend und alle verkleidet. Heinrich war der alte Goethe, und mit ihm kam als Mephistopheles unsere Studienfreundin Elisabeth – blaue ehrliche Augen unter hohen gemalten Brauen, rote lächelnde Lippen überm falschen Spitzbart. Reinhardt und Elsa erschienen als Tiroler Bauern; Malachias als preußischer Offizier; Otto als österreich-ungarischer Husar; Ruby als französische Marianne in Holzpantinen, gestreiftem Hemd und der Jakobinermütze mit den Bändern der Trikolore; Lorenz mit schwarzem Gewand, langem Bart und Perücke als Rasputin; Lya in der gleichen Aufmachung wie ich, jedoch in einem höheren Rang: sie war Brunhilde und ich ihr Adjutant. Alle schrien ›Ho-jo-to-ho-ho‹, sangen Bruchstücke aus der *Walküre* und tanzten mit den Weinflaschen als Lanzen herum. Hohe Stimmen, tiefe Stimmen, ein verrückter kostümierter Chor, der das Ende des Semesters feierte. Schließlich erstarb der Gesang.

Lachend strebten Reinhardt und Elsa mit den Weißweinflaschen als erste dem Eisschrank zu. Ich vertrat ihnen den Weg, wobei ich fast über meine Röcke gestolpert wäre, breitete dramatisch die Arme aus und rief: ›Nein! Verboten! Erlaß Wotans! Die Trankopfer müssen sofort dargebracht werden. Keine Flasche, die in unseren Eisschrank gelangt, wird je wieder daraus zum Vorschein kommen!‹ Heinrich und Lisbeth protestierten murrend, aber die anderen schrien und lachten, Ulrich entriß Lorenz-Rasputin schnell eine Flasche, entkorkte sie und setzte sie an die Lippen. Alle bildeten darauf einen Kreis, um die Korken zu ziehen. Wir tranken mit heroischen großen Gebärden, und der Wein netzte die falschen Bärte, verschmierte die bemalten Lippen, spritzte über die Mieder. Die nackte Birne, die von der Decke hing, verbreitete ein kaltes und zu direktes weißes Licht. Ich machte die Lampe beim Reißbrett an, schaltete die Deckenbeleuchtung aus und rief: ›Schatten! Zwielicht! Das alte Jahr will kein Licht, das tote Jahr ist begraben!‹ Unser Tiroler Paar umarmte sich mit gespielter Angst, und alle lachten wieder. Unter Perücke und Panzer schweißgebadet ging ich von Gast zu Gast und schenkte Getränke aus. ›Feiert! Drei Monate Freiheit! Drei Monate ohne den Bart von Professor Essler, ohne die bombastischen Witze von Professor von Gluck! Ohne . . .‹ – ›Erwähn sie nicht einmal‹, unterbrach mich Ruby-Marianne. Die Mütze war ihr über die Brauen gerutscht. ›Franz‹, sagte sie, ›du bist ein falscher Hund.‹ – ›Offenheit und Ehrlichkeit in Ewigkeit!‹ erwiderte ich. Mit schweren Brauen und verschmiertem Lippenstift saß Ruby auf dem Boden, zog die Holzpantinen und die rot-weiß gestreiften Strümpfe aus und massierte ihre Füße. Ich goß Wein über ihren Kopf, und sie ohrfeigte mich. Das Fest war im Gange.«

»Die schmutzigen Witze begannen«, vermutetest du, Tigrin.

»Nein, Lisbeth. Die Ideologie. Heinrich-Goethe verkündete, alle Größe sei immer vom Adel gekommen. Malachias, der preußische Offizier, rief, die Macht müsse beim Volk bleiben. Und Heinrich schrie zurück: ›Zum Teufel mit deinem freien Volk! Schau dir deine lächerliche Weimarer Republik an! Deinen unglücklichen Stresemann, die Inflation, die Arbeitslosigkeit, die nationale Demütigung! Da siehst du, was geschieht, wenn sich das prächtige Volk selbst regiert!‹ Malachias drehte ihm eine Nase. Worauf Heinrich ihn bei den Ohren packte, heftig etwas von Juden und Bankiers schrie und den stolzen Helm mit dem vergoldeten kaiserlichen Adler herunterschlug. Ich trennte sie und leerte den Rest einer Flasche in ihre Gläser.

Elsa, die zwischen Reinhardt und Elisabeth auf dem Bett saß, sagte, man liebe nur einmal. Sie drückte Reinhardts Hand und glättete mit der anderen den Tiroler Rock. Elisabeth lächelte sarkastisch und meinte, wenn Reinhardt ihr treu sei, dann nur, weil er nie richtig in Versuchung gewesen sei. Fragend sah Elsa Reinhardt an. Er streichelte ihre Hand und sagte, im Januar nach bestandenem Examen würden sie heiraten. Ich füllte ihre Gläser nach und fragte Reinhardt, ob er schon eine Stelle habe. Nein, noch nicht, erwiderte er, aber sein Vater habe in Köln Verbindungen, die vielleicht zu etwas führen könnten. Jedenfalls würden sie zuerst bei seinen Eltern wohnen. Elisabeth, die ihre Rolle als Mephistopheles anscheinend ernst nahm, lachte. ›Und das wird das Ende der Liebe sein!‹ Ruhig schüttelte Elsa den Kopf. Nein, sie mochte Reinhardts Familie, und diese mochte sie. ›Du wirst schon sehen, wie sehr sie dich mögen, wenn sie dich zurechtweisen, sich über deine Erziehung wundern, finden, so gehe man doch nicht mit einem Baby um, und andeuten, ihr schöner Reinhardt habe etwas Besseres verdient!‹ – ›Es langt, Elisabeth.‹ Reinhardt sah sie kalt an. ›Wir werden sehr glücklich sein.‹ – ›Schon recht, seid glücklich. Seid glücklich wie die Vögel.‹ – ›Wir brauchen so wenig dazu, daß wir einfach glücklich werden müssen‹, meinte Elsa. Elisabeth lächelte. ›Und was genau braucht ihr?‹ – ›Daß wir den Rest unseres Lebens zusammen sind‹, sagte Elsa, und Reinhardt fuhr fort: ›Einen anständigen Beruf und die Achtung der anderen.‹ Elisabeth hob ihr Glas auf sie. ›Gott segne euch!‹ Sie sprang vom Bett, summte eine Melodie und bann allein zu tanzen. ›Mir gehört Berlin!‹ rief sie. Sie war biegsam und schlank in dem roten Kostüm, fröhlich und gelöst, als sie die Enden des Capes wie Flügel ausbreitete. ›Berlin und die Freiheit! Sollen die Holzköpfe Kartoffeln schälen! Cafés, Theater! Niemand stört dich! Berlin! Freiheit! Hoppla, wir leben!‹ Heinrich grinste und umarmte sie. Dann nahm Otto, der Husar, seine Pelerine ab und spielte mit Elisabeth Stierkampf. Sie schüttelte den gehörnten Kopf und stürmte wild schnaubend auf ihn ein. Wir bildeten einen Kreis um die beiden, applaudierten, und die Gläser schwappten über, als wir uns unterhakten. Alle schwitzten und fühlten, daß die Kostüme Frische und Eleganz verloren hatten. Plötzlich sprengte Heinrich den Kreis, stürzte auf Ulrich zu und packte ihn bei beiden Schultern. ›Ich dulde es nicht länger!‹, sagte er zornig. Verwundert starrte ihn Ulrich an. ›Ich sage es geradeheraus, ich sage es dir mitten ins Gesicht. Und mit gutem Grund‹, er wandte sich zu mir, ›habe ich gesagt, wir sollten unser Fest nicht im Zimmer eines verdammten Ausländers feiern!‹ Ich machte eine Bewegung auf ihn zu, aber Ruby zog mich zurück und sagte verdrossen: ›Oh, Heinrich, wie blöde du bist!‹ – ›Was regst du dich so auf?‹ fragte Ulrich ruhig. ›Dein Kostüm, du Schwein!‹ rief Heinrich. ›Es ist ein Hohn! Eine gezielte Beleidigung!‹ Und damit streckte er den Arm aus und riß die rote Binde mit dem schwarzen Hakenkreuz herunter. Ulrich antwortete mit einem Fausthieb in Heinrichs Gesicht. Die graue Perücke fiel herunter, als sich Heinrich mit seinem ganzen Gewicht auf Ulrich warf und ihn zu Boden riß. Dort wälzten sie sich, Heinrich zuoberst schrie noch immer ›Schwein! Schwein!‹ und zerrte an dem braunen Hemd, während Ulrich den Hals seines Gegners umklammerte. Lorenz und ich trennten sie mit Anstrengung, und man hörte Rufe wie: ›Versautes Fest!‹ – ›Trinkt, ihr Idioten, steht auf und trinkt!‹ – ›Verderbt nicht den ganzen Abend!‹ Wir halfen ihnen auf die Beine, und mit falschem Lächeln und zusammengebissenen Zähnen starrten sie sich an. Schließlich zuckte Ulrich die Achseln und streckte die Hand aus, doch Heinrich kehrte ihm höhnisch den Rücken und umarmte Elisabeth. Ich löschte das letzte Licht, ging von Krug zu Krug und schenkte Bier als Friedenstrunk aus. Unsere Gäste machten es sich auf Sofa, Bett und Boden bequem, und die Gespräche verebbten, als Küsse und Zärtlichkeiten begannen.

Ich saß auf dem Boden, lehnte mich gegen das Bett, und mein Arm ruhte auf Reinhardts nackten Knien. Dann schloß ich die Augen und hörte Elsa von einem bestimmten Kleid flüstern, das sie vor der Hochzeit kaufen müßte, von Möbeln, die sie brauchten, und von ihrer Hochzeitsreise in die Schweiz. Sie fürchtete, Reinhardt habe die

Route nicht gründlich genug vorbereitet, und ließ ihn daher den Fahrplan wiederholen: Luzern, Thuner See, Wengen, die Jungfrau. Ruby stellte ihre Holzpantinen mit den Strümpfen geräuschvoll auf den Boden und setzte sich neben mich. Ihre warme Hand griff nach der meinen. ›Und du fährst während der Ferien nirgends hin?‹ fragte sie sehr leise. Wahrhaftig, wir hatten jetzt Ferien. Ich hatte es gewußt und gefeiert, aber erst jetzt, als ich Rubys Hand und ihren Atem an meinem Ohr fühlte, begriff ich ganz, daß wieder ein Jahr vergangen war und vor mir eine Zeit der Freiheit, der trägen müßigen Lektüre, der langen geruhsamen Spaziergänge lag. Ruby legte ihre Beine über meine Knie und bat mich, ihre Füße zu massieren. Ich antwortete mit noch leiserer Stimme, Lisbeth, als spräche ich zu mir selbst: ›Ich weiß nicht, ob ich dies Jahr überhaupt wegfahre. Doch nächstes Jahr mache ich mein Diplom, und da möchte ich überall hin, wo ich noch nie war. Eine lange langsame Reise von Stadt zu Stadt.‹ – ›Wohin?‹ fragte Ruby, die sich vorgebeugt und den Kopf auf die Knie gelegt hatte, so daß ich nun mit jedem Atemzug den Duft ihres Haares roch. ›Nach Trier, um die Ruinen der Bäder und die Basiliken zu sehen. Nach Aachen zur Kapelle Karls des Großen. Dann den Rhein hinauf. Die Dome in Mainz und Worms, Maria-Laach und in Köln Maria im Kapitol und die Apostelkirche. All dies möchte ich sehen und fühlen, Ruby, denn ich glaube, daß es bewahrt werden muß, glaube, daß die Menschheit in ihren Bauten lebt, in ihrer Liebe zu dem, was sie in Stein geschaffen hat.‹ Ich hielt inne. ›Warum erzähle ich dir all das, du kleiner Spötter? Du wirst mich nur auslachen.‹ – ›Nein, ich lache dich nicht aus. Nimm mich mit.‹ Ruby hob das Gesicht, bis ihre Nase meine Wange berührte, so, Lisbeth, so leicht, daß ich es kaum spürte. Ich nahm ihre Hand zwischen meine Hände, so, in der Dunkelheit, die uns frei und kühn machte, daß wir die Wahrheit sprachen wie im Karneval. ›Ruby . . . Lisbeth . . . ich möchte bauen. Ich möchte Häuser bauen . . . nach meinem Gefühl . . . nicht jene alten griechischen Walhallas, die wir in der Schule bewundern müssen. Viel weniger noch Glaskästen. Ich weiß nicht. Verstehst du mich?

Ich möchte Häuser bauen, wie ein Bär seine Höhle findet oder ein Adler sein Nest baut, so natürlich. Häuser wie Plazentas, warm und feucht, ohne Kanten, ohne . . . Nein, ich weiß nicht. Verstehst du mich, Ruby, Lisbeth? Etwas Neues und Freies und Natürliches, nicht länger Sklave der alten Vorbilder, der alten berühmten . . . Verstehst du?‹ Ruby küßte mich. So. Und ich umarmte sie. So. Und dann schwiegen wir, horchten mit geschlossenen Augen und ein wenig schwindelig von dem Bier und Wein auf die Stille. Und ob wir wollten oder nicht, vernahmen wir die Stimmen von Elsa und Reinhardt auf dem Bett hinter uns:

›Ist es wahr, was Elisabeth gesagt hat?‹

›Was?‹

›Daß du eine andere lieben würdest, wenn die Versuchung groß genug wäre?‹

›Ich liebe nur dich, Elsa.‹

›Aber vielleicht . . . eines Tages . . .‹

›Nein, Elsa. Ich kenne meine Pflicht und Verantwortung.‹

›Und ich bin sicher, daß ich nur einmal im Leben lieben kann.‹

›Ja. Nichts wird uns je trennen.‹

›Nichts, Reinhardt. Und wenn wir Kinder haben, werden wir uns nur noch näher sein.‹

›Wie viele wollen wir?‹

›So viele Gott uns schickt.‹

›Ich glaube, ich habe gut gewählt. Ohne eine Frau, die uns Atem gibt, sind wir nichts im Leben.‹

›Ich möchte, daß du geehrt und von allen geachtet wirst. Du wirst ein großer Architekt sein, Reinhardt.‹

Ich hielt es nicht länger aus, Lisbeth. Ich mußte mir den Mund zuhalten. Und nachdem ich Ruby beiseite geschoben hatte, öffnete ich die Augen. Alles drehte sich. Ich versuchte Elsa und Reinhardt anzusehen und erblickte sie doppelt. Die flüsternden Paare schienen sehr nahe, aber auch sehr fern, mein eigener Körper war riesig, aber auch winzig, als wären die Knie schwere Berge und zugleich Federn im Wind. Ich beugte mich vor und erbrach mich. Elsa stieß einen kleinen Schrei aus. Reinhardt kniete über mir. ›He,

Franz ist es übel. Ein Glas Wasser.‹ Das Deckenlicht leuchtete auf, weiß und kalt. Ich schloß die Augen, öffnete sie gleich darauf wieder und blickte nach dem Eisschrank, unserem Möbel, das so kalt und farblos war wie das Licht. Lorenz, der schwarzgekleidete russische Mönch, ging mit einem sauberen Glas darauf zu. Ich rief: ›Nein, Lorenz, bitte!‹ Lorenz öffnete den Eisschrank. ›Mach ihn bitte zu, Lorenz, bitte, mach ihn zu! Du bist betrunken, es ist nicht wahr, du hast nichts gesehen!‹ Lorenz ließ das Glas fallen. Lya, die hinter ihm stand, schrie und schrie und zerbiß sich die Nägel. Ihr Gesicht war kreidebleich. Unter einer leichten Reifschicht war Herr Urs von Schnepelbrücke auf unserem Fest erschienen.«

Franz verstummte.

»Und was geschah dann?«

»Nichts. Reinhardt heiratete Elsa. Wenig später fiel er, gleich zu Beginn des Polenfeldzugs.«

»Und der Zwerg?«

»Sprengte schließlich das Fest. Habe ich das nicht gerade erzählt?«

»Doch, aber was geschah mit ihm danach?«

»Nichts. Er blieb in unserem kleinen Studentenzimmer in Deutschland. Dort muß er noch immer sein.«

»Javier? Bist du da? Mach das Licht an, ich kann das Bett nicht sehen. Deine verdammte Manie, immer die Vorhänge zuzuziehen. Oder ist es schon Nacht? Javier, bist du da? Hast du dein segensreiches Nembutal genommen? Schon gut, schon gut, wenn du nicht antworten willst, von mir aus. *Aaaay,* bin ich kaputt. Verdammt, wenn du das Licht nicht anmachst, falle ich noch über etwas. Dieses miese kleine stinkige Hotel. Wir hätten direkt nach Veracruz weiterfahren sollen, ans Meer. Schon gut, du brauchst dich nicht zu rühren. *Aaaaay,* ich will nichts als ausruhen. Das Kissen ist kühl, Gott sei Dank. Himmel, ich gäbe was drum, könnte ich so schlafen wie du. Du brauchst diese albernen Pillen wahrhaftig nicht. Hörst du mich? Ich finde, du brauchst diese dämlichen Pillen nicht. Ich wünschte, wir wären gleich ans Meer gefahren und schon da. Javier. Hörst du mich? Warum antwortest du nicht? Bist du da? Javier, Javier, verzeih, daß ich fluche, aber ich tue es nicht, um dich zu verletzen, sondern um uns beiden zu helfen. Um dir, um uns beiden spontan und selbstverständlich einen Ausweg zu bieten. Eine Möglichkeit, den Traum zu bewahren, ihn am Leben zu halten.«

Als er dich bei Kriegsausbruch nach Mexico City zurückbrachte, träumtest du weiter von ihm. Es war dir zur Gewohnheit geworden, mit einem Buch zu Bett zu gehen, nach und nach von deiner Lektüre abzuschweifen, seinen Namen ein ums andere Mal zu wiederholen, bis du schließlich mit aufgeschlagenem Buch und hypnotisiert von dem Wort Javier einschliefst. Du wußtest, daß er wenig später ins Schlafzimmer kommen, dein Buch schließen und das Licht löschen würde. Dann hätte dein Traum schon Gestalt angenommen: die Gestalt seines Gesichtes und seines Körpers. Doch vielleicht nicht vollständig: vielleicht nur eine Farbe, ein Glitzern, ein Schillern wie von Sternen, die durch den Raum rollen – die blauen Sterne, die auf uns zustürzen, die roten, die sich entfernen, die gelben, die sich überhaupt nicht bewegen. Seine Gegenwart in deinem Traum war wie ein flammender blauer Stern. Und wenn du morgens aufwachtest und ihn mit zerwühltem Haar auf dem Bauch liegen sahst, dann hättest du diese Gegenwart gern für dich behalten. Aber es war nicht möglich: er würde aufwachen, sich anziehen und fortgehen, und du würdest zurückbleiben, den Tag allein im Apartment verbringen oder allein durch euer Viertel schlendern. Ihr hattet eine gelbe Lampe aus mattem Glas, die ursprünglich eine Korbflasche für Pulque gewesen war. Darin betrachtetest du dein Gesicht, das von den Brechungen des Lichtes verzerrt war, während deine Hände über das glatte Glas fuhren. Mit aneinandergepreßten Knien saßest du auf dem Sofa, lehntest dich vor und griffst nach dem schwarzen Aschenbecher aus gebranntem Oaxaca-Ton, dem Lieblingsaschenbecher deines Mannes, den er immer benutzte, wenn er im Wohnzimmer war, den er nach dem Mittagessen an den Tisch holte und ins Schlafzimmer, wenn er im Bett las und rauchte. Deine empfindlichen Fingerspitzen glitten über den schwarzen Ton, über das polierte Kiefernholz des rechteckigen niedrigen Tischs vor dem Sofa, und sie verweilten auf den Ringen, die sein Bierglas dort zurückgelassen hatte, auf den Narben, wo seine Zigaretten verglüht waren. Du verschränktest die Hände hinter dem Rücken und gingst langsam und nachdenklich über den Juteteppich, als versuchtest du in seine Spuren zu treten, den ganzen Weg bis hin zu dem knarrenden Brett, das stets seine Heimkehr anzeigte. Dann wiederholtest du alles in umgekehrter Folge: gingst über den Teppich, fuhrst über die Male und Kerben des Tischs, spürtest das Gewicht des schwarzen Aschenbechers zwischen den Händen, berührtest den unvollkommenen Spiegel der Korbflasche. Und damit nicht genug, suchtest du nach weiteren Dingen, die von ihm sprechen würden. Du gingst in die Hocke oder setztest dich mit untergeschlagenen Beinen auf den Boden oder lehntest dich gegen das Sofa oder legtest dich auf den Bauch und stütztest das Kinn in die Hände, um jeden Winkel eures gemeinsamen Zimmers zu betrachten. Das Bücherregal, das die ganze Wand neben der Tür einnahm; die Titel und Autoren, die planlos und kunterbunt nebeneinanderstanden: Rilke, Dostojewski, Cervantes, Reyes, Huidobro, Kleist, Nietzsche, Thomas Mann, Sheridan Le Fanu, Gérard de Nerval, Emily Brontë, D. H. Lawrence, Byron, Euripides, Quiroga. Davor der Hocker aus Pinienholz mit einem handgewebten *Huichol*-Tuch und der Korbflasche. Von deinem Bodenplatz aus sahst du die Spiegelung des Zimmers im gelben Glas, die näheren Gegenstände vergrößert, die ferneren verkleinert am Ende eines Lichttunnels, schimmernd und unbeweglich das Rechteck des Fensters auf einer gewölbten Seite. Das tiefe bequeme Sofa mit dem schon ein wenig abgenutzten Schottenüberzug. Den breiten niederen Tisch mit den Spuren seines Bierglases und seiner Zigaretten, mit seinem Lieblingsaschenbecher und einem Kandelaber ohne Kerzen, einem farbenprächtigen Baum aus Ton und Gips, den ein Engel ohne Beine auf den rosigen Schultern trug: Stamm, Zweige, blaue, gelbe und rote Blüten. Ein Päckchen *Alas*-Zigaretten, die er vergessen hatte. Eine Schachtel *La-Central*-Streichhölzer mit der Reibfläche aus Sandpapier und der unscharfen Reproduktion von Corots *Die Säer.* Den schlanken englischen Sessel mit der durchbrochenen Rückenlehne, den Javier aus seinem Elternhaus gerettet hatte. Hier saß er wie du auf dem Boden, las, machte Notizen und konsultierte Bücher, hier lag sein aufgeschlagenes Buch auf dem niedrigen Tisch, befleckte sein Bierglas die polierte Tischplatte, verbrannten seine Zigarettenstummel das Holz, hier ruhte sein Arm und manchmal sein Kopf auf dem Sessel. Viele Vormittage mustertest du so das Apartment, stets saßest oder lagst du auf dem Boden, blicktest zur Decke empor und beobachtetest die mit dem Tage wechselnden Lichter, die durch die Jalousien einfielen und Formen an die Decke warfen, Spiegelungen der Sonne, der weißen Wolken, der Chromteile der Autos, ja selbst der vernickelten Glocken der Straßenverkäufer.

In jenen Tagen kehrte Vasco Montero nach Mexico City zurück. Er kam aus Spanien, wo er früher auf republikanischer Seite gekämpft und mit Prados und Alberti schöne Kriegsgesänge geschrieben hatte. Sein erstes Buch war nun erschienen, und es gab ihm zu Ehren viele Partys. Er war jetzt dein Konkurrent, Javier, und du zehrtest noch immer vom Ruhm deines Erstlings, der 1937 veröffentlicht worden war. Aber Vasco Montero war ein großzügiger und hochherziger Mann, der keine literarische Rivalität wünschte. Vielleicht hättest du offenen Kampf vorgezogen. Doch es kam nicht dazu, und ich fühlte, daß diese Rivalität, eben weil sie nie offen zutage trat, tiefer und ernster für dich war, daß sie dir mehr zusetzte. Du hattest nichts mehr veröffentlicht. Deine Pläne behieltest du für dich, und ich konnte nicht wissen, ob das geplante große Gedicht über Mexico City vorankam. Und wir beide machten wieder eine Krise durch, eine andere Krise, die nun einem vergangenen Jahrhundert anzugehören scheint.

»Du weißt, eine meiner frühesten Erinnerungen handelt von den beiden in Boston: Sacco und Vanzetti. Gershon erzählte mir von ihnen. Zwei einfache Einwanderer, die man verleumdete, weil sie Handzettel ausgeteilt hatten, von denen mir Gershon einen vorlas ... ›*Fellow workers, you have fought all wars* ...‹ Und ich entsinne mich, daß Gershon tagelang eine schwarze Armbinde trug, als sie zuletzt hingerichtet wurden.«

Ja, Tigrin. Alles war damals klar und wurde noch klarer, als die dreißiger Jahre anbrachen. Nicht einmal das Recht war doppeldeutig. Auch nicht der Traum: er war nur das Licht einer dunkleren Wirklichkeit. Die Geschichte war Idee und die Politik Moral. Entsinnst du dich? Alles war so klar. Kinder verkauften Äpfel an New Yorks Straßenecken. Wenn Brot und Bohnen ausgeteilt wurden, wanden sich die Schlangen der Wartenden um ganze Straßenblocks. In schmutzigen Filzhüten und zerfetzten Mänteln marschierten die Arbeitslosen auf Washington. Okies in der Dust Bowl, Bretterbuden, Münder, in denen nicht nur das Essen, sondern auch die Zähne fehlten, rachitische Säuglinge, junge Frauen mit trockener Brust. Paul Muni im *Entsprungenen Kettensträfling.* Dos Passos. Gleichzeitig baute Stalin in Rußland an einer neuen Welt, die ohne solche Greuel bestehen sollte, wurde in Spanien ein Krieg für die gesamte Menschheit ausgetragen: dies waren die Guten. Die Bösen waren Vater Coughlin, der im Rundfunk krakeelte, Huey Long, der in Baton Rouge krakeelte, der Amerikanische Bund, der in den Bierhallen des Mittelwestens krakeelte, Hitler, der auf den Manifestationen in Nürnberg krakeelte.

Alles war sehr klar. Die Revolution war die Einheit aller Gedemütigten, Tigrin. Aller Künstler, aller Gerechten in der ganzen Welt. Eine Einheit, welche staatliche und nationale Grenzen sprengte. Die Politik sollte moralisch, die Geschichte ihrer selbst bewußt sein.

»Und eines Tages schlugen wir in Griechenland die Zeitung auf und konnten es nicht glauben. Ein Pakt zwischen Ribbentrop und Molotow. Nein, das war nicht wahr, es konnte nicht wahr sein. Eine neue Lüge von Nachrichtenagenturen, die immer logen. Aber es war keine Lüge. Es war die lautere Wahrheit.«

You have wandered all lands.

Ihr konntet euch nur sagen, daß der Traum nicht erlöschen würde, solange ihr und Gleichgesinnte ihn bewahrtet und an ihn glaubtet. Revolution war Kunst, und Kunst war Revolution. Picasso verkörperte die Revolution und Brecht und Eisenstein. Was bedeutete da der Rest. Der Rest würde vergehen. Früher oder später würde Stalin sterben. Aber der Traum würde leben.

». . . Himmel, ich gäbe was drum, könnte ich so schlafen wie du. Du brauchst diese albernen Pillen wahrhaftig nicht. Hörst du mich? Ich finde, du brauchst diese dämlichen Pillen nicht. Ich wünschte, wir wären gleich ans Meer gefahren . . .«

Javier brachte dich nach Mexico City zurück, und die Tage vergingen; er durchstreifte die Stadt, während du allein zu Hause in der Calle de Nazas bliebst und nicht wußtest, ob er mit dem Schreiben vorankam; die Tage vergingen mit den Gegenständen im Wohnzimmer und im Licht des Fensters, die Tage vergingen. Und eines Nachts knipstest du um drei Uhr früh die Nachttischlampe an, küßtest Javiers Nacken und wartetest, daß er sich umdrehe. Er bedeckte die Augen mit der Hand, sah dich schließlich schlaftrunken an und hörte dir zu. Jene langen einsamen Stunden im Apartment, in denen du all die Dinge angestarrt und belebt hattest, die uns umgeben und streifen und ein Teil unserer selbst werden, wie wir ein Teil von ihnen werden, waren dir zum Thema geworden, ein Thema, das offenbar nichts mit unserer illusorischen, kleinbürgerlichen und idealistischen Trauer zu tun hatte, sondern das durch eine Transmutation – durch geheime Kommunikation zwischen spiegelnden Flächen, die ihre Nähe nicht ahnten – aus den Gegenständen des Zimmers erzeugt worden war.

So kommt eines Tages die Jugend durch die Tür. Deine eigene Jugend.

Du rufst deine Jugend herauf. Dank einer anhaltenden und schmerzlichen Anstrengung der Einbildungskraft, einer Anstrengung, die dich fast zugrunde richtet, gelingt es dir, deiner Jugend wieder Gestalt zu verleihen, nicht in deinem eigenen Körper, sondern getrennt von dir – ein Trugbild.

Have you harvested the fruit of your labors?

»Hör, *caifán*. Schläfrig zündete Javier eine Zigarette an, und ich erzählte ihm.«

Einige Stunden, einige Tage gelingt es dir, die wiedergeborene Vergangenheit zu bewahren. Und was machst du damit? Du nutzt sie, um zu lieben. Du wirst wieder jung, und nun kannst du wahrhaft lieben, durch das Trugbild deiner selbst, mit der Erfahrung, der Sehnsucht, dem rückgewandten Begehren, die du nicht fühlen konntest, als du wirklich jung warst. Ja, sagst du zu ihm, was wir begehren, können wir erst besitzen, wenn wir es nicht länger begehren. So ähnlich. Und Javier schreibt es nieder und macht daraus sein zweites Buch, eine Novelle von achtzig Seiten, die in einem schönen Einband herauskam.

Warum erzähltest du ihm diese Geschichte, Tigrin? Vielleicht weil du eines Tages gewagt hattest, einen an ihn gerichteten Brief zu öffnen. Vielleicht weil er einen Beweis wollte, daß deine Liebe zu ihm Verlust, Opfer und Schmerz bedeutete und darum wertvoller war, so wie ihr beide glaubtet – ohne es je auszusprechen –, daß das Scheitern unseres äußeren Traumes uns nur zwingt, ihn desto schmerzlicher und treuer in uns zu bewahren. Und als sich zuletzt sein Mißtrauen gegen dich in ein Motiv der Liebe verwandelte, da fürchtete Javier vielleicht, du hättest nicht alles aus Liebe zu ihm, zu seinem wirklichen Ich, sondern zu seiner Maske aufgegeben. Hast du ihm etwa darum die Geschichte erzählt? Damit er durch das Trugbild niedergeschriebener Phantasien seine Furcht enthülle, du könntest sein eigenes und wirkliches Trugbild lieben?

Schau, Elizabeth, es ist eine Spiegelgalerie, schon immer war es eine Spiegelgalerie, aber erst jetzt verstehen wir. Und du, du verstehst auch, nicht? Der elektrische, mit Hochspannung geladene Zaun. Am 14. Juni 1940 passieren ihn die ersten Häftlinge. So steht es in meiner Broschüre, und Broschüren lügen nicht. Das Tor, auf dessen Bogen heute Gras wächst, öffnet sich nur für Lastwagenkolonnen, die aus Gefängnissen kommen und in Gefängnisse fahren; es öffnet sich für das Auto des Kommandanten Jöckel. Bei der Ankunft werden die Häftlinge in einen Aufnahmeraum geführt, wo sie sich mit dem Gesicht zur Wand stellen müssen. Man nimmt ihnen Wertsachen und Namen weg, gibt ihnen Nummern, die sie nicht kennen, registriert ihre Personalien. Nebenan ist die Wachstube, wo die Arbeitshäftlinge beim Kommen und Gehen kontrolliert werden und die Post zensiert wird. Und dann der Gang mit den verriegelten Gewehrständern für die Gewehre der Wachen und das Büro des Kommandanten Jöckel. Die Kleiderkammer, wo sie die Zivilkleider abliefern und dafür Hosen mit drei roten Streifen und eine Jacke mit aufgenähtem rotem Dreieck – wenn sie Juden sind, mit gelbem Stern – erhalten. Einmal wöchentlich werden Handtücher ausgeteilt und ab und zu Bettzeug, ja sogar Unterwäsche. Man sieht die Garage, wo das Auto des Kommandanten und ein Lastwagen stehen, dann geht man unter der riesigen Inschrift ARBEIT MACHT FREI hindurch und betritt das eigentliche Gefängnis, zuerst die Verwaltungsräume, wo Rokyo Zellen zuweist, Aufgaben verteilt und entscheidet, wer jeden Morgen wo zur Arbeit gehen wird – in die Schicht-Fabrik, die Sputh-Fabrik in Lobositz, die Lederfabrik in Zalhostice, die Ziegelfabrik –, denn jeder muß arbeiten, von morgens sieben bis abends sieben. Dann die Kantine und der Wächter Hohaus, der für die Versorgung der Festung und die Ernährung der Gefangenen verantwortlich ist: ein halbes Pfund Brot und eine Tasse bitteres schwarzes Wasser morgens vor der Arbeit, mittags eine dünne Suppe oder Kräutertee und abends wieder dieselbe wäßrige Suppe. Die Barbierstube, wo sie nach der Einlieferung kurzgeschoren und später wöchentlich desinfiziert werden. Neben der Küche der Boiler-Raum. Dann die Zellen: zweistöckige Holzpritschen an den Wänden, ein Ofen, der nie brennt, eine Glühbirne, die nicht angeschaltet werden darf. Stets feuchte Zellen, in die Männer, Frauen und Kinder durchweicht von der Arbeit heimkommen und ihre Kleider nicht trocknen können, sondern sie am nächsten Morgen um fünf Uhr früh wieder naß anziehen müssen. Hundertzwanzig pro Zelle, eine Toilette, ein Waschbecken, die Fenster trotz des Gestanks immer geschlossen. Zelle 16, wo die Alten und Schwachen Kartoffeln schälen. Zelle 14, dort schlafen die Männer, die in der Waschküche arbeiten. Zelle 13 ist die der bevorzugten Häftlinge, die Pakete und Briefe bestellen, der Köche,

Diener und Barbiere der Schwarzhemden. Zelle 12 für Häftlinge deutscher Nationalität, die Spitzeldienste geleistet haben. Dann die Einzelzellen, zwanzig an einem Gang, Betonböden, kein Licht, nur Rokyo und Neubauer haben hier Zutritt. Hinter den Einzelzellen die Hundezwinger und ein weiterer Gang. Zwei Duschen und ein Holzzuber. Aber nicht zum Waschen, sondern für die Folter, zum Verhör unter eiskaltem Wasser, beim Klatschen und Peitschen der Gummischläuche. Das wirkliche Bad ist neben der Hütte, wo die Abfälle gesammelt und die Häftlinge desinfiziert werden. Samstags wird gebadet. Erst die Frauen, dann die Männer, und bevor die Frauen baden, werden alle Türen der Männerzellen verriegelt. Neben dem Bad die Krankenabteilung unter einem Arzt-Häftling; der Amtsarzt erscheint an zwei Abenden der Woche, doch nur um die Totenscheine zu unterschreiben. Die Krankenstation hat richtige Betten, aber Juden sind dort nicht zugelassen. Eine schmale Betonbrücke führt zu dem ehemaligen Stall, der nun ins Frauenhospital verwandelt wurde. Zelle 9 und 8. Zweihundert Betten für fünfhundert Patienten, die sich gegenseitig anstecken, und die Betten müssen den Gangränen und Abszessen vorbehalten bleiben. Im Männerhospital bedecken von Dysenterie verschmutzte Stroh- und Papiermatratzen den Boden. Der Garten der Wachen, wo weibliche Häftlinge Gemüse anpflanzen. Jenseits der Brücke, rechts auf einem niedrigen Erdhügel das Leichenschauhaus, der kleine dunkle Raum; von dort werden die toten Häftlinge zum Krematorium im Getto gebracht: und das Getto umfaßt die ganze Stadt. Urnen, die mit F oder M – Frau, Mann – markiert sind, werden ins Gefängnis zurückgesandt. Zelle 2 für Juden; Zelle 1 für russische Häftlinge. Das Herrenhaus: Mansardendach, Portikos, Zentralheizung und schützende Hecken, Zimmer voller lackierter Möbel, Glastische und Alpenlandschaften, ein großes Radio und eine Sammlung klassischer Platten, im Eßzimmer polierte Stühle, in den Schlafzimmern Mahagonibetten, tschechische Dienstmädchen, ein Park mit Kieswegen. Und dahinter die Frauenabteilung. Dieselben eintönigen Zellen, dieselben Holzpritschen, dieselben geschlossenen Fenster, die auf den grauen Schlamm der mährischen Landschaft blikken. Vier Zellen für weibliche politische Häftlinge. Eine für Jüdinnen. Zwei für Frauen, die sich gegen die Arbeit aufgelehnt haben, die ihnen unter der Besatzung zugewiesen wurde; sie werden nur zwei Wochen bleiben, und einige, die jegliche Arbeit verweigert haben, werden nach Deutschland geschickt. Eine Zelle, in der Holzknöpfe bemalt und Socken für die Truppen gestrickt werden. Die Frauen arbeiten im Gemüsegarten der Wachen, nähen Kleider für die Wärterinnen, Hemden und Unterwäsche für die Gefangenen. Sie putzen Schlafräume und Büros der Offiziere, melken Kühe und Ziegen. Zu Zelle 32, der Isolierzelle für kranke Frauen, hat nur der Arzt Zutritt. Zelle 33, für die zum Tode Verurteilten. Hier liegen fünfundsechzig Frauen auf dem Boden. Nur jeden dritten Tag bekommen sie etwas zu essen, jeden dritten Tag. Niemand darf in ihre Nähe kommen, aber vom angrenzenden Lebensmittelraum haben die Männer einen Tunnel gegraben, durch den sie Essen hinüberschmuggeln. Die Kantine der SS, wo weibliche Gefangene dreimal wöchentlich Böden scheuern und Fenster putzen. Hinter der Kantine, im gleichen Gebäude, die Werkstätten: die Schmiede, die Schlosserei, die Tischlerei: Spielzeug, Särge, Messer. Dann Waschtröge, an denen nur Männer arbeiten, bis auf die wenigen Samstage, an denen ein paar weibliche Häftlinge die Leibwäsche der Frauen waschen dürfen. Der vierte Hof der Festung. Vier große Hallen zur Linken: hier sind die Pritschen vierstökkig, und achthundert Häftlinge hausen in jeder der riesigen Zellen. Ein kleines Fenster, drei Waschbecken. Im Winter sind die feuchten Wände reifbedeckt und die Waschbecken eingefroren. All diese Häftlinge leiden an Diarrhöe, die Pritschen reichen nicht, sie müssen in ihren Exkrementen auf dem Boden schlafen, und jede neue Gruppe bringt ihre eigenen Flöhe, Läuse und Typhus mit. Bei Kriegsende wird dieser Hof die ganze übrige Festung infiziert haben. Rechts die Einzelzellen. Eine Tür, ein langer dumpfer Gang mit Kartoffelhürden zu beiden Seiten, und man gelangt durch eine kleine Eisentür auf den Exekutionshof: links der Galgen; rechts die Wand. Jöckel selbst erteilt den Feuerbefehl;

Oberscharführer Josef Lewinski wiederholt ihn, und die Gewehre krachen. Hier ist das Hundekommando mit den Schäferhunden, die Jöckel persönlich abgerichtet hat. Und unmittelbar dahinter die Aufenthaltsräume der Wachen, das Kino und das Schwimmbecken, wo Jöckels Töchter in geblümten Badeanzügen kichern und planschen. Und um all dies werden unablässig Gräben ausgehoben. Die Gefangenen haben keine Schaufeln, und sie graben mit bloßen Händen, tragen die Erde in ihren Kappen fort. *Arbeit macht frei.*

Have you harvested the fruit of your labors?

Eine gepflasterte Straße erschien.

»Da!« sagtest du und sahst Franz an. »Es ist doch rechts.«

Franz nickte, bog nach rechts ab, und ihr fuhrt durch eine Allee von Eukalyptusbäumen. Alle fühltet ihr die Tiere vor euch, noch ehe ihr sie brüllen hörtet oder riechen konntet. Ihr spürtet ein Hindernis. Das Pflaster endete, und Franz verlangsamte die Geschwindigkeit. Staub wirbelte auf, und ihr kurbeltet die Fenster hoch.

Du streicheltest Javiers Nacken und lachtest, Pussycat. »Weißt du noch, du hieltest mich tatsächlich für eine Jungfrau! Ich mußte lachen. Aber ich lachte dich an, nicht aus. Was denkst du? Es war mein erster sogenannter Emanzipationsakt. Nicht einmal an sein Gesicht erinnere ich mich.« Deine Finger glitten durch Javiers sich lichtendes Haar. »Kein Witz, ich erinnere mich an nichts, absolut nichts von ihm. Stell dir vor: gerade hatte ich mich von meiner Familie befreit, da wollte mich dieser Wahnsinnige schon wieder an die Kette legen. Du kannst niemand trauen, Proffy. ›Geh mit keinem anderen aus. Geh nicht zu Hause weg, ohne mir vorher zu telefonieren. Warte nach der Vorlesung auf mich.‹ Und er studierte Tiermedizin. Guter Gott. Er hatte vor, den Rest seines Lebens Schoßhündchen zu kurieren. Nun, das war noch ein Stück Nest, und als ich herausgefunden hatte, was ich wissen wollte, sprang ich endgültig in die Freiheit und gab meinem kleinen Wachhund den Laufpaß. Ich vermißte ihn nicht. Schließlich ist Sex an sich nicht viel. Es kommt ganz auf die andere Person an. Solange ich nicht jemand besonders gern mochte, konnte ich auch ohne auskommen. Ebensowenig würde ich wegen Sex überschnappen. Nichts dergleichen. Jetzt mit dir macht es Spaß. Du weißt mich zu nehmen.«

»Ihr Frauen lehrt uns, wie wir euch nehmen sollen«, sagte Javier. Du knöpftest sein Hemd auf und streiftest es von seinem Körper.

»Welche Frauen?« Du löstest seine Schnürsenkel und zogst ihm die Schuhe aus.

»Alle. Ist dir nicht klar, daß wir in einem großen Matriarchat leben?«

Du streicheltest Javiers Füße und schlüpftest aus Bluse und Stretch-Hose.

»Natürlich sieht es keineswegs so aus«, fuhr Javier fort. »Jeder Mann versichert sich, er sei *muy macho,* geballte Potenz, ungeheuer viril . . .«

Javier strich dir das Haar aus den Augen, so daß er dein Gesicht sehen konnte, als du dich über ihn beugtest und ihn küßtest. Du umarmtest ihn.

»Diese Leintücher sind kalt. Aber das heißt zumindest, daß sie ab und zu gewaschen werden.«

Javier saß auf der Bettkante und zog die Hosen aus. »Stört es dich nicht, daß wir uns immer in Motelzimmern sehen?«

»Bist du blöd?« Du kitzeltest ihn. »Je, was für ein weicher Bauch.«

Javier bedeckte ihn mit dem Leintuch. »Wir könnten an einem Wochenende nach Acapulco fahren.«

»Nein, das ist nicht abgeschieden genug.«

»Wohin dann?«

Du dachtest darüber nach, während Javier dich betrachtete: lang ausgestreckt und sonnengebräunt lagst du im Rauch, den du durch die Nase bliesest und der bis zu deinem Nabel hinunterwirbelte. Er berührte dich.

»Barbados. Trinidad. Jamaika. Bermuda.«

»Die mexikanischen Frauen machen uns glauben, sie würden vom Manne beherrscht. Aber in Wirklichkeit . . .«

»Gott, wovon redest du?« Du streicheltest sein Ohr,

kehrtest ihm den Rücken und zogst ihn mit einem Arm an dich.

»In Wirklichkeit herrschen die Frauen. Manchmal denke ich, die mexikanischen Frauen haben den Mythos vom *macho* Mann erfunden, einfach um ihre Männer zu täuschen, um ihnen eine Art Ausgleich zu bieten dafür, daß sie von Töchtern, Müttern und Gattinnen unterjocht werden, von all den unersättlichen Frauen, die uns ihre Werte aufzwingen, die einzigen Werte, die in diesem Land wirklich zählen.«

»Vielleicht hast du recht. Vater nannte sich einen Atheisten, aber ich wurde zu den Nonnen in die Schule geschickt.«

»Zum Beispiel. Laßt den Männern ihr Vergnügen. Setzt in der Öffentlichkeit eure Märtyrerinnenmiene auf, aber berstet insgeheim vor Lachen.«

Du lachtest. »Fangen wir an mit dem Vergnügen.« Deine Hand berührte ihn, streichelte ihn, forderte ihn auf. »Es gibt nur ein Mexiko«, sagtest du, als er nach deinen Brüsten griff. »Unsere kleine Mutter von Guadalupe.« Eure Beine verschränkten sich. »Nichts ist so stark wie unsere mexikanische Musik.« Du glittest seine Beine hinunter. »Unsere tapferen Heldenknaben.« Mit den Schenkeln schobst du seine Beine auseinander. »Wir mögen arm sein, doch wir haben Herz.« Dein Rücken preßte sich jetzt eng gegen seinen Körper. »Los, Javier, lach schon. Klingt das nicht wie dein kostbares Fernsehen? Ich schalte jetzt auf einen anderen Kanal. Captain Jackson vom CIA trifft in Singapur ein.« Javier lachte. »Ein dichtes Netz von Intrigen spannt sich über diesen geheimnisvollen Hafen, diesen Treffpunkt der internationalen Spionage.« Rasch drehtest du dich um und riebst die Nase gegen die seine. »Jackson ist blond, groß, muskulös, und während er seine Zigaretten anzündet, blickt er dem Feind, ohne mit der Wimper zu zucken, in die Augen.« Deine Brüste wurden heiß unter seinen Händen. »Wenn wir nicht hier die Bedrohung der freien Welt vernichten, dann wird der Feind bald vor unserer Tür stehen«, sagt Jackson und deutet auf eine Karte des explosiven Südostasiens mit den kleinen Ländern, die jeden Augenblick wie eine Reihe Dominosteine umfallen können. Deine Schenkel waren feucht vom Spiel. »Und nun die Reklame. Señora, verhindern Sie, daß Ihre Kinder gefährliche inzestuöse Komplexe entwickeln. Benutzen Sie die sterilisierte Flasche Baby Suckett. Stillen Sie Ihr Kind nicht. Vermeiden Sie eine schlaffe Büste. Bewahren Sie sich diese Gottesgabe straff, fest und voll. Auch Ihre Brüste haben Rechte. Hören Sie, was Jayne Mansfield rät.«

»Isabel, Isabel.«

»Ayyy, papacito.«

»Ist es gut so, Liebes?«

»Es ist gut, gut.«

»Hör mir zu. Dann wird es nicht aufhören. Es ist wie das erste Mal.«

»Sei still. Lenk mich nicht ab.«

»Laß mich, Ligeia, laß mich.«

»Ja, Liebling. Mach weiter. Mach weiter.«

»Ich will nicht jedesmal von neuem anfangen . . .«

»Ja. Ja. Ja.«

»Hinein, hinaus, langsam, langsam.«

»Ja. Ja. Ja.«

»Und jetzt . . .«

»Ja.«

»Jetzt nicht mehr.«

Javier löste sich von deinem Köper und fiel mit dem Gesicht nach unten aufs Kissen, als verberge er sich. Du rührtest dich nicht. Verstohlen betrachtete er dich aus den Augenwinkeln. Du wandtest nicht den Kopf, suchtest ihn nicht.

»Isabel«, murmelte er.

»Nicht so gut, Javier?«

»Nein, Liebes. Nicht so gut. Dieses schäbige Zimmer. So kann es nicht weitergehen. Jetzt kehren wir nach Mexico City zurück, und wieder werden es Motels sein, kalte Leintücher und kalte Wände. Das Telefon neben dem Bett. Draußen das wartende Taxi. Das Fenster mit einem gestreiften orangefarbenen Vorhang. Wenn ich daran denke, wo wir uns an der Straße von Toluca überall getroffen haben, wird mir ganz übel. Vielleicht . . .«

»Ich weiß. Ja, Javier!«

»Was ja?«

»Wir mieten ein kleines Apartment!«

»Ein Apartment?«

»Natürlich, Liebling, und ich weiß auch schon wo! Ein Studio in Coyoacán. Große Klasse! Du wirst es nicht für möglich halten, wenn du es siehst. Wir werden . . .«

»Aber, Isabel, ich meinte nicht . . .«

»Schau, es ist direkt über einem Pop-Art-Laden. Ich werde es dekorieren.«

»Aber ich . . .«

»Wirklich nur ein Studio. Ein großes Zimmer, Bad und Küche. Phantastisch, Javier! Sobald wir zurück sind, lasse ich den Boden wachsen.«

»Isabel, ich . . .«

»Die Balken müssen gestrichen werden und die Wände getüncht. Gelbe Vorhänge – schön dicke – für das große Fenster. Es geht auf die Plaza von Chimalistac.«

»Aber ich dachte, daß . . .«

»Ich werde ein paar leichte Zedernmöbel aufstöbern und die Kissen mit blauem Rupfen überziehen lassen. Wir brauchen ein paar Tische, Schmiedeeisen mit Glas. Drunten in dem Pop-Art-Laden kaufe ich ein paar Karnevalsfiguren aus Pappmaché und hänge sie an die Wände. Eine Schlafcouch. Du bringst deine Bücher, und ich kaufe einen antiken Schreibtisch, den ich in San Angel gesehen habe. Ein Kolonialtisch mit Intarsien, Schubladen und allen möglichen Kinkerlitzchen. Dort kannst du auch deine Manuskripte aufheben, hm?«

»Aber was wird das alles kosten?«

»Kosten? Nun rechne selbst. Möbel, Vorhänge, Kissenstoff, Farbe, Lack, Wachs, Aschenbecher, Küchengerät, Licht, Gas, Telefon . . . Ich würde sagen, etwa vierzigtausend Pesos.«

»Ein Motelzimmer kostet nur dreißig. Na, zumindest können wir am Essen sparen. Wir brauchen nicht auszugehen.«

»O doch. Ich gebe gern mit dir an, und ich kann nicht kochen. Meine Steaks grille ich gern bei Delmonico's, die holländische Zunge koche ich im Jena und die *quenelles* in La Lorraine ...« Du lachtest. »Nein, das ist nicht ernst gemeint. Ich mache mir nichts aus schicken Restaurants. Wichtig ist allein, daß ich mit dir zusammen bin, egal wo. Und noch etwas ... wir werden nicht soviel Zeit vergeuden. O ja, ein Plattenspieler. Ohne Plattenspieler kann ich nicht leben!«

»Leben?«

»Zwei, drei Nächte pro Woche, Dummes. Und wenn einer von uns allein sein möchte, dann räumt der andere das Feld. Bist du nicht ab und zu gern allein?«

Du streicheltest sein Kinn, legtest eine Platte auf und drehtest dich langsam.

»Trini Lopez at PJ's. Life-Aufnahme. *If I had a hammer ...«*

Dann gingst du ins Bad und schlossest die Tür hinter dir zu. Javier saß allein auf dem Bett. Nachdenklich tätschelte er seinen Bauch. Das Wasser rauschte laut.

»Isabel?« Keine Antwort.

»Isabel!« Er hob die Stimme.

»Was?« fragtest du aus dem Bad.

»Ich hatte nicht erwartet, daß du ein Apartment vorschlagen würdest. Ich hatte gehofft ...«

»Ich kann dich nicht hören, Javier. Ich komme gleich. Eine Sekunde.«

»Du bist es leid. Du hast andere Verpflichtungen. *Okay,* ich verstehe. Ja. Trotzdem vielen Dank ...«

»I'd hammer in the morning ...«

»...›Du bist älter als ich. Dein Leben läuft in festen Bahnen, du willst es nicht ändern. Auch deinen Charakter nicht. Ich kann es verstehen ... Danke, danke für alles. Es war schön, solange es dauerte. Nie werde ich dich vergessen ...‹ Oh, Scheiße.«

»If I had a bell ...«

»›... Oh, ich wußte, daß es nicht dauern könnte. Keinen Augenblick machte ich mir Illusionen ...‹«

»I'd ring it in the morning ...«

»›... Aber ich erfand dich nicht einfach. Ich berührte dich, und du warst wirklich ...‹«

»It's the bell of freedom ...«

»Ein Motelzimmer an der Straße nach Toluca, Isabel. Draußen das wartende Taxi. Ist das alles?«

»Ich komme ja schon. Ein wenig Geduld.«

Die Platte endete, und Javier hörte das Gurgeln und Blubbern des Wassers, das aus den Hähnen strömte und in der Toilette rauschte.

Du hattest ein Handtuch um dich geschlungen und schütteltest mit einer Hand das nasse Haar, als du aus dem Bad kamst.

»Was hast du gesagt?«

Javier bedeckte seinen Bauch. Du summtest vor dich hin, während du das Haar zu einem Pferdeschwanz zusammenfaßtest und ein gelbes Band darumschlangst. Dann warfst du das Haar wieder nach vorn, und mit den Haarnadeln zwischen den Zähnen stecktest du es hoch. Als du fertig warst, strichst du dir mit beiden Händen über den Kopf und suchtest in der Unordnung des Frisiertischs nach dem Lippenstift. Du verzogst die Lippen, um sie orange zu schminken.

»Isabel, als wir heute in Xochicalco waren ...«, begann Javier.

Der Lippenstift erstarrte auf deinen Lippen. »Nein, Javier.«

»Ihr begreift nie.«

»Nein, Javier, nein.« Du erhobst dich, das Handtuch fiel zu Boden.

»So hör doch zu.«

»Nein, habe ich gesagt.« Du hobst das Handtuch auf und faltetest es wie eine nasse schwere Peitsche.

»Ich möchte mit dir über Xochicalco reden. Über das, was wir heute morgen gesehen haben.«

»Ich weiß, worüber du reden willst. Nein, es langweilt mich.« Du schlugst das nasse Tuch gegen Javiers Beine.

»Laß das, Isabel.« Javier zog die Beine an. Lachend schlugst du auf seinen Körper. »Laß das, es tut weh.« Er kauerte sich zusammen, legte das Kinn auf die Knie und schloß die Augen.

»Die albernen Dinge, die du sagst, tun noch mehr weh. Wer will schon von Xochicalco hören? Was bedeutet mir schon Xochicalco?« Du knietest dich neben ihn aufs Bett und kitzeltest seine Taille. »Was für einen Wanst du hast.«

Javier öffnete die Augen. »Warum hast du heute morgen die Tür aufgerissen?«

»Welche Tür?«

»Die Autotür.« Er sah dich nicht an.

»Weil du es zu mir sagtest, nicht zu Betty, die wohl daran gewöhnt ist.«

»Was? Was sagte ich?«

»Das gleiche wie so oft. Du brauchst Liebe ohne Liebe. Du suchst Begehren ohne Begehren. Nein, das sagtest du nicht zu Betty. Das sagtest du zu mir.« Du legtest den Mund an Javiers Ohr und flüstertest: »Weißt du, wie du mich nennst, wenn wir miteinander schlafen?«

Javier verbarg das Gesicht im Kissen. »Verzeih. Bitte verzeih.«

Du lachtest und rissest ihm das Laken vom Körper.

»Laß das!« rief er scharf. »Ich sage dir, ich mag das nicht.«

»Ich darf es wohl nur sehen, wenn es steif und hart ist? Aber manchmal möchte ich es auch sehen, wenn es schlummert.«

»Also gut, aber hör auf zu reden.«

Du krochst zwischen seine Beine und lachtest. »Baby, großes Baby! Was denkst du wirklich? Los, schwatz schon, soviel du willst, von mir aus. Liebling. Weißt du was? Heute habe ich entdeckt, daß du schwindelst.«

»Nein, es war wahr. Ich schlief zweimal mit dir, weil ich dachte, du hättest verstanden. Und du mußtest es verstanden haben, denn nicht lange danach wiederholtest du es. Man schickte mich mit dem Sekretariat zu einer Konferenz nach London. In der Tate-Galerie gab es eine Modigliani-Ausstellung.«

Die Plenarsitzung fand am Vormittag statt, und ihr wolltet euch danach in der Galerie treffen; Javier verabschiedete sich von dir, Elizabeth mit dem falschen Grau des Haares, den schweren Brauen, den vollen Lippen, der perlenbestickten Torerojacke des Chanel-Kostüms. Um zwei Uhr nachmittags erschien er auf der Ausstellung. Ohne sich gleich nach dir umzusehen, betrachtete er zerstreut die Bilder, suchte eine erste spontane Reaktion auf diese Frauen mit langen Hälsen und Augen ohne Weißes, mit dunkler Scham und schmalen Lippen. Immer hatte er sie mit den Zwanzigern assoziiert, aber jetzt erkannte er in ihnen die wirklichen Frauen Thessaliens, Mykenäs und Kretas, schlank und linear; und plötzlich, ohne Warnung kam alles wieder zurück, die Gerüche, das Licht, die Geräusche Griechenlands. Von den Frauen Modiglianis, die da in ihre Rahmen gebannt waren, ging ein Duft nach Hyazinthen und Hibiskus aus, das Klappern von Pferdehufen auf Steinpflaster, das Hämmern von Zimmerleuten, Sonnenlicht, das bis zum Meeresgrund sickert. Das Orange der Fischerboote, das Blau der Sankt-Nikolaus-Kapelle, das Weiß der Treppen und Sockel von Mykonos, das Ocker und Rot der Altargemälde mit den streitbaren Heiligen, das Neapelgelb der Windmühlen; wieder der Dunst des Weihrauchs, der Geruch dampfender aufgeschlitzter Schweine, von Eseln, die tot unter Aasgeiern und Fliegen liegen, von gebratenen Kutteln in undurchdringlichen Küchen, von Knoblauch, Oliven, Käse. Javier wandte sich um, mit der Empfindung, sein Körper sei durchsichtig und jemand starre durch ihn hindurch, und da waren sie, die englischen Mädchen, die hierhergekommen waren, um sich in dem italienischen Spiegel zu betrachten, die Frauen von heute mit offenem dunklem Haar, ausgeschnittenen Pullovern, roten, grünen und schwarzen Netzstrümpfen. Ihre schwarzen und grünen Augen betrachteten die eigenen Abbilder in den Gemälden. Die Modelle waren wieder lebendig geworden und besuchten sich selbst. Und dort stand sie. Diesmal mit schwarzgefärbtem Haar, offen wie das der nackten Frau auf dem blauen Kissen im Gemälde hinter ihr, mit dünn ausgezupften Brauen, schmal geschminkten Lippen und dick getuschten Wimpern über den klaren Augen, im gerüschten Spitzendekolleté, das bis zur Taille reichte und den Hals verlängerte. Sie selbst hatte dies Kleid einer anderen Epoche ersonnen. Lose und formlos wie eine Tunika, wie ein Federstrich fiel es von ihren Schultern. In ihrem Lächeln lag Bereitschaft, in den Augen Sehnsucht. Die langen blassen Hände waren in Hüfthöhe verschlungen und schienen zu wissen, daß sie die heiligen Teile des Körpers verbergen, isolieren oder schützen konnten, eines Körpers, der ihr und ihm zugleich gehörte.

»Diese Anstrengung, sich zu erinnern, ist in Wahrheit ein Versuch, zu vergessen, Tigrin.«

Erinnerst du dich? Irene Dunne spielte die zerstreute Millionärin, Jean Arthur die vulgäre Journalistin mit dem goldenen Herzen, William Powell den ironischen Majordomus, Alice Brady die Dame mit dem Vogel, Eugene Pallette den diabetischen Millionär, Myrna Loy die Ehefrau mit Sinn für Humor, Roland Young den reichen Touristen mit einer Schwäche für Ektoplasma, Gary Grant den Inbegriff natürlicher Eleganz, Charles Ruggles den Krösus, der den englischen Kammerdiener beim Pokern gewann. Und die schöne, verrückte, unwiderstehliche Carole Lombard und Mae West, die ein Auge zusammenkniff und sagte: *»Beulah, peel me a grape«* und dabei die Wespentaillenfigur wand. Du und Javier hieltet euch in dem Brooklyn-Kino bei den Händen und saht euch *The Four Daughters* an, weil John Garfield mitspielte und du keinen Schauspieler je so gemocht hattest wie ihn, der aussah wie Javier und Jules Garfinkle hieß, der zwischen Demütigung und Gefahr lebte, intuitiv der erste existentialistische Held, vor Humphrey Bogart, Marlon Brando oder James Dean: dieser lebende Widerspruch, Held-Schurke, Heiliger-Mörder, Künstler-Dutzendmensch. Er starb beim Ficken. Und wenn das Fernsehen heute einen alten Film mit John Garfield bringt, dann achtest du darauf, daß Javier da ist, ihn zu sehen und sich zu erinnern.

Du und Javier seid nicht einer Meinung über die lateinamerikanischen Künstler und Intellektuellen. »Sie sind alle gleich«, sagst du heftig. »Sie gebrauchen die Kunst nur, um sich wie Aristokraten fühlen zu können, um zur Oligarchie aufzusteigen, gegen die sie angeblich kämpfen. Alles, was sie tun, ist so elegant, so gefällig, so geleckt. Es ist ihre Art, der schrecklichen, groben, törichten, stammelnden Mittelklassewelt zu entfliehen. Mögen sie es ›Form‹ oder ›guten

Geschmack‹ nennen, so ist es doch nur Impotenz und Angst und Sehnsucht nach der Vergangenheit. Und das meiste davon ist ganz vulgäres *social climbing.*«

»Und eure Gringo-Künstler?« erwiderte Javier. »Der Held mit den Haaren auf der Brust? Versuchen sie etwa nicht, ihrer Mittelklasse zu entfliehen, indem sie so tun, als wären sie Packer, Baseballspieler, Tigerjäger, Bahnarbeiter oder Boxer?«

Eure Meinungsverschiedenheit endet auf eine ruhige Note. »Florence Rice«, sagst du, »wer erinnert sich heute noch an Florence Rice? Oder Arline Judge? So viele hübsche Gesichter, die einst berühmt waren wie Rochelle Hudson und Madge Evans und Jean Parker, und heute kennt man nicht einmal mehr ihre Namen.«

Ihr hieltet euch im Kino bei den Händen, und die Filme machten für euch alles gleich. Wenn sie vorüber waren, gingt ihr hinaus in den anderen Film, in dem sich seit deiner Kindheit nichts geändert hatte: der *klejkodeschnik,* der mit zerknirschtem Gesicht und gefalteten Händen vor der Synagoge stand, der *ototot,* der beständig den alten russischen Bart pflegte, der träge kultivierte *schejner jid,* der im zweiten Stock eines der umliegenden Cafés Schach spielte, die alte Frau, die mit auseinandergefaltetem Taschentuch auf das Ende der Beerdigung wartete, um Almosen von den Leidtragenden zu empfangen, der emanzipierte *radikalke,* mit der schrillen Stimme . . .

»Und möchtest du, daß ich so eine Verrückte wäre, Beth? Möchtest du das etwa?«

»Nein, Mama. Das habe ich nicht gesagt.«

»Dann achte nicht auf deinen Vater. Laß ihn Binokel spielen und sich modern vorkommen. Laß ihn in seinem Irrtum, nur laß es ihn nicht wissen. Komm, nimm meine Hand, Beth. Leg dich da neben mich. Wir können dem nicht entrinnen. Es ist noch tiefer, als wir denken. Du wirst sehen, ob er dann nicht begreift, was ich begriffen habe. Daß im Leben allein zählt, was wir zurücklassen, wenn wir sterben. Jene, die uns beweinen werden.«

Du drücktest Javiers Hand in dem Brooklyn-Kino und heute wieder vor dem Fernseher. John Garfield spielte Klavier. »Es scheint nicht mehr dasselbe? Heute ist nichts Ungewöhnliches daran.«

»Heute ist es zwecklos, seine Muttersprache zu beherrschen«, flüsterte Gershon.

»Sei still! Was sagst du da! Abtrünniger! Goi!«

»Alles, was der Herr gesagt hat, werden wir tun und gehorsam sein«, murmelst du vor dich hin, als das Auto den Schatten der baumbestandenen Allee verläßt. Es ist ein Uhr nachmittags. Franz schaut auf die Uhr. Die Erde ist weiß. Weiße Bäume. Weiße Hügel. Feiner Staub wirbelt auf. Vor euch liegt der Fluß und die Furt. »Gesegnet, der da kommt im Namen des Herrn.«

Franz hielt, stellte den Motor ab und zog die Handbremse. Alle stiegt ihr schweigend aus, obwohl Isabel einen Augenblick zögerte. Staub wirbelte an euren Beinen empor. Ihr standet neben dem Wagen. In der Mitte der Furt war der schmale Streifen Erde zwischen den beiden Flußarmen von einer fast reglosen Viehherde bedeckt. Stiere, Kühe, Jährlinge versperrten euch den Weg. Stiere mit kurzen dünnen Hörnern und braunen, in der Sonne gleißenden Fellen. Stiere mit lockiger Stirn und kurzem gedrungenem Nacken, mit starken Lenden und in den Boden gestemmten Hufen bewachten reglos den Weg durch den Fluß. Stiere mit dikken hohen Schädeln und langen Schwänzen, die ihre Mäuler im rasch strömenden Wasser vergruben. Junge Kühe mit kurzen Hörnern, die das weiße Gras am anderen Ufer fraßen und dabei die Köpfe im Rhythmus des Kauens hin und her wiegten. Unruhige, lebhafte Jährlinge, die zwischen den Beinen und unter den Bäuchen der großen Stiere hindurchspähten. Stiere mit kurzsichtigen Augen, die gedehnt brüllten, Stiere mit schweren Wammen und Gummikappen über den Spitzen der Hörner. Die vorgewölbten schläfrigen Augen der Kühe.

Ihr vier gingt zum Rand der Sandzunge, wo die natürliche Brücke ansetzte, die der Fluß zwischen seinen beiden Strudeln geschaffen hatte. Flußabwärts, nur wenig weiter, stürzte das Wasser über steile Felsen. Das Vieh betrachtete euch mit verhangenem verlorenem Blick, bewegte nervös die kurzen runden Ohren und schwitzte, daß ihr den Schweiß riechen konntet. Plötzlich verlor eine Kuh den Halt am Rand der Furt und trieb langsam, erst mit ergreifender Ruhe und Stumpfheit, dann mit nervöser Hoffnungslosigkeit ins tiefere Wasser. Sie sank mit dem ganzen Gewicht, begann zu schwimmen, ein paarmal noch tauchte die Stirn auf, dann wurde sie über den Wasserfall gespült und war verschwunden. Keines der Tiere sah sich nach ihr um. Mit nervösen und dennoch friedlichen Bewegungen kauten sie langsam das weiße Gras, tranken das grüne Wasser. Die gewölbten Augen schienen fern und blicklos.

Ihr vier starrtet auf das Vieh. Isabel lachte nervös und hielt sich dann den Mund zu. Unvermittelt nahm Franz deinen schwarzen Schal, Tigrin, und ging über die Sandzunge auf einen großen Stier zu, der immer unruhiger wurde, je näher Franz kam. Der Stier wiegte den Kopf von Seite zu Seite. Er witterte. Auch die anderen Tiere witterten, und plötzlich war er ihr Anführer geworden. Er verbarg nicht seine Angst vor dem Mann, der da auf ihn zukam. Schweiß strömte über seinen Leib und machte das schwarze Fell noch glänzender. Er gab sich einen Ruck, harnte, und die Augen wurden trüb. Franz ging weiter auf ihn zu. Schließlich schien sich der Blick des Stieres auf den Mann zu heften, ihn von seiner Ausdünstung und dem Geräusch der Füße im Sand zu unterscheiden. Beide Augen konzentrierten sich langsam in einem Punkt, der Stier brüllte und warf den Kopf heftig zurück. Er suchte etwas, einen Geruch, ein Schnauben oder irgendein Geräusch, das seine Furcht und Aufmerksamkeit von der hartnäckigen Gestalt ablenken könnte, die immer näher auf ihn zukam: er suchte einen Ausweg, eine Möglichkeit, zu fliehen. Aber hinter ihm war die Herde zu einer unbeweglichen Mauer aus schwarzen Fellen, Augen und grünen und weißen Hörnern erstarrt. Ihm blieb nur die Flucht nach vorwärts, der Angriff.

Der Stier hörte auf zu brüllen. Er warf sich in Positur, als sollten alle ihn sehen. Seine Feigheit war in Mut umgeschlagen, und hinzu kam sein physischer Stolz, einfach da zu sein, da unter der Sonne. Die stumpfen Augen wurden große schwarze Münzen, lebendig und glänzend. Die feuchten Nüstern blähten sich, er schnaubte und begann vor Wut zu zittern – die straffen Lenden, die Schenkel, der Rumpf, das scharfe Rückgrat. Der ganze Körper war nun zum Kampf bereit: vorn die dicken kraftstrotzenden Muskeln, hinten schmale schlanke Leichtfüßigkeit. Die schwarzen Hufe und geblähten Nüstern, die tiefe Brust und der wilde Atem. Und er war erfüllt von der Unerschrockenheit, die nur die Angst gebiert. Franz, der das Schal-Cape ausgebreitet neben sich hielt, ging immer noch auf ihn zu, und die beiden Gestalten – der langsam näher kommende Mann und der reglose Stier auf dem weißen Sand – waren ein Bild wie für eine bemalte Höhlenwand, eine kaiserlich-römische Münze, ein griechisches Mosaik.

Schließlich unterschieden die Augen des Stiers die zwei Objekte: den Mann und das Cape. Franz blieb stehen. Reglos hielt er den Schal, den der Wind kaum bewegte, in den sonnengebräunten Fäusten. Die Adern seines Unterarms waren geschwollen und bläulich, die Fersen geschlossen, das rechte Bein gespannt, bereit, sich zu versteifen, sobald der Stier angriffe. Angstvoll blicktest du hinüber, Elizabeth, während Isabel kicherte und ihr Lachen unterdrückte und Javier einfach zusah. Franz hatte den Stier in seiner Gewalt. Alles, der Geruch der Kühe, das Brüllen der anderen Stiere und Jährlinge, das Donnern des Wasserfalls, all dies war ausgelöscht, der Stier war taub geworden, hypnotisiert von dem Mann und dem schwarzen Cape. Er griff an. Sein Kopf hob das Cape, die Hörner stießen wütend nach rechts, er schoß an Franz vorbei, sein Gewicht riß ihn vorwärts, er schlitterte zum Ende des Sandstreifens und stürzte brüllend vor Schmerz. Er stand wieder auf, wollte eine Sekunde verweilen, aber schon bedrängte ihn Franz von neuem, rief mit vorgeschobenem Unterkiefer und halbgeöffneten starren Lippen: *»Toro! Toro!«* und nagelte ihn damit an seinem Platz fest, Mann und Tier waren beide naß vor Angst. Franz' Hemd klebte am Rücken, der Staub hatte die Schuhe weiß gefärbt. Unter den Kleidern sah man seinen Körper, der nur noch aus Gewalt und Spannung bestand, aus Nerven, Muskeln und Konzentration.

Wieder griff der Stier an. Wieder sausten Kopf und Bug an Franz' eingezogenem Bauch vorbei, wieder hob er das Cape mit dem Nacken, in einer zugleich starren und geschmeidigen Bewegung. Er war jetzt gänzlich in der Gewalt des Mannes. Diesmal glitt er nicht aus, sondern wirbelte wie ein Blitz herum und griff ein drittes Mal an, als Javier der Szene den Rücken kehrte, zum Volkswagen ging, sich hinters Steuer setzte und mit aller Kraft auf die Hupe drückte. Guttural, schneidend und durchdringend plärrte die Hupe los, erfüllte die stille Luft mit Lärm, und Javier starrte durch die staubige Windschutzscheibe, sah den Stier einen neuen Ausfall machen und den Augenblick der Gefahr, als Franz sich noch vor dem Stier von der Hupe ablenken ließ und den Kopf hob. Der Kopf des Stiers war in den schwarzen Schal gehüllt. Die Herde schreckte hoch. Unruhig und brüllend suchte sie die Quelle des furchteinflößenden Geräuschs. Javier hupte noch immer, und der Schweiß rann ihm von der Stirn. Franz stand auf dem Sandstreifen und versuchte die Aufmerksamkeit des Stiers zu halten. Dahinter die Herde in wachsender Angst. Als erste rührte sich eine sandfarbene junge Kuh, die brüllend kehrtmachte, es folgte ein Stier mit abgeschabtem Fell, dann alle: sie brüllten, warfen die Köpfe zurück und schnaubten, als die Furcht wie ein elektrischer Funke von einem zum anden sprang. Schweiß und Speichel troffen herab, Urin rann auf den Boden, die Leiber wogten. Einige warfen sich in den Fluß und wurden zum Wasserfall gerissen. Andere stürmten in wilder Panik zum jenseitigen Ufer. Flanke drängte sich gegen Flanke, Horn prallte gegen Horn. Zuletzt wurde auch der einzelne Stier von Angst gepackt. Er brüllte lauter als alle anderen, schüttelte wahnsinnig den Kopf und rannte hinter der Herde her. Das Vieh erreichte die andere Seite des Flusses und verschwand in einer Staubwolke, als es vor dem irren Lärm der Hupe floh.

Franz ließ den Kopf hängen. Du ranntest auf ihn zu, Elizabeth, und umarmtest ihn. Isabel lächelte und ging zum Auto, wo Javier erschöpft über der noch immer lärmenden Hupe hing.

Die Furt war frei. Brüllen und Hufgetrappel verhallten.

Die Sonne schien auf einen grünen schlammtrüben Fluß. Javier richtete sich auf, und die Hupe verstummte. Wieder vernahm man das Vogelzwitschern in den runden Bäumen jenseits des Flusses. Javier stieg aus, klappte den Sitz vor und setzte sich nach hinten. Isabel folgte ihm und verbarg ihr Lächeln, das um so deutlicher in ihren schelmischen Augen stand, als sie Javier ansah und in ihm die gleiche Belustigung suchte. Du und Franz nähertet euch dem Wagen. Beide Männer waren von der gleichen Gespanntheit, der gleichen ernsten Blässe. Mit einem Stier kämpfen: eine Faust auf eine Hupe pressen.

»Du hast ihn in Gefahr gebracht. Mein Gott, wußtest du nicht, was du tatest?«

»Es macht nichts«, sagte Franz. »Er hat sie schließlich vertrieben, nicht ich.«

»Du brauchst ihn nicht zu entschuldigen! Was, wenn sie auf uns zugestürmt wären?«

»Schließlich taten sie es nicht.«

»Und er lenkte dich ab. Du hättest auf den Hörnern landen können. Was für ein Unterschied!«

»Wirklich, es ist nicht wichtig.«

»Mein Gott, was für ein Unterschied!«

Javier lächelte dir zu.

Franz ließ den Motor an. Ohne den Kopf zu wenden, fuhr er los. Sein blaues Polohemd war naß von Schweiß, die grauen Flanellhosen und die Schuhe staubbedeckt.

Isabel flüsterte etwas.

»Was?« fragte Javier.

Du strichst Franz' Kordjacke über der Rücklehne glatt, Tigrin. Seine Sonnenbrille fiel heraus, du fingst sie auf, putztest sie sorgsam mit einem Taschentuch aus deiner Handtasche und stecktest sie wieder zurück.

»Diese Szene mit den Stieren«, flüsterte Isabel lächelnd in Javiers Ohr. »Warum schreibst du sie nicht?«

»Isabel, Isabel.« Javier stöhnte fast.

Javier war auf dem Bett eingeschlafen, Isabel, und während du leise *Moon River* summtest, lasest du in seinem Heft.

... Doch vermutlich neigen sich trotz ihrer scheinbaren Freiheit und Teilnahmslosigkeit alle Elemente des Himmels vor der steinernen Erinnerung, diesem Schlangenleib, der den Sockel des Altars umschließt und gefangenhält. Sie waren Menschen. Wo sind sie nun? Fließt ein verborgener Blutstrom die Treppen hinunter? Stein kann nicht sehen, aber die Zeit, die hier ihren Höhepunkt erreichte, konnte sehen. Und der Tod kann sehen. Die Wasser-Sonne überflutet die Welt, und ihre Menschen ertrinken. Die Erd-Sonne – und ich sehe dich, gemeißelte Erde, die das Gewicht der Pyramide trägt, bestellte Erde, die so starr ist wie die Giftzähne der Steinschlange, doch so viel dauerhafter als diese – die Erd-Sonne empfängt das Blut. Die Feuer-Sonne, grausamste von allen, enthält in ihrer Stille Erde, Feuer und Wasser. Und wo seid ihr, die ihr einst lebende Menschen wart? Kommt heraus. Sprecht. Was werdet ihr sagen? Schaut, Augen, und seht. Verliert nicht einen einzigen Herzschlag dieser noch immer lebendigen Erde. Wir vier stehen vor euren Symbolen, dem einzigen, was nach der großen Feuersbrunst des Mittags geblieben ist. Eure Symbole? Und worin unterscheiden wir uns von euch? Erwarten wir gleich euch den Kataklysmus, das Zerreißen des Schleiers, die Ungeheuer des Zwielichts, die uns verschlingen werden? Sind sie nicht immer unter uns? Ich trete näher. Ich berühre die Steinfedern. ...

Neben dir bewegte sich Javier, und du schlossest das Heft und sahst zu ihm hinüber. Er schlief in der Dumpfheit von Cholulas Nachmittag. Mit einer Hand bedecktest du den Mund, um das Lachen zu ersticken, als du weiterlasest:

... Was für eine Schönheit ist dies, und wodurch unterscheidet sie sich von der unsrigen? Wißt ihr's? Ja, unsere Schönheit ist ein Vorbild, ein nachahmenswertes Beispiel, ein Anreiz, ihren festgelegten Ausdruck in unsere eigene lebende Erfahrung zu übertragen. Das Beispiel der Kunst wird uns vorgehalten, damit wir es in unserem täglichen Leben neu verwirklichen, auch wenn unsere Schöpfungen weit hinter dem Vorbild zurückbleiben. Zuletzt verbraucht sich die Schönheit im rein Modischen. Aber die Schönheit, die ich hier finde, diese Fülle, diese barbarische Üppigkeit von Xochicalco ist etwas anderes. Etwas, das nicht als Vorbild geschaffen wurde, nicht um wiederholt zu werden, ja das sich gar nicht fortsetzen läßt. Die Schönheit des Barbarischen endet in sich, lebt aus ihrer Distanz zum Leben, nicht aus ihrer Gleichsetzung damit ...

Du konntest das Lachen nicht länger zurückhalten, Isabel. Du sagst, es sei von ganz unten, von den Fußsohlen her aufgestiegen und vergebens habest du versucht, es mit der Hand und mit Javiers aufgeschlagenem Heft zu ersticken. Obwohl noch immer lautlos, lachtest du so heftig, daß das Bett zu beben begann und Javier schlaftrunken die Augen aufschlug. Nun blieb dir keine Zeit, das Heft in den Nachttisch zu legen. Javier öffnete die Augen, und du platztest heraus, und er verstand nicht, und du fühltest dich ertappt und lasest vor: *»Du erlebst einen Augenblick, in dem die Zeit zu fliehen scheint und dennoch stillsteht ...«*

Mit offenem Mund starrte er dich an. Noch immer verstand er nicht. Du rafftest dich auf, knietest neben ihm aufs Bett und lasest: *»Anfang und Ende sind identisch wie die Schlange ...«* Und wieder wurdest du von Lachen geschüttelt.

Javier stützte sich auf die Ellbogen, und über sein Gesicht glitt jede nur mögliche Empfindung. Er liebt mich, er haßt mich, dachtest du. Ich demütige ihn. Ich errege ihn. Als du ein drittes Mal zu lesen begannst, griff er nach deinem Schenkel, und du sprangst vom Bett. *»Und darum gibt es weder Anfang noch Ende, sondern nur einen düsteren ewigen Alptraum, in dem wir vergebens ...«*

Knurrend setzte er dir nach. Nie hattest du ihn so gesehen. Aber noch immer lachtest du, als du herumwirbeltest und seinen schlafschweren Händen entflohst: *»... vergebens auf einen neuen Morgen warten ...«*

Er sprang auf dich zu, und du verteidigtest dich mit dem

Heft. Dein Mund war geöffnet, und deine Augen glänzten, als du dich hinter den Tisch ducktest. Javier stürzte ihn um, du schriest etwas und ranntest mit dem Heft in den Händen leichtfüßig zum Bett. Zum erstenmal fühltest du dich nackt. Und er, der ebenso nackt war, hatte den schlaffen Penis – diese erschöpfte Sonnenblume, Pussycat – und den schlappen Bauch vergessen und sah deine Nacktheit zum erstenmal, als würde das Verlangen aus seiner Wut wiedergeboren. Du gewahrtest etwas Neues im schnellen Strömen deines Blutes, in der Hitze, die dich überzog, und zum erstenmal empfandest du Furcht, als du gefangen dastandest und all die Gerüche rochst, die du nicht im Bad gelassen hattest. Du spürtest, daß er davon angezogen oder gar erobert wurde, und nun blieb dir nur, zu entscheiden, ob du auf ihn zugehen und dich schnell und gelassen anbieten solltest oder abwarten, bis er sich Herr der Lage fühlen würde, einfach weil du nichts unternahmst. Du sagst, nicht einmal den Rücken hättest du ihm gewandt, sondern ihn weiter angeblickt, so daß er deine Angst sehen und fühlen konnte. Ah, Isabel, du begriffst, selbst diese Bewegung hätte ihn versteinert und ihm gezeigt, daß du genau wußtest, was vorging. Nein, du rührtest dich nicht. Steif und reglos standest du mit dem Heft in der Hand da, versuchtest dich auszulöschen und wagtest nicht, die Augen zu schließen. Du warst ein Strauß, der den Kopf in wer weiß welch dunklen Sand deines Körpers vergraben hatte. Du warst ein Chamäleon, das versuchte, die durchsichtige Farbe der Luft anzunehmen. Und er kam auf dich zu, als sei er nicht wirklich da, und als er dich linkisch, fast wie ein Kind, fast hilflos umarmte, bemerktest du auch seine Nacktheit und daß er nach etwas Ranzigem, Abgestandenem roch. Er nahm deine Schultern und drehte dich, bis dein Rücken seine Brust berührte, dein feuchtes Haar aus schwarzem Sand sein Gesicht. Seine Hand spreizte deine Hinterbacken. Sehr sanft zuerst, dann wurden die Finger steif und drangen in deinen Anus ein, der Sand deines Verstecks brach auf, und du warst nicht länger verborgen, als sich die trockene gespannte Öffnung nun in geschmeidiger, glatter Klebrigkeit erweichte. Die andere Hand griff zwischen deinen Beinen durch und rieb die Klitoris. Du beugtest dich wie ein gespannter Bogen, Isabel, und als du mit dem Gesicht nach unten aufs Bett fielst, warst du schon in einem dunklen Wald salziger Blumen, vermoderter Farne und feuchter Wurzeln verloren. Der Fisch, hart wie Silber, hart wie Glas, suchte seine stinkende Alge. Nun blieben keine Geheimnisse. Der Stollen war geöffnet, bis zu seiner tiefsten rosigen und schwarzen Galerie durchbohrt. Deine letzte Scham war aufgedeckt, und die Eroberung hatte dich in eine Salzsäule verwandelt. Nichtsdestoweniger war es dein Sieg, den du ihm aufgezwungen hattest, ohne es zu sagen oder zu wünschen. Du hattest ihn glauben gemacht, er habe vollbracht, was in Wirklichkeit die Kraft deiner Passivität bewirkte, diese ausdauernde Kraft, die du nie zuvor erprobt hattest und die ihn zwang, sich im sodomitischen Akt zu enthüllen, mit jedem Eintauchen und Zurückziehen zu zerstören, während sein heftiges Keuchen verriet, daß Worte, Entschuldigungen und Literatur nun zu Ende waren, daß es nur noch diese letzte Freiheit gab, die du mit zusammengebissenen Zähnen und den Schmerzen des Gebärens gewährtest. Für euch beide war es neu, aber du verstandest genau, was dir da mit dreiundzwanzig Jahren zum erstenmal widerfuhr. Er selbst hatte dich die Erklärung lesen lassen, nicht lange, nachdem du ihn zum erstenmal getroffen hattest, als er sich noch benahm, als wärst du eine der von ihm verführten Studentinnen, die nicht seine Liebe, sondern sein Wissen begehrten. Es stand in demselben blauen Heft, das dir jetzt aus den Händen gefallen war:

> Vielleicht damals, als ich Ligeia zum erstenmal begegnete, hätte die Zärtlichkeit, die Isabel für sich und einen Liebhaber auszureichen scheint, auch mir genügt. Aber sie begreift nicht. Sie weiß nicht, daß das ganze Leben eines Schriftstellers wie ein fesselnder Roman ist, den man in seiner Jugend während der frühen Morgenstunden gelesen hat, unmittelbar bevor die Dämmerung anbrach, ein Roman mit dem Titel *Verlorene Illusionen.* Es ist ein bitteres und trauriges Paradox,

daß der Versuch, alles zu sagen, allem einen Sinn zu geben, schließlich das Leben des natürlichen Sinnes entleert und zu der Einsicht führt, daß sich durch die kalten und künstlichen Formen der Literatur nichts sagen läßt. Wann entdeckte ich dies? War es die Vulgarität einer mageren armen Feigenverkäuferin, welche die Besitzer eines Restaurants vom Strande verjagten? War es meine Weigerung, die suchenden, hilflosen Augen zu sehen, ihr und ihren Problemen zu erlauben, das delikate Gleichgewicht zwischen Imagination und Tat zu zerstören, das ich auf den Inseln gesucht hatte? War es damals, als Ligeias Kieselsammlung verlorenging? Warum ließ ich mich durch all dies von meiner innersten Leidenschaft ablenken, von meinem Gedicht, von der Konzentration auf mein Ziel? Was hatte mein Gedicht mit einer alten Feigenverkäuferin zu tun oder mit bunten Kieseln, ja selbst mit Ligeia? Meine Einheit wurde von der Teilbarkeit besiegt: Worte konnten die Zersplitterung der Wirklichkeit nicht erobern, eine Zersplitterung, die es schon gab, ehe ich versuchte, darüber zu schreiben. Dann von neuem die Entschlossenheit, alles festzuhalten, und wieder das Scheitern: es gelang nicht, die Vergangenheit zu fixieren, die Gegenwart zu verschlingen, alle drohenden Gefahren der Zukunft anzunehmen. *Moi, j'aurais porté toute une société dans ma tête?* Hahaha ...

»Gott, was für ein Unterschied!«

»Du fandest es so verschieden? Es überraschte dich wirklich? Wie lange braucht es, bis eine physische Beleidigung vergeht? Was bedeutet das schon gegenüber dem, was ich mit dir teilen wollte und was du nie begriffen hast?«

... Mit einem körperlosen Feind ringen. Nie zu wissen, ob Enthaltung nicht eher als das entstehende Werk der wahre Weg ist. Ich muß das durchdenken. Wie lebt man im luftleeren Raum, ungewiß über den wirklichen Wert, ungewiß über das, was man tut und was man nicht mehr tut? Wenn handeln scheitern heißt und sich enthalten Erfolg bedeutet, weil Enthaltung zumindest eine Spur des Protestes zurückläßt, wie kann man dann eine Epoche beschreiben, die besser unbeschrieben bliebe? Denn dieser monströsen Ära sollte es nicht erlaubt sein, dem Ohr der Nachwelt auch nur ein einziges ihrer wahnsinnigen Worte zu hinterlassen ...

»Würdest du mich auslachen, Ligeia? Ja, gewiß. Du kannst nicht verstehen.«

... Von unseren ersten gemeinsamen Jahren an begriff ich, daß man den Sinn unseres Zeitalters findet, indem man es allen Sinnes entkleidet. Das Absurde. Das heißt heute Byron sein ... und jede Bemühung, auf diese Taubheit mit einer schöpferischen Leistung, einem Buch, einem Gemälde oder einer Partitur, zu antworten, heißt zu einer Ära beitragen, die nur Schweigen verdient. Das Werk muß im Künstler selbst bleiben, darf nie das Licht der Welt erblicken. Es jenen auszuliefern, die es nicht verdienen, ist offenkundige Schwäche. Solange wir unser Werk nicht mitteilen, kann es wertvoll sein, dies ist heute die Vorbedingung des Wertes überhaupt. In mir, in *mir:* der ganze Kampf. Die Begegnung zwischen dem, was ich intuitiv fühle, und dem, was ich verstehe. Die Brücke meines Geistes allein für meinen Geist. In *mir* die Auseinandersetzung zwischen den Konventionen der Vergangenheit, da die Stärke des einen Jahrhunderts zur Begrenzung und Schwäche des nächsten wird. In *mir* die Suche nach dem Absoluten, das Scheitern des Unvollkommenen, die Schaffung jenes Unvollkommenen, das, weil sich nicht mehr erreichen läßt, zu meinem kleinen Absoluten wird. In mir die als Windmühlen getarnten Riesen: niemand wird je glauben, daß sie Riesen sind, daß der Verrückte zum Vernünftigen geworden ist, weil er allein sieht, was vernünftige Narren nicht sehen können. Sich treu bleiben, nichts ausdrükken, nichts enthüllen. Uns nicht aussetzen, weder der

Reue des Dogmas noch der Verkleinerung der reinen Gleichgültigkeit: warum sollten wir uns unseren Besitz entreißen lassen, damit er zerstört und geschändet wird? Besser schweigen. Immer schweigen, wenn wir nicht die Korruption der einen hinnehmen wollen, die darauf bestehen, wir seien, was wir nicht sind, oder die der anderen, die uns isolieren, auf uns herumhacken und uns unschädlich machen. Ich weiß nicht. Ich will nicht zurückschauen. Ich lebe in keinem anderen Jahrhundert, sondern in diesem, einer Zeit, die mit dem Gefängnis oder dem Erfolg mordet, die mit dem Galgen oder dem Applaus zerstört, die, ob sie das, was wir schreiben, billigt oder ablehnt, uns jedenfalls angreift und vernichtet. Es gibt keinen Ausweg. Solange unser Zeitalter der ironischen Barbarei dauert, müssen wir an uns halten und das Loblied einer Gesellschaft singen, die für heilig gelten möchte, oder wir müssen an uns halten und dem Mühlrad jener anderen Gesellschaft dienen, die sich schon heilig fühlt, da sie freizügig Eisschränke verteilt. Es gibt keine Lösung. Keiner will unser Werk. Alle verlangen, wir sollen Hohepriester und Akolythen der großen Kulte sein. Wer wird sich retten? Jener, der die Arbeit, oder jener, der das Produkt der Arbeit lobpreisen muß? Es gibt keinen Ausweg. Besser schweigen.

»Dies ist der Heroismus, den du nie in mir erkennst, Ligeia. Es wäre dann also heroischer, zu schreiben und zu schreiben, aber nie zu veröffentlichen, alles zurückzuhalten und auf eine bessere Zeit zu warten. Ich weiß nicht. Frag mich eines Tages und sieh, ob ich dir dann antworte. Im Augenblick weiß ich es nicht. Wirklich, ich weiß es nicht. Glaube mir.«

»Javier«, flüstertest du in sein Ohr, Pussycat, als der Wagen durch die Furt fuhr.

»Was?«

»Diese Szene mit den Stieren«, sagtest du lächelnd, »warum schreibst du nicht darüber?«

»Javier? Bist du da? Mach Licht an, ich kann das Bett nicht sehen. Deine verdammte Manie, immer die Vorhänge zuzuziehen. Oder ist es schon Nacht? Javier, bist du da? Hast du dein segensreiches Nembutal genommen? Schon gut, schon gut, wenn du nicht antworten willst, von mir aus.« Denn ob er da war oder nicht, ob er schlief oder dich nicht beachtete, es blieb sich gleich. Es machte nicht den geringsten Unterschied.

Weißt du, Tigrin, manche Handlungen führen zu einem herrlichen Mangel an Folgen: das Nichts ist der wahre Wert gewisser Augenblicke im Leben. Und du sagst zu Javier, der vielleicht nicht einmal im Zimmer ist, daß nach dem Vorfall mit dem geöffneten Brief du und er viele Monate lang wie in der Schwebe lebtet, da ihr vor allem begehrtet und wartetet, doch jeder allein und für sich. Du möchtest dich gern deutlich daran erinnern, denn es war die Brücke über die Zeit, die euch – nach und nach, mit all den feinen Abstufungen, leeren Augenblicken und langen Stunden, die du nur willst – zu dem führte, was ihr heute lebt und seid. *Says who, eh?* Griechenland, eure Rückkehr, die ersten Monate in Mexico City, als der Krieg ausbrach. Jene Tage blieben hinter euch zurück, wurden von einem Begehren verdrängt, das ihr beide teiltet, doch nie aussprecht: etwas Neues zu entdecken, das eure Leidenschaft nicht unterdrücken, sondern schärfen würde. Wie du es ausdrückst. Schiff ahoi, mach dein Diplom, geh zur Marine und sieh die Welt. Wenn der Weg zu dieser wartenden und unbekannten Wahrheit eine Zeit des unmerklichen Wechsels war, langsam und durch das Fehlen sichtbarer Ereignisse gekennzeichnet, so gingt ihr ihn doch zusammen. Gib zu, als der Wechsel kam, hofftet ihr beide auf eine Explosion, die euer Leben sprengen und trennen würde.

»Nein, so war es nicht. So war es nie. Was kann ich von ihm wissen? Ich spreche nur für mich selbst.«

Du sprichst für das schweigend, doch lächelnd eingenommene Frühstück, während dessen du wartetest und nicht wagtest, den Kaffee zu trinken, aber von Gott weiß welcher Notwendigkeit getrieben wurdest, den Schein all jener Handlungen zu wahren, die das Glück und die Verzweiflung deines Begehrens verhüllten. Du stecktest die Brotscheiben in den Toaster . . .

». . . regelte die Temperatur, verteilte die Marmelade auf kleinen Tellerchen. Wenn der Toast fertig war, bestrich ich ihn mit Butter, und die ganze Zeit, jeden Morgen wartete ich, daß du reden würdest, und schweigend lasest du Zeitung – nie werde ich die Namen in den schwarzen Schlagzeilen vergessen: von Rundstedt, Wavell, Timoschenko –, du lasest und lächeltest mir manchmal zu, während ich dich wortlos anflehte, mir zu erzählen, was du auf deinen Gängen durch die Stadt gesehen hattest und wie du mit dem Schreiben vorankamst, während ich dich stumm bat, mich wie früher lesen zu lassen, was du geschrieben hattest . . .«

»Erinnerst du dich an *The Bridge* von Hart Crane, Ligeia? So etwas möchte ich finden. Einen dichterischen Widerhall der Stadt.«

Nach dem Frühstück verließ er das Apartment und durchstreifte die Stadt auf der Suche nach den Geräuschen, denen er ein Echo geben wollte. Und auch du gingst fort.

»Ja, wie du ging ich fort und lief allein durch die Straßen. Aber wir wählten nicht die gleichen Viertel. Ich beschränkte mich auf die Nachbarschaft, die Straßen beim Paseo de la Reforma. El Paseo zwischen Chapultepec und dem Cuauhtémoc Rondell . . .«

. . . dein begrenztes Gebiet. Entlang der staubigen Promenade – heute aus Beton – unter den Eschen, vorbei an damals ruhigen Straßen, an prächtigen Villen, die noch von der Jahrhundertwende stammten und mit Urnen- und Rebenreliefs geschmückt waren, einige mit Mansardendächern, die auf Schnee warteten, der nie fallen würde, mit grüngestrichenen Auffahrtstoren, weißgerahmten französischen Fenstern, Steinbalustraden um die Dachterrassen und steilen Treppen zur Etage, wo die Empfänge stattfanden. Feuchte Keller, Dienstboten, die unter angelehnten Türen standen, ältere Herrschaften, die in älteren teuren Wagen – einem Pierce-Arrow, einer Isotta-Fraschini, einem Rolls Royce mit fransenbesetzten roten Samtkissen und viel Goldglanz – durch die breiten grünen Tore fuhren. Hohe Mauern, die gepflegte Rasen und mächtige Palmen verbargen. Es war ein dir unbekanntes, ein vergehendes Mexico City, ein Viertel aus der Vergangenheit, das dir vorbehalten war, dich willkommen hieß und vor der Stadt schützte, die du fürchtetest, die du auf dem Weg zu einem Kino oder Restaurant der Innenstadt nur hastig und in Bruchstücken gesehen hattest: die düstere Stadt der harten Gesichter, der verbrecherischen Augen, der Narben und Mißgeschicke, der knappen verletzenden Sprache, eine Stadt, stets am Rande der Gewalt: Mesones, San Juan de Letrán, La Moneda, Corregidora, Argentina, Guerrero, Peralvillo, dort, wo die schlafenden Löwen der Stadt liegen, die Käufer und Verkäufer von Marihuana und Heroin, die Frauen der Nacht, die unsere Sprache zerkauen und uns verwandelt wieder ins Gesicht speien, unsere Fledermausbrut. Die Stierkämpfe, die Nachtbars, die billigen Kinos, die Vaudeville-Theater jener Zeit, all dies flößte dir Angst ein. Ich weiß, Tigrin, wie sollte ich das nicht wissen. Immer hattest du das Gefühl, verfolgt und bespitzelt zu werden, fürchtetest, ein gemurmeltes Kompliment könne sich ohne den geringsten Übergang in eine Bluttat verwandeln. Du zweifeltest an deiner physischen Integrität: es war, als sähen diese glasigen Augen, und nicht nur die Augen der Männer, sondern auch die der Frauen und Kinder, mehr von dir, als du selbst wußtest. Als seien sie alle Wahrsager und Magier, diese dunkelhäutigen Millionen mit ihrer unerträglichen Passivität, ihrer plötzlichen Gewalttätigkeit, ihrem unglücklichen Lächeln, ihrer höhnischen Trauer, ihrer Brutalität und ihrem Haß; als seien sie alle Priester einer Magie, die einen einfachen Blickwechsel in einen schäbigen Tod verwandeln könnte, in ein Geschick, so dunkel, wie es aus den schwarzen Augen, schwieligen Händen und dicken Lippen sprach, in den Jahrhunderten der Demütigung und der unerfüllten Rache.

»*I think sometimes that all Mexicans just want to get even.*«

Nein, du brauchtest nicht zu ihren Schlupfwinkeln und Höhlen zu gehen. Du konntest ihnen fernbleiben, in einem Viertel, das damals noch friedlich war. Bald schon würden die verarmten alten Familien ihre Häuser verkaufen, und Niza, Hamburgo, Génova und Londres würden Straßen mit modischen Restaurants, teuren Geschäften, Nachtbars und

Straßencafés, Jagdgründe für Lancias und Jaguars, für Vamps in schwarzen Pullovern und schwarzen Netzstrümpfen, für eingewanderte Gringos und die existentialistischen Helden des Café Tirol und des Kinneret, jene vorsichtigen und ungeduldigen Revolutionäre, die die Revolution in sich selbst austragen, um sie desto schneller zu beenden. Und selbst dann würden diese Straßen für dich eine Barriere gegen die Fäulnis der dunkleren Stadt bleiben, die Haufen von Dreck und Blech, die bloßen Füße, die Krätze, die Hände, die in Müll und Abfällen wühlten, die schwarzen Augen mit den verbrecherischen, obszönen oder magischen Absichten.

»Der Blick jedes Mexikaners enthält drei Möglichkeiten: töten, entkleiden oder segnen. Du hattest eine Frage an die Stadt, Javier, aber du bekamst keine Antwort. Die Stadt hatte sich nicht verändert, aber du. Erst anderthalb Jahre ist es her, seit wir spätnachts in unser Apartment zurückkehrten und einem Tod begegneten, der nicht hätte geschehen brauchen. Das dachte ich. Doch du dachtest, dieser Tod sei notwendig, eben weil er so trivial war. Ich sah den Körper des Jungen dort vor der Tür unseres Apartmenthauses liegen und wußte nicht, wie darauf reagieren . . .«

Nein, Tigrin, denn ihr Yankees habt es euch zum Gesetz gemacht, daß man aus Ehrfurcht vor dem Tod nicht wissen darf, wie man auf ihn reagiert. Vor allem muß man erschüttert sein, muß glauben, der Tod habe etwas zerbrochen und werde jene zerbrechen, die ihn betrachten. Vor allem darf man keine Antwort auf den Tod haben.

»Ich wußte nicht, was sagen. Und bevor ich irgend etwas sagte, erfüllte mich Schmerz.«

Ja, Elizabeth. Zuerst muß der Schmerz schweigen. Später darf er heulen, später, aber nicht sofort. Leide. Dann hast du ein Recht, vom Leiden zu reden. Sei es so klein wie ein zufälliger Leichnam auf deiner Türschwelle oder so groß wie ein zufälliger Krebs in deinen Eingeweiden, sprich nicht davon, bis du es erfahren hast.

»Du fühltest keinen Schmerz, Javier. Ich glaube, du fühltest überhaupt nichts. In Strümpfen – ja, die Schuhe waren verschwunden – lag er vor unserer Haustür, das Messer stak noch in seinem Leib, die Augen waren weit offen. Ich sah mich um, als wolle ich mich vergewissern, wo wir uns befanden. Da war die Buchhandlung, die bis Mitternacht geöffnet blieb, und im Schaufenster lag Durrells *Alexandria Quartett* neben *Raquela, Explosion in a Cathedral,* und *The Mind of an Assassin,* über den Charakter des Mannes, der Trotzki ermordete. Welch ein Witz: der Charakter eines Mörders. Ein, zwei Jahre, nachdem wir aus Europa zurückkamen, war Trotzki umgebracht worden. Ich entsinne mich an sein Bild in der Zeitung, mit bandagiertem Kopf, ohne Brille, dem kleinen weißen Spitzbart, tot. Und der Filmklub des Französischen Instituts, wo wir zusammen den *Andalusischen Hund* und *Das Kabinett des Doktor Caligari* gesehen hatten. Eine Schneiderwerkstätte. An der Ecke eine Bäckerei und vor unserer Haustür der Tote mit dem Messer im Leib. Wir hatten an diesem Abend in einer Bar von San Juan de Letrán Twist getanzt. Einige deiner Studenten hatten dich überredet, mich mitzubringen, da sie überzeugt waren, ich müsse ein Twistexperte sein, und wir tanzten den ganzen Abend hindurch, während die Stimme am Mikrofon endlos wiederholte, *›twist again like we did last summer, twist again like we did last night‹*, bis wir krank davon waren und unsere Arme schmerzten, die Bauchmuskeln weh taten, das rechte Bein steif war, weil der Fuß sich in entgegengesetzter Richtung wie die Hüfte drehte und die Arme noch einen dritten Rhythmus hielten, *›twist again like we did last summer. But last summer we were not twisting, goddamn it, last summer we were young, we were in the islands and we loved each other. And the other summer we weren't twisting either: we were making love, fucking to kill time and reading Robert Lowell and Octavio Paz and William Styron and the afternoon showers came along and we were tired of reading and you came to me already stiff and I was waiting for you and we made love as if I were a bitch in heat, without really wanting it, just smelling of it and needing it, expecting it of the summer, the long rainy afternoons, the sultry and brown-faced afternoons of Mexico City, fucking‹*, weil dies besser war, als mich zu betrinken oder hinter deinen verfluchten Pillen herzurennen, letzten Sommer schliefen wir miteinander, und vor fünfundzwanzig Jahren in Griechenland schliefen wir miteinander, und an dem Tag, als sie Trotzki ermordeten ...«

Und da hast du ein anderes Zitat, Elizabeth. Fang! *Oh, Mexico City, if all your sewers were scents and your modern apartments lost their cracks, would your women cease to look so sad, your men so silly?**

»Aber als es schließlich Herbst wurde« – du ließest dich auf das quietschende Bett fallen und beschlossest, kein Licht zu machen, um nicht wieder die Flecken der toten Flöhe und bisexuellen Schnecken an der Wand zu sehen –, »als es Herbst wurde, erinnerten wir uns nicht mehr daran. Es bedeutete uns nichts, obwohl es in diesem verdammten Land keine Jahreszeiten gibt und eine Stunde allen anderen gleicht ...«

Ein Plateau des trockenen Staubs oder des regengepeitschten Staubs. Ein Ort, wo sich die Zeit zusammenrollt und die Zähne in den eigenen Schwanz schlägt wie die Schlange in Xochicalco.

»Dies verdammte Land, Javier, in das du mich da gebracht hast, mit dem du mich um die Jahreszeiten betrogen hast, die ich so liebte. Die verschiedenen Kleider. Die wechselnden Stunden der Mahlzeiten. Oh, wie ich das vermisse! Weiße Kleider in einem Sommer zu tragen, der wirklich Sommer ist. Ein wollnes Schneiderkostüm anzuziehen für einen Herbst, der wirklich Herbst ist. Schneestiefel für den Winter zu kaufen. Im Frühling einen Strohhut mit Bändern ... Du brachtest mich um mein wechselndes Wetter, bis ich mich zuletzt nicht einmal mehr daran erinnerte. Du redest mir allmählich ein, der Sommer mit seinen Regen sei eine wirkliche Jahreszeit, die Jahreszeit, da du geil wurdest und ich darauf reagieren mußte, mit einer Erregung, die ... die ...«

Im Patio des alten Hauses an der Calzada del Niño Perdido begann es zu regnen. Javier schloß sein Buch und stützte die Ellbogen auf das Geländer. Der Julischauer erlöste von der Hitze des Tages, das Moos dampfte, und die Geranien neigten demütig die Köpfe unter dem stillen, schnellen Re-

* Wer sagte MAILER, Brüder? Wenn wir zum Sterben geboren wären!

gen. Javier hatte gerade einen Brief von Byron gelesen: *Leidenschaft ist das Element, in dem wir leben; ohne sie vegetieren wir kaum.* Das einzige Geräusch war das Wasser, das zum Abfluß in der Mitte des Patio strömte. Er klappte die Aufschläge seines Rockes hoch und beschloß, nicht ins Haus zu gehen, obwohl er wußte, daß Ofelia ihn dort wie jeden Abend erwartete, daß sie im Wohnzimmer saß und, von seiner Saumseligkeit getrieben, bald aufstehen würde, um – heute abend wie alle anderen Abende – hinter der Gangtür zu warten, daß er sein Versprechen hielte, hereinkäme und eine halbe Stunde mit ihr vor dem Abendessen verbrächte. Wieder öffnete er das Buch und setzte sich unter die nackte, von Moskitos umschwirrte Birne, öffnete das Buch, damit sie, die sich mit einem unbegreiflichen Vorgefühl, einer sehnsüchtigen Angst hinter der Tür verbarg, ihn beschäftigt fände und er bei der Mahlzeit, die zu meiden er sich untersagt hatte, eine konkrete Entschuldigung besäße.

»Ich frage mich«, sagte er, als Ofelia die *tamales* austeilte und verdünnten Wein einschenkte, »was tun wir in diesem Haus? Wir sollten es wirklich verkaufen.«

»Wenn ich tot bin, kannst du es verkaufen. Nicht vorher.«

»Wenn *wir* tot sind«, sagte Javier, einfach um das verbotene ›wir‹ einzuführen, das ›wir‹ von einst.

»Schau«, sagte Raúl und fuhr mit dem Zeigefinger über die feuchte erste Seite der Zeitung. »Da steht, die Schienen wären von den Cristeros gesprengt worden. Da hat man's. Wie soll da ein gut katholischer Kaufmann sein Brot verdienen, wenn die Cristeros selbst uns an unserer Arbeit hindern? Ich verstehe das nicht. Zum Teufel, nichts verstehe ich in diesem Land. Warum lassen sie anständige Leute nicht in Frieden arbeiten? Ich verstehe das einfach nicht. Warum töten sie Priester und sprengen Züge in die Luft?«

»Javier, lauf nicht mit den Händen in den Taschen herum. Es sieht sehr häßlich aus.«

»Wer wird da schon etwas kaufen, wenn das Land derart durcheinander ist?« sagte Raúl, während er die Seiten des Montgomery-Ward-Katalogs umblätterte. »Gestern bat man mich, einen Auftrag über Transformatoren zu streichen.

Vergangene Woche kamen die bestellten Bügeleisen nicht.« Er streifte die Hosenträger herunter. »Rechne selbst. Das macht fünfhundert Pesos weniger diesen Monat, garantiert.«

»Genug!«

»Ofelia . . . Was . . .?«

»Genug, sei still!« Sie kehrte ihnen den Rücken und zog sich in die Schatten zurück, die sie in diesem Haus der zugezogenen Vorhänge und verriegelten Türen selbst geschaffen hatte. Ofelia, seine Mutter, die damals noch immer schlank war, mit blassem Gesicht und anmutigen, wenn auch nörgeligen Zügen. Fragend sah Raúl ihn an.

»Was zum Teufel habe ich getan? Ich muß etwas . . . Ich verstehe nicht . . .«

»Javier, geh in dein Zimmer.«

»Verdammt, der Junge ist dreizehn!.«

Sie preßte die Faust gegen den Mund und rannte aus dem Wohnzimmer; Raúl folgte ihr kopfschüttelnd und schweren Schrittes.

So war es stets: das Flüstern ferner, doch nie fremder Stimmen, Stimmen, die unterdrückt wurden, damit ihre Abwesenheit Gewohnheit würde, eine andere Art von Präsenz in einer Welt, die sich hinter ihren vier Wänden ordnen mußte, wenn sie der chaotischen Gewalt und Brutalität um sie her trotzen wollte. In anderen Worten sagte Ofelia ihm dies kurz vor ihrem Tod: Sie habe die Anarchie jener Jahre mit einem Schild häuslichen Friedens abwehren wollen, in dessen Schutz er sicher aufwachsen und seine Kindheit verlängern könnte, eine Zeit, nach der er sich früher oder später zurücksehnen und die er in der Erinnerung wiederfinden werde. Und als er sein erstes Buch schrieb, das Buch, das er an jenem Abend begann, an dem Raúl von den gesprengten Schienen und annullierten Aufträgen redete, da schrieb er über diese abgeschlossene und isolierte Welt, vielleicht weil dies die einzige Welt war, über die er schreiben wollte oder damals konnte, die einzige, die er kannte. Er schrieb über die Welt seiner Kindheit und wie unsere Energie verbraucht und vergeudet wird im emotionalen Verschleiß des Alltags. Hätte er sich in dieser Welt nur verleugnen können, hätte er doch geschwiegen, ohne Widerspruch die Vorhaltungen und Strafen hingenommen, dafür, daß er die bohrenden Fragen nicht beantwortete, die Fragen, die seine Kraft verzehrten – Wo warst du? Mit wem? Was machst du? Was denkst du? Aber um so ausdauernd und vollkommen zu sein, hätte er aufhören müssen, er selbst zu sein. Dies sagte er in seinem ersten Buch, und in jedem seiner Gedichte prüfte er die Ereignisse des Alltags in einem Dialog zwischen Vernunft und Wille, aus dem die Vernunft als Sieger hervorging, einfach weil sie nicht verstand, was um sie her geschah. So redeten diese neuen, unberührten, frischen und einsamen Gedichte die Wahrheit, diese Gedichte, die aus den künstlichen Schatten seines Elternhauses gebildet waren, aus den Sonntagen am See im Park, aus den einsamen Straßen, den Drehorgelspielern, den Dienstmädchen, Raúls Gerüchen, Tabak und Rasierseife, und aus Ofelias Gesicht, diesem Gesicht eines altgewordenen kleinen Mädchens: sie redeten die Wahrheit der Jugend, die zu Unrecht so sicher ist und der Lüge ihrer Vernunft folgt: daß sie nämlich der unverständlichen Welt eine verständige Ordnung geben müßte. Aber nur auf eine Welt, die nicht zu verstehen ist, weder an ihren irrationalen Grenzen noch in ihrer Mitte, können der Wille und die Kraft der Reife einwirken.

»Bin ich dem entronnen, Ligeia? Bitte, sag es mir. Ich frage es dich heute mit Worten, aber ich habe es dich stumm gefragt, seit ich dir zum erstenmal begegnete und spürte, daß du besaßest, was mir fehlte: den Willen, den Patio und die Schatten des Hauses zu verlassen, in die Welt hinauszugehen und dort die Kraft zurückzuerobern, die Raúl und Ofelia mir geraubt hatten. Darum verliebte ich mich in dich . . .«

»Dein Problem ist einfach. Du möchtest alles verstehen und nichts tun. Nein, Javier. Ich bin zu müde.«

»Wir könnten das Haus verkaufen«, flüsterte Raúl.

Ofelias Stimme wurde schrill. »Nein! Es ist seine einzige Illusion! Ich möchte sie ihm nicht rauben!«

Aber es war nicht seine Illusion, es war ihre. Die Stimmen verebbten wieder, als Ofelia den Finger an die Lippen legte. Es war eine Illusion, die still und reglos blieb, da der gute Geschmack es so verlangte, eher eine Form der Zugehörigkeit als des Seins, bis sie eines Tages kristallinisch und spröde auf immer zerbrach. Die fünfzigjährige Frau mit dem Gesicht eines zerknirschten jungen Mädchens würde später sagen, nichts sei wichtig gewesen, außer ihrem Entschluß, an den Dingen festzuhalten – und sei es selbst nur am äußeren Schein. »Ich erlaubte nicht, daß du die Staatsschule besuchtest und ungerüstet fürs Leben aufwachsen würdest, ohne Manieren . . . Nein!«

Er bemerkte, daß Raúl damals an Weihnachten Ofelia näher sein wollte und ihr ein neues Kleid kaufte. Aber als er auf sie zuging, konnte er sie nur umarmen und dann zurücktreten, die Hände auf ihren Schultern – scheu, zärtlich, stumm, doch ohne sie zu küssen. Auch sie küßte ihn nicht. Mit müdem Lächeln dankte sie ihm, und nach dem Essen ging sie wie gewöhnlich fort, um drei, vier Stunden später frisch und neubelebt heimzukommen, und eines Tages erschien Raúl nicht zum Abendessen, und dann gab es zwei Geheimnisse. Himmel und Erde rühmen deine Herrlichkeit. Hosianna in der Höhe. Damals.

Gut, soll er doch für den Beginn einer neuen, trockenen, langen zeitlosen Zeit danken, um seine Worte zu gebrauchen. Für dich unterscheiden sich nur die Regenmonate: eine Linie im Staub, die du willkommen heißt, Elizabeth, weil du Daten und Zeitgrenzen brauchst, die du überschreitest und zurückläßt, um dich zu vergewissern, daß du noch immer die Kraft deiner Jugend bewahrst.

»Und dafür leben wir. Für nichts anderes. Hörst du zu, Javier? Ich sage dir, das ist alles, und wenn du mir nicht glaubst, dann Schiff ahoi, mach dein Diplom, geh zur Marine und sieh die Welt. *Okay, okay, hold your horses.*«

Wir leben nur, um Kraft zu speichern, mit der wir uns im Alter aufrecht halten können. Alles ist ein Überbleibsel der Jugend, eine Ersparnis dessen, was nicht um seiner selbst willen war, sondern für das, was es werden würde. *Good night, sweet prince:* das Leben ist Wucher. Nun, Wucher oder nicht, das Leben ist für dich gewiß nicht der anonyme Tod auf dem Trottoir vor einem Apartmenthaus aus Glas und Beton, das wie alle modernen Gebäude von Anfang an in Apartments aufgeteilt war und nicht erst viel später wie die alten Häuser. Für dich ist Leben nicht Tod. Aber für Javier ist Tod Leben. Seine Antwort auf den Leichnam stand in seinen Augen, noch ehe er das tote Bündel gesehen hatte, das da vor eurem Haus lag. Er wußte bereits, was er sagen würde, denn er hatte es schon tausendmal geschrieben und gesagt, daß dies tote Bündel – jedes beliebige tote Bündel auf jeder beliebigen Straße – lebe und noch im Sterben ein Teil des Lebens sei. Du sahst, wie er den Toten betrachtete. Seine Augen dankten ihm, daß er dort auf dem Gesicht lag, erdolcht, die Zunge in der eigenen Blutlache.

»Du danktest ihm, weil er und nicht du tot warst. Das war es. Darum tragt ihr in Mexiko alle diesen Ausdruck in den Augen. Ihr hofft und wartet immer auf die Tat oder den Unfall, der einen anderen an eurer Stelle ausscheidet. Das ist alles. Und so erklärtest du stumm diesem armen fahlen Leichnam, sein Tod sei, wie mein *caifán* Freund es ausdrükken würde . . .«

Das bedeutendste Ereignis seines Lebens. Gewiß, Tigrin, obwohl weder du noch deine Landsleute dies verstehen. Zu morden oder ermordet zu werden heißt einen Wert erlangen, den unser anderes Leben, das Leben des Atmens, Verdauens und der Bewegung, nicht bieten kann. Weißt du, Elizabeth, ich wollte dir da etwas erklären . . .

»Wer war er? Hatte er einen Namen? Ich schlug vor, unverzüglich der Polizei zu telefonieren. Mitleidig sahst du mich an und sagtest, nein, wir würden die Polizei nicht verständigen. Ich begriff es nicht. Ich wußte nichts davon. Juan Jiménez oder Pedro López, Mechaniker, Taxichauffeur, Kuppler oder Beamter, verheiratet, ledig, alt, jung, glücklich oder vom Unglück verfolgt, lag da, wurde steif und blutete noch immer, lebte, wie du mir sagtest, das bedeutendste Ereignis seines Lebens, ohne davon zu wissen. Und du und ich waren seine einzigen Zeugen, als sei er nur gestorben, damit du und ich ihn sähen. Aber er wußte ja nichts von unserer Gegenwart und unserem Wissen von seinem Tod.«

Es ist ein Mythos, Elizabeth. Warum sollte er dir und Javier dafür danken, für euer Wissen, daß sein Leben zuletzt diesen anderen Akt vollbracht hatte, den einzigen Akt von Wert, seit dem Augenblick, da er naß und blind zwischen den Beinen seiner Mutter erschien? Ich sage dir, es ist einfach ein alter und vertrauter Mythos. Du weißt von vornherein, wie er enden wird. Odysseus wird nach Ithaka zurückkehren. Penelope wird ihrem Webstuhl treu bleiben. Medea wird die eigenen Kinder ermorden. Was erwartest du?

»Du preßtest meine Hand und sagtest, daß dieser Tote vor uns schließlich lebendig sei. Daß alle Toten lebendig seien.«

Daß ihr eine lebendige und nicht tödliche Neuordnung in den Beziehungen dieses Mannes zur Welt beobachtetet. Daß dieser Mord einem Wesen Wert verliehen habe, das zuvor keinen anderen Wert besaß. Daß du deine schlichte Logik vergessen solltest: Das Leben ist gut, der Tod endet das Leben, folglich ist der Tod schlecht. Daß wir uns täuschen, wenn wir zu rächen oder zu strafen vermeinen, indem wir einen Menschen ermorden. Daß der Ermordete nicht starb, weil ihm die Worte fehlten, seinen Mörder von der Tat abzubringen und den Tod durch Worte zu ersetzen. Nein, nicht einmal das. Er wurde ermordet, weil sein Mörder ihm die Ganzheit des Lebens schenken wollte. Da er ihn tötete, erwies er ihm eine Gunst.

»Wir stiegen über den Leichnam. Du gähntest, öffnetest die Tür, und stumm gingen wir zum Apartment hinauf. Wie stets knarrte das Dielenbrett. Du sagtest, morgen gingst du nicht ins Büro. Und am nächsten Tag hörtest du mir nicht einmal zu, als ich mit der Nachmittagsausgabe der Zeitung kam und dir von dem Mord vorlas. Er hieß Enrique Rocha und studierte Medizin. Ein Paar hatte sich auf der Straße geküßt, und ein Polizist befahl den beiden aufzuhören. In diesem Augenblick kam Enrique Rocha vorbei und fragte den Polizisten, was zum Teufel dabei sei, wenn sich die Leute auf der Straße küßten. Er solle sich um seine eigenen Angelegenheiten kümmern und die Verliebten in Frieden lassen. In Frieden, Javier, in Frieden. Der Polizist fiel über Enrique Rocha her, und Enrique verteidigte sich. Worauf der Polizist ein Messer zog und ihn erstach. Das Paar, das sich geküßt hatte, rannte davon, aber heute erzählte es seine Geschichte. Der Polizist floh, nachdem er den sterbenden Medizinstudenten der Schuhe beraubt hatte. Heute verbirgt er sich irgendwo. Sie suchen ihn, sie werden ihn finden, und sie werden ihn laufenlassen.«

So wurde der Student von dem alten Mann mit der Sense aus dem Verkehr gezogen, und der Polyp machte sich aus dem Staub. Dies ist der Lauf der Welt, Tigrin. *Ciao,* Enrique Rocha. *Bye-bye,* Polyp. Es ist Mythos, Elizabeth. Mythos.

»Du hattest recht. Ich wollte die Polizei verständigen, und du ließest mich nicht. Enrique Rocha? Ein Medizinstudent? Nein. Einfach ein abstraktes Wesen, und es entdeckte mit offenem Mund, offenen Augen und dem Messer im Gedärm, daß in Mexiko der Tod lebt.«

Javier lachte. »Und du wolltest, ich solle die Polizei rufen!«

Er lachte lange, und mein Blick schweifte über unser Apartment, das gleiche, das wir vor so vielen Jahren mieteten, als wir aus Europa heimkehrten, nur daß es heute mit dem angrenzenden Apartment verbunden ist. Wir ließen die Wand niederreißen und aus den beiden eine geräumige Einheit machen, nachdem wir 1950 zum zweitenmal nach Mexiko zurückgekehrt waren. Wie viele Dinge aus der ersten Zeit sind geblieben? Ich weiß nicht. Es stimmt mich traurig, das alte Bücherregal aus Sandelholz zu berühren, das nun ins Mädchenzimmer verbannt ist, um Bettwäsche darin zu stapeln, oder wenn meine Finger über die Einbände der alten antiquarischen Bücher streifen, die wir damals kauften und liebten. *Faust* in der Übersetzung von Nerval. Erinnerst du dich? Kleists *Penthesilea.* Selbst eine Biographie Byrons von Maurois, die wir bei einem alten Bouquinisten am Quai Voltaire erwarben. Antiquarisch, in der Grasset-Ausgabe mit einem Zellophaneinband, der den Band verjüngen sollte und Byrons Gesicht auf dem Umschlag einen teuflischen Glanz verlieh. Einige dieser Bücher sind inzwischen verschwunden, du hast sie weggenommen, und es sind Lücken geblieben. Und als unsere

Plakate brüchig wurden, warfen wir sie auf den Müll, wortlos und ein wenig verschämt. Das Plakat mit den leuchtenden Farben und einem phantastischen Akt inmitten bauschiger Schatten. Das eines schwarzgekleideten Biertrinkers mit rotem Gesicht. Die jugoslawische Bäuerin, dünn wie eine Bohnenstange. Moreau, Hals, Meštrović. Und Kleider, Anzüge, Schuhe und Unterwäsche, Kämme, Vasen und Lederkästchen, Bettzeug, Handtücher, selbst Silber und Porzellan, alles verläßt uns, verschwindet so lautlos und allmählich, daß wir es nicht einmal bemerken. Ich roch so gern an deinem Handtuch, wenn du dich nach dem Duschen damit abgetrocknet hattest. So wenig ist geblieben. Fast nichts, bis auf die Bücher. Die Bücher haben wir behalten; sie reisten, wenn wir reisten. Wir packten sie in Holzkisten, die wir mit Zeitungspapier ausgeschlagen hatten, vernagelten die Deckel und verschifften sie nach Argentinien, als unser Geld zu Ende ging und du den Posten im diplomatischen Dienst annahmst.

Dein Kopf rollte nach links, bis er auf Franz' Schulter lag. Franz hob den Blick von der Straße und sah dich an. Das aschgraue Haar, das du jeden Abend mit einem Zerstäuber frisch tönst – einem Farbfestiger, keinem richtigen Färbemittel; jederzeit könntest du das Grau herauswaschen und deinem Haar eine andere Farbe geben. Die vollen, leicht geöffneten Lippen. Die gezupften Brauen. Die große Hakennase, deren Flügel sich ein wenig weiteten. Die geschlossenen Augen. Graue Augen, deren Farbe mit den Stunden des Tages wechselt. Die breiten, kräftigen Hände. Die Arme, die du unter dem schwarzen Schal verschränkt hattest. Die weiße Bluse, den tamarindenfarbenen Rock, die schimmernden Strümpfe, die Schuhe mit dem niedrigen Absatz. Franz sah dich an, du schlugst die Augen auf, und sein Blick kehrte wieder zur Straße zurück.

»By repeating crime, even a queen survives her little time.«

Deine Augenblicke mit Franz glichen alle diesem Zwielicht in Cholula. Heute morgen, da er dich im Auto ansah, schlugst du die Augen auf und erwidertest seinen Blick, aber du sahst ihn weniger, als daß du dich an ihn erinnertest, als würde seine Gegenwart durch deine Erinnerungen zu einer Sehnsucht nach Vergangenem, die Franz selbst einmal erläuterte. Damals, als er dir einen schönen Brief Freuds vorlas, den du ihm in einer Biographie gezeigt hattest: »Seltsame und geheimnisvolle Sehnsüchte – vielleicht aus dem Blut meiner Vorfahren – nach Orient und Mittelmeer und einem ganz anderen Leben werden in mir wach; Sehnsüchte aus meiner ersten Jugend, die sich niemals erfüllen werden und die nicht mit der Realität zusammenstimmen.«

Nun, Elizabeth, was weißt du über diesen Mann, der seltsame und geheimnisvolle Sehnsüchte in dir weckt? Daß er nach dem Krieg nach Mexiko kam, eine Zeitlang als Mechaniker arbeitete, heute Verkäufer in einer Vertretung für europäische Autos ist. Vor wenig mehr als einem Jahr lerntest du ihn kennen. Allein warst du auf eine Cuevas-Ausstellung gegangen, wo Javier sich für später mit dir verabredet hatte. Du bewundertest eine Sepiazeichnung, die den Marquis de Sade mit seiner Familie darstellte, in einer obszön friedlichen Vertraulichkeit, von der uns nur der Teufel oder ein Clown erretten kann, und in Cuevas' Auffassung verkörperte Sade beide: den Teufel-Clown. Als hätten Chaplin und Mephistopheles sich die Hände gereicht, um etwas Neues zu schaffen, einen heiligen Verbrecher, einen erotischen Asketen, einen lebenspendenden Mörder, einen tyrannischen Befreier. Du mischtest Namen – deine Idole –, und mit Cuevas wiederholtest du: Buster Keaton und Boris Karloff, Tod Browning und Jean Genet, George Grosz und Al Capone. Du versuchtest nicht, dich zu rechtfertigen oder mit der Zeit zu gehen, es freute dich lediglich, daß es heute nichts Unvereinbares mehr gibt, daß der alte Manichäismus, der uns seit Plato im Geschirr führt, der uns stets gezwungen hat, zu wählen und schwarzweiß zu sehen, nun einen unwiderruflichen Schritt zum einzigen Ort hin getan hat, der heute zählt: einem Ort, nicht zwischen dem äußerlichen Gut und Böse, die objektiv und klar getrennt sind, sondern zwischen moralischen Möglichkeiten, die in jedem einzelnen Dasein angelegt sind: nicht ein Dieb zu sein, ist schlecht, sagte er, sondern ein schäbiger Taschendieb, nicht ein Mörder, sondern ein stümperhafter Mörder.

»Und wenn sie dich gefangennehmen?« fragtest du und schlugst die Augen weit auf.

»Das macht nichts. Jeder Mörder möchte gefangen werden, ja er fordert es sogar heraus. Aber der schlechte Mörder läßt sich aus Nachlässigkeit fangen. Während der gute Mörder trotz seiner beruflichen Könnerschaft entdeckt wird und weiß, daß er gerichtet werden muß, weil dies zur Dialektik des Mythos gehört und notwendig ist: die legendäre Schönheit der Erlösung muß sich erfüllen. Raskolnikow. Dann wird seine Tat wichtig und bedeutsam.«

»Wie Monsieur Verdoux.«

»Genau. Da hast du den Clown-Verbrecher, den Gaukler-Mörder, der die Gegensätze in sich verschmilzt.«

Und Franz neben dir sagte nur: »Allein mit dem, was uns entgegengesetzt ist, können wir kommunizieren.«

Franz lag in Cholula neben dir auf der dünnen, harten Matratze des Hotelbetts, pfiff den Walzer aus der *Lustigen Witwe,* und manchmal redete er – kalt, abwesend, fast schroff, mit Pausen zwischen den Worten oder erneutem Pfeifen.

»Wir waren Architekturstudenten. Aber unsere Leidenschaft galt der Musik. Eine schöne Zeit. Jugend. Bierkrüge. Reden, reden, reden bis in den Morgen hinein. Schultzie. Wie wir mit Schultzie lachten, der Kellnerin im Ratskeller. Wir zwickten sie in den Popo. Wir lachten. Sie trug keine Unterhosen. Uns zu Ehren, sagte sie. Damit wir sie nach Belieben zwicken könnten. Das sagte sie. Sie brachte uns Bier. Und wir studierten Architektur, doch unsere Liebe gehörte der Musik. *Cantata 106. Actus Tragicus. Ein Deutsches Requiem. Tristan.* Dies war Glückseligkeit. Noch ein Bier. Eine Runde für alle. Weißwürste mit gelbem Senf. Die *Dreigroschenoper* kam nach München. Und der Haifisch, der hat Zähne. Ulrich schlug vor, in die Albertgasse zu gehen. Heinrich wollte nicht. Schließlich gestand er, den Tripper zu haben. Wir lachten und lachten, aber Heinrich weinte. Schultzie streichelte seinen Kopf. Sie schlug vor, er solle sie zwicken und wieder Mut fassen. Wir aßen marinierte Heringe. Den man Mackie Messer nennt. Zu dritt gingen wir ins Theater. Und der Haifisch, der hat Zähne. Heinrich stapfte vor dem Ende des dritten Aktes davon. Später fanden wir ihn in einer nahen Bierkneipe. Er war wütend. Brecht sei ein Anarchist. Ein Feind. Schultzie kam ohne Häubchen und Schürze vorbei. Sie grüßte uns nicht.«

Er drehte am Knopf des Transistorradios. Getragene feierliche Musik. »Ha.« Er lachte leise. »Brahms in der Karwoche.« Du lauschtest, während du nackt neben ihm lagst und die Nacht über Cholula hereinbrach. Zweifelnd sahst du ihn an. »Natürlich erkenne ich das«, antwortete er auf die Frage in deinem Blick. »Ich habe es ein dutzendmal im Garten des Waldstein-Palasts gehört. Abends. Auf einem Klappstuhl. Fast im Dunkeln. Ohne den barocken Portiko vor mir sonderlich zu beachten. Zwischen den Säulen – sehr schlanken Säulen, Elizabeth – waren Orchester, Solisten und Chor. Gestalten, als ob sie die Architektur ergänzen sollten. Ein Palast des 18. Jahrhunderts. Zu Beginn hörte ich vielleicht nie richtig zu, erinnerte mich nur des Gelernten. Brahms fand den Titel in einem alten Heft seines Lehrers Schumann. Solche Dinge. Ich dachte mehr, als daß ich zuhörte. Und ich bemerkte nicht, daß etwas anderes, das Haar eines Mädchens, meine Aufmerksamkeit erregt und gefangen hatte. Danach floß alles zusammen. Die Dunkelheit. Der knirschende Kiesweg unter meinen Füßen. Die Glocken der Mala Strana . . .«

In der Dunkelheit des nächtlichen Prag läuten die Glokken der Mala Strana. Eins, zwei, laut. Drei, leise. Vier, fünf, die tiefe durchdringende Antwort. Durch einen Lichttunnel steigt er zu einem Garten hinauf, der über dem Straßenniveau liegt. Ein anderer längst verlassener Barockpalast. Enthauptete Statuen und schwarze, planlos verstreute Putten, gegen die Kalksäcke und Kohlehaufen lehnen. *1856 fand Brahms den Titel,* wiederholt er bei sich. *Dann arbeitete er zehn Jahre an dem Requiem.* Er weiß, daß es von Hof zu Hof, von Palast zu Palast Durchgänge gibt, und wenn er Schritte hinter sich auf dem Kies hört, erschrickt er heute ebensowenig wie mit sieben, als er anfing, die Stadt zu entdecken, diese Stadt, die wie keine andere von der leichtesten und geheimnisvollsten aller Phantasien geschaffen scheint. Er weiß, sobald er das Ende der verschlungenen Pfade und Gänge erreicht, wird Prag vor ihm liegen, und er fühlt sich Herr der alten Paläste, der weiten Dunkelheit. Im Gehen summt er den ersten Satz. *Jeder Satz zerfällt in drei Teile: ein Meisterwerk ausgewogener dreigeteilter Symmetrie.* Er tritt auf eine Terrasse mit Steinbalustraden, von der er das Häusergedränge und die Moldau erblickt, ein regloses Silberband zwischen den Brücken; und jenseits der grünen Kuppeln und braunen Türme liegt der Wald. Ja, hinter ihm sind Schritte. In der weißen Sommernacht betrachtet er die Lampen auf dem Dach des Czerny-Palasts. *Und während Mozart sich an das Latein der Liturgie hält, schreibt Brahms sein Requiem in deutsch.* Auf den Balustraden der Loreto-Kirche tanzen Putten, die über dem Eingang die heiligen Schilde halten. Die Engel, eher Amoretten mit schmiedeeisernen Heiligenscheinen. Zum Kloster gehört eine Kapelle mit den Resten alter Fresken und einem goldenen Altar zwischen Sonnenblumen und verdorrtem Gras. Auf den Kieswegen stehen Barockstatuen: Zenturionen, Engel, ein tanzender Christus. Bemerkt er den Schatten, der ihm folgt? Er wird nicht stehenbleiben, wird sich nicht umwenden. In der warmen Dunkelheit steht er auf dem Kirchhof, in einem erfüllten Augenblick, in dem alles, was er liebt, ineinanderfließt – die Stadt, die Musik, die alten Gebäude, die Dunkelheit selbst –, und er summt und schaut nicht zurück. *Es ist ungeordnete Ordnung, die unendlich viele Auffassungen erlaubt, während das klassische Element die Verstehensebenen begrenzt und rationalisiert. Ein musikalisches Gebet, diesmal nicht für die von den Schrecknissen des Jüngsten Gerichts bedrohten Toten, sondern für die Lebenden, die sich mit Leiden und Tod abfinden müssen.* Die Schritte folgen ihm zu den Gewächshäusern hinterm Kirchhof, Gewächshäuser, die sich dicht an die Erde schmiegen. Dann zu einer Straße mit Laternen, deren Lichter um schwarze Eisensäulen angeordnet sind. Langsam geht er an Holztoren vorbei, an weißen Durchgängen mit kleinen asymmetrischen Türen; er verlangsamt noch mehr, und die Schritte hinter ihm verstummen, die klappernden Absätze auf dem

Pflaster der Loretanska-Straße. Er wendet sich um und betrachtet die bemalte Fassade des Waffenmuseums, die Steingladiatoren mit Keulen und Dolchen, die tropfenden Mäuler der Dachtraufen, die gedeckten Treppen und schmiedeeisernen Geländer, die schlaff herabhängenden Tücher, die gewaltigen Mauern und den Christus, der als Abfluß für den Regen dient, der auf den Turm fällt. Summend geht er weiter, hinunter zum Fluß und zur Brücke, sieht das Pflaster unter seinen Füßen und denkt ... *1639 schrieb Heinrich Schütz die erste Totenmesse mit einem deutschen Text, eine Teutsche Begräbniss-Missa; Bachs Cantata 106 vereint alte Hymnen, biblische Texte und eigene Texte des Komponisten; aber wo Bach von der Barmherzigkeit und Hilfe des Erlösers schreibt, der die Seelen der Verstorbenen in eine bessere Welt geleitet, da vermeidet Brahms den Namen Christi gänzlich. Brahms' Deutsches Requiem endet, wie es beginnt: der erste und der siebte Satz sind identisch; der Inhalt des zweiten Satzes taucht straffer und kraftvoller im sechsten wieder auf: im zweiten weicht der Totentanz einer Hymne des Glücks, während im sechsten die trauernde Ungewißheit in eine gelassene Vision des Jüngsten Gerichts mündet und der Satz machtvoll und strahlend in einer Händelschen Doppelfuge endet. Nur der dritte und fünfte Satz beginnen mit Solostimmen. Im dritten ist es die Stimme eines verzweifelten, leidenden Mannes; im fünften eine tröstende Frauenstimme.* Angesichts der Brücke blieb er stehen. Die Schritte hinter ihm waren schon etwas Vertrautes und Gewohntes geworden. Auf dem Platz vor der Brücke wartete ein Blinder mit einem weißen Stock auf die letzte Tram, und Franz wandte sich um, bis er sie sah. Auch sie war stehengeblieben. Dann kam sie im trüben grünlichen Licht der Brückenlaternen auf ihn zu. Er wartete. Sie machte eine halb ängstliche, halb scheue Geste. Eine dunkle Kappe. Kurzes schwarzglänzendes Haar. Eine knappe Jacke, ein Rock, dessen Gürtel um die Hüften geschlungen war. Eine Handtasche aus schimmernden Perlen, die sie gegen die Brust preßte. *Der dritte Satz beginnt mit den Worten: »Sie gehen daher wie ein Schemen«, die Orchestrierung ist leicht und die Instrumente reichen sich die Melodie weiter ...*

Sie lächelte scheu. »Ich habe Sie nämlich jedesmal gesehen, wenn ein Konzert in den Waldstein-Gärten war.« Sie zögerte und fragte dann stockend: »Haben Sie ... haben Sie ein Abonnement?«

Er lachte und bejahte, aber schon fuhr sie fort: »Ich ... ich sah Sie immer allein, und mir wurde klar, daß Sie nach dem Konzert durch die Straßen gingen und ... Verzeihen Sie ... ich weiß nie, was ich nach dem Konzert machen soll, und da dachte ich ... Sie scheinen so ... so versunken in die Musik, und ich ...«

»Da dachten Sie, daß ...«

»Ja. Ja, daß – wenn ich durch die Straßen ginge wie Sie ...«

»Sich die Musik ein wenig verlängern ließe.«

»Ja, auch das. Und ...«

»Und daß wir zusammen gehen könnten?«

Sie errötete, lächelte und streckte schüchtern die Hand aus.

»Hanna. Hanna Werner.«

»Franz Jellinek. Darf ich Sie heimbegleiten?«

»Nein, bitte nicht, das wäre zu umständlich. Ich muß auf die andere Seite, in die Altstadt.«

»Dort wohne ich auch.«

Die Karlsbrücke ist lang und schön. In der Sommernacht strahlen ihre Lampen weniger hell als der Himmel, und die Säulen mit ihren Wolken und Putten werfen daher nur schwache Schatten, dieser große Barocktanz der Sultane mit Krummsäbel, der Hunde, Pferde, Mönche und Seelen aus dem Fegefeuer, die sich hinter einem spitzenbewehrten, von Heiden bewachten Zaun bewegen. St. Georg, St. Antonius und St. Franziskus betrachten die goldenen Kronen der Jungfrau und des Heiligen Kindes. Gold auf Schwarz. St. Sigismund, St. Wenzeslaus und der Patriarch Norbert wachen über das gekrönte Skelett, das auf einem Kissen liegt und ein metallnes Zepter hält.

Langsam gingen sie weiter. »Was studieren Sie?«

»Musik. Komposition. Und Sie?«

»Ich möchte Architekt werden.«

»Gut! Jetzt haben wir etwas zu reden.«

Sie lachte und fuhr sich mit beiden Händen über das schwarze glänzende Haar. Die Brücke schien auf dem Sommerdunst zu treiben. Und aus dem Dunst tauchten Maria und das Kind mit einem knienden Mönch auf. Lustige Putten kletterten auf dem Kreuz herum und verwandelten seinen Ernst in anmutige Heiterkeit. Franz dachte, dies sei der Inbegriff des Barocks. Danach die schwarzen Heiligendarstellungen und einander gegenüber die zentralen Gestalten der Kreuzigung und der Pietà. Franz und Hanna blickten über das Geländer. Wie immer waren Fischer auf dem Fluß: aufrecht standen die jüngeren in den Booten, während die älteren vermummt auf den grünen Kähnen saßen.

Unter dem Bogen des Brückenturms verabschiedeten sie sich. Hanna holte tief Luft und sah zu einer Allee zarter Bäume hinüber.

»Gehen Sie zu dem Konzert am nächsten Freitag?«

»Ja, aber ich würde Sie gerne schon eher sehen.«

»Ich studiere bei Professor Maher. Wir kamen an seinem Studio vorbei. Schreiben Sie auf: Loretanska-Straße 12.«

»Danke. Ich komme an einem der nächsten Nachmittage.«

»Ich werde sehr glücklich ... ich meine, mich sehr freuen ... Auf Wiedersehen.«

Sie rannte die Passage hinunter, und als sie an den Arkaden und dem Nationaltheater vorbeikam, rannte sie noch immer.

Da ist etwas für dich, Elizabeth. Ein Ding! Gestern saßen vierzehn Mittsechzigerinnen in pelzbesetzten Wintermänteln und modischen Filz- und Samthüten in einem Münchner Gerichtssaal auf den Lederstühlen für die Angeklagten und warteten auf das Urteil des Gerichts. Vierzehn ältliche Damen mit roten Nasen, Bifokalgläsern und Schals. Zwischen 1942 und 1945 arbeiteten sie als Krankenschwestern in der Irrenanstalt von Obrawalde, und heute werden sie beschuldigt, während dieser Zeit etwa achthundert Personen ermordet zu haben, keine Patienten der Anstalt, sondern Personen, die einzig zum Zweck ihrer Ermordung nach Obrawalde geschickt worden waren. Auch ein Bild der Anstalt ist vorhanden. Sehr hübsch. Weitläufige Gebäude inmitten eines Parks. Bei der Ankunft wurde jeder Patient untersucht. Die Kräftigeren kamen zur Abteilung 19, dem

Arbeitslager. Die Schwächeren zur Abteilung 20, um liquidiert zu werden. Die Methode war einfach und direkt: eine massive intravenöse Injektion von Barbituraten. Mit den Kindern verfuhr man etwas humaner: sie erhielten einen Löffel Marmelade, die mit der Droge vermischt war. Jene, die sich weigerten, bekamen entweder Magenschläuche oder Einläufe. Es handelte sich um Menschen, die geistig zurückgeblieben oder physisch mißgebildet waren. Allein in Obrawalde wurden achttausend Personen ermordet – gemäß dem Euthanasieprogramm des Dritten Reichs. Das Geheimnis wurde entdeckt: eine Gruppe von Kindern spähte durch ein Schlüsselloch und erzählte dem Zahnarzt der Anstalt, was sie gesehen hatten. Aber der Zahnarzt erzählte es nicht weiter, da er wußte, daß die guten Schwestern schließlich nur Befehle ausführten, und Befehle sind Befehle. Einige der Damen hatten Wollknäuel im Schoß und strickten, während sie auf den Urteilsspruch warteten. Eine sagte aus, sie habe den Kindern die Marmeladelöffelchen liebevoll verabreicht und die Kinder hätten sie immer angelächelt. »Wenn es nicht legal war«, protestierte eine andere, »warum kam dann nicht die Polizei und hat es verboten?« Der Richter sprach sie frei. »Sie waren reine Automaten«, verkündete er. »Frauen von schlichter Denkungsart, die nicht begreifen konnten, was sie taten.« Zur Feier des Tages gingen die vierzehn Damen vom Gerichtssaal zur nächsten Konditorei um die Ecke und bestellten Kaffee, Schokolade und Torte mit Schlagsahne.

Franz blickte in den Rückspiegel. Isabels Gesicht war halb verdeckt von dem orangen Gazetuch, das ihren italienischen Strohhut festhielt. Er konnte die grünen Augen, den langen Hals, die gebräunten Schultern und das ärmellose Kleid aus gelber Schantungseide nur in der Phantasie sehen. Dann verschwand ihr Gesicht völlig, als Javier sie küßte. Javiers rasiertes Gesicht. Die traurigen dunklen Augen, die jetzt geschlossen waren. Die dichten Brauen, das schüttere graumelierte Haar.

»Ich kann es nicht erwarten, bis wir in die heiße Gegend kommen«, flüsterte Isabel.

»Morgen sind wir in Veracruz.«

»Das ist nicht früh genug. Warum fahren wir nicht die Nacht durch? Ich kann mich mit Franz ablösen.«

»Wir wollten bummeln und alles anschauen. Es war deine eigene Idee.«

»Auf dem Rückweg können wir alles anschauen. Jetzt möchte ich sobald wie möglich Hitze und Sonne. Und ins Meer. Du nicht?«

»Nein, ich möchte dich küssen. Warum hast du die Tür aufgerissen?«

»Wie machen wir es heute nacht?«

»Ich lasse mir etwas einfallen.«

Du lachtest leise, Pussycat, und kitzeltest Javiers Ohr.

Als er von dir abließ und erschöpft aufs Bett fiel, bliebst du auf allen vieren, schütteltest das lose Haar wie eine Löwin. Und du hättest ihn gern angebrüllt. Statt dessen sagtest du knapp: »So, jetzt bleibt wohl nichts mehr?«

»Was meinst du?«

»Das war alles, was noch fehlte.«

»Was auch immer danach bleibt, ist eine Überraschung.«

»Schwatz nicht. Oh, du wirst es ausnützen.«

»Ja? Und wie?«

»Um wieder eine Illusion loszuwerden. Nur zu. Ich kann dich freudianisieren, soviel du willst.«

»Du sprichst das miserabelste Spanisch, das ich je gehört habe.«

»Kümmre dich nicht um mein Spanisch. Zumindest ist es ein lebendiges Spanisch, und du kannst ein bißchen Leben vertragen. Genau darum schreibst du auch nichts.«

»Was weißt du davon?«

»Eine Menge, mein Lieber, eine Menge. Ich habe eine Nase, die auf eine Meile gegen den Wind riecht, wenn etwas stinkt.«

»Gott segne dich und deine scharfe Nase.«

»Du bist unbeherrscht, mein Lieber. Einfach unbeherrscht.«

»Ja, mag sein. Und du, bist du es nicht müde, da auf allen vieren zu kauern?«

»Laß mich in Frieden. Es brennt noch immer. *Look, Javier, you just can't be a middle-aged beatnik. It's out of the question.* Hör also in Gottes Namen auf herumzuspielen. Denn du bist eben ein Kind aus Don Porfirios und Königin Victorias Zeitalter, verstehst du das nicht? Hör auf, dir etwas vorzumachen. Sieh der Wahrheit ins Gesicht. Schluß mit den schlaflosen Stunden. Du bist kein Romantiker, vergiß es also. Und ... Nein, Javier! Nein, nein, hör auf. Javier, Javier, nicht so ...«

Mehrere Minuten saßest du in dem Schaukelstuhl, Elizabeth, und deine Augen hatten sich noch immer nicht an die Dunkelheit gewöhnt. Die kleinen Leuchtzeiger deiner Uhr wiesen auf acht Uhr fünfzehn.

»Du willst mir also noch immer nicht antworten. Ich habe dich aufgeschreckt, und du hast keine Zeit gehabt, dir eine Antwort zurechtzulegen. Oder vielleicht bist du gar nicht hier. Bist du hier, Javier? Wirklich und ganz hier? *Okay, okay,* du brauchst nicht mit mir zu reden. Ich würde ohnehin nicht zuhören. Ich würde an etwas anderes denken, um dich nicht hören zu müssen. An *The Virginian,* zum Beispiel. Mit Richard Arlen und Mary Brian, aber in den Hauptrollen Gary Cooper und Walter Huston. Am Schluß das Duell auf der Straße, während alle anderen in Deckung gingen. Der Gute und der Böse. Gary Cooper.«

When you say that, smile, pardner.

Gewiß, Tigrin, lächle. Lache. Und als du und Jake euch im Schrank versterktet, mußtet ihr euch Mund und Nase zuhalten, um nicht loszuprusten. Zuerst war ihre Stimme ruhig wie gewöhnlich. »Beth, Jake, kommt schon, wir müssen gehen.« Ihr merktet, wie sie um Gelassenheit kämpfte. Ihr unterdrücktet das Lachen. »Kommt schon, sie warten auf uns. Wir dürfen uns nicht verspäten.« Jake zwickte dich, und du schütteltest dich lautlos. »Kinder, Kinder, wo steckt ihr? Es ist Freitagabend, und sie warten auf uns. Das Essen wird kalt. Seid jetzt brav. Es gibt Mazzeknödel und gefüllten Fisch. Klingt das nicht gut? Kommt endlich. Es ist schon spät, und sie warten.« Jake zwickte dich in den Schenkel, und du zogst an deinen Zöpfen, um nicht loszulachen, und die Stimme deiner Mutter hob sich und wurde zittrig. »Sie sind nicht da? Sie sind mit ihrem Vater gegangen. Ich wette, sie sind mit ihrem Vater gegangen! Bethele, Yankele, wo seid ihr? Ihr quält mich, hört auf damit! Kommt schon! Die Mendelssohns werden beleidigt sein! Auf keinen Fall schaffen wir es noch rechtzeitig. Bitte, bitte!« Du und Jake hieltet euch bei den Händen, wartetet jetzt ganz ruhig, sicher, was sie als nächstes schreien würde. »Beth! Jake! Ihr erschreckt mich! Ihr macht mir Angst! Ich habe Angst, hört ihr nicht? Ich habe Angst!«

Und mit geschlossenen Augen in der Dunkelheit des Schranks saht ihr sie deutlich vor euch: das Haar straff zurückgekämmt, aber wie stets kraus und elektrisch, mit Kupfertönen und ein paar rebellischen Spitzen, die das blasse, durchsichtige Gesicht ohne Adern umrahmten. Die Arme und knotigen Hände flehend ausgestreckt.

»Beth, mach Licht.«

Nie machte sie das Licht selbst an. Stets bat sie jemand darum. Und wenn das Licht anging, fuhren ihre Hände abwesend zur Stirn, als wische sie etwas weg. Einmal im Monat, an einem Freitag, wart ihr bei Mendelssohns eingeladen. Die Mendelssohns, die Rebeccas Eltern in der alten Heimat gekannt und es hier schon zu etwas gebracht hatten; und wenn Rebecca aus dem Zwielicht der Straße kam, nachdem sie dreizehn Straßenblocks weit gegangen war, fuhr sie mit der Hand zur Stirn und wischte das Licht weg.

»Ich wette, Gershon hat sie mitgenommen.«

Du und Jake standet lachend neben Gershons Straßenstand. Er schliff Rasiermesser und rief von Zeit zu Zeit: »Rasiermesser! Gute ehrliche Rasiermesser!«

Am meisten lachtet ihr damals, als er einen Mann mit langem Haar und lockigem Bart anhielt und fragte: »Gehen Sie noch immer zur *schul*?« Der Mann nickte, und dein Vater lachte und zog ihn bei den Rockaufschlägen näher. Mit einer raschen Bewegung schnitt er ihm eine Locke des langen Haars ab. Er lachte. »Schneiden sie nicht gut? Rasiermesser, Rasiermesser, gute scharfe Rasiermesser!« Und verblüfft stand der Mann da, griff erst an die geschorene Stelle, riß dann die ölige Locke aus deines Vaters Hand und brüllte dabei in unverständlichem Polnisch. Du und Jake bogt euch vor Lachen, und Gershon runzelte die Stirn. »Jetzt versucht er, mich zu beleidigen!« rief er. »Keinem ist es bisher gelungen, mich zu beleidigen, und jetzt versucht er's! Wieviel ist sie Ihnen wert? Zwei Cent? Drei? Für eine Locke von drei Cent beschimpft er mich! Hör, mein Freund, der Mann, der mich beleidigen kann, ist noch nicht geboren! Rasiermesser! Rasiermesser!« Und der polnische Jude ging brummend davon, indem er seine Locke liebkoste. Du, Jake und dein Vater lachtet; und der Mann vom Nachbarstand verkaufte Krawatten, die er seinen Kunden an die Kehle hielt, und Gershon rief: »Mordecai, verkaufst du da Krawatten oder Würste? Herr, ich sage Ihnen, wer eine Krawatte von Mordecai kauft, kauft ein Seil vom Henker. Es sind gestohlene Krawatten.«

Mordecai flucht, und bei den zeremoniellen Essen an einem Freitag einmal im Monat sagt Herr Mendelssohn bekümmert: »Klagen, nichts als Klagen, Frau Jonas. Alles schlägt ihm fehl. Ich muß sagen, Ihr Mann ist ein Schlemihl. Zwecklos, daß ich Zeit und Geld an den Versuch verschwende, ihm zu helfen.«

»Mama, was ist ein Schlemihl?« fragt Jake, als ihr an jenem Abend nach Hause geht. Rebecca stöhnt. Ihr Filzhut ist verbeult und reicht zu weit in die Stirn, so daß ihr angstvolles Gesicht lächerlich aussieht, lächerlich und absurd wie die gelbe und schwarze Gestalt im bleichen Zwielicht.

»So lange kenne ich dich schon, wie sollte ich mich da täuschen? Nichts als ein Landstreicher, der seine Zeit mit anderen Landstreichern vertrödelt, die nur darauf warten, daß der zehnte Mann zum Gebet gerufen wird. Nicht aus Frömmigkeit. Aus reiner Faulheit. Ohne an die Worte zu glauben! Und immer, seit deiner Jugend wartest du, wartest auf eine milde Gabe, daß es Geld vom Himmel regne.«

Hand in Hand kamt ihr lachend und fröstelnd aus dem Schrank. Gelähmt, als traue sie ihren Augen nicht, blieb Becky im Dunkeln des Wohnzimmers stehen. Aber der Schein des Normalen mußte stets gewahrt bleiben. So verbarg sie ihre Überraschung und sagte nur: »Gut, es ist schon spät, sie warten auf uns, es wird Pumpernickel geben, Herr Mendelssohn weiß, wie gern ihr Pumpernickel eßt. Mein Hut, Bethele, wo ist mein Hut? Hol ihn mir bitte. Ich dachte, euer Vater hätte euch mitgenommen. Gehen wir also.«

Herr Mendelssohn redete. Nur Herr Mendelssohn. Eine Schande, Frau Jonas, eine ewige Schande. Und die jüdischen Händler selbst, die diese Waren verkaufen, sind die schlimmsten Gegner der Speisegesetze gewesen. Eine ewige Schande, sage ich. Du und Jake aßet gierig Roggenbrot und *bejgl,* und eure Blicke verfolgten, wie sich Herrn Mendelssohns Eckenkragen beim Schlucken bewegte. Frau Jonas, der Reformjude ist nichts weniger als ein Abtrünniger. Wenigstens sind Sie standhaft. Ihre Kinder werden Ihnen mehr verdanken, als sie ahnen. Mit Tränen in den Augen nickte Rebecca.

»Du wirst keine Abtrünnigen aus meinen Kindern machen!«

Gershon zuckte die Achseln. »Abtrünnige? Nein. Unsichtbar, ja. Nur unsichtbar, Becky. Verstehst du das?«

»Superstitio et perfida Judaica.«

»Unsichtbar, Tigrin. Ah ja, ihr alle.«

Franz hörte zu, und du lagst mit dem Gesicht auf dem harten Bett und erzähltest ihm alles. Das Kissen, das du über den Kopf gezogen hattest, verschluckte deine Worte. Du erzähltest, daß du deinen schönen Nordosten liebtest. Das fruchtbare reife Neu-England. Weiße Winter, in denen man Schlittenglocken hört und die alten Männer mit Maiskolbenpfeifen um den Ofen des Krämerladens stehen und die Kinder Schneemänner bauen – die Augen aus Kohlestückchen, die Nase aus einer Rübe. Hügel mit Silbertannen, Silhouetten, die in sparsamen Tintenstrichen gezeichnet sind, eisverkrustete Pappeln. Der zugefrorene Teich, auf dem Paare mit roten Schals und Wollmützen, dicken Strümpfen, Tweedröcken und Ohrenschützern Schlittschuh laufen. Und die kurzen Nachmittage um das offene Feuer sind schön.

Das erzähltest du Franz, Tigrin?

Ja. Die Nacht bricht plötzlich herein, und man schließt sich in seinem Zimmer ein, um zu lesen. Auf alten Kissen liegt man in der Fensterbank, und davor rote Gatter, sanft gewellte Hügel, die von fetter schwarzer Erde gestreift und gefleckt sind, auf Ställe, wo die Pferde weiße Dunstwolken ausatmen. Auf seinem Schlitten fährt dein Bruder Jake mit dir vom Scheitel des höchsten Hügels herab. Du fürchtest dich, und er lacht dich aus. Du mußt dich auf den Schlitten setzen und dich an ihm festhalten – schön festhalten, Lizzie –, und hinunter geht's, deine Arme umschlingen seine Taille, Schneeflocken, diese tanzenden Juwelen, stieben rechts und links in zwei Wellen gefrorenen Staubs empor, zuckern eure Mützen, deine aus blauer Wolle, seine aus schwarzem Leder mit schwarzem Zelluloidschirm, und hinunter geht's, der Wind peitscht Backen, Nase und Ohren, und die Finger werden taub, während ihr Zaunpfosten, nackten Tannenstämmen und schneebedeckten Büschen ausweicht.

»Ja, da nahm ich sie zu Marcy's mit, um ihnen Santa Claus zu zeigen. Das stört dich?«

Jake räumt den Schlitten weg. Traurig zieht er ihn zum Schuppen, wo er bis zum nächsten Winter ruhen wird. Der glänzende, frisch gestrichene Schlitten mit deinem Namen: LIZ. Jetzt ist er verrostet, die Farbe abgeblättert und dein Name schon längst verschwunden. Pfützen aus Schneewasser umgeben das Farmhaus. Obgleich noch ein kalter Wind an den Läden rüttelt, schickt sich deine Mutter an, die Tannenbretter und Giebel des Hauses weiß zu streichen und die Zimmer mit Szenen alter ländlicher Feste zu tapezieren: Schäferinnen in Krinoline und mit krummem Hirtenstab, umgeben von Schafen und jungen Männern, die an Zypressen lehnen und Flöte spielen.

»Herrn Mendelssohns Kinder verbrachten Weihnachten auf einer Farm in Connecticut.«

Und jetzt, Franz, kommt der Frühling. Feiner grauer Regen verwandelt alle Feldwege in Schlamm, und wir müssen Gummistiefel tragen, wenn wir im Hühnerhof herumstapfen und Hände voll Körner streuen. Gackernd laufen die Hühner davon; ihr Gefieder ist glatt und glänzend vom Regen.

»Im Jahre 1473 beschlossen die Prager Juden, die außerhalb der Judenstadt lebten, zu ihren Brüdern zu ziehen. Niemand zwang sie. Freiwillig gingen sie ins Getto.«

Frühling, die Jahreszeit, da deine Mutter die Schweine verkauft, die sie den Winter hindurch im geschützten Koben mit gelbem Mais gemästet hat. Sie verkauft sie an Mr. Duggan, den Besitzer des Krämerladens (Duggan? Duggan, Tigrin? Nun, warum nicht? Duggan), und du kommst mit Jake auf dem Heimweg von der Schule an dem Laden vorbei und betrachtest traurig Porky, Fats und Beulah, die mit roten Äpfeln im Maul im Fenster liegen.

»Darf Beth das Wochenende mit uns auf der Farm verbringen, Frau Jonas?«

Ruhelosigkeit strömt durch die offenen Fenster des Klassenzimmers, und die Aufmerksamkeit des Winters verfliegt. Miss Longfellow (Longfellow, Tigrin? *Okay,* Longfellow) ist ungeduldig, und wieder und wieder klopft sie mit dem Lineal aufs Pult und mahnt, in die Bücher zu schauen. Aber sie selbst – rosig, mit neuer Dauerwelle und buntbedrucktem Kleid – muß immer wieder flüchtig zu dem Kirschbaum hinüberblicken, der draußen vor dem Fenster wächst, und eines Tages, nachdem sie vorgelesen hat *(»The Mississippi is well worth our attention, children. It is not an ordinary river but on the contrary is in all ways remarkable«),* fordert sie euch alle auf, die Kirschblüten zu betrachten, diese schönsten und zartesten aller Knospen, die nach und nach hervorkamen, sich jetzt im April öffneten und weiß das Fenster füllen.

»Ich werde aufs City College gehen, Mama, du kannst sagen, was du willst. Glaubst du, ich würde dort irgend etwas sehen, was ich hier noch nicht gesehen habe? Wo in Gottes Namen, glaubst du, leben wir?«

Ostersonntag weihst du deinen neuen Hut ein . . .

»Den da, Mama! Den Strohhut mit dem roten Band. Bitte!«

. . . und die ganze Gemeinde stimmt in die Hymnen ein. Draußen in der warmen Sonne ruhen sich die Farmer einen Tag lang aus, sitzen mit Strohhalmen zwischen den Zähnen auf ihren Veranden und erzählen Geschichten. Die ganze Woche haben sie gemäht, geharkt, Silos gefüllt und Lastwagen mit Hafer und Weizen beladen, die unter dem Winterschnee heranwuchsen. Heute ruhen sie zufrieden aus.

»Was zum Teufel bedeutet es, Presbyterianer oder Baptist zu sein? Hm, Lizzie? Statt . . .«

Dann der schöne Sommer. Obwohl Jake nach Winter und Frühjahr, die wir zusammen verbracht hatten, fortging. Er schloß neue Freundschaften, machte Schulausflüge, fischte und schwamm im Teich . . .

»Kinderlähmung, Frau Jonas. Es ist Kinderlähmung.«

. . . und machte Ausflüge zu einem Fischerdorf am Ozean, das sich noch an die großen Tage des Walfangs erinnerte, und die Häuser dort waren lustig und bunt, alle Menschen gut gestimmt und mit dem Meer vertraut . . .

»Gott hat uns gestraft! Komm in meine Arme, Jake, mein kleiner Jake! Oh, welche Strafe!«

Aber der Ozean war nichts für Mädchen. Allein ranntest, sprangst und liefst du in einem Musselinkleid durch den langen heißen Sommer und entdecktest eine Welt von Geschöpfen, die sonst verborgen waren: Eichhörnchen, Eidechsen, Grillen, Spinnen, Eulen, Rehe, Raupen und Schmetterlinge, Rotkehlchen und Lerchen, die in den Wäldern hausten, wo du Tage unterm Gezwitscher der Mandelbäume und großen Sikomoren hinbrachtest . . .

»Jake! Lizzie! Beeilt euch! Der Sprengwagen ist da. Schnell, beeilt euch, zieht die Kleider aus, schnell, ehe er vorbei ist!«

. . . mit weicher grüner Rinde, die du in Streifen abzogst, um kleine Boote mit Segeln aus Zeitungspapier und Masten aus Kiefernzweigen zu basteln. In einer Lieblingsecke, fern vom Geschrei der tauchenden Buben, ließest du sie auf dem Teich segeln . . .

»Liz is a kike! Liz is a kike! Liz is a kike!«

Kühle Stunden am kühlen Wasser. Die Stimmen der Vögel, die nach dem Winter aus dem Süden heimgekehrt waren. Die leise Stimme des Rotkehlchens, die Imitationen der Spottdrossel, die kunstvollen Töne der Amsel, das verrückte Zwitschern der Elster. Du erkanntest sie an ihren Liedern und warst dankbar dafür, daß sie sich dir so furchtlos näherten. Das Rotkehlchen mit seiner roten Brust wie ein Soldat oder Musikant einer königlichen Regimentskapelle. Die Drossel mit runden Augen und schwarzgestreiftem Hemd. Die Amsel mit dem Stern auf der Stirn. Die Elster mit schrägen Augen und sanfter Rundheit.

»Laß mich, Javier, laß mir meinen Traum. Ich bin bereit, dein Spiel zu spielen. Laß mir jetzt das meine.«

Du streichelst den Kanarienvogel, als du den Käfig öffnest und Körner und Wasser hineinstellst. Rebecca stöhnt und bittet dich, die Vorhänge zuzuziehen.

»Hast du Kopfweh, Mama?«

»Ach, es ist die Hitze, die Hitze. Das vergeht schon wieder.«

Den ganzen Nachmittag neben der fast unbeweglichen Oberfläche des Teichs. Du blicktest aufs Wasser und dachtest dir einen Palast, in dem unterm Wintereis die Vögel des Sommers warm und geborgen leben könnten.

»Und Israel bal-schem lehrte uns, daß die wahre Erlösung nicht in talmudischer Gelehrsamkeit liegt, sondern in völliger Gottergebenheit, im schlichten Glauben, im aufrichtigen Gebet. Ein einfacher Mann, der von ganzem Herzen betet, ist Gott näher als der Talmudist.«

Bengalische Lichter und kandierte Äpfel, Karussells mit weißen Pferden; lärmende Drehorgeln; Spiegel, die dich vergrößerten und aufblähten oder in eine Zwergin verwandelten (Jake, wo ist Jake?); der Zauberer, dessen Sommertour ihn im Juli in die Stadt bringt, mit einem Zylinder und einer Menagerie hungriger Kaninchen, abgerichteter Krähen und blinder Mäuse, die zwischen den Falten seines schwarz-roten Capes erscheinen, wie Mandragora. Krüge voller Limonade und Erdbeerwasser; geraspelte Schokolade und Orangeat. Die Veranda mit der Gartenschaukel, über die sich blau-weiß gestreiftes Segeltuch spannt. Wieder säen die Farmer unter der Sonne: Strohhüte, blaue Drillichhemden. *Oh, say can you see, you have fought all wars, Mama loshon, Na-Aseh, V'Nishma,* wir werden gehorchen, *let us go to America said a Jew from Kiev to his wife after he had lost his fortune in a pogrom. Let us leave this hellish place where men are beasts and let us go to America where there is no ghetto and no pale, where there are no pogroms, where even Jews are men.*

Und danach, als alles vorüber war, suchte dich dein Vater, und du sagtest ihm, du könntest ihn nur auf eine Minute treffen, an einer Straßenecke, Ecke Fünfundvierzigste und Madison oder sonst irgendeine Ecke der Innenstadt, und der alte Mann mit Zweireiher und grauem Hut kam auf dich zu, gab dir die Karte mit dem Namen und der Anschrift eines Hotels in Central Park North. Dort lebe er jetzt, und nie wieder wolle er in eine Familie oder Gemeinschaft zurückkehren, sagte er rasch und ohne aufzusehen; in einem Hotel könne man nach Belieben kommen und gehen, allein essen, wann immer man essen wolle, mit niemandem müsse man reden, nicht einmal mit dem Kellner, und abends könne man allein ins Kino gehen, und mit der Zeit fände man vielleicht ein paar Freunde, vielleicht spiele man sogar Golf mit ihnen; wenn du ihn sehen wolltest, müßtest du nach Johnson, Gershon Johnson fragen, am Empfang des Hotels wüßten sie Bescheid. Ohne dich zu küssen, verschwand er pfeifend im Gedränge der Madison Avenue.

»Jake! Beth! Kommt schon, hört auf, mich zu erschrekken! Hört ihr mich? Kommt endlich, ich habe Angst, und sie erwarten uns schon zum Abendessen, Kinder, wir dürfen nicht zu spät kommen.«

Vor Cuautla neben der Landstraße stand ein Schild aus Silberfolie, die leise im Wind zitterte und in der Sonne gleißte. »Restaurant Corinto«. »Das ist das Lokal, von dem ich euch erzählt habe«, sagte Franz. Die Front des Hauses war verglast, und dahinter standen ein Dutzend Tische mit rot-weiß karierten Decken und Korbstühlen, an der Wand zeigte ein langes Regal Reihen von bemalten Porzellantellern mit deutschen, Schweizer und österreichischen Szenerien: du weißt schon, die Lorelei, das Matterhorn, Salzburg. Ihr tratet ein, und ein Kerl mit gerötetem Gesicht empfing euch, rieb die Hände an der Schürze und rief Franz entgegen: »Señor, Señor! Wie lange ist es her!« Franz lächelte, und der dicke Wirt wies euch mit ausgestreckten Armen einen Tisch an.

»Wir haben heute Sauerkraut oder guten Rostbraten. Und natürlich Bier vom Faß . . .«

Ihr alle setztet euch, und Franz bestellte Sauerkraut, Senf und Bier. Das Bier sofort: er war müde vom Fahren und fragte nicht, ob ihr anderen damit einverstanden wärt. Javier rieb sich den Bauch und sagte nichts.

»Die Wurst wird deinen Magen durcheinanderbringen«, sagte Isabel zu ihm.

»Du bist nicht mein Arzt.« Ohne sie anzusehen, griff er nach einem Zahnstocher.

»Oh, verzeih«, sagte Isabel.

Du sahst sie an, Tigrin. Erst deinen Mann, dann Isabel.

»Eine chronische Kolitis ist unheilbar«, sagte Javier langsam. »Sie ist Teil der Persönlichkeit. Ich müßte meine ganze Psyche ändern.«

»Es muß sein, als verdurste man im Meer.« Franz lächelte. »Auf so viele gute Dinge verzichten zu müssen.«

»Oh, man gewöhnt sich daran«, sagte Javier. »Es ist, als lebe man in Kriegszeiten. Ständige Rationierung.«

Er sah auf und lächelte Franz an. Und Franz lächelte trocken zurück. »Mit einem kleinen Unterschied. Wenn man im Krieg hungert, fühlt man sich heroisch. Mit einer Kolitis fühlt man sich nur lächerlich.«

»Touché!« seufztest du.

»Wer hat dich um deinen Kommentar gebeten?« sagte Javier. »Außerdem kann man in vielerlei Hinsicht lächerlich werden.«

Ein indianischer Kellner verbeugte sich und stellte die Bierkrüge auf den Tisch. Franz trank rasch und mit Behagen. Ihr anderen trankt in kleinen, langsamen Schlucken.

»Welch schrecklich ernsthafte Unterhaltung!« Franz lachte. »Wir wollen uns doch amüsieren, oder? Trinken wir auf Mackie. Ihr wißt, die *Dreigroschenoper* wird wieder gespielt. Vor dreißig Jahren sah ich sie zum erstenmal. Dreißig Jahre!« Er begann zu singen: »Und der Haifisch, der hat Zähne . . .«

Du lächeltest, Tigrin. Mit dem Krug klopfte Franz den Rhythmus des Lieds auf den Tisch, und am Ende jeder Strophe trank er. Seine Backen röteten sich. Summend und lächelnd versuchtest du mitzuhalten, seine Fröhlichkeit zu teilen. Javier und Isabel betrachteten euch schweigend, die beiden Ausländer, die so überzeugt schienen von der ansteckenden Wirkung eines Lieds, das mit Energie und gutem Willen gesungen wird. Der dicke Wirt steckte den Kopf durch die Küchentür, strahlte und wiegte den Kopf im Takt. Er schickte eine neue Runde Bier. Wieder trank Franz schnell, blickte darauf nach Isabels und Javiers vollen Krügen, nahm den einen in die rechte, den anderen in die linke Hand und versuchte aus beiden zugleich zu trinken. Bier schäumte über sein Kinn, und er brach in Gelächter aus, in das du einstimmtest, während Javier und Isabel stumm zusahen.

»Sollen wir das Essen auftragen?« fragte der Wirt. »Es ist fertig, aber wenn Sie vorher lieber noch Bier wollen . . .«

Lachend schlug Franz ihm mit der flachen Hand gegen den Bauch. »Geduld, Señor. Geduld ist eine feine christliche Tugend. Also her mit dem Essen!«

Der Dicke lachte, und der Kellner kam mit einer Schüssel dampfenden Sauerkrauts. Den Senf stellte er neben Franz' Ellbogen, und Franz redete mit vollem Mund: »Vier Stunden hinterm Steuer. Aber es ist ein starkes Auto, ein wirklich starkes Auto. Toll für mexikanische Straßen. Ich verkaufe es gern. Ohne Kunststücke. Es verkauft sich von selbst. Ich brauche keine Märchen zu erzählen. Ein solides Erzeugnis.« Er sah Javier an. »Aber ich beneide Sie. Sie waren nie im Geschäftsleben. Sie haben getan, was Sie wollten.«

Isabel wandte den Kopf. »Nie im Geschäftsleben? Aber welches Geschäft wäre größer und schmutziger als das Fernsehen?«

Gleichgültig und ohne mit der Wimper zu zucken, starrte Javier geradeaus, Tigrin, und du blicktest ihn ungläubig an, während Franz Isabel fragte: »Fernsehen? Wer ist beim Fernsehen?«

»Javier. Er ist nicht nur Professor, sondern arbeitet auch fürs Fernsehen.«

Als sei Isabel nicht vorhanden, sagte Javier feierlich: »Früher war ich im diplomatischen Dienst. Man hat dort viele Pflichten, unter anderem muß man gewöhnlich einen idiotischen Vorgesetzten ertragen, irgendein Rindvieh von Politiker, das auf diesen Posten abgeschoben wurde . . .«

Du unterdrücktest dein Lachen, Tigrin, während Javier fortfuhr: ». . . Im diplomatischen Dienst lebt man isoliert in einem kleinen Kreis eitler und überempfindlicher Bürokraten.« Du platztest heraus, aber Javier ließ sich nicht aus der Fassung bringen. »Jetzt als Beamter einer internationalen Organisation ist meine Stellung auch nicht ideal, aber ich verdiene mehr, und die Hierarchie ist zumindest nicht so starr.«

Auch Franz begann zu lachen. Isabel betrachtete euch drei aus den Augenwinkeln und schien nicht das geringste zu verstehen. Dann hob Franz erneut den Krug und sang wieder die Ballade von Mackie Messer. Ab und zu schlug er mit dem Krug auf den Tisch. Unter der Küchentür stand der Wirt und wiegte den Kopf, Javier aß schweigend, Isabel sah ihn mit fragend gerunzelter Stirn an, und du, Elizabeth, lachtest, lachtest und lachtest.

Der Mann im Liegestuhl war ein Deutscher, robust, mit rotem Gesicht und in den Fünfzigern. Er streckte die nackte Brust heraus und fuhr sich aggressiv über den grauen Schnurrbart. Ein viriler Protz mit weißer Segelmütze. Lautloses Gelächter begann ihn zu schütteln, seine Augen wurden boshaft. Er legte mehrere kleine Kiesel auf die flache Armlehne des Stuhls, krümmte den Zeigefinger und schnellte sie gegen seine Frau, die dem Meer zugewandt lag. Sie kreischte neckisch, verschränkte die Hände unterm Kinn und gurrte: »Nein, Rudi, nein. *Soyez gentil . . .*«

Der Deutsche fuhr fort, Kiesel gegen seine Frau zu schnellen, und das verhaltene Lachen schwoll an, bis es als ein Grunzen hervorbrach, schäumend, aus Nase und Ohren und zuletzt aus dem offenen Mund, in dem Goldzähne funkelten. Seine Frau rollte sich ein wenig zusammen. Sie war sanft, ätherisch, eine süße kleine Hausfrau, die das Bombardement kleiner Steine weniger ärgerte als schmeichelte.

»I can't stand that woman's coyness«, sagtest du und setztest die Sonnenbrille auf.

»I can't stand German gemütlich«, sagte Javier.

Der Mann erhob sich, reckte die feisten Arme und tätschelte den ölverschmierten Wanst. Er rannte zum Wasser. Du und Franz saht ihm nach, wie er kraftvoll zum Floß hinausschwamm, während die Frau, die seine Abwesenheit nicht bemerkte, wie eine fröhliche Gefangene weiterstöhnte: »Rudi, Rudi, nein.«

»Javier.«

»Ja?«

»Was hast du mit meiner Kieselsammlung gemacht?«

»Elena. Sie kam einmal, während ich schrieb, und geriet beim Anblick deiner Sammlung völlig aus dem Häuschen. Du weißt ja, wie sie redet . . .«

Der Deutsche spie einen Geysir aus und schwenkte den Arm.

». . . Allmächtiger Vater, Jungfrau Maria, heiliger Joseph und ein großes Aufgebot weiterer Heiliger und Erzengel. Kurz, nie hatte sie eine hübschere Kieselsammlung gesehen. So schenkte ich sie ihr und sagte, sie solle sich eine Kette daraus machen. Da du Elena so gern magst, dachte ich, du würdest dich darüber freuen.«

Der Deutsche schwamm mit seiner Matrosenmütze, der Sommer neigte sich, und du suchtest nicht länger nach Kieseln. Das Meer wurde kalt und grau. Immer häufiger schlosset ihr euch in der Hütte von Phaleraki ein. Du zündetest ein Feuer im Kamin an, schlüpftest unter die Decke und lauschtest auf das Keuchen unterm Bett. Javier hatte den Hund während eines Sturms hereingelassen, und nun war er geblieben. Du sahst Javier bei der Arbeit zu, und manchmal batest du ihn, etwas daraus vorzulesen, aber stets lehnte er ab: nicht ehe das Gedicht vollendet und er mit dem Roman vorangekommen sei. Bis jetzt hatte er freilich nur die Titel: *Das Goldene Vlies,* ein Gedicht, das in Griechenland beginnt und dorthin zurückkehrt; *Die Büchse der Pandora,* ein Roman über verschwiegene Liebe. Gelegentlich machtet ihr Ausflüge und kehrtet in einem Boot, das vom Novembermeer hin und her geworfen wurde, nach Rhodos zurück. Die verwitterten Treppen von Kap Ladiko. Das zitronenfarbene Wasser entlang der Küste von Zambika. Der Gang zu den Ruinen von Kamiros, der toten Stadt, die sich wie ein Amphitheater zum Ägäischen Meer hin öffnet. Der Aufstieg zum Kloster Filerimos, das weiße Dörfer und Gärten voller Granatäpfel, Lorbeer und Oleander umgeben. Das Tal der Schmetterlinge. *Farfalle.* Damals gab es keine Schmetterlinge, aber im Frühling und Sommer, erzählte man dir, flatterten so viele herum, daß der Himmel verschwand. Ihr bogt von der Straße ab, folgtet einem Pfad voll trockener Kiefernnadeln und dem Geräusch stürzenden Wassers. Manchmal geschieht es in einem Wald, daß man nicht zu sprechen wagt, da die Stille voll vergessener Geräusche ist, die wir nur in solchen Augenblicken hören. In deinen Worten: Der Wald weckt in uns die Erinnerung an das, was wir verloren haben, und bald verflüchtigt sich in der Stille unser tägliches Leben; das vergessene Leben, das der Wald verspricht, finden wir jedoch nicht. Du ließest dich von dem Geräusch des Wasserfalls leiten, bis du zu dem Rinnsal gelangtest, das zwischen Farnen und Felsen floß. Du wolltest ihm bis zu seinem Ursprung folgen und klettertest mühsam weiter zum Wasserfall, doch die Quelle fandest du nicht. Durch einen geheimen akustischen Trick war die Ferne als Nähe getarnt. Das Tal der Schmetterlinge hatte ein Mittel entdeckt, Eindringlinge abzuwehren: eine Wand täuschender Echos.

Du drehtest dich um, es Javier zu sagen, und sahst, daß du allein warst; er war zurückgeblieben. Einen Augenblick fühltest du dich verloren. Du riefst, aber der Ton trug nicht, sondern hing über deinem Kopf, als wolle er zu den Lippen zurückkehren. Du überlegtest, daß du dich ernstlich verirren würdest, falls du versuchen würdest, weiter in das Tal einzudringen. Um dich zu orientieren und die Straße drunten in der Ferne auszumachen, beschlossest du, auf die kahle Bergspitze zu klettern. Die Kiefern lichteten sich. Es gab keinen Pfad mehr, nur noch Brombeersträucher und lose Erdklumpen, die unter den Füßen nachgaben. Du klammertest dich an die Büsche. Bei einem Busch gaben die Wurzeln nach, und du stürztest in rote Dornen. Erst den halben Weg bis zur Spitze hattest du geschafft, und schon warst du erschöpft, die Beine zerkratzt, die Bluse zerrissen. Du sahst zurück. Wenn du jetzt umkehrtest, würdest du den steilen Hang hinabstürzen und am Ende wieder da sein, wo du zuvor warst. So rafftest du dich auf und klettertest weiter, bahntest dir langsam einen Weg durch die gelben Disteln. Du warst erschöpft, Tigrin, aber etwas trieb dich zum Gipfel. Du meintest, ihn nie zu erreichen. Keuchend kam dein Atem, und du fluchtest lautlos, verfluchtest den Berg und dich und vor allem Javier, weil er dich hatte allein weitergehen lassen. Immer noch fluchend erreichtest du zuletzt die Spitze. Unter dem Meckern wilder Ziegen, der mythologischen Geschöpfe, die hier ausgesetzt waren, die Höhe zu bewachen, fielst du aufs Gesicht. Sie sahen dich an und sprangen zwischen den Felsen davon. In der Ferne das Meer und die Inseln, die wie Berge aus dem Wasser aufstiegen und in einem Dunst trieben, der sie vom Meer abschnitt. Und am Horizont die Küste Anatoliens, eine Pumaklaue, die sich nach der Insel Rhodos ausstreckte.

Du konntest die Straße nicht sehen. Die Sonne sank hinter den Wolken, die von Kleinasien nach Westen getrieben waren. Du wartetest. Javier mußte einfach nach dir suchen und dich finden. Die Leute aus dem Tal würden ihm sagen, wie er zu dir heraufklettern könnte. Du setztest dich auf einen Felsen und riebst die zerkratzten Arme. Mit bimmelnden Glocken versammelten sich die schwarzen Ziegen um dich und starrten dich an. Du stelltest dir vor, wie es wäre, wenn du hier für immer bliebst: allein, von der Welt abgeschnitten, zwischen Ziegen auf dem staubigen Gipfel eines Berges, den nichts mehr mit dem Land darunter verband, wenn es überhaupt je irgendwelche Verbindung gegeben hatte. Du schlugst die Augen auf und blicktest auf die Einsamkeit, erwachtest aus einem Traum, in dem die anderen existierten, Eltern und Bruder, alte Schulfreunde und Verehrer, dein Mann, Freunde, Bekannte und Unbekannte, lebende Phantome, die eifrig Milch verteilten, Taxi fuhren, Rasiermesser verkauften, Bücher schrieben, Zeitungen herausgaben, Dokumente über Krieg oder Frieden unterzeichneten . . . Du seufztest halb ängstlich, halb erleichtert. Und da warst du nun, allein mit den schwarzen Ziegen, und ihr starrtet einander an, hoch droben in der Luft auf einer Platte aus Staub und Stein, einsam, selbstgenügsam, ewig. Unvermittelt sprangst du hoch und ranntest zwischen den davonstiebenden Ziegen auf das ferne Vorgebirge der türkischen Küste zu. Wolken huschten über das Licht, brachten es zum Gleißen, filterten es, und durch Unterholz und Disteln ranntest du hinunter, das Entsetzen in der Kehle, und du fandest keinen Ton, kein Wort, es auszudrücken, dein Blick war auf das ferne Ufer geheftet, sonst hätte dich die dröhnende Stille, die strahlende Dunkelheit, der reglose Wind verschlungen, du ranntest den pfadlosen Absturz zum Ägäischen Meer hinunter.

Deine Füße spürten wieder Asphalt. Du hörtest auf zu rennen, verschränktest die Arme über der Brust und kicktest im Gehen kleine Kiesel. Die Straße war schmal und gewunden. Viel eher, als du erwartet hattest, tauchte der Kiosk mit den Erfrischungen auf, und dort saß Javier unter der kahlen Laube und trank Wein. Als er dich sah, rannte er dir entgegen, er kam auf dich zu: schwarzhaarig, in Kordhosen und Rollkragenpullover. Du umarmtest ihn, und er erzählte, daß die Polizei im Dorf nur gelacht habe, als du nicht erschienen seist. Es geschähe häufig, daß sich jemand verspäte, aber noch nie habe sich jemand lange im Tal der Schmetterlinge verirrt. Du würdest bald auftauchen, vielleicht erschreckt, aber im übrigen heil. Du umarmtest Javier und küßtest seinen Hals. Laß uns gleich nach Phaleraki zurückkehren, batest du. Du warst schläfrig und müde und wolltest dich hinlegen.

»Was ist aus Rudi geworden?«

»Dem Deutschen?«

»Ja.«

Du riebst Creme auf die sonnenverbrannten Backenknochen. Javier blickte auf die kieselgesäumte Küste von Rhodos, die in diesem Jahr, dem Jahr der Münchner Konferenz und des »Anschlusses«, von Touristen überlaufen war.

»Rudi ist tot. Seine Frau ertränkte ihn beim Schwimmen. Der Kellner hat es mir heute morgen erzählt. Ich dachte, du wüßtest es schon.«

Franz leerte das Bier in einem Zug. Er zahlte, und ihr verließet das Restaurant, ohne euch vom Wirt zu verabschieden.

»Fahren wir direkt nach Cholula«, schlugst du vor. »Es lohnt nicht, in Cuautla zu halten.«

»Ich mag nicht mehr fahren«, sagte Franz.

»Laß mich«, rief Isabel. Franz stieg nach hinten zu Javier, und Isabel setzte sich ans Steuer.

Isabel übernimmt das Steuer. Sie läßt den Motor an, fährt los, und mit einer Bewegung des schlanken Arms langt sie nach dem Radio, stellt es an und findet den Sender, den sie kennt und bevorzugt. Die Stimmen dröhnen euch entgegen. Sie singen, die Spielleute, Barden und Heralde der neuen Zeit, die androgynen Pagen der monarchischen Republik, der demokratischen Elite, die auf den Kais in Liverpool in der Haltung des Höflings promenieren, der in Giorgiones ländlichem Konzert die Laute spielt. Das lange Haar im Stil von Giovanni Bellinis Venezianern, auf den Lippen das ironische Lächeln von Mantegnas amüsantem St. Georg, dem Ritter, dessen elegante Rüstung mehr zur Eroberung der Damen im goldenen Palast des Paduaner Hintergrunds geeignet scheint als für den Kampf mit dem grünen Kulissendrachen, der weniger heidnisch und weniger diabolisch als der Heilige selbst zu dessen Füßen liegt, ein nun unbewaffneter Heiliger, dessen zerbrochene Lanze nur noch Früchte aufspießen kann, Zitronen, Birnen, Kirschen und Granatäpfel, die sich um den Rahmen winden. Fern wie Cäsaren, nahe wie Teufel, unschuldig wie Engel singen sie

»I love you because you tell me things I want to know«,

und ich lese weiter in meiner Zeitung, während ich über die Schnellstraße von Mexico City nach Puebla fahre. Es ist eine merkwürdige Zeitung, Tigrin, und ich traue ihr nicht völlig, selbst wenn ein so achtbarer Mann wie Jacob von Königshofen unterzeichnet. In seinem Bericht heißt es, daß jetzt, im Jahre 1349, die schlimmste Pest seit Menschengedenken wütet. Der Tod eilt von einem Ende der Welt zum anderen, hat beide Seiten des Mittelmeers erfaßt, und unter den Sarazenen haust er noch schrecklicher als unter den

Christen. In manchen Gegenden raffte er die ganze Bevölkerung hin, ausnahmslos. Reichbeladene Schiffe wurden gesichtet, steuerlos trieben sie auf dem Meer, die Mannschaft war tot. Die Hälfte aller Bewohner Marseilles ist umgekommen, auch der Bischof und alle seine Priester. In anderen Städten ist der Zoll an Menschenleben jenseits aller Beschreibung. Der Papst in Avignon hat seinen Hof vorübergehend aufgehoben und verboten, daß Fremde in seine Nähe kommen. Tag und Nacht wird ein loderndes Feuer vor ihm unterhalten. Und Gelehrte und Ärzte wissen keinen Rat: es sei Gottes Wille, und die Pest werde nicht enden, ehe sich ihr Lauf vollendet habe.

Mit geschlossenen Augen sitzt du neben St. Isabel, Tigrin, während der Volkswagen an Cuautla vorbeifährt, immer schneller und schneller wird,

> *»There's a place where I can go«,*

ohne zu hupen, langsamere Autos überholt, mit achtzig, neunzig und schließlich hundertundzehn Stundenkilometern. Hühner stieben mit fliegenden Federn aus dem Weg, Hunde mit blutunterlaufenen Augen heulen, und einen Augenblick lang rast der Wagen über den unebenen Rand, wirbelt eine Staubwolke auf und erschüttert die Wände der strohgedeckten *adobe*-Häuser, ein Junge hinter einer Kakteenhecke schreit, und Isabel lenkt mit einer Hand und stellt mit der anderen das Radio genauer ein, dreht es lauter,

> *»In my mind there's no sorrow,*
> *Don't you know that it's so?«,*

die Stimmen der jungen Männer, die sich wie die Figuren von Luca Signorelli mit geschlechtsbetonter Eleganz kleiden, und indem sie die konstruktiven Gewalten ihres destruktiven Geistes entfesseln, um sich her eine Welt schaffen, die so weit, reich, wirr, frei und geordnet ist wie eine Leinwand von Uccello, so fromm dämonisch wie die Bilder von Bosch, der den Eintritt zu den Riten Satans zahlte. Du, Tigrin, hast es gelesen, und du, Isabel, weißt es instinktiv, daß jene das klarste Gottesbild besitzen, die des Teufels sind. Ebendarum hält er sich so fern von Gott; er ist Gottes anderes Gesicht und wie dieser eine Folge von Widersprüchen, eine ständige Vermischung von Antithesen:

»What am I supposed to do?
Give back your ring to me
And I will set you free:
Go with him.«

Und so singen sie, befreien uns von all den falschen und mörderischen Dualismen, auf denen die Zivilisation der Richter, Priester und Philosophen, der Künstler, Henker und Kaufleute gründet; und Plato ertrinkt, ergibt sich, in ihr langes Haar verstrickt, hypnotisiert von den Stimmen, niedergetrampelt vom hämmernden Rhythmus, durch den die Beatles befreit weit in ihren Himmel springen und langsam wieder herabgleiten wie Antäus, zur neuen Erde, wo es weder Männer noch Frauen gibt, weder Gut noch Böse, Geist noch Seele, Substanz noch Ausdehnung, Essenz noch Akzidens; nur Tanz und Ritus, Verschmelzung und die blühende Maske von Arcimboldi, die ständig um alles wächst und das Sein und das Nichts von allem zugleich ist, ihr einziger Augenblick aus der Perspektive eines Hubschraubers, ein Augenblick, der die Totalität und Einheit enthält, in der die alten Schizophrenien des christlich-jüdisch-protestantisch-marxistisch-industriellen Dualismus sterben,

»There'll be no sad tomorrow
Don't you know that it's so . . .«,

und diesen Sommer, fährt die Zeitung fort, hat die Pest Straßburg erreicht, und man schätzt, daß dort sechzehntausend Seelen umgekommen sind. Überall in der Welt hat man den Juden die Pest zur Last gelegt, hat sie verflucht und beschuldigt, Brunnen und Quellen vergiftet zu haben. Und einige von ihnen in Zofingen und Bern gestanden auf der Folter ihr Verbrechen, und es erwies sich, daß die von ihnen genannten Brunnen tatsächlich vergiftet waren. So wurden vom Mittelmeer bis Deutschland Juden verbrannt, außer in Avignon, wo sie der Papst beschützte. Und in Basel marschierten die Bürger zum Stadtrat und zwangen ihn zu dem Schwur, die nächsten zweihundert Jahre keinen Juden in die Stadt einzulassen. Der Bischof von Straßburg, die elsässischen Feudalherren und Vertreter der drei Städte versammelten sich in Benfeld und befragten die Abgeordneten Straßburgs über das Schicksal der jüdischen Bevölkerung ihrer Stadt. Die Abgeordneten erwiderten, sie wüßten von keinem Verbrechen, das den Juden vorzuwerfen sei. Warum, fragte man darauf, hätten sie dann die Brunnen der Stadt überdeckt? Ein großes Empörungsgeschrei erhob sich gegen die Abgeordneten Straßburgs, und zuletzt kamen der Bischof und die Herren der freien Reichsstädte überein, die Juden zu vernichten. Daraufhin wurden die Juden in den Städten verbrannt, und wo immer sie bloß ausgewiesen wurden, fingen sie die Bauern auf dem Land und ertränkten oder erstachen sie. An einem Samstag, dem St.-Valentins-Tag, wurden die Juden Straßburgs auf einer großen Holzplattform in ihrem Friedhof verbrannt. Zweitausend. Diejenigen, die sich taufen ließen, durften das Leben behalten. Viele Kinder wurden vom Scheiterhaufen gezerrt und gegen den Willen der Eltern getauft. Und so brannten die Juden in Straßburg und überall am Rhein, gleichgültig, ob die Städte unfrei oder frei waren. Mancherorts machte man ihnen den Prozeß, anderswo nicht. Und in einigen Städten steckten sie zuletzt die eigenen Häuser an und starben im Feuer, das sie selbst gelegt hatten. Sie wurden enteignet und die Schuldscheine in ihrem Besitz für ungültig erklärt, und in Straßburg wurde verfügt, daß in den nächsten hundert Jahren kein Jude in der Stadt geduldet würde, doch zwanzig Jahre später hoben Stadtrat und Magistratsherren diesen Beschluß auf, und im Jahre des Herrn 1368 kehrten die Juden zurück.

»It's been a hard day's night.«

Und danach, Tigrin, mußte man weitertanzen, als sei nichts geschehen, vergessen, vergessen, vergessen, damit es sich nicht wiederhole, man mußte wieder die Summe der Agonie ziehen, obwohl dies vielleicht gar nicht möglich war, mußte die Renaissance zurückerobern, die von Calvin,

Descartes und Vico gemacht und gestohlen worden war, die Renaissance, die unterging durch ihren Rationalismus, ihre Geschichte, ihr Gut und Böse, ihre Prädestination, ihren natürlichen Menschen, ihren faustischen Tatendrang und Willen zum Tragischen, die in den Öfen von Auschwitz und auf der ausradierten Ebene von Hiroschima zu Asche verbrannte, und jetzt singen die unschuldigen Zyniker

»You can't buy my love«,

und ihre Verehrerinnen schmücken sich von Zeit zu Zeit mit Kardinalshüten und den schwarzen und roten Gewändern des Konnetabel von Burgund, des Bischofs von Beauvais und der Päpstin Johanna, legen die gotischen Kleider an, die bei der Krönung der ungarischen Könige getragen wurden, die heute zu den Schätzen Bambergs und Regensburgs zählen und uns aus Etienne Boileaus *Livre des Métiers* wiederauferstanden sind; die Regencapes der Passion von St. Bertrand de Comminges werden von Nymphen der Jagdgöttin getragen, die in den Diskotheken von New York, Paris und London tanzen, die Sättel der Apokalypse aus der Kathedrale von Angers beben jetzt in jedem Whisky-à-go-go zu den Rhythmen befreiter Sklaven, und in der neuen Missa Luba mischen Hekate in der Tracht von Eleonore von Kastilien und die eckige Circe, bleich wie unsere Liebe Frau von Beaune, die Asche von Tournai und Valenciennes mit der verfaulten Vegetation Gabons und Nigerias, während sie zum Rhythmus von John Henry, King Oliver, Johnny Dodds, Billie Hollyday, Satchmo, Cannonball Adderley zucken:

»Hesitatin' Mama, hesitatin' blues
Tell me how long do I have to wait«,

und das neue *pervigilium veneris* wird von jungfräulichen Hexen zelebriert, die sich dem satanischen Engel anverlobt haben und auf immer des *jus primae noctis* spotten, während sie Priapus-Bacchus-Sabatius bezaubern, den Ziegenbock am Johannistag, mit kurzem Kinnbart, dicken Lippen, engen Hosen, Cowboy-Stiefeln und dem großen lärmenden

Hof seiner Verwandtschaft – Wölfe, Elfen, Gnomen, weiße Katzen, fette Hunde ohne Beine, Windhunde mit Ochsenköpfen und schwarze Kaninchen; und sie feiern die schwarze Messe der großen Vereinigung, das große Spiel der Gegensätze, obwohl es vom Richter Ratio, dem Henker Moral und dem Kerkermeister Geschichte verboten wurde, und sie schreien zu Gott, er möge seinen Donnerkeil schleudern, die Strafe der Sünden und Höllen, die nicht länger existieren, und die neue Sibylle und der neue Pan entweihen die Idole von fünfundzwanzig Jahrhunderten verlogener Vorurteile, Schrecken und Ausreden und verwandeln sich selbst in die Altäre der Messe und des Opfers, in den erinnerten und verheißenen Garten, und sie beginnen den neuen Veitstanz, das Ballett der existentialistischen Revolution, die pulsierend, flüchtig und ewig, alles hinnimmt und der Freiheit weiht und opfert,

»She's got the devil in her heart«,

und so, Tigrin, gibt es mehr Dinge im Himmel und auf Erden, als deine Schulweisheit sich träumt, und du, Isabel, denn ich rede auch zu dir, zu euch beiden, da zuerst die Frauen diese Messe zelebrieren müssen: alle Messen beginnen mit einem Introitus, genau wie das Leben jeder Frau und das Leben der Männer, die vom Weibe geboren werden; du, Isabel, wirst nur entdecken, was du akzeptierst, und du mußt alles akzeptieren. Und da wir mit dem Introitus begonnen haben, enden wir schließlich in Ehrfurcht beim Gesalbten Priap, beim Christus-Bacchus, der zuletzt nicht nach der Liebe Gottes verlangt, der ihn verließ, sondern nach dem Trost der Zauberin Maria, die in Hexentränken und schlafbeschwörenden Kräutern bewandert ist: Teufelsdame, Grüne Jungfrau, Rosemarie, Angelika, Brennendes Haar, Essigmutter, Weiße Prinzessin, Juanita, Marihuana sowie all die Drogen, die auch Frauennamen tragen, doch Kinder der Totem-Schlangen Mexikos und Afrikas sind, der Hexen von Oaxaca, des peruanischen Hochlands und des schwarzen Kongo, die mit ihren Rhythmen, Pilzen, Gesängen und Zauberkünsten in die weiße Welt gehen, um ein Teil der Neuen Renaissance zu werden, der Renaissance des Einzigen Glaubens, der Leib und Seele vereinigt auf den ausgeglühten Trümmern eines finsteren Mittelalters der Bankiers und Munitionsfabrikanten, der talmudischen Kommissare und U.S.-*Marines,* all der Planer und Redner von Kreuzzügen zu Massenmord und individueller Erniedrigung. Und Isabel singt mit dem Radio

»Anytime atall, anytime atall«,

schließt plötzlich die Augen, bremst heftig, daß der Wagen schwankt, schlittert und erst kurz vor einer *adobe*-Mauer hält, deren Verputz abblättert und vor der ein zweijähriges Kind weinend und lachend mit einem räudigen kleinen Hund herumwirbelt, und du, Elizabeth, schriest, als hättest du geboren, rissest die Tür auf, ranntest zu dem Kind und nahmst es in die Arme. »Ich halte es nicht aus, ich halte es nicht mehr aus!« riefst du und meintest damit den Terror, nicht nur den Terror von Isabels wahnsinnigem Fahren und das erschreckte Kind, sondern den Terror des Terrors selbst, und das Kind wurde ruhig in deinen Armen, als erkenne es dich, und du hobst es hoch, wie um es der Sonne zu zeigen, während Isabel mit zusammengepreßten Augen und schweißnassen verkrampften Händen hinterm Steuer saß, Javier dich beobachtete und Franz gelassen eine Zigarette rauchte.

»Schon gut, Javier, wenn du da bist, mach Licht an. Ich bin müde und möchte mich hinlegen. Hörst du nicht? Entweder bist du nicht da, oder du willst mich nicht hören. Nie willst du die Wahrheit hören, nicht? Was wirklich geschah, nicht dein hübscher Traum. Laß sehen, wann war es? Vor einem Jahr . . . vor anderthalb Jahren? Ich war schon angezogen, und beim Rasieren batest du mich vorauszugehen, du kämst später nach, und du nanntest mir die Adresse, an die ich mich noch immer erinnere: Sierra Paracaíma 1270; um zehn finge die Party an. Wer lade eigentlich ein? Oh, das spiele keine Rolle. Wir würden niemand kennen. Aber deiner Arbeit wegen sei es wichtig, daß wir hingingen. Ich verließ dich. Punkt zehn war ich dort, und wie du vorausgesagt hattest, kannte ich niemand. Niemand, außer Vasco.

Du erinnerst dich doch an Vasco Montero, als er aus Spanien zurückkehrte. Auf der Party war er nicht der gleiche. Fünfzehn Jahre waren vergangen, und er war gealtert. Kaum erkannte ich ihn.«

Und du siehst durch die Wand schlaffen Fleisches und runzliger Haut – wirklicher jetzt als einst – die Gestalt des Mannes, der er war, des Mannes, der die eigene Geometrie vergessen hat. Die einst klargeschnittene Linie der stets sonnengebräunten Backen – dies Fundament für die Kantigkeit von Nase und Mund – war verwischt, aufgedunsen, zu mehligen, sorgsam rasierten Taschen entartet.

»Vasco grüßte mich nicht. Ich weiß nicht, ob er mich erkannte. Aber ja, er muß mich erkannt haben, denn ich habe mich kaum verändert. Stimmt's, Javier? Ich habe darauf geachtet, schlank zu bleiben. Bilder lügen nicht. Die Mode hat gewechselt, Kleider und Frisuren, aber ich nicht, nicht einen Zentimeter, nicht ein Pfund, ich sehe genauso aus wie vor zwanzig Jahren. Doch vielleicht erkannte er mich nicht. Vielleicht sah er mich und sah, daß ich nicht auseinandergegangen war wie er, und konnte es nicht glauben, dachte, ich müsse jemand anderes sein. Javier, wie sehen uns die anderen? So, wie wir sie sehen? Es wäre lächerlich, fünfzehn Jahre zu leben und erkannt zu werden. Denn die Zeit vergeht, ich habe mit mir selbst gelebt und weiß, daß ich verändert bin, obwohl man es mir nicht ansieht. Warum starrte Vasco mich so an?

Wir gingen zum Essen, und du warst noch immer nicht da. Mit der Tasche in der Hand betrat ich das Eßzimmer – allein. Vasco war verschwunden, und ich wagte nicht, ihn zu suchen. Das Büfett war auf einem langen Tisch vor einem Fenster mit Blick auf den erleuchteten Garten angerichtet. Ich nahm das Übliche ... du weißt, gekochtes Huhn mit Mandeln, Ravioli, gebackenen Schinken mit Ananas. Niemand sprach mit mir. Niemand kannte mich. Ich ging zum Wohnzimmer zurück und setzte mich auf einen Hocker. Ein paar Gesichter erkannte ich, Gesichter, die man in den Gesellschaftsspielen sieht, Leute, die Tees geben, *showers* empfangen oder in Acapulco segeln. Jaime Ceballos und seine Frau, die Tochter des Bankiers ... Régules, glaube ich; sie wählten die Platten für den Wechsler und löschten die Lichter zum Tanzen. Pedro Caseaux, der Polospieler, mit einem stummen Mädchen am Arm. Charlotte García, die berühmte Gastgeberin des Jet Set. Mit ihrem ewigen Bobó. Beide alt wie Mumien, verwittert und gelb, als sei Lotte Lenya am Arm Peter Lorres erschienen. Unser Gastgeber entpuppte sich als Reynaldo Padilla, der Mann, der das Reich des alten Artemio Cruz erbte. Du erinnerst dich doch an Artemio Cruz. Er starb vor sechs oder sieben Jahren, und die Zeitungen schrieben noch einen Monat später über ihn. Wir lachten uns über die Lobeshymnen halb tot. Er war einfach ein alter Millionär, aber man hätte meinen können, er sei ein Nationalheld. Ich saß allein auf dem Hocker, aß mein Huhn und begriff, daß du mich allein geschickt hattest, weil du wußtest, daß ich niemand auf dieser Party kennen würde und mit niemand reden könnte und nichts zu tun hätte, als an dich zu denken und mir zu sagen, daß es gut war, dich zu haben, was immer manchmal gegen dich einzuwenden sei, daß es zumindest die Einsamkeit dieses Landes abwehrte, dieser Stadt, wo ich nach all den Jahren noch immer eine Fremde war, ein Außenseiter, isoliert von diesen albernen Leuten, die alle einander kannten und von denselben albernen Dingen redeten, von ihren Dienstboten, ihren Kindern, ihren Priestern. Ich ärgerte mich über die verdammte Unhöflichkeit, mit der sie mich allein ließen, daß keiner zu mir kam, um mit mir zu plaudern, zu fragen, wer ich sei und woher ich komme, warum sie mich nie in ihren Klubs und Strandvillen gesehen hätten. Ich versuchte über sie zu lachen. Über ihr dummes, ungetrübtes Vertrauen, der Nabel der Welt, der Mittelpunkt des Universums zu sein. Ich dachte, daß ich mich vielleicht mehr verändert hatte, als ich wußte, und daß darum Vasco nicht mit mir gesprochen hatte. Und dann, als ich gerade anfing, mich wirklich ausgeschlossen zu fühlen, kamst du. Plötzlich bemerkte ich, daß getanzt wurde und Judy Garland *Alone* sang. Du strecktest mir die Hand in der Dunkelheit entgegen und führtest mich auf die Tanzfläche, berührtest mich, als begegneten wir uns zum erstenmal, als sei dies unser erster gemeinsamer Abend und ich wieder die Unbekannte für dich, ein Mädchen, das es zu entdecken und zu erobern galt. Mochtest du dir vormachen, was immer du wolltest, ich ließ mich liebkosen und erwiderte deine Zärtlichkeiten, weil sie von dir kamen, von Javier, dem Mann, den ich geliebt und mit dem ich so lange gelebt hatte. Ich wollte mir nichts vormachen. Du berührtest mich, als sei es das erstemal, und es stieß mich ab, machte mich schaudern. Doch ich gab nach und spielte mit, weil du es warst und du mir gehörtest und ich alles für dich aufgegeben hatte, weil ich mein Zuhause und meine Heimat verlassen hatte, um dir zu folgen, und ich erwiderte deine Zärtlichkeiten, gerade weil du vertraut und kein Fremder warst und ich wie früher in deinen Armen fühlte, daß alles in Ordnung gekommen war, daß sich alle Opfer gelohnt hatten, denn ich hatte dich gewonnen, und du warst es wert. Ich empfand diese Zuversicht und dies Glück, und dies war es, was ich wieder fühlen wollte. Die Party war schrecklich, doch ich hatte dich. Und für dich war sie genauso schrecklich, doch du hieltest eine neue Frau in den Armen, die du entdecken konntest, als wir zusammen im Dunkeln tanzten. Oh, ich verstand. Ich wußte, daß du mich berührtest, weil du Elizabeth Jonas, die vor zweiundvierzig Jahren in New York geboren worden war, ausgelöscht und mich in ein Abenteuer verwandelt hattest. Und wie du mich berührtest, Javier! Deine Hände lagen auf meinen Schenkeln, deine Wange streifte meine Wange, du knabbertest an meinem Haar, berührtest unter dem ärmellosen Kleid meine Brüste; oh, du warst groß, der Verführer der Mädchen, der Traum aller Frauen, warst mit einer neuen Puppe aus, während Ligeia daheim im Apartment saß, einen Bestseller im Schoß. Scheiße, Javier. Scheiße. Und du bildetest dir ein, alles aufs Spiel zu setzen, während ich sicher und geborgen daheim säße. Als ob eine Frau je sicher sei. Lieber würde ich tausendmal in den Krieg ziehen als ein einziges Mal gebären.

Und wann wird man Frau sein können, ohne diese Angst zu fühlen? Nein, so habe ich es nicht gemeint. Ich nehme es zurück. Ich muß an dir festhalten. Ja. Ich lege die Arme um dich und halte dich fest, denn du bist alles, was ich besitze, ich habe kein Zuhause, keine Heimat, keine Eltern, keinen Bruder, nur dich. Darum spiele ich dein Spiel. Aber ja, ich werde mit dir trinken, mit dir tanzen und dich träumen lassen, ich sei eine andere, schon gut. Ich werde versuchen, jeden Zug schnell genug zu erraten, um mit dir Schritt zu halten, werde versuchen, mich der Szene, Worte und Darstellung zu erinnern, einer Szene, die wir schließlich schon viele hundertmal gespielt haben. War dies nicht unser ganzes Leben zusammen? Und wählte ich es nicht freiwillig? Hahaha. Genau das ist unser Leben, Javier. Darum haben wir so viel gelesen, du und ich.«

Ihr lest, wie Schauspieler Textbücher lesen, Elizabeth, um mit fremden Worten und Taten eure Tage zu gestalten. Und in der Nacht auf der Party erfandest du die Antworten, als du dem Pfad folgtest, den er dir andeutete: einen Pfad, der zu einer Liebe führte, die sich ohne Stolz verliert, denn der Stolz, der sie hindert, weckt sie auch. Der zu einem Manne führte, der der Komplice deiner Leidenschaft, doch nicht deiner Intelligenz wäre, einem Mann, den Javier nie kennen würde. Der wirklich Unbekannte, in diesem aufgezwungenen Spiel, war der unbekannte Liebhaber, nicht du. Er selbst in der Rolle, die er spielte, war der Unbekannte, und du spieltest den entsprechenden Part, weil du die versprochene Belohnung wolltest: daß er dich danach nehmen und mit dir schlafen würde wie schon lange nicht mehr, als wärst du tatsächlich eine neue Frau und er ein neuer Mann, und es war dir gleichgültig, bei welchem Namen er dich im Bett nennen würde; allein die Leidenschaft würde zählen, die ihr nach langer Zeit wieder gemeinsam gefunden hättet – durch verschiedene Namen und verschiedene Gesichter, gleichwohl im gleichen unverwechselbaren Fleisch.

»Laß uns ins Apartment gehen, bat ich zuerst stumm. Schnell, schnell, laß uns in dein Apartment gehen, das mir heute nacht fremd ist, obwohl ich es besser kenne als der Spiegel dort mein Gesicht, obwohl meine Hände jeden Zoll, jeden Winkel, jede Oberfläche berührt haben und erinnern. Ich habe meine Rolle gespielt. Ich wartete auf ihn, ließ ihn eine andere in mir sehen. Und jetzt zählt nichts als das eine, unter ihm, unter dir zu liegen, so bald wie möglich. Nenne mich, wie du willst. Es ist unwichtig. Wichtig ist allein . . .«

Du umarmtest ihn im Taxi, Tigrin. Du küßtest seinen Körper aufwärts von der Brust über Hals, Backe, Ohr und Augen bis zu den Lippen. Es folgte ein langer stummer Kuß, der mehrere Straßen weit dauerte. Jede Bewegung konnte ich im Rückspiegel sehen.

»Wir küßten uns im Taxi, und ich hörte und sah nicht mehr, ich fühlte nur noch. Ich war geil, Javier, so geil wie je in meinem Leben. Kaum daß ich warten, mich beherrschen konnte. Dann sagte der Fahrer etwas. Ich erinnere mich nicht, was. Doch es zerbrach alles.«

Das Taxi fuhr am Rondell von Rin und Naza vorbei, ohne abzubiegen. Es fuhr bis Caballito und dann die Avenida Juárez hinunter. Javier ließ mich an der Ecke vor Bellas Artes halten.

»Du brachtest mich nicht zum Apartment. Deines, unseres, egal, Hauptsache, es hatte ein Bett. Alles andere wäre verschwendet. Ich wollte nicht aussteigen. Noch immer wollte ich dich nackt auf mir haben, nur dies. Wollte mein blödsinniges Kleid, die Strumpfbänder und Strümpfe abstreifen, die alles waren, was ich darunter trug, und gefickt werden, nichts als gefickt. Du nahmst mich beim Handgelenk und zwangst mich auszusteigen. Wir gingen durch eine ausgestorbene Straße. Ich folgte, und die Leidenschaft, die ich heißer und stärker als seit Jahren gefühlt hatte, verflog langsam. Was wolltest du jetzt? Was für ein neues Spiel war dies, oder zu welchem alten gehörte es? Früher an diesem Abend sagtest du mir, du hättest noch nicht alle Überraschungen aufgebraucht. Was bedeutete mir das? Ich wollte keine Überraschungen. Ich wollte das Gewohnte. Die alte Gewohnheit, als sie noch neu war, ehe sie alt und Gewohnheit wurde. So wie wir am Anfang zusammen geschlafen hatten.«

Das erzähltest du mir später an jenem Abend, Tigrin. Ich erinnere mich gut. Javier lag bewußtlos im Wohnzimmer. Und ich kochte mit meiner Kerze deine Papaya für dich.

Übrigens bemerkte ich nicht, daß du damals so sehr abgekühlt warst.

»Wir hielten vor einer kleinen Spelunke. Nicht weit von der Plaza Garibaldi. Hinter dir betrat ich diese verrauchte Höhle, dies Loch, das nach Urin und Bier stank. Was in Gottes Namen konntest du hier wollen? Zwei *tequilas.* Und noch zwei. Und Worte, Worte, Worte. Dann Kürbiskerne ins Gesicht des *mariachi*-Musikers zu werfen, der Trompete blies. Du warfst ihm die Kerne direkt ins Gesicht, dann wartetest du reglos, als er fett und dunkelhäutig auf uns zukam, die Trompete weglegte, den Hut absetzte, dich bei den Aufschlägen packte und vor allen verprügelte ...«

Muskulös und geschmeidig wie ein Tiger? Mach keine Witze. Ich habe ihn auch gesehen. Ein schlaffer Fettwanst, eine Null, eine schiere Null. Sein Schnurrbart ringelte sich um den Mund.

»Sie bildeten einen Kreis um uns, lachten und schrien.«

Aus der Ecke feuerten sie ihn an, Tigrin, das war alles. Gib's dem Hurensohn, mach Kleinholz aus ihm, polier ihm die Fresse, drück ihm die Augen ein, schneid ihm die Hoden ab, renn ihm das Messer ins Gedärm, schlag ihn zusammen, daß er in keinen Sarg mehr paßt, ertränk ihn, häng ihn am Schwanz auf, zertrample ihn, zermansch ihn, erwürg ihn. Reiß seinen Arsch auf für die Scheiße, die wir schlucken mußten, für das Ganz-recht-mein-Herr, das Achtung-Stufe-gnädige-Frau, den Dank für nichts und wieder nichts, für die warmen Brüder mit den fetten Ärschen. Bring ihn um. Bring ihn um!

»Ich rührte mich nicht. Ich begriff, daß ich als dein Zeuge da war, um dich zu sehen, wie dir das Blut aus Nase und Zahnfleisch quoll. Sie traten dich, bis dir die Luft wegblieb, und du krümmtest dich zusammen. Dein Gesicht war übel zugerichtet. Das Haar fiel dir in die Stirn. Deine Augen waren geschlossen. Tränen liefen über deine Backen.«

Er fiel zwischen Zigarettenstummel, umgekippte Spucknäpfe und Flaschenverschlüsse. Und du mußtest es mit ansehen, mußtest es in dich aufnehmen. Bevor er mit dir schlafen würde, mußtest du ihn so kennen. Eine bemitleidenswerte Ruine, kein Liebhaber, Tigrin. Und so mußtest du ihn annehmen, ihn vom Boden auflesen und in die kalte Morgendämmerung von Aquiles Serdán hinausführen. Ihn sanft mit dem Taschentuch abwischen. Das hatte er gewollt.

»Diese Leute verstehen mich nicht, Ligeia. Ich habe es schon immer gesagt, in Mexiko kann man nichts machen. Sie können nicht kritisieren, verstehen nicht zu loben, und es gibt keine Maßstäbe, keine Sicherheit, alles ist Sympathie und Antipathie, nichts als Gefühl. Und ich besitze keine Kapelle wie Vasco Montero. Schau, schau, was sie über das Buch hier sagen.«

Der kleine in Manilapapier gebundene Band, der auf dem untersten Brett des Regals verstaubte. Er veröffentlichte nicht wieder.

»Komm, Javier. Gehen wir heim.«

Im gleichen Taxi, das euch hergebracht hatte. Der Fahrer hatte gewartet.

»Scheiße, Javier. Scheiße.«

Du schlüpftest aus dem Bett, und ohne Licht zu machen, verließest du das Zimmer und gingst durch den Hotelgang zu Franz' Zimmer.

»›Paulus reiste nur in Städte, wo Juden lebten oder wo man die jüdische Kultur kannte, denn nur dort wurden seine Lehren verstanden. Seit der Diaspora des Jahres 70 mußte ein Jude das Wohnrecht in andersgläubigen Gemeinden erkaufen. So entstanden die deutsche Judengasse, die provençalische Carriera, die französische Juiverie. Die Kirche verbot den Christen, Handel zu treiben. Aber nicht den Hebräern. Und da diese erst vor kurzem gekommen und unbelastet von den örtlichen Bräuchen waren, hatten sie für die Dinge einen Blick, der den Einheimischen fehlte, und konnten Gelegenheiten wahrnehmen, für die letztere blind waren. Das Konzil von Ravenna verfügte, daß alle Juden ein Rad aus gelbem Stoff tragen mußten . . . damit man sie von den Christen unterscheiden könne. Die Juden, die sich im italienischen Borghetto zusammenscharten, bildeten das erste Bürgertum. Das letzte Getto Westeuropas, das *serraglio degli ebrei* oder *saeptum Hebraicum* in Rom, erlosch 1885.‹«

Professor Maher schloß das Buch.

»Pivo! Pivo!« rief er.

Franz und Hanna lachten. Unter der Tür wartete schon drall und lächelnd Kamilla mit dem Bier auf einem Tablett. Unverzüglich füllte sie die Gläser. Das Zimmer, Mahers Studio, roch nach altem Musselin und gewachstem Stein. Vom Marktplatz aus betrat man das geräumige fünfstöckige Haus durch einen breiten Arkadenbogen; ein lackiertes Zedernportal, dann die Treppen hinauf zur Wohnung Professor Mahers, die das Winterlicht – es fiel durch honigfarbene Scheiben, deren Bleifassung merkwürdig den Kopf des Jan Hus bildete – nur schwach erhellte.

Sie lachten und tranken, und das Gespräch schlug die Richtung ein, die es stets nahm, seit Hanna Franz hierhergebracht hatte: Musik contra Architektur. Franz vertrat die schlichte Auffassung, daß sich die Architektur nicht einfach aus sich erneuere, sondern weil die Bewohner der Gebäude sich änderten. Und die Architektur müsse den menschlichen Bedürfnissen dienen, nicht irgendeiner fixen Idee von Monumentalität, überkommenen Vorbildern oder dem Geist des Dekorativen. Maher hingegen dachte in Begriffen der Vergangenheit: wenn ein Bauwerk des 20. Jahrhunderts nicht die völlige Geschlossenheit und Zeitlosigkeit des Veitsdoms erreichte, dann war es nicht wert, gebaut zu werden. Für Maher würde der Architekt stets ein mittelalterlicher Baumeister inmitten einer Schar Lehrlinge und Gesellen bleiben. Franz entgegnete, dies sei bedauerlicherweise nicht länger möglich. Wenn Gropius überhaupt mit etwas recht habe, dann gewiß mit der Warnung, daß der heutige Architekt ohne die gelernten Handwerker auskommen müsse, da diese in die Industrie abgewandert seien. Heute müsse der Architekt mit Wissenschaftlern, Ingenieuren und Industrieplanern wetteifern, er sei nur ein Rad in einem Kollektivunternehmen, in dem nichtsdestoweniger seine Rolle darin bestünde, die Spannung zwischen Realität und Illusion zu schaffen, die aus einem Gebäude zugleich ein Kunstwerk und ein funktionelles Objekt mache. Hanna lächelte, als Maher ungeduldig über dies Theoretisieren grollte, gewiß könne die Architektur ihre Funktion als rein utilitaristisch deuten, denn letzten Endes sei sie eine Kunst des Konkreten. Er selbst werde weiterhin gotische Kathedralen in seiner abstrakten musikalischen Phantasie erbauen und besichtigen. Er wischte sich den Schaum von den Lippen und fügte hinzu, nun ja, Franz könne recht haben. Alle abstrakte Schönheit entstünde wohl tatsächlich aus etwas sehr Konkretem, aus der Spannung, von der der junge Mann gesprochen habe.

Kamilla und manchmal Hanna, die gern half, mühten sich ab, damit des Professors Instrumente stets funkelten und glänzten. Und ungeachtet seiner Geistigkeit prüfte er unnachsichtig und peinlich genau seine Rechnungen und forschte Kamilla ständig über den Verbleib der Kronen aus, die er mit fünf Vorlesungen, sieben Schülern täglich, in vierzehn anstrengenden Arbeitsstunden verdiente. Zum Abschluß des Tages trank er drei Flaschen *pivo.* Ja, warum nicht *pivo*? Bier ist ein angemessenes Getränk für einen Mann, der sein Brot mit den klassischen Blasinstrumenten verdient: Flöte, Oboe, Klarinette und Bassetthorn. Verblasene Arbeit, schaumige Erfrischung, hm? Franz und Hanna hielten sich bei den Händen und wußten, daß die Stunde der Geschichten gekommen war, denn der alte Musiklehrer erinnerte sich des Ursprungs seiner Instrumente, wie andere Männer sich an große Ereignisse, die Gesichter geliebter Frauen oder die Namen ihrer vornehmsten Ahnen erinnern. Die Oboe, zum Beispiel, sagte er und strich zärtlich über das Instrument, die Oboe entstand am Hofe Louis XIV. Oboe, *hautbois.* Als Lully zum Superintendanten der königlichen Kammermusik ernannt wurde, führte er den italienischen Stil ein, verlegte nach und nach die Konzerte vom Freien in die Palasträume und verwandelte damit die Musik aus einem Hintergrund für öffentliche Zeremonien in eine intime Unterhaltung bei geschlossenen Türen. Die Musiker der Écurie du Roi nahmen diesen neuen Stil an, und aus ihrem Bestreben nach Raffinement entstand die Oboe, die Jean Hotteterre und Michel Philidor erfanden. So trank und dozierte der gute Professor, und seine Beredsamkeit wuchs, als er von der Klarinette erzählte, die Denner in Nürnberg erfunden hatte und die Mozart dank der Mannheimer Schule entdeckte, von Bachs Oboe da caccia und Oboe d'amore; und von den arabischen Instrumenten, der Laute, die zuerst die deutschen Instrumentenmacher Bolognas (Hans Frei, Nikola Sconvelt, die Malers), später dann die Deutschen Paduas (die Hartungs), Venedigs (Magno Dieffopruchar) und Roms (Büchenberg) bauten. Die Deutschen Italiens ... diese deutsche Schwäche für sonnige Himmel!

Kamilla brachte die *knejdlik* mit einer Art Senfsoße, und zwischen den Bissen schwelgte Maher in Erinnerungen, als habe er soeben einen alten Saal betreten, in dem all seine schönen Instrumente in einem Kreis versammelt wären: Viola, Stockgeige, Zither, Laute, Psalter, Harfe, Trommel, Trompeten, Hörner, Zimbeln, Glockenspiel, Tamburins, Flöten, das Waldhorn, die verschiedenen mittelalterlichen Sackpfeifen: *cornemuse, chevrette* und *muse de blef.* Und lächelnd folgte Hanna der Partitur von Guillaume de Machaut, während Maher auswendig sang und abschließend bemerkte: »Mir scheint, daß solch eine Melodie nie zuvor gesehen oder gehört ward ...«

Jeden Freitag sahen sie sich bei den Konzerten im Waldstein-Palast. Dort saßen sie auf Klappstühlen vor einer offenen Halle mit Stuckornamenten und mythologischen Fresken, die von Scheinwerfern angestrahlt wurden. Sie lauschten Brahms' *Deutschem Requiem,* und jedesmal rückten sie enger zusammen, ihre Schultern und Arme berührten sich, sie hielten sich bei den Händen, und dann schlang Franz den Arm um Hanna.

»Ist dir nicht kalt?«

»Nein, so ist es gut.«

Herr, schenke ihnen ewige Ruhe und ewiges Licht. Zwei Gruppen von Celli. Von den düsteren Violen getrennt. Der Chor *pianissimo.* Eine Klage. Aber die menschliche Stimme verleiht der Trauer der Instrumente eine gewisse Heiterkeit. Auch die Stimmen teilen sich. Leise die Männer, heller und fröhlicher die Frauen. Der strahlende Ton der Geigen, Klarinetten und Flöten fehlt. Die Klage der Celli, deren klingende Saiten einander umfangen wollen, wird von den Violen unterbrochen. Die Klangfarbe bedeutet, daß wir nicht in der Trauer versinken, sondern uns zu ihr erheben. Es ist ein Schrei, der kein Schrei ist, eine ansteigende Klage, die ihren Schrei nicht entläßt.

»Wo wohnst du, Hanna?«

»In einer Pension. Meine Familie lebt in Zvolen. Früher besuchte ich sie während der Ferien. Aber in Prag gibt es im Sommer so viel zu tun und zu hören. Ich glaube, sie verstehen. Und du?«

Der schicksalsergebene melancholische Zug der Leidtragenden bewegt sich voran. Sie tragen den Toten. Sie tragen ihn und uns zur Ruhe. Sie gedenken seiner. Die Harfe erinnert. Das Leben ist eingebettet in Trauer. Die Spannung wächst. Kontrapunktisch ertragen die Stimmen der Männer und Frauen ihr Leid, erhöhen es. Aber die Orgel zieht sie wieder hinab, hindert sie, sich zu erinnern, zwingt die Musik zu einem Trauermarsch, den die Stimmen der Männer beherrschen. Die Frauenstimmen wiederholen sie in einem Ton, der das fliehende Leben wieder einfangen möchte.

»Im Herbst gehe ich nach Deutschland. Dort Architektur studieren.«

»Ah . . .«

Violen in einem leidvollen Kampf. Die Erinnerung versucht einzudringen. Sie wird zur Schneide zwischen Leben und Tod, aber sie kann sie nicht trennen. Sie schmilzt, sie verwirrt sich. Ein gemischter Chor: Erinnerung, Leben und Tod sind eins. Ein feierlich würdiges Sichfügen, klaglos. Die Frauen allein, leise, langsam. Und erneut die Männer, gedehnt und schleppend: der Marsch setzt wieder ein. Ein Horn verkündet, daß sie angehalten hatten, und drängt sie nun weiter zur Ruhestätte. Sie gehen langsam, die Stimmen steigen empor, um die Illusion einer Hast zu schaffen, die der Qual entrinnen möchte; doch die Körper wollen sie verlängern.

»Nein, Sonntag ist niemand in der Pension. Alle gehen aus. Vor allem jetzt, da es so schön warm ist.«

»Hanna.«

Die Aufforderung der Harfe: Laßt uns ruhen und gedenken. Einen Augenblick. Laßt uns anhalten und gedenken. Der Marsch geht weiter. Der Tod ist schon mit uns.

Die Erinnerung kann das Leben nicht wieder wecken. Sie kann das Pochen eines Herzens, den Schweiß in einer Hand, den Wimpernschlag lebendiger Augen nicht zurückbringen. In ihren höchsten Höhen begleiten Geige und Viola die Leidtragenden, vervielfältigen sich und nehmen schließlich teil, als der Marsch unwillkürlich in einen Tanz übergeht.

»Hanna! Halt! Warte auf mich! Was ist los?«

»Nichts, wirklich nichts. Ich bin müde, das ist alles. Kümmre dich nicht drum. Ich bin müde vom Laufen. Wirklich, das ist alles. Komm, fang mich.«

»Hanna!«

»Es ist nur der Wind, wirklich. Er treibt mir die Tränen in die Augen. Immer. Fang mich!«

Die Stimmen der Frauen, als sich diese aus dem Trauerzug lösen und die Arme geschmeidig über dem Kopf bewegen. Ein Diminuendo schwächt und verleiht zugleich Glanz. Eine geisterhafte Freude führt die Tänzer mit geschlossenen Augen. Tanz und Trauerzug schreiten zusammen weiter. Sie erkennen einander. Einen kurzen Augenblick herrscht Freude. Und als sie aufgehoben ist, kehrt der Ton der Trauer nicht zurück. Ein anderer, natürlicher, fast alltäglicher Ton erklingt. Er lenkt sie ab. Er kontrastiert mit dem Leid, das so echt ist, wie die Freude echt war. Eine Feier nun. Jeder Akt, der uns vereint, muß festlich sein. Geburt. Hochzeit. Tod. Feste. Alles, was uns verbindet, was uns unserer Einsamkeit entreißt. Tanz. Ein Duell. Trunkenheit. Krieg. Ein Fest.

»Ich liebe dich.«

»Wir werden Zeit haben, Hanna. Mehr als genug. Ich verspreche es dir.«

»Sprich nicht. Komm.«

Eine glänzende, geisterhafte, freudige, schmerzliche Fuge. Die Orgel hält alle Bewegung auf. Den ach so kurzen Augenblick. Nur einen Augenblick. Der Totentanz ist eine Hymne an die Freude. Horch. Laß dich nicht ablenken, horch. Johannes Brahms. Zehn Jahre arbeitete er an dieser Säule aus Tönen und Stimmen, diesem Kranz, der sich nicht greifen läßt, diesem *Deutschen Requiem.* Er fand den Titel in einem vergessenen Heft seines Lehrers Schumann. Nun fast ein Pizzicato. Es stirbt, es endet. Die Tänzer kehren an ihre Plätze in der Prozession zurück. Die Stimmen schweigen, als das Horn ertönt. Der Marsch. Die Klage. Eine Bemühung, den Tanz zurückzuholen.

»Warum?«

»Es ist als lernte ich, mich deiner zu erinnern.«

Der Trauerzug hat seine eigene Erinnerung geschaffen. Erst an den Toten, den sie auf den Schultern tragen. Nun die Erinnerung an den Zug selbst, an seinen feierlichen Gang, seine Klage, seinen Tanz. Selbst das, was in diesem Augenblick geschieht, ist Erinnerung. Das Orchester beginnt all die losen Fäden wiederaufzunehmen. Die vorübergehend zerstreuten Stimmen vereinen sich. Was sie waren, wird nochmals betrachtet und erinnert, und dann brechen sie in trompetengleichen Jubel aus: eine Bitte um Wiederauferstehung, der Wille, neu geboren zu werden. Die vorher traurigen Blasinstrumente frohlocken nun in einer großen Doppelfuge dem Licht zugekehrter Gesichter und befreiter Stimmen, die dennoch das schmerzliche Horn vorausahnen, das Horn, welches das Verlangen verkündet und die Erfüllung versagt.

»Nein, Franz, nicht so. So will ich es nicht.«

»Verzeih.«

»Was soll ich dir verzeihen? Verlangen ist nie schlecht.«

»Es heißt, allein die Absicht genüge, verdammt zu werden.«

»Das ist albern. Es ist wie Musik. Nur wenn man sie spielt und hört, wird sie Musik. Ist es nicht wahr? Ich liebe dich. Aber ich brauche Zeit, um dich zu lieben . . .«

Ruhe. Bejahung. Heiterkeit. Genuß. Eine letzte rasche Bestätigung. Danach wieder Resignation. Niemand wird es begreifen. Johannes Brahms. Nachdem er zehn Jahre daran komponiert hatte, führte er das Werk in der Kathedrale von Bremen zum erstenmal auf. Die Weser mit ihren verschlungenen gelben Nebeln, ihrem Spiegel aus Öl und Benzin. Eine Kathedrale des 11. Jahrhunderts. Wuchtig, klar. Ein Steinskelett. Eisen. Schiffe. Textilien. Tabak. Zucker. Bremerhaven.

»Als kleiner Junge war ich in Deutschland.«

»Ich bin nie in Deutschland gewesen.«

Ein Augenblick der Ruhe. Einsamkeit. Die Stimme eines Mannes, eines einsamen Mannes, die sich über alles erhebt: *mein Herz.* Mit offenem Herzen singt er die Klage: »Sie gehen daher wie ein Schemen.« Der Chor wiederholt den Schmerz von fern. Wiederholt nur. Beginnt unter seiner Führung zu wachsen, und seine einsame Stimme hebt den Chor empor zum Gipfel der Erschöpfung. Der Chor bricht zusammen. Seine Stimme holt ihn zurück, gibt ihm neue Worte: »Mein Leben.« Mein Leben ist euer Leben.

»Nein, ich habe mich über nichts zu beklagen.«

»Wirst du auf mich warten?«

Das Orchester – leicht, klar geschieden, frei von allem Übermaß – transponiert die Melodie von Instrument zu Instrument. Die Stimme des Mannes beherrscht, die Stimme der Klage und der Befreiung, der Verzweiflung und des Glaubens, und sie schafft eine Oase in der Wüste des Todes, versammelt das glänzende Blech. Er bittet, alles möge vergessen sein, selbst dieser Tod, der sie vereint. So daß sie sein können. Um zu sein. Sie werden es nicht verstehen. Niemand wird es verstehen. Um zu sein. Requiem.

»Auf Wiedersehen. Auf Wiedersehen, Franz. Schreibe mir. Franz, Franz, vergiß mich nicht.«

»Laß mich los, Hanna. Ich muß jetzt gehen. Ich werde dir schreiben.«

Ein deutsches Requiem. Nicht mit den Worten der Liturgie. Nein. Die Worte der Liturgie beten für die Toten angesichts der Schrecken des Jüngsten Gerichts. Diese hingegen sind Worte des Trostes. Sie versuchen die Lebenden mit Leiden und Tod zu versöhnen.

»Wer bist du? Sag es mir. Ich frage dich.«

»Verzeih. Ich darf nicht zu spät kommen. Laß mich vorbei.«

Bach: *Actus Tragicus. Cantata 106.* Bach erbittet Liebe und Beistand des Erlösers, der die Seelen der Toten in eine bessere Welt geleitet. Nicht so Brahms. Dies ist ein deutsches Requiem. Sprich nie diesen Namen aus: Christus. Denk nicht einmal an ihn. Das ist für die, welche glauben. Aber die Stimme des Erlösers ist noch da. Der vierte Satz. Süße. Der ewige Dialog zwischen Mann und Frau. Das Leben wird angenommen. Eine Absicht, alles zu vermenschlichen. Schmerz und Tod unser zu machen. Sie zu benennen und zu erkennen, damit sie zu unserem Besitz werden. Alles wird vergehen, vergehen. Tröstet euch.

»Bedaure. Den Namen haben wir nicht.«

»Verzeihung. Heil Hitler!«

Und der Mensch wird dauern. Wird arbeiten. Lieben. So. Wie immer. Wir werden wieder sein, was wir einst waren. Wir werden arbeiten. Die verbrannten Häuser wieder aufbauen. Singen und die Bierkrüge dazu auf den Tisch schmettern. Über eigenes und fremdes Unglück weinen. Unsere Frauen, Eltern und Kinder lieben. Wir werden hoffen und uns bemitleiden lassen. Wir verdienen Mitleid. Denn nun sind wir schwach. Ah: die Mutter. Die Stimme der Frau. Der fünfte Satz. Er entspricht dem dritten. Er ist die Antwort. Vereinigung mit der Stimme des Mannes. Das Solo der Frau erinnert uns wieder an unseren Verlust, tröstet uns mit Zärtlichkeit.

»Setzt sie auf die Liste.«

»Und der Junge?«

Das Solo des Mannes wird in einer anderen Sphäre bestätigt. Auch die Mutter stützt das Tempo und die Kraft des Marsches. Macht und Recht verleiht sie eine zarte Würde. Sie sagt uns: »Auch wir litten und verstanden und bewährten uns. Gehen wir weiter.« Sie bereitet uns auf neue Mühsal vor. Sie tröstet uns. Kein Adler jetzt, kein Feuer, nur die Stimme unserer Mutter, die uns im Feld aufliest, uns heimführt und uns heimlich Rückkehr und Wiederauferstehung verspricht. Leise sagt sie uns, daß wir besiegt sind. Ein Horn ertönt. Der Chor fordert Gericht.

»Ja. Gestern um sechs Uhr früh.«

»Auch er?«

Nun verkündet die Stimme des Mannes Tage des Zorns. *»Dies irae. Dies illa. Solvet saeculum in favilla. Teste David cum Sybilla.«* Der Chor zweifelt. Tod, Niederlage und Vertreibung haben ihn geschwächt. Aber die Stimme des Mannes erhebt sich wieder. Sie beherrscht den Chor, verleiht ihm Flügel und Stärke. Und als der Chor ihn unterstützt, erlaubt er sich einen Augenblick der Zärtlichkeit. Der Chor trägt ihn auf seiner Welle empor und zum letzten Satz. Und wieder der erste Satz. Marsch, Prozession, und die Adler erscheinen von neuem auf den goldenen Standarten, die schwarzen Fahnen entfalten sich wieder. Sie waren Menschen, sie waren die unseren. Wir werden nicht dulden, daß andere über sie zu Gericht sitzen. Sie sind unsere Toten. Mögen sie ruhen. Obwohl sie gestorben sind, leben wir.

»Franz, Franz! Heute abend spielen sie Brahms' *Requiem* im Palastgarten!«

»Ich besorge die Karten. Wir treffen uns dort.«

Der unsere Kälte berührt, wird sich die Finger verbrennen. Ein vereistes Herz speist unsere Tränen.

»Über tausend Jahre gehörten die Provinzen Böhmen und Mähren zum Lebensraum unseres Volkes. Nachdem die Tschechoslowakei ihre Unfähigkeit im Lebenskampf bewiesen hatte, fiel sie ihrer eigenen Zersetzung zum Opfer. Das Deutsche Reich kann nicht ständige Unruhen in diesen Gebieten dulden.«

»Hanna, mein Mädchen, mein Mädchen, mein Mädchen.«

Lachend stelltest du das Radio ab. »Brahms in der Karwoche, da fehlt's an Ehrerbietung!«

»Wie machen wir es heute nacht?«

»Ich lasse mir etwas einfallen. Warum?«

Isabel lachte und kitzelte Javiers Ohr.

Auf der Ebene standen geschwärzte Ruinen alter Haziendas. Ausgebrannte tote Mauern, Felder, die danach nicht wieder bestellt worden waren. Hohe fensterlose Mauern mit gähnenden Löchern. Türme aus dunklem Backstein. Alte Holzzäune, über die das Feuer hinweggegangen war. Verlassene rostige Zuckerrohrpressen. Hochrädrige Karren. Ausgebrannte Ställe, Kornkammern, vage Erinnerungen an Patios. Leere Felder. Einsame zerfallene Türme alter Haziendas.

»Rechts geht es nach Cholula ab«, sagte Javier.

Javier sagte: Ich werde dich nicht beachten. Ich werde in Isabels Zimmer zurückkehren. Nein. Ich werde im Gang stehenbleiben und durchs Schlüsselloch spähen. Dunkelheit. Vorsichtig werde ich die Tür öffnen, und du wirst nicht aufwachen. Immer gelingt es dir, mich zu enttäuschen. Und dazu gehört nicht wenig. Du murmelst etwas, schläfst also nicht. Du hast meine Rücksicht nicht verdient. Jetzt werde ich nicht dir, sondern mir zuliebe leise sein. Barfuß werde ich auf Zehenspitzen das Zimmer durchqueren. Barfuß, weil ich meine Schuhe in Isabels Zimmer vergessen habe. Wie ein Schatten der Nacht werde ich ins Bad schleichen. Ohne Licht zu machen, werde ich meine Pillen finden und eine davon nehmen. Ich kenne sie an ihrer Größe. Da, ich werde sie schlucken. Ich will keinen Magenkrampf, und ich weiß, einer ist im Anzug. Die Pille wird ihn aufhalten. Ich werde mich aufs Klo setzen und warten. An etwas anderes denken. Genau wie beim Lieben. Da sind Probleme, die ich bedenken und lösen muß, dafür bezahlt man mich. Und Montag werde ich wieder im Amt sein. Ich muß diese Empfehlungen prüfen, ehe sie nach New York abgehen. Ich werde betonen, daß keine hohen Importpreise festgesetzt werden dürfen, wenn nicht zugleich die Rohstoffpreise reguliert werden. Den Wirtschafts- und Sozialrat ersuchen, seine Ergebnisse der Generalversammlung zu unterbreiten. Aaaahhh, endlich. Und Goodchild intrigiert und will mir übergeordnet werden. Ich werde nach New York müssen, um das zu verhindern. Das Ministerium für Auslandsbeziehungen wird vermutlich hinter mir stehen. Sie dürfen Lateinamerikaner nicht diskriminieren. O nein. Resolution ... in meiner Aktentasche, Resolution dreihunderteinundvierzig, Paragraph zwölf. Soll er doch manchmal zu etwas nütze sein, warum also nicht jetzt. Aaahhh, wieder. Was für ein Tag ist heute? Mittwoch. Mittwoch, nicht Gründonnerstag? Mittwoch? Ja, soll er doch endlich zu etwas nütze sein. Nein, es ist Sonntag. Erst Sonntag. Wann führen sie die Passion auf? Jeden verfluchten Tag. Jeden Tag Hunger und Agonie. Wird es je einen Tag geben, der anders ist? Der Tag, an dem ich sterbe, vielleicht. Wir alle müssen sterben. Und Ligeia wird neben mir sein und mich daran erinnern, daß wir das ganze Leben und damit auch den ganzen Tod geliebt haben. Und endlich werde ich über sie lachen können, nicht mehr auf sie hören und allein sein mit meiner Angst, ich könnte wissen, daß ich sterbe, könnte dessen gewahr werden. Verdammt, ich muß noch eine Pille schlucken. Ja, bewußt zu sterben, im Augenblick des Todes die Gewißheit des Todes zu besitzen. Bevor sich die Ewigkeit erkennen läßt. Und wieder eine Wartezeit, länger als diese. Tot sein und vergebens warten, daß die Ewigkeit anbricht, tot sein und weiter warten. Ligeia wird recht gehabt haben, und der Tod wird nichts sein als ein anderes Leben mit denselben alten Regeln. Ich erinnere mich an ein Bosch-Gemälde im Museum von Rotterdam. Gestalten im Paradies, aber das Paradies hat seine eigene Hölle, eine Hölle, die sich wiederum auf einen noch schwärzeren Abgrund öffnet. Kein Ausweg. Denn unsere Vorstellung enthält alle Möglichkeiten und begleitet uns überall hin. Harvard. Sommer. Aufgeblähte Kondome treiben auf dem Charles River. Und ich verliebt in Ligeia. Ich dachte, du verstündest. Es war dort und damals. Hast du je begriffen, wie ich dich liebte, fern, doch jederzeit gegenwärtig in meiner Vorstellung? Die dargestellte, erinnerte Natur, nicht die Natur selbst, die du gern sein wolltest. Meine attische Stele, fern, reglos, erstarrt, unerreichbar, vollkommen, eine Frau, die all meinen Hunger nach Abwechslung, meine geistige Polygamie fassen und stillen könnte . . .

Ameisen, eine Welt von Ameisen, und Javier wollte ihr seine Aufmerksamkeit schenken, Elizabeth, weil sie, wenngleich winzig, alles enthielt. Er folgte den Ameisen, und dies führte ihn über die gesamte Länge der Insel Delos, denn die Ameisen hatten von allem Besitz ergriffen. Sie schleppten mikroskopisch kleine Marmorsplitter. Dies faszinierte ihn. Nach und nach, Körnchen für Körnchen trugen sie im Lauf der Jahrhunderte das Hermes-Haus und den Tempel der Isis ab. Und du wolltest nicht die Ameisen betrachten, sondern verweiltest im Haus der Masken, denn dich fesselte das Bacchusmosaik des Bodens. Du unterbrachst Javier in seinen Beobachtungen, zwangst ihn herzusehen und erklärtest ihm, als sei es für seine Augen nicht gegenwärtig: Der Panther, zugleich feierlich und lebendig, hebt eine Klaue und trägt ein Halsband aus Akanthusblättern, während der Gott mit einer Friedenslanze (Bänder und Lorbeer) und einem Spiegel in den Händen auf ihm reitet. Narzißtisch betrachtet er sich. Der androgyne Dionysos; Perlen schmücken seinen Hals, die Brust ist bedeckt, nackt der Leib, breit die Hüften, und die zusammengerollte Tunika fällt über die Flanken des Panthers. Die Ameisen, erzähltest du mir, strömten durch das gelbe Auge des Panthers, zernagten es, blendeten es, und Javier folgte ihnen, ohne auf die Mosaikmasken, die einander abwechselnden Teufel und Engel mit den falschen Gesichtern zu achten; er ging hinaus in die Trümmer der Mauern, Säulen, Straßen, Giebel, Tempel und Portikos, aus denen Apollos Licht hätte geboren werden sollen. Ameisen und Wind, Sommer und Disteln hatten ein zweites Delos gebildet, das du ohne Führer erkundetest. Offen lag es unterm Himmel, das Delos der verlorenen Gesichter, die verwittert, wenn nicht gar vom Rumpf getrennt waren. Die heidnische Isis im Mittelpunkt eines Tempelchens aus zwei Säulen und zwei Strebpfeilern. Seine künstliche Schlichtheit stach von der wirren Pracht der geäderten Felsen und gelben Disteln ab, auf denen sich das fremdländische Heiligtum des zweiten Pantheon erhob. Braun wie der Stein sprangen Chamäleons zwischen den Felsen herum oder dehnten sich auf den zerstreuten Statuen von Kleopatra und ihrem Gemahl Dioskurides, von Artemis und ihrem Hirsch, von Kybele, auf dem großen Phallus aus porösem Marmor, der über ungeheuren Hoden aufragt. Das Wasser in den Tümpeln zwischen den Ruinen und auf dem Grund der Zisternen stagnierte. Javier beobachtete diese Einzelheiten, während du den Blick hobst und nach einer Ganzheit suchtest, die alles umfassen würde, eine greifbare, hörbare Einheit in dieser toten Welt, die kein überlebendes oder wiederauferstandenes Geschöpf aus deiner Welt besitzt. Delos ist kein Museum. Es ist nicht das Alte, das für den modernen Beschauer bewahrt wurde. Noch ist es ein Kontrast, der die Definition eines ihm fremden Lebens vertiefen kann, eine Vergangenheit, die – so schrieb Javier in sein Heft – uns vielleicht über einige unserer Mängel trösten könnte, wenn es uns gelänge, sie festzuhalten oder in die moderne Hetze einzufügen. Noch ist es eine Ruine, die neben Lebendigem ragt, dem der alte Stein gleichgültig ist, neben Fischern und Bauern, den Nachkommen der alten Gesichter; es gibt keine Nachkommen auf Delos, niemand lebt dort, auf Delos gibt es nur Delos, nicht den Menschen, nur das, was Zeit, Wind, Sonne und Ameisen aus dem alten Delos gemacht haben. Dennoch ist Delos nicht tot. Und deine Augen, Elizabeth-Ligeia, beharrten an jenem Morgen darauf, alles zu erfassen, zu verschmelzen und ein vollständiges Bild der trockenen Berge und nackten Felsen davonzutragen, nach denen sich hier, wie überall in Griechenland, die Marmorarme aus einer undurchdringlichen Trauer und Ferne um Rettung ausstrecken, hier unter der Sonne am Meer. Ah, Tigrin, auch hier beharrtest du wieder darauf, eine Illusion zu schaffen. Du, die junge Frau, träumst auf dem Gipfel des Kynthos-Bergs. Wenn Javier den Blick senkt, um die winzige greifbare Wirklichkeit zu betrachten, dann unterbrichst du ihn und zwingst ihn, zu deinem Traum aufzusehen. Deine Phantasie drängt sich seiner Beobachtung und seinem Denken auf. Seite an Seite geht ihr, seine Hosen berühren deinen Rock, und du fühlst dich getrieben, ihn hinabzuziehen zu jener genügsamen Lüge, die uns tröstet und lähmt . . .

»Glaubtest du, es sei später gewesen? Nein, es war damals und es war dort. Dort, dort . . .«

. . . als ihr an diesem heißen Septembermorgen schutzlos und schwitzend unter der brennenden Sonne zwischen den Felsen hinabstiegt, nähertet ihr euch der fernen schönen Inselspitze mit derselben Angst. Er hielt deine Hand und hätte gern eine Antwort für dich gefunden, aber deine Fragen an jenem Nachmittag, als ihr nach Mykonos zurückkehrtet – auf einer Ägäis, die allmählich ihre sommerliche Stille verlor, die *Meltemi* hin und her warf und die geflickten Segel schwellte – deine unausgesprochenen Fragen erlaubten ihm nicht, zu antworten.

»Und was für ein überwältigender Gedanke war es denn, der dir in den Ruinen von Delos kam, Ligeia, daß sich dein Phantasiegebilde in eine Geißel verwandeln konnte, als wir in dem Restaurant auf der Mole aßen?«

»Oh? Hast du einen freien Augenblick, um mir zuzuhören? Du mußt doch nicht gerade jetzt etwas niederschreiben?«

Ihr trankt türkischen Kaffee zusammen, Javier zahlte, und ihr standet auf und gingt im gleichen Schritt zur Matoyannia und den hohen weißgekalkten Treppen mit dem gestrichenen Holzgeländer, die von der Straße unmittelbar zu den Steinbrüchen darüber führen.

»Aber du bringst es nicht sehr glaubhaft vor, mein Liebling. Wenn du vorgibst, deine Muse schinde dich, dann scheinst du wirklich nicht im geringsten beladen. Zumindest nicht mit Inspiration.«

Schlechtrasierte Männer in weißen Hemden und alten Mützen, mit Körben beladene Esel: Trauben, Feigen, Tomaten, Kürbisse. Ihr gingt vorbei an Alefcandra, wo die weißen Häuser mit moosigen Rändern in den Golf abfallen und ihre zerfressenen grünen Holzpfähle zeigen, die wie ein Schiffsrumpf mit Muscheln überzogen sind.

»Eines heuchelst du nicht gut: daß du nicht heuchelst. Es ist durchsichtig, Javier. Lüge, Lüge. Du bist nicht so verdammt müde. Nur meiner bist du müde.«

Javier blickte zum Berg auf. Die Kirche von Paraportiani, die Sandburg seiner Kindheit, der Ferien, die Ofelia und Raúl versprochen, doch nie eingelöst hatten, eine weiße Sandburg mit glatten Kanten, von zwei Händen mehr liebkost als gebaut, die zurückblieb, um in der Sonne zu kristallisieren, um von den Wellen harten weißen Wassers abgetragen zu werden.

»Aber vielleicht habe ich unrecht. Betrachten wir es von einer anderen Seite. Du fürchtest, du könntest mich übersättigen. Kann das sein? Gib es zu, Javier. Darum bleibst du so lange an deiner Arbeit. Ich . . .«

Ihr betretet die Hagia Heleni. Ein goldener Bauch, ein Kloster, in dem du nicht atmen kannst. Weihrauch steigt zu dem schimmernden Kreuz, bis zu dem Kupferkandelaber auf. Durch eine sehr hohe, sehr schmale Nische fällt Licht. Die Wände sind bedeckt mit Ikonen aus stumpfem Gold. Javier geht vor dir her, und deine Stimme verfolgt ihn: »Ich soll nicht denken, daß du ...«

Fünfzig Heilige, Apostel, Jungfrauen, Märtyrer, Patriarchen und Priester, jeder einzelne von einem Goldkreis gerahmt, umgeben die Jungfrau von San Cirilo. In den Armen hält sie das Kind, das mit einer Hand ihren Mantel hebt und sie auf eine geheime, ja verbotene Weise zu beherrschen scheint.

»Daß du verfügbar seist ...«

Javier eilt eine weiße Straße hinunter, vorbei an der Statue von Mado Mavrogennous, der Heldin von 1821. Hinter ihm klappern deine Sandalen auf dem Kopfsteinpflaster.

»Fürchte dich nicht, unsere Liebe zu erschöpfen. Wenn du der deinen traust, Javier, dann sorge dich nicht um die Schwäche der meinen.«

Du folgst ihm durch die Gasse, an der Jacke Spuren des weißen Verputzes. Viele kleine Schreine. Rechts und links reihen sich hohe Stühle. Das Weiß blendet und ermüdet Javier, und er sucht Befreiung davon. Verkäufer von Kaktusblättern und Kastanien. Müller, die im Zwielicht die Segel der Windmühlen aufrollen. Kinder mit kurzgeschorenen grindigen Köpfen. Alte Frauen mit riesigen Wollknäueln und Augen, denen nichts entgeht. Seeleute, die schwitzend Boote auf den Sand ziehen. Träger mit improvisierten Jutekappen und Hosen, die bis zu den Knien aufgerollt sind.

»Meinst du, wir sollten uns einander nur nähern, wenn alles vollkommen ist? Ich verstehe, Javier. Aber du hast unrecht.«

Wieder sitzt ihr im gleichen Café mit dem Blick auf die Bucht. Die Nacht bricht herein. Ihr bestellt Ouzu, und sie bringen euch die weiße Flasche.

»Bitte, Javier, ich verstehe. Aber unsere Liebe ist da, um verschwendet zu werden. Ich will nicht nur die seltenen vollkommenen Augenblicke, Javier, Javier, verletze mich nicht. Liebe ist geschaffen, um verschwendet, um ausgegeben zu werden. Nur indem wir sie verschwenden, können wir ihr Dauer verleihen. Nur wenn sie verbraucht ist, wird sie sich erneuern. Gib dich mir. Nur gebend wirst du empfangen.«

Weiß, ausgeblutet und erschöpft, sind sie lebendig, die Wächterlöwen der Insel Delos? Javier fürchtete zu ihnen hinabzusteigen; und auch du. Denn sie sind da, und sie sind nicht da. Sie sind da, weil ihre Hinterbeine für immer in den Steinsockel eingesunken sind, weil ihre aufrechten, sicheren Vorderbeine bereit sind, sich auf jeden Frevler zu stürzen; sie sind da wegen der langen Leiber und kraftvollen Rippen, der verwitterten Köpfe, offenen Rachen und traurigen Augen. Aber sie sind nicht da, weil dein Delos selbst nicht da ist, Elizabeth. Es ist ein Traum, ein Phantasiegebilde, und alles, was es enthält, ist Traum. Nur für dich existiert es. Und du möchtest, daß deine Männer – ich, Franz, Javier – sich in die Illusion hineinziehen und von ihr anstecken lassen, an ihr teilhaben. Als du und Javier vor den Löwen von Delos stehenblieb, wagtest du auszusprechen, daß sie ein Geheimnis, ein Wunder, eine Überraschung enthielten. Javier schwieg. Und an jenem Nachmittag in Mykonos verfolgtest du ihn auf dem Heimweg wie eine verschmähte bittere Furie, hetztest ihn . . .

»Du wolltest mich besiegen, Ligeia. Immer schon wolltest du mich besiegen, mich von meinen Zielen ablenken, mich bezwingen und in den Riten deiner Sinnlichkeit ertränken. Und ich hatte dich begehrt, weil ich eine Brücke zwischen meiner Welt und der Welt des Seienden brauchte. Du gabst sie mir nicht. Du gabst mir nur einen Appetit, der stets geweckt war, stets darauf wartete, befriedigt zu werden. Du verlangtest, ich solle mich darum kümmern und um den Traum, den du darauf gebaut hattest, eher als um meine eigenen Bedürfnisse. Sei still. Sei still, es reicht! Nie wirst du begreifen, wie sehr du mich zerstört hast.«

Du brachst in Gelächter aus.

Im ersten Kapitel seiner *Büchse der Pandora* schrieb Javier: »Ein Roman offenbart, was die Welt enthält, doch noch nicht entdeckt hat und vielleicht nie entdecken wird.«

»Das sieht hier aus wie die Szenerie aus einem Film von Pedro Armendáriz und María Félix.« Isabel lachte und drückte das Gaspedal tiefer.

Du wandtest dich um und sahst deinen Mann an, der neben Franz saß. »Ich kenne all deine Mängel.«

»Ein Vorteil ist, daß man mit der Unschuld zugleich auch die Vorurteile verliert«, erwiderte Javier.

»He, wir fahren in Cholula ein«, sagte Franz.

»Hört!« riefst du, Tigrin. »Hört, ich werde alles erzählen! Heraus damit, mit allem!« Du sahst sie an, von einem zum anderen, und fandest nur geduldig tolerantes Lächeln. Es war nicht nötig, daß Javier sich vorbeugte, scheinbar, um deine Zigarette anzuzünden, und flüsterte: »Auch ich erinnere mich, Ligeia, aber sprich nicht davon.«

Laut fuhr er fort: »Als Kind kritzelte ich auf Toilettenwände die Worte, die ich niemandem ins Gesicht zu sagen wagte. Bittere Beleidigungen ... Später wurde mir dann klar, daß Bücherschreiben auf das gleiche hinausläuft ... Beleidigungen und Angriffe in die Namen fiktiver Personen verwandelt. Aber glücklicherweise entsprachen sich mein Traum und mein Leben, und jederzeit ließ sich das andere herbeirufen. Und du, Franz?«

»Ich habe es schon zuvor gesagt. Die kleine Wahrheit wird zur großen Lüge. Und mit den Lügen ist es dasselbe.« Isabel stellte das Radio leiser, um zuzuhören. »Zum Beispiel ist es eine kleine Lüge, daß der Angeklagte immer steht, während der Ankläger kniet. Dennoch ist es eine große Wahrheit. Es ist das, was wirklich geschieht.«

»It's so nice to have a man around the house«, sang Eartha Kitt.

Du lachtest, Elizabeth, Ligeia, Tigrin. »Ich wollte dir etwas sagen, Javier. Wir schlafen miteinander und sprechen und schreiben die Worte der Liebe nur, um zur Unwirklichkeit der Welt beizutragen. Um aus dem Leben eine etwas bessere Lüge zu machen.«

Javier nickte. »Wir sagen manches, was dem Leben fremd ist. Und wir fürchten, die Welt könne diese Fremdheit einfach hinnehmen und uns irgendwie zu verstehen geben, daß dies alles schon gesagt wurde, daß es uns nicht gelang, zu überraschen, daß wir sie nicht im geringsten verändert haben.«

»Zero hits, zero runs, one big error«, sagte Isabel. »Ein großer Irrtum.« Sie lachte allein. »Und wer braucht den neuen Manager, der Schriftsteller oder die Welt?«

Auf dem Platz von Cholula stieg ich aus meinem Bus und sagte zu dir, Tigrin, obwohl du es nicht hörtest: Es ist nicht schlimm, eine Hure zu sein, sondern eine Hure, die sich nicht verzinst. Schlimm ist es nicht, ein Dieb zu sein, sondern ein schäbiger Taschendieb. Schlimm ist nicht, ein Betrüger zu sein, sondern ein ... Aber zum Teufel, was soll's schließlich? Wichtig sind allein Harem und *sideshow,* der Karneval, der uns ein wenig zerstreut. Der Magier Simon zum Beispiel. Simon Magus, der die Mutter jedermanns suchte, die Mutter des Tempels, die Mutter jedermanns, die zärtliche Hure, die in Irenäus' Übertragung zu Helena wird, wegen deren Haut die Schiffe Trojas in See stechen, Helena, die von Körper zu Körper wandert, bis sie schließlich im Bordell landet: unser kleines verlorenes Lamm, das einzige Lamm, das Erlösung verdient. Aber Hippolyt sagt es klar: Die ganze Erde ist nur Erde, und es ist ziemlich gleichgültig, wo man sät, solange man überhaupt sät. Und als Simon der Magier nach Rom kam, befahl er seinen Anhängern, ihn lebend zu begraben, damit er am dritten Tage wiederauferstehen könne, und er fand den Einfall großartig. Sie gehorchten, gruben sein Grab, legten ihn hinein und warteten drei Tage und viele mehr, aber Simon Magus stand nicht wieder auf, weder damals noch später. »Nein«, fügt der boshafte Hippolyt hinzu, »denn er war nicht der Erlöser.« Nun gut, doch es geht am Wesentlichen vorbei. Wesentlich ist nämlich, daß ein orthodoxer Glaube nicht stärker und nicht schwächer ist als Irrlehren, die ihn in Schwung halten. Ein Dogma ohne Häresie ist kalter Kaffee, Tigrin. Denn wenn die orthodoxe Lehre den zentralen Mondschein eines Glaubens absorbiert, dann können alle Meinungen und Riten am Rande – das mitternächtliche Auge, des Sehers Kristallkugel, die Fangzähne des Vampirs – nur als Ketzerei leben, nur *by going underground,* in der

Hoffnung, eines Tages vom Purpur der bindenden Weihe berührt zu werden. Die Schönheit eines gutgemachten Evangeliums liegt darin, daß es zwei Gesichter hat, und es überlebt genau darum, weil wir Zahl oder Adler damit spielen können. Pascal, ein Dracula, der von Kloster zu Kloster zog, schockiert uns: »Die Erde ist nicht die Heimstatt der Wahrheit; verloren und unerkannt wandert die Wahrheit unter den Menschen.« Und das Testament deines alten Stammes sagt selbst: »Folge nicht der Menge.« Was, wenn der blondhaarige J. C., dieser erste Hippie unserer Ära, mit Rom und den Pharisäern Frieden geschlossen und sich zu ein paar friedlichen Partien Rommé mit Ischariot zusammengesetzt hätte, als wäre sein geistliches Amt ein Film von Buñuel? Oder was, wenn er dem Seifenhandel von Pilatus, Procter & Gamble beigetreten wäre? Unsere Schwarzröcke erkennen nicht, daß der gekreuzigte Heilige Geistling in Wahrheit der erste Psychopath der Geschichte war, der erste Menschensohn, der seine eigenen Wege ging, der, wollte er uns heute herumkriegen, sich sein Motorrad zwischen die Beine klemmen würde, Schutzbrille und breiten Gürtel umgeschnallt, oder seinen Hintern zum Watussi schüttelte, um alles Scheinheilige abzuschütteln. Und daß er Tote wiederauferweckte, auf dem Wasser wandelte und von den Kaminen des Viertels auffuhr: reine Schocktherapie, denn damals wie heute war der Schock die einzige Art, zu weihen. Nimm an, J. C. hätte die Politiker-Sportler des P. R. I. auf seiner Seite gehabt oder den Meistermanager L. B. J.; Jesses, er säße noch immer in Israel fest, begraben in seiner kleinen Provinz, und das Neue Testament müßte von Theodore White geschrieben werden: *The Making of a Saviour,* A. D. 32. Nein, was immer er war, Christus war kein einfältiges Gemüt. Er war *cool* genug, dem sogenannten Menschengeschlecht ein neues Nervensystem zu bescheren, und darum erschien er den Spießbürgern der Zeit als unerwünscht. Der Spießbürger hat immer schon alles ausgearbeitet, einen Kode, der alles erfaßt, eine Regel für jede denkbare Gelegenheit. Aber der Hipster, der Sohn des Menschen, der aus seiner Mitte heraus lebt, muß alles aufs Spiel setzen, denn nur so kann er die Gegensätze verschmelzen, die Pole des Lebens integrieren und verhindern, daß ihn jeder Zufall bremst. – »He, mach mal Pause.« Und wem kannst du trauen, Tigrin, wenn nicht denen, die nur von sich selbst abhängen: Huren und Betrügern, Künstlern und Verbannten, Flüchtlingen und Einsiedlern, kurz, den Ketzern, den Kindern des Herrn, die eins sind mit den Kindern Marias. Die Geschichte unseres strahlenden jungen Meisters ist einfach die Geschichte einer individuellen, apokalyptischen, verheerenden Energie, die damals wie heute die einzige Rettung ist. Genau das wollte er uns sagen. Komm herüber auf die andere Seite, meine Magdalena, laß sie nicht auf dich pissen, und ich werde dich mit Wasser vom Toten Meer ernüchtern. Und ihr, meine zwölf Hooligans, laßt uns hier abhauen, denn die Zeit läuft uns davon, und wir müssen noch die Händler belehren, ob Geschäft immer Geschäft ist, und Aussätzige kriechen wie Läuse um uns herum, Kinder warten, klein und voll Angst vor meinen zu langen, zu unheimlichen Klauen, und nicht zuletzt habe ich eine Verabredung mit meinem Vater einzuhalten. Auf, *cats,* auf. Und plötzlich konnte nur Lautréamont die Parabel von den Kindern ergänzen: sie enden verstümmelt. Das gefällt dir nicht, was? Schau, Tigrin, das Neue Testament erzählt uns in Worten, die *beat* genug sind, um fast klar zu sein, daß J. C. ging und ging, *going cool and high, crazy and open, clawing, digging it, swinging, with it.* Und wenn du dem Kerl den Kredit gibst, den er verdient, dann mußt du zugeben, daß er Zeit und Ort gut wählte und genau im richtigen Augenblick den Vorhang fallen ließ. Solch einer – *a cat like that* – lebt nicht, um an Altersschwäche zu sterben, Tigrin, in seiner Zimmermannsbude, die Brust von Antiphlogiston verklumpt. Nein: er wird jung geholt und geht geradewegs zum haarigen Berg von Ixtapalapa, stirbt jung wie James Dean und John Garfield und Dylan Thomas und Brendan Behan und Raymond Radiguet und Shelley, Novalis und Isidore Ducasse, ganz zu schweigen von Majakowski, Kleist, Puschkin, Sergej Jessenin, Aleksandr Blok und Gaudier-Brzeska: ein Jahr länger, und es hieße, da geht der alte Landstreicher mit Taubendreck auf der Stirn statt der Dornenkrone. Weißt du, warum er der

Versuchung in der Wüste widerstehen konnte? Weil er sein eigener Versucher war, sein eigener hinkender Satan. Gott, stell dir vor, was geworden wäre, wenn ihn das Establishment dazu gebracht hätte, sich auf einer Couch auszustrekken, sich alles von der Seele zu reden, seinen Verfolgungswahn, seine Komplexe in bezug auf seinen heiligen Vater und seine jungfräuliche Mutter, seine doppelte Persönlichkeit ... oder war sie dreifach? Dann adieu, Kalvarienberg, und er ist erledigt und steckt bis zum Halse im Sand, *en attendant Golgotha.* Ich sage dir, Tigrin, er machte es ihnen verdammt schwer, denn keiner wußte sicher, ob ein wahrer Anhänger Fischer und Hahnenkämpfer sein sollte oder einer mit pharisäischer Routine, Barabbas und Judas Ischariot und meine geschmähte Magdalena und die ganze Liga, ob er ein Saul Stalin *(Qui jacet S. S.)* sein sollte oder einer von denen, die den klassisch spirituellen Roué spielen, ohne jedoch in Versuchung zu geraten oder die Wahrheit zu entdecken. Nimm etwa die Gnostiker: sie schicken den Glauben zum Teufel, wenn sie das zur Erkenntnis, zu einem stets geheimen diabolischen Wissen führt, in dem das Universum selbst eine große unbeantwortete Frage wird. Und nie wurden sie es müde, mit ihren Fragen einen leidenden Gott zu behelligen, den Schöpfer der schwarzen Welt, die nun ihren Weg ohne ihn ging. Herrenlos. Dann schrieben sie sich die phantastische Literatur ihrer Evangelien von der Leber. Hier ein Beispiel: Nicht Christus wurde gekreuzigt, sondern Simon von Kyrene; Christus, der sich totlachen wollte, hatte sich zu den Hügeln des Herrn getrollt, wo der Wein fließt und die Salomes sich fröhlich auf den Rücken legen. Lies gut deinen Klemens von Alexandria, Tigrin. Dort wirst du erfahren, daß die Gnostiker das Zeug hatten, Kain zu rehabilitieren. Und wenn es je einen Flüchtling gab, einen Verfolgten und Außenseiter, dann war es Kain, der Sohn, den der grausame Gott-Macher zurückstieß, der Gott, der noch vor der Schöpfung war. Der blondhaarige Christopher, der Gott-Entdecker, schalt Ihn einen Narren, doch er wurde von den bigotten Priestern betrogen. Wer verdient die Erlösung mehr als Kain oder die Sodomiten oder Esau oder Judas selbst, der Christophorus spielend auf die Matte legte und ohne den die Kreuzigung nie stattgefunden hätte und ergo . . .? Die aufsässigen Gnostiker nahmen schon den großen Hirten, den Marquis de Sade, vorweg, dehnten die Rettung auf die Verdammten aus und machten sie zu den Unsrigen. Denn wenn der Heiland kam, um zu retten, warum, in Gottes Namen, sollte die Kirche dann verdammen? Und meinst du, das wäre alles gewesen? Du kennst sie nicht, Tigrin; die Gnostiker waren keine kleinen Buben, um auf halbem Wege haltzumachen. Sie gehen weiter und sagen dir, daß du, um deine Lüsternheit zu bekämpfen, ihr nachgeben und sie auskosten sollst, daß du, um deine Sinnlichkeit auszurotten, sie befreien und befriedigen mußt. Denn wenn uns alle eine göttliche Natur beseelt, ist dann das Gute nur das, was ein äußeres Dogma, die christliche Lehre, befiehlt? Warum zum Teufel hat jeder einzelne von uns an der göttlichen – Gnade – teil, wenn nicht, um seinen eigenen individuellen, überraschenden, ja selbst ketzerischen Weg zu gehen? So sieht das also aus, Tigrin. Das nennt man das Schwert bis zum Heft verschlucken, und hat uns nicht der Blonde gesagt: »Es gibt Eunuchen, die Eunuchen wurden, nur um das Himmelreich zu gewinnen.« Du siehst, die Gnostiker legten ihre Eier auf den Tisch, damit Baudelaire und Breton, Genet und Miller geboren werden konnten, damit wir den Amerikanischen Traum träumen konnten, der in den feudalen Schlössern von Beverly Hills die Verbrechen des Mönchs Ambrose inszeniert, mit der Blutigen Nonne, der Belle Dame Sans Merci, der Pollyanna Equanil unserer onanistischen Träume; du kannst seine Schritte auf den Teppichen der gläsernen Gefängnisse hören. Und als Polikarp Marcion sah, rief er: »Ich kenne dich, Erstgeburt des Satans!« nur weil Marcion, dieser Inbegriff eines Hipsters, als erster verstand, daß Gott der Fremde, der völlig andere ist: denn wenn die Welt lediglich eine unerfüllbare Spannung zwischen Liebe und Gerechtigkeit ist, die in der letzten Prüfung des Nichts endet – Leichnam und Grube –, dann ist der Demiurg nicht mit Gott verwandt, denn ER ist absolute Liebe und Gerechtigkeit. Gewiß können wir dem Demiurgen die Greuel des Lebens vorwerfen. Aber nicht

Gott, dem Fremden, dem *outsider.* Und mit ihm können nur seinesgleichen kommunizieren: *Beats* und Wahnsinnige, Abtrünnige und Ketzer. Dies, meine liebe Elizabeth, ist das Wunder der Hölle. Und Origenes bemerkte treffend, nachdem Christus gekommen sei, hätten wir sehen können, daß es dank ihm viel mehr Christen gab und geben wird. Keiner wird auf immer Satan bleiben: nur Gott ist ewig, alle können Christus werden, selbst Satan; alles wird zur Göttlichkeit zurückkehren, Mord wie Sodomie, Rebellion wie Inzest, Blasphemie wie Prostitution. Denn wenn allein Gott ewig ist, wie kann dann die Hölle ewig sein? Es geht nicht auf, was, Tigrin? So kann Satan nicht ewig von Gott getrennt leben: könnte er es, wäre dies sein Sieg; und das Wunder der Hölle liegt darin, daß all ihre gewundenen Pfade zum Paradies führen. Origenes wurde mit dem Bann belegt, aber hatte sich in weiser Voraussicht schon die Hoden abgeschnitten, um sie ihnen ins Gesicht zu schleudern. Und darum sagte ich dir zu Beginn, daß Simon Magus klar einen Punkt gewann, als er St. Peters Sinn für Humor testete, des Fischers und Hahnenkämpfers, indem er ihm Gold für die Geheimnisse des Heiligen Geistes bot, die erste Simonie. Der feierliche alte Pit beobachtete ihn ruhig, und Simon der Magier wurde zum Mythos, zusammen mit Helena von Troja, der Prostituierten des phönizischen Tempels, welche die Mutter Gottes und des Mythos selbst war, und Simon wurde schließlich lebend begraben, um zu beweisen, daß er nicht im geringsten der Erlöser war, um die pompösen Mumien zu zermalmen, die sich damals wie heute die ganze Schau unter den Nagel gerissen hatten.

Und wenn du mich hörst, verleugnest du mich. *Lux aeterna luceat eis, Domine, cum sanctis tuis in aeternum.*

Isabel blieb auf dem Markt Cholulas vor dem Kleiderstand stehen. Ein geflicktes Segeltuch wurde vorn von zwei Pfählen gehalten und war hinten an einen Eisenring in der Wand gebunden, an dem früher vermutlich Pferde und Maulesel festgemacht wurden; im Schatten darunter türmten sich Röcke, Blusen, Schals. Eine Indianerin mit niedriger Stirn und breiten Backenknochen bot schweigend die Schals dar, entfaltete sie in der Sonne, damit Isabel und du, Elizabeth, alle Einzelheiten sehen könntet, die langsam und liebevoll, Faden für Faden, in abgelegenen Hütten gewirkt worden waren, von alten Weberinnen, die ihr ganzes Leben vor dem Webstuhl verbracht hatten, um geduldig die roten, blauen, schwarzen, gelben Fäden zu vereinigen und zu Schattierungen abzustufen, bis jeder Schal sanft in der Sonne glänzte und das Licht im Dunkeln bewahrte, bis er bei der geringsten Bewegung des Kopfes oder Arms aufleuchtete. Die alte Frau zeigte sie wortlos. Sie war klein und dunkel, alterslos wie alle Indios, mit runzligem Gesicht, aber schimmernd jungem Haar. Während sie ihre Ware zeigte, kaute sie eine Tortilla.

»Den Gelben dort«, sagte Isabel, und die Frau hielt ihn ihr mit ausdruckslosem Gesicht hin. Isabel legte den Schal um die Schultern, kreuzte ihn über der Brust und hob ihn, bis er den Kopf bedeckte. Du, Elizabeth, beobachtetest sie.

»Wie findest du ihn?«

»Sehr hübsch. Aber eine überflüssige Ausgabe.«

»Warum?«

Du nahmst deinen schwarzen Schal ab und hieltest ihn zwischen den Händen. Du sahst ihn an. »Weil ich dir meinen schenke.«

»Aber, Betty, ich . . .«

»Nimm ihn, bitte. Ich möchte ihn dir gern schenken.«

Teilnahmslos hörte die alte Frau zu, während sie noch immer einen Schal nach dem anderen zeigte. Ruhig und ohne Isabel anzusehen, sagte sie. »Besser einen kaufen. Neu.«

»Wie bitte?« fragte Isabel.

»Nimm ihn schon, Isabel. Ich möchte, daß er dir gehört.«

Die alte Frau nickte, Isabel umhüllte sich mit deinem Schal, und ihr gingt weiter. Als ihr Franz und Javier wieder traft, blickte Javier Isabel an und sah, daß sie nun deinen Schal trug und daß er fast ihr Gesicht verbarg.

Ofelia öffnete die Tür und trat auf die Galerie hinaus, die den Patio umgab. Javier hob den Blick nicht vom Buch.

Moskitos summten um die nackte Glühbirne, und Ofelia stand da mit dem Gesicht eines altgewordenen Mädchens. Stumm betete Javier, sie möge wieder gehen, und sei es auch nur, um den gewohnten Riten treu zu bleiben. Sie hätte nicht aus ihrem dunklen Zimmer herauskommen sollen, wo Schritte laut wurden und dann wieder verstummten. Immer hörte er sie. Ihre Hand berührte die Klinke seines Schlafzimmers, ließ sie wieder los. Ein Schlüssel öffnete ein Vorhängeschloß, und eine Tür, die stets verriegelt blieb, knarrte langsam. Ein Hund bellte leise in diesem Haus ohne Tiere. In der Küche lärmte Ofelia mit ihren Töpfen und Pfannen. Und seine eigenen Schritte in den Zimmern, die täglich benutzt wurden, die Zimmer, die zwar dunkel, doch spärlich möbliert waren. Er empfand, wie die Geräusche und auch die Stille gewollt, ja künstlich waren, daß sie nur darum existierten. Es war ein Haus der Abwesenheiten. Eine geisterhafte Hand hatte die Ornamente von den Holzpodesten entfernt, diesen Erbstücken einer anderen Epoche, einer anderen Familie, auf denen einst Statuen gestanden hatten: einer Epoche, in der Ofelia allein war oder Ofelia mit Raúl, aber jeder für sich. Und nun hatten ihre Überbleibsel weder Sein noch Seinsberechtigung. Vielleicht hatte das Haus früher seinen Großeltern gehört, und Ofelia wollte es deshalb bis zum Ende halten. Er wußte es nie mit Sicherheit, denn wie nicht über die Gegenwart gesprochen werden konnte, weil sie Gegenwart war, so war die Vergangenheit ausgeschlossen, weil sie nicht Gegenwart war, ausgeschlossen von den kaum vernehmbaren Gesprächen seiner Kindheit, die beinahe flüsternd hinter der geschlossenen Tür eines Schlafzimmers oder eines Zugabteils geführt wurden. Was war dies alte Haus mit seiner Steinfassade und dem steilen Mansardendach in einem Land, in dem nie Schnee fiel? Wer hatte es gebaut, und für wen war es gebaut worden? Warum waren sie nach fünfzehn Jahren in Zügen und Grenzstädten dorthin zurückgekehrt und hatten es trotz seiner Baufälligkeit bewahrt, statt es zu verkaufen und in ein kleineres neueres Haus in einem moderneren Viertel zu ziehen? Später, als er erfuhr, was alles zu Lebzeiten des alten Hauses geschehen war, dachte er sich Geschichten voller Gewalt und Blutvergießen aus, ohne jedoch recht an sie zu glauben. Putz dir die Zähne. Lauf nicht mit den Händen in den Taschen herum. Fang nicht vor deinem Vater zu essen an. Er konnte nicht glauben, daß wirkliche Gewalt außerhalb dieses stillen Hauses geherrscht hatte, wo man mit ihm von nichts anderem als von guten Manieren sprach. Jedenfalls konnte er nicht an eine Gewalttätigkeit glauben, die Vermögen zerstörte und Leben aus ihren Geleisen warf. Solche Geschichten gab es nur in Büchern oder Liedern. Wenn es Gewalttätigkeit überhaupt gab, dann nur in der unteren Liege eines Schlafwagens oder im verborgenen Hof einer Priesterschule, eine verhüllte und flüchtige Gewalttätigkeit, die sich nie offen zeigte, sich nicht als solche kenntlich machte. Gewalttätigkeit war der geheime Zufall gewesen, da unschuldige Augen in eine private Sphäre eingedrungen waren; Gewalttätigkeit war, was die Unschuld hervorrief, als sie blindlings in eine Welt stürmte, die sie nicht eingeladen hatte. Der Verschleiß seiner Kräfte durch die stumme Verfolgung seiner Mutter, durch den wortlosen Krieg von Schritten, Husten, Schlüsseln, Rasseln, Hundegebell und erneute Stille schien genau aus diesem Grunde zuviel. Er erkannte nicht, daß Ofelia die Rolle einer Unschuld spielte, die – gleich der des Kindes, das unbewußt die Vorhänge einer Koje öffnet – ihn bei einem Tun entdeckte, das nur schlecht erschien, wenn es von anderen beobachtet wurde. Ebensowenig verstand er damals, daß Ofelia mit allem, was sie tat, um Gnade flehte, und ihn herausforderte und ermüdete, weil sie wünschte, er möge sich ihr nähern und an einer Schuld teilhaben, die sie nicht länger allein tragen wollte. Woher ich dies alles weiß, Elizabeth? Ich weiß es, weil ich Javiers kleines Buch las, seinen Erstling: *Der Traum.* Und im Unterschied zu dir kann ich es lesen, denn ich bin nicht in seine Spiele verstrickt noch er in die meinen, noch suche ich wie du in den Bildern der Gedichte mein eigenes Bild: nie verliebte ich mich in ihn wie du durch seine Schriftstellerei. Du dachtest, er habe für dich und an dich geschrieben, noch ehe er dir je begegnet war. Als habe er dich schon als Jüngling klar vorausgeahnt, als sei er schon mit dir in Fühlung gewesen, da er in einem düsteren Patio von Mexico City über den Sommerregen schrieb und du in dem kleinen düsteren Zimmer eurer jüdischen Wohnung in New York lebtest.

Nun, vielleicht . . . aber jetzt wagt Ofelia die Schwelle zu überschreiten und auf ihren Sohn zuzugehen. Im Gehen schließt sie den geblümten Morgenrock, richtet einen Kamm im roten Haar. Sie reicht ihm einen Brief, der Umschlag ist aufgerissen.

»Da! Für dich.«

Javier nimmt den geöffneten Brief und liest ohne Aufmerksamkeit, was der Verleger geschrieben hat. Sein Buch ist angenommen, sie beglückwünschen ihn. Bitte kommen Sie zu unserem Büro in der Calle de Argentina, um den Vertrag zu unterzeichnen. Und unvermittelt, zum erstenmal in seinem Leben fühlte er das Zittern des verborgenen Hirnlappens, der von seiner Stelle rutscht, um die wehrlosen Hirnhäute wie ein Stichel zu durchbohren; das Fieber, den Schmerz, die den ganzen Körper durchlaufen; und dieser ist unvorbereitet und überrascht, denn ein geordnetes und manierliches Gehirn weiß auswendig, daß man nicht vor dem Vater zu essen beginnt und daß die Fingerschale dazu dient, die Hände zu waschen, nachdem man Garnelen gegessen hat. Er ließ den Brief fallen, sprang auf, packte seine Mutter bei den Schultern und starrte sie wild an. Mit offenem Mund stand Ofelia da.

»Du hast kein Recht dazu! Kein Recht!«

Sie versuchte den Mund zu schließen und ihm zu entfliehen.

»Nie hast du etwas anderes getan, als mich zu demütigen! Mich zu belügen! Du bist schamlos!«

Hart stieß er sie weg, hob die Hand und fühlte die Handfläche auf der trockenen, leicht öligen Haut brennen, auf den Falten und Taschen, in die die Gesichtscreme eingedrungen war, den schlaffen Runzeln ihres Gesichts. Er trat zurück und kniete nieder, um den Brief aufzulesen und ihrem Blick auszuweichen. Aber Ofelia – er sah weder ihr Gesicht, noch wußte er, ob sie weinte – faßte ihn bei beiden Händen, zwang ihn aufzustehen und drückte ihn an die Brust, die weichen Brüste unter dem baumwollnen Morgenrock, sie legte seinen Kopf gegen ihre Schulter, streichelte seinen Nacken und sagte ihm, damals oder später, als sie starb, daß eine Frau – daß sie – Gehorsam schuldete und sie stets nur zu gehorchen wünschte und etwas in ihrer Welt zerbrochen sei, als der Mann ihrer Wahl dies nicht begriffen habe, als er entweder nicht befehlen konnte oder nicht befehlen wollte. Während ihn Ofelias Arme umschlangen und er ihre erregten Brustwarzen an seiner glatten Haut fühlte, sagte ihr Javier schließlich, es sei vergebens: weder sie noch Raúl hätten ihm je sagen können, wer er sei; vergebens. Er bekannte, er sei nicht bereit, die Freude oder den Schmerz anderer anzunehmen, und er weigere sich, auch nur einen zu bemitleiden. Er sagte ihr, hiermit kündige er an, daß er fortgehen und sie verlassen werde, sobald er die Mittel dazu besäße. Von Zeit zu Zeit nickte sie, streichelte seinen Kopf, der gegen ihre Schulter lehnte, und sagte völlig belanglose Worte: Erst legst du deine Prüfung ab, du brauchst einen Beruf, du wirst nicht elektrische Schnüre verkaufen wie dein Vater, wirst nicht den ganzen Tag über Geld reden. Nicht? Nicht, Javier? Und Javier, der keinen anderen Anhaltspunkt besaß, um die Erinnerung an seinen Vater zu fassen, las Raúls Journale und Rechnungsbücher, Denkschriften, die von einem Leben der Additionen und Subtraktionen, des Solls und des Habens zeugten, seine Korrespondenz mit Montgomery Ward, die Namen derer, mit denen er durch die Welt gegangen war, Makler, Kommissionäre, Handlungsreisende, Buchhalter, und die Bücher, die wie ein Evangelium kollationiert und gebunden waren: das Tagebuch und das Hauptbuch, das Inventarbuch und das Bilanzbuch, und die Gebote Jahves: ein schuldhafter Bankrott, ein betrügerischer Bankrott. War dies der Grund, Mama? War es deshalb? Weißt du es nicht? Wirst du es mir nie sagen?

Und der alte Mann sitzt auf einer Eisenbank in der Alameda und sieht müde aus. Der Nachmittag ist schwül und drückend, die Luft dunstig von Staub. Die Passanten drehen sich nicht nach ihm um. Trotzdem, er gleicht niemandem, niemandem als sich selbst. Vielleicht ist sein lockiges graues Haar nicht ungewöhnlich. Aber zwischen Stirn und Wimpern liegt eine Botschaft, die kein zufälliger Beobachter verstehen würde. Seine Augen sind dunkel, verschleiert wie die staubige Luft. Würde man sie nahe genug betrachten, dann könnte man vermuten, ohne es je in Worte zu fassen, daß er wachend träumt, ruhig seinen privaten Alptraum träumt, den Alptraum jedermanns. Darum hält er die Augen offen. Niemand fragt ihn nach seinem Traum. Wahrscheinlich würde er ihn nicht erzählen. Aber es ist auch wahr, daß er schon lange darauf gewartet hat, daß jemand diesen Traum ohne andere Hilfe als den verschleierten Blick seiner Augen entdecken würde. Darum sitzt er dort. Um die Augen spannt sich ein feines Netz von Falten, das verschwände, wenn es noch dichter wäre. Zwei tiefe nervöse Linien furchen die Backen und treffen sich im Kinn. Und alles ist Maske: der Körper wird von einem billigen zerbeulten Allerweltsanzug verborgen, grau, mit klobigen Schultern und Aufschlägen, alt, nicht zu abgetragen, zu weit für die ausgemergelte Gestalt. Ein Sonntagsanzug, alte Sonntage, wenige Sonntage. Er hebt einen Finger zum Kragen des rotkarierten Hemdes – er trägt keine Krawatte – und fühlt, daß er lautlos und ohne Notwendigkeit erstickt. Neben ihm tropft ein Brunnen; darüber verflechten sich die Bäume. Der Staub verdichtet sich, ein vertikaler Spiegel aus Milchglas, der die Ränder des Parks und der umstehenden Gebäude verwischt. Der alte Mann sitzt auf der Bank und blickt nach der Avenida Hidalgo. Nach den Kuppeln, den roten Steinfassaden und hohen Türmen von San Hipólito, nach der Plaza Morelos, die ein Brunnen mit Fröschen, Putten und Tritonen belebt, nach dem Markt, wo Girlanden und Kränze für Gräber verkauft werden, Hufeisen aus weißen und violetten Blumen, nach der geneigten *tezontle*-Fassade der Santa Veracruz. Nun blickt er auf seine Schuhe hinunter. Und neben den Schuhen steht der Pappkoffer der einstigen Bahnreisen. Er möchte die Augen schließen. In der Dunkelheit der geschlossenen Augen werden Triller und Raunen des Wassers vergehen. Und was, wenn gerade dann die einzige Person vorüberginge, die seinen Blick verstehen könnte? Sein Ausdruck wird angespannter. Er bietet seinen Traum dar; unwillkürlich macht er sogar die Gebärde des Flehens. Begierig suchen seine Augen, was sie erinnern müssen: die Bronze des Brunnens, das gestrichene Eisen der Bank, getrockneten Schaum, das schwarze Tuch des Parkfotografen, braune Baumstämme, das flüchtige Gleiten von Flügeln. Lange betrachtet er die Häuserfronten der Alameda, ehe er zuletzt müde die Augen schließt.

In der Ferne bleibt Javier stehen und sieht ihn an. Er ist nicht sicher. Wenn der alte Mann doch nur die Augen aufschlüge. Nein, nein, es ist nur einer von den Armen der Stadt. Mehr nicht. Gewiß trägt er eine melodramatische schäbige Geschichte mit sich herum: wie langweilig. Aber der Koffer? Nein, nein. Und der alte Mann schlägt die Augen nicht auf, und Javier geht bis zur Calle de Bolívar und kauft eine Fahrkarte nach New York, weg von der flachen, dunklen, unverständlichen Welt seines Elternhauses, weg von dieser Stadt, die sich nur von fern lieben läßt, die in der Nähe jedem Opfer abverlangt.

Und du, Elizabeth, wartetest vielleicht schon damals, daß er käme, als du auf das trockene Geräusch der kleinen Karten horchtest, die auf den gepflasterten Pfad fielen. Jake lächelte, als er sie hinwarf, und wenn sie mit dem Gesicht nach oben landeten, lächelte er wieder. Zeigten sie hingegen die Rückseite, die mit der Geschichte eines Soldaten oder Indianerhäuptlings des letzten Jahrhunderts bedruckt war, dann sagte er: *»Oh, shucks.«*

Eine Karte landete auf dem Rücken, das Gesicht von Sitting Bull blickte zum Himmel. Jake lachte und sagte zu seinem Spielgefährten: »Ich gewinne. Gib mir einen Crazy Horse.«

Du saßest auf einer Bank nicht weit vom Rollstuhl deines Bruders und bereitetest dich auf die Prüfungen deines ersten Jahres im City College vor. Ab und zu blicktest du nach Jake, wie er mit dem Jungen spielte, der die Karten für ihn aufhob. Die Karten kamen mit Bubblegum. Es gab andere Serien: Baseball, Boxen, Flugzeuge. Aber die mit den Indianerhäuptlingen waren die begehrtesten. Sie waren größer, glänzender und dauerhafter.

»Also mir fehlt Rain-in-the-Face«, sagte Jake. »Und ich habe zwei Thunderclouds übrig.«

»Oh, heb sie selber auf«, sagte der Junge, der die ganze Zeit verloren hatte, und ging mit hängenden Schultern in den Park davon.

Du klapptest das Buch zu und ranntest zu Jake, die Karten aufzuheben, knietest vor ihm nieder und reichtest ihm eine nach der anderen. Er mischte sie und wiederholte: »Mir fehlt nur noch Rain-in-the-Face.«

»Du hast lange genug gespielt, Jake.«

»Schon gut.«

Er saß in seinem Rollstuhl, befingerte und bewunderte die Karten, die er an diesem Samstagnachmittag gewonnen hatte. Und du kehrtest zu deiner Bank zurück und lasest weiter, ohne die Worte zu verstehen. Das, was du jedesmal befürchtetest, wenn du Jake in den Park brachtest, war heute nicht passiert: niemand hatte ihm nachgeschrien. Er hatte seine Kartensammlung vergrößert, und wenn ihr nach Hause kämt, würde er auf dem Boden sitzen, sie auf der Couch ausbreiten und stundenlang betrachten, sie chronologisch ordnen und mit ernster Miene die Geschichten auf der Rückseite lesen. Du unterbrachst ihn: »Jake, möchtest du aufs City College gehen, wenn du alt genug bist?«

Sofort fühltest du dich unbehaglich. Es war eine taktlose Frage, denn Jake hatte durch seine Krankheit schon ein Jahr auf der Schule verloren. Er zuckte die Achseln und antwortete, ohne dich anzusehen: »Ich weiß nicht.« Er hörte auf, mit den Karten zu spielen, schichtete sie langsam zu einem Stoß. Seine Lider waren dunkel und schwer. Du bissest dir auf die Lippe.

»Was für hübsche Karten du heute gewonnen hast.«

Aber Jake lächelte nicht. Und als er es schließlich tat, nur um dir zu danken, da war es schon zu spät, und du konntest seinem Lächeln nicht mehr glauben. Du fuhrst ihm über das lockige Haar und bereutest auch dies. Jake rührte sich nicht. Nervös und traurig gingst du in dein Zimmer und versuchtest zu lesen, folgtest mechanisch den Worten: *The Dream Life of Balso Snell* von Nathanael West. Du warst versucht, ins Wohnzimmer zurückzugehen und etwas zu sagen. Aber was solltest du sagen? Vielleicht war es besser, die Dinge auf sich beruhen zu lassen und dir vorzunehmen, nie wieder einen Fehler mit deinem Bruder zu machen. Du legtest das Buch weg. Aber wie solltest du ihn behandeln? Du wußtest es nicht. Welche Haltung wirkte zu nachgiebig, welche verletzte ihn und, welche schien ihm natürlich? Du gingst zu deiner Tür, öffnetest sie einen Spalt und lauschtest, aber Jake war still.

Vor der Lähmung pflegtest du zu sagen: »Wenn wir groß sind, gehen wir zusammen auf die Universität.« Und es war selbstverständlich, daß du und auch er davon träumtet, die Welt eurer Eltern hinter euch zu lassen und einfache natürliche Dinge zu tun, Taten, die völlig eure eigenen wären, nicht ererbt, nicht an die Vergangenheit gebunden. Und dann lachte er zustimmend, als sprächst du von der einzig möglichen Zukunft. Jetzt war alles wieder wie damals, als ihr klein wart, euch im Schrank versters und auf eure Mutter Becky lauschtet, die euch suchte und sagte, sie habe Angst, ihr solltet bitte herauskommen und Licht machen, nur daß Jake jetzt nicht mit dir im Schrank war, sondern draußen im Wohnzimmer bei Becky, daß du allein warst und nicht wußtest, wer sich in diesem Spiel versteckte, du oder Jake und deine Mutter, so daß diesmal du bitten mußtest, sie möchten herauskommen und dich nicht ängstigen.

»Wer ist es?«

»Ein Mexikaner. Er hat ein Stipendium und wird das Semester hier verbringen.«

Und wieder die Zeitung, Tigrin, zum letztenmal. Die Meldung kommt aus San Luis Potosí, und ich las sie, als ich unter den Arkaden von Cholulas Plaza schlenderte. Auf der Rancho de los Humos, die zum Gemeindebezirk von Valles gehört, ermordete eine junge Frau mit Hilfe ihres Ehemanns und dessen Freund ihre drei neugeborenen Kinder. Es handelt sich um Delia Alvarado Olguín und ihren Ehemann Emiliano Hernández Lucio; der Freund ist ein gewisser Gabriel García. Reine Unwissenheit war das Hauptmotiv bei dem dreifachen Kindsmord, aber Armut spielte auch eine wesentliche Rolle. Drei Kinder waren geboren worden, wo nur eines erwartet wurde. Delia konnte damit nicht fertig werden. Sie fragte ihren Mann, ob er einverstanden sei, und als er zustimmte, erstickte sie die drei Säuglinge, die ihr Mann und Gabriel García anschließend begruben. Das war vor mehreren Tagen. Die Nachbarn fanden es seltsam, daß eine Frau kurz vor der Niederkunft von einem Tag auf den anderen nicht mehr schwanger war, ohne daß es ein neugeborenes Kind im Haus gab, und sie benachrichtigten die Polizei, die gestern die Nachforschungen aufnahm. Delia, ihr Mann und dessen Freund befinden sich im Gefängnis. In der Nachbarschaft herrscht großer Aufruhr, und man verlangt lauthals den Tod der widernatürlichen Mutter. Und hätte Delia einen Chronisten neben sich, sie würde ausrufen: »Führe mich heim in dein Land, in deine Hallen, und ich werde deine Unfruchtbarkeit beenden, werde dir Kinder deines Samens schenken, solchen Zauber kenne ich.« Und der müde Chronist, der versucht wäre, seine Rolle zu wechseln und an dem Spiel teilzunehmen, würde sentenziös antworten: »Ja, mein Name wird mit mir erlöschen, so komm mit mir, sei mein Weib. Aber du mußt von diesem Land selbst entfliehen, denn ich muß unschuldig sein, selbst in den Augen Fremder.« Und vor der Tat würde Delia flüstern: »Verbanne mich nicht. Ich bin eine Frau, und es gibt für uns nichts Brutaleres. Ich werde tapfer sein. Ich werde nicht an dir zweifeln. Aber eine Frau ist nur eine Frau und zum Weinen geboren.« Und darauf würde der Chor aller Frauen von Los Humos, ein Chor schwarzer Hexen, Erinnerungen beschwören und kreischen: »Du bist das Schicksal des Mannes, weniger als ein Schatten. Du magst töten, doch die Toten werden dich lieben, und du wirst die Toten lieben. Deine Kinder sind nicht mehr, leben nicht mehr. Denke an deine Kinder.« Delia würde sich trösten: »Leid ist gut an sich. Oh, Kinder, Kinder, vernichtet durch die Wollust eures Vaters. Denn deine Begierde und dein Hunger nach neuen Liebschaften hat sie getötet.«

Hier endet meine Lektüre, und ich werfe die Zeitung fort, Elizabeth, Tigrin. Ich habe sie von der ersten bis zur letzten Seite gelesen und kenne nun alle Neuigkeiten dieses Sonntags, des 11. April 1965.

Die Welt hat sich einem beharrlichen Schlaf ergeben, als du, Elizabeth, allein in der Nacht Cholulas erwachst – allein in einem Hotelzimmer – und dich an einen Alptraum erinnerst, den du gern weiterträumen würdest. Im Dunkeln suchst du den Körper deines Mannes, aber er ist nicht da. Du schlüpfst in deinen Morgenrock und rennst auf den Gang und zu Franz' Zimmer, im gleichen Augenblick, da Isabel sich von Javier trennt und er mit dem Gesicht nach unten auf ihr Bett fällt.

»So, jetzt bleibt wohl nichts mehr?«

»Was meinst du?«

»Nur dies fehlte noch.«

»Was auch immer danach bleibt, ist eine Überraschung.«

»Ich sage dir, wenn du meinst, du wärst meiner müde, dann laß mich halt verdammt nochmal meinen Weg gehen, und du gehst den deinen.«

»Kleines Mädchen. Albernes kleines Mädchen. Komm her.«

»Laß mich in Frieden. Laß mich darüber nachdenken. Rühr mich nicht an. Laß dir ins Gesicht sagen, was immer du tun mußt, du tust es mit deiner bourgeoisen Familie, deinen blödsinnigen Drogen, deinem tüchtigen kleinen Pint und deiner Sinekure bei den Vereinten Nationen, mit deiner Gewalttätigkeit und allem, was du sonst bist. Gewiß, alles läßt sich für ein Buch gebrauchen. Aber du hast es verkehrt herum verstanden. Alles verwendest du dazu, um nicht zu schreiben. Adieu, Seemöwen, adieu.«

»Und meine Gleichgültigkeit gegen jeden und alles?«

»Du meinst deinen Narzißmus. Du willst keinen Knockout riskieren, das ist alles. Hör, Javier, meine Generation wurde schon psychoanalysiert geboren, während die deine sich noch nicht einmal beim Arzt angemeldet hat. Soll ich dir etwas sagen? Für mich gibt's kein Warten. Verstehst du das? Kein Warten! Wenn ich etwas will, nehme ich es, tue es oder lasse es. Du hast mich wirklich amüsiert, indem du mir ein ganzes Jahr lang den Hof machtest, Schritt für Schritt, immer genau nach den altmodischen Regeln. Du betrugst dich mir gegenüber wie ein Freddy Ainsworth-Hill. *Ay,* diese hübschen Formalitäten. Die lange Vorbereitung. Die heiligen Konventionen, bevor du mich schließlich zum erstenmal aufs Kreuz legtest. Nun, ganz nach deinem Geschmack, Proffy, aber für mich ist es zuviel. Keiner von uns schuldet irgend jemand Rechenschaft. Peng, und du gehst deinen Weg wie ich den meinen. *Goodbye, sayonara, ciao.* Wie es ein Freund von mir ausdrückt, *rape unto others as they would rape unto you.*«

»Kleines Mädchen, kleines Mädchen. Laß dir eine Geschichte erzählen, vielleicht verstehst du dann. Du veröffentlichst ein Buch, und sofort heben sie dich in den Himmel. Du hast der mexikanischen Literatur eine neue verbindliche Richtung geschenkt. Du bist der Größte. Du bist der König von allen. Große Scheiße bist du. Weißt du, warum? Damit sie dir nach und nach die Hoden abschneiden können und dann den Hals. Erst bauen sie dich auf, damit sie dich später zerstückeln können. Sie machen einen Halbgott aus dir, damit sie in ihren Augen auch etwas leisten, wenn sie dich kastrieren. Und haben sie dich endlich kastriert, dann ist alles vorüber. *Ya,* das Ende, das ist es, aus und vorbei. Du glaubst, ich könnte deine Sprache nicht sprechen, kleine Närrin. Ich kenne deine Sprache, und ich kenne noch mehr. Ich kenne die verrückte Logik dieses Landes. Wenn man auf den Hintern fällt, dann scheißen sie auf dich. Aber wenn man etwas leistet, dann ist es dasselbe. Und dies erwartet man nie. Es trifft einen unvorbereitet. Man erwartet, zermalmt zu werden, wenn man versagt, aber nicht ermordet zu werden, weil man Erfolg hat. Aber das ist Mexiko. Wagt man weiterzuleben, ist man der Versager aller Versager. Stirbt man rechtzeitig, dann hat man's geschafft. Verstehst du mich, Isabel? So ist unser kleines Mexiko. Und das ist auch alles, was es ist. Es ist das einzige Land der Welt, das seine Götter nicht getötet hat. Selbst die hasenfüßigen Christen töten ihre Götter, um sie anbeten zu können. Aber hier sind sie noch auf freiem Fuße, lachen, spotten, kehren das Unterste zuoberst, machen nationale Helden aus den dreistesten Verrätern, Robin Hoods aus Taschendieben. Oh, ich könnte dir erzählen. Aber du weißt schon.«

»Proffy, ich geb es auf, dich verstehen zu wollen. Es ist

wie all das komplizierte Nichts, das du in dem kleinen Heft über die Indianer geschrieben hast. Was soll's? Wen interessieren schon die Indianer? Mich gewiß nicht. Ich pfeife auf diese blöde Pepsicoatl. Ich bin stark, Proffy, nichts kann mich durcheinanderbringen. Nichts, verstehst du? Was du gerade eben mit mir gemacht hast, zum Beispiel. Für dich war es ein großes Erlebnis. Ich hingegen kannte es schon, obwohl es das erstemal war. Ich bin bereit . . . bereit für alles, selbst wenn es mich überraschend trifft. Und da hast du's. Dies ist der Unterschied zwischen dir und deiner Sorte und mir und meiner Sorte. Sei unbesorgt. Ich werde dich nicht anbinden. Hör auf zu zittern. Entspanne dich. Ich suche keinen Ehemann. Ich suche nur Orgasmen. Na also?«

»Gott segne dich, Isabel.«

»Du bist unbeherrscht, mein Lieber. Einfach unbeherrscht.«

»Ja, mag sein. Und du, bist du es nicht müde, da auf allen vieren zu kauern?«

»Laß mich in Frieden. Es brennt noch immer. Hör in Gottes Namen auf, Spiele zu spielen. Denn du bist eben ein Kind aus Don Porfirios und Königin Victorias Zeitalter, verstehst du das nicht? Hör auf, dir etwas vorzumachen. Meinst du, ich kennte das nicht? Warum hast du mir den Bären aufgebunden, du würdest fürs Fernsehen arbeiten? Sind die Mädchen versessen darauf? Erzählst du ihnen, du würdest einen Star aus ihnen machen? Schämst du dich deiner wirklichen Arbeit? Gott, wie mittelmäßig! Gott, wie öde du bist! Nein, Javier. Nein, nein, hör auf, Javier, Javier, nicht so . . .«

Es scheint, man muß manchmal an etwas denken, das nichts mit der Gegenwart zu tun hat, um die Gegenwart zu verlängern. Javier legte die Hände auf deine Taille und schloß die Augen. Als du es bemerktest, Isabel, sagtest du schon: »Zweitklassig, Javier. Du bist einfach zweitklassig. Alle sagen es. Die ganze Fakultät, alle Studenten.«

Javier schwieg, und du seufztest erleichtert, Pussycat.

»Was ist, Isabel?«

»Es brennt, *tú*.«

Du schobst deinen Bruder unter einen Baum, und er lächelte und sagte, du könntest ihn dort eine Weile lassen. Er wolle lesen. Du und Javier entferntet euch auf einem Pfad des Central Park. Es war kalt, und die Bäume waren kahl. Du nahmst Javiers Arm, um einen Augenblick stehenzubleiben und dich nach Jake in seinem Rollstuhl umzudrehen. Mit einer Hand winkte er euch zu, während er mit der anderen den Reißverschluß der Schottenjacke hochzog. Die Kälte hatte sein Gesicht gerötet, die dunklen Augen lagen tief in ihren Höhlen, und schwarzes Haar lockte sich über der Stirn. Er war Gershon nachgeschlagen, ein unverkennbarer Jude, während du, Elizabeth, eine trügerische Jüdin bist, eine blonde. Von fern wirkte Jake klein, hilflos und düster. Er begann zu lesen, und du und Javier gingt mit verschlungenen Händen weiter, du ludst Javier ein, am Abend mit dir nach Hause zu kommen und Platten zu hören, du hättest eine Sammlung Kay-Kyser-Platten, die ihm gewiß gefiele, und anschließend könntet ihr ins Kino gehen. In New York wimmelte es von Plakaten: *Garbo loves Taylor.* Du redetest von Filmen, erzähltest ihm, daß du zwei-, dreimal wöchentlich ins Kino gingst, und in einer der besten Szenen, die du je gesehen hättest, habe James Cagney Mae Clarke eine Grapefruit ins Gesicht gekleistert. Eine gute Weise, den Tag zu beginnen, was? Beide im Pyjama. Du redetest von Liebe, Abenteuer und Gewalt im Film, von Clark Gable, wie er auf dem Deck der Bounty den boshaften Charles Laughton herausforderte, von Errol Flynn, der sich als Captain Blood an einem tropischen Strand mit Basil Rathbone duellierte, diesem englischen Schurken, der zuletzt von Bloods Schwert durchbohrt im Sand lag, während die Wellen sein Gesicht umspülten. Du batest Javier, dich viele Dinge zu lehren. Im Grunde alles, denn du wüßtest nichts, außer dem, was du im Kino gelernt hättest, und schließlich wolltet ihr euch ja nicht die ganze Zeit versichern *»Me Tarzan, you Jane«* oder *»Lizzie loves Javier«.* Du bliebst stehen, und die Geräusche waren die gewohnten, in der Ferne die Hochbahn, trockene Zweige unter den Füßen, gedämpfter Verkehr, Mädchenstimmen, die weit weg sangen und lachten. Und vielleicht, doch warst du dessen nicht sicher, die Stimme eines Radios, die Musik eines Plattenspielers. Dann ranntest du den Pfad zurück, mit ungläubigem Gesicht, die Hände vorm Mund, als wolltest du einen Schrei ersticken, mit fliegendem Schal und wehendem braunem Wintermantel. Javier unmittelbar hinter dir, doch ohne zu sehen, was du sahst: Jakes Rollstuhl raste, von schwarzen Händen geschoben, auf die Steinbrücke zu, und Jake versuchte sich aufzurichten, sah sich nach dir und deinem Freund um, die Räder glitten über nasses Gras und Schlamm, Geschrei, *»Kike, Christ-killer, Christ-killer«,* Geschrei und Gelächter, außer Sicht unter der Brücke, das Geräusch von Baseballschlägern gegen Fleisch und Metall, Triumphgeschrei, dann die eilige Flucht von Negerjungen, sechs, acht, neun, eine ganze Bande, die aus Leibeskräften rannten, ohne sich umzusehen, Lederjacken, Wollmützen, das Buch lag auf dem Pfad. Und dort unter der Brücke, neben dem umgeworfenen und zerschmetterten Rollstuhl in Uringestank und durchweichten Zeitungen lag Jake. Die Beine in ihren Leder- und Stahlschienen ragten über eines der Räder. Das Gesicht weiß, der Mund offen, der blutende Schädel von den Hieben der Schläger eingedrückt. Karten mit den Gesichtern indianischer Häuptlinge lagen um ihn her verstreut. Er war gestorben, während er hilflos die Arme hob, um den Kopf zu schützen. Mit dreizehn Jahren war er gestorben, gefangen und besiegt. Und du, Elizabeth, knietest im Wasser neben ihm und berührtest seine roten Lippen.

Du fandest Franz, Tigrin, vor Isabels Tür.

»Ich habe dich gesucht.«

Franz hob einen Finger an die Lippen. Du schlangst die Arme um seinen Hals und lauschtest nicht wie er, denn in dir flüsterte eine kriechende Schnecke von deinem Traum, und während du so standest und Franz umarmtest, sahst du die weißen leeren Gänge einer Irrenanstalt, die weißen chromblitzenden Zimmer einer Klinik, und keinen Augenblick dachtest du daran, daß Franz einen sehr ähnlichen Traum haben könnte, daß auch er vielleicht eine Welt schwarzer Grabplatten sah, das kalte Gestrüpp niedriger, knorriger Bäume, die über achtundsiebzigtausend Leichen wachsen, den Toten von sieben Jahrhunderten, die Schicht über Schicht in Prags jüdischem Friedhof unter den gemeißelten Symbolen vereint sind: Israels Weintrauben, Levis geweihte Schale, Cohens zusammengelegte, doch offene Hände; und Steine beschweren die Ecken der Gräber, denn diese Toten sind in der Wüste, und der Wind des Exodus darf sie nicht entwurzeln und als Sand davontragen; nein, sie müssen der Stein und das Moos von Jahrhunderten werden, und Franz sucht zwischen den schwarzen Steinen nach einem Namen: Rissenfeld, Lederova, Waldstein, Schön, Maher ... Aber auf dem Denkmal am Eingang des Friedhofs fand er nur die Ortsnamen:

Belzek
Majdanek
Flossenbürg
Lodz
Stutthof
Ravensbrück
Riga
Monovitz
Piaski
Mauthausen
Trostinec
Oranienburg
Treblinka
Auschwitz
Bergen-Belsen
Buchenwald
Dachau
Raasika
Theresienstadt

Es gibt keine aufrechten verwitterten Grabsteine, die Moos und Flechten überziehen. Der Name, den er sucht, ist nicht da. Und du, während du Franz im Hotelkorridor umarmtest, bliebst auf dem Long-Island-Highway stehen, ohne die vorbeifahrenden Autos zu hören oder zu sehen, und als du schließlich fröstelnd die Augen aufschlugst, waren deine Hände tief in die Taschen des Regenmantels vergraben und die Hutkrempe heruntergezogen. Du verlorst jegliche Berührung mit der Wirklichkeit und sahst nur die vertikalen Steine des Mount-Zion-Friedhofs, die grauen enggedrängten Grabsteine, die Gräber, die dicht Seite an Seite lagen, eine Ebene von Gräbern, die sich bis hin zum Horizont dehnte und sich schließlich an diesem Herbstnachmittag vor der Silhouette Manhattans jenseits des Flusses verlor; und in Queens war dieser Friedhof ein Modell oder eine Ahnung, vielleicht das Phantom der Stadt, und als du nach Hause kamst, setztest du dich auf die alte Couch mit dem abgeschabten Samt und den Häkeldeckchen über Rücken- und Armlehnen und dachtest an Jake, betrachtetest deine Hände, strecktest sie aus, verkrampftest sie, dachtest an Jake, während deine Hände etwas zu beschützen, zu bedekken, zu verbergen suchten.

»Warum leben wir?«

Und im Hotelgang vor Isabels Zimmer umarmtest du Franz, ohne die heftigen, flehenden Stimmen der beiden Mexikaner hinter der verriegelten Tür zu hören. Du rochst Franz' sauren Schweiß. Er schien dich nicht zu bemerken; er war ins Lauschen vertieft. Gefahrlos konntest du flüstern, daß es nie erwähnt werden solle und du versprochen habest, nie solle jemand nachts in einem Taxi zu jenem Haus hinter der Avenida Ribera de San Cosme gebracht werden; und unsichtbar hinter der Tür sah Javier dich beschwörend an, seine Hände baten dich, nicht fortzufahren, die Worte ungesagt zu lassen, die du nie sprechen müßtest, aber die du zuletzt nicht zurückhalten könntest; und weder Javier noch das Versprechen, das du ihm gegeben hattest, würdest du damit verraten, sondern dich selbst. Denn wir haben den Stand der Gnade noch nicht erreicht, Tigrin; noch immer müssen wir durch Krisen gehen und übertriebene emotionale Gesten machen, um uns zu überzeugen, daß wir es selber sind. Ja, du weißt es sehr wohl. Und als du dich von Franz entfernst, denkst du, daß ihr beide wißt, warum ihr einander gewählt und geliebt habt: weil du gleich ihm ein Geheimnis zu wahren verstehst: wie man die Folgen eines Verhaltens enthüllt, ohne das Verhalten selbst zu benennen.

Allein gehst du durch den Hotelkorridor zu deinem Zimmer, und Franz bleibt zurück, als habe er dich weder gesehen noch berührt. Sein Ohr ist an Isabels Tür gepreßt. Allein und zufrieden gingst du weg, denn du sagtest dir, es käme nur auf die schnell sich verändernde Oberfläche der Welt an, das Pulsen der Wirklichkeit, das unsere private, versteckte Schäbigkeit leugnet, das unsere Geschichten auslöscht, unsere alten, stets wiederholten Geschichten, die tot sind, ohne es zu wissen, noch ehe sie geboren werden.

Becky entfernte sich von der Tür, ohne euch anzusehen, weder dich, die du auf deine Hände starrtest, noch Gershon, der mit dem Hut auf dem Kopf neben dem Fenster stand und auf die leere Straße und die eiserne Feuerleiter hinter dem Gazevorhang starrte; ohne euch anzusehen, sagte Becky: »Es ist alles verboten.«

Sie nahm den Hut ab. Gershon wandte sich nicht um. »Und wer sagte mir«, fuhr sie fort, »daß wir nie aus dieser Stadt herauskommen sollten, in die sie uns eingesperrt haben? Nicht das war versprochen. Sie versprachen uns, die Mauern würden einstürzen. Du, Betele, gib mir den Staubwedel.«

Du erhobst dich vom Sofa und brachtest ihr den Federwisch aus dem Schrank.

»Hier, Mama.«

Ohne dich anzusehen, riß sie ihn dir aus der Hand. Ihre Augen waren sehr schmal, fast gelb; alt und verschwiegen lagen sie tief im zerbrochenen Porzellan, das an den Knochen darunter haftete. Sie begann abzustauben. Die Uhr, die Regale, das Sofa, die Türgriffe, die Fensterbretter.

»Vielleicht können wir eines Tages die Stadt verlassen. Niemand hat so lange in Städten gelebt wie wir. Manchmal kann ich nicht einschlafen, wenn ich mich auf jemand von unserer Familie zu besinnen suche, der je auf dem Land gelebt hat. Wißt ihr einen? Ich auch nicht. Es gibt keinen einzigen. Wie Tiere leben wir hier zusammengepfercht in einer Herde. Aber wir sind allein. Ist das nicht komisch, wir leben übereinandergeschichtet, doch allein wie Aussätzige. Jake war ein Fremder. Mein Sohn war ein Fremder. Wie ein Bettler lebte er hier. Wie ein Schnorrer, ja, ja. Ich erinnere mich seiner als alten Mannes, der vor der Synagoge saß. Oh, Jake, so viel hast du gelernt! Schau, du hast Haar und Bart wachsen lassen. Mit ausgestreckter Hand bittest du um Almosen. Oh, Jake, mit welcher Anmaßung empfängst du die Pennys in deinem Rollstuhl, diesem Thron. Oh, Jake, mein Sohn, so viel hast du gelernt! Komm her und laß dich küssen, mein kleiner Junge. Dem Mann, der dir Geld gibt, erweist du eine große Gnade. Du rettest ihn. Deinetwegen ist er dem Himmel des Herrn näher. Und auf Festen schiebe ich deinen Stuhl, und du überraschst alle, indem du lachst und singst und tanzt. Du bist ein kleiner Clown, Jake, du bist sehr drollig. Und du wirst kein Abtrünniger sein. Ich werde es nicht dulden. Wenn du groß bist, wirst du dein Haar wachsen lassen und einen langen schwarzen Kaftan tragen und Stiefel und einen Bart. Und du wirst Angst haben, auf die Straße zu gehen, mit mir über die Straßen hinauszugehen, denn du weißt, daß sie dich töten können. Nein, wage es nicht auszugehen. Bleibe hier bei mir, kleiner Liebling. Ich will dir etwas sagen. Jede andere Stadt, in die du fliehst, wird dieser gleichen. Wo immer du hingehst, stets das gleiche. Meint ihr, ich verstünde es nicht? Mein armer Sohn, ein Knecht. Die Knechtschaft liegt ihm im Blut. Mein armer kleiner Sohn.«

Gershon nahm den Hut ab und steckte sich eine Zigarette an.

»Becky, sei jetzt still.«

»Bist du das? Kannst du das sein?« Sie sah ihn nicht an, fuhr fort abzustauben. »Und weißt du, daß es kein Entrinnen gibt?«

»Doch«, sagte Gershon laut. »Er ist schon entronnen.«

»Nein.« Ihr Lächeln war fern wie das einer Statue. »Er weiß, daß wir hier geboren wurden und hier sterben müssen. Und wenn er davonliefe, wie könnte er die Schande verbergen, daß er uns verlassen hat? Er kann uns nicht entrinnen. Und ich werde jeden Tag allein zu seiner Wiege gehen und ihm dies sagen. Wie sollte er davonlaufen? Und wenn ihr beide mich nicht begleiten wollt, gehe ich allein.«

»Mutter, Mutter, bitte sei still.« Traurig sahst du sie an und wußtest, daß sie dich nicht ansehen würde, daß sie dich nie wieder ansehen würde. »Laß ihn in Frieden.«

»Ich sage dir, er ist schon entronnen«, sagte Gershon.

»Niemand, niemand, niemand.« Becky ließ den Staubbesen fallen und wartete, daß du es bemerken und ihn aufheben würdest. »Niemand weiß, wie tief dies ist. Müßten sie zugeben, wie tief dies wirklich ist, sie stürben vor Angst. O ja, es ist unheimlich. So unheimlich ist es, auf der Straße gesehen zu werden.«

Du hobst den Staubbesen auf.

»Schwöre mir, du wirst mich nie fortlassen.« Sie warf sich in deine Arme, als du ihr den Besen hinstrecktest, und sagte sehr leise: »Dein Vater möchte, daß ich angetan wie eine Dirne auf die Straße gehe. In den Kleidern einer Hure würde er mich auf die Straße jagen. Er würde mich an den Ecken verkaufen. Jake, Jake, schwör mir, daß du es nicht dulden wirst.«

Gershon lachte. »Jake ist nun unsichtbar. Du kannst ihn nicht sehen.«

Lächelnd blickte Becky ihn an. »Willkommen Herr, herzlich willkommen. Die Binokelspieler sind oben. Treten Sie ein. Ein Dollar ist ein Dollar. Schlemihl!«

»Er ist unsichtbar!« Gershon hob ein imaginäres Glas zum Toast. »Sie können ihn nicht mehr hassen. Sie können ihn nicht mehr quälen. Er hat Ägypten verlassen, du verrücktes altes Weib!«

»Herr«, sagte Becky und zitterte, als sie deine Schultern umschlang, »Herr, seien Sie freundlich mit mir, und ich habe nichts dagegen. Schauen Sie, ich verstehe mich auf viele Dinge. Mein Vater war ein *schochet,* der ein Gebet murmelte, wenn er den Hühnern die Kehle durchschnitt. Unter meinem Kissen habe ich ein Fleischermesser versteckt. Besser, ich warne Sie. Aber seien Sie unbesorgt, es ist ein *chalef,* ein gesegnetes Messer. Bei mir sind Sie sicher. Und finden Sie es nicht aufregend, mit einer Frau zu schlafen, die ein Ritualmesser unterm Kissen hat?«

Gershon ließ sich auf die Couch fallen. »Du glaubst an nichts. Nie hast du an etwas geglaubt. Du hast es nur getan, um mich zu quälen, um unser gemeinsames Leben schwer zu machen.«

»Wenn sie ihn nicht sehen, wie sollten sie ihn da hassen?« flüsterte Becky. Du schobst sie von dir und sahst in ihrem Gesicht einen Blick, der dich nie wieder erkennen würde. Gershon auf der Couch flüsterte: »Ja, unsichtbar, unsichtbar.« Zum letztenmal blicktest du in das durchsichtige Gesicht, dessen Lidschlag die Sekunden zählte und dessen nervöse belegte Zunge sich vorschob und die Lippen netzte, die du nicht zu küssen wagtest. Gershon lachte leise: »Und wir, mit welchem Recht sind wir noch lebendig?«

Klammere dich an die dreißiger Jahre, Tigrin, das Jahrzehnt deiner Jugend, und rede dir ein, daß damals schon in John Garfield, dem ersten existentialistischen Helden, der Keim alles Nachfolgenden gelegen habe. Vielleicht. Aber das ist *hindsight,* denn tatsächlich hat dir damals Paul Muni, der im *Entsprungenen Kettensträfling* Steine klopfte, mehr gegeben. Und du weißt es. Aber die wirkliche Schwäche lag darin, daß du und Javier und die ganze Bande der Dreißiger von eurem Opiumtrip verlangtet, er solle sauber, sicher und orthodox sein. Dort seid ihr gestolpert, denn ihr hättet Wagnis, Wirrnis und ein verrücktes Durcheinander der Dinge wünschen müssen. Laßt denen, die auf Nummer Sicher gehen und andere dazu überreden, ebenfalls auf Nummer Sicher zu gehen, die Standardträume, das heißt, Orthodoxie: für wie lange werden unsere Befreier sich selbst noch frei fühlen, nachdem sie die Macht bei den Hörnern gepackt haben? Genau so lange, bis die Orthodoxie einsetzt und wir eine neue Häresie auftischen müssen, oder der Tanz vorüber ist. Ich sage dir, Tigrin, jedes Dogma muß eine entsprechende Häresie erzeugen oder die Illusion der Freiheit, mit der wir der wahren Freiheit vielleicht am nächsten kommen, läßt sich nicht aufrechterhalten. Und hier wie in allen politischen Dingen ist der Weiseste der alte Machiavelli, der, weil er uns keine Märchen aufbindet, zynisch wirkt, aber darum nie töricht ist. Pflügen wir weiter das

Meer, wie unser Großvater Bolivar befahl, ehe er zur Statue wurde, denn wir wissen, wenn alle Bananen-Republikaner nicht moralisieren dürfen, dann fühlen sie sich unterdrückt oder schlimmer noch, sie wissen überhaupt nichts mehr mit sich anzufangen. Machiavelli nannte es beim Namen: Politik hat nicht das geringste mit Ethik zu tun, nicht etwa weil Ethik verächtlich wäre, doch vermengt man Politik und Moral, dann büßen beide ihre Natur ein und gründliche Verwirrung folgt daraus. Und jedesmal, wenn unsere freigebigen Herrscher uns einen Blumenstrauß zuwerfen, wollen wir an Mack the Veil denken (und der Haifisch hat immer glänzende Zähne, wenn auch der Mond über Soho scheint) und uns darüber im klaren sein, daß Politik der Kampf um relative Macht ist, nicht um ein letztes Utopia, und daß Regieren heißt, seine Untertanen schön unten zu halten, damit sie nicht versuchen, einem die Macht zu entreißen. Der alte Florentiner wußte alle Antworten: die Menschen verachten, was sie besitzen, preisen, was sich behauptet hat, verdammen die Gegenwart, sehnen sich nach dem Kommenden. Sind sie zufrieden? Zeige mir nur einen einzigen. Nein, aber das Erstaunliche ist, daß sie bei aller Unzufriedenheit passiv bleiben und, wenn sie nicht aufgestachelt werden, sich für Macht nicht interessieren. Mir scheint, wie deine Yankee-Nachfahren nie Jefferson nachschlagen, so haben die auf der anderen Seite keine Ahnung von Marx, mein zeitgenössischer Montezuma kümmert sich nicht um die Konstitution von 1917, und wenn der kleine Louis XIV. die Arme hebt und stöhnt. *»Je vous ai compris«,* dann meint er den freundlichen Mack und nicht Montesquieu, der seine Sous in einem Strumpf hortet. Machiavelli flüstert, Tigrin, daß die Regierten nur Sicherheit, Frieden und Ruhe verlangen, die Möglichkeit, sich um ihre kleinen Privatangelegenheiten zu kümmern, daß der Trick darin besteht, sie nicht zu verärgern, während man ihnen unablässig glorreiche Reden auftischt, Eisschränke auf Raten und bezahlten Urlaub. Dann träumen sie nicht einmal von Barrikaden und Guillotinen. Mack the Veil wird zu oft mißbraucht. Meinst du, er beschrieb abstrakte Macht, kalte, isolierte Macht? Ich sage dir, er wußte, wovon er sprach, und die Regel des Fuchses – ob er nun alleine Fuchs ist oder ein Fuchs unter vielen – beruht immer auf viel Dialektik, wie es meine kubanischen Vettern, die nun gerade am Zuge sind, ausdrücken würden: Denn Tugend führt zu Frieden, Frieden zu Müßiggang, Müßiggang zu Rebellion, Rebellion zu Zerstörung, Zerstörung zu Ordnung und Ordnung zu Tugend, und hier wären wir wieder einmal im Saal der vielen Spiegel. Mackie legte lediglich nahe, wir sollten verstehen, warum das Karussell sich dreht, damit wir unsere Chancen nutzen können, wenn sie sich bieten. Der Herrscher braucht weder grausam noch gütig, weder human noch tyrannisch noch sonst etwas zu sein, wenn er ist, was die Zeit geraten sein läßt. Und auf der anderen Seite des Zauns, auf der Weide der Schafe, muß jeder von uns die Natur der Lage erkennen, statt sich in neblige Träume zu verlieren: nur dann werden wir frei sein, wenn wir das Gelb vom Weiß im Ei unterscheiden können und begreifen, daß Moskitos auch um die Köpfe der Mächtigen summen. Nur wenn wir auf den Zehenspitzen bleiben, können wir echte Freiheit erreichen und unserer Revolution Dauer verleihen, was auch immer geschehen oder welches Mammut dahertrampeln mag. Aber ihr, meine Shirley Temples, all ihr Linken der Dreißiger, erwartet, daß die Apokalypse durch eine Art gesetzliche Naturfolge käme, während die Ausübung der Macht die Natur eher unterwirft, ja fast verleugnet. Das Natürliche ist Revolution, und darum läßt sie sich nicht lange unterdrücken. Gewiß, etablierte Macht ist ein alter Fuchs, der das Antlitz der Wahrheit geschickt zu verbergen und zu maskieren weiß. Die Revolution reißt den Menschen die Kleider bis auf die Seele herunter und rafft die anderen, die der Gewalt der Wahrheit trotzen, einfach hinweg. Permanente Revolution ist ewige Heterodoxie, nicht ein Augenblick der Erleuchtung, der dazu verdammt ist, zwischen zwei Establishments isoliert und verurteilt zu werden. Permanente Revolution erobert täglich die äußeren Grenzen der Wahrheit, die Schöpferkraft, die Unordnung, die Auflehnung gegen das Orthodoxe. Rüttelt sie auf, Fjodor Michajlowitsch und Lew Davidowitsch, denn in diesem Augenblick bleibt uns weniger Zeit als den

Schatten der Schakale beim Morgengrauen, und noch immer nehmen wir keine Farbe und Form an, noch immer halten sie uns den Spiegel vor die Nase, und er bleibt leer. Mein Königreich für eine Knoblauchkette. Geht es so?

»Magst du noch etwas, Lizzie? Noch etwas zu trinken? Ein Vanillesoda vielleicht?«

»Nein, Papa. Nein, danke.«

Ihr standet auf und ließet den Geruch nach Rauch, Fett, Schokolade und Kaffee hinter euch, und ein rothaariger, sommersprossiger Matrose kam mit seinem Leinensack vorbei und blickte sichtlich verloren in alle Richtungen. Ein Alter mit einem ausgebleichten Filzhut wurde von einer jungen Frau geführt, die ihm sehr ähnlich sah – die gleichen feuchten Augen und hohen Backenknochen, die gleiche ängstlich schnuppernde Nase. Sie blieb stehen, versuchte das schwarze Hutband zurechtzurücken, dann gingen sie weiter zu den Bahnsteigen.

»Hast du deine Mutter besucht?« fragte Gershon.

»Nein. Du?«

Gershon lächelte und rückte die Hosenträger zurecht. »Nein, nein, ich nicht. Ich vertraue darauf, daß du sie hin und wieder besuchst. Ich überlasse es dir.«

Mit gesenkten Köpfen gingt ihr weiter.

»Mir fiele ein Stein vom Herzen, wenn du sie ab und zu besuchtest. – Obwohl es mich bedrückt, wenn du das alles siehst.«

Zwei Mädchen lehnten gegen ein Eisengeländer und hielten sich spielerisch bei den Händen, die sie hin und her schwangen, ohne einander anzusehen, sie kicherten nervös und wurden von zunehmendem Gelächter gepackt, das sie schließlich lautlos schüttelte, bis sich eine die Hand vor den Mund hielt, während die andere beide Hände vors Gesicht schlug. Wieder hakten sie sich unter und lehnten gegen das Eisengeländer, ohne einander anzusehen.

»Vielleicht sollten wir sie eines Tages zusammen besuchen«, sagtest du.

Gershon schüttelte den Kopf, nicht einmal, sondern mehrmals.

»Du meinst, es ist sinnlos?«

»Du weißt, daß es sinnlos ist, Lizzie. Der Arzt sagte es mir, als ich das letztemal dort war. Nicht einmal mich erkennt sie.«

»Weißt du, was sie tut?«

»Nein, ich habe keine Ahnung.«

»Aber ich.«

»Was?«

»Sie wiederholt andauernd die gleichen Dinge wie an jenem Nachmittag.«

»Ja, ja.«

Jungen in weißen Hemden, die sich gegenseitig die Arme auf die Schultern gelegt hatten, standen um den Zeitschriftenkiosk und blätterten in Cowboy-Heften und Illustrierten voller nackter Männer. Sie ließen den Bizeps anschwellen und rangen miteinander, ohne zu lachen.

Ihr gingt die Eisentreppe hinunter.

»Achtung, Lizzie. Rutsch nicht auf den Absätzen aus.«

Lachend drängten sich schwarze Gepäckträger am Fuß der Treppe. Ihr bliebt stehen und batet sie, Platz zu machen. Einer setzte seine rote Kappe auf und rief etwas Unflätiges, als du vorbeigingst und den Rock mit den Händen festhieltest. *»Dirty niggers.«* Gershon hielt inne und zeigte ihnen das Abzeichen, das in seinem Mantelfutter steckte. Grinsend legte der Neger die Hand an die Mütze. *»Sorry capt'n.«* Und ihr gingt über den leeren Bahnsteig entlang der öffentlichen Toiletten.

»Ich muß gehen, Papa.«

»Warum? Komm herein und hilf mir beim Inspizieren.«

»Ich habe heute abend eine Prüfung und muß noch lernen.«

»Überlege es dir. Du willst nicht wieder heimkommen?«

»Wir haben schon darüber geredet.«

»Macht es dich nicht traurig, allein zu leben?«

»Ich habe es dir schon gesagt, ich möchte dort nicht mehr wohnen. Du brauchst mich nicht. Nun bist du frei, wie du es immer gewünscht hast.«

»Ich frage dich, Lizzie, ob es dich nicht traurig macht, so allein zu leben.«

»Nein. Mir geht es gut.«

»Komm ein wenig mit herein.«

»Hier arbeitest du?«

»Manchmal. Ich bin für die ganze Station zuständig. Warum lachst du?«

»Ich lache aus Zärtlichkeit, Papa. Dich als Polizist zu erleben!«

»Nun, es muß halt weitergehen.«

Du folgtest ihm durch eine schmale Tür, die er mit seinem Schlüssel öffnete. Er entfernte ein Vorhängeschloß und steckte es in die Tasche. Ein kurzer Gang mit aufgestapelten unbenützten Spinden. Uringestank.

»Es geht dir also gut, sagst du.«

»Ja, wirklich. Ich schwöre es.«

»Weil du mit diesem Jungen schläfst?«

»Das geht dich nichts an.«

Gershon kniff ein Auge zusammen und legte das andere an ein winziges Loch in der Wand. Mit dem Zigarrenstummel zwischen den Zähnen flüsterte er: »Wir werden unsichtbar. Und ob.«

Du lächeltest. »Es stinkt, Papa.«

Gershon lachte, und seine Zähne zerbissen die Zigarre. Im Dämmerlicht wirkte sein breites lachendes Gesicht wie eine Komödienmaske. Er nahm dich beim Arm, während sein Lachen dick, zögernd und voller Speichel hervorquoll.

»Schau, Lizzie.«

»Was?«

»Schau, sage ich dir.«

Lachend zuerst brachtest du dein Auge an das Guckloch. Du sahst die Hände eines alten Mannes und hörtest unverständliches Flüstern. Gershon drückte deinen Arm. Der Gestank nach Urin und Desinfektionsmitteln war überwältigend. Erneut spähtest du durch das Loch, sahst ihre Hosen und wie die Hand des Jungen die Hand des alten Mannes nahm in der öffentlichen Toilette nebenan. Schweigend tratest du zurück.

»Dies ist das dritte Mal, daß ich ihn erwischt habe, das alte Schwein«, sagte Gershon. »Die Buben kommen nie zurück, aber der alte Kerl lernt es nie.« Er sah dich lange an.

»Alles an einem Arbeitstag.« Er tätschelte deine Backe. »Du solltest mit mir heimkommen. Ich bin ganz allein. So sehr mir deine Mutter auch auf die Nerven ging, so . . .« Er lachte und seufzte, und du kehrtest ihm den Rücken. »Kommst du Sonntag zum Abendessen, Lizzie? Ich muß mich jetzt hierum kümmern.« Du schütteltest den Kopf und gingst auf den Bahnsteig hinaus.

Und an jenem Wochenende mußtest du das Geräusch des Meeres überschreien, als du in Javiers Armen lagst und ihn batest, dich fortzubringen, an den Ozean, ehe ihr woanders hingingt, damit du ihn kennen könntest, denn hier wart ihr voneinander getrennt: das fiebrige Meer von Long Island, das Meer deiner Lügen, das Meer, das in Flammen aufsteigt, um die Küste zu umarmen, während Javier mit der gleichen Hand, die heute im Volkswagen deinen Nakken streichelte, hinausweist und Gedichte übers Meer rezitiert, nackt, ein Fremder, ein Mann aus einer anderen Welt, mit einer anderen Haut, olivfarben, mit schwarzem lockigem Haar, das der Wind eines Sommersturms peitscht, Haar, das Brauen und Augen noch dunkler macht, Schatten auf den unrasierten Backen, und du gingst mit ihm an den nassen Strand im braunen Regen, den ihr beide willkommen hießet, und ihr zogt die Pullover aus, um auf die Wellen des gischtenden bewegten Atlantik zuzurennen, der schiefergrau, hart und kalt wie Zitrone war, ihr tauchtet ein und schwammt im brausenden Schaum. Endlich kanntet ihr einander. Er preßte dich gegen seine Brust, um dich vor den hohen Wellen zu schützen, und während der Regen auf eure Köpfe prasselte, murmelte er: »Wie die reine neue Erde. Die Erde des Anfangs, ehe sie berührt, bebaut und aufgerissen wurde. Erde, bevor der erste Mensch starb. Erde, in der noch niemand begraben wurde. Ligeia . . . Ligeia . . . Ligeia . . . Ligeia.«

Nur aus übergroßer Willensschwäche liefern sich die Menschen dem Himmel und dem Tode aus.

»Ich lebe jetzt in einem Hotel, Lizzie. In einem Hotel kommt und geht man nach Belieben. Man ißt allein und wann immer man mag. Nicht einmal mit dem Kellner muß man reden. Abends geht man ins Kino. Und mit der Zeit findet man vielleicht ein paar Freunde. Vielleicht spielt man sogar Golf mit ihnen. Wenn du mich sehen willst, frage nach Johnson. Gershon Johnson. Am Empfang wissen sie Bescheid.«

»Ich habe dich erwartet«, sagtest du, Pussycat.

Zweifelnd sah Franz dich an. Du zucktest die Achseln und schlangst die Zipfel deines weißen Hemds um die Taille.

»Ich sage es dir. Ich wußte, daß du kommen würdest. Und da bist du jetzt.«

Du gingst zu deinem Plattenspieler und hörtest einen Augenblick zu. *»Pretty woman have mercy on me.«* Du lachtest nicht, Isabel, sondern nahmst die Platte ab und sahst Franz an. Einen ergrauenden blonden Deutschen in blauem Hemd, grauen Hosen, ohne Schuhe. Das Hemd war aufgeknöpft. Du zogst den Stecker des Plattenspielers aus der Steckdose, und das flackernde trübe Licht des Hotelzimmers wurde merklich heller. Aber noch immer wart ihr fast im Schatten. Du trugst nur das Hemd und spieltest damit, zeigtest und verbargst, verbargst und zeigtest deine Scham, die sanft wie eine Zunge des Meeres war. Er stand neben der Tür, und seine Sinnlichkeit erwachte. Du spürtest es, als du auf ihn zugingst. Durch das offene Fenster drangen ferne verwischte Stimmen, verlorenes Hupen, Reifengeräusch auf der Landstraße und Boleros von den Lautsprechern über der Plaza, auf der ihr heute nachmittag geschlendert wart. Du bliebst vor ihm stehen, und er kniete nieder, um zu küssen, was du ihm botest. Junge, weiche, saubere Isabel, nach so viel Waschen an jenem Nachmittag, ohne den Geschmack nach verrottetem Fisch, den du früher Javier gegeben hattest. Trocken jetzt und sauber. Aber nun würden deine Säfte vielleicht wieder fließen.

Ich war nicht weit hinter euch, als ihr aus dem Wagen stiegt und den langsamen Aufstieg über den sehr steilen Steinpfad begannt, der vom Fundament der Pyramide zur spanischen Kapelle auf ihrer Spitze führt. Die Pyramide sieht nicht aus wie eine Pyramide; von fern scheint sie einfach ein hoher gerundeter Hügel mit abgeflachtem Gipfel.

Sie ist mit Erde und zahlreichen zerzausten Pinien bedeckt, und die Terrassen, unter denen die Steinmassen liegen, sind fast verschwunden. In Wahrheit sind es sieben Pyramiden, eine in der anderen: die erste wird von der zweiten bedeckt, diese wiederum von der dritten und so fort, bis zur siebten, die Erde deckt. Die Große Pyramide von Cholula. Die Große Cu. Nach jedem Zyklus von zweiundfünfzig Jahren wurde eine neue Pyramide auf dem Fundament der alten errichtet, denn das Ende eines Zyklus verlangte zu Ehren des Neuen, daß das Alte verschwand.

Langsam stiegt ihr hinauf bis zum Gipfel. Eine flache, reizvolle Landschaft umgab euch. Der große Kreis des Tales war eingeschlossen in die Konstellation des verschneiten Popocatepetl und des Iztaccihuatl im Westen, des fernen weißen Sterns des Pico de Orizaba im Norden, des ungeheuren Malinche-Vorgebirges im Osten und des buckligen Rückens der Sierra Madre im Süden. Ein flaches Tal, übersät mit runden Baumkronen, grünen Rechtecken und Kuppeln aus lasierten Kacheln, mit Hunderten von Kirchen, die in der Sonne glänzten.

Atemlos langtet ihr oben auf der Pyramide an. Ein flaches Belvedere mit einem Geländer umgibt die Kapelle aus gelbem Stuck. Sie war Spaniens letzte Antwort auf die Unterwelt aus Stein und heiligen Ungeheuern tief unter der kleinen Kirche und der Erde, die sich in vier Jahrhunderten angesammelt hat. Ihr betratet das Heiligtum, in dessen Atrium vier schlanke Zypressen wachsen. Am Ende des Schiffes steht unter einem Glassturz die Virgen de los Remedios, eine winzige Puppe in bauschigem Rock auf einem Halbmond, der an Stierhörner erinnert. Nach einem kurzen Blick gingt ihr vier wieder hinaus. Isabel bemerkte als erste, daß sich unter euch rote und gelbe Backsteingebäude aus dem 19. Jahrhundert erhoben, ein neoklassischer Portiko, Steingeländer, hohe Zäune und dahinter eine Reihe parkartiger Höfe mit schmalen Kiespfaden, Palmen und Bänken. Einige der Gebäude hatten vergitterte Türen und Fenster. Männer liefen über den Rasen und auf den Pfaden. Männer, die eure Höhe verkleinerte. Männer mit rasierten oder kurzgeschorenen Köpfen, in grauen Hosen und grauen

Hemden, viele barfuß. Sie gingen mit gesenkten Köpfen oder starrten in den Himmel, gelegentlich wurden sie von weißgekleideten Männern begleitet. Zu zweit und zu dritt saßen sie auf den Steinbänken, hielten sich Ohren oder Augen zu, kratzten sich die Rippen oder die geschorenen Köpfe, rieben sich das Kinn. Offenen Mundes starrten sie in die Luft, kauerten wie Affen auf dem Gras und hatten das Gesicht auf die Knie gestützt oder die Füße bis zum Mund angezogen.

»Wer sind sie?« fragte Isabel. »Wer sind sie?«

»Geisteskranke«, sagte Javier. »Verrückte. Dies ist Cholulas Irrenanstalt.«

Tauben flogen drunten über die Köpfe der Männer. Ein Patient hatte ein Transistorradio auf volle Lautstärke gestellt. Ihre Stimmen waren nicht zu hören, aber der Ton des Radios drang deutlich herauf, als der Patient die Skala absuchte und schließlich einen Sender fand, der ihm gefiel. Ein *corrido* aus dem Norden, dessen Worte zu euch emporgetragen wurden: *»Valentín como era hombre de nada les dió la razón . . .«* Eine Gruppe schien sich um das Radio zu bilden. Aber sie waren nicht wirklich interessiert; ohne Neugier lauschten sie einen Augenblick, dann verliefen sie sich wieder. Einer schleifte den gedrehten Gürtel eines Bademantels über den Pfad. Die Musik stieg auf: *»Estas son las mañanitas de un hombre valiente que fue Valentín.«* Du, Elizabeth, stütztest die Ellbogen auf das gelbgestrichene Geländer. Das Mittagessen wurde ausgeteilt. Eine Gruppe braungebrannter Männer in Grau saß auf einer Bank, und einer von ihnen hatte einen Satz ineinandergesteckter Kessel, die er einen nach dem anderen abstellte. Er trennte einen Stapel von Schalen und verteilte sie unter seine Kameraden. Aber es war kein wirkliches Essen. Sie wußten und ihr wußtet, daß Schalen und Kessel leer waren. Der Mann schüttelte die Arme. Er mußte etwas gesagt haben, aber seine Stimme drang nicht bis zu euch herauf. Mit geballter Faust machte er eine Gebärde, indem er den Daumen zum Boden stieß wie Nero, der Gladiatoren in den Tod schickt.

»Er verlangt Salz«, mutmaßte Javier, der als Kind Gesten nicht verstanden hatte. Er sah Franz an. Aber dessen Gesicht war leer oder zeigte höchstens jenen Ernst, den manche von uns an den Tag legen, wenn sie etwas beobachten, das allgemein als interessant gilt, ja von wissenschaftlichem Interesse.

»Schau sie an, Tigrin. Betrachte sie von fern. Identifiziere dich nicht mit ihnen, gehe nicht in ihre Nähe. Und komm in meine Arme, Betele, halte mich fest, laß mich nicht fortgehen. Mach Licht an. Licht, bitte. Du erschreckst mich. Erschreck mich nicht, mach Licht an und ...«

Einer der Patienten ließ plötzlich die Hosen fallen. Ein anderer kniete hinter ihm, und ein Wärter in weißer Jacke eilte herbei, sie zu trennen. Eine Glocke ertönte. *Madre mía de Guadalupe* ... Ein Arzt ging zwischen ihnen herum, während ein anderer Wärter eine Liste verlas. *Por tu religión me van a matar* ... Deiner Religion wegen werden sie mich töten ...

Javier sah Franz an, und Franz erwiderte seinen Blick.

Am letzten Tag hatte er sich in einer verlassenen, völlig leeren Scheune befunden, in der es nichts gab als Schatten. Doch die Schatten allein schienen ihm genug, ihn zu verbergen. Als er mit gespreizten Beinen auf den Brettern des Heubodens saß, sagte er sich, daß gerade das Fehlen von Korn, Stroh und Tieren Gewähr bot, daß man ihn nicht finden würde. Nicht einmal Hufeisen waren zurückgeblieben. Nichts als ein Ledergebläse neben einer kalten Esse und ein paar vereinzelte Stücke des Eisens, das hier früher bearbeitet worden war. Kein Hammer, keine Nägel. Er beugte sich vor und las die Spreu zwischen den Bretterspalten auf. Nichts war für ihn in diesem Augenblick wirklich außer seinem Hunger. Wegen seines Hungers wäre er gern draußen in den Feldern gewesen: die Sonne ist die Schwester der Fülle. Und heute würde er nicht viel verlangen. Ein sehr bescheidenes Leben, einfach, ohne Ehrgeiz und vor allem ungestört. Ein kleines Leben ruhiger Behaglichkeit im Prager Heim seiner Kindheit mit seinen Eltern, diesen ruhigen Sudetendeutschen, die, wie er jetzt – erst jetzt – erkannte, nur ihre Behaglichkeit verteidigen wollten, nur Ordnung und Sicherheit suchten und glaubten, dies sei alles, was sie wünschten. Er kroch durch die Dunkelheit des Heuschobers, hob alles auf, was er finden konnte, und sammelte es in der Faust. Auf Händen und Füßen, in einer fleckigen zerrissenen Uniform und schlammverkrusteten Stiefeln konnte er lachen und erkennen, daß das, was seine Eltern hatten bewahren wollen, nun für immer mit Hilfe seiner Eltern zerstört worden war. Seine Faust war voller Spreu. Er lachte nicht mehr. Er dachte an seine Eltern und sah sie deutlich vor sich, ein ruhiges Paar, das von der Jugend ins Alter geglitten war, als hätte es die Jahre dazwischen nicht gegeben, das die Zeit der Inflation einfach nicht begreifen konnte, die Verschiebungen nationaler Grenzen und Vermögen, die Gewalt und das Morden; das sich in den frühen Tagen Hitlers damit tröstete: »Er hat Architektur studiert, er gehört zu uns«, und später: »Er hat uns die Autobahn gegeben und Ordnung geschaffen«, und schließlich: »Seinetwegen können wir Deutschen wieder stolz sein.« Er suchte in seinem Waffenrock nach einem Fetzen zerknitterten braunen Papiers. Irgendein Dokument. Er schüttete die Spreu in das Papier und rollte sich eine behelfsmäßige Zigarette. In der Hosentasche tastete er nach den Streichhölzern, Streichhölzern, die Feuchtigkeit, Feuer und Schmutz widerstanden hatten; wie stets ein hervorragendes Erzeugnis, selbst unter diesen Bedingungen. Tüchtigkeit. Er rauchte langsam, hustete wiederholt. Der Ersatztabak linderte ein wenig den stechenden Hunger, so daß er an anderes als Essen denken konnte. Mit der freien Hand fuhr er sich übers Gesicht und versuchte sich seiner selbst zu erinnern. Die Haut lag dünn auf den Knochen, gespannt über der Stirn, lose um Nase und Mund; ein siebentägiger Bart. Er hätte gern geschlafen. Er hob den Kopf und lehnte sich vor, weg von der Wand. Seine Hand fuhr an das leere Halfter. Heute morgen hatte er die Pistole in einen Fluß geworfen, nachdem die letzte Patrone verschossen war.

Er lauschte. Jemand hatte gehustet. Danach ein kriechendes Geräusch und dann ein Stöhnen. Langsam legte er sich auf den Bauch, schutzlos oder zumindest nur mit dem Schutz, den die Klarheit des Hungers und der Einsamkeit bot. Dort in dem Heuschober war er zugleich gelähmt und geschützt. Man sah ihn nicht, aber ebensowenig konnte er selbst sehen. Er wartete auf den, der gehustet und gestöhnt hatte und nun auf einen Streifen Maiensonne zukroch, der durch das Seitenfenster über der verlassenen Esse einfiel. Nun, da sich ihm jemand näherte, fühlte er sich wirklich allein, allein zum erstenmal seit Jahren, allein und ohne Befehle, allein und zum erstenmal frei, innezuhalten und sich zu sagen, daß wir uns nur selbst beschuldigen können, daß es nur unsere eigene Schuld gibt, ein Gedanke, der seine Angst ein wenig beschwichtigte, obwohl er dies vermutlich nur dachte, weil er so lange nichts gegessen hatte; und nun wurde sein unbekannter Gefährte von dem Lichtpfeil getroffen: eine graue Uniform, eine Mütze, die sich militärisch gab, aber nur schien, was sie wirklich war, die Mütze, die herabfiel und blondes Haar enthüllte, golden im Sonnenlicht, locker und seidig wie die seidigen Fäden des Getreides, das vielleicht früher in glücklicherer Zeit hier im Heuboden zu finden war. Ein Junge, das spürte er sofort. Aber spricht die Wirklichkeit stets wahr? Er erhob sich, lehnte gegen einen Balken und erblickte nicht nur ein Kind, sondern ein unschuldiges, das vor dem Licht der Felder und den Detonationen geflohen war, um sich hier in der Scheuer zu verstecken, aber dennoch in Reichweite der Sonne, innerhalb des Lichtsaums vom Fenster angehalten hatte. Franz schrie hinunter, schrie ihm zu, er solle nicht dort bleiben, wo man ihn sehen könne, Idiot. Und nun, da der Junge aufstand, sah Franz die dicke, schlechtgeschnittene Uniform der letzten Rekruten, die normalerweise kurze Hosen und Blusen anhatten und das Gesicht voller Pickel. Der Junge wandte sich um, und die Sonne blendete seine blauen Augen, während die waffenlosen verlorenen Hände verzweifelt nach einem Halt suchten. Sein Gesicht verzog sich, als er wieder stolperte und mit beiden Händen das Knie preßte. Franz stieg hinunter, um ihn aufzuheben und aus dem Licht zu holen. In den Armen trug er ihn zum Heuboden, und es war Jahrhunderte her, die Jahrhunderte der letzten Tage, seit er einen anderen Menschen berührt hatte. Und nun, während seine Rechte nicht wußte, was die Linke tat, und Kopf und Herz aus dem Takt fielen, kletterte er mit dem leichten Knabenkörper zu seinem Versteck, einem Körper, der nach jungem, noch kindlichem Schweiß roch, dem Schweiß der Internatsschüler, die sich nach der Hitze des Spiels zu flüchtig waschen, und das blonde Haar fiel in die Stirn des Jungen, als habe er gerade einen Wettlauf gewonnen und sei nicht von einer Wunde, sondern vom Sport erschöpft. Während Franz mit dem bewußtlosen Jungen hinaufkletterte, sagte er ihm stumm, daß er, ein Kind, an nichts Schuld trüge, daß er nur Befehle befolgt habe, so wie er selbst, Franz, nur gehorcht habe, und alle würden das sagen: Er, Franz, war Offizier gewesen, aber nur ein Architekt, der zur Wehrmacht abkommandiert worden war, und gewiß machte man sich nicht schuldig, wenn man der Wehrmacht diente und seine Pflicht tat, die Wehrmacht kam vor allem anderen, sie war die deutsche Nation selbst, und die Wehrmacht mußte den Krieg gewinnen, um das Land von der Partei und ihren Führern zu befreien, ja, so war es gewesen, und dies Kind konnte unmöglich schuldig sein. Sachte legte er den Jungen auf den Heuboden. Eine Feldflasche war um seine Schulter geschlungen. Franz streifte sie ab, schraubte sie auf und setzte sie an die Lippen. Der Junge versuchte die Augen zu öffnen. Eine Hand fuhr zu der Schulter, wo der Riemen der Feldflasche gewesen war. Er blickte Franz an. Zuerst sah er die Uniform, dann die Augen. Er nahm Franz bei der Hand und sagte stockend, noch immer benommen, er sei froh, einen Offizier gefunden zu haben, nachdem er den ganzen Vormittag über die Felder gelaufen sei. Er hätte einen Befehl auszuführen. Was für einen Befehl? »Ich soll der Reserve Bescheid sagen, daß die Amerikaner nur noch fünf Kilometer weg sind, das ist alles. Sie gaben mir diese Handgranaten« – er berührte die andere Schulter und den Granatengurt, der dort hing. Franz nahm ihn und bat den Jungen, aufmerksam zuzuhören. Es gäbe keine Reserve mehr. Nicht einmal mehr eine Nachhut. Nichts gäbe es mehr. Er solle jetzt still sein und horchen. Ausgestreckt lag der Junge auf dem Boden, Franz kniete neben ihm, und sie hörten die Haubitzen sehr nahe im Osten wie im Westen. Nein, es sei jetzt Zeit, heimzugehen, nicht Befehle ausführen zu wollen. Wo er wohne? In einer Stadt wenige Kilometer von hier. Gut, er müsse sofort dorthin zurückkehren. Die Augen des Jungen flehten Franz an, und Franz überlegte, was er und der Junge gemeinsam tun könnten. Nichts, sagte er sich, der Junge müsse die Uniform ausziehen und heimgehen. Rasch knöpfte er sie auf, warf den wollnen Rock beiseite und fragte den Jungen nach seinem Namen. »Ich heiße Ulrich. Ulrich Zimmermann.« Im Unterhemd stand der Junge da, wischte sich die Nase mit dem Handrücken, und wieder sagte sich Franz, der Junge müsse heimgehen, so schnell wie möglich heim, aber er sagte es nicht zu Ulrich; statt dessen fragte er ihn, was mit seinem Bein geschehen sei. Der Junge lachte und griff sich ans Knie. »Es ist nichts. Ich bin in einen Graben gefallen. Wie dumm von mir. Ich bin gut im Radfahren, aber kaum rannte ich allein durch das Feld, da fiel ich in einen Graben und verzerrte mir etwas. Aber es ist nichts, wirklich nichts.« Sein Blick war jetzt zuversichtlich. Er erwartete sofortige Befehle von Franz, und darum konnte er so rasch und sicher sprechen. Die Hierarchie war wiederhergestellt, es gab wieder Ordnung, er fühlte sich sicher, weil er jemand hatte, von dem er Befehle empfangen konnte. Franz verstand dies und sagte: »Auch ich muß meine Uniform loswerden und Zivilkleider finden.« Der Junge zögerte nicht, obwohl Franz fürchtete, er könne sich wundern und fragen, warum, fragen, ob der Krieg zu Ende sei, fragen, ob er desertieren wolle, und Franz hätte es nicht erklären können – einem Kind diesmal –, was ihm selbst zur Gewißheit geworden war: jetzt war alles sinnlos, es gab keine Flucht, und er brauchte schnell, unverzüglich Zivilkleider. Aber der Junge zweifelte nicht, stellte keine Fragen. Er sah Franz an und sagte mit einem Lächeln: »Gestern abend habe ich zwei Personen auf einem Motorrad gesehen, die einen Koffer im Wald hinter dem Feld dort drüben versteckten. Anschließend kehrten sie zu dem Motorrad zurück und fuhren fort.« – »Dann geh«, flüsterte Franz. »Ich selbst kann nicht, denn ich weiß die Stelle nicht. Hol den Koffer. Was macht dein Knie, wirst du es schaffen?« Der Junge stand auf und sah ihn an, als sei die Frage eine Beleidigung. »Alles in Ordnung. Ich bin gleich zurück.« Und er humpelte aus der Scheuer. Erst jetzt wurde Franz bewußt, daß er ihn nicht gebeten hatte, etwas zu essen mitzubringen.

Nun konnte Franz schlafen. Es war Mittag, und er benutzte des Jungen zusammengelegten Rock als Kissen, ein Kissen, das nach Kinderschweiß roch, süß und unschuldig wie das Kind selbst. In der Dunkelheit des Heubodens. Während draußen in Feld und Wald sich eine Wüste dehnte, über die Gespenster jagten. Er konnte schlafen und träumen. Er erzählte dir diesen Traum in Cholula wieder, so wie er ihn dir erzählt hatte, als ihr das erstemal zusammen schlieft, und du glaubtest ihm, denn du glaubst nur jenen Träumen, die ihren Schlüssel selbst enthalten; du hast deinen Nemerov gelesen und weißt, *that like a dream interpreted by one still sleeping, the interpretation is only the next room of the dream.* Howard Nemerov ist groß, Tigrin. Er ist ein Dichter, dem ich begegne, wenn ich ihn am wenigsten erwarte, und dank ihm verstehe ich, warum Franz Javier ansieht, als ihr vier den abschüssigen Pfad vor der Kirche hinuntersteigt.

Und nun lag er mit Elizabeth im Bett, und auch sie würde den Traum vernehmen. Der Junge kehrte mit Zivilkleidern zurück und führte Franz an der Hand in eine deutsche Stadt zu einem offenen Platz aus ockerfarbener Erde, den mittelalterliche Häuser mit hohen, spitzgiebligen Dächern, Spitzbögen, Vorhöfen, Fahnen und Standarten umgaben. Zuerst wirkte die Szene wie der Stich eines Monogrammisten, eine vertikale Ebene, eine Oberfläche ohne Perspektive, alles nur zweidimensional, Pferde, Steine, Bäume, Seen, Schiffe, Schlösser. Aber das war nur der Bühnenvorhang, und er öffnete sich, um die sinnlichen Spiele des Meisters mit den Brandollen zu enthüllen: überraschte Liebende und badende Frauen, denen Sittenwächter predigten, von denen einer die Gelegenheit nutzte, eine nackte Frau hoch in die Luft zu stemmen, und über ihnen flogen die Ungeheuer Martin Schongauers, Ziegen mit Flügeln und Köpfen von Raubvögeln. Auch dies war ein Vorhang, und er ging auf und zeigte zuletzt die Verschmelzung jener ursprünglichen Kunst, welche Spannung und Konflikt zwischen dem Leben des einfachen Volkes und der christlichen Legende löst. Kinderspiele. Karneval im Gegensatz zur Fastenzeit. Franz betrat an der Hand seines jungen Führers die Bühne, an der Hand des hinkenden blonden Jungen, der hier aufgewachsen war und alle Geheimnisse der Stadt kannte: die versprochene Sinnlichkeit, sei sie Karneval, Fasten oder ein ländlicher Rundtanz. Übersättigung, Unterdrückung und Verlangen wurden alle gelöst, indem sie sich dieser Sinnlichkeit näherten, sie erreichten oder sich von ihr entfernten, einer Sinnlichkeit, die zuerst ihren Narrenkönig austrieb, Prinz Karneval mit den verschiedenfarbigen Augen, eines blau, das andere braun, Prinz Karneval, ein grauer Stock und ein verbeulter Hut, der von einem Abfallkorb aus Weidenruten gekrönt wurde, den Herrscher, von dessen Rohrzepter zwei tote Fische baumelten und den ein Archivar-Priester mit Kapuze zog und dabei wiederholt he, he sagte; es folgten Kinder mit Rasseln, die auf der Bühne Reif spielten, aber dann zurückkehrten und dem traurigen Prinz Karneval folgten, dem düster dreinblickenden Monarchen mit der spitzen Nase und dem ungepflegten Bart, der über diese Tage des *fastus* präsidierte, Tage, die dem Krüppel ohne Beine gehörten, der sich mühsam auf dem Hintern voranschob, während ihm eine kapuzenbedeckte Gestalt Münzen zuwarf, Tage, die dem Schurken gehörten, der einen Affen im Korb auf dem Rücken trug, den blinden Bettlern mit leeren Bäuchen, dem sterbenden Jungen, der in einem langen Gewand mitten auf der Straße lag, während seine falsche Mutter neben ihm hockte und Almosen empfing. Indem er sich auf ein Gewehr stützte, das ihm als Krücke diente, stieg Ulrich mit langen schwingenden Schritten auf das Dach des beherrschenden Gebäudes, um Franz den Platz auf der anderen Seite zu zeigen. Lachende Kinder spielten dort fröhliche Spiele. Aufgeblasene Schläuche, Decken zum In-die-Luft-Werfen. Fässer zum Springen. Holzpferde. Blindekuh. Habicht und Henne. Franz widersetzte sich dieser Szene, obwohl der Junge mit einemmal untröstlich zu dem langen Tisch im Freien wies, an dem eine alte Frau Brotteig knetete. Franz blickte zurück, die Dächer hinunter auf die

Eber, Fische, Schweine und eine feiste Gestalt in roten Strümpfen und blauem Wams, die rittlings auf einem Bierfaß saß und mit einem Stilett das tote Maul eines Eberkopfes durchbohrte. Dann die Karnevalsnarren unter enganliegenden Baumwollmasken, welche die Umrisse ihrer Züge abzeichneten, ohne die Gesichter zu enthüllen. Franz lachte und stieß den Jungen mit dem Ellbogen an. Dröhnendes Lachen schüttelte ihn, als er Ulrich erklärte, die alten Zwerge seien in Wirklichkeit verkleidete Kinder mit Rübennasen und Falten unter den Augen, die sie mit Holzkohle gemalt hätten. Hinter den Kindern folgte ein Zug Hofnarren, die Mandoline spielten, ausgestopfte Bäuche unter den weißen Gewändern schwenkten und Zwiebelgirlanden um die Hälse trugen. Ulrich zupfte Franz am Ärmel. Glückliche Kinder bliesen Seifenblasen, heilten lahme Vögel, bastelten Puppen. Kostümiert und mit Kapuzen rannten sie im Kreis herum. Franz achtete nicht auf den Jungen, sondern fuhr fort zu lachen. Ein Koch kam auf dicken Beinen mit einer Pastete aus schwarzen Krähen und einem Tiegel auf dem Kopf vorbei, hinter ihm erschien ein noch Dickerer, der einen Tisch mit goldenem Brot auf dem Kopf trug, dann ein Zwerg, der wie ein König in ein Hermelincape und einen orientalischen Turban gekleidet war. Es ist ein kleiner Junge, Ulrich, sagte Franz, und ebenso der rote Teufel mit den blauen und weißen Streifen an der Seite. Ulrich ließ Franz' Hand los und sah ihn ungeduldig an. Franz freute sich, als der falsche Christus vorgebeugt, zerzaust und mit Halunkenmiene erschien, als er aus einem geflickten Leinenzelt gezerrt wurde und nun Wunder tun durfte, an dem Krüppel etwa, der in heftigem Widerspruch zur Fastenzeit die Beine von sich streckte und auf dem Bauch über den Platz kroch, indem er sich an Pfosten und Ecken klammerte, während ihm eine Horde anderer Krüppel mit Stöcken und Krücken folgte. Sie wimmelten um die kleinen Buden, wo Eier, Brot und Fisch verkauft wurden; sie näherten sich den Fässern und Kochfeuern, und dahinter quoll aus der großen grauen Kathedrale eine Masse frommer Frauen und schwarzer Nonnen, die dem Karneval den Rükken kehrten. Ulrich warf die Gewehrkrücke in die Luft, rutschte das rote Ziegeldach wie eine Rutschbahn hinunter und fiel mit einer Pirouette zwischen die spielenden Kinder. Er sah zurück und streckte Franz die Zunge heraus. Aber Franz lachte, denn er wußte, daß Ulrich ihm etwas vorspielte, als er im gelben Wams und der scharlachroten Kapuze mit den goldenen Schellen Kapriolen schlug und auf dem schwarzen Teller Brot, Fisch und Pappmasken sammelte, die die Kinder zu ihrer Rettung brauchen würden. Ulrich rannte zur Dornenhecke, die den Garten einfaßte. Die anderen Jungen waren schon hinaufgeklettert und standen Kopf, während zwei Doppelreihen kleiner Mädchen die Straße entlanghüpften und die Knie dabei hochwarfen. Ulrich stürmte zwischen die Kinder, die Blindekuh spielten, zwischen die Roß-und-Reiterpaare, zwischen die Stelzenläufer. Er schlängelte sich zwischen den Stöcken der Blinden durch. Er zog Mädchen an den Haaren und zerrte seine Kapuze bis über die Nase, als er spöttisch vor einem Zauberer stand, der einen Schatz unter einer von drei Nußschalen verbarg und ihn nun zu raten aufforderte, unter welcher. Auf einem Geländer zum Anbinden der Pferde vollführte er Balance-Akte und gymnastische Kunststücke. Er kletterte die Arme und Beine der Kobolde hinauf und ritt Huckepack. Er hob die fliegenden Röcke der Mädchen noch höher, als wolle er sich zwischen ihren Unterröcken verstecken. Er kletterte auf Bäume, warf ein Stück Segeltuch auf eine Schar Kinder, die ihm zusah. Er ließ zwei Kreisel in den Handtellern tanzen, hielt sie empor und bot sie Franz dar, der noch immer droben auf dem Dach kauerte, wo ihm der Wind um die Ohren wehte. Ulrich war der Anführer geworden, alle folgten ihm und ahmten ihn nach, ob er nun einen Zirkusakt zeigte, Heringe verschlang, sich in den Fluß stürzte oder von der Klippe zwischen die Felsen warf. Und nun entfernte er sich an der Spitze von Hunderten von Kindern, blassen Jungen, pausbäckigen Jungen, Mädchen mit weißen Bändern, Hunden, Seiltänzern und Zauberern mit falschen Nasen. Franz streckte die Hand aus, um das sanfte Gesicht zu berühren, dessen schlafschwere Augen keine Wimpern hatten. Er streckte die Hand aus, um den silbernen, blauen, grünen, blaßrosa Vogelflügel zu berühren. Um die Lotosblüten zu berühren, die Lilien, das Gras, das neben dem Fluß wuchs. Aber die Szene veränderte sich. Eine alte Frau schüttete einen Eimer voll Wasser aus, hohlklingende Kugeln prasselten zu Boden, und ein blauer Gürtel, der an einen Stekken gebunden war, flatterte einsam im Wind. Ein Junge verbarg sich hinter einem Fenster und spähte hinaus, andere sprangen in den Fluß, ein Mädchen, das einen Besen auf einem Finger balancierte, rannte in ein Haus, Mützen wurden in die Luft geworfen, und die kleinsten Mädchen liefen im Gänsemarsch hintereinander her und sangen von Notenblättern, die auf einem Zweig aufgespießt waren. Von dem Platz des Karnevals kletterten Seiltänzer in graugestreiften Uniformen, auf die gelbe Sterne aufgenäht waren, zu Franz hinauf. Auf dem anderen Platz verbargen sich Jungen in einem Sandberg, und ein Mädchen mit einer zerbrochenen Puppe schaute durch ein Faß ohne Boden und wies mit den Fingern auf Franz. Kinder, die Backsteine geformt hatten, warfen sie aufs Dach, die graugekleideten Seiltänzer krochen auf allen vieren über die Ziegel, und von einem Speicher beobachtete ihn eine Eule und blinzelte ernsthaft. Dann griffen ihn die kriechenden Gestalten an, packten ihn an Hals, Armen, Beinen und Füßen. Franz konnte nur auf den Platz hinunterstarren, den Platz mit seinen Licht- und Schattenflecken und seiner trüben Lustbarkeit, auf die trockene Erde mit toten Zweigen und leeren Kartons, Eierschalen, alten Plakaten, ausgesaugten Knochen, grauen Austernschalen, im Kreise rollenden Steinen, während zum Gelächter und zu den Obszönitäten der beiden Könige, Prinz Karneval und Christus, seine Angreifer mit ihm rangen und ihn hinunterzerrten zwischen Zwerge und Bettler, Krüppel und Spielleute, Nonnen und Händler, hinunter in die Mitte des Platzes, zu dem tiefen Brunnen, wo ein bebrillter alter Mann im Gewand eines Priesters den Eimer prüfte und Franz darauf über den Rand stieß, und während er rücklings hinunterfiel, blickte er zu dem Rechteck des Himmels empor, das die geschorenen Köpfe, die ihm nachblickten, verdeckten. Dann wurde der bemalte Vorhang zugezogen. Eine Szene des Kindermords: Hunde und Messer und Wachen in eiserner Rüstung, die Kinder niedermetzelten und über ein verschneites Feld verfolgten, bis hin zu ebenfalls weißen, eisbedeckten Baumstümpfen, und dazu spielte ein Orchester Wiener Walzer ... Laut und klar würde die Posaune über den Gräbern aller Länder ertönen und die Toten vor dem Thron des Gerichts versammeln. Staunend würden Tod und Natur innehalten, da die Schöpfung vom Grabe aufersteht, um dem Richter zu antworten. Und ein geschriebenes Buch würde laut verlesen, das alle Worte, Anklagen und Geständnisse enthielte, aufgrund deren die Welt gerichtet werden müßte. Und da der Richter sich setzte, würde alles, was verborgen war, offenbar werden und nichts ungestraft bleiben. Und nun war Ulrich zurück.

Ulrich. Keuchend und erschöpft stand er im Unterhemd mit dem Koffer in den Händen vor ihm. Franz fragte, ob ihn irgend jemand gesehen habe. Der Junge schüttelte den Kopf, und Franz sagte, sie müßten sich beeilen, aber vorsichtig. Die Verfolger erwarteten immer, daß die Verfolgten in größter Hast fliehen würden, und hasteten daher selbst um so mehr; langsame Flucht könne sie täuschen. Gerade habe er von der Art und Weise zu fliehen geträumt. Der Junge antwortete nicht. Mit dem Koffer in den Händen stand er da. Nach einem Augenblick der Stille griff Franz nervös nach dem Koffer und öffnete ihn. Er sah zu dem Jungen auf, und Ulrich wußte, daß er keine andere Gelegenheit haben würde, kommandiert zu werden, Befehlen zu gehorchen; er stand stramm und starrte geradeaus, ohne mit der Wimper zu zucken. Eines Tages, dachte Franz, wird auch dies Kind die Hand zackig zum Gruß an die Mütze legen, die Hacken knallend zusammenschlagen, zuviel Bier trinken und von Sentimentalität triefende Lieder singen. Er fragte sich, ob der Junge schon in den Koffer geschaut und gesehen habe, was er enthielt: die Uniform eines Luftwaffengenerals, die komplette Uniform, graugrün, Goldknöpfe, schwarzer Gürtel, schwarzer Samtkragen, Rangabzeichen, ein Kreuz auf der Brust. Es war das Ritterkreuz, das Zeichen für Mut und Treue. Und es war im Wald zurückgelassen worden.

»Von wem ist die Uniform?«

Der Junge zuckte nicht mit der Wimper.

»Von wem?«

Er senkte den Kopf.

»Hast du ihn weglaufen sehen? Trug er Zivil?«

Der Junge nickte, ohne Franz anzusehen.

»War eine Frau bei ihm? Und ehe er aufbrach, befahl er dir, die Reserve zu verständigen, daß die Amerikaner näherrückten? Sagte er dir und den anderen Jungen, der Ruhm des Vaterlandes verlange, daß ihr bis zum Ende kämpftet? Daß ihr dafür sterben müßtet?«

Der Junge nickte und schnitt eine Grimasse, um die Tränen zurückzuhalten. Schließlich weinte er hemmungslos, warf sich Franz in die Arme und weinte Tränen enttäuschter Tapferkeit, der Verwirrung und des Nicht-verstehen-Könnens. Auch Franz hätte am liebsten geweint, trockene, verborgene Tränen, als er an Deutschlands Führer dachte, die mit ihren Frauen, ihrem Besitz und ihren Kunstwerken flohen, während sie alte Männer und Kinder mit Handgranaten als letzte Verteidigungslinie, als letzte sinnlose Demonstration des Mutes zurückließen. Wenn er jetzt wußte, daß es sinnlos war, so würden es später alle wissen: gewiß, sie hatten es schon die ganze Zeit über gewußt, und in den Monaten danach, als er durch das zerstörte Land wanderte und versuchte, sich nach Prag durchzuschlagen, ohne etwas zu wissen, ohne etwas zu erfahren, da sagte er sich, nur ein einziger Patriotismus verdiene eine Auszeichnung: einfach in die kriegszerrissene Erde zu sinken, als Stein einer Landstraße, als Saat oder Dünger zu dienen, sich für allezeit unter den Rädern der Lastwagen und Traktoren zu verlieren. In einem gestohlenen, zu kleinen Anzug mit abgeschabten Ellbogen, fadenscheinigen Knien, dünnem Hosenboden und zerknitterten Aufschlägen wanderte er quer über die Felder, wo verlassene Lastwagen und rostige Panzer tief im Winterschlamm steckten, tief unter dem Stroh des Herbstes, durch tote Städte, wo sich die ausgebrannten Skelette der Kathedralen noch immer über dem Geräusch nackter Füße, dem Schlurfen von Bettlern und Prostituierten erhoben. Und nur von einem Gedanken war er besessen, Prag wiederzusehen und irgendeine Gewißheit zu finden, selbst wenn diese Gewißheit ein Name auf einem Grabstein des jüdischen Friedhofs wäre.

»Komm, Ulrich. Wir müssen hier weg. Den Koffer lassen wir da.«

Er nahm den Jungen bei der Hand. Sie könnten nicht zu ihm nach Hause gehen, sagte Ulrich, die Amerikaner hätten inzwischen die Stadt eingenommen. Wir gehen hin, um uns zu ergeben, erklärte Franz ruhig. Er solle den Rock wieder anziehen, sie würden sich in Uniform ergeben. Er nahm ihn bei der Hand, und sie kletterten vom Heuboden herunter, gingen an der alten Esse vorbei und hinaus in die Maienfelder, auf ferne Hügel zu, von denen Gewehr-, Artillerie- und Panzerfeuer herüberklangen. Klee und Gänseblümchen bedeckten die Erde. Die Sonne strahlte unbeirrt, und es war diese Sonne, diese Erde, die seine Eltern hatten bewahren wollen. Unter offenem Himmel war Ulrich völlig verwandelt. Er drückte Franz' Hand und versprach, wenn sie erst bei ihm daheim wären, würde er ihm zu essen geben. Er redete von seinen Schulkameraden und überlegte, wie es ihnen wohl ergangen sei. Sie seien in Gruppen eingeteilt worden, um die Landstraße und die Brücke zu verteidigen oder wie er die Reserve zu benachrichtigen, und nun kämen sie vielleicht alle wieder heil nach Hause, wenn der Krieg wirklich zu Ende sei, wie ihm ein paar Bauern versichert hätten, als er mit dem Koffer des Generals zur Scheune zurückkehrte. Aber viele wüßten noch nichts davon, und es sei ihnen eingehämmert worden, selbst wenn sie hörten, der Krieg sei vorbei, weiterzukämpfen bis auf den letzten Mann, bis kein deutscher Soldat mehr am Leben sei. Das hätte man ihnen gesagt, wiederholte der Junge; der Feind dürfe keinen einzigen lebenden Deutschen finden. Wegen seines Beines stützte er sich auf Franz, und sie folgten dem gewundenen Flußlauf, der sie zur Stadt führen würde. Franz wurde klar, daß auf diese Weise alles schon vor langer Zeit plötzlich hätte enden können; und nun gab es keine Möglichkeit, diesen Augenblick zurückzuholen. Sie gingen einen Hang oberhalb des schlafenden Flusses entlang, und er bat den Jungen um einen Schluck Wasser. Ulrich strich eine Locke des blonden Haars zurück und schraubte die Feldflasche auf. Er lachte und drehte sie um; sie war leer. »Einen Augenblick«, rief er lachend und rannte mühsam davon. Offensichtlich schmerzte das verzerrte Knie, als er über die mit Disteln bestandene Böschung eilte und der Distelflaum wie eine Wolke winziger Schmetterlinge um ihn aufstieg. Er erreichte das Ufer, kniete nieder und tauchte die Feldflasche ins Wasser. Zwei trockene Gewehrschüsse. Der Junge schrie auf, fiel mit dem Gesicht ins Wasser und blieb reglos liegen. Zum erstenmal während des Krieges schrie auch Franz. Er rannte durch die Disteln, rief irgend etwas um Hilfe an, beschwor die Erde, die schwebenden Disteln, die Sonne selbst, diesem schuldlosen Kind ein wenig Leben zu bewahren. Er kniete neben Ulrichs Körper. Zwei amerikanische Soldaten erschienen – ihre kurzen Militärstiefel sanken in den Schlamm, die Gewehre hielten sie in den Armbeugen –, als Franz Ulrichs Kopf aus dem Wasser hob und Wangen und Schläfen küßte. Einer der Soldaten kniete sich neben ihn, schüttelte den Kopf und sagte: *»Goddammit, just a kid.«*

»It ain't our fault they make their kids fight.«

Der Amerikaner, der als erster gesprochen hatte, schüttelte wieder den Kopf. *»I was just practicin'. How the hell did I know I could get him at that range?«* Er lud durch und stieß Franz mit dem Gewehrkolben in die Schulter. *»I'm sorry, Buster, if that helps. Come on with us. The war's over.«*

Schluchzend fiel Franz über Ulrichs Körper. Er verlor das Bewußtsein.

»Nicht nur Verrückte waren im Asyl von Charenton eingesperrt«, sagte Javier, als ihr vier der Szene drunten den Rükken kehrtet. »Auch Libertins und Verschwender.«

»Schaut«, rief Isabel und blickte ein letztes Mal auf die Patienten. Einer versuchte die Schuhe zu schnüren und lachte über seine erfolglosen Anstrengungen. »Mein Gott, wie er die Zähne zeigt.«

Franz fuhr mit dem Finger über das Steingeländer, so daß sich ein kleines Staubhäufchen ansammelte. »So ergeht es einem, wenn man lange genug eingesperrt ist. Was auch immer geschieht, man nimmt es als Vorwand zum Lachen. Und meist ist es nicht sehr komisch, nur ungewöhnlich. Es unterbricht die Eintönigkeit.«

»Das ist nicht alles«, sagte Javier. »Schaut, wie wütend er lacht. Gewöhnlich ist er traurig, und nun lacht er, als wolle er den Anlaß seiner Heiterkeit zerstören.«

»Er weiß, daß sie nicht lange dauern wird«, sagtest du, Tigrin.

»Kommt, gehen wir, bitte.«

»Gehen wir in die Pyramide«, sagte Isabel und fuhr sich mit den Händen durch das lange, seidige Haar.

»Vielleicht ist der Wahnsinn dort noch schlimmer«, meintest du.

Langsam stiegt ihr vier hinunter.

»Die Irren von Charenton wurden zur Schau gestellt«, sagte Javier ruhig. »Sie wurden den guten Bürgern von Paris als Spektakel vorgeführt, und die guten Bürger kehrten darauf mit ruhigem Gewissen heim. Sie konnten sich beglückwünschen, daß sie nicht wie die Patienten waren.« Er sah dich an. »Jeder Schriftsteller muß fürchten, daß er genau dasselbe tut. Er legt das Entsetzliche des Lebens und der Seele bloß, damit seine Geldwechsler seufzen: Herr, ich danke dir, daß ich nicht bin wie jene. Mag der arme Schriftsteller noch so überzeugt sein, er errege Skandal, er tut es nicht. Welch ein Witz. Nach dem *L'Age d'Or* entwickelte die Bourgeoisie Abwehrmechanismen. Glaubt ihr, Tennessee Williams schockiere noch irgendwen? Nein, er stärkt sie nur, wie die Irren von Charenton.«

Von der Plaza erscholl Musik, Tanzweisen, die den jungen Damen der Stadt gewidmet waren.

»Die alten Germanen«, sagte Franz, als habe er Javier nicht gehört, »besaßen das Recht, ihre Kinder umzubringen, wenn diese irrsinnig oder mißgestaltet waren.«

Das fiel euch nicht auf, Tigrin, daß die Wärter der Anstalt Priestern glichen. Priester haben schon immer über Irre gewacht, ihnen Versionen des Lebens und der Welt gegeben, die sie begreifen konnten, haben ihren Haß in Liebe verwandelt, ihnen Frieden gegeben, die Ruhe und die Erregung, die der Wahnsinnige braucht, um seinem Faden folgen zu können. Der Priester, der Schriftsteller, der Künstler, der Politiker, jeder, der die Welt mit Bildern ihrer selbst versorgt, künstlichen, falschen Bildern, Interpretationen, beschwörenden Psalmen, sie alle wissen, wie sie ihre Irren manipulieren. Aber die Irren, etwa mein Freund Tristram Shandy, hören die Rhetorik nicht einmal. Sie lachen über ihre Mentoren und verwandeln sie nach und nach in die Irren der Irren. Aber egal: die kunstfertigen Kunsthandwerker geben nicht auf, die Idioten. Sie wollen nicht einsehen, daß sich die Vernunft in Wahnsinn verkehrt hat, und sie verkleiden sie als Erotizismus, militärischen Ruhm, Staatsräson oder unser Verlangen nach ewiger Seligkeit. Die Irren machen bereitwillig mit, denn sie wissen, daß ihr eigener Wahnsinn desto unbemerkter bleibt, je mehr sie den Wahnsinn ihrer Wärter nähren. Und dies ist der springende Punkt, Tigrin: die Illusion des Rationalen muß erhalten bleiben, um die Illusion des Lebens zu erhalten. Wieder unser Spiegelsaal. Baudelaire, so *hip* wie nur einer, schmückt den Leichnam mit den Mythen des Eros, während Nietzsches Trolleybus als der Wille zur Macht paradiert. Der ausgetrocknete alte Marx verbirgt sich hinter dem Versprechen eines zweiten irdischen Paradieses (haltet ein, Kameraden, unser erstes Paradies war schon eines zuviel), und der große Papa Fjodor Michajlowitsch liegt beim Aufstieg jenes Dritten Rom auf der Lauer, das auf diese oder jene Weise Kurt Weill und Lotte Lenya erspart blieb. Dein Landsmann Walt Whitman versorgt uns mit seiner optimistischen Hoffnung auf eine neue demokratische, egalitäre Welt *(We Shall Overcome and the walls will come tumblin' down),* während uns unser Vampir-Freund Rimbaud der Göttlichkeit des Wortes versichert. Aber schau, wohin es mit uns gekommen ist. Candy, Lolita, Folter, Krematorium, die Moskauer Prozesse, Trotzkis Ermordung, die Schweinebucht, Polizeihunde gegen die Neger von Montgomery. Nimm es und nutz es und sei schöner denn je, meine Pepsicoatl. Dies ist der Trick dabei. Denn siehst du, Elizabeth, im Zeitalter von Victoria und Porfirio sind weder Prometheus noch Cäsar noch Medea noch der Cid zwei Personen; selbst Don Quijote mit seinem Wahnsinn endet als armer geschlagener und beschämter Alter, als Alonzo Quijano, nie als der andere, als sein geheimer Doppelgänger. Der Däne selbst roch, daß etwas faul war, aber er mußte viele Jahre warten, mehr Jahre als im Himmel, auf Erden oder in der Hölle gezählt sind, mehr als sich irgendeiner in seiner Philosophie träumen läßt, nur um den Zünder des alten Krachers Voltaire auszulösen, der glaubte, nachdem die Einheit der religiösen Welt zerbrochen sei, ließe sich eine ebenso geeinte Laienwelt aufrechterhalten. Und auf geht's: Tugend ohne Zeuge und Böses ohne Zeuge sind undenkbar, und als Gott aufhörte, unser Zuschauer zu sein, mußten wir einen anderen Betrachter schaffen, unser *alter ego,* Mr. Hyde oder William Wilson, unseren Doppelgänger. Wir sehen, Blake war keine trübe Tasse: *Thou art a Man, God is no more; Thine own humanity learn to adore;* und dieser Kleist war ganz auf der Höhe, wenn er sagte: *Jedoch zuletzt erkannt ich, mußt ich mich, ein Ich, so wie das andre, anerkennen.*

Und das Verfluchte dabei ist, das auch dies zum *vieux jeu* wurde, als Pirandello und Brecht den Kreis schlossen. Sinke tot zu Boden, Leichnam; jede Person ist eine andere Person, sie selbst und ihre Maske, sie selbst und ihr Widerpart, sie selbst und ihr eigener Zuschauer, Opfer und Henker in einem. Hast du nicht Swinburne gelesen, der das englische Laster weihte? »Des Tages Spinne tötet des Tages Fliege und nennt es ein Verbrechen? Nein, könnten wir die Natur hindern, dann würde das Verbrechen möglich und die Sünde Wirklichkeit. Könnte aber ein Mensch dies tun; könnte er die Bahn der Sterne durchkreuzen und die Gezeiten des Meeres zurückdrängen; könnte er die Wege der Welt ändern und das Haus des Lebens ausfindig machen, um es zu zerstören; könnte er zum Himmel aufsteigen, ihn zu verderben, und hinab in die Hölle, sie aus der Unterwerfung zu befreien; könnte er die Sonne herabzwingen, damit sie die Erde vernichte, und dem Mond gebieten, Gift oder Feuer zu regnen; könnte er die Frucht im Samen töten und den Mund des Kindes mit der Muttermilch ätzen: dann hätte er gesündigt und sich an der Natur vergangen. Nein, und nicht einmal dann, denn die Natur würde es so wollen, damit sie eine Welt neuer Dinge schaffen könnte: sie ist des alten Lebens überdrüssig, ihre Augen sind es leid zu schauen, ihre Ohren müde zu hören; sie ist ausgebrannt von der Lust der Schöpfung und von Wehen zerrissen, ehe sie den Wechsel gebiert; sie möchte von neuem erschaffen und kann es nur, indem sie zerstört: all ihre Energien dürsten nach tödlicher Nahrung, und sie kreißt mit all ihren Kräften voll Todessehnsucht. Und welches sind die schrecklichsten Sünden, die wir begehen können – wir, die wir für einen Tag leben und in einer Nacht sterben?«

Ihr standet vor dem schmalen Eingang zu dem Tunnel im Fundament der Pyramide. Schienen führten hinein, auf denen kleine Karren die ausgehobene Erde fortschafften. Isabel wies in den Tunnel. »Wollen wir nicht hineingehen?«

»Ich bin müde«, sagte Franz.

»Und ich möchte gern ein Bad nehmen«, sagtest du, Tigrin. »Ich wünschte, wir wären schon am Meer.« Du gingst zu dem Kiosk mit einem Eisschrank neben der Tür und holtest dir eine Flasche, während Franz zum Wagen lief, der nicht weit von der Pyramide geparkt war. Du trankst deine Limonade, und auch Javier und Isabel öffneten Drinks. Im Auto stellte Franz das Radio an. Er suchte die ganze Skala ab, drehte über Reklame, afro-kubanische Musik, *mariachis* und *surf* hinweg und hielt erst bei der Stimme: ». . . gespielt von den Wiener Philharmonikern unter der Leitung von Wilhelm Furtwängler . . .« Er hob die Hände, bedeckte die Augen mit dem Taschentuch, rieb sich den Nasenrücken. »Wenn ihr heute abend noch nach Veracruz wollt . . .«, rief er zum Fenster hinaus und drückte dabei auf den Anlasser, ohne daß etwas geschah. Javier zahlte die Getränke, und ihr gingt zum Auto. Franz bewegte den Schalthebel vor und zurück.

»Das verstehe ich nicht«, sagte er. »Die Gänge scheinen nicht zu funktionieren.«

Javier lächelte.

Franz stieg aus, ging zum Heck des Wagens und öffnete

die Motorhaube. Er griff hinein. Dann zuckte er die Achseln und wischte die Hände am Taschentuch ab.

»Damit wäre unsere Fahrt vorerst zu Ende. Irgend jemand hat das Getriebe ruiniert.«

»Wir müssen einen Mechaniker auftreiben«, sagte Isabel.

»Wie lange wird es dauern, Franz?« fragtest du.

Wieder zuckte er die Achseln. »Das Auto muß gründlich überprüft werden. Vermutlich müssen wir es nach Puebla abschleppen lassen. Ich denke, wir können in Cholula übernachten und morgen weiterfahren.«

»O nein«, stöhntest du. »Gibt es hier überhaupt ein Hotel?«

»Es gibt eines«, antwortete Javier. »Nicht zu gut, aber . . .«

»Schaut!« Franz zeigte euch die zerrissenen Kabel. »Irgend jemand hat sie vom Verteilerkopf getrennt.«

»Sicher«, sagtest du trocken und lehntest dich mit verschränkten Armen gegen die Autotür. »Was erwartet ihr auch? Reine Zerstörungslust. Irgend jemand ärgerte sich über unser kleines Auto.«

»Ein Patient aus der Anstalt.« Isabel lachte, leerte ihre Flasche und trug sie zum Laden zurück.

»Ich gehe zur Tankstelle, rufe die AMA an und lasse ihn abschleppen«, sagte Franz. »Aber erst laden wir die Koffer aus.«

»Javier, so tu doch etwas in Gottes Namen«, riefst du, während du mit verschränkten Armen dastandest. »Hilf ihm mit dem Gepäck.«

Du wachtest auf und drehtest dich im Bett herum.

»Oh, du bist wieder da?«

»Was meinst du damit? Ich war nicht weg.«

»Wie spät ist es?«

»Bald zehn. Gehen wir etwas essen.«

»Wozu? Außerdem wird es deinen Magen durcheinanderbringen.«

»Ich kann nichts für meinen Magen. Und ich kann auch nichts dafür, daß wir ganze siebentausend Meter hoch leben – bei Adlern und Schlangen.«

»Sachte, Javier, sachte. Ich habe kein Wort gesagt.«

»Tu mir einen Gefallen, Ligeia. Bring mir meine Arznei und ein Glas Wasser.«

»Wo fehlt's?«

»Magensäure, das ist alles.«

»Reiß nicht die ganze Decke an dich. Immer machst du das.«

»Was sagt Franz? Ist der Wagen morgen fertig?«

»Woher soll ich das wissen? Ich habe Franz nicht gesehen. Wäre es nicht besser, du würdest doch etwas essen? Säure ist bei nüchternem Magen noch schlimmer.«

»Die Arznei wird sie überlisten.«

»Wen überlisten?«

»Die verdammten Magensäfte.«

»Los, Javier. Steh auf, laß uns etwas unternehmen.«

»Was, zum Beispiel?«

»Hm . . . hast du das Domino mitgebracht?«

»Ja. Dort im Koffer.« Du erhobst dich und öffnetest den Koffer.

»Ich muß lachen, wenn ich daran denke, wie du in jüngeren Jahren essen konntest. Nichts, was du nicht vertrugst.«

Javiers Augen drückten nichts aus. Du tastetest nach der Dominoschachtel. »Als du noch ein richtiger Junge warst. In New York. Als wir uns im City College begegneten und verliebten.« Du fandest die Schachtel, schütteltest sie und sahst dich im Zimmer um. Schließlich leertest du ihren Inhalt auf den Nachttisch.

»Erinnerst du dich an die schwarzen Oliven? Die großen schwarzen Oliven? Erinnerst du dich, wo wir sie aßen?«

»Ich erinnere mich, daß wir einen sehr trockenen Weißwein tranken und gegenüber dem Kai saßen.«

»Und wie hieß die Stadt? Ich wette, du erinnerst dich nicht mehr.«

»Ich erinnere mich, daß wir einen roten Fisch aßen.«

»Willst du nicht aufstehen und Domino spielen?«

»Leg die Steine aufs Bett.«

Du sahst Javier an, seufztest und schobst die Steine aufs Bett.

»Bring meinen Füller, Ligeia. Er steckt in der Jackentasche. Und außerdem brauchen wir ein Blatt Papier.«

»Nein.«

»Wir müssen die Punkte zählen.«

»Nein. Wer gewinnt, soll gewinnen, und damit genug.«

»Einverstanden.« Javier mischte die Steine auf dem Bett.

»Die schwarzen Oliven waren von Kalamatis. Kalamatis, Javier.«

»Nimm deine Steine.«

»Wie viele nimmt man, wenn nur zwei spielen?«

»Sieben. Du weißt ganz genau, daß du immer sieben nimmst. Fang an. Eröffne mit der Sechs.«

»Ich habe sie nicht.«

»Ich auch nicht. Ich eröffne mit der Fünf.«

»Ich habe Hunger. Ich möchte ein paar schwarze Oliven von Kalamatis. Du wußtest den Namen sehr wohl. Warum tatest du so, als könntest du dich nicht erinnern?«

»Ich erinnere mich nicht. Außerdem sind Namen unwichtig.«

»Was ist dann wichtig?«

»Ich habe es dir schon gesagt, Ligeia. Die Dinge, die nur ab und zu und dann unerwartet wiederkehren. Los, mach weiter.«

Du spieltest mechanisch, versuchtest dich an selten erinnerte Dinge zu erinnern, an Gegenstände aus Terracotta, Alabaster, Marmor, Elfenbein. Du erinnertest dich an Tauben, Stiere, Fische, Affen, Schafe, Turteltauben, Eulen, Hirsche, Löwen und einen Mann, der eine tote Ziege um den Hals trug.

»Nimm.«

Und viele Urnen für die Schlangen. Ja, vor allem die Schlange, der Löwe und der Stier. Die drei zusammen.

»Ich erinnerte mich heute an vieles, Javier. In Xochicalco und später am Fluß.«

»Verdammt, du hast mir meinen Pasch ruiniert.«

»Zwei – sechs. Ich kann es allein spielen. Pasch. Sechs – fünf. Da, ich hab's.«

»Ich mische sie neu.«

»Vorsicht. Ein Stein liegt unter der Decke.«

»Ja. Ligeia.«

»Was?«

»Du hast etwas vergessen.«

»Was?«

»Meine Arznei und ein Glas Wasser.«

»Tut mir leid. Ich hole sie dir gleich.«

»Und noch etwas.«

»Was?«

»Ich war nicht dort, Ligeia. Ich war nicht dort.«

Warum bestandest du hartnäckig darauf, daß auch er dort gewesen sei und daß er sich an den Namen des Weißweins und der schwarzen Oliven erinnern müsse? Du gingst ins Bad und machtest Licht. Er konnte ja alles aus einem Bildband oder der Lektüre eines Reiseführers erfahren, nicht? Du suchtest zwischen den Arzneien nach der Flasche Maalox. Daß sich der Palast von Minos auf einem blassen felsigen Berg über Olivengärten erhebt. Du fandest die Flasche und drehtest den Hahn auf, um das Glas zu füllen. Zwischen Zypressen, Schluchten, Reben und Lorbeerbüschen. Das Wasser war braun von Rost, und du leertest das Glas. Daß man den ganzen Tag Zikaden hört, daß in Knossos die Erde rötlich ist und die gemalten Stiere an der Wand von der gleichen Farbe. Du knipstest das Licht aus und bliebst unter der Tür stehen. Daß ringsum Weinberge liegen und in den Vorratskammern des Palastes große Amphoren mit vielen Henkeln sind, in denen einst Korn aufbewahrt wurde. Daß der ganze Palast ein Bienenstock aus Räumen, Kreuzgängen, Archiven, Werkstätten, Sälen, Schlafzimmern und eingesunkenen Bädern ist. Du kehrtest zum Zimmer zurück. Javier war gerade mit dem Mischen der Dominosteine fertig. Und eine Theaterbühne.

»Hier, Javier. Aber das Wasser kannst du nicht trinken.«

»Schon gut. Ich nehme die Arznei so.«

»Was hast du gerade vor dich hin gemurmelt?«

»Nichts. Na ja . . . daß das einzig Lebendige dort ein Koben war, in dem ein einsames Schwein wühlte, die Hühner verscheuchte und sich dann an den Steinen der Mauer scheuerte.«

»So warst du also doch dort.«

»Nein, Ligeia.«

»Und du warst auch in Heraklion. Und auf Rhodos. Und in Phaleraki am Strand. Phaleraki, Javier, Phaleraki, erinnerst du dich nicht? Du mußt dich erinnern . . .«

»Ich habe Pasch.«

»Schau, wie lange blieben wir in Phaleraki?«

»Ich weiß nicht. So lange du magst. Vor allem waren wir nie dort. Spiel jetzt weiter.«

»Wir wohnten in einer weißen, halb vom Sand begrabenen Hütte. Mit schmalen kleinen Fenstern. Weißgekalkt. Ja, und sie hatte . . . ich weiß nicht. Verzeih.«

Javier sammelte seine Steine ein. Dann warf er absichtlich die anderen um, die du auf der Matratze balanciertest.

»Javier, ich sagte dir . . .«

»Schau, woran ich mich erinnere, ist ein Haus, schwarz von Kohlenruß, ein Haus, wo deine Mutter Mazzeknödel auftrug und deinem Bruder bitteren Klatsch erzählte, während dein Vater nie begriff, was vorging, und wenn du dich an etwas erinnern willst, dann erinnere dich daran und nicht an die alberne Hütte am Meer.«

Du sprangst vom Bett. »Was bedeutet es dir? Du warst nicht dort.«

»Und genausowenig war ich in Griechenland.«

»Aber ich.«

Nachdenklich gingst du zwischen dem Fußende des Bettes und dem Schrank auf und ab. Im Dunkeln wart ihr in Phaleraki angekommen, auf einem kleinen Boot, das euch vom Pier von Rhodos hergebracht hatte. Und als ihr Phaleraki erreichtet, saht ihr nichts als die schwarzen Flanken des Bergs. Der Kapitän bot euch Gläser Ouzu mit Wasser an, und das Boot schlingerte heftig. Und seit jenem Augenblick verstandest du, daß Griechenland immer am Meer lebte, weil das Meer sein Versprechen ist, die Spiegelung, die nie verschwindet, eine zweite Erde, die den ganzen Tag sichtbar ist für die Augen derer, die ihre wahre Erde gern verlassen würden, die flache, trockene Erde, auf der nur Olivenbäume gedeihen und alles andere – Hyazinthen, Oleander, Lilien, Hibiskus – nur Duft ist, ein Rauschmittel, eine Alchimie, die als Antwort auf die Schönheit des Meeres erschaffen wurde, um den Menschen einen Grund zum Bleiben zu geben. Du dachtest, du hättest Javier gebeten, es für dich niederzuschreiben. Aber er ...

»*Shit,* Javier. Ich habe Hunger. Ich werde etwas zu trinken bestellen.«

Du schlüpftest in deinen Morgenrock und gingst auf den Gang.

»Er war nicht dort«, sagte Javier vor sich hin, während du auf dem Gang riefst: »Kellner! Hallo! Fräulein! He, wer bedient hier? *What sort of a dump is this, anyhow?*«

»Das Cholula-Hilton«, murmelte Javier.

Ein junger Indianer erschien.

»Was habt ihr zu trinken? *Tequila?* Habt ihr Damiana-Likör?«

Beständig lächelnd bejahte und verneinte der Junge ein ums andere Mal mit dem Kopf. Er ging, und du fielst aufs Bett.

»Wer war Alexander Hamilton?« fragte Javier müßig, während er aus den Dominosteinen ein Schloß baute.

»George Arliss.«

»Juárez?«

»Paul Muni. Er und Arliss teilten sich in die biographischen Rollen. Richelieu, Pasteur, Zola, Wellington, Voltaire, Rothschild.«

»Gut. Wer erfand das Telefon?«

»Don Ameche.«

»Das elektrische Licht?«

»Spencer Tracy.«

»Den Pressedienst?«

»Edward G. Robinson.«

»*Beau Geste,* erste und zweite Fassung.«

»Ronald Colman, Ralph Forbes, Neil Hamilton. Gary Cooper, Ray Milland und Robert Preston; Mary Brian oder Susan Hayward; Noah Beery oder Brian Donlevy; William Powell oder J. Carrol Naish.«

»Ausgezeichnet, Ligeia. Bestanden.«

»Oh, ich sah drei oder vier Filme die Woche. Manchmal mehr. Alle gehörten wir Fan-Klubs an. Aber du erinnerst dich nicht. Ich wette, du erinnerst dich nicht, wie James

Cagney Mae Clarke eine Grapefruit ins Gesicht kleisterte. Oder an Clark Gable auf dem Deck der *Bounty.* Oder an Errol Flynn als Captain Blood beim Duell an der karibischen Küste.« Du lachtest und zogst den Morgenmantel über die Brüste. »Die arme Olivia de Havilland spielte in all diesen Filmen. Immer hübsch, seufzend und mit todernstem Gesicht. Wirklich elegant war Kay Francis. Sehr schlank und immer schmachtend.«

Javier gähnte, und sein Schloß aus Dominosteinen stürzte ein.

»Wir alle versuchten Kay Francis zu imitieren, ihre nasale Stimme, die Art, wie sie sich auf ein mit weißen Fellen bedecktes Sofa legte und einen Cocktail schlürfte. Dann kam Carole Lombard mit einem neuen Stil. Weibliche Spontaneität. Sprunghaftigkeit, Komödie. Wir wollten für immer von daheim fortgehen und in Manhattan Karriere machen, wollten Rosalind Russell gleichen und einen Mann wie Cary Grant heiraten. Ah, und die Garbo war wieder etwas anderes. Sie war einfach göttlich. Eine Frau, die den Göttern gehörte. Und John Garfield, John Garfield! Er starb beim Ficken. Ja, ich bestehe wirklich!«

Der junge Indianer trat mit einem Messingtablett ein, auf dem eine Flasche *tequila,* zwei kleine Gläser, ein Unterteller mit Zitronenscheiben und ein Salzfaß standen. Das Tablett trug den Aufdruck: *Cerveza Corona la Rubia de Categoría.* Er stellte es auf den Nachttisch und sagte, leider hätten sie kein Damiana.

»Wie schade. Es ist ein Aphrodisiakum.« Du gabst dem Jungen einen Peso. Er lächelte und zauderte: »Nimm schon.«

Du schenktest die beiden Gläser voll und reichtest Javier das Salzfaß und die Zitronenscheiben. Er preßte Zitrone in sein Glas und bestreute den Rand mit Salz. »Meinem Magen wird das nicht bekommen, Ligeia. Das weißt du ja.«

Ihr saht einander an, während er langsam sein *tequila* trank.

»John Garfield«, seufzte Javier und blickte mit dem Glas in der Hand zur Decke. »Wenn man Zeuge eines Todes wird, verändert es einen. Grausam, unnötig. Nie wieder möchte man an den Mann denken, der starb. John Garfield.«

»Vergiß John Garfield. Denk nicht an ihn. Vergiß ihn.« Du trankst die klare Flüssigkeit, drücktest die Zitrone zwischen den Lippen aus und lutschtest das Salz von der Faust.

Javier trank. Er spuckte einen Zitronenkern aus.

»Aber du willst wohl nichts vergessen?« Du nahmst deine Armbanduhr vom Nachttisch und betrachtetest sie mehrere Minuten. Später erzähltest du mir, daß du wieder einmal daran dachtest, wie du Javiers Haltung zuerst nicht auf einen so einfachen Vorfall zurückführen wolltest. Nur weil du einen seiner Briefe geöffnet hattest, einen Brief, den du nicht einmal gelesen hattest. Lieber gabst du die Schuld dir selbst, der Langsamkeit, mit der du auf die unmittelbare Leidenschaft geantwortet hattest, die ihr beide in der ersten Zeit empfandet. Oder vielmehr deinem Drängen, Leidenschaft solle mehr sein als nur Leidenschaft, solle seine zerbrochene, verborgene Maske freilegen. Du hattest dir gesagt, dies sei der Grund für das neue Schweigen, die neue Art von Glück – denn es war für dich wirkliches Glück, wenngleich verschieden –, der Grund für das stets unschlüssige Betragen, für die langen Stunden allein im Apartment, während Javier auszog, die Straßen von Mexico City zu erforschen. Und damals erkanntest du nicht, daß eure Leidenschaft sich allmählich in Gefühl verwandelte, das ruhig von Tag zu Tag floß, ohne Augenblicke der Krise oder des Höhepunkts. Gefühl, eine Richtung eher denn eine Bewegung in diese Richtung. Du sagtest mir das einmal, Tigrin. Oder vielleicht sagte ich es dir. Du fuhrst fort, Gefühl schließe uns in uns selbst ein und werfe uns nicht wie Leidenschaft einander in die Arme. Leidenschaft werde geteilt, Gefühl nicht. Und nun, als du dein *tequila* schlürftest, wurde dir klar, daß du vor zwanzig Jahren versucht hattest, die Leidenschaft mittels seines Werkes wiederzufinden, nicht nur die Worte, sondern auch den Akt.

»Nein, Javier, du willst immer an allem festhalten, nicht?«

»Ich habe dir gesagt, daß . . .«

»Ich wollte einfach nicht zugeben, daß alles nur deshalb geschah, weil ich diesen Brief an dich geöffnet hatte. Es wäre zu lächerlich gewesen.«

Du stütztest das Kinn auf die salzige Faust, die feucht war von Speichel, und summtest vor dich hin. Javier versuchte die Melodie zu erraten. Du senktest die Stimme, und während du ein Bein streicheltest, beugtest du dich vor, ließest den Kopf vorfallen, bis die Stirn die Knie berührte.

»Immer dachte ich, du hättest verstanden«, flüsterte Javier. Er sah auf deinen Hinterkopf, griff nach der Armbanduhr und verstellte die Zeiger. »Ich war gekommen, dich, nicht nur jüngere Frauen, sondern auch dich in den Bildern eines Mannes zu sehen, der Gott weiß wann an Tuberkulose gestorben war. Ich nahm deine Hand, und wir verließen die Galerie, Ligeia. Und zum zweitenmal warst du meine griechische Stele . . .«

Du hobst den Kopf vom Knie. »Nein, ich sagte mir, daß es mein Fehler war, weil mir die Leidenschaft nicht genügte, die wir in der ersten Zeit empfanden, weil ich mehr wollte: daß sie uns einander, daß sie uns das Verborgene enthüllen sollte.«

Die Uhr verschlang mehrere Stunden, und Javier lachte.

»Meine attische Stele. Fern. Reglos. Ruhig. Abgeschieden. Eine Frau, die meinen Hunger nach vielen Frauen stillen könnte.«

Wieder saht ihr einander an.

»Wir hätten spielen können, Javier. Mit wem rannte das Mädchen weg? Das Mädchen im Fenster, Miriam. Wo ging sie hin? Warum folgtest du ihr nicht? Jetzt wirst du nie ihren Namen erfahren, nie ihre Stimme hören. Bitte . . .«

Javier leerte sein *tequila* auf einen Zug und füllte sich wieder das Glas.

»Deinem Magen wird das nicht bekommen. Morgen wirst du dich krank fühlen und klagen, unsere Ferien seien nun verdorben.«

»Trink selbst noch ein Glas. Wenn ich es nur sicher wüßte.«

»Was?«

»Mit meinem Magen. Wenn ich nur sagen könnte, operiert mich am Zwölffingerdarm, nehmt mir die Gallenblase heraus. Aber keiner weiß, wo das Übel liegt. Nervöser Magen. Müdigkeit. Kalte Hände. Blähungen. Ein Verlangen, nie wieder die Augen zu öffnen. Schlaflosigkeit. Scheiße. Was hast du da gesummt?«

»Cannonball Adderley. *Lillie.* Süß und langsam. Und hör auf Yusuf Lateefs Flöte. Da hast du einen Mephistopheles. Einen schwarzen.«

Ruhig warf Javier sein *tequila*-Glas gegen den Spiegel der Kommode. Du beobachtetest ihn und fuhrst gelassen fort: »Ihre einzige Kommunikationsmöglichkeit ist Musik. *Lilli.* Es ist ein Lied der Verzweiflung. Mehr nicht.« Der Spiegel zerbrach, die Scherben fielen herab und zeigten die schwarze Farbe auf der Rückseite. Ihr Geräusch überdeckte das des fallenden Glases.

»Willst du wetten?« fragte Javier.

Du standest auf, bücktest dich nach dem unzerbrochenen Glas und fülltest es von neuem mit *tequila.*

»Ich wette nicht. Du gewinnst, es ist nicht zerbrochen.«

Javier betrachtete das Glas. Er rieb es und lächelte. »Es ist sehr einfach. Spiegel zerbrechen. Gläser nicht. Aber angenommen, es wäre umgekehrt? Angenommen, Spiegel zerbrächen nie und Gläser immer. Nimm deinen deutschen Galan, zum Beispiel.«

»Was meinst du mit meinem deutschen Galan? Er . . .«

»Ja, vielleicht ist alles notwendig. Zu tun, was du nicht tun solltest, ›Na und?‹ zu sagen und es gleichwohl zu tun. Ich hingegen schloß mich als Kind im Bad ein und schrieb Worte, die ich nicht auszusprechen wagte. Verstehst du das? An die Toilettenwände schrieb ich die Worte, die ich den Raufbolden der Schule nicht zu sagen wagte.«

»Goldschmetterling. Nein, *brass butterfly.* Gott weiß, wieso ich dich liebe, da ich deine Fehler doch so gut kenne.«

»Genau darum. Unschuld ist Schamlosigkeit. Und das Gute ist, daß man mit der Unschuld zugleich auch die Vorurteile verliert. *N'est-ce pas?*«

»Aye, aye, Gautama. Setz dich jetzt mit gekreuzten Beinen.«

Javier lachte in sich hinein. »Vielleicht sollte ich. Und du, bewege dich nicht. Bleib genau so sitzen, die Hände seitlich vom Körper, und mach dir klar, daß das Licht dich langsam verbraucht, Ligeia, dich langsam verschleißt. Licht, nicht die Zeit. Oder das Licht, weil es Zeit ist. Und die Zeit hält inne, nicht das Licht. So wird die Zeit zum Licht, und das Licht trägt deine Jugend davon.«

»Schreib es, Javier, schreib es.«

Er sprang vom Bett und kniete vor dir nieder, zog den Gürtel deines Morgenrocks fest um deine Taille, öffnete den Rock über den Brüsten und nahm sie in die Schalen seiner Hände, hob sie, ließ sie fallen. Er stand auf und griff in dein Haar.

»Javier, du tust mir weh.«

Sein Gesicht kam auf dich zu.

»Jetzt kannst du es sagen, wenn du magst.«

»Schon gut. Es war nur ein Traum. Nur ein Traum. Mehr nicht.«

Seine Nägel gruben sich in deine Kopfhaut, und du wolltest dich befreien. Ohne zu bemerken, daß er dir weh tat, sagte er: »Als wir an jenem Morgen das Fenster in Phaleraki öffneten, hieß dort sein einfach an das glauben, was wir nie gesehen hatten . . .« Langsam ließ er dich los.

»*Okay,* wir konnten nur an das glauben, was wir nie gesehen oder gesagt hatten. Sicher. Geh zur Marine, Javier, geh zur Marine.«

»Es war dort und genau so, daß ich dich liebte«, murmelte Javier.

Deine Hände fanden die seinen, und eure Finger verschlangen sich. Leise sagtest du, als ihr erwachtet, sei der Vorhang des Sommers ein Kranz giftiger Blumen gewesen, und dahinter hättet ihr die Sonne erblickt, die noch im Bett der durchsichtigen Ägäis ruhte. Und damals wie heute knietest du, flüstertest seinen Namen und suchtest ihn, wiederholtest seinen Namen ein ums andere Mal, bis deine Stimme heiser wurde. Damals wie heute stand er vor dir, und du knietest vor ihm, deine Arme umschlangen erst seine Beine, dann seine Hüften, und deine Hände liebkosten sein Kreuz. Dann ließest du ihn los, sankst auf den Boden zurück, und groß stand er vor dir, sein Penis richtete sich auf und wurde steif, und du erhobst dich und führtest ihn zum Bett, damals in Phaleraki, um zu erleben, wie die letzte Dunkelheit schwand und der Tag aus dem silbernen, von der Nacht besänftigten Meer geboren wurde, und nun hörtet ihr weit weg Autos und Hupen von der Landstraße Mexico City–Puebla, als ihr euch zurückbogt und vereinigtet, ohne Küsse oder Liebkosungen zu brauchen, vereinigt und einander stützend, bis Javier auf den Rücken fiel und du mit ihm, auf ihm, unfähig, dich von ihm zu trennen, in seiner Stellung, und du ahmtest ihn nach, tatest ihm, was er dir tat, verbunden nur durchs Geschlecht, dein feuchtes langes Schamhar gegen sein trokkenes krauses Haar, und du glaubtest ihn nun zu besitzen, wie er dich sonst besaß, deine Lust ahmte die seine nach, du drängtest dich zwischen seine Schenkel, wie er unter dir sonst in die deinen eindrang, die Zeit zählte ihre eigenen Sekunden und Minuten, die Worte sprachen sich im Bestreben, die dunklen bebenden Empfindungen eures Verkehrs zu verlängern, er als deine Frau und du als sein Mann, im geteilten Begehren, das eine Frucht war, die vom einzigen Baum fiel und sich doch nicht ganz von ihm löste; du und Javier, Javier und du, auf dem heißen Steinboden der Hütte, auf dem kalten Holzboden des Hotelzimmers, du und er, Vater und Mutter, Mutter und Sohn, Vater und Tochter, Brüder, Bruder und Schwester, Schwestern, zwei Frauen, zwei Männer, du und er liebtet euch nun mit dem Mund, während die erste Lust verebbte, suchtet einen anderen Weg, sie zu erhalten, eure Schenkel, eure Achseln, seine Hände in deinem Haar, deine Füße auf seinen Augen, deine Zähne an seinem Ohr, sein Gesicht auf deinem Nabel, deine gespreizten Schenkel über seinem Kopf, seine Nägel in deinem Hals, dein angezogenes Knie über seinem Bauch. Und es konnte nicht enden. Ihr verbargt euch in den Laken, um euch von neuem zu entdecken. Langsam kam Javier von weither auf dich zu und du auf ihn, bis ihr beide die Hände ausstrecktet und wie in einem Traum die Hüllen wegzogt, die euch verbargen, langsam, erwartungsvoll wie in einem Traum, und wieder erblicktet ihr euch nackt, wieder empfandet ihr Leidenschaft. Er nahm dich bei den Füßen und zog dich hoch, bis er deinen Körper in der gewünschten Höhe hatte, dein Kopf hing herab, und deine Augen, deine Stirn, deine Lippen wandten sich zu ihm empor, während dich eine doppelte Lust durchfloß, von dem, was er dir gab, und dem, was er dir nahm, während beides irgendwo zwischen deinem Schoß und deinen Brüsten zusammenfloß und verschmolz. Ihr küßt und vereinigt euch wieder, du fällst aufs Gesicht, als er deinen Körper umdreht und deine Schenkel öffnet, dich aufreißt und deinen Schweiß verlangt, deinen Geruch, deinen Atem, deine Gase, während du mit dem Gesicht auf dem Boden liegst und deine Schenkel seine Brust umklammern. Ihr könnt nicht aufhören. Ihr wollt nicht aufhören. Du nimmst deinen Büstenhalter und schlingst ihn um Javiers dunkle Brust, bedeckst seine Brustwarzen, ziehst sein Hemd an, riechst und küßt das Innere seiner Schuhe. Nebeneinander sitzt ihr auf dem Bett und masturbiert, einer sieht dem anderen zu, er reibt den Penis mit deinem Strumpf, deine Hände sind naß von seinem Eau de Cologne, und ihr findet nun die einzige Lust, die noch fehlte, die Lust des einsamen Kindes; und ihr wollt nicht aufhören, nie soll es enden, ihr wollt in diesem Augenblick sterben, dem Leben entsagen, wenn die Lust nur dauern kann. Zitternd läßt du ihn deine Brustwarzen mit seinem Rasierpinsel streicheln, reichst ihm dann deinen Gürtel und fällst aufs Bett, als er deine Beine, deinen Hintern und deinen Rücken damit peitscht, während du ihn bittest weiterzumachen, weiter, nichts zu unterlassen, die geheimen Namen der Mädchen auszusprechen, die er begehrte, aber nie besitzen konnte, der Halbwüchsigen, die ihm gefielen, und du wirst dafür deine Namen nennen, nicht nur der Männer, die du begehrtest, sondern auch derer, die dich begehrten, und indem ihr einander liebt, werdet ihr sie alle lieben, den Rabbi, der dich einst auf den Schoß nahm, als dich deine Mutter zu ihm brachte, den Priester, der Javier während der Beichte bei der Hand nahm, die Nonne, die er ertappte, wie sie ihn beim Baden belauschte, seine Mutter, als er sie zum erstenmal nackt sah, all die Namen, Leiber und Gesichter, bis ihr zuletzt einschlaft und nicht aufwacht, ehe der Tag so warm ist wie euer Blut und Elena an die Tür klopft ...

»Kann ich das Tablett abholen?«

»Was? Wer? Was ...?«

Wieder klopfte es an die Tür.

»Kann ich das Tablett ...«

Endlich dämmerte dir, daß es die Stimme des Kellners war.

»Nein, nicht jetzt. Später, bitte.«

Du decktest dich mit dem Laken zu. Javier biß die Zähne zusammen und preßte die Hände gegen die Augen.

»Du hast es wieder geschafft, Ligeia. Hast mich erschöpft, ausgepumpt, ausgeleert. Und in Phaleraki war es dasselbe. Deine Liebe forderte unentwegt, forderte und forderte. Wieder und wieder, nie gestillt, nur um mich zu erschöpfen. Und ich wünschte dich weit weg. Fern. Bereit, jederzeit zu antworten und meinem Ruf zu folgen. Ein Bild, das ich herbeirufen könnte, wann immer ich seiner bedurfte.«

»Was war ich denn sonst, Javier? Meinst du, ich sei noch immer Elizabeth Jonas, das Mädchen, das du in New York kennenlerntest? Siehst du nicht, daß ich mich in dich verwandelt habe? Wie du mich haben wolltest. Daß ich nicht mehr als ich selbst spreche und denke, sondern als dein Abbild? Daß sich mein eigenes Wesen verloren hat?«

»Ich weiß, daß du verwirrt bist. Daß du mich immer erschöpfen wolltest. Daß du mich nie verstanden hast.«

»Nein, Javier, das ist nicht wahr.« Hohl vor Müdigkeit saßest du auf der Bettkante. »Ich habe dich sehr wohl verstanden. In Buenos Aires wollte ich dein Miriam-Spiel mitspielen. Aber du ließest mich nicht, du wolltest allein spielen. Immer allein. Und als ich verstand, daß du nie teilen würdest und du dessen gewahr wurdest, da begannen Kälte und Verachtung. Oh, ich verstehe. Für dich sind Liebe und das Neue, Unentdeckte, dasselbe. Gibst du das zu?«

»So unterhalte ich mich nicht mit dir.«

Du hülltest dich in das Laken und gingst ins Bad und schlossest die Tür. Hinter dir sagte Javier hart: »Nie wirst du verstehen, wie du mich zerstört hast!«

Und du hörtest ihn, ohne ihn zu hören, wußtest seine Worte, ohne sie zu hören, wiederholtest: Nie würdest du verstehen, wie du ihn zerstörtest, doch selbst das Opfer dabei wurdest. Hatte es wirklich an jenem ersten Morgen in Delos begonnen?

Das Geräusch fließenden Wassers drang aus dem Bad. Javier verbarg das Gesicht im Kissen.

»Du hattest kein Recht, Ligeia. Kein Recht, kein Recht.«

Du betrachtetest deinen nackten Körper im Badezimmerspiegel. Er würde sagen, daß die Ruinen, die ihr heute besucht hattet, uns nur gehören könnten, wenn sie uns nicht gehörten. Du gingst zur Wanne und tauchtest die Finger hinein.

»Schau, nachts haben sie heißes Wasser.«

»Ich weiß nun, daß es unmöglich ist. Ich habe aufgehört, dich zu beschuldigen . . .«

»Hey! There's hot water.«

Und später würdest du glauben, nachdem er allein im Zimmer geblieben sei, habe er trocken bemerkt, die griechischen Ruinen seien keine richtigen Ruinen, da der Mensch von ihnen ausgegangen sei, und das habest du verstanden und deshalb heute darauf beharrt, nach Xochicalco zurückzukehren . . .

»Du verpaßt eine gute Gelegenheit, dich zu rasieren.«

»Meinst du, ich sei blind? Meinst du, ich hätte nicht bemerkt, wie du dich heute am Fuß der Pyramide verstecktest und versuchtest, die Steinschlange um dich zu hüllen? Was meinst du, was du tatest? Nach was suchtest du?«

Mit einem Seufzer setztest du dich in die Wanne.

»Nein, es ist nicht länger möglich. So kann es nicht weitergehen. Warum, glaubst du, kehrten wir nach Xochicalco zurück?«

Du bissest dir auf den Finger und lächeltest.

»Diese Ruinen«, würde er sagen, ohne daß du es hörtest, »sind nicht wie die griechischen.«

Schweigend stiegst du aus der Wanne. Er würde jetzt sagen, die alten mexikanischen Ruinen gehörten niemandem, seien von allem und jedem abgesondert, hätten kein Echo. Ohne dich abzutrocknen, gingst du zur Reiseapotheke. Nie zerfallen sie, würde er fortfahren, denn Zerfall läßt sich nur an einem Bezugspunkt messen, und die mexikanischen Ruinen haben keinen. Nie waren sie Teil des Lebens oder des Menschen. Du lachtest, nahmst die Flasche mit dem Beruhigungsmittel und öffnetest sie. Mit der Hand ersticktest du dein Lachen, schüttetest die Kapseln in die Toilette und sahst zu, wie sie den grünen Gelatineüberzug verloren, weich wurden, sanken und, als sie sich auflösten, das weiße Pulver freigaben.

»Aber paß auf. Sie werden dir deine verdammten Mythen noch entreißen.«

Du kehrtest zur Reiseapotheke zurück, nahmst die Magenpillen und warfst sie ebenfalls in die Toilette.

»Was hast du mit meiner Kieselsammlung gemacht?« riefst du lachend. Du strecktest den Kopf ins Zimmer.

»Warum antwortest du nicht? Dein Schweigen ist verdammt erbitternd!«

Javier hörte deine Stimme und erhob sich vom Bett. Er kam auf dich zu und zog dabei die Jockey-Unterhosen an. Durch die angelehnte Tür beobachtetest du ihn.

»Was ist, Ligeia?«

»Ich fragte, warum du mir nicht antwortest.«

Erschöpft lehnte er an der Tür.

»Was möchtest du denn von mir hören?«

»Shit«, sagtest du von der anderen Seite der Tür. »Weißt du nicht, was mich einzig beunruhigt? Mit jeder neuen Bindung zerbricht die alte.«

»Wovon sprichst du eigentlich? Hast du nicht Franz? Deine Affäre mit ihm ist neuer. Neuer als das, was von unserer alten Affäre geblieben ist, dieser Rest, der dauert und Gott weiß warum aus irgendeinem Grund intakt bleibt.«

»Mein Problem ist, jung zu sein. Jugend ist das Neue, das Unentdeckte.«

»Laß mich hinein.«

»Nein, wenn du hereinkommst, können wir nicht mehr reden. Das ist mein Problem. Franz . . . Franz sucht nur nach etwas, was er vor langer Zeit verloren hat. Zumindest glaube ich das. Und ich suche nach der Liebe, die du mir nicht länger gibst. Isabel ist die einzige Gefahr. Sie ist die einzige, die Zukunft und nicht Vergangenheit bedeutet. Und du, als du mich liebtest, was wolltest du von mir?«

»Du weißt, was ich wollte.«

»Ich habe nichts mehr. Weder Eltern noch Bruder noch sonstwas. Alles habe ich für dich aufgegeben. Wenn du mich verläßt, habe ich keine Heimat, in die ich zurückkehren könnte. Alles habe ich aufgegeben.«

»Warum, Ligeia? Warum?«

»Weil ich dich liebte!«

»Du liebtest mich. Bist du so sicher? Brauchtest du vielleicht nicht nur jemand, irgend jemand, der dich von deiner Familie und deinem Land wegholen und in andere Länder bringen würde, Länder, die du mit deiner verrückten romantischen Phantasie verzerrt und gefärbt und in Reiche der Sonne und Glückseligkeit verwandelt hattest? Du und Franz versteht euch genau darum, weil ihr beide aus dem Norden seid. Ihr alle aus dem Norden rennt stets vor eurem Nebel, der Heiligen Schrift, dem Puritanismus und der Ordnung davon. Vor dem Tod. Hin zur Sonne, zu uns, die wir unter der Sonne leben, zum Süden . . .«

»Ich liebte dich! Ich liebte deinen Traum!«

»Und jetzt fühlst du dich betrogen?«

»Was für ein Wort. Enthielte es doch nur meinen ganzen Verlust, all meinen Schmerz. Was ist geschehen, Javier? Was ist geschehen? Ich liebte dich, und du liebtest mich . . .«

»Du warst eine Prinzessin mit der Lust eines Stieres. Du liebtest wie eine gebärende Löwin. Und du verwandeltest mich in eine sterile Ruine. Ich heiratete keine Frau. Ich heiratete eine Tigerin. Eine phantastische, redende, fordernde, ewig geile Tigerin.«

»Javier, Javier, nicht jetzt. Sag keine Worte, die nicht wirklich deine eigenen sind. Spiel nicht, nicht jetzt . . .«

»Du kennst den alten König, der zu spät lernte, den Worten der Frauen zu mißtrauen und sie so zu sehen, wie sie wirklich sind: in ihrem Busen Töchter der Götter, in ihrem Schoß Töchter des Satans.«

»Javier. Du hast versprochen. Du hast versprochen.«

»Sei still. Mach die Tür auf. Schau mich an.«

»Nein. Dann können wir nicht mehr reden.«

Javier stieß die Tür auf, und du wehrtest dich nicht. Ihr starrtet einander an, beide wart ihr fast nackt. Er nahm dich beim Arm und schob dich grob ins Zimmer.

»Da hast du deine brennende, stinkende Schwefelgrube. Sie verzehrt sich selbst und jeden, der sie berührt. Er warf dich aufs Bett, zog die drei Schubladen aus der Kommode, eine nach der anderen, und schmetterte sie auf den Boden. »*Okay,* Ligeia. Los! Laß mich drüber!« Seine Wäsche war im Zimmer verstreut. Du erhobst dich vom Bett, als er fortfuhr: »Männer auf Frauen, Frauen auf Tieren, Tiere auf Menschen, und alle ficken sie endlos, eine Kette – Nase an Hintern –, aus der sich keiner lösen kann. Wie Hunde auf der Straße.«

Schon standest du vor dem Schrankspiegel, betrachtetest dich, hobst deine Brüste mit den Händen, erforschtest dein Gesicht.

»Wir binden uns aneinander, um einander zu zerstören, uns unser einsames Selbst zu rauben.«

Du wandtest dich um und fühltest die Kälte des Glases an deinem Rücken, fühltest deine Müdigkeit.

»Das habe ich nicht gewollt.« Langsam verpaßte Javier den Schubladen Fußtritte und trat ihre dünnen Kanten und Rückseiten ein. »Aber du wolltest es, und du erreichtest es.«

»Gib mir nicht die Schuld, Javier.« Du wolltest deinen Gedanken weiter nachhängen. »Gib mir nicht die Schuld für das, was Mexiko dir getan hat, nicht ich.«

Javier hob ein Hemd vom Boden und starrte dich ungläubig an.

»Mexiko, Javier. Du selbst hast es gesagt. Du weißt es.«

Er zerriß das Hemd. »Nein«, rief er lachend. »Nicht Mexiko. Du. Ich.«

Mexiko ist eine Maske, dachtest du und zitiertest Worte, die Javier irgendwann, irgendwo einmal geschrieben hatte, vielleicht nur auf einen Fetzen weggeworfenen Papiers. Wenn man das nicht versteht, bleibt es sinnlos. Ein Exil für Fremde, kein Zuhause. Hier sind wir Gefangene. In die Maske verliebte Gefangene. Und wenn die Maske zerbräche, würde uns das Licht blenden. Wir suchen hier Zuflucht.

Stumm schmiegtest du dich gegen den kalten Spiegel. Javier kam langsam auf dich zu, berührte dich bei den Schultern, und du errietest seine Absicht.

»Siehst du nicht . . .«, begann er.

»Nein«, unterbrachst du ihn laut. »Das mit dem Nebel und der Sonne stimmt nicht. Das habe ich hier nicht gesucht.«

»Siehst du nicht, wie lächerlich es ist?« Er drückte dich an sich.

»Nicht die Sonne habe ich gesucht, sondern die Sonne als eine Maske. Das ist etwas anderes, Javier.«

Mit zurückgebogenem Hals lagst du in seinen Armen.

»Warum taten wir heute, was wir vor zwanzig Jahren in Phaleraki taten? Wie absurd. Was suchen wir heute? Wir sind zu alt dafür, Ligeia.«

»Javier! Verlaß mich nicht!«

»Zu alt, Ligeia. *Just plain middle-aged.* Wir haben kein Recht, das zu wollen, was wir mit fünfundzwanzig wollten. Oder zu brauchen, was wir damals brauchten. Du hast uns zu Narren gemacht, Ligeia. Wir haben kein Recht, weder zu den Taten noch zu den Worten . . .«

Du klammertest dich an ihn.

»Verlaß mich nicht um Isabels willen!«

Er schob dich weg.

»Eine müde, sterile Ruine. Und es ist dein Werk.«

Er ging zum Nachttisch und fegte mit einer Handbewegung das Tablett zu Boden. Die *tequila*-Flasche zerschellte. Von dem zerbrochenen Glas stieg ein bitterer Geruch auf. Du löstest dich vom Spiegel.

»Ich? Ich? Die ich dir meine Liebe nur so lange gab, als du sie wolltest?«

Und nun blicktest auch du mit Entsetzen und Haß zum Spiegel. Du lasest die Scherben der zerbrochenen Flasche auf. Javier zerrte die Laken vom Bett.

»Mit Sex, Ligeia, raubtest du mir die schöpferischen Jahre. Du redetest mir ein, es gäbe etwas Wichtigeres als Schreiben. Es sei wichtiger, mit dir zu schlafen, mich dir zuliebe zu verleugnen. Immer war dein Rock hochgerutscht, deine Beine immer gespreizt. Wir wären nur einmal jung, und es wäre noch Zeit zu allem anderen, Zeit genug, wenn die Jugend vergangen sei und wir uns wie ein pensioniertes Yankee-Paar zur Ruhe setzen würden.«

Du schleudertest die zerbrochene Flasche gegen den Schrankspiegel. Das versilberte Glas fiel zu Boden. Du eiltest hinzu, hobst einzelne Scherben auf und betrachtetest darin dein Gesicht.

»Von Anfang an wolltest du alles, nur nicht, daß ich arbeitete! Du warst eine brünstige Hündin, stets rochst du danach, zu allen Stunden botest du dich schamlos an, verlangtest danach . . .«

»Aber du wolltest es auch!«

Du ließest den Glassplitter fallen, den du in den Händen hieltest.

»Und hättest du mich geliebt, so hättest du es jederzeit verhindern können, wenn du wirklich gewollt hättest . . .«

»Ich? Ich? Wer sagte denn, er brauche Sex, um zu schreiben?«

Er warf die zerknitterten Laken aufs Bett und legte sich darauf. Du setztest dich neben ihn.

»Du redetest von deiner Sterilität, Javier. Schau mich an. Unfruchtbar, kinderlos, deinetwegen.«

»Sei still. Du hast versprochen . . .«

»Du konntest kein Kind im Haus vertragen. Es hätte dich zu sehr gestört.«

»Lüg nicht. Du selbst . . .«

»Ich bin eine Frau, Javier. Es gibt kein brutaleres Wort. Und eine unfruchtbare Frau.«

»Du wolltest die Abtreibung, nicht ich. Du selbst beschlossest, zum Arzt zu gehen. Du batest mich um die fünfhundert Pesos.«

Du lachtest. »Fünfhundert Pesos! Fast genug für ein Abendessen im Ambassadeurs! Weniger als ein neuer Eisschrank! Du filziger Knicker! *You dirty vomiting skinflint!*«

»Schrei nicht so. Es war . . .«

»Und wo sind die Bücher, die du eines Kindes wegen nicht hättest schreiben können? Wo sind sie?«

»Nein, Ligeia.« Javier ging ins Bad und machte Licht. »Du wolltest das Kind nicht. Du fürchtetest, deine Figur, deine Jugend zu verlieren. Der dicke Bauch. Die geschwollenen Brüste. Es war dein Entschluß, dein ureigenster Entschluß. Du lügst.«

Du bissest dir in die Faust.

»Ligeia! Was zum Teufel hast du mit meinen Beruhigungsmitteln gemacht?«

»Was hast du mit meiner Kieselsammlung gemacht?« riefst du zurück.

Mit der leeren Flasche kam er aus dem Bad und sah dich an.

»Ich gab deine verfluchten Kiesel Elena. Das weißt du.«

»Nein. Das ist nicht wahr.«

»Nun gut. Ich warf sie ins Meer. Ich gab sie dem Meer zurück.«

Kraftlos ließ er die Flasche fallen, und sie prallte auf dem ungestrichenen Holzboden auf. Du schlugst die Beine übereinander und zündetest dir eine Zigarette an.

»Du bist mein Herr und Meister, Javier. Gib mir einen Grund, um weiterzuleben.«

Er schüttelte den Kopf.

»Einen Grund, Meister. Du Bastard, da spielst du mit Isabels Jugend, nur um sie zu vergiften. Entschuldigst dein Versagen, indem du mich beschuldigst. Und beide wissen wir, daß wir selbst im Versagen ein Mann und eine Frau sein könnten, die einander stützen und lieben. Oh, du bist gemein. Scheiße!«

»Hör auf zu schreien. Man wird dich im ganzen Hotel hören.«

»Und wennschon! Sollen doch alle hören, wie Liebe verlorengehen kann und welcher Haß an ihre Stelle tritt!«

Er verschränkte die Arme und lächelte. »Meine Prinzessin mit den Empfindungen eines Stieres.«

Du stütztest die Hände auf die Matratze und sagtest

leise, fast heimlich: »Und es ist nicht wahr. Wir hätten es schaffen können. Ja, doch.«

»Nein, Ligeia.«

»Du hast recht. Nein.«

»Dann sei still, und finde dich damit ab.«

Er las seine Kleider vom Boden auf.

»Nein, ich werde nicht still sein! Ich will dich verletzen! Es wird mir gut tun!«

»Mein Gott, alles, was dir noch bleibt, ist dein Stolz.«

»Stolz? Wenn ich Mitleid heischend zu dir krieche, wenn ich flehe, du mögest mich nicht verlassen? Javier! Versprich mir, daß du mich ihretwegen nicht verlassen wirst!«

Du strecktest die Arme aus, während er auf dem Boden kauerte und fortfuhr, seine Kleider aufzulesen.

»Jetzt willst du also ein Versprechen. Aber ich kenne mich selbst nicht, Ligeia. Es waren zu viele Versprechen. Das Versprechen, dich zu lieben, dich glücklich zu machen. Mit dir zu leben und zu schreiben. Das Versprechen, mich nicht besiegen zu lassen. Das Versprechen, die wahren Gründe für alles nicht zu erwähnen.«

Du rolltest vom Bett, fielst auf ihn und zogst ihn zu Boden.

»Feigling! Feigling!«

»Nein«, keuchte er. »Keine Versprechen mehr. Ich werde den Dingen ihren Lauf lassen.«

Wütend begannst du ihn zu küssen, berührtest ihn, ohne zu bemerken, daß es seine Haut war, die du liebkostest. Als wäre er lediglich ein anderer Körper, der zufällig da war.

»Schon schmiedest du Pläne mit ihr. Ihr werdet ein Apartment nehmen. Nach und nach hat sie ihre Falle gestellt. Und nun bist du darin gefangen! Du weißt es, wenn du dich nicht selbst belügst. Und nun willst du das Gesicht nicht verlieren. Das ist alles.«

Er wehrte sich gegen dich, schob dich weg, als habe er Angst vor dir.

»Dann hör auf, dich zu beklagen. Würde ich dich heute verlassen, so könntest du ganz zufrieden sein. Du hast verdammt mehr empfangen als gegeben. Ich holte dich aus einem traurigen Haus, das dich zugrunde richtete. Ich brachte dich in eine Welt, die du sonst nie kennengelernt hättest. Und wenn du etwas aufgabst, so erhieltest du zumindest meine Liebe dafür. Was mehr wolltest du?«

Du hieltest ihn fest, weigertest dich, ihn loszulassen.

»Du beleidigst mich, Javier. Hör auf damit. Du willst, daß ich dich wirklich verletze. Daß ich Böses sage.«

Du streicheltest seinen Penis, versuchtest ihn zu wecken, aber es war keine Kraft in dir, und er lächelte, denn auch ihm war keine Kraft geblieben.

»Versuche mir nicht einzureden, daß das Exilleben an deiner Seite gut war. Sag das nicht, an dem Tag, an dem du mich für eine andere Frau verläßt. Erinnere mich nicht daran, daß meine Zeit mit dir geborgte Zeit war. Denk an meinen ermordeten Bruder. Denk an meinen Vater in seinem einsamen Hotelzimmer. An meine Mutter, die in einer Irrenanstalt eingesperrt ist und mich verflucht, weil ich meine Rasse verriet, um deine Frau zu sein.«

Eure Worte enthielten ein geheimes Spiel, obwohl keiner von euch es bemerkte. Ihr wart übereingekommen, zu beweisen, daß jeder von euch hilflos war. Keiner wußte genau, was er sagte.

»Meine Rasse . . . Gott . . . Jüdin zu sein.«

Javier berührte deinen Schoß, und nichts geschah.

»Das Wort, das ich meine ganze Kindheit hindurch hörte. Jüdin. Jüdin. Das einzige Wort, das mich noch immer an meinen toten Bruder und meine verrückte Mutter bindet. Becky sagte es während der Mahlzeiten, unterbrach damit die Unterhaltung, begann zu stöhnen, verlor fast die Herrschaft über sich. Zitternd stand sie auf und ging hinaus. Verzweifelt. Weil das Leben immer so für uns war, Javier, das Leben der Juden, deshalb lehrten sie mich, daß es für uns nichts gibt, als zu fordern, zu beharren und zu zweifeln. Daß – selbst wenn man uns tritt, in Konzentrationslager sperrt oder ins Exil treibt – unser Heil darin liegt, weiterzufordern, zu fordern, uns nicht zufriedenzugeben, zu zweifeln.«

»Sei still, Ligeia. Du schwätzt.«

»Fordern und zweifeln. So bin ich, das ist meine Art.

Diesen Fehler habe ich auch dir gegenüber begangen. Weil ich zuviel von dir forderte, versagtest du, weil ich mehr forderte als . . .«

»Laß mich in Frieden! Halt den Mund!«

»Daß du mehr und besser schreiben solltest, als du schreiben konntest. Daß du mich mehr lieben solltest, als du mich lieben konntest.«

»Halt den Mund! Und nimm die Hand da weg!«

»Und selbst wenn du nicht versagt hättest, so hätte ich an deinem Erfolg gezweifelt, an dir und mir, an allem. Ich kann nicht blindlings glauben. Ich muß handeln, prüfen und überzeugt sein. Ich muß glauben, ohne zu glauben.«

»Und ich? Glaube ich etwa ohne Zweifel?«

Du rücktest von ihm weg. »Du, Javier? Du glaubst, woran die Leute glauben. Es ist dir gleichgültig. Das weißt du besser als ich.«

»Ja, es ist mir gleichgültig. Glaube ist nichts. Wichtig ist allein, was man weiß. Das ist viel gefährlicher.«

»Ich bin müde, Javier.« Du standest auf. »Kau das nicht wieder durch. Ich habe es wieder und wieder gehört.«

Er blieb auf dem Boden. Du hobst das verbeulte Tablett auf.

»Nein, Glaube verletzt uns nicht. Es ist das Wissen. Ligeia. Hör mir zu. Erinnerst du dich an den Roman, den ich begann?«

»Wie sollte ich ihn vergessen?« Du fühltest dich leicht, frei und sicher, als du ruhig die Scherben des Spiegels und der Flasche aufhobst. »Er wuchs und nahm ab, wuchs wieder und nahm wieder ab, in deiner schwarzen Aktentasche, stets nur ein Plan, nie eine Tat. *Shit.* Kapitel, für die du Notizen machen und die du eines Tages zusammenfügen würdest, wenn du Zeit, Inspiration, die rechte Laune, Gott weiß was hättest . . .«

»Erzähle: erzähle mir, wovon er handelte.«

»Von einem Mann, der eine Frau liebte, die ihn wiederliebte.«

»Ja, dem Anschein nach war dies alles. Doch es steckte mehr dahinter. Erzähle es mir.«

»Die Liebe schenkte ihnen eine Erkenntnis, die sie zuvor nicht besessen hatten.«

»Ja. Weiter.«

»Im Fleisch liegt ein Wunder, das zurückgehalten werden muß. Alle haben dies gefühlt. Alle ließen es entfliehen. Aber nicht diese beiden. Sie wußten das Wunder zu bewahren, es festzuhalten. Scheiße, Javier. *You dirty bastard!*«

»Und dann?«

»Und dann verstehen sie, daß sich ihr Geheimnis nicht mitteilen läßt. Aber es reizt sie, und sie versuchen es. Die Versuchung kommt als großzügige Regung getarnt. Sie enthüllen ihr Geheimnis anderen, und sogleich löst sich das Wunder auf. Es wird mißverstanden. Nackt und betrübt bleiben sie zurück. Sie haben Pandoras Büchse geöffnet.«

»Und das ist?«

»Ich erinnere mich nicht, Javier. Wie kann ich mich an alles erinnern? Es lief darauf hinaus, daß der Schatz zu Asche zerfiel, als sie die Büchse öffneten. Man muß also eigennützig sein. Einige Dinge lassen sich nicht teilen. Liebe kann es nur zwischen zwei Menschen geben. Selbst wenn sie arm, anmaßend, ungeschickt und lächerlich ist. Liebe, an der andere teilhaben können, ist keine Liebe. Liebe existiert nur für die Liebenden. Ich glaube, das war es etwa.«

»Ja. Es gab keine Antwort. Was der Mann und die Frau entdeckt hatten, mußten sie für sich behalten.«

Du hattest die Glasscherben aufs Tablett gelegt und standest nun auf. Du warst müde, jede Bewegung fiel dir schwer. »Warum schriebst du das Buch nicht, Javier? Du hattest ein schönes Thema.«

Er verschränkte die Arme hinterm Kopf und blickte zur Decke empor.

»Ich weiß wirklich nicht. Oder vielmehr ich weiß. Ich besaß zwar die Empfindung, die das Buch brauchte, eine Intuition der möglichen Schönheit. Aber ich schrieb es nie, weil ich dachte, keiner würde mich verstehen.«

»Das meinst du nicht im Ernst. Was für ein großes Kind!«

»Nein, ich meine es nicht im Ernst. Es ist nur eine weitere Entschuldigung. Wahr ist vielmehr: Das Thema selbst erlaubte mir nicht, das Buch zu schreiben. Es wäre gewesen, als enthüllte ich ein Geheimnis, das nicht enthüllt werden durfte. Es hätte die eigentliche Logik des Buches verletzt.«

»Javier, Lieber ...«

Du standest neben ihm. Etwas lag in der Luft, ein Gefühl der Ruhe, ein wenig Wahrheit zuletzt. »Wir haben soviel zusammen durchlebt. Reicht die Vergangenheit nicht aus, um weiter ...«

»Nein.« Er sah dich an, und sein Kopf ruhte noch immer auf den verschränkten Händen. »Sie reicht nicht aus, weil wir einander kennen. Es ist eine große Lüge, daß man sich desto mehr liebe, je mehr man sich kenne. Eine hochmütige und närrische Lüge. Man liebt das Unbekannte, das, was man noch nicht besessen hat. Und daß die Liebe versiegt, wenn man den anderen wirklich kennenlernt, ist vielleicht ... nun, notwendig für die geistige Gesundheit. Denn wenn wir einander liebten und kennten und dennoch weiterhin liebten, wären wir alle nicht bei Verstande.«

Du umarmtest ihn und sagtest ruhig: »Du kennst mich nicht, Javier. Nur aufs Reden verstehst du dich. Und deine verdammte Beredsamkeit hat mich angesteckt. Du bist wie alle Mexikaner. Mit Worten mußt du dich rechtfertigen. Alles dient zur Entschuldigung. Das Klima, der Kaktus, Montezuma, die Scheiße, die du schlucken mußt. Javier ...«

»Ja?«

»Wir haben zusammen geträumt. Warum hörten wir auf?«

»Einer unserer Träume endete, als Rußland und Deutschland einen Freundschaftspakt unterzeichneten. Ribbentrop und Molotow. Und was änderte es schon? Wer waren Ribbentrop und Molotow?«

Du streicheltest seinen Hals. »Damals glaubten wir an so vieles. Vielleicht wäre es unsere Rettung gewesen, hätten wir weiter an etwas geglaubt. Und es war eine Art Glauben. Du und ich zusammen in der LEAR, als wir die Internationale sangen. Zusammen Dos Passos und Miguel Hernández lasen. Zusammen Lieder aus dem spanischen Bürgerkrieg hörten. Die geballte Faust hoben ...«

Er entfernte sich von deinem Gesicht und sah, daß deine grauen Augen voller Tränen standen, Elizabeth, und seine Lippen bebten.

»Wer weiß? Wir lernten, daß wir alle schuldig sind. Vielleicht war dies die einzige Lektion jener Tage.«

Du ließest dich von ihm umarmen und warst dankbar für die Schwäche deines Körpers in seinen Armen, für die Schatten des Zimmers.

»Ja. Und erst jetzt, so spät erst, verstehen wir endlich, daß die Schuldigsten jene sind, die wissen, daß sie nicht unschuldig sind, und daher aufhören, gegen ihre Schuld anzukämpfen. Javier . . . Javier . . .«

Dein Gesicht entfernte sich von seiner Schulter, dein Körper aus seiner Umarmung. Mit den Händen hieltest du ihn bei den Schultern, und zuletzt wußtest du etwas, fandest zuletzt die Worte, ehe sie von neuem und für immer verloren waren.

»Ich verstehe, Javier. Laß es mich schnell sagen. Der Kampf findet zwischen lauter Schuldigen statt, und darum ist er tragisch. Der Gerechte und der Ungerechte, beide sind sie schuldig. Keiner ist unschuldig. Gerechtigkeit ist nicht unschuldig, nur gerecht. Darum ist alles so schrecklich. Begreifst du, was ich meine, Javier?«

Vielleicht war es das, was du so unverzeihlich fandest. Daß er dich begriff – dies wußtest du –, doch lachend antwortete: »Wahnsinn kann die Maske von zuviel Wissen sein, Ligeia. Ich bin müde. Geh in die Badewanne und mach dich fertig. Beeile dich. Ich möchte duschen.«

Du wischtest die Tränen weg.

»Erwartet dich Isabel?«

»Ligeia, bitte, bitte . . .«

»Du mußt recht zufrieden mit dir sein.«

Du gingst ins Bad. Javier hatte das Licht angelassen.

»Warum?«

»Nun kannst du zu einer lebendigen Frau gehen. Mit einem Namen. Isabel. Vorher suchtest du nach einem Phantom. Und Phantome sind zwar bequemer, aber für deinen Stolz weniger befriedigend.«

Wieder öffnetest du seine Reiseapotheke.

»Ein Phantom?«

Sie war leer. Alle Flaschen standen auf der Platte.

»Ich. Dein Phantom. Wie in der Nacht auf der Party, als du vorgabst, ich sei eine andere Frau, eine Unbekannte, damit du deinen Phantasien freien Lauf lassen konntest. Phädra. Medea. Ich entsinne mich nicht mehr. Du etwa? Zusammen gingen wir in einen Keller. *Oh, boy.* Die *mariachi*-Musiker. Ein Privatausflug nach Kathai.«

»Du hast recht bereitwillig mitgemacht.«

Du öffnetest die Arzneiflaschen.

»Weil ich dich liebte. Aber du hast mich nie geliebt, weder mich noch eine andere Frau. Du hast Die Frau geliebt. Großes D, großes F. Ein Phantom. So konntest du dich weiterhin frei und ungebunden fühlen. Eine Frau aus Fleisch und Blut hätte dich zu sehr belastet. Ob sie Ligeia oder Isabel hieß. Hör zu, Javier.«

Lautlos, ruhig, ohne Angst, fast berufsmäßig leertest du den Rest der Arznei in die Toilette.

»Auch Isabel ist Fleisch und Blut. Genau wie ich. Hörst du zu?«

»Ich höre.«

»Auch sie wird deine Liebe und Zeit verlangen. Und du bist nicht mehr der junge Mann von vor zwanzig Jahren. Hör, Javier. Sie ist dreiundzwanzig. Und du bist über vierzig.«

Du zogst an der Toilettenkette und betrachtetest den Wirbel aus Pillen und Wasser, als Javier aus dem Zimmer rief: »Aber ich habe nicht die Illusionen wie vor zwanzig Jahren! Begreifst du das nicht? Mit ihr ziehe ich nicht aus, das Goldene Vlies zu erobern, wie ich es mit dir tat! Das Goldene Vlies!«

Er lachte lauter als das Gurgeln der Toilette.

»Wir verfehlten es, Ligeia. Wir fanden es nicht. Unser Leben lang haben wir danach gesucht, aber wir kamen nicht an den Türhütern vorbei, den Ungeheuern, Drachen, Stieren und Schlangen! Es waren zu viele. Es lohnte nicht. Nichts lohnte. Weder dein Vater noch dein Bruder noch deine verrückte Mutter. Nichts, nichts.«

Du knipstest das Badezimmerlicht aus.

»Weil ich meine Illusionen verloren habe, genau darum kann ich nun, wenn ich will, zu Isabel gehen. Und weil Isabel jung ist. Hörst du mich, Ligeia? Sie ist jung! Sie hat keine Krähenfüße . . .«

Du knipstest das Licht wieder an und suchtest nach Lippenstift, Brauenstift und Lidschatten. Eilig schminktest du dich.

»Sie hat kein Doppelkinn. Sie hat keinen schlaffen Bauch . . .«

Zwischen den nassen Handtüchern auf dem Kachelboden suchtest du nach Strümpfen, Büstenhalter und Schlüpfer.

»Hörst du mich? Sie ist jung! Isabel ist jung, sie ist dreiundzwanzig Jahre jung . . . Ligeia . . . antworte mir!«

Du blicktest nicht in den Spiegel und wußtest daher nicht, wie du aussahst. Als du aus dem Bad kamst, schlüpftest du in den Büstenhalter, tastetest nach den Haken, und Javier sah dich mit aufgetragenem Make-up, schwarzen Brauen und roten Lippen. Deine Stimme war ruhig, als du fortfuhrst, dich linkisch und nervös anzuziehen.

»Erinnere dich, Javier, daß es für mich nur einen einzigen Augenblick gab. Einen Augenblick, da ich erwachte, in New York, glaube ich, oder in Phaleraki, ja, nein, an der Küste von Long Island nach einer Regennacht. Das erste Mal.«

»Sie ist jung«, zischte Javier.

»Der Augenblick, da ich erwachte und fühlte, wie du aufstandest, die Laken von meinen Füßen zogst und mich zärtlich betrachtetest. Zärtlich und besorgt, du könntest mich wecken.«

»Das Meer. Immer erinnerst du dich ans Meer. Du lügst. Frauen hassen das Meer.«

»Du wolltest meine Lippen berühren, fürchtetest jedoch, mich zu wecken. Schließlich konntest du nicht widerstehen. Du nahmst mich in die Arme, hobst mich hoch, und als ich die Augen aufschlug, schlossest du sie mit deinen Fingern, und ich lag klein und zärtlich in deinen Armen. Von diesem Augenblick habe ich gezehrt. Immer in der

Hoffnung, eines Tages werde er zurückkommen. Doch nicht länger.«

Du zogst die Bluse an und knöpftest sie zu.

»Ich schlief mit Vasco, Javier.«

Du fuhrst dir über das kurze, ausgebleichte, angegraute Haar und schütteltest es. Javier sahst du nicht an.

»Ja, ich schlief mit ihm. Und von ihm erhielt ich die Geschichte, die Geschichte der zurückkehrenden Jugend, die Geschichte, die du schriebst. In Wirklichkeit war sie von Vasco Montero. Er dachte sie aus. Ich stahl sie. Du faßtest sie in Worte, das war alles.«

Zwischen den Trümmern des Zimmers suchtest du nach deiner Tasche.

»So weit ging ich, doch du versagtest. Eine ganze Welt wollte ich für dich erobern. Doch du ließest diese Welt deinen Händen entgleiten. Auch gut. Du warst ihrer nicht wert.«

Du wartetest. Javier schwieg, und du vermiedest, ihn anzusehen. »Ich sage dir, ich ging mit Vasco ins Bett, um eine Geschichte für dich zu erhalten.«

»Das hast du wirklich getan?« sagte Javier. »Und du machtest mir weis, wir hätten sie zusammen erfunden.«

»Du möchtest entfliehen.« Schließlich sahst du ihn an. »Aber du kannst es nicht. Für dich ist alles ein Aphorismus. Außer diesem: Deine eigenen Ideen brachten dich nirgendwohin. Du mußtest Vasco Monteros Almosen annehmen und verwenden. Reste von einem reichen Tisch, von einem echten Dichter, der es sich leisten konnte, seine Brocken wegzuwerfen, ohne darum ärmer zu sein.«

Eines Tages, Tigrin, sagtest du mir, daß ihr danach nicht mehr redetet. Angezogen und geschminkt saßest du mit der Tasche in der Hand auf der Bettkante und dachtest an das, was du mir eines Tages erzählen müßtest. Du dachtest, dies sei das Ende der Reise, der Erinnerungen und auch der Lügen, einer langen Reise auf der Suche nach dem, was ihr schon besessen hattet. Alles, was ihr wußtet, begehrtet, verlort und fandet, hattet ihr vom ersten Augenblick an ebenso gekannt, begehrt, verloren und gefunden wie jetzt. Aber am Anfang hatte ein Teil von dir alles andere besiegt, und darin lag der ganze Unterschied. Es hatte dich hilflos gemacht, deine Weisheit zu gebrauchen. Und heute nacht machte dich ein anderer Teil ebenso hilflos wie damals, wieder konntest du deinen Willen nicht nutzen. Ah, Tigrin, dies ist die schwierige Lösung: Wir müssen imstande sein, alles zu segnen, alles, was wir lieben, erträumen, berühren, ja selbst verachten, fürchten und verwerfen.

Franz hatte die Pläne auf den Knien ausgebreitet, und als er aufblickte, sah er Hopfenstangen, dahinter eine Reihe buschiger Bäume, rechts eine Apfelpflanzung und links Zuckerrübenfelder, die sich bis hin zum Wald auf einem fernen Hügel erstreckten. Ein paar Feldarbeiter saßen oder hockten auf dem Boden und ernteten den Hopfen, der sich an den schwarzen Stangen emporrankte. Er blickte zu dem ausersehenen Bauplatz zurück. Früher hatte dort eine Ziegelbrennerei gestanden, deren alte Fundamente er verwenden konnte. Im Laufe des Tages würden Lastwagen mit Backsteinen von Lobositz eintreffen, und die Arbeit könnte sofort beginnen. Das Baukommando stand schon in Fünferreihen mit grauen Kleidern und geschorenen Köpfen bereit. Das Bauholz war gestapelt, Tonerde und Kalk waren aufgeschüttet und die kleinen Fässer mit den Nägeln geöffnet. Langsam rollte er die Pläne auf und sprach dann mit den Vorarbeitern. Erst nach Einbruch der Dunkelheit kehrte er in dem alten Mercedes-Kabriolett zur Festung zurück. Als sie am Bahnhof von Theresienstadt vorbeikamen, bat er den Fahrer zu halten. Er stand auf und versuchte zu verstehen, was auf dem Bahnsteig vorging. Irgend jemand spielte einen Kontrabaß, und dazu bewegten sich dunkle Gestalten; unverständlicher Gesang ertönte. Der Dampf der Lokomotiven sank herunter, und die tanzenden Gestalten wurden von seinen Wirbeln halb verhüllt. Franz stieg aus dem Kabriolett und ging auf sie zu. Sie trugen Zylinder, die grauen Kleider und Gesichter waren mit Kohlenstaub verschmiert, und singend luden sie Kohle aus. Einer spielte den Kontrabaß. Franz verstand nichts von ihrem Lied, außer den Worten *Nun geht Marion fort.* Einige der Wachen trieben die Sänger an, andere spielten Fußball mit den Kartons, in denen die Zylinder eingetroffen waren. Eine groteske Szene der trüben Lichter, der Rauch- und Dampfwolken, der tanzenden Gestalten, der Musik. Sein Fahrer holte noch drei weitere Kontrabässe am Bahnhof ab, um sie in den Lagerräumen abzuladen, wo dergleichen nutzlose beschlagnahmte Dinge aufbewahrt wurden. Alte Zylinder, staubige Kleiderpuppen, zerfetzte Gebetbücher, Leichenwagen, Postkarten, Familiendaguerreotypen, Schnurrbartbinden, mit Stroh und Sägemehl gefüllte Pferde, gläserne Briefbeschwerer, die eine Landschaft enthielten, auf die es schneite, wenn man sie schüttelte. Und was hatten die goldgerahmten Porträts der alten Kaiser – Wilhelm und Franz Josef – hier zwischen all dem Gerümpel verloren? Er schüttelte den Briefbeschwerer, sah zu, wie der falsche Schnee herabwirbelte, und in der Ferne hörte er den Walzer aus der *Lustigen Witwe.* Dann ging er hinein und sah die Arbeiter mit den Zylindern vom Bahnhof hereinmarschieren. Später wurde ruchbar, daß sie unter den Hüten gestohlene Kohle und gestohlene Würste geschmuggelt hatten.

»Der Bau soll innerhalb eines Monats fertig sein.«

»Er muß fertig sein. Dies ist ein Befehl.«

Franz lag in deinen Armen, Isabel, im Hotelzimmer von Cholula, und du hörtest ihm zu und sagtest nichts, denn du wußtest, daß er deshalb zu dir gekommen war. Er verbarg sich in deinen Armen und lachte leise, als er sich erinnerte, daß die Nacht kalt und der Fluß zugefroren war. Er betrat die Festung, und eine der Wachen meinte, was für ein Spaß es wäre, jetzt Schlittschuh zu laufen, wie sie es als Buben getan hätten. Die Erde knirschte unter ihren Stiefeln. Es lag kein Schnee, doch die Erde war hartgefroren. Kaum ließ sich etwas erkennen. Die Scheinwerfer strahlten zwar, doch die Abendnebel hingen tief, streuten das Licht und machten es fast so undurchsichtig wie den Nebel selbst. Und ausnahmsweise herrschte tiefe Stille. Das Fehlen des Hundegebells machte es ihm bewußt. In der Festung hörte man die Hunde immer, zu allen Stunden, aber heute nacht schwiegen sie. Vielleicht lag es auch daran, daß niemand sprach oder rief. Wenn die Stimmen schweigen, wird vieles vernehmbar, was uns gewöhnlich entgeht. Das Scharren von Stiefeln auf Beton. Das Klatschen nackter Füße auf nackter Erde. Das Knarren ungeölter Türangeln. Das ferne Klappern einer Schreibmaschine. Das Klicken von Gewehrschlössern, die gespannt werden. Das Schmatzen von Hundeschnauzen und essende Kinder.

Der Bau wuchs stetig und schnell. Aufmerksam überwachte er die Arbeit, denn obwohl die Vorarbeiter ihre Sache verstanden, wollte er ein Auge darauf haben, und gegenwärtig gab es nichts Wichtigeres für ihn zu tun. Oft wußte er, daß seine Anwesenheit nicht nötig, vielleicht nicht einmal willkommen war. Aber er ging jeden Tag hin und kehrte erst abends zur Festung zurück, manchmal im Lastwagen, manchmal mit dem Kommandanten im Mercedes, manchmal allein – zu Fuß und gedankenverloren. Und er dachte, daß dies sein erster Auftrag war. Wiederholte es: Mein erster Auftrag, Isabel, mein erster Auftrag. – Ja, Franz. Sie sandten mich dorthin, weil ich tüchtig war, es war ihre Entscheidung, nicht die meine. – Ja, Franz, ich möchte dich verstehen.

Zu Beginn wurden die Leichen derer, die in der Kleinen Festung starben, zum Krematorium von Theresienstadt gebracht, der Stadt, die auf Himmlers Befehl in ein Getto verwandelt worden war. Später kam man nicht mehr nach, und er, als dem Lager zugeordneter Architekt, wurde beauftragt, ein Krematorium an der Stelle der alten Brennerei bei Leitmeritz zu bauen. Zum festgesetzten Termin stellte er es fertig, und die beiden Öfen mit den Eisenschienen und dem Hebel, der die Leichen mechanisch in die Öfen beförderte, wurden installiert. Die Asche wurde in Urnen, die mit F oder M – Frau oder Mann – markiert waren, in die Festung zurückgesandt. Später wurde die Asche einfach in den Fluß geworfen, und noch später, als es unmöglich wurde, die Epidemien in der Festung zu kontrollieren, wurde ein Massengrab bei der Nordmauer ausgehoben. Nichtsdestoweniger ging der Handel weiter: Für eine Summe Geldes erhielten die Angehörigen oder Freunde eines verstorbenen Häftlings eine Urne, die mit Erde von Theresienstadt gefüllt war. Nicht Ulrich. Ulrich weigerte sich.

Er ging zu den Bahngeleisen, wo sie nun arbeiteten. Jeden Morgen durchquerte er die Stadt, die ganz zum Getto geworden war, und nachts kehrte er über ein einstiges Zukkerrübenfeld zurück, das nun brachlag und dessen offene Gräben er vermeiden mußte. Hinter dem Feld der ausgefahrene Feldweg, der zur Festung führte. Stumme Dunkelheit. Manchmal ein schwaches Summen hinter seinem Rükken, ein Geräusch, das sich nicht bestimmen ließ. Dann die Lichter der Festung, undurchsichtig im Bodennebel. Und keiner sprach, Isabel. Es war ein Ort, an dem man sich wie an einen Stummfilm erinnern muß. Hast du je *Caligari* gesehen? Nein, wie sollst du wissen, wie es war. Eine Umfrage wurde unter der Jugend gehalten: Wer ist Hitler? Niemand wußte es, Pussycat, niemand erinnerte sich, niemand von den Jungen hatte je von ihm reden hören. Stell dir vor. Und Franz spricht mit dir, der jüngsten von uns allen: die Mauern von Theresienstadt erhoben sich geradlinig, die Mansardendächer und Gärten der alten Häuser waren alle gerade, und doch schien nichts gerade, schien alles schief und in einem wahnsinnigen Raum mit eigenen wahnsinnigen Koordinaten zu existieren, schien wie ein Bühnenprospekt, dessen Linien alle so gezeichnet sind, daß sie zurückfliehen, als seien sie in der wahren Perspektive einer Szene gerade, während sie in Wirklichkeit alle schief und verzerrt sind. Ein Bühnenprospekt zu nahe gesehen, ohne die Illusion. Wirkliche Schatten, die mit gemalten Schatten zusammenstießen und ein Labyrinth aus falschem und echtem Licht schufen, aus scheinbarer und echter Ferne. Und alles reich verziert – diese Manie für das Dekorative –, als würde dadurch der Wahnsinn einer Irrenanstalt erträglicher und normal. Hast du nie von *Caligari* gehört? Vor allem Stille. Manchmal versuchte er etwas zu hören, irgend etwas, und merkte, daß er nur sein eigenes Atmen hörte. Und hätten sie je miteinander gesprochen, dann hätte sie ihm später erzählen können, daß es in der Stille von Theresienstadt geheime Musik gab, Sänger, die wie alle anderen aussahen und bei Tag kamen und gingen, ohne Aufmerksamkeit zu erregen. Die Noten wanderten von Hand zu Hand, und eines Tages gelang es zwei alten Männern, Geigen und Violen zu ihrem Versammlungsort zu schmuggeln. Ein Cello, das in einer verlassenen Scheuer versteckt gewesen war, traf auf einem Karren unter einer Ladung Heu ein. Sie hätte es ihm erzählen können, wenn sie je miteinander geredet hätten. Er wußte lediglich, daß ein Arbeitskommando eines Tages einen kompletten Satz Orchesterinstrumente hinter einem zugemauerten Versteck entdeckt hatte. In ihren Kästen und zum Schutz gegen die Feuchtigkeit eingewickelt, lagen Blechinstrumente, Holzblasinstrumente und Schlagzeug.

Der Kommandant war nicht zornig, sondern vielmehr angetan. »Ein Glücksfall. Wir müssen eine Feier für den offiziellen Besuch vorbereiten. Was könnte da besser sein als ein Konzert?«

»Immer wieder versuchen wir uns für das zu rechtfertigen, was wir taten.«

»Wirklich?«

»Ja. Auf die Worte kommt es nie an.«

»Warum nicht?«

»Weil sie stets dieselben sind. Jeder kennt sie.«

»Worauf kommt es dann an?«

»Daß wir die letzte Schlacht schlugen, Isabel. Die letzte Schlacht des alten germanischen Traums vom Heldentum.«

»Bewegung.«

Der Befehl hallte durch die Gänge und Treppenhäuser des alten Gebäudes, das den Juden als Krankenhaus diente. Ein Konzert war geplant. Eine Konzerthalle mußte hergerichtet werden. Das Dachgeschoß war riesig. Stiefel auf Steinböden. Schüsse, die nur des Lärms wegen abgegeben wurden. Umgeworfene Betten. Schreie der Überraschung und der Angst. Wer kräftig genug war, ging von selbst auf die Straße, einige stützten sich gegenseitig. Die meisten jedoch waren zu schwach, um zu stehen, und wurden einfach hinausgezerrt, wo Freunde und Angehörige zusammenströmten und niemand verstand, was vorging, warum das Krankenhaus geräumt wurde. Die Patienten streckten die Arme aus, und Verwandte eilten herzu, um den Ihren zu helfen, Bekannte, um denen zu helfen, die sie erkannten oder zu erkennen glaubten. Der Kommandant hatte alle verfügbaren Transportmittel mobilisiert: die drei Traktoren und ihre zwölf Anhänger, die beiden Lastwagen, die sechzehn Fuhrwerke, die achtundvierzig jüdischen Leichenwagen und ihre Gespanne, schließlich eine Anzahl von Rollstühlen. Aber dies reichte nicht, und viele Patienten legten sich einfach aufs Pflaster oder irrten benommen umher oder wurden von Verwandten weggeführt, die selbst nicht wußten, was tun. Unterdes stiegen die Wachen zum weitläufigen Dachboden hinauf, brachten aufeinandergetürmte Särge herab und warfen sie auf den Lastwagen, der die Leichen zum Krematorium fuhr. Neue Leichen, von denen keiner etwas wußte, wurden entdeckt, und Franz, der zusah, roch den Gestank des Todes unter dem Gestank der Lebenden, der Männer und Frauen, die ihn nicht mehr wahrnahmen. Er wandte sich einem Kind und einem alten Mann zu, die seit zwei Tagen, fünf Tagen oder einer Woche tot waren. Aber nicht Ulrich. Ulrich weigerte sich. Und eines Nachts verschwand Ulrich. Nach etwa zwei Stunden war der Dachboden geräumt, und Franz blieb allein zurück unter einem Dach, das von lotrechten Balken getragen wurde. Er ging durch die leeren Räume, wo es nie etwas Brennbares gegeben hatte, weder Matratzen noch Decken noch Kissen.

»Der Befehl ist ausgeführt. Sie können es nun in ein Theater verwandeln.«

Er wird dir sagen, daß die Heilige Schrift von der Zeit der Liebe und der Zeit des Todes spricht, aber die Zeit des Wartens vergißt. Und eines Nachts auf dem Heimweg erreichte er die ungepflasterte Straße, die zum Gefängnis führte – er umarmte dich, Isabel, und sagte zweimal, daß Ulrich nicht warten wollte –, eines Nachts auf dem Heimweg von den Bahngeleisen überholte ihn ein Konvoi von sieben Lastwagen, die nur mühsam auf der schlammigen, tief zerfurchten Straße vorankamen und immer wieder stekkenblieben; Wachen wie Gefangene schrien durcheinander und eilten den Soldaten zu Hilfe, die ausstiegen und schoben, wobei sie bis zu den Stiefelschäften in den Schlamm sanken. Da er sich auskannte, sprang er auf das Trittbrett des ersten Wagens, um ihnen den Weg zu weisen. Der Fahrer war ein junger bebrillter Feldwebel, und neben ihm saß ein Unteroffizier mit einem Maschinengewehr auf den Knien. Der Feldwebel war noch keine zwanzig, und hinter den dicken Brillengläsern wirkten seine Augen sehr groß. Franz sagte ihm, nach rechts, hier von der Straße herunter und quer über das Feld, nun zurück zur Straße, aber links halten, hier wieder nach rechts. Kein einziges Mal sah ihn der Feldwebel an. Er fuhr konzentriert und ernst. Er tat seine Pflicht, und er tat sie gut. Vielleicht riß er sonst mit seinem Kameraden Witze, doch jetzt nicht. Gewiß hatte er noch vor wenigen Monaten die Realschule besucht und Mathematik oder Weltliteratur gelernt. Vielleicht mochte er Musik. Die Schüler durften manchmal in Konzerte oder Opern. Zumindest war es so einmal gewesen.

Ich versprach ihr, zurückzukommen. Aber die Zeit der Rückkehr war noch nicht unsere Zeit. Unser war nur die Zeit des Wartens. Schrei nicht, Franz. Ich höre dich.

Er wußte, daß ein Befehl erteilt worden war: Musiker und Sänger des Lagers und des Gettos sollten bleiben. Sie würden nicht in die Todeslager geschickt werden, sondern bleiben und gerettet werden. Professor Schächter dürfte seine Proben fortführen, und obwohl die Kinder weg müßten, würden andere eintreffen, um sie in der Kinderoper zu ersetzen. Musiker und Sänger würden bleiben. Wenn sie wollten, konnten sie natürlich auch in die Viehwagen klettern und ihre Angehörigen begleiten. Kinder, Waisen und Witwen wurden einfach aus humanitären Gründen weggeschickt: damit es weniger Leute gäbe und alle besser leben könnten.

Nun, vermutlich war das Theater in seiner Heimatstadt ausgebombt. Von welcher Stadt er wohl kam? Franz wußte es nicht, da der Feldwebel nicht redete. Und neben ihm saß schweigend der Unteroffizier und hielt das Maschinengewehr im Arm. Franz sagte nichts zu ihm. Nach links. Achtung jetzt. Mehr nach links, dort ist ein tiefes Loch, tief wie ein Brunnen. Und nach dem Krieg könnten sie alle wieder in ihre Städte zurückkehren und ein normales Leben führen. Die Waldstein-Gärten erwarteten seine Rückkehr. Die Musiker wären an ihren gewohnten Plätzen unter dem Barockportiko. Das große *Deutsche Requiem* von Brahms würde beginnen. Franz und der Feldwebel lachten. Verdrießlich sah ihn der Unteroffizier an.

»Warum haltet ihr die Straßen nicht in besserem Zustand?«

»Die Reichsbahn ist wichtiger.«

»Habt ihr nicht genug Arbeiter für beides?«

»Nein. Dies ist ein sehr kleines Lager.«

»Bah. Und du, was zum Teufel machst du hier?«

»Ich bin dem Lager als Architekt zugeteilt.«

»Bah.«

Der Unteroffizier lachte, und der junge Feldwebel verzog keine Miene, als die Scheinwerfer an den Ecken der Festung gleißend auf seine Brille fielen und ihn blendeten. Er hob eine Hand zu den Augen und bremste.

»Was hältst du?« schrie der Unteroffizier.

Die Stoßstange des nachfolgenden Wagens berührte sie. Jemand fluchte. Der Feldwebel sagte nichts. Ein Funkenregen zeigte an, daß der Strom des elektrischen Zauns ausgeschaltet worden war, damit die Männer in Schwarz das Tor öffnen könnten. Isabel, warum rückst du von mir weg? Da, komm wieder her.

»Hier steigst du aus«, sagte der Unteroffizier zu Franz. Dann wandte er sich an den Feldwebel: »Kopf hoch, Mann. Denk dran, du bist Soldat.«

Der Feldwebel rückte die Brille zurecht, gab sich einen Ruck und lächelte. Franz sprang ab, und die Lastwagen rumpelten an ihm vorbei. Langsam betrat er die Festung. Kommandierende Stimmen, wiederholte Befehle. Und der unsichtbare Gesang, verborgen, aber durchdringend. Er fragte einen vorbeikommenden Offizier, was das Singen bedeute, und der Offizier erwiderte, er wisse es nicht. Ein anderer Offizier, der eilig daherkam, sagte, es seien die Juden, die in den Lagerräumen und Kellern probten. Der Kommandant habe ihnen zu singen befohlen, eine Oper oder so etwas zu proben. Die Juden, die Raffael Schächter angeworben hatte: Deutsche, Österreicher, Holländer, Tschechen, Polen, Ungarn, die ganze Sippschaft. Als Franz beiseite trat und lauschte, erhoben sich die Stimmen:

»Lacrimosa dies illa
Qua resurget ex favilla
Judicandus homo reus.«

Der Lautsprecher: »Achtung!«
Das Echo: »Achtuuuung!«
»Aufstellen!«

In Fünfergruppen rannten die Wachen zum Heck der Lastwagen, die sich mit dröhnenden Motoren und qualmendem Auspuff noch immer langsam bewegten. Die Scheinwerfer der Wagen erloschen. Wütendes Hundegebell. Das kleine Orchester, das auf einer Erhebung hinter den Lastwagen stand, ein Orchester aus sechs weiblichen Häftlingen, begann wieder zu spielen. Die Dirigentin mit dem grauen Taktstock bewegte die Arme, und der Walzer aus der *Lustigen Witwe* erklang – zwei Geigen, eine Flöte, ein Kontrabaß, das Becken.

Der Lautsprecher. »Öffnet die Türen.«

Und hätten sie je wieder miteinander gesprochen, so hätte sie ihm erzählt, daß Maestro Raffael Schächter zu Beginn nur über zwei Klaviere verfügte; eines, das der Präsident der jüdischen Gemeinde beschafft hatte, und das andere, auf dem sonst Filme begleitet wurden. Er brauchte vier Solisten, einen Chor mit hundertundfünfzig Stimmen und so viele Instrumente und Musiker wie möglich. Die Instrumente tauchten auf: das Cello, das in der Scheuer unter dem Stroh des Fuhrwerks verborgen gewesen war, die Orchesterinstrumente aus dem Versteck hinter der zugemauerten Wand, die Geigen und Violen der beiden alten Männer, die Kontrabässe, die man in einen Lagerraum voller Zylinder, Kleiderpuppen und gläserner Briefbeschwerer geworfen hatte. Schächter sammelte seine Solisten, Instrumentalisten und den Chor und fühlte sich durch des Kommandanten Befehl, daß die Künstler bleiben und nicht angetastet werden sollten, gedeckt. Aber als die Kinder und Alten in Viehwagen nach dem Osten geschickt wurden, entschlossen sich drei Solisten, sie zu begleiten. Jeder auslaufende Transport nahm Künstler mit, und jeder ankommende Transport brachte an ihrer Stelle andere, mit denen von neuem geübt und geprobt werden mußte. In einem bestimmten Augenblick fehlten vierundzwanzig Stimmen des Chors und zwölf Orchestermusiker. Immer wieder mußte er von vorn beginnen.

»Rex tremendae majestatis,
Qui salvandos salvas gratis,
Salva me, fons pietatis.«

Die Ankömmlinge stiegen aus. Die hinteren Türen waren entriegelt und aufgeklappt worden, und aus jeder Gruppe der Wachen streckte einer die Arme hinauf, um den Häftlingen herunterzuhelfen, ein zweiter rief Nummern aus, die ein dritter mit einer Liste verglich, und die übrigen beiden umklammerten ihre Maschinengewehre und sahen zu. Der Walzer taumelte in die eisige Nacht. Hunde bellten. Einige nahmen die emporgestreckten Arme der Wache an, andere sprangen ohne Hilfe herab, alle stumm und einen Augenblick reglos, dann rieben sich einige die Augen, andere senkten den Kopf, manche lachten, manche weinten. Freunde suchten nach Freunden, Männer nach ihren Frauen, Eltern nach ihren Kindern. Alte Männer mit Mantel und Hut. Männer, die Rockaufschläge und Kragen gegen die Kälte hochgeklappt hatten. In Decken gehüllte Frauen mit Kindern im Arm. Mädchen in Wollsocken und Tüchern um den Kopf. Jungen in kurzen Hosen und Wollmützen. Kleine Mädchen, die Puppen in den Händen hielten. Pappkoffer, mit Bindfaden verschnürte Kartons, Kleiderbündel, eine Nähmaschine, eine Schusterbank, ein Geigenkasten. Sterne steckten an den Aufschlägen oder waren hinten auf die Kleider genäht. Viele stiegen nicht aus. Tot standen sie in den Lastwagen, so tot, wie die anderen stumm waren.

Der Kommandant teilte Berlin mit, daß am Tag des offiziellen Besuchs zur Ordensverleihung ein Bankett und ein Konzert stattfinden würden. Franz, der neben dem Kantinenofen stand, meinte, die Erleichterungen, die der Kommandant den Musikern und dem Chor gewährt habe, und nun gar ihre Aufführung deuteten darauf hin, daß nicht alles zum besten stünde im Lager. Vielmehr beweist dies fast, sie seien gescheitert. Die Umstehenden lachten und hoben die Bierkrüge unter den bayrischen Laternen.

Der alte Mann mit der Schusterbank blieb stehen und sah sich lächelnd um, als gefiele ihm die Szene und die Musik. Ein dunkelhaariges kleines Mädchen ließ seine Puppe fallen, und der Porzellankopf brach entzwei. Franz mußte an einen toten Zwerg in einem Eisschrank denken und lächelte. Die Kleine weinte und versuchte den Puppenkopf wieder zusammenzufügen. Freundlich streichelte sie der alte Mann, hüllte sie in seinen Schal und wiederholte ein ums andere Mal: »Ferien. Es sind Ferien.«

»Isabel. Verzeih mir, Isabel. Ich hörte dich.«

»Wann?«

»Vorhin, als Javier bei dir war. Ich konnte nicht anders.«

»Aber was ich ihm sagte, war etwas anderes. Wir sprachen davon, daß jeder es allein spielen sollte. Verstehst du mich? Allein.«

»Nicht allein, Isabel, es geht nicht. Wenn du etwas nimmst, egal, was es auch sei, so deshalb, weil ein anderer es aufgegeben hat. Ulrich weigerte sich, dies zu tun. Ich stand an seiner Stelle und wurde Zeuge dessen, was er nicht annehmen wollte.«

»Franz, ich weiß nicht, wer Ulrich war. Du mußt mir alles erklären. Niemand werde ich davon erzählen. Nie, ich schwöre es. Es bleibt zwischen dir und mir, niemand sonst wird es je erfahren. Verstehe mich, Franz, ich wage es allein. Das war es, was ich Javier sagte. Ich verlasse mich auf keinen. Vielleicht war es besser, als ich es noch tat. Aber ich weiß nicht. Ich weiß nur, plötzlich hast du eine Faust im Gesicht, und ich sage, zum Teufel damit. Du kannst mir vertrauen, Franz. Nie werde ich ein Wort dessen wiederholen, was du mir erzählst.«

»Franz! Franz! Franz!«

Eine Frau versuchte aus ihrer Gruppe auszubrechen, streckte die Arme nach einem Mann in einer anderen Gruppe aus. Ruhig antwortete er ihr, während man sie zurückzog: »Hier, Theresa! Mir geht es gut. Theresa, Theresa.«

Das Orchester spielte ein Lehár-Potpourri, und Franz

summmte den Text. *Abends geh ich ins Maxim. Und mit den Grisetten erwarte ich dort die neue Sonne. Lolo. Frufru. Margot.* Die Wachen richteten die Häftlinge in Reihen aus. Vom Hundekommando erscholl Gebell.

»Vor-wärts!«

Hintereinander überquerten sie die Brücke und betraten die Festung unter der vom Regen ausgewaschenen Inschrift: *Arbeit macht frei.*

»Confutatis maledictis,
Flammis acribus addictis
Voca me cum benedictis.«

»In Berlin haben sie solche Zerstreuungen nicht mehr.« Der Kommandant lächelte. »Es wird für alle eine angenehme Unterbrechung sein. Für die Besucher, für uns und nicht zuletzt für die Juden.«

Aber sie wußte, und hätte Franz sie je wieder gesprochen, so hätte sie ihm erzählt, daß Epstein, der Präsident der jüdischen Gemeinde, zu Schächter gesagt hatte: »Sie kompromittieren uns. Dies sind unsere Leute, die Sie da versammelt haben, und nun werden sie für unsere Unterdrücker singen. Sie haben unser Leid noch verschlimmert. Die Kranken wurden aus dem Krankenhaus geworfen. So viel Leiden nur um einer Aufführung willen. Nein, Schächter, es ist nicht recht. Sie werden unsere Unterdrücker ehren. Auf Wunsch dieser Männer, die denken werden, Sie hätten sich bedingungslos ergeben. Sie, Maestro, ein Tscheche. Vielleicht verleiht man Ihnen gar noch einen Orden. Tun Sie etwas. Setzen Sie das Konzert ab. Tun Sie etwas. Ich bin machtlos. Aber ich sage Ihnen, es ist nicht recht. Ich sorge mich.«

Unter dem schwachen Licht, das über dem Schlußstein des Torbogens hing, traten die Häftlinge ein, als das kleine Orchester das abschließende Crescendo erreichte und der Walzer endete. Sie wurden zum Aufnahmeraum geführt – hundertundvierzig. Dort mußten sie sich mit dem Gesicht zur Wand stellen. Eine lange Reihe von Rücken, aber das war unwichtig, die Rücken glichen den Gesichtern. Zwanzig der ersten Gruppe, während die anderen in einer

Schlange warteten, die sich bis hin zur Brücke erstreckte. Der Raum hatte kahle, gelbe Wände. Ihre Rücken waren ihre Namen. Burian wußte dies, ging langsam an ihnen vorbei und musterte sie, während sie das Gesicht der Wand zukehrten. Wachen sammelten Koffer, Bündel und Schachteln ein, welche die Häftlinge neben sich abgestellt hatten. Burian selbst nahm dem alten Mann die Schusterbank weg, und dieser wandte sich um und lächelte. Jedes Wort oder jede Bewegung des Widerspruchs wurde erstickt. Burian erteilte einen Befehl. Sie legten ihre Uhren, Medaillons, Kämme, Schmucknadeln und Manschettenknöpfe ab.

»Name?«

»Marketa Silberstein.«

Die Wache mit dem Verzeichnis nannte eine Nummer und schrieb sie nieder. Burian ging auf und ab, beobachtete sie. Ein Ohr, das vom zurückgekämmten Haar freigegeben wurde, zitterte. Franz starrte es an. Er erinnerte sich.

»David Rosen.«

»Sechs-fünf-sieben-acht-zwei.«

»Kamilla.«

»Kamilla wie?«

»Kamilla Neuberg. Sie ist meine Tochter.«

»Sechs-fünf-sieben-acht-drei.«

Burian blieb hinter einem jungen Mann stehen, der den Arm gegen die Wand stützte. Neben ihm stand das Mädchen. Sie war klein und trug Sandalen. Auch sie lehnte die Stirn gegen die Wand. Burian berührte sie bei der Schulter und zog sie zurück. Er nahm ihr den Geigenkasten ab. Franz war im Begriff vorzutreten. Dieselben grünen Augen. Dieselben hohen, ausgeprägten Backenknochen. Langsam küßte Franz Isabel; sie streichelte seinen Kopf.

»Immer, Isabel, immer . . .«

»Was? Was immer?«

»Einer muß immer etwas aufgeben, damit der andere weiterleben kann.«

»Wer, Franz?«

»Du. Ich. Wir. Betty. Ich weiß nicht.«

»Weiter, Franz. Weiter, *Güero.* Ich höre.«

Hintereinander verließen sie den Aufnahmeraum, vorbei an der Wachstube, wo der Fernschreiber tickte. Maloth erschien mit einem Packen Post in der Hand. Er gab Franz ein paar Briefe, und der neue Schub Häftlinge erreichte die Kleiderkammer, wo Wacholz jeden mit den Augen maß und Kleider aussuchte.

»Jude?«

Der derbe Mann mit rotem Gesicht schüttelte den Kopf. Wacholz sah ihn nochmals an und reichte ihm graue Hosen mit drei roten Streifen auf der Seite und eine graue Jacke mit einem roten Dreieck auf dem Rücken. Der Mann begann sich auszuziehen, hielt inne und sah sich nach den Frauen um. Wacholz trat vor, riß ihm den Latz auf und zog die Hosen herunter.

»Jüdin?«

»Ja.«

Wacholz gab dem Mädchen ein gestreiftes Kleid, auf dessen Rücken ein gelber Stern aufgenäht war. Still zog sie sich aus. Ihr fiel etwas ein, und sie hob die Arme und zog die Haarnadeln heraus. Das Haar fiel ihr über die Schultern. Sie reichte die Nadeln einer der Wachen. Mit den Briefen in der Hand beobachtete sie Franz von der Tür aus. Er öffnete einen und gab vor zu lesen.

»Jude?«

»Nein. Nein!«

Mit verschränkten Armen trat der Junge vor Wacholz hin, und das Mädchen, nachdem es das gestreifte Kleid übergezogen hatte, sah ihn an. Mechanisch reichte Wacholz dem Jungen die Uniform mit den roten Streifen. Da trat Burian aus dem Schatten und hob eine gestreifte Jacke mit gelbem Stern auf. Spöttisch blickte er Wacholz an und hielt dem Jungen die Jacke der Juden hin.

»Es ist nicht wahr!« schrie der blonde, bleiche Junge, der nun aus der Reihe trat und das Mädchen, das sich nicht regte, beim Arm berührte. Als er das Gesicht hob, sah man die Augen: das eine blau, das andere braun. »Es ist nicht wahr. Ich bin nur zu einem Drittel . . .«

Das Mädchen war ein anderes.

»Es war meine Mutter. Sie dachte, ich wäre hier sicherer

als an der Front. So erfand sie, ich sei jüdisch. Um mich zu schützen!«

Und schließlich sah er sie von vorn. Sie blickte nicht auf, reagierte nicht auf die Berührung des Jungen. Sie senkte die Augen, um die seinen nicht sehen zu müssen, das braune und das blaue Auge, die sie flehentlich anstarrten.

»Sag es ihnen«, bat der Junge. »Sag es ihnen. Du weißt alles. Ich habe es dir im Zug erzählt.«

Franz hätte sie gern früher gesehen, einen Augenblick bevor sie die Kleine Festung Theresienstadt betreten und die Kleider gewechselt hatte, denn nun war sie eine andere. Und sie sah ihn nicht an. Niemanden sah sie an. Nein, Isabel, niemanden von uns. Vielleicht hätte sie Ulrich angesehen. Ulrich, wenn sie ihn erkannt hätte. Ulrich hatte »Nein« gesagt, wie sie soeben »Ja« gesagt hatte. Eines Nachts kamen sie zu uns, klopften an die Tür, weckten uns und holten Ulrich ab, eben weil er »Nein« gesagt hatte.

»Ich kehrte nach Prag zurück, sie zu suchen, Isabel.«

»Waren sie hinter dir her?«

»Nein, dazu hatten sie keine Zeit. Ich starb, wechselte den Namen, kam nach Amerika. Außerdem kümmerte sich niemand um mich. Ich war ein Nichts, ein Niemand gewesen. Was hätte es genützt, an mir ein Exempel zu statuieren? Ich kam nicht vor Gericht, wurde weder verurteilt noch freigesprochen. Ich war ihnen gleichgültig. Und mit derselben Gleichgültigkeit begann ich mein Leben von neuem. Die Geschichte erfaßte mich nicht, Isabel. Nur zufällig war ich dabei.«

Als das Krematorium fertig war, erwartete ihn eine neue Aufgabe. Die Festung war nun zu klein für die Zahl der Häftlinge. Ein neuer Zellenblock wurde benötigt – unverzüglich, so bald wie möglich. Er entwarf Pläne, und die Arbeiten begannen im Oktober 1943; sie dauerten ein ganzes Jahr. Aber Franz, andere suchen dich vielleicht noch immer. Vielleicht bist du noch immer nicht sicher. Kein Sterbenswort werde ich von dem verraten, was du mir erzählst. Versuche dich nicht zu entschuldigen. Halte mich fest, und erzähle mir von meinem Gesicht und von meinen Augen, von Elizabeths Blut. Sei geduldig, und wir werden wieder zusammen sein. Streichle mein Haar, Franz.

Sie überqueren das freie Gelände zwischen den Gebäuden. Es ist elf Uhr nachts. Wieder reihen sie sich auf. Der Barbier, ein griechischer Gefangener, steht bereit. Einer nach dem anderen ziehen sie sich aus und steigen in die fünf mit klebrigem Kresol gefüllten Wannen, während zwanzig Wachen zusehen. Ihre Augen brennen von dem Desinfektionsmittel. Sie verlassen die Wannen, werden an die Wand gestellt, und der Barbier kommt mit Schere und Rasiermesser. Nachdem sie geschoren sind, kehren sie das Gesicht der Wand zu. Mechanisch halten sie sich nun bei den Händen; ihre Augen sind geschlossen, damit sie einander nicht sehen müssen. Der Barbier kehrt das Haar zusammen und übergibt es einer Wache, denn alles läßt sich gebrauchen, nichts wird verschwendet.

»Natürlich spricht es für uns.« Der Kommandant lachte vor sich hin. »Es ist ein Beweis der Ordnung, die wir aufrechterhalten haben. Es wird die Beschuldigungen entkräften, die gegen uns erhoben wurden. Hier herrscht Freiheit. Freiheit, Kunst, Musik – nicht?«

Und während des Banketts, das auf die Ordensverleihung folgte, erhob sich der Kommandant und brachte einen Toast aus. Er sagte, dieser Tag würde in goldenen Lettern in die Annalen der Garnison von Theresienstadt eingehen. Er saß neben Eichmann, und dieser erkundigte sich nach der Aufführung, die die Festlichkeiten des Tages beschließen würde.

»Die Musiker der jüdischen Gemeinde haben ein Konzert einstudiert«, sagte der Kommandant.

»Gut. Kennen Sie das Programm?«

»Selbstverständlich. Hier geschieht nichts ohne mein Wissen.«

Die Arbeiten an dem neuen Zellenblock wurden im Eiltempo vorangetrieben, und nach einem Jahr war der Bau bezugsfertig, obwohl das Dach noch nicht beendet war. Franz hatte zur Linken fünf geräumige Gemeinschaftszellen entworfen mit einem Fassungsvermögen von je hundertundsechzig Häftlingen, je drei Waschbecken, zwei Toiletten und einem einzigen Fenster. Rechts lagen die achtzehn Einzelzellen. Dahinter, wie die Bühne eines Amphitheaters, die Exekutionsmauer. Ein brauchbarer, tüchtiger Plan. Soukop unterstand das Baukommando. Hunderte von jüdischen Häftlingen. Mit ihnen hatte Franz nichts zu tun; er plante und beaufsichtigte lediglich. Die Arbeit eines Jahres. Ein ganzes Jahr arbeitet er, und seine Augen sind die eines Mannes, der unablässig forscht, sucht und verfolgt, als er sich durch die geraden und schrägen Räume bewegt, die wogenden, doch festen Räume dieses künstlichen Universums, dieser Spinnenwelt, deren Stahlnetze die mit Hochspannung geladenen Zäune sind, welche sie anfänglich morgens auf dem Weg zur IG-Farben-Fabrik in Monowitz passiert – durch die Steintür, über der Gras wächst, als sei die Festung unterirdisch, ein Labyrinth von Stollen unter der braunen Decke der Erde; und tags sucht er sie, während er durch die drei Reihen der Einzelzellen geht, in dieser Welt, die mehr bedeuten muß, als Stein und Ziegel ausdrücken, dieser Welt, in der sie lebt und eines Tages erscheinen muß, unter den kahlen Köpfen und blutleeren, ausgemergelten Gesichtern, die so fremd sind und doch so qualvoll einer Vorahnung oder einer Erinnerung gleichen, in kräftigem Schwarzweiß ohne Schattierungen, Gesichter, die das kohlschwarze Wasser und die bleiche Gemüsesuppe trinken und sich jeden Morgen um sieben aufreihen, ehe sie hinausmarschieren, um von der Arbeit befreit zu werden; er sucht sie unter den zahnlosen Mündern, die Kartoffeln und Rüben kauen, unter den nackten Leibern, die sich nachts hinlegen, nachdem sie die schweißgetränkten, regennassen Kleider ausgezogen haben, die sie am nächsten Morgen wieder tragen müssen, er leuchtet unter einem beliebigen oder auch gar keinem Vorwand die schlafenden Gesichter der Frauen an, die auf den Holzpritschen liegen; tags wieder sucht er unter ihnen, als sie stumm vor dem einzigen Klo der Zelle meutern, hundertzwanzig Frauen und ein einziges Waschbecken, und ihre grünen Augen müssen rasch wie seine eigenen über die grauen Gebäude und reifbedeckten Mauern gleiten, die irgend etwas symbolisieren, einen Glauben an irgendeine Ordnung bieten müssen, inmitten dieses verrückten Labyrinths, in dem seine Augen starren und forschen und nach ihr suchen, ehe es zu spät ist und das Gesicht, an das er sich erinnert, auf immer verloren ist: zwischen den Backsteinmauern und den Garagen, den schlammtiefen Gräben und Furchen, dem unwirklichen Kulissenhintergrund der Hundezwinger, Bäder und Schutthaufen, der Krankenstationen und Ställe. Jeden Tag wird ein weiterer Zug des erinnerten Gesichtes verwischen, verfallen und verschwinden, bis sie unwiderruflich verloren ist, auf einer Strohmatratze, in einem Holzzuber oder der blanken Verneinung eines zugemauerten Fensters; er hört sie zwischen den hüpfenden Frauen unter der eiskalten Dusche schreien, er sucht sie in einer Welt, die, weil sie seine eigene Fiktion ist, aller anderen Phantasie widersteht: ganz Theresienstadt – Lager und Getto – ist die Antwort einer freien, körperlosen Phantasie auf die versklavte Wirklichkeit: dies ist nicht die Wirklichkeit, sondern ein Alptraum, die Vorstellung eines Alptraums, in der er nach ihr sucht, manchmal fieberhaft, manchmal kalt und beherrscht, zwischen den verfleckten Matratzen, auf den von Exkrementen verschmierten Böden der Krankenstation, unter den Läusen in den Wimpern und Brauen der Männer, Frauen und Kinder, die an Typhus gestorben sind, die ins Massengrab neben der Eger geworfen worden sind, wo die Wachen auf allen vieren kriechen und mit Zangen und Messern die Goldfüllungen aus den Zähnen brechen, ehe der Fluß in das Grab sickert und die Toten das verseuchte Wasser atmen, das sie nicht länger infizieren kann. Er sucht sie im Garnisonsgarten, wo ein paar Frauen Gemüse ziehen; und rechts dahinter, wo sich das Leichenschauhaus klein und dunkel auf dem braunen Erdhügel erhebt. Er sucht sie unter den tschechischen Dienstmädchen im Herrenhaus an Weihnachten, als die Offiziere der Garnison mit ihren Geschenken über die heckengesäumten Kiespfade schlendern und drinnen mit dem Kommandanten anstoßen, die Lackmöbel bewundern, den neuesten Nachrichten am Rundfunk lauschen, voll Heimweh die gerahmten Landschaftsdrucke betrachten, Wagner hören und die Kognakgläser auf die gläsernen Tischplatten stellen.

Und in der Frauenabteilung schlägt er die Peitsche gegen den Absatz, befiehlt ihnen, aufzusehen und ihre Namen zu nennen, während sie Holzknöpfe bemalen, Einlagen für Stiefel nähen, Socken für die Soldaten stricken, Zimmer und Büros putzen: Gertrude Schön, Herr Architekt, Karolina Simon, Theresa Lederova, aber es ist verboten, Namen zu nennen, Herr Architekt, hier haben wir alle Nummern. Und tobend versucht er das Krankenhaus zu betreten, ehe er ihr Gesicht für immer vergißt, ehe es ausgewischt wird von Kresol und Formol, von den Meerwasserinjektionen, den Experimenten mit Typhus und Gewebeübertragungen, den Veränderungen und Verpflanzungen von Gesichtern, Händen und Schenkeln, die hier durcheinandergewürfelt werden, in diesem Laboratorium, wo das ganze Universum neu geordnet, frei und ohne Rücksicht verpflanzt wird, um den Schein eines unaussprechlichen und unwiederholbaren, doch letztlich möglichen Traums zu erfüllen.

»Ich verspreche Ihnen, der Abend wird Ihnen gefallen«, sagte der Kommandant.

Als der Protektor von Böhmen und Mähren ermordet wurde, bestimmte ein Erlaß, daß dreitausend Juden dafür sterben müßten. Heinrich kam nach Theresienstadt, um ihren Transport nach Auschwitz, Bergen-Belsen und Treblinka zu organisieren. Wie stets war er zuversichtlich, und alles war für ihn äußerst klar. Er und Franz gingen über den Marktplatz der Gettostadt, die Daumen hatten sie in die Gürtel gehakt, und Heinrich lachte bei der Erinnerung an den Streit auf dem Studentenfest, das nun schon Jahre zurücklag und das Herr Urs, der Zwerg, gesprengt hatte, als er, in eine bereifte Decke vermummt, aufgetaucht war. Auch Franz lachte, und Heinrich meinte augenzwinkernd, Franz könne noch immer Schwierigkeiten bekommen wegen des Kostüms, das Ulrich an jenem Abend getragen habe. Sie gingen Seite an Seite und lachten viel, und Heinrich sagte, wie auch immer der Krieg ausgehen werde, es ließe sich nicht leugnen, daß das deutsche Leben endlich rational und großartig geworden sei. Was sie anderen zufügten, riskierten sie ebenso selbst, und sollte es sie treffen, so würden sie es ohne Widerspruch hinnehmen. Denn letztlich sei das menschliche Dasein ein einsames, bitteres Rennen, das nicht der Leichtfüßige, der Wagemutige, ja nicht einmal der Geduldige gewönne, sondern jene, die eine Vision ihrer möglichen Größe besäßen und den Mut, dieser Vision gemäß zu leben. Deutschlands Geheimnis läge darin, daß jeder einzelne Deutsche solch einer Vision von sich folge, allein und einsam. Es sei das Verdienst des Dritten Reichs, diese geheimen und verborgenen Visionen der Einsamkeit in einem gemeinsamen, begeisternden nationalen Ziel zusammengefaßt zu haben.

Alle fühlten sie diese Begeisterung. Und würden sie besiegt, dann könnten sie darum nicht nur Niederlage und Tod, sondern selbst die Demütigung annehmen. In wenigen Tagen beendete Heinrich seine Mission. Der Attentat-auf-Heydrich-Transport war tüchtig organisiert, und die dreitausend Juden verließen das Getto Theresienstadt . . . auf Nimmerwiedersehen, wie Heinrich Franz versicherte.

»Und was, wenn du eines Tages in die Hände der Amerikaner oder der Russen fällst?« fragte Franz lächelnd, als Heinrich den Lastwagen bestieg.

Heinrich legte die Hand ans Mützenschild und parodierte den amerikanischen Gruß.

»Dann werde ich Amerikaner oder Russe.« Er lachte. »Dann werde ich zum Verräter, verkaufe Geheimnisse, wechsle die Partei! ›Treu bis in den Tod!‹«

Der Wagen fuhr an. Auch Franz lachte und hob den Arm, um den Gruß zu erwidern.

»Huic ergo parce, Deus:
Pie Jesu Domine:
Dona eis requiem. Amen.«

»Die Juden«, bemerkte der Kommandant beiläufig, während er in einem Zahn stocherte und die andere Hand vor den Mund hielt, »werden Verdis *Requiem* aufführen.«

Eichmann hob eine Braue. Alle Offiziere an dem langen Tisch verstummten. In dem eisigen Schweigen stocherte der Kommandant weiter in seinem Zahn. Schließlich brach Eichmann in Gelächter aus. Mit der flachen Hand schlug er aufs Tischtuch und lachte, und alle ahmten ihn nach, und lachend schlugen sie auf den Tisch und sich gegenseitig auf die Schultern. Der ganze Raum lachte, und wer weiter weg saß und den Witz nicht recht mitbekommen hatte, tat einfach, was die weiter oben taten. Eichmann wischte sich Tränen aus den Augen.

Und hätte sie je mit Franz gesprochen, so hätte sie ihm erzählen können, daß Raffael Schächter monatelang keinen Bassisten hatte. Er fing gerade an zu verzweifeln, als er eines Tages dank der Freiheit, die ihm und seinen Musikern gewährt wurde, durch die Straßen des Gettos ging und eine diabolische Stimme über seinem Kopf vernahm. Sie begleitete Schächter, und als er sie fragte, ob sie das gleiche höre, da nickte sie lächelnd. Suchend und lauschend gingen sie von einem Straßenende zum anderen und wurden dabei immer zuversichtlicher und freudiger. Schließlich erklommen sie die Holztreppe eines Hauses, in dessen Gängen Kinder spielten. Sie durchquerten leere Zimmer, die Stimme klang näher und näher, und sie kletterte hinter Schächter durch ein hohes Fenster aufs Dach. Ein hagerer schwarzer Mann beugte sich singend über einen Kamin. Er blickte auf, entfernte sich vom Kamin und wischte mit einer Hand über das rußverschmierte Gesicht. Sie hatten den Baß für das Requiem gefunden.

Du lachtest, Pussycat, als du in einem Hotelzimmer Cholulas Franz in deinen weichen, schützenden Armen hieltest. Aber später würdest du denken, daß er in jener Nacht geredet hatte, ohne zu wissen, was er sagte, manchmal in Tränen ausbrach, wie sie alle in Tränen ausbrechen, wenn sie schließlich zurückgehen, wenn sie schließlich das Ende der Wartezeit erreichen, in ihre Städte zurückkehren und entdecken, daß niemand sie erwartet hat.

Und sie verstand alles. Die Hauptprobe hatte kein Feuer, kein Leben, keine Begeisterung. Schächter glaubte, er habe versagt. Sie begriffen ihn nicht, hatten seine Absicht nicht verstanden. Sie nahm seinen Arm – wegen ihres Bauches bewegte sie sich nur schwerfällig – und sagte ihm, nein, sie seien weder gleichgültig noch unwillig. Sie seien einfach erschüttert und fassungslos, völlig fassungslos.

»Da werden die Juden also ihren eigenen Totengesang

singen!« sagte Eichmann, und alle lachten, und lachend gingen sie zu der riesigen improvisierten Konzerthalle unter dem Dach des einstigen Krankenhauses; sie nahmen ihre Plätze ein, die ranghöchsten Offiziere in der ersten Reihe, weiter hinten die Wachen und auf einem der allerletzten Sitze Franz. Auf der anderen Seite des Vorhangs warteten Solisten, Chor und Orchester, und Epstein sagte wieder zu Schächter, alles schiene ihm zweifelhaft, außerordentlich zweifelhaft, er fürchte, es könne ihnen leicht als Kapitulation ausgelegt werden. Ein Bote kam vom Kommandanten mit dem Befehl, die Aufführung dürfe nicht länger als eine Stunde dauern. Schächter biß die Zähne zusammen und flüsterte: »Wir beginnen mit dem Vers *Confutatis maledictis.*« Dann öffnete sich der Vorhang, und vor ihnen saßen die frisch mit dem KVK dekorierten Offiziere und lächelten.

»Confutatis maledictis,
Flammis acribus addictis,
Voca me cum benedictis.«

Unter dem stummen Gewölbe erhob sich die Stimme des Kaminfeger-Bassisten. Wenn die Verdammten vernichtet und in die lebenden Flammen geworfen werden, dann rufe mich zu den Gesegneten. Franz sah sie an. Sie saß rechts vom Dirigenten und spielte die erste Geige. Die Stimme des Chors, laut, doch zögernd im *Dies Irae.* Er konnte sie nicht deutlich sehen, noch sah er Eichmanns Braue und des Kommandanten selbstgefällige Miene. Im Chor herrschte keine Überzeugung: der Tag des Zorns würde kommen, und die Welt würde zu Asche zerfallen . . . vielleicht. Franz beugte sich vor und verrenkte den Hals, um das Mädchen mit der Geige zu sehen, sie zu sehen und zu bitten, sie möge sich an ein anderes, ein deutsches Requiem erinnern: Ewige Ruhe gib ihnen, Herr; würde sie sich erinnern? Zwei Gruppen von Celli, die düstere Violen trennten. Der Chor *pianissimo.* Eine Klage. Aber die menschliche Stimme, allein weil sie menschlich ist, schafft eine Heiterkeit, die der Trauer der Instrumente vorauseilt. Schächter kehrte ihnen den Rücken. Seine Augen waren geschlossen. Nun wußten die Offiziere und die SS-Männer, daß er besiegt war, daß sein Volk besiegt war; und der Grund für ihre Niederlage – sei es Angst, Gleichgültigkeit oder Fassungslosigkeit – spielte keine Rolle. Das Mädchen mit der Geige wandte den Blick nicht von Schächter, zwang ihn, sie anzusehen. Sie spielte genau, wie er es wollte, mit der Intensität und der Absicht, die er von ihr forderte. Aber nun war ihr Gesicht resigniert. Eichmann, der gespannt lauschte, lächelte. In diesem Augenblick jedoch, als habe er die volle Bedeutung der Resignation auf dem Gesicht des Mädchens verstanden, wandelte sich sein Lächeln von trockener Belustigung zu einem freundlicheren Ausdruck, fast des Verzeihens. Und Franz hinten im Saal erinnerte sich ihrer Nächte in den Waldstein-Gärten Prags, erinnerte sich an ein Gesicht, das dem des Mädchens mit der Geige glich, und er wollte das andere Requiem, das Requiem von Brahms heraufbeschwören: die Frauenstimmen wiederholen die Stimmen der Männer in einem Ton, der das fliehende Leben wieder einfangen möchte. Die Erinnerung versucht einzudringen. Sie wird zur Schneide zwischen Leben und Tod. Aber Leben, Tod und Erinnerung verschmelzen. Der Chor schweigt einen Augenblick, während Schächters Arme das Zeichen geben und die vier Solisten aufstehen. Bietya, die Sopranistin, stimmt sanft das *Domine Jesu Christe, Rex Gloriae* an, und Franz möchte diese Worte zurückweisen, als er die Worte des *Deutschen Requiems* flüstert: *»Der Tod ist verschlungen in den Sieg, Tod, wo ist dein Stachel!«* Und der Klang der Instrumente wird von den Worten überwältigt: in dem anderen Orchester belebt das Horn den Marsch, begleiten Geigen und Violen die Trauernden, und die Orgel gebietet allem Einhalt. Aber er konnte sich nicht erinnern. Die lateinischen, fast unbegleiteten Stimmen – einsame, langsame Stimmen, ätherischer als ein Echo – hinderten die Erinnerung. Der Tenor:

»Hostias et preces tibi, Domine, laudis offerimus«,

dem sich sogleich Baß, Sopran und Mezzosopran hinzugesellten:

»Faceas, Domine, de morte transire ad vitam.«

Franz blickte nach dem Gesicht des Mädchens mit der Geige und fragte stumm: Hanna, sind diese einfachen, demütigen, gewöhnlichen, nackten, fast archaischen Stimmen mächtiger als die von Brahms? Ist diese alte, tote Litanei mächtiger als all das Strahlen Brahmsscher Instrumente? Schächter schloß die Augen und lächelte. Aber das Mädchen ließ die Spannung, von der es gehalten wurde, nicht zerbrechen. Empfange uns auf dem Weg in den Tod. Empfange uns.

»Benedictus qui venit in nomine Domini. Hosanna in excelsis.«

Ja, er glaubte, sie habe ihn in der Pause zwischen dem *Sanctus* und dem *Agnus Dei* gesehen. Eichmann bewegte sich auf seinem Stuhl. Starr blieb der Kommandant sitzen und blickte verstohlen nach der Uhr. Nun das *Agnus,* besänftigend, demütig, gedemütigt, barmherzig, arm, gnädig, angstvoll. Die Offiziere versuchten zu lächeln. Aber als Franz sich umsah, gewahrte er feuchte Augen bei der reinsten Stelle des Requiems:

»Agnus Dei, qui tollis peccata mundi, dona eis requiem.«

»Verzeih, Isabel. Du weißt nicht, wie sentimental wir sein können.«

»Doch, Franz. Ich sah dich heute Bier trinken und singen.«

Schächter zögerte, als er die Betroffenheit im Saal hinter seinem Rücken fühlte. Das Mädchen mit der Geige hielt einen Augenblick inne, und Schächter sah sie fragend an, während Franz sie hinten im Saal bat, sich der langvergangenen Abende und ihrer ersten Begegnung zu erinnern, ihres Gangs über die Karlsbrücke, der Nachmittage in Mahers Studio, des einsamen Sommers, als die Stadt nach Kastanien duftete und Gras und Blumen die Flußufer belebten, als die Mädchen ihrer Pension Ausflüge ins Grüne machten und sie beide allein blieben, treppauf, treppab liefen, durch die Gänge rannten, kochten und einander all das sagten, was gesagt werden mußte – ich liebe dich, versprich, nichts von mir zu verlangen; wenn du aus Deutschland zurückkommst, werde ich eine große Solistin sein und dich nicht mehr beachten, ich will nicht weggehen, es wird nur für ein paar Jahre sein, es wird nichts ändern, und ich werde zurückkommen, Hanna, warte auf mich, Hanna, nein, Franz, nein, warte, nicht jetzt, nicht so, ich schwöre, ich werde warten, und du wirst der erste sein –, allein in der Pension an einem Sonntagnachmittag im Sommer, die vorspringenden Knochen ihres Gesichts wurden vom schrägen Licht angestrahlt, ihre grünen Augen waren demütig und stolz, auf ihrem dunklen Haar lag die letzte Sonne, als sie am offenen Fenster ihre Mahlzeit verzehrten und über die schwarzen Steine von Prags jüdischem Friedhof blickten.

Alle spürten sie den Wechsel. Er war nicht in der Musik, sondern physisch, als seien alle auf der improvisierten Bühne vorgetreten, Schächter, die Solisten, der Chor, das Orchester, als hätten sie alle einen langen Schritt vorwärts getan. Dies war nicht mehr Verdis *Requiem,* das melodische, südliche Requiem aus den Städten der Sonne. Es war ein Zirkusakt, Music-hall-Jazz: drei kurze wütende Schläge, dann ein langer trotziger Schlag. Bittere Stimmen voll Todesangst und Wut zugleich, plötzlich erwacht, weit entfernt von der Duldsamkeit des *Agnus,* riefen sie herausfordernd, einstimmig und ohne der Musik zu achten:

»Libera me! Libera me!«

Die drei heftigen kurzen Schläge, dann der langgedehnte einzelne,

»Li-be-ra meeee!«

Befreie mich, Herr Gott, vom ewigen Tod, an jenem furchtbaren Tage, wenn Himmel und Erde erschüttert sind. Während du dann kommst, die Menschheit zu Feuersqualen zu verdammen. Nichtig ist mein Gemüt, und Angst macht mich erbeben, wenn du sitzest zu Gericht und den Staubgebornen zürnest. Tag des Zornes, Tag der Klage. Ewige Ruhe gib ihnen, Herr, und ewiges Licht leuchte ihnen. Sie stießen unsere Stühle und den Zeichentisch um, Isabel. Sie warfen unsere Bücher, Zeichnungen und Skizzen aus dem Fenster, packten Ulrich, trampelten auf seiner

Brille herum, traten ihn in die Nieren und zerrten ihn die Treppe hinunter. Denn Ulrich hatte nein gesagt. Nein. Ich sah ihn nie wieder. *Libera me, Domine, de morte aeterna.*

Chor und Orchester schwiegen. Schächter drehte sich um und kehrte zum erstenmal seinem Publikum das Gesicht zu. Er verbeugte sich nicht. Alle warteten, daß Eichmann das Zeichen gäbe, ihnen als Vorbild voranginge. Nun begann der Oberscharführer zu klatschen: alleine. Das Geräusch seiner Hände war das einzige Geräusch im Saal. Er applaudierte mit trockenem, gezwungenem Lächeln.

Franz verließ den Saal, ging durch das Gewirr der Steintreppen hinunter und wartete auf der Straße. Er verbarg sich hinter einem Torbogen, als die Wachen und Offiziere – seine Kameraden – schweigend heraustraten. Dann erschienen die anderen, die jüdischen Künstler. Sie stützte sich auf den Arm des Kaminfeger-Bassisten. Schächter trat zu ihnen und sagte etwas, was Franz nicht hören konnte. Sie nahm Schächters Arm, und ihre Füße schleiften über das Pflaster der engen Straße, als fiele ihr das Gehen schwer. Vor einem Tor mit verblichenem Anstrich blieben sie stehen, Schächter küßte ihre Hand, verabschiedete sich, und sie ging hinein. Sobald Schächter außer Sicht war, folgte ihr Franz. Er hörte den schweren Schritt die dunkle Treppe hinaufsteigen, hörte sie verweilen, keuchen, sich ausruhen, weitergehen. Das Knarren von Türangeln. Er rannte hinauf und sah sie durch die Tür treten. Einen Augenblick wartete er. *Libera me, Domine, de morte aeterna.* Er stand auf der obersten Stufe der wurmstichigen Treppe, seine Hand ruhte auf dem abgegriffenen Geländer, sein Kopf war gesenkt, und sein Blick starrte in eine Dunkelheit ohne Antwort. Alles wird vergehen, wird versöhnt und getröstet werden. Denn der Mensch wird dauern. Wird arbeiten. Leben. Wir werden wieder sein, was wir einst waren. Wie stets. Was wir waren, und nicht was wir sein sollten. Wir werden arbeiten. Die verbrannten, eingestürzten Mauern wieder aufrichten. Singen und die Bierkrüge dazu auf den Tisch schmettern. Über eigenes und fremdes Unglück weinen. Unsere Eltern, Frauen und Kinder lieben. Und wir werden warten. Ja, wir werden warten. Wir verdienen Mitleid.

Er näherte sich der Tür und öffnete sie. Die Angeln knarrten, aber sie sah sich nicht nach ihm um. Ein kleines Zimmer bar jeglicher Möbel, bis auf eine zweistöckige Holzpritsche. Die anderen Frauen schliefen schon. Sie stand vor einem zugemauerten Fenster. Sie war nackt, und während sie leise vor sich hin summte, berührte sie den ungeheuren Bauch, dann das kurze Haar und wieder den schwangeren Leib. Ihr Fleisch war farblos, noch immer jung, aber nicht wie einst. Auf Brüsten, Leib und Backenknochen lag schimmerndes Licht, die Augen waren halb geschlossen.

Franz verließ das Zimmer und blickte nicht zurück. Er schloß die Tür. Auf der Treppe lockerte er die schwarze Krawatte. Es war Sommer und heiß. Drunten zog er die Jacke aus.

Kein Problem, Herr Architekt, nicht das geringste Problem, ich versichere es Ihnen. Nur zu! Prüfen Sie alle Dokumente, die Sie sehen wollen, das Archiv steht zu Ihrer Verfügung. Obwohl uns jetzt natürlich nicht mehr viel Zeit bleibt. Ich fürchte, es wird ziemlich schwierig sein, die Akte der von Ihnen erwähnten Person ausfindig zu machen. Wir hatten hier in Theresienstadt mit so vielen Häftlingen zu tun. Und Sie geben mir nicht eben viele Anhaltspunkte. Aber ich werde es versuchen, he, he, mehr kann man wohl nicht verlangen. Also, wann verließ uns diese Gruppe? Sie wissen sicher, daß wir nur Nummern verwenden. Keine Namen. O Himmel, nein, keine Namen. Wollen wir mal sehen. Frühling. Sommer. Ah, es war im Oktober. Herr Architekt, im Oktober 1944. Die Bäume auf dem Marktplatz von Theresienstadt waren kahl, und tote Blätter trieben im Fluß. Um es poetisch zu sagen, was? Nun, warum auch nicht? Aber die nackte Tatsache ist, daß sie in Viehwagen verfrachtet wurden, zusammengedrängt wie Sardinen, mit verschlungenen Armen, kaum genug Raum zum Atmen, denke ich. Aber Sie haben diese elenden Transporte gewiß gesehen, wir alle haben sie gesehen. Maestro Schächter, die Musiker und der Chor, die Verdis Requiem aufführten, als Oberscharführer Eichmann uns besuchte. Ihre Bestimmung war Auschwitz. Ja, Herr Architekt, Sie haben ganz recht, eine der Musikerinnen war schwanger. Kurz vor der Abfahrt kam sie nieder. Also, mal sehen, mal sehen. Das Kind, ein Junge. Wurde später nach Treblinka geschickt. In den Armen einer Schwester, vermute ich, he, he. Weitere Einzelheiten? Die Krankenhausverwaltung vielleicht, wenn sie noch da ist. Nun zu dem Mann, von dem Sie sprachen. Das Frühjahrsregister. Sommer. Herr Architekt, ich brauche wirklich mehr Einzelheiten. Jung, blond? Pah, Hunderte waren jung und blond. Ein abtrünniger Jude? Auch von ihnen gab es viele. Aber wir witterten sie. He, ja, wir brachten sie zur Strecke. Bleich? Alle waren bleich, mein lieber junger Herr Architekt, wenn nicht bei ihrer Ankunft, dann bald danach. He! So, so. Seine Mutter hatte geglaubt, er wäre hier sicherer als an der Front? Nun ja! He . . . das kann sie sehr wohl gedacht haben . . . he . . . aber wir besitzen keine Aufzeichnungen über die Gedanken der Mütter. Nur die Ahnenpässe, nur die Ahnenpässe. Dennoch . . . und à propos Sicherheit, Herr Architekt, ich hoffe, Sie haben einen Zivilanzug griffbereit? Noch nicht? Dann wird es höchste Zeit, daß Sie sich darum kümmern. Es heißt, wir seien eingekreist. Aber ich vermute, ein beweglicher junger Mann wie Sie kann sich nach Westen oder Süden zu den Amerikanern durchschlagen. Ich höre, die Straßen seien verstopft, ein Heer von Flüchtlingen. Aber nicht in Uniform. Wir in den Archiven planen, die Akten und unsere Uniformen in wenigen Stunden zu verbrennen. Was die Gebäude angeht, das Gefängnis und das Krematorium, so sollen sie, wenn ich recht verstehe, erhalten bleiben. Gute, solide Arbeit, Herr Architekt. Sie haben allen Grund, stolz darauf zu sein. Wenn wir natürlich bombardiert werden . . . Aber zweifellos wird es nicht dazu kommen, solange noch Häftlinge hier sind. Ja, ja, nun zu unserem bleichen, blonden jungen Mann mit der überbesorgten Mutter, he. Aber jetzt brauche ich wirklich einen konkreteren Anhaltspunkt. Ein blaues und ein braunes Auge? Ha, Herr Architekt! Großartig! Solch eine Kuriosität ist gewiß jemand aufgefallen. Unsere Ärzte hätte das sicher sehr interessiert. Hmmm, ein blaues und ein braunes Auge. Wenn der Häftling noch unter den Lebenden und nicht unter den Toten weilt, dann möchte ich wetten, daß er jetzt weder ein blaues noch ein braunes Auge hat! O nein, nein, nur leere Augenhöhlen, denn zweifarbige Augen sind wider die Natur, und unsere Ärzte ... he, he. Natürlich ist es auch denkbar, daß sie sich auf die Verpflanzung der Hornhaut beschränkt haben. Aber eine solche Gelegenheit wäre nicht vertan worden. Oh, nie. Ein blaues und ein graues Auge. Ach ja, braun, braun. Nein, Herr Architekt, ich kann die Akte nicht finden. Wir brauchen seine Nummer. Ohne Nummer ... Immerhin, Sie selbst sahen ihn ankommen. Ich finde keine Todesmeldung, und ich bin sicher, die Augen wären erwähnt gewesen. Bleibt nur die Möglichkeit – eine sehr geringe Möglichkeit in Anbetracht der Epidemien der letzten Monate –, daß er noch immer hier ist. Ich bezweifle es sehr. Höchst unwahrscheinlich. Dennoch ... sollen wir zu den Zellen gehen und nachsehen? Vielleicht, vielleicht ... Ich nehme doch an, daß Ihre Impfungen gültig sind? Natürlich ... Und ein Taschentuch, man braucht ein Taschentuch, am besten, he, he, ein parfümiertes, der Gestank in den Zellen ist ... ach! Nein, viele sind nicht übrig. Nur ganz wenige. Die kräftigsten von dem Geziefer, die hartnäckigsten und widerstandsfähigsten. Hier lang. Draußen werde ich Ihnen folgen. Sie kennen Ihren Weg durch dies Labyrinth weit besser als ich. Ja, Herr Architekt, die Gebäude werden stehenbleiben. Vielleicht, he, werden sie nach ein paar Jahren wieder verwendet. Denn alles vergeht, wie es so heißt. Sieg. Auch Niederlage. Wirklich, Sie müssen sich Zivilkleider besorgen. Es ist unerläßlich. Nun, erlauben Sie, das ist der Hauptschlüssel. Der Archivar muß irgendwann überall hin. Die Angaben müssen immer bestätigt werden. Diesen Gang hinunter? Hören Sie die Geschütze. Ach, es wird nicht mehr lange dauern. Und die Hunde, wie sie heulen! Ich glaube, sie sind schon lange nicht mehr gefüttert worden. Nun ja, bei der Verwirrung. Herr Architekt, darf ich fragen, warum Sie diesen Häftling finden wollen? Stimmt meine Vermutung, daß Sie ihn als eine Art Geleitschutz mitnehmen wollen? He, es ist eine Idee, die mir auch kam. Aber Sie werden ihn auf den Schultern tragen müssen, keiner dieser Häftlinge kann mehr gehen. Und ich bin zu alt, nicht kräftig genug für solch eine Anstrengung. Nein, ich muß es darauf ankommen lassen. Im Gewand eines Priesters, Herr Architekt. Ich habe die Kleider schon alle bereit. Aber Sie, vielleicht wird es klappen. Natürlich brauchen Sie Dokumente. Dem Inhaber dieser Papiere, Herrn Architekt Franz Jellinek, wird von Nummer soundso ... ach, vielleicht lassen wir die Nummer besser weg und gebrauchen seinen Namen ... bestätigt, daß er mir zur Flucht verholfen hat ... Der Wortlaut muß präzise sein. Und wenn wir erst einmal die Nummer haben, dann kann ich Ihnen auch die Akte geben, falls das nützt. Eine Idee, wirklich eine sehr einleuchtende Idee. Not ist erfinderisch, wie man zu sagen pflegt. Hier, hier sind wir. Erlauben Sie, daß ich die Tür öffne. Wenn Sie meine Taschenlampe benutzen wollen ... nicht zu nahe, Herr Architekt, sie sind die Pest selbst ... Geziefer! Abschaum! Aufgestanden, aufgestanden, Saupack! Dort, der Haufen in der Ecke. Auf! Auf! Nein, sie können nicht stehen. Bald werden sie tot sein. Keiner wird sie mehr retten, denke ich. Saupack, Augen auf! Eure Augen, wir wollen eure Augen sehen! Ein braunes und ein blaues. Nein ... ich kann nicht ... Einen Augenblick, dort, er schleppt sich an der Wand entlang. Aber nicht zu nahe, Herr Architekt. Ach, der Gestank! Ist er's? Ja, ja, ich glaube wirklich ... Die Augen weiter auf, Schwein! Was, Herr Architekt? Ein Messer? Zufällig habe ich eines. Ein Andenken aus alten Tagen. He, he. Man drückt auf den Knopf, und die Klinge springt heraus. Sehr scharf. Ich benutze es zum Radieren. Sie wissen, gelegentlich unterläuft selbst dem gewissenhaftesten Schreiber ein Irrtum, und ein wenig Radieren ist nötig, um ... Herr Architekt, was tun Sie da! Herr Architekt! Nein, nein, ich protestiere! Es steht mir nicht zu, Ihnen Befehle zu erteilen, aber Operationen sind Sache der Ärzte, sie sind ... Herr Architekt! Mein Gott, Herr Architekt, was haben Sie getan? Das muß ich Ihren Vorgesetzten melden! Der Mann ist doch schon fast tot! Nein, nein! Ins Taschentuch damit, Mann, schnell jetzt. Werfen Sie es in den Fluß. Guter Gott, hätte ich das gewußt ... Zwar haben Sie Ihre Gründe, sicher müssen Sie Ihre Gründe haben. Zumindest hat uns niemand gesehen. Schnell jetzt, Herr Architekt. Ich werde meine Meldung machen ... Aber wem? Nein, ich werde doch keine Meldung machen. Und das Schwein ist zweifellos in wenigen Stunden tot. Es wird wohl verbluten. Aber mein Gott ... Zum Fluß. Ich gestehe, ich habe Angst. Sollte man mich je als Mittäter verdächtigen ... zumindest als Zeuge ... Und vielleicht hilft mir meine Verkleidung als Priester nicht ... Ich bin kein junger Mann, ich werde langsam gehen müssen, ich werde rasch ermüden. So viele Jahre unter Akten. Der Archivar. Und jetzt, jetzt ... Blut tropft auf Ihre Hose, Herr Architekt, halten Sie das Taschentuch weiter weg. Unverzüglich zum Fluß, sage ich, unverzüglich, unverzüglich ... Kein Zeuge außer mir. Aber zu anderen Zeiten ... Ihre Vorgesetzten ... Sollte das Schwein leben, wird es jedenfalls nie die zweifarbigen Augen gebrauchen ... aber dennoch, Herr Architekt, dennoch ... und es heißt, letzte Nacht sei ein Wolf um den Zaun geschlichen ... Die Geschütze klingen näher. Vielleicht werden sie uns doch bombardieren. Wir müssen uns eilen, eilen, wir haben keine Zeit zu verlieren. Ich gehe das Archiv verbrennen. Sie zum Fluß, und werfen Sie das ... das ...

Trällernd sprangst du aus dem Bett, Pussycat. Franz zog eine Braue hoch.

»Auf! Auf!« riefst du lachend. »Anziehen!«

»Warum?«

»Wir wollen die Pyramide erforschen!«

»Mitternacht ist vorüber«, protestierte er und blickte auf die Armbanduhr.

»Um so besser. Dann sind die Hexen und Gnomen los. Zieh dich an, Franz, ich schaue nach Javier und Betty.«

Du legtest zur Abwechslung eine Platte auf, *Anytime atall,* und schlängeltest dich nackt in das gelbe Schantungkleid. Mit den goldenen Sandalen in der Hand tratest du auf den Gang, schlossest die Tür und bliebst neben mir stehen. Denn ich erwartete dich.

»Alles bereit?« fragtest du.

Besichtigt die unterirdischen Gänge

In derselben Septembernacht wird der Erzähler vom *Verhängnis* zu dem *Ort* geführt. Die einzige Lektüre, die er bei sich trägt, ist ein damals noch unveröffentlichtes Gedicht von Octavio Paz:

Wasser oben
Unten der Wald
Wind über die Pfade hin

Der Brunnen ist reglos
Der Eimer schwarz Das Wasser fest

Wasser sinkt zu den Bäumen nieder
Himmel steigt auf zu unseren Lippen

Der Erzähler beschließt, über dies Gedicht nachzudenken. Beschämt fragt er sich, warum Dichter alles in so wenigen Zeilen sagen können, und Baudelaire erwidert – so glaubt er –, nur Poesie habe Intelligenz. Der Erzähler, Xipe Totec, Unser Herr, der Gegeißelte und Geschundene, wechselt die Haut.

Am Fuße der ungeheuren hügelgleichen Pyramide bliebt ihr vor dem Eingang zum Tunnel stehen. Eisenschienen führten hinein, auf denen die Räder der Förderkarren für die ausgehobene Erde liefen. Nackte Glühbirnen erhellten den Tunnel, der sich in einer geraden Linie dehnte, so weit das Auge reichte. Javier trat beiseite, und Franz ging als erster hinein, dann Elizabeth, Javier und zuletzt du, Isabel. Der Tunnel war niedrig, und die Männer mußten sich bücken, um dem elektrischen Kabel über ihren Köpfen auszuweichen. Einen Augenblick blieb Franz stehen, und seine Finger berührten die glatte, schwarze Mauer. Elizabeth legte die Hand auf seine Schulter und fühlte seinen Schweiß. Aber es war nicht heiß hier drin, ein kalter Luftzug wehte vom Eingang herein. Schächte zweigten rechts und links ab. Franz ging weiter, und Elizabeth ließ die Hand auf seiner Schulter.

»Geradeaus«, sagte Javier ruhig. Seine Stimme war gedämpft und schien dennoch widerzuhallen. Langsam gingt ihr vier weiter. Wenn ihr euch einer der hängenden Glühbirnen nähertet, wuchsen eure Schatten hinter euch; nach dem Licht eilten sie euch voraus, und eure Schultern zerflossen, bis sie den schmalen Tunnel ganz ausfüllten. Franz erreichte einen niedrigen, dunklen Bogen und blieb stehen, während Javier nach dem Lichtschalter an der Mauer tastete. Beleuchtete Treppen kletterten, so weit das Auge reichte, fast senkrecht zu den Fundamenten der Kapelle, ein schwindelhafter Aufstieg. Javier löschte das Licht.

»Franz?« sagte eine Stimme. »Franz?« Die Stimme war weder nah noch fern. Sie war durchdringend, doch nicht laut. Sie verlor sich in Echos, und ihr alle bliebt stehen. Elizabeth glaubte, es sei Javier gewesen. Ärgerlich wandte sie sich nach ihm um: »Javier, sei still!«

»Franz, wo hattest du dich versteckt?«

»Sei still, sage ich! Kümmre dich nicht um ihn, Franz. Sein Leben lang hat er So-Tun-als-ob gespielt. Es lohnt nicht, darauf zu achten.«

Aber Javier und du, Isabel, ihr wußtet beide, daß es nicht Javiers Stimme gewesen war. Du sagtest nichts. Und Javier war verwirrt, wußte nicht, was tun, ob er einen ironischen oder belustigten Ton anschlagen sollte. Noch immer ruhig, sagte er: »Nach rechts, Franz.«

Und Franz führte euch durch einen dunklen Stollen aus rauhem Stein. Die Beleuchtung war nun nicht mehr so hell. Franz stieß gegen drei vorspringende Stufen, das Profil einer der sieben alten Pyramiden, die den großen Hügel bildeten. Elizabeth packte ihn beim Gürtel, damit er nicht fiele.

»Geradeaus, Franz«, sagte Javier.

Und lauter als Javier die unbekannte Stimme: »Franz, hast du erwartet, keiner werde dich finden? Wähntest du dich schließlich in Sicherheit?«

»Hör nicht auf ihn!« zischte Elizabeth. »Er ist nicht bei Sinnen.«

Langsam tastete sich Franz voran, seine Handflächen berührten die rauhen Steinmauern. Ihr hattet den kalten Zug vom Eingang nun hinter euch gelassen. Die Luft war stickig und reglos. Ihr wart tief drinnen im Hügel, in einem Labyrinth sich überschneidender Stollen, das zeitlos in Nacht und Raum zu hängen schien. Leise und unsichtbar tropfte Wasser, als verbärgen die sieben übereinandergetürmten Pyramiden eine geheime Quelle, oder als schwitze der Stein.

»Die Treppen hinauf, Franz. Wir sind unmittelbar hinter dir«, sagte Javier.

Franz hob das Gesicht und kletterte langsam wie ein Schlafwandler. Auf der obersten Stufe blieb er stehen.

»Nun«, sagte Javier, »nähern wir uns dem Herzen der Pyramide.«

»Nein«, murmelte Elizabeth. »Glaub ihm nicht. Hör nicht auf ihn.«

Die Luft war dumpf, fast erstickend, und über euch fühltet ihr, wie Tausende Tonnen Erde und Gestein herabdrückten, um die letzten Zentimeter oder Meter des Tunnels auf immer zu schließen. Elizabeth streckte wieder einen Arm nach Franz aus, zögerte jedoch, wandte sich statt dessen um und blickte in Javiers ausdrucksloses Gesicht, das im weißen Licht der nackten Glühbirnen noch blässer schien als sonst.

»Wir sind weit genug gekommen«, sagte Elizabeth. »Ich möchte umkehren.«

»Nun die Treppen zur Linken.«

Franz ging weiter, und einen Augenblick später eilte Elizabeth ihm nach. Er zog den Kopf ein, als er die Treppe betrat. Die Decke war hier aus lockeren, unsicheren *adobe*-Ziegeln. Er stieg langsam. Schließlich gelangte er in einen gewölbten Stollen, den ein Fries in Pflanzenfarben schmückte. Es war der Kern, die Kraft, welche die große Masse darüber trug. Franz betrat den Stollen, und Elizabeth folgte ihm. Dann kam Javier. Du, Isabel, bliebst kurz vor der obersten Treppenstufe stehen. Elizabeth blickte sich um und fühlte sich schwindelig. Hoch droben hingen in weiten Abständen Glühbirnen und beleuchteten schwach den Fries, eine Folge rundköpfiger Heuschrecken mit runden Schädeln, runden Augen, eingefallenen Wangen, hohlen Nasenlöchern, spitzen Zähnen – in drei Farben: Gelb, Rot und Schwarz.

Javier trat vor und dozierte: »Die Heuschrecken sind die Götter des Berges, Geißel und zugleich Hüter der Ernte.«

Franz kehrte dem Fries den Rücken und stützte den Kopf gegen die Wand. Auch Elizabeth lehnte an der Wand und starrte die roten Zähne der Heuschrecken an.

»Rot, die Farbe des Todes«, fuhr Javier fort, »Gelb des Lebens.« Gedankenvoll betrachtete er den Fries. »Die Heuschrecke bringt beides, Leben und Tod. Wie alle alten mexikanischen Gottheiten ist sie zweideutig. Sie gehört zu einer Kosmogonie des Paradoxes, in welcher der Tod Vorbedingung des Lebens, das Leben des Todes Herold ist.«

Franz hörte nicht zu. Er hatte euch allen den Rücken zugewandt, lehnte mit der Stirn gegen den Fries.

»Diese Ungeheuer lachen nur über die freundlichen Heiligen in der Kapelle dort droben«, sagte Javier und blickte zur Decke. »Sie schneiden gräßliche Grimassen und erschrecken die kohlköpfige kleine Jungfrau.«

Du warst am Eingang des Stollens zurückgeblieben, Isabel, und betrachtetest mit verschränkten Armen Franz, Javier und Elizabeth wie Schauspieler auf einer Bühne, die sich mit jedem Augenblick weiter von dir entfernte. Du vernahmst Javiers kalte, präzise Kommentare. Und nun zuletzt Franz' Stimme, schneidend und metallisch, mit der hallenden Resonanz dieser Kammer tief in der Erde: »Javier! Das war nicht deine Stimme! Ich sage dir, das war nicht deine Stimme!«

»Nein«, erwiderte Javier ruhig, als Franz schon mit hängenden Armen und geballten Fäusten auf ihn zukam. Plötzlich verlor Javier die Haltung und begann zu zittern. Flehend blickte er Elizabeth an, aber diese war zurückgetreten und beobachtete, wie Franz schwitzend, mit hochgerollten Hemdsärmeln und gespannten Muskeln auf Javier zuging. In seinen grauen Augen gewahrte sie die Grausamkeit und fast kindliche Zärtlichkeit, die sie an Franz geliebt hatte, die Grausamkeit und die fast kindliche Zärtlichkeit, wie sie sich wechselseitig bedingen, gewahrte die faszinierende Einheit eines Lebens des Verlustes, der Selbstrechtfertigung und des Handelns in seiner inneren Ruhe und äußeren Gewalttätigkeit, wie es von alten, immer noch befolgten Befehlen, Handeln und Traum, einem alten, blinden, zuversichtlichen, wahnsinnigen, gleichwohl tatkräftigen Traum getrieben war. Und ohne Anmut ging er auf Javier zu, der ihm völlige Passivität entgegensetzte, der einer Abrechnung entgegensah, die er nicht geschrieben hatte, der dem Angriff, den er willkommen heißen würde, mitleidig und erwartungsvoll entgegensah. Sie berührten sich, und Franz' Arme umschlangen Javier, ihn niederzuringen, während Javiers Arme Franz umschlangen, ihn zu umarmen, zu halten, ihm nahe zu sein. Und als sie einander umklammerten, endete der Angriff ebenso plötzlich, wie er begonnen hatte. Die Spannung zwischen gewalttätiger Kraft und duldender Schwäche löste sich, und ganz langsam preßten sie die Körper zusammen, Leib gegen Leib, Schenkel gegen Schenkel, umarmten sich noch immer, ohne ihre wahre Absicht zu gestehen, in einer gewalttätigen Umarmung des Hasses, die sich unter den Augen der beiden Frauen in Begierde verwandelte, eine Begierde, die keine der Frauen verstehen oder mitfühlen konnte. Eine sinnlich erregte Umarmung zweier Männer, die Hände, Köpfe und Füße zurückzogen, aber an den Lenden verbunden blieben, auf eine Weise, die keiner erwartet, keiner vorausgesehen hatte, jeder mit einemmal ein Schlafwandler in dem feuchten, beklemmenden Stollen neben dem Fries der Dunkelheit und des Geheimnisses, den roten, gelben und schwarzen Heuschreckengöttern des Lebens und des Todes, jeder von ihnen fern von diesem Ort und diesem Augenblick, doch jeder ruft dem anderen zu, er möge zurückkehren und sich mit ihm vereinigen, jeder ist im Begriff zu verschwinden, und Javier zittert und flüstert etwas: das Grab der toten Götter bewegt sich, schwankt, es ist ein Beben, ein Erdbeben, in Deckung ... Erde regnet von den losen *adobe*-Ziegeln des Gewölbes ... Die Mauern beben, beben ... Jahrhunderte und Jahrhunderte stürzen ein ... und die Heuschreckengötter tragen die Last von sieben Steinpyramiden auf den schwachen Rücken ... Lose *adobe*-Ziegel, zermalmte Friese ... Und Lärm kann Hügel, ja Berggipfel zum Einsturz bringen ... Dunkelheit fällt von oben auf sie herab ... alles fällt und fällt ... Ligeia springt vor, Franz zu umarmen ... Isabel packt Javier, versucht ihn zu Franz und Elizabeth zu zerren ... Javier faßt ihre Arme und zieht sie zurück ... alle rufen, schreien ... Felsen krachen herab und trennen die beiden Paare, eine Masse toten Gesteins, zerbrochener Backsteine, *adobe*-Ziegel ... Javier und Isabel rennen ... Sie entkommen über die Treppen durch die Gänge, gefolgt vom Donnern stürzender Erde und Steine ... Eines Tages mußte es geschehen ... Ligeia und Franz sind zurückgeblieben, eingeschlossen auf der anderen Seite, wo es keinen Ausweg gibt ... Gefangene hinter den Trümmern der Hügel-Pyramide ... Ja, er hört ihre Stimmen, ihr Rufen ... Ligeia schreit seinen Namen ... Franz ruft ... Ligeia schreit, sie bekäme keine Luft ... Und sie sind gefangen, gefangen ... Isabel und Javier hören sie und umarmen sich ... Javier küßt Isabel ... »Jetzt werden wir uns lieben«, sagte er. »Wir müssen uns lieben ...« Isabel drückt seine Hand, und mit verschlungenen Händen gehen sie durch den Tunnel auf den Ausgang zu, der in der Ferne wie ein weißglühender Punkt leuchtet ... Hand in Hand treten sie in die Sonne hinaus, die Sonne, die Nachtsonne ... Bei Dunkelheit waren sie hineingegangen, und bei strahlender Sonne kommen sie wieder heraus ... Sie steigen ins Auto ... Jetzt zu zweit, Isabel und Javier, Javier und Isabel ... Isabel setzt sich hinters Steuer ... Ihr Gesicht ist reglos, und sie schaut geradeaus, als sie durch Cholulas Straßen zum Hotel fährt, vorbei an den ausgemergelten Hunden mit glattem Fell, die bellend hinter ihnen herrennen, vorbei an den schwangeren Frauen und den Soldaten mit Messernarben im Gesicht ... Der Wagen holpert über Furchen und Löcher ... Und Javier kann Isabels Gedanken lesen ... Ja, sagt sie sich, ich kann seine Stärke, seine Inspiration, sein alles sein, aber das versteht er nicht. Er meint, er opfere sich, meint, er habe seinen Ehrgeiz zerstört, als er Ligeia heiratete. Als er sie heiratete, mit ihr lebte, mit ihr schlief. Eine Weise zu sterben ... Hätte ich nur mehr Erfahrung, denkt Isabel, könnte ich ihm nur mitteilen, was ich weiß. Aber selbst dann, wenn ich mit ihm lebte, mit ihm schliefe, ihn heiratete, würde er noch immer nicht überzeugt sein ... daß es nicht zu spät ist ... Das denkt sie ... das muß sie denken, als sie von der Pyramide zum Hotel fährt und Javier für sie denkt: Sein Traum ist nicht verloren, aber nur mit mir kann er sich erfüllen, mit mir, die ich seine Stärke, seine Harmonie, sein Frieden sein kann, wenn er versteht, daß ich genau dazu geboren wurde, daß ich nicht allein leben kann, daß ich mich mit ihm, einem Mann, den ich verstehe, verbinden muß: ich möchte seine Erde, seine Wurzeln, seine Luft sein, ich möchte zittern, wenn seine Hände meine Brüste berühren, seine Lippen meine Klitoris küssen, sein Atem in mein Ohr dringt. Ich möchte auf dem Bett liegen, und er soll auf mir liegen und mich nehmen, wie ich ihn nehme, ohne Sieg, ohne Niederlage, ich möchte ihn ohne Scham loben, ihn ohne Scheu betrachten, ohne Hast berühren, ohne Hast mit ihm leben und lieben und an den langen, langsamen Morgenstunden auf die stets neuen Überraschungen warten, wenn er aufwacht: das, ja, das möchte ich und alles andere auch, ich möchte seine Neigungen und Abneigungen entdecken, ihn aufheitern, wenn er bedrückt ist, gemeinsam mit ihm Platten hören, mit ihm lesen und reisen, ihn pflegen, wenn er krank ist, in die Drogerie gehen und seine Rasierklingen, seine Rasiercreme, seine Seife, sein kohlensaures Natron kaufen, sehen, wie er mit einer anderen Frau tanzt, wie er sich ärgert, wie er schläft, als wisse er stets, ohne es mir je zu sagen, daß ich bei ihm bin, ihn unterstütze, ihn stärke, daß ich ihn nicht für mich allein besitzen will oder um mich in ihm zu sehen, sondern daß ich alles sein möchte, was er braucht, während ich dabei außerhalb von ihm bleibe; nicht daß er aufhören sollte, zu leiden, doch daß er in meinem Leiden den Schmerz fände, den er braucht, nicht daß er keine Zweifel hegen sollte, sondern daß er in mir ... ja, das ist es: daß er alles nicht als Verhängnis, sondern als Notwendigkeit annehmen sollte, denn die Dinge widerfahren uns nicht, weil es das Schicksal so will, sondern weil sie für uns nötig sind, und so werde ich fähig sein, Schicksal, Geschick und Verhängnis abzuhalten, zu hindern, daß sie ihn berühren, ehe ich sie ihm verwandelt durch mich, durch Isabel, biete, und falls er versteht, dann wird es so sein, muß es so sein; eine Frau wird nie von einem Mann besiegt, sondern besiegt sich selbst, um ihn zu lieben und ihm anzugehören; es gibt keine Vergewaltigung, jede Frau läßt sich nur nehmen, wenn sie will; es gibt keine Liebe, die nicht auf Demütigung beruhte; und deshalb bin ich hier, deshalb unternahm ich diese Reise mit ihm zum Meer; vielleicht wird er verstehen ... Der Wagen hält vor dem Hotel ... Sie steigen aus ... schlagen die Türen ... betreten das Hotel ... verlangen den Schlüssel zu Isabels Zimmer ... gehen durch die Gänge ... hören den Brunnen im glasgedeckten Patio ... öffnen die Zimmertür .. weinend wirft sich Isabel aufs Bett ... Javier knöpft das Hemd auf . . . knüllt es zu einer Kugel und wischt sich die Achseln damit . . . zieht die staubbedeckten Schuhe und die Hose aus und setzt sich aufs Bett, um die Socken abzustreifen . . . behält die Unterwäsche an und bleibt mit den Socken in der Hand sitzen . . . er denkt, daß sie vielleicht glaubt, sie verstünde, aber sie versteht nicht . . . sie täuscht sich . . . sie möchte sich ihm jetzt anbieten . . . sie hofft, er werde ihr Kleid aufknöpfen, aber er kehrt ihr den Rücken, und da liegt sie nun weinend, demütig, unterwürfig, bescheiden nach der Hölle des Nachmittags mit Ligeia . . . er knöpft das gelbe Schantungkleid auf, betrachtet ihren Rükken, den Schweißperlen bedecken . . . sie denkt, überlegt er, an ihre Demut, ihre Kraft zu ertragen . . . Sie zieht die Schultern hoch, um sich aus dem Kleid zu winden, und er betrachtet ihren nackten, schweißbeperlten Körper . . . Sie denkt an ein Leben der Zärtlichkeit und des Mitgefühls, in dem sie ihre Möglichkeiten opfern wird, um einem armen, erfolglosen Autor seine Kraft wiederzugeben, um ihm ein zweites Leben zu schenken, Zuversicht . . . Sie wird dafür sorgen, daß er sich unter ihrem schützenden Flügel hinsetzt, um sein tägliches Arbeitspensum zu erfüllen, und ab und zu wird sie ihm eine Tasse Kräutertee für seine Kolitis bringen . . . Warum auch nicht? Brummend wirft er die Sokken auf den Boden . . . Nein, sie versteht nicht . . . sie versteht nicht, daß Ligeia sein Gift, aber auch sein Leben und seine Gewohnheit ist, daß ohne diese Gewohnheit seine Welt zusammenbräche . . . daß er Ligeia mit ihrer Sterilität und Routine einer anderen vorzieht, die ebenso steril und deren Routine noch schlimmer wäre . . . daß er Ligeia vorzieht, weil sie heftig ist und zu Extremen neigt, und alles andere flach und fade wäre . . . und mit jeder Frau würde er nur weiter atmen, kauen, schlucken, verdauen, sehen, berühren, riechen, derselbe Schlauch, der vom Mund zum Anus reicht und der Mensch genannt wird . . . sie versteht nicht, daß er keine Bücher mehr schreibt, sondern Berichte für einen Ausschuß der Vereinten Nationen, daß er genauso ist, wie er auch sein würde, wenn er irgend etwas anderes machte, denn er kann nicht mehr tun, als die ihm zugemessene Zeit füllen, das ist alles . . . Zärtlich und mitfühlend ... sie glaubt ihn zu verstehen, aber sie irrt ... reglos und nackt liegt sie da, glaubt zu verstehen und erkennt nicht, daß auch sie fordert ... darauf beharrt, mich zu verstehen, mich mit ihren angeblichen Wohltaten zu überhäufen, sich treu zu unterwerfen, daß sie darauf beharrt, ich solle nur für sie leben, damit sie mich umsorgen, umschmeicheln, beschützen und stärken kann, sie und nur sie allein: ein eiserner Instinkt, den ich nie brechen werde, weder ich noch ein anderer ... Ich kann weder mich noch die Welt verändern, damit wir alle, Männer wie Frauen, allein und zusammen sein können, allein, wenn wir allein sein wollen, mit anderen, wenn wir es brauchen, immer frei zu wählen und zu entscheiden, gleich oder verschieden zu sein, jemandem anzugehören und zu besitzen, wen immer wir wollen ... Wird sie das verstehen? ... Sie wartet, daß ich mich ihr nähere ... sie versteht nicht, weshalb ich nicht zu ihr komme und die Brüste berühre, die sie mir darbietet ... Für sie Demütigung; für mich nur notwendige und rationale Freiheit: wird sie das verstehen? ... wird sie mir erlauben, offen untreu zu sein? ... O nein, das wird sie nicht ... Wie gut ich das weiß ... Und dann Ernüchterung, Tränen, verletzte Gefühle, die Überzeugung, ich wisse sie nicht zu schätzen oder ich würde sie für niemand sonst verlassen, und schließlich Haß, Auflehnung, ihre eigene Untreue: ein Verrat, den ich nicht erleben und nicht hinnehmen wollte, denn von Anfang an hätte sie die Freiheit verleugnet, und nun würde sie sie fordern ... Von wem rede ich eigentlich? Mein Kopf schmerzt, zerspringt ... Bring mir ein Aspirin ... Isabel, bring mir ein Aspirin ... jetzt ... Isabel, die Ligeia ist ... die Ligeia sein wird ... und es weiß ... alles wird sie für mich sein wollen ... all meine Zeit ... all meine Liebe ... und sie wird enttäuscht sein ... verletzt ... wird mich hassen ... wird mir Ligeias Hölle von neuem bereiten .. Er sieht sie an ... Sie nähert sich ihm nicht ... Vielleicht liest sie ihrerseits Gedanken ... Was kann er tun, außer bei Ligeia bleiben, dem vertrauten Hafen, statt alles von neuem zu wagen, mit einer Angst, die er nicht verheimlichen wird, nur damit Isabel seine neue Ligeia werde, neues junges Fleisch, rosige Lippen, kräftige Scham, harte Brüste, feste Schenkel ... wie jung sie sind, und wie sie sich zuerst zeigen, wie sie noch reagieren ohne Gewohnheit und Erfahrung, wie bezaubernd junge Unbeholfenheit ist, welche Entdeckung, welche Überraschung ... Er erhebt sich ... Nackt, mit gespreizten Beinen liegt Isabel auf dem Bett und erwartet ihn ... Er sucht und findet den schwarzen Schal ... Nein, keiner will sein Leben wiederholen ... Isabel wird nie Ligeia sein ... Isabel wird eine flüchtige Liebe sein ... ewig schön, eine süße warme Erinnerung, nie alt ... Er nimmt den Schal in die Hände und dehnt ihn ... Er möchte allein sein ... Ich möchte allein sein, Isabel, verstehst du das nicht? ... Und du wirst jung bleiben ... Immer jung ... Ich verspreche dir deine Jugend, während ich auf dich zukomme mit Ligeias schwarzem Schal in den Händen ... Nie wirst du altern, und ich werde dich immer in Erinnerung behalten, wie du bist, wie du warst ... Isabels Arme strecken sich ihm entgegen, ihn zu empfangen ... Rasch schlingt er den Schal um ihren Hals und dreht ihn zusammen ... Noch hegt sie keinen Verdacht ... sie hält meine Wut für einen neuen Liebesbeweis ... meint, ich böte ihr heute noch eine neue und ungekannte Erfahrung ... und ich ziehe den Schal zusammen, ziehe und schaue nicht auf die hervorquellenden Augen, den offenen Mund mit der heraushängenden Zunge ... Mein Gott, wie lang ihre Zunge ist ...

Die Männer preßten sich noch immer gegeneinander, und du standest am Eingang des Stollens, als ich von der Treppe her auf dich zutrat. Ich nahm dich bei der Hand, Isabel, damit du wüßtest, daß ich da war. Javier bemerkte mich nicht. Ebensowenig Elizabeth. Nur Franz sah mich und fragte, wer ich sei. Aber im gleichen Augenblick erschienen die Mönche mit dem irren Lärm der elektrischen Gitarren, der Musik, die sie während des Nachmittags einstudiert hatten. Singend kamen sie von beiden Enden des Stollens auf den Fries zu, und Javier stürzte plötzlich, ohne zu verstehen, in den Staub, Elizabeth kniete neben ihn, um ihn zu stützen, während Franz ihnen entgegensah und die Musik trotzig und herausfordernd dröhnte:

»Now the day has come,
That day has come, oh, oh, oh
Judgement day, judgement daaaaay.«

Von beiden Enden des Stollens kamen sie herein, voran ihre beiden Spielleute: der Neger mit dem *charro*-Sombrero und der Gitarre, die er von der Brust weghielt, und der lange ungekämmte Junge mit den engen rosafarbenen Hosen, der Lederjacke und der anderen Gitarre, die er fest umschlungen hielt – einer von links, der andere von rechts,

»Man, man, count your time
The minutes left, oh, oh, oh«,

und hinter ihnen die anderen: hinter dem Neger das schwarzgekleidete Mädchen; hinter dem großen Jungen das Mädchen mit der undurchsichtigen Sonnenbrille, dem breitkrempigen, weich fallenden Greta-Garbo-Hut, dem Trenchcoat mit hochgeklapptem Kragen und dem blassen Make-up, das ihre Gesichtszüge im trüben Licht auslöschte,

»Pop your eyes, death and nature
Judgement day, oh, oh, oh
Let creation rise and shake«,

dann der bärtige Blonde in Kordhosen und Sandalen und hinter ihm der konventionell gekleidete Junge in Tweedjacke und Flanellhosen. Die Mönche waren angekommen:

»What did David tell the Sibyl?
Gonna be no getaway.«

Die Mönche waren angekommen, und als sie an uns vorbeizogen, drückten sie meinen Arm, Isabel, und küßten dich, bildeten dann mit rotierenden Hüften und schleifenden Füßen einen Kreis um Franz, während Elizabeth verständnislos noch immer mit angstgeweiteten Augen neben Javier kniete, der ohnmächtig oder betrunken war oder sich einfach zusammengerollt hatte wie Seidenpapier im Wind. Sie bildeten einen Kreis um Franz, und zum pulsenden Rhythmus der Gitarren, zum verrückten Dröhnen ihrer hallenden Stimmen tanzten sie um ihn herum, verrenkten die beweglichen Hüften und schüttelten die Köpfe.

»For, oh, oh, that day has come
Nobody hides forever.«

Dann blieben sie stehen und verstummten. Mit ausgebreiteten Armen, die Hände flach auf dem Stein, lehnte Franz an der Mauer. Sie schlossen ihren Kreis enger um ihn.

Isabel brachte die sechs Mönche eines Nachmittags, damit sie mich kennenlernen und wir uns über all dies einigen könnten. Von Anfang an ergriffen meine jungen Gäste von allem Besitz, richteten sich in meinem Wohnzimmer ein, als hätte es ihnen seit eh und je gehört. Sie lümmelten sich auf meinen alten Rohrmatten, die achtlos weggeworfene Zigarettenkippen im Lauf der Jahre zernarbt hatten. Bequem lehnten sie sich gegen die Wände, die einst in zwei zarten Blautönen leuchteten, nun jedoch zu vielen Schattierungen zwischen Grau und Gelb verblichen waren. Ihre *tequila*-Gläser bildeten neue Ringe auf meinem viereckigen Kaffeetisch – nun, er ist auch mein Arbeitstisch, Kameraden –, und sie türmten die Zigarettenkippen in die Olmecan-Untertassen, die ich als Aschenbecher benutze. Als sie zuerst nach Mexico City kamen, hatten sie die Marke *Faros* kennen- und schätzengelernt, und zwei oder drei rauchten *pot* (dem Geruch nach der Neger in der *charro*-Aufmachung und das albinohafte Mädchen mit den rasierten Brauen, dem ich sofort den Spitznamen die Bleiche verpaßte). Ich erzählte ihnen ein wenig über meine Burg, auf der ich zu Hause war. Sie sei ursprünglich ein abgelegenes Bauernhaus gewesen, auf einem Grundstück, das einem Jesuitenkloster gehörte. Im Lauf der Jahre seien die Jesuiten jedoch von ihren gewundenen Wegen verjagt worden, und als ich das Haus fand, hätte es niemand gehört, es habe leer gestanden und völlig vergessen gewirkt. Darauf sei ich sofort eingezogen, denn ich liebte die Abgeschiedenheit, erkannte die Möglichkeiten, und die Miete, die ein Ansiedler ohne Rechtstitel zahlt, sei nicht zu unterbieten. Von der

Gasse her sei, wie sie vielleicht bemerkt hätten, das Haus hinter einer Dornenhecke verborgen. Auch eine gute Nachbarschaft, die Mexico Citys politische Väter gewöhnlich »proletarisch« nennten, umgäbe mich. Aber selbst die ärmsten und schäbigsten Proletarier hätten nicht nur Ketten, sondern weigerten sich auch, sie abzulegen, und jahrelang hätte jeder das Seine über meine Hecke geworfen und so den bunten dadaistischen Garten geschaffen, den sie bei der Ankunft gewahrt hätten: faulender Müll, rostende Dosen, zerbrochene Flaschen, zerfallende Kleiderfetzen und in dem fliegendurchschwirrten Gestank hier und da die sehnsüchtigen Arme alter Agaven. *Groovy,* was? Und unmittelbar ums Haus, wie eine letzte Verteidigungslinie, zöge sich meine zweite Hecke aus ineinander verflochtenen hohen Büschen. Isabel, die bei der Tür stand und zuhörte, erklärte nach einer Weile, sie müsse nun gehen, da sie mit ihrem Proffy in dem üblichen Pracht-Motel verabredet sei, wo er sie zu nehmen pflegte, also *ciao, cats,* und viel Erfolg. Abgang Pussycat. Nicht so die Mönche. Sie verbrachten den Rest des Tages und den größten Teil der Nacht bei mir, konzentriert und intensiv, doch zugleich *swinging loose.*

Sie erkundigten sich nach meinem Leben. Ich machte es kurz: Ich schreibe, wenn mir danach zumute ist und auch, wenn mir nicht danach zumute ist, und ab und zu fahre ich ein Taxi, um wieder in Schwung zu kommen, wieder anzuspringen, und so traf ich unsere Freunde, Javier und Elizabeth. Mit einem Wort, ich habe eine Art unabhängiges Einkommen. Natürlich hast du das, sagten sie, und wir alle lachten, denn wir wußten, daß keiner sehr lange *beat* oder *Viet* leben kann, ohne einen schwerarbeitenden alten Paterfamilias im Hintergrund zu haben, der für alles aufkommt, für die zerschlagenen Tassen und die geraubten Kassen. Und schon hatte die Bleiche meine letzte Flasche *Williams-Birne* entdeckt, die auf dem Minimax-Supermarkt ein kleines Vermögen kostet, goß sie wie Wasser hinunter, schwenkte dann die Flasche in meine Richtung und sagte: »*Okay,* Dichter oder Taxifahrer, was dir lieber ist, wir verstehen dich, aber verstehst du uns? Bist du für uns?« Ich sagte, ja, natürlich, warum zum Teufel nicht, gewiß sei ich für sie ... im Prinzip. Nicht daß ich vorhätte, aktiv teilzunehmen. Nein, meine Rolle würde ausschließlich von der Art Vergils sein: jetzt ihr Beobachter und später, wenn es ans Schreiben ginge, ihr liebenswürdiger Erzähler. Aber dazu müßte ich sogar noch mehr wissen, als wenn ich einer der Darsteller würde. Alles müßte ich fein säuberlich in meine Hefte niederschreiben, und da ich noch nicht alle, bei weitem nicht all ihre möglichen Gründe kennte, würde ich mich gern ein wenig von ihnen überzeugen lassen. Zum Teufel mit Billigung und Mißbilligung. Ich sei einfach froh, sie eine Weile bei mir zu haben.

Ich erzählte ihnen, was ich wußte. Dann einigten wir uns, nur ihre wirklichen Namen wollten sie mir nicht nennen, da dies zu riskant sei. So gab ich ihnen Spitznamen, zum Teil nach ihrer äußeren Erscheinung, zum Teil nach den Rollen, die sie an jenem Abend spielten. Die Bleiche. Bruder Thomas, der Neger. Morgana, das betörend sinnliche Mädchen in Schwarz: schwarzer Pullover, schwarze Hose, schwarze Stiefel. Zwei Namen für den Jungen in der rosa Seiltänzerhose: Rosenarsch und Langschwanz, entsprechend der jeweiligen Situation, wie man in Bälde sehen wird. Für den blonden Bärtigen, der das alte Lincoln-Kabriolett fuhr, ein guter handfester mexikanischer Spitzname, *El Güero,* und das heißt – für diejenigen, die uns nicht so gut kennen wie wir sie – etwas zwischen Christkind und blondem Bastard. Und schließlich Werner, Jakob Werner, der mit Tweedjackett, Flanellhose und Aktentasche: Jakob gab ich keinen Spitznamen, da er mir seinen Namen nannte, ja sogar eine Karte reichte. Bruder Thomas öffnete das Fenster und warf die stinkende Kippe hinaus, mit der er mein Haus verpestet hatte, ein kleines Verbrechen, das schon verziehen war, da ich, wie ihr wißt, auf die vierzig zugehe, die Jugend mit milder Toleranz betrachte und außerdem selbst gern Marihuana rauche. »Schlimm ist«, sagte er bekümmert, »daß wir nicht wissen, wie man Fragen beantwortet. Wir stellen sie gewöhnlich. Und diese Leute, über die wir jetzt reden müssen, stammen aus der Steinzeit. Sie spielen mit hübschen Worten. Sie speien Reden aus. Es wird nicht leicht sein.«

Ich lehnte den Kopf gegen das Exemplar von *Raquela,* das ich als Kissen benutzte, und schlug vor, in diesem Fall vielleicht besser die Rollen zu tauschen. Ich, wie jeder lateinamerikanische Intellektuelle, der sein Salz und seine Sinekure wert sei, verstünde nichts, als große Reden zu schwingen. Vor Beredsamkeit förmlich zu beben. So ... Aber die Bleiche schwang ihre Flasche wie eine Keule (und das wäre nicht nötig gewesen, denn von dem Rütteln sah es aus, als wäre eine miese Limonade darin. Ah, Schein und Wirklichkeit), nahm einen ungeheuren Schluck, daß es sie schüttelte, und sagte: »Kinder, wir haben genug Zeit vertan. Ich habe eine ganz einfache Idee.« Wieder schwang sie die Flasche. »Unser Virgilischer Freund hat uns von Javier und Elizabeth oder Bette oder Ligeia oder wie sie auch heißen mag, erzählt.« Ich schloß die Augen und preßte die Zungenspitze gegen die Zähne. »Fangen wir also an, damit wir zu ein paar Schlüssen kommen. Halten wir Gericht.«

Die kleine Birne schwappte in der Flasche wie ein bärtiger, schrumpeliger Fötus hin und her. Als versuche sie mit ihren neugesproßten Wurzeln das Glas zu umklammern, Glas und Alkohol in Erde und wohltuenden Regen zurückzuverwandeln. Morgana legte eine Beatles-Platte auf, und plötzlich tanzten sie alle im schwindenden Licht, und ich verstand nichts, rein gar nichts, aber ich beschloß, ihnen sehr geduldig zu folgen. Die Elektrizität war abgestellt, da ich vier oder fünf Monate nicht bezahlt hatte, und aus einer dunklen Not hatte ich eine angenehme Tugend gemacht: ich lebte, so erzählte ich ihnen, allein bei bleichem Kerzenlicht wie ein verrückter Mönch. Und der Plattenspieler? Batterien, natürlich. Wie dem auch sei, der Plattenspieler drehte sich nicht. Nur ich drehte mich, denn ich hatte die Bleiche gebeten (sie wurde mir sympathisch, diese kleine Gringa), mir *frug* beizubringen, und alle lachten über mich, und einen Augenblick glaubte ich tatsächlich, sie hätten eine Platte aufgelegt, aber in Wirklichkeit spielte Rosenarsch-Langschwanz auf seiner Gitarre *Yesterdays,* ein Lied, von dem ich überzeugt war, daß es die Mönche schon längst gekannt hatten, ehe die Musik veröffentlicht oder von den Beatles auf Platten aufgenommen worden war. He,

Brüder. Kehren wir zurück zum Dschungel der Anfänge, und ich verrenke meine trägen Hüften, ohne die Füße zu bewegen, versuche nach besten Kräften, die Bleiche zu imitieren, aber so sehr ich mich auch mühe, mit den zugleich eleganten und wilden Bewegungen ihrer schönen Arme kann ich nicht mithalten. »Gut«, sagt Bruder Thomas. »Halten wir Gericht, und ich werde der Verteidiger sein.« Wie eine aufgezogene Spielzeugschildkröte ruckt er mit dem Kopf, während seine Hände fest in den Taschen der *charro*-Hose vergraben sind. »Und ich übernehme Franz«, murmelt *El Güero,* dessen Gesicht hinter einem Wasserfall langer goldener Haare verschwunden ist und dessen Absätze zum fast sichtbaren Rhythmus klappern. Die Bleiche ist an der Reihe. Dramatisch, reglos, in einer Erzpose schwerer Spionage erstarrt – mit hochgeklapptem Trenchcoatkragen und der Krempe des weichen Garbo-Hutes über den Ohren, verkündet sie: »Ich werde Elizabeth sein, Ligeia, Lisbeth, wie sie auch heißt.«

Ich beobachte, daß sie mich alle beobachten und über die plumpe Absurdität lachen, die ich aus einem Tanz mache, der reine Improvisation ist, doch zugleich, und das ist der Haken, ein vollendeter Ritus. Das Bedürfnis, meine Rhetorik ein wenig spielen zu lassen, überkommt mich, und ich lege ihnen dar, daß wir alle einer nach dem anderen, Volk für Volk, zu unseren ursprünglichen Prototypen zurückkehren. Die Yankees werden ein Heer von Edgar Allen Poeseurs mit all den gotischen Schlössern und triefenden Verliesen, die Pollyanna und Horatio Alger lieber unter Marmelade und mit Silberdollars gepflasterten Wall Streets verbargen; die Engländer werden, so rasch sie können, wieder Tommy Jones und Mollucky Flanders mit all dem Rülpsen und Kuppeln, das Victoria und Gladstone mit Kricket und Krocket verschleiern wollten. Und was die tüchtigen Deutschen angeht, so waren sie und werden sie immer . . .

»Ich nehme den Richterstuhl«, unterbricht mich Morgana, die anmutig eine Schrittfolge ausführt, die gewiß als Teil eines pubertären Rituals begann. »Ich bin Javier!« ruft Rosenarsch (in diesem Augenblick nicht Langschwanz. Seine Gitarre ist matt und traurig. Jakob packt ihn bei den

Schultern und zwingt ihn – Javier, sei flink, Javier, sei behende, Javier, hüpf über deinen Stock –, über die Gitarre zu springen). »Und ich«, sagt Jakob, »bin der Staatsanwalt.«

Die Gitarre schweigt. Mit einer Bewegung fallen sie alle im Kreis auf die Knie, halten sich bei den Händen.

Meine Hüften erstarren in einer linkischen Bewegung, und ich stehe allein da. Es ist jetzt dunkel, und draußen antworten die Köter der Nachbarschaft dem Geheul meiner sechs jungen Gäste. Gleichzeitig hört man Termiten das Gebälk unter dem alten Boden zernagen, ihren ewigen Staub sieben und Ratten, die Stille und Lärm gleichermaßen erschrecken, durch die Wände huschen.

»Auf was wird plädiert?« fragt Jakob scharf. »Schuldig oder nicht schuldig?«

Ich halte die Streichhölzer in der Hand und suche nach einer Kerze.

»Schuldig, aber mit mildernden Umständen, denke ich«, sagt Bruder Thomas im Dunkeln. »Guter Gott, war denn seine Seele nicht sein Eigentum, mit dem er tun und lassen konnte, wie ihm beliebte?« Bruder Thomas' Stimme parodiert sich selbst. Sie ist tief wie Paul Robesons Stimme in *Ol' Man River,* doch so schrill wie die Stimme Butterfly McQueens, als sie Scarlett O'Hara um Verzeihung bittet. Die Stimme eines Sklaven und Rebellen, der sich aus dem Schmutz erhebt. Eines eben freigelassenen und noch verwirrten Vogels. Blakender Fackeln, die durch eine neblige Nacht leuchten. »Er hatte einen Traum, Mann. Er wollte ihn verwirklichen. Denselben wie wir alle. Wie wir alle.«

»Würde der Verteidiger im einzelnen darlegen, was für einen Traum?« fragt Richter Morgana.

Und nun brechen wir auf. In der Dunkelheit sind die Fliegen, die bei Tag wie Wolken über meinem Müllgarten hängen, verschwunden. Ein süßlicher, dumpfer Modergeruch. Zerbrochenes Glas, Fetzen, Auswurf, Exkremente. Und hier und da etwas, das sich wieder verwenden ließe, denn selbst die Armen haben ihre Augenblicke der Verschwendung: dies Rad eines Fahrrads, zum Beispiel. Bruder Thomas, der sich mit außerordentlicher Grazie seinen Weg sucht, redet noch immer, und an seinem Akzent kann ich nicht erkennen, ob er aus einem Getto des Nordens oder einer Taglöhnerhütte des Südens kommt. »Der Traum im einzelnen? Es war der Traum des lange ungestillten und schließlich eingestandenen und erfüllten Begehrens, der im Leben verlorenen und wiedergefundenen Einheit, der totalen Macht, die der letzten Prüfung, der Bewährungsprobe unterzogen wird, Mann, auf Biegen oder Brechen. Er hatte eine Chance. Seine einzige. Er mußte sie ergreifen und daraus machen, was er konnte.« Der Modergestank um uns her ist ein wenig betäubend, wie süßer Wein. »Aber keiner verstand. Ja, wirklich ein großer Traum. Nur ein hoffnungsloser. Denn er wagte, ein heroisches Leben noch immer für möglich zu halten.« Keiner achtet im geringsten auf Bruder Thomas. Wir lassen ihn weiterleiern und hören nicht zu, denn vom Verteidiger erwartet man Lügen, das ist seine Funktion und Pflicht. Oder?

Ich führe sie durch einen schmalen Ausgang, und nun sind wir draußen in der Gasse vor dem winzigen Gemischtwarenladen. Seit zwölf Jahren weiß der Kaufmann, daß ich hier hause, aber nie hat er mich verpetzt. Ein feiner, gebildeter Mann. »Weil der Angeklagte«, fährt Bruder Thomas fort, »diesen Traum lebte, konnte er seine poetische und mystische Größe verstehen.« Bruder Thomas ist der Unsichtbare Mann. Er ist jetzt Onkel Tom, nicht Bruder Thomas. Ich nicke dem Besitzer zu, und wir drängen uns alle in den Laden, um Zigaretten und Pepsis zu kaufen. Die Tochter des Kaufmanns, eine Dreizehnjährige mit glattem Haar und blaßgrün wie eine Weide, stellt unsere Erwerbungen auf die Glastheke und streckt uns die offene Hand hin, während Bruder Thomas in seinem Tenor-Baß sagt: »Ihr fragt vielleicht, was gab der Angeklagte für seinen Traum auf? Musik und Architektur? Ja, aber denkt daran, Musik und Architektur ohne mögliche Größe.« Wir halten die Pepsis schräg, und die Bleiche tritt vor eine Votivkerze, die flackerndes Licht auf den Farbdruck einer schwarzen Jungfrau wirft, welche Wachstränen weint, Flitter und Satinkleider trägt. Die Bleiche bekreuzigt sich. »Eine Welt, in der er weder Musiker noch Architekt sein konnte, ohne von vornherein zu akzeptieren, daß die Gesellschaft seine Tätigkeit nicht anerkennen, sondern höchstens als im Grunde Nutzloses dulden würde, solch eine Welt«, sagt Bruder Thomas, »schien dem Angeklagten eine Welt, die zerstört werden mußte. Musik. Architektur. Reiner Zeitvertreib, ohne Bezug zum grundlegenden Geschäft des Lebens, Erwerb . . .« Die grünhäutige Tochter des Kaufmanns lacht und hält vor den Mund die Hände mit rosigen Nägeln, dunkle Hände mit kranken, aber fröhlichen Rosen. Sie versteht Thomas nicht, da er englisch spricht, mit dröhnendem Baß und quietschender Fistelstimme. Aber sie lacht. Sie spürt, daß sie einer Vorstellung beiwohnt. Ja, es ist eine *minstrel show,* und Bruder Thomas ist Al Jolson: ». . . Erwerb, um drunten in Alabammy in Fett zu sitzen.« Der Kaufmann sitzt draußen und hat den Stuhl schräg gegen die Mauer gelehnt. Ein kleiner Stuhl mit bemalter Rückenlehne, roten und gelben Blumen und blauen, einäugigen Enten. Und der Mann ist dunkel und fett und schnauft hörbar, schwer wie ein *burro,* wie ein Ozean. »Im Fett zu sitzen, mit fettem Bankkonto, ruhigem Gewissen und all den alten vertrauten Phrasen im Munde, damit man oben bleibt, damit jene, die nicht oben sind, wie je durch den Reif springen: seid geduldig, Brüder, seid geduldig, eure Zeit wird kommen. O ja. Haltet die andere Backe hin. Liebet einander. Ja, o ja, seid gütig, ihr Armen, denn euer ist das Himmelreich. Nach und nach. Nach und nach.« Bruder Thomas ist nun in Fahrt. Er wird vom Rhythmus des Psalmodierens geschüttelt, und die anderen, die in seinem Takt in die Hände klatschen, singen die entsprechenden Responsorien: Amen, sag es, Bruder, sag es. In der Gasse winselt ein Hund, und der Kaufmann tritt nach ihm, und plötzlich taucht eine Schar zerlumpter Kinder aus dem Nichts auf, barfüßige Knirpse in grauen Kitteln, die mit Steinen nach den Dreckhaufen in der Gasse zielen und dann den Hund verfolgen, der heulend davonrennt, während Bruder Thomas in seinem *charro*-Kostüm weitersingt. Und der Gesang reicht hinauf zu den Sternen, wurzelt in der Erde, kalt, körperlos, doch zwingend wie das Trommeln eines Tamtams: »Denn alle Menschen sind gleich erschaffen . . .«

»Sag's, Mann, sag's.«

»O ja, gleich. Und sollen frei sein, ab und an zu wählen.«

»Wählt, Brüder, wählt.«

»Amen! Vierzig eigene Ar.«

»Die niemand sonst gehören!«

»Vierzig Ar und deine Seele. Aber sei nett, Baby, sei nett.«

Es ist eine Litanei, und weder die Kinder noch der dicke Kaufmann verstehen sie, aber sie spüren den Rhythmus und lauschen gespannt. Auch sie klatschen, und wie General Booth auf dem Weg zum Himmel, marschieren wir inmitten der Kinder in die Gasse hinaus, voran ein schwarzer Anführer der Heiligen im *charro*-Kostüm. Hinter uns der Geruch nach Lakritze, Zimt, Mimi-Lutschern und Kaugummi mit Chlorophyllgeschmack. Auch wir sind nun unterwegs. Mal sehen, wohin uns unsere Beine tragen werden.

Unvermittelt bricht Bruder Thomas seinen Singsang ab, wischt sich die Finger an den lose herabhängenden Zipfeln des *charro*-Hemdes, und während er eine Hand gleichgewichtsuchend auf meine Schulter legt, zieht er an seinem Latz, um zu pinkeln. »He, Mann, als was soll ich mich verkleiden? Hier als Cowboy, dort als *charro.* Das ist die Antwort, was?«

Ich strecke ihm ein Paar weiße Handschuhe hin, die ich in der Westentasche trage. Die Kinder zielen mit den Läufen ihrer Zeigefinger auf Thomas, und bum-bum-bum erschießen sie ihn und uns. *»Charros, charros, charros!* Fallt tot um, ihr Schwindler! Gib uns einen Quinto, schwarzer Mann! Einen Quinto für ein Pepsi! Komm, sei nicht so, gib uns einen Quinto!« Bruder Thomas' Latz steht offen, und er pinkelt in aller Ruhe, als er seine Verteidigerrede wieder aufnimmt: »Der Angeklagte forderte das Recht, zu nehmen, was er nie besessen hatte, weder Stärke noch Reichtum, ja nicht einmal das Leben. Er schuf sein eigenes Recht. Das Recht, die alte Welt auszulöschen und eine neue zu bauen.«

El Güero hängt den Kopf und überrascht uns mit seiner Stimme: schwach, hoffnungslos, der kultivierte Akzent des echten Bostoners. »Nein, so war es nicht. Nein. Es war . . .

Schicksal, denke ich. Ich war in meine Zeit verstrickt. Und . . . ich pflegte zu gehorchen, es war meine Gewohnheit, mehr noch, meine Pflicht. Ich wollte nicht . . .«

Die Kinder drehen sich um, starren ihn an und stoßen sich gegenseitig mit den Ellbogen. Er leuchtet ein wenig in der Dunkelheit. Sein goldenes Haar erhellt sein Gesicht. Fast schillert er. »Ein *Güero*«, flüstern die Kinder. »Ein Gringo *Güero.*«

»Ich wußte nicht, was wirklich geschah. Ich tat, was ich immer getan hatte, war, was ich immer gewesen war. Nichts änderte sich für mich. Nichts hat sich je geändert. Ich bin heute noch immer, was ich damals war. Ich schwöre es . . . ich dachte, das Rechte zu tun. Andere kämpften und starben. Sie waren Helden in meinem Namen. Vielleicht war ich ihnen dankbar, daß ich durch sie der gleiche wie immer bleiben durfte, mich heroisch fühlen konnte, ohne heroisch sein zu müssen. Vielleicht . . . vielleicht . . .«

Die Kinder lachen über ihn, tanzen im Kreis um ihn herum.

Mistress Morgana, unser ehrenwerter Richter, bohrt die schwarzen Stiefel in den Staub. Sie kommt geradewegs aus einem Comic strip, weiß es jedoch nicht. »Der Angeklagte möge schweigen, während der Verteidiger versucht, ihm die Haut zu retten«, erklärt sie finster.

Die kleinen braunen Kinderarme recken sich empor, stoßen und deuten. »*El Güero!* Herr Jesus! Herr Jesus!«

Bruder Thomas versucht sie zu unterbrechen: »Ja, er mußte in einem Traum leben, dem Traum eines heroischen Volkes mit heroischen Führern. Denn hätte er sich abseits gehalten, hätte er ihn nie verstanden, vor allem nicht den Terror . . .«

»Herr Jesus!« schreien die Kinder, und vielleicht verspotten sie unseren blonden deutschen Boston-Boy, vielleicht auch nicht. Sie greifen nach ihm, und er richtet sich zu seiner vollen Länge auf, versucht den kleinen braunen Händen zu entfliehen. Wie ein Opernbaß fährt Bruder Thomas fort: ». . . den Terror und den Schmerz, etwas zu wissen, was sich letztlich nicht verstehen läßt.«

»Los, heiliger Jesus, faß uns an, laß dich anfassen! Gib

uns die Hand! Segne uns!« Umringt von den hüpfenden, schreienden Kindern ist *El Güero* hinter uns zurückgeblieben. »Der Angeklagte wollte an die letzte Legende glauben, wollte an der letzten Schlacht der legendären Krieger teilnehmen, dem letzten hastigen Kampf gegen modernes Mittelmaß.« Bruder Thomas bebt nun vor Lachen. Er ist ein Plantagensklave, der seinen Herrn verteidigt. Und sein Herr, den die ungestümen Kinderhände aus dem Gleichgewicht gebracht haben, stolpert und fällt in die dichte Dornenhecke, während das Fenster einer *adobe*-Hütte aufgeht und eine Frau ruft: »Was zum Teufel treibt ihr da draußen? Laßt die Gringos in Frieden!« Bruder Thomas lacht und lacht. »Er wollte beweisen, daß die Stärke der alten Helden noch immer möglich ist, daß sie die Stärke des schwachen modernen Menschen sein kann, wenn dieser nur seine bequemen Mittelkla$semythen aufgibt, sein goldenes Leben in der elenden Durchschnittlichkeit, seine Maske betulicher Wohlanständigkeit.

Die Kinder sind über *El Güero* hergefallen, der lang hingestreckt in der Hecke liegt. »Fort mit euch!« schreit er. »Verdammt, faßt mich nicht an! Laßt nicht zu, daß sie mich anfassen! Sie wollen mir weh tun!« Er reißt sich los und schlägt die Hände vors Gesicht. Dann gleiten seine Hände herab und enthüllen die aufgerissenen Augen, die entblößten weißen Zähne, das goldene Haar, das in der Dunkelheit leuchtet. Stumm weichen die Kinder einen Schritt zurück, doch nur, um wieder zurückzukehren und ein spöttisches Lied wie einen Salto mortale in die Luft zu werfen:

»Bimbambum, auf in die Messe
fickt in den Hintern unsern Jesse.«

Und Bruder Thomas muß die Stimme heben. »Gebt diese Absurditäten auf und glaubt wieder an seine verborgenen und geheimen Kräfte, die jahrhundertelang durch die ungläubigen Gläubigen unterdrückt wurden, die hasenherzigen Christen, selbstzufriedenen Ungläubigen und wohlerzogenen Bürger, deren Credo nun der Dollar ist und nach dem Tod ein noch grünerer Lohn.« *El Güero* hebt die

Hände in einer frommen Gebärde und verkündet: »Ich vergebe ihnen. Denn sie wissen nicht, was sie tun.«

»Um Gottes willen«, murmelt Jakob. »Christus spielen steht nicht im Drehbuch. Halte dich an deine Rolle.«

»Nein«, gibt *El Güero* zu. »Aber es gefällt mir. Vor ein paar Tagen habe ich Buñuels *Nazarín* gesehen.«

»Um Gottes willen«, wiederholt Jakob.

Ich bemerke, daß die Kinder Steine auflesen und nach uns zielen. Auf meinen Warnruf rennen wir alle zur breiten Straße am Ende der Gasse, der schnellen Ringstraße mit den kalten weißen Lichtern eines Hospitals, eines Leichenschauhauses, einer Leichenhalle. Die Kinder stürmen hinter uns her, aber am Ende der Gasse bleiben sie stehen. Es ist ihre Grenze, keinen Schritt weiter. Braunhäutige Kinder der großen Hure; geschwollene Bäuche, wurmverseuchtes Blut, Infektionen im Gedärm, Starrkrampf in den dünnen Hälsen. Und sie schreien hinter uns her, schütteln geballte Fäuste, die Steine halten, welche sie nicht schleudern.

»Nun, es machte dir doch Spaß«, sagt die Bleiche zu *El Güero.* »Warum gingst du nicht bis zum Ende? Irgendwo hätten wir schon ein Kreuz für dich auftreiben können.«

»Die Szenerie gefiel mir nicht«, erwidert er.

Wir stehen auf der schmalen Verkehrsinsel inmitten der Ringstraße. Alle in einer Reihe, und wir halten uns bei den Händen wie Schiffbrüchige. Ein Fehltritt, und wir alle werden fallen. Und manchmal kommen keine Autos vorbei, aber dann flitzen sie wieder wie Geschosse vorüber. Neben mir steht die Bleiche. Ihre Hand liegt in der meinen, und ich rieche ihre getrocknete harte Schminke, die drauf und dran ist abzuspringen. Ich rieche sie wie einen Meeresstrand, den die Morgendämmerung im nächsten Augenblick auslöschen wird. Eine kleine Gestalt in einem Trenchcoat, wie ihn Sam Spade und seine Söhne Garfield, Bogart, Belmondo trugen. »Dein Stil wird wiederkommen«, will ich sagen. Ich lasse ihre Hand los, verschränke die Arme, und indem ich ihre Gerüche einatme, umarme ich sie insgeheim. »Langes Haar wird verschwinden, *dated, passé,* ein alter Hut.« Ich sage es stumm und fühle mich stärker. Aber die Bleiche errät meine Gedanken nicht. Sie murmelt dem *Güero* zu: »Du wolltest wohl Cecil B. de Mille zum Regisseur.« Ihre Stimme ist belustigt und zärtlich.

»Warum nicht?« entgegnet er in seinem verdammten Brahmanenakzent, dem Akzent eines Weißen Angelsächsischen Protestanten (lies WASP), dem Akzent eines Boston-Boys, wie ich ihn von nun an vermutlich nennen werde. Unter dem langen Gehrock aus Kord verbirgt er etwas. Es ist eine Schachtel voller sich ringelnder Regenwürmer. Ja, das ist's, das ist's. Warum zum Teufel auch nicht? Kann ein Boston-Boy keine Würmer herumtragen?

»Was versteckst du da?« fragt die Bleiche. Ihre rosa Augen schimmern golden durch die Sonnenbrille. »Und wer hat dir den Rock gemacht?«

»Schluß damit, ihr beiden«, sagt Jakob barsch. »Wir sind nicht hier, unsere persönlichen Probleme zu diskutieren. Sie interessieren niemanden. Haltet euch an eure Rollen.«

»Aber ich suche wirklich nach einem Erlöser, einem Gott oder so«, erwidert die Bleiche. »Allen Ernstes.«

Jakob ohrfeigt sie.

»Scheiße, das ist doch meine Rolle!« sagt sie. »Meinst du, das sei *ich*?«

»Schon gut, schon gut, verzeih, es tut mir leid, ich bin im Unrecht.« Jakob nickt mehrmals mit dem Kopf, als memoriere er etwas. Mit tiefer Bruststimme ruft Bruder Thomas: »Ein überirdischer Ruhm! Ein liebendes Verzeihen!« Er erbittet es wie in einem geistigen Pleonasmus, erinnert sich, wer er sein muß, der Verteidiger, Franz Boston-Boys Alter ego. »Ein bedingungsloses Verzeihen der größten Exzesse, nämlich eines Lebens der Konformität, der sinnlosen Verschwendung flüchtiger Stärke, o Held, o Kapitän.«

Arm in Arm stehen wir da, ich fühle die Nachtkälte und möchte vor nichts davonlaufen, nicht vor diesem Treffen, das im leisen Klagen und Wimmern ertrinkt. Die Laute dringen unter Boston-Boys langschößigem Rock hervor, diesem Rock der Romantiker, enganliegend um die Brust, locker um die Hüften. Ich las in *Harper's Bazaar,* daß Pierre Cardin diesen Jackentyp wieder in Mode gebracht hat. Oder, um beiläufig einen klingenden Namen zu erwähnen,

China Machado erzählte es mir, und sie muß es wissen, denn sie ist die aufregendste Frau der Welt (außer dir natürlich, Pussycat). Und keiner von uns ist bedroht. Wir riskieren nichts. Niemand wird uns anhalten und fragen, was zum Teufel wir hier tun, warum Bruder Thomas uns mit einem sich wiederholenden Lobgesang so trockener, so verwaschener Abstraktionen einlullt, da sie völlig sinnlos sind. »Sie zogen dem entgegen, was der Mensch verloren hatte. Das tragische Leben. Das Leben des Tieres. Die letzten gefährlichen und wahren Grenzen menschlichen Handelns. Der Wille, bis zum Ende, bis zur Grenze, bis zum Abgrund zu gehen.« Ja, die Pappmaché-Berge der Götterdämmerung. Die mächtigen Hausfrauen mit Speeren, goldenen Brustpanzern und gehörnten Helmen. Gewiß, und Goebbels war wohl Siegfried. »Das freudige Ja zu allen Gesichtern des Menschen. Diese Freiheit.« Gewiß, gewiß, Bruder Thomas. Oh, Scheiße. *Stuff it, stuff it.*

In diesem Augenblick braust ein Auto vorbei. Spöttische Stimmen, Gelächter und Beleidigungen, geschwungene Fäuste, eine plärrende Hupe, *»shave and a haircut, two bits«* und *»go fuck your godamn mothers,«* schreien die Stimmen, als eine Zellophantüte voll Urin aus dem Fenster fliegt und den guten Bruder Thomas mitten ins Gesicht trifft. Er ist durchnäßt, und wir anderen sind bespritzt. Er ignoriert es. »Die wahre Freiheit, alles anzunehmen, nicht nur, was der Mensch ist, sondern was er sein kann. Alle Kräfte des Menschen, des Menschen, des Manischen, Maroden Mannequin-Menschen. Er wischt den Urin ab und schließt feierlich: »Alles menschliche Sein. Das geheimste und das schrecklichste.«

Einen Augenblick erstarren wir zu einer verlogenen absurden Laokoongruppe.

Aber die Gestalten unseres Ensembles lösen sich voneinander, und als einzige Schlange bleibt die gestickte Silberschlange, die sich auf dem Hintern von Bruder Thomas' Hose windet, während ein Silberadler sie verschlingt.

Ein wenig melancholisch überqueren wir die Ringstraße. Traurig und sehr leise spricht Bruder Thomas. »Weil ihr alle euer Wesen versteckt, begraben und getötet habt. Ihr habt einen verstümmelten, verzerrten Halbmenschen geschaffen, einen Menschen ohne Mythos.« Oho, Meister Swift, der das Tier im Menschen so verachtet, jedoch Tom, Dick und Harry so sehr liebt, ich entsinne mich deiner, und auch Bruder T. denkt an dich.

Wir gehen auf das alte Lincoln-Kabriolett zu. »Nicht so der Angeklagte und seine Kameraden. Sie gruben die verschütteten Teile des Menschen wieder aus, zogen den Schleier beiseite, um ihn wieder ganz zu zeigen.« Boston-Boy hebt den Deckel des Kofferraums, den ein wirrer Kleiderhaufen füllt. Ihre Kostüme, vermute ich. Keiner ahnt meine Überraschung, noch ahne ich die ihre, als Boston-Boy das lebende, sich bewegende, wimmernde, bedrohliche kleine Bündel ernst unter dem zugeknöpften Rock hervorholt und behutsam in den Kofferkasten legt. Nein, doch keine Würmer. Zwei winzige Tiere. Eines ist um das andere geschlungen, und ruhig, geduldig fressen sie einander bei lebendigem Leibe auf. Ja, das ist klar genug. Der Deckel schlägt zu. Noch immer hören wir die wimmernden, schwachen, erstickten Laute. Alle starren wir Boston-Boy an, aber er ist völlig gelassen und sorglos, und keiner sagt ein Wort. Wer kennt schon das Ende dieser Reise, welches zugleich das Ende dieser Nacht sein wird.

Die Mönche stehen herum, und ich kehre ihnen den Rücken und steige ins Auto. Bruder Thomas folgt. »Denn der Mensch ist auch Satans Sohn«, murmelt er, »Erbe des alten Urian, der am Sankt-Bartholomäus-Tag geboren wurde.« Unter uns quietschen die Federn des Sitzes. Meine Füße suchen zwischen den Dosen Motoröl Platz. »Und er, der Mensch des Bösen wie des Guten, ist nur dann vollständig, wenn er sein nächtliches Gesicht akzeptiert, zur Schau stellt und gebraucht.« Rosenarsch und die Bleiche quetschen sich, so gut sie können, zu meiner Linken hinein, ihr Gewicht drückt die Polster nieder, und die Federn quietschen von neuem. Jakob und Richter Morgana sitzen rechts vor uns und Boston-Boy hinterm Steuer. »Wohin?« fragt Jakob. Ich nenne ihnen die Calzada del Niño Perdido. »Das verborgene Gesicht der Dunkelheit, das jahrhundertelang durch die jüdisch-christliche Barbarei verstümmelt und unterdrückt war. Thomas. Petrus. Johannes.« Ja, Niño Perdido, und wir können auf der Ringstraße bleiben, bis zur Barranca del Muerto. »Gebt Gott-oh-Gott, was Gottes ist, und den Weibern, was der Weiber ist. Amen.« Niemand nimmt diesmal den Refrain auf. Ich und Bruder Thomas' Chor haben genug davon. »Der Angeklagte mußte all das sagen, was ungesagt geblieben war. Er mußte den Zorn und die Kraft finden, um zu dem erschreckten Gott zurückzukehren und ihm ein für allemal die menschliche Einheit und Ganzheit entgegenzuhalten, die Einheit, welche die frommen Beschnittenen und die kleinmütigen Gläubigen verboten hatten, die Waffe, über die der Mensch immer verfügte, aber die zu gebrauchen er vergessen hatte.« Gewiß, sage ich leise, und jedes Jahr werden zuviel Kinder in Mexiko, Haïti und Indien geboren, vielleicht auch in der Hölle, und sie müssen an verdorrten Brüsten verhungern, während in den weniger fruchtbaren USA in einer halben Dekade fünfundsiebzig Prozent der zweihundert und einiger Millionen Bürger unter fünfundzwanzig sein werden, eine Statistik, die meinen ergrauenden Yankee-Zeitgenossen klarmachen wird, daß die Revolution ihnen schon im Nacken sitzt und daß sie nicht nur mit Demonstrationen und Märschen, mit langem Haar und Miniröcken daherkommt, sondern als Lawine, die sich nicht aufhalten läßt. »Was«, sagt Bruder Thomas, »was beweist das Böse in uns? Einfach daß das Böse so menschlich wie jedes andere Attribut des Menschen ist.« – »Es langt«, sagt die Bleiche. »Wie sollte es um Christi willen. Du bist verrückt. Du bist nicht ganz richtig.« – »Ja, und in einer Welt, die sich für so unfehlbar richtig, so ungeheuer vernünftig und geistig gesund hält, *muß* einer nicht ganz richtig sein, vielmehr krank und verrückt und sich offen und stolz dazu bekennen.« Ich beuge mich vor und betrachte den Stoß Zeitschriften, Zeitungen und Plakate, die diese Mönche auf ihren Pilgerfahrten mit sich führen oder unterwegs auflesen. *Eros. The Evergreen Review. Barbarellas Abenteuer.* Zirkusplakate voller Sadismus. Filmaufnahmen von Shirley Temple und Boris Karloff. *The Wall Street Journal. Der Spiegel.* Charlie Brown, der Snoopy anstarrt. Bruder Thomas kotzt mich allmählich an. Wenn er Verteidiger ist, dann bin ich Staatssekretär. Jedes Wort aus seinem Munde scheint bestimmt, unserem blonden Angeklagten zu schaden, nicht zu helfen. Warum, um Gottes willen, steht er nun auf, lehnt sich gegen das zurückgeklappte Verdeck des Kabrioletts, lacht und lacht und ruft, als wir durch die Unterführungen der Ringstraße brausen: »Der Angeklagte war krank, krank, krank und verrückt . . . aber im Namen und zum Heil der ganzen Menschheit, damit alle gesund sein könnten! Und dies werdet ihr nie verstehen. Nie!!!!« Er lacht wieder, als wir uns in eine Kurve legen. »Und nicht einmal das Scheitern lehrt euch dies!« Ich warte, daß er verstummt. Dann überschreie ich den Fahrtwind. »Master Swifty bot den einzigen Ausweg. Den Nachwuchs der Armen mästen, und wenn die Kinder ein Jahr alt und – wie Swifty es ausdrückt – am saftigsten sind, sie als gastronomische Leckerbissen zu verschachern. Auf einem schwarzen Markt, vermute ich . . .«

In Momentaufnahmen und Bruchstücken gleitet die Stadt an uns vorbei. Bruder Thomas nimmt den mexikanischen Sombrero mit den dunklen Silberrosen ab, schwenkt ihn überm Kopf und grüßt damit die Welt, das Universum. »Nie werdet ihr verstehen, weil ihr euch heute gerechtfertigt und gesalbt vorkommt im Gegensatz zum bewiesenen Wahnsinn des Angeklagten. Dennoch ist er der Erretter. Sein fruchtbarer Wahnsinn erinnerte daran, was ihr alle vergessen hattet, daß nämlich jeder einzelne von uns der Grausamkeit fähig ist, soweit Grausamkeit überhaupt reicht, des ungebrochenen Stolzes, ja sogar – bis zu einem gewissen Grade – des Leidens.« Die Mönche singen *»Pretty Woman, Holy Mamma, have mercy on me.«* Ein Verkehrspolizist pfeift uns. Und meine Stadt, erzähle ich ihnen, obwohl sie mich nicht hören, zerfällt in Inseln, zwischen denen wir unsere einsamen Reisen machen; und niemand sehen wir auf eigenen Füßen, nichts sehen wir, die Reichen leben versteckt hinter hohen, mit Glasscherben bestückten Mauern in ihren falschen Kolonialpalästen, während die Armen versteckt in den Ruinen der echten Kolonialpaläste leben, jenseits der labyrinthischen Asphaltwüsten, wo lebende Menschen nie gesehen werden: nur eilige Autos und überfüllte eilige Busse und Straßenbahnen sehen wir; jeder ist in einer Stahlkapsel eingeschlossen, die auf Gummirädern ihre Bahn zieht, und die Fahrpläne dieser flüchtigen Planeten sind so eingerichtet, daß sich ihre Bahnen nie kreuzen, keiner je seinen Bruder trifft, kein Gesicht je das Gesicht eines Kameraden erblickt, daß wir in unserer Entfremdung die Existenz der anderen vergessen, ja fürchten, einer anderen Existenz zu begegnen, denn dies könnte uns den Wert unserer eigenen klarmachen und in wechselseitigem Mord enden: oh, mein Mexico City, verarmte Hauptstadt auf tönernen Füßen, armes Dorf, schmierig wie eine Sardinenbüchse, das sich wie eine Ölschliere über die Länge und Breite des öden Tales erstreckt, armes Salzschloß, das die nahe Schwefelflut erwartet. Ich sehe, wie Jakob mich im Rückspiegel mit einem Ausdruck des Verstehens und Mitleids betrachtet, während Bruder Thomas seine leere Monodie hohler Worte und verblasener Ideen leiert, und mir scheint, daß die übrigen Mönche eingeschlafen sind wie müde Kinder oder vielleicht gestorben wie alter Haß, keiner hört mich, und es wäre auch unwichtig, denn dies ist meine Stadt, nicht die ihre. Und aus dem Kofferkasten dringt etwas wie Säuglingswimmern, das vom Dröhnen des Auspuffs erstickt wird. Nein, weder schlafen die Mönche, noch sind sie tot. Sie flüstern miteinander, besprechen die nächste Szene, nach dieser Gerichtsszene, für die Jakob als guter Deutscher verantwortlich ist, eine Farce von einem Prozeß, blutleer und voller Paragraphen. Gewiß, Bruder Thomas hat glühend geredet wie ein Wanderprediger mit einem Auge auf dem Heiligen Geist und dem anderen auf der Rothaarigen in der dritten Reihe. Aber keinen hat er überzeugt. Bruder Thomas in der Rolle des Verteidigers ist ein Winkeladvokat und Schwindler. Er ist ein Klappmesser mit einer Gummiklinge. Ein Hammer aus Kork. Die winzige Kugel einer Kinderkanone. Doch er fährt fort: »Versucht zu verstehen, versucht es zu begreifen. Wir waren Befreier, nicht Unterdrücker. Wir waren die einzigen Sterblichen in zehntausend Jahrhunderten, die es gewagt hatten, das Böse in uns zu fühlen und einzugestehen, die den Mut besaßen, das Böse auszuführen, statt seine Kraft zu verstümmeln und zu ersticken.« Er wirft den Sombrero hoch in die Luft, und als er herabschwebt, springen Hunde bellend vom Trottoir herzu. Hunde mit langer Schnauze, sabberndem Maul und Augen wie heiße Rasierklingen. »Wir konnten lieben wie keiner von euch, denn im Gegensatz zu euch konnten wir auch hassen.« Er fällt auf den Sitz neben mir. »Wir wollten bitter gehaßt werden, denn wir wußten, daß wir nur dann mit gleicher Kraft geliebt werden könnten.« Er hustet.

Alle schweigen, und nun sind wir da. »Links«, sage ich. »Wir können an der Tankstelle parken. Sie kennen mich dort.«

»Nein, keiner verstand«, murmelt Boston-Boy Franz, als er zur Tankstelle abbiegt. »Warum konnte keiner verstehen?«

Die Bleiche betrachtet ihn mit Abscheu. »Oh, ich verstehe. Du wolltest mich nur, weil . . .«

»Ja! Glaube es, Bette. Mach dir nichts vor.« Er nimmt ihre Hand und verdreht sie.

»Laß mich los, verdammt! Du wolltest mich nur, um Frieden mit dir selbst zu machen. Du brauchtest eine Frau wie mich, irgendeine, egal wen . . .«

Er dreht sie um und preßt ihre Arme gegen ihren Hintern. »Nein, du irrst. Nicht einmal das.«

Ich seufze und möchte aussteigen. Ich will nicht zuviel verstehen. Denn wenn alles zu klar wird, verliere ich das Interesse. Ich bin so weit gegangen, weil ich das Geheimnis wollte, einen Zugang zu dem echten und verblüffenden Geheimnis, das bleibt, nachdem sich die Pseudogeheimnisse der Ähnlichkeiten und Gegensätze aufgeklärt haben. Ich winke dem Mann, der aus der Tankstelle auf uns zukommt, aber er erkennt mich nicht. Ich schwinge mich aus dem Wagen. He, José! Wir lassen unsere Karre hier. *Okay?*« Kein Laut dringt nun aus dem Kofferkasten. José lächelt plötzlich. »Ja, gut! Ich habe Sie nicht gleich erkannt.«

»Nein, nicht einmal das«, beharrt Boston-Boy. Die Bleiche hat die Brille abgesetzt, und ohne sie sind ihre Augen klein und schielen ein wenig.

»Du hast es nicht verstanden«, fährt Boston-Boy fort, der nach mir aus dem Auto gesprungen ist. Die Bleiche steht noch immer reglos da. Wir gehen zur Straße. Plötzlich schreit sie.

»Das sagst du mir! Du hast mich genauso behandelt wie Javier!« Sie rennt zu einer der Benzinpumpen. »Zumindest versuchte er nicht, mir etwas vorzumachen!« Sie packt den Schlauch und schleift ihn zu uns her. »Stets wußte ich, was er von mir erwartete, nämlich daß ich eine andere spielen sollte.« Sie drückt auf den Auslöser, und Benzin ergießt sich über uns. »Nein, nie versuchte er mir etwas vorzumachen!« Wir rennen zum gegenüberliegenden Trottoir, und sie hebt den Schlauch, so daß der Benzinstrahl uns im Bogen folgt. »Ich mußte seine Spiele spielen.« José packt sie von hinten um die Taille. »Ich mußte spät auf eine Party gehen, damit er noch später kommen, mich dort finden und so tun konnte, als sei ich eine neue Geliebte.« Sie versuchte José in die Hand zu beißen. »Eine Geliebte, die er zuvor nie gekannt hatte.« Die Bleiche und José sind beide benzingetränkt. »Er erregte mich, um mir dann die Befriedigung zu verweigern.« José hebt sie hoch, bis sie strampelnd und sich windend den Schlauch losläßt. »Er bot mir eine Demütigung nach der anderen.« Ihr Rock ist hochgerutscht, ich sehe die bezaubernden Schenkel, erhasche einen flüchtigen Blick auf den kupfern gleißenden Schoß, unter den kalten starken Neonlichtern, und mein Atem geht schneller. »Ich mußte seine Demütigung und sein Versagen teilen, aber zumindest . . .« In Benzin gebadet, fällt sie auf die Knie. »Zumindest war er zu dem Wagnis bereit, ob ich es ertragen und überleben könnte.« Sie hält ein Streichholz in der Hand. »Nein, er machte mir nie etwas vor.« Mein Gott, denke ich. So sollst du sein, kleine namenlose Bleiche, so muß ich und jeder Mann dich begehren. Mein Schwanz ist steif, und ich denke, was du verlangst, das habe ich, und ich möchte es dir geben. Rot vor Wut hängt José den Schlauch wieder an seinen Platz. »Stets kannte ich sein Spiel, stets.«

Sie steht auf und überquert die Straße. Mit der Streichholzschachtel in der ausgestreckten Hand kommt sie auf uns zu. Wir alle stinken nach Benzin. Keiner wagt sich zu rühren. Ich denke: Mich brauchst du nicht anzustecken, kleine Gringa-Nonne. Ich bin schon heiß genug. Sie zündet ein Streichholz an und starrt erst die Flamme, dann den blonden Boston-Boy Franz an. Die harte Schwellung hinter meinem Latz streift ihr Blick nicht einmal. Nach ein paar langen Sekunden sagt sie zu ihm: »Und du . . .«

»Hier, warte einen Moment.« Boston-Boy grinst. Er öffnet den Gehrock, entnimmt der Brusttasche einen zusammengefalteten Umschlag, dem Umschlag einen Brief. Jonathan Nathan Richardson. Grüße. Alle Tests bestanden. Melden Sie sich zur Rekrutierung. Verfügen Sie sich von dort unverzüglich zum Grundausbildungslager X, South Carolina. Und so wird Freund Boston-Boy sich mit seinen Gaben auf den Weg machen, Onkel Ho, um dich mit Napalm und faulen Hunden zu besuchen.

Die Bleiche lacht und hält das Streichholz an den Brief. Er brennt wie ein Bambusbuddhist.

Alle lachen und singen das Lied der *Marines,* mit Ausnahme der Bleichen, Jakob und mir, die wir ein wenig Sinn für das Schickliche besitzen.

»Besser, wir gehen rasch hinein«, sage ich zu ihnen. »Die Polypen haben ein Auge auf diesen Ort.«

Niemand rührt sich. In Halbachtstellung stehen sie steif da. *From the halls of Montezuma . . .* Gewiß, die gottverdammten Bastarde begannen ihre Legende genau hier in Mexiko.

Boston-Boy nähert sich ihr. Und ich würde gern ein Streichholz an den goldenen Bart und das lockige Haar halten. Er faßt sie beim Arm. »Nein, Lisbeth. Darum wollte ich dich nicht. Ich schwöre es. Nicht um eine Schuld auszulöschen, die ich nie, nicht einen Augenblick lang, empfand.« Die Bleiche hebt das Gesicht, dessen Make-up vom Benzin abgewaschen ist, ein Gesicht ohne Brauen, ohne Lippen, ohne Schatten, ein Gesicht mit leicht schielenden Augen.

»Warum dann?«

»Du stirbst, wenn ich nicht alles erkläre, nicht?« Seine Stimme wird leiser und leiser. »Um ein Mädchen wiederzubesitzen, das ich vor Jahren verloren hatte.« In ihrem nassen Haar erstirbt seine Stimme zu einem Flüstern.

»Los, los, wir müssen hineingehen.«

»Was? Hanna? Wer ist Hanna?« Kein Muskel ihres Gesichts bewegt sich. Gesicht des Meeres, der grünen, nassen Erde, der trockenen Flamme. Alle sehen Jakob mit falschem Ernst an, während Boston-Boy mit den Knöcheln gegen die Messingtür klopft und Gladiolos Augen im Guckloch erscheinen. »Ich weiß nicht, wer Hanna ist«, sagt Boston-Boy. »Ich habe es nie recht gewußt.« Gladiolo starrt uns an, schnuppert, sieht und erkennt mich. »Ordnung, Ordnung«, faucht unser Richter. »Die Zeugen werden der Reihe nach aussagen.« – »Seid ihr in einen Petroleumbrunnen gefallen oder was?« fragt Gladiolo schnuppernd. Rouge und Puder decken sein Gesicht, die Augen sind geschminkt.

Die Capitana, die Madame des Etablissements, begrüßt uns und geleitet uns durch die überfüllten Aufenthaltsräume. Das Haus ist alt, vom Ende des letzten Jahrhunderts. Der Gestank unserer benzingetränkten Kleider überwältigt den Geruch nach Puder, Parfüm und altem Fisch. Die Huren bilden Gruppen um den Fuß der breiten Treppe und schnattern friedlich miteinander, während ihre Kunden in engen Hosen und schmalen Rockaufschlägen an der Bar trinken und die Zuhälter der Mädchen Drinks auf gestanzten Metalltabletts servieren. Die Capitana schüttelt den Kopf, fächelt die Finger zart vor den Nasenlöchern hin und her und führt uns zur Treppe. »Die Mädchen unter euch wollen wohl allein sein, ganz privat, was? Wir haben später ein paar gute Shows. Die Drinks kommen in einer Minute herauf. Zigaretten, jede gewünschte Marke. Wie viele Mädchen wollt ihr? Ich muß gestehen«, sie schüttelt den Kopf und lacht vor sich hin, »daß ich nicht weiß, wer von euch Mädchen will und wer Männer. Du da, in der roten Hose, wie steht's, Möse oder Schwanz. Knöpf auf, *joven,* und laß eine alte Frau einen Blick drauf werfen.« Rosenarsch-Langschwanz schnallt den Gürtel auf, läßt die Hosen fallen, und die Capitana schaut gebannt. »Der Herr errette uns! Mädchen, seht her, was da hängt!«

Langschwanz-Rosenarsch ist bleich, sein Haar gleicht Stroh, seine Nase erinnert ein wenig an die Pinocchios. Leise meint er: »Ich wollte nämlich . . . Zeuge sein . . .«

»Zeuge?« schreit die Madame. »Mit dem Schlauch zwischen den Beinen willst du nur zusehen? Ah, hör auf, sei nicht egoistisch. *Ay, papacito.*«

Langschwanz sitzt mit nacktem Hintern auf der Bettkante. Das Zimmer ist geräumig und fensterlos. Die Fenster wurden zugemauert und übertüncht. Früher war vielleicht rechts ein Balkon. »Und vielleicht«, fährt Langschwanz fort, »ist das alles, was ich war. Ich bin nur ein Zeuge geblieben. Nur ein Zuschauer. Aber ich schwöre, daß ich es nicht wußte.« Richter Morgana hat die Stiefel fortgeschleudert und stürzt sich auf Langschwanz. »Der Zeuge spreche entweder zusammenhängend oder schweige.« Worauf sie ihm mit Küssen den Mund schließt. Langschwanz zieht sich rasch aus. »Capitana«, sage ich, »trockne bitte unsere Kleider, ja? Diese Nacht wird länger sein als ein Waldweg, tiefer als die Gebirge des Meeres. Und keiner von uns ist sanforisiert. Sage den Mädchen, sie sollen nicht so ungeduldig sein, zurücktreten und aufhören, die Fingernägel zu zerkauen. Besser noch: sie sollen sich umdrehen.« – »Laß uns hier abhauen«, murmelt eine Hure. »*Uns* wollen sie nicht. Nein, das ist keine ernsthafte Kundschaft.« – »Sie sind bloß wegen dem Kitzel gekommen.« – »Aber mein Gott, schaut euch den Schwanz an! Ein Ding wie von einem Piedras-Negras-Bullen. Wie ein Zacatlán-*burro.*« – »*Ay,* was für ein Schaft, was für ein Baseballschläger!« – »Mädchen, aufgepaßt!« ruft die Capitana. »Wir verlosen ihn in einer Lotterie!« Wie eine Eiche steht sie da. Eine alte Eiche mit hängendem Moos, ihren Doppelkinnen. »Wir verlosen ihn. Zieht sie aus.« Sie scharen sich um uns, lachend und flüsternd knien sie mit gesenkten Köpfen vor uns, zitternd vor Erregung und Befriedigung in der Unterwürfigkeit ihrer Rollen. Professionelle mit geübten Händen. Antike Sklavinnen, zimthäutige Geishas, pokkennarbig und überparfümiert, die ihre Herren und Herrinnen entkleiden, uns, die wir gleich Statuen dastehen. Langschwanz und Richter Morgan liegen allein im Bett. Ein riesiges Bett von der Art, wie man sie heute nicht mehr findet. Vier geschnitzte, rebengeschmückte, urnengekrönte Pfosten. Ein hohes Kopfteil. Eine rotseidene Decke. Langschwanz, der verworrene Zeuge, aber erfahrene Liebhaber;

Morgana, der passive Richter, nackt bis auf den schwarzen Strumpfbandgürtel, der wie der leere Patronengurt eines Cowboys auf den Hüftknochen hängt. »Könnte ich nur Ordnung in meine Gedanken bringen«, sagt Langschwanz. »Aber alles scheint schon so lange zurückzuliegen. Wir alle träumten diesen Traum. Du etwa nicht?« – »Wer möchte seine Chance bei der Lotterie kaufen? Eine einmalige Chance, Mädchen. Dergleichen werdet ihr nie wieder sehen.« Währenddessen geht der Prozeß weiter:

»Was für ein Traum? Bitte berichte ihn. Daten und Fakten.«

»Der Traum, mit dem ich Mexico City und meine Mutter verließ?«

»Weiter. Einzelheiten. Keine Zusammenfassung.«

»Der Traum, der uns nach Griechenland führte?«

»Erinnere dich sorgfältig. Genau.«

»Der Traum der Dreißiger, meiner frühen Lektüre, der Romantiker . . .«

»Der Zeuge möge definieren, was ein Romantiker ist.«

»Jemand, der an deinem Traum herumfummelt.«

»Das genügt. Weiter.«

»Alles steht nahe bevor. Alles ist Verwirrung. Beides, das Schöne wie das Verbrecherische.«

»Du brauchst keiner chronologischen Ordnung zu folgen. Das letzte kann das erste sein.«

»Ich kann beschwören, daß ich mich Raúls und Ofelias nur darum entsann, um herauszufinden, ob sie für mich lebten. Aber ich will nicht weiter über sie reden. Wenn möglich, werde ich aufhören.«

»Der Zeuge bemühe sich, wiedergeboren zu werden.«

Und die Mädchen warten, starren auf Langschwanz' blutgefülltes Rasiermesser, seinen geilen Schatten, seinen Nestle-Turm, seine goldene Banana, seinen Oktopusnerv, seinen schwarzen Fisch. »Wer macht mit bei der Lotterie?« – »Hier, Capitana, hier sind meine zehn Pesos.« – »Hier meine.« Steinkolben aus gelbkörnigem Mais. Schlanker Kopf des schlitzäugigen Fuchses. Pumafell. Und die bucklige Ältere, die untersetzte Elenita, das Handtuchmädchen mit der schrumpeligen Elefantenhaut, dieser dicken Haut, die nie für die Handschuhe einer Dame taugen wird. »Eingezahlt, Mädchen, eingezahlt.« Die Zähne der Capitana grinsen wie Klaviertasten. »Was sagt er da zu ihr?« – »Weiß der Himmel. Sie reden Chinesisch oder sonstwas.« – ». . . Allerdings sprach der Verteidiger vor wenigen Minuten von der Wiederentdeckung unserer verlorenen Einheit. Vom Begehren, das allein durch den Akt des Begehrens erfüllt wird. Und ich erkannte . . .« – »Ja, Geliebter. Tiefer. Ein wenig tiefer.« – ». . . daß Dichter und Verbrecher . . .« – »Du auch, Elenita? Auch du kannst einem solchen Horn nicht widerstehen? Nun, zahl ein. Gott wird den Gewinner wählen.« – ». . . von der gleichen Mutter geboren werden konnten. Sade heißt Auschwitz. Lautréamont ist Treblinka. Nietzsche Theresienstadt . . .« – »Schluß jetzt. Die Karten kommen in den Nachttopf, und jede von euch zieht eine. Das Mädchen, das den Hahn zieht, gewinnt.« – »Und unser Traum, der Traum, den ich nie schreiben konnte, wurde aus dem Geist jener Zeit geboren . . .« Eine nach der anderen fallen die Karten in den weißen Nachttopf: der Soldat, die Schlange, der kleine Neger, die Wassermelone, der Hahn . . .« – ». . . und war Teil jener Zeit und mußte mit ihr sterben . . .« – »Schnell, mein Geliebter! Schnell jetzt! Kümmre dich nicht um die nächste. Komm schon, zuerst ich.« Ihre Beine umklammern seine Taille. ». . . mußte mit jener Welt enden, die uns alle verstümmelt hatte . . .« Der *Charro.* Das Gerippe mit seiner Sense. Der Bucklige. Eine Karte für jede Hure. ». . . und der einzige Weg, diese Welt zu zerstören, war der, den der Verteidiger nannte. Alles auf die Probe stellen. Die Wirklichkeit unserem Willen unterwerfen, unserem Begehren, das keiner je zu fühlen wagte . . .« Die Capitana hebt jetzt den Nachttopf empor und schüttelt ihn gründlich, läßt ihn kreisen, mischt die Karten. »Wartet, bis ihr an der Reihe seid. Es wird nicht gemogelt. Alles offen und ehrlich. Wir sind zwar Huren, aber wir sind anständige Huren.« – »Mehr, mein Geliebter! Mehr, mehr!« – ». . . So bedurfte es zweier Revolutionen statt einer. Eine in der Welt. Eine in unserem Inneren.« – »Oh, mein Geliebter, mein Geliebter, mein Geliebter!« – »Endlich der Sieg des Willens und des Begehrens. Endlich Schluß mit den schrecklichen Gegensätzen, die uns jahrhundertelang voneinander schieden. Dein und mein. Wort und Tat. Traum und Wachen. Leib und Seele. Heimat, Flagge, Familie, Besitz . . .« Er hält inne. Würde er fortfahren, so würden seine Worte ertrinken, und er müßte sie als Schaum hervorsprudeln.

»War dies auch dein Traum, Elizabeth?« fragt Bruder Thomas.

Die Huren ziehen eine nach der anderen ihre Karten und halten sie mit dem Gesicht nach unten, bis sie sie auf ein Zeichen der Capitana alle zugleich umdrehen.

»Ooooh, nein! Schaut, wer den Hahn hat!« – »Gott, was für ein Glück!« – »Zu welchem Heiligen hast du gebetet, Elenita?« – »Aber die kann ja ihre Möse nicht von einem Loch im Boden unterscheiden. Sie ist ebensowenig eine Hure wie ich ein Polyp!« – »Wenn ihn die schwarzhaarige Hexe nicht fertiggemacht hat, dann wirst du in ein paar Minuten was erleben, Elenita.« – »Eine Perle vor eine Sau . . . Scheiße, Scheiße!« Und die Capitana, die einzig freundliche Stimme: »Leg deine Handtücher weg, Elenita. Deine Chance ist gekommen.« – »Besser, wir reiben dich erst mit Alkohol ab. Du wirst allen Pfeffer brauchen, den du aufbringen kannst.« – »Man hat uns betrogen. Capitana, das hast du mit Absicht getan!« – »Ich? Nichts habe ich getan. Habt ihr nicht gesehen, wie sie die Karte selbst zog?« So gewinnt Elenita, das Handtuchmädchen, die Lotterie. Eine kleine gebeugte Gestalt in schwarzen Baumwollstrümpfen, kariertem Baumwollkleid, zerknitterter weißer Strickjacke. Das Handtuchmädchen. Schlaffe Brüste. Faltiges Gesicht. Knotige Arme. Braune Hände, die gewohnt sind, die Löcher von Huren und die Schwänze von Affen wie King Kong, dem Dschungelkönig, zu säubern. Elena von den warmen Waschlappen, den weichen weißen Handtüchern, immer bereit, immer flink, Langschwanz ist dein, du kannst die Tücher eine Weile vergessen.

In der heißen Jahreszeit verlassen die Schlangen ihre Löcher. Ihre alte Haut ist nicht mehr gut, und so geben sie ihre Einsamkeit auf, verbinden sich in der Sonne mit ihresgleichen zu einer wirren Masse, die sich über die zertrampelten Gefilde Edens windet, über die rissige Erde schürft, bis ihre Haut in Fetzen hängenbleibt und sie zu nackten Skeletten mit eierförmigen Augen werden. Und ich weiß nicht, wer wen berührt, als Rosenarsch-Langschwanz-Javier aus dem Bett steigt und wir einer über dem anderen hineinstürzen. Ich weiß nicht, was er zu Elenita sagt, dem untersetzten, krummen, häßlichen Handtuchmädchen, das sich auf einen Hocker neben ihn gesetzt hat und noch immer den Stoß Tücher hält, während mich die Capitana mit dem schwarzen Kuß amüsiert und ein Paar Socken – wohl von Jakob – an meiner Nase vorbeifliegt.

»Ich schrieb ein kleines Buch. Ich verließ meine Mutter. Ich begegnete einer Frau, und zusammen gingen wir nach Griechenland. Dies, weiß ich, ist wahr. Zumindest halte ich es für wahr. Aber die Welt änderte sich nicht. Sie verleugnete mich und wollte mich nicht beachten.«

»Schauen Sie, junger Señor, der Hahn!«

»Ich wollte eins sein mit der Welt, mit meinem Traum, der Kunst, der Tat . . .«

»Schauen Sie, Señor, schauen Sie doch.«

»Verlor ich das Vertrauen in die Kraft meines Begehrens?«

»Sehen Sie, Señor, ich habe den Hahn.«

»Laßt mich versuchen, neben Franz zu stehen. Klagt auch mich an . . .«

»Señor, ich habe gewonnen. Ich habe gewonnen!«

»Wir gleichen einander. Nur was in ihm Tat war, war in mir nichts als Möglichkeit, Latenz. In mir entbehrte es aller Größe, allen Mutes. Ich war eine Art Larve von Franz.«

»Ich habe die Lotterie gewonnen.«

»Versuche es zu verstehen, Elenita. Man sagte uns, die Welt könne nur dann erneuert werden, wenn wir alle zusammen, als ein Ganzes handelten. Ein einzelner allein könne . . .«

»Die Lotterie, ich habe die Lotterie gewonnen!«

»Aber Geschichte denkt nie. Geschichte handelt.«

»Und mein Preis, Señor? Was ist mit meinem Preis?«

»Mein einsames Begehren konnte nichts ausrichten. Und ebensowenig die Liebe, diese Ankündigung des uns allen gemeinsamen Begehrens.«

»Wollen Sie nicht nett zu mir sein, Señor?«

»Kann Liebe die ganze Welt zusammenfassen? Können wir eins sein mit der Welt, indem wir mit einer Frau eins werden?«

»Das steht in Gottes Hand. Muß ich mich denn mit dem Zuschauen begnügen?«

»Und ist Liebe nicht in Wahrheit Kampf, Widerstand, Begehren: wie die Welt etwas, das wir erobern oder von dem wir uns erobern lassen müssen? Zwingt ein Liebender dem andern nicht stets sein Wesen auf, hindert den anderen, seine Möglichkeiten zu entfalten? Und . . . was? Was zum Teufel kommt danach? Mein verfluchtes Gedächtnis, ich habe . . .«

»Elena, Elenita! Ein Handtuch auf Nummer 6! Verdammt, wo steckt sie nur wieder? Elena! Wofür bezahlen wir sie überhaupt? Sie sitzt nur herum und hört sich die Beichten der Betrunkenen an. Elena! Ich tropfe wie ein Schwamm, verdammt, beeil dich!«

»Faß ihn an, wenn du willst, Elenita.«

»Oh, ich will schon, Señor.«

»Du hast hübsche Hände.«

»Irgend etwas Hübsches muß ich haben. Alles andere . . .«

»Ich mag deine Hände. Sie sind schwer wie zwei nasse Steine. Sie sind schwer wie ein Beutel voll Silber.«

»Das kommt davon, daß ich ständig Handtücher schleppe. Manchmal sind meine Arme so taub, daß ich sie nicht fühle.«

»Genügt es dir, nur zuzuschauen?«

»Aber ich hätte bei der Lotterie nicht mitmachen sollen. Ich habe mich in etwas eingemischt, das mich nichts angeht. Sie werden wütend über mich sein. Sie werden mich anschreien. Besser, ich lege den kleinen Hahn zurück, soll eine andere . . . Danke, junger Señor. Sie waren freundlich.«

»Sie schreien schon nach dir. Ist es wahr, daß du die Beichten der Männer anhörst, Elenita?«

»Ja, wenn sie betrunken sind, reden sie gern, und sie wissen, daß ich nie etwas weitererzähle. Aber ich muß gehen. Sie feuern mich, wenn ich mich nicht beeile.«

»Bleib sitzen. Ich zahle ihnen die Zeit, die du bei mir bleibst. Was verdienst du?«

»Nichts als meine Trinkgelder, mein Essen und ab und zu einen Drink.«

»Komm her, Elenita.«

»Nein, Señor. Nicht zum Bett. Es wird sie wild machen.«

»Komm her, Elenita. Komm und höre meine Beichte. Hör sie an, das ist alles. Verstehst du mich?«

»Nein, ich verstehe nie. Darum erzählen mir die Männer. Während sie warten, davor oder danach, erzählen sie mir alle, wie Wolkenbrüche erzählen sie. Und ich vergesse alles, jedes Wort. Ich kann nichts behalten. Sie nennen mich vergessene Elenita, die Vergeßliche. Ja. Das bin ich.«

»Komm her und vergiß einige Dinge, die nichts bedeuten.«

»Nein, Señor. Dafür bin ich nicht die Richtige.«

»Leg dich hin.«

Jey joneybonch. Loveydovey. Hazme un huequito, cherriblossom. Foqui-foqui ...

»Ich mache jetzt das Licht aus.«

»*Ay,* Señor, Señor!«

»Gut, Elenita? Tief genug?«

»Oh, mein Gott. Jeder fickt jeden.«

»Riechst du meinen Negerfreund, Elena? Wer hat je die Lüge aufgebracht, Neger röchen anders, schlechter als wir? Berühre den Schnurrbart des jungen Señors. Streichle den Rücken unserer Freundin ohne Brauen. Jakob, was zum Teufel, tust du mit Socken im Bett? Hör zu, Elena, während ich Jakob ein paar alberne Fragen stelle. Versuchst du dich durch die Liebe in Form zu bringen, Jake? Weißt du nicht, daß die Welt ihren eigenen Weg geht, während wir sie vergessen? Siehst du nicht, daß du in deinem Kampf, der dem meinen genau gleicht, meinem ersten Traum, dem Traum von weither und Aufstand ... daß auch du besiegt wurdest?«

Und halb erstickt liege ich unter, zwischen und inmitten des Körpergewirrs. Das Fehlen von Gelächter erschreckt mich. Der leichenhafte Ernst, da keiner den anderen berührt, da uns alle die Maske der Sprache schützt, das Englisch, das wir sprechen, Englisch auch im Munde der dunklen mexikanischen Huren mit ihrem *joneybonch* und *foquifoqui,* und als Rosenarsch das Licht löscht, ziehen sich alle Hände von der Haut, die sie berührten, zurück, die Dunkelheit entreißt uns unser Vergnügen, schutzsuchend flüchten sich unsere Hände zum eigenen Körper, und die *língua franca* des jungen, bartlosen Rosenarsch treibt alle, die sein germanisches Englisch verstehen, in die Isolation ... »Die Zerstörer der Idole sind nun Anbeter der Idole geworden ...«, und wie eine dünne Sardine preßt sich Rosenarsch auf der Kante des stummen, ächzenden Bettes gegen Elena, das Handtuchmädchen ... »... Die triumphierende Rebellion wird zur neuen Institution, das Gesetz der neuen Unterdrückung zwingt alle zur Wohlanständigkeit, bis wir flüchten müssen, um uns unberührbaren Wahnsinn vorzustellen, um die neue Krankheit zu spüren, die uns befallen hat ...« Und die fremde Sprache lähmt die Huren, hält ihren Spott zurück, schützt uns vor ihnen, und auf ihre Art gehören auch sie zu unserem Spiel, während sie zuhören, ohne zu verstehen.

»What is left of our dream?«

Und seufzend schiebt neben mir die Bleiche all die kalten Arme weg und erwidert: »Die Tragödie der kleinen Tragödien. Tragödie ohne tragische Maske. Verlust der Illusion. Daß wir endlich verstehen, was möglich ist und was nicht.«

»Die Aussage des Zeugen ist akzeptiert«, flüstert Richter Morgana.

Über ihrem Gesicht liegt ein Kissen. Was für ein Weibsstück von einem Richter, denke ich bei mir. Sie trägt die zeremonielle Perücke, die mittlerweile feucht ist, zwischen den Beinen. Im Gerichtssaal von Old Bailey wird sie auf den Kopf gestellt, und sie spricht das Urteil mit einer Bewegung des Nabels, und keiner versteht sie. Und da ist sie, als Rosenarsch das Licht wieder andreht und alle aufschreien, den Mund zuhalten und die Huren vom Bett springen, sich auf den Boden kauern, Händevoll Toilettenpapier abreißen, sich zwischen den Beinen wischen und einander Rücken und Schenkel mit Alkohol abreiben: die alte Show ist nun zu Ende, dies ist die neue, und da ist Morgana, unser Richter: ihre Beine zeigen nach oben und sind gegen das Kopfteil des Mahagonibettes gestützt. »Ich weiß nicht«, sagt Rosenarsch ruhig. »Ich weiß noch immer nicht.«

Die Bleiche ist aufgestanden, und Rosenarsch greift in die riesige Tasche ihres Trenchcoats und holt einen Lippenstift heraus. Er zeichnet etwas auf Morganas Bauch.

»Der Zeuge ist unverschämt.«

»Nein. *›Avez-vous déjà giflé un mort? Avez-vous déjà tué un juif?‹*«

Er zeichnet auf ihren Bauch den Kopf des Zyklops Zyklon-B, den Augapfel-Nabel eines Clowns mit Tiroler Schnauzbart.

»Das wollte ich sagen ...«

Enttäuscht, daß sich für sie während der Dunkelheit nichts ereignet hat, reicht die Capitana dem Verteidiger die *charro*-Hose, und während er hineinschlüpft, sie über den Hintern zieht und die Hoden verstaut, verkündet er: »Liebe ist gut, selbst wenn sie traurig ist. Am meisten lieben wir jene, die uns am meisten verletzen, denn wir wissen zumindest, daß wir ihnen wichtig sind.«

»Worte, nichts als Worte, Sophisterei«, brummt Jakob. Er zieht die Socken hoch, während sich die Bleiche zwischen den Huren bewegt, die verschwinden, die Tür öffnen, Handtücher verlangen, unsere inzwischen trockenen, gebügelten Kleider entgegennehmen; und Elena wird aus dem Bett gestoßen, für sie ist das Fest zu Ende, sie muß zu ihren Pflichten zurückkehren, aber die Bleiche schließt die Tür, tritt vor Elena, nimmt sie bei den gebeugten Schultern, hält sie bei den Haaren, so daß ihr Gesicht uns zugewandt ist, und sagt zu ihr: »Warum können sie es nicht akzeptieren? Warum müssen sie mit Phantomen leben?« Sie legt einen Finger unter Elenas Kinn und hebt es. »Warum ziehen sie nicht eine lebendige Frau, trotz der Verantwortung, die sie bedeutet, den Frauen ihrer Träume vor?« Elena versucht zu lächeln, die Augen zu schließen und an dieser neuen Show teilzunehmen. »Ist eine Frau aus Fleisch und Blut eine Kette um einen Mann?« Elena lächelt. »Eine Blumenkette.« Und Ligeia, die Bleiche, fährt fort: »Warum schenken sie ihre Liebe Geschöpfen, die unwirklich sind wie Träume, Harems ihrer Masturbation, Seraglios ihrer Eunuchenimpotenz?« Alle schauen wir Elenita an. Klein, gebeugt und dunkel steht sie vor uns. Wie ein guter Kampfhahn hebt sie die Arme, schließt die Augen und beginnt vor uns zu paradieren. Sie versucht zu tanzen. »Warum ziehen sie nicht eine Frau vor, ja, verflucht, eine Frau, die geht, schläft, ißt, pißt, menstruiert?« Aber Elena tanzt wie eine Holzpuppe, wie eine Marionette. Eins, zwei, drei, einszweidrei, zwei kleine Schritte vorwärts, einen zurück, ein alter indianischer Ritualtanz der Anfänge, des besänftigten Schreckens. Sie ist verlegen, als sie in der zugeknöpften Jacke und den Baumwollstrümpfen schlürfend vor uns tanzt.

Die Bleiche hat Elena aufrecht gehalten. Nun versetzt sie ihr einen Stoß, und das Handtuchmädchen stürzt zu Boden. »Verdammt, will *mich* niemand lieben? Muß ich stets die Wiederholung eines jugendlichen Alptraums, die Vorwegnahme eines senilen Traums sein, damit ein Mann mit mir schläft?« Elena liegt auf dem Boden und quiekt leise wie ein verletztes Ferkel. Die Huren haben sich um ihre Madame geschart gleich Küken um die Henne, und die Madame starrt die Bleiche erst mißtrauisch und dann haßerfüllt an, während die Huren schreien: »Sperrt sie ein! Werft sie hinaus! Ruft Gladiolo! Sie sind allesamt verrückt! Gleich kommt die Polizei! Sie hat den Verstand verloren! Da sieht man, was passiert, wenn Frauen hereingelassen werden!« Die Bleiche scheint die Huren nicht zu hören: »Was hast du mir gegeben? Wo sind meine Kinder?« Gewiß wird es ein Erdbeben geben bei so vielen Omen, und die Bleiche geht langsam zu dem großen Bett, und wir alle beobachten sie, während wir mit dem Rücken gegen die Wand lehnen; gewiß regnet es in Sayula, als sie sich hinlegt und wir alle sehen, wie sich das Bett in eine Bühne verwandelt: das vierpfostige Thron-Bett dieses Hauses der vielen Betten, ein altes geräumiges Bett, wie man es heutzutage nicht mehr findet, aus schwerem solidem Mahagoni, mit hohem lackiertem Kopfteil; und gewiß fällt in Yucatan Regen, als Rosenarsch versucht, ihr ins Bett nachzuspringen, und Bruder Thomas und Jakob ihn packen und festhalten und er ihr zuruft: »Nein, du versprachst!«

Und nun tritt der Chontalpa über seine Ufer, und Rosen der Jungfrau blühen im Winter, als die Zauberin-Richterin zur Bleichen tritt, sich gegen einen der rebenumrankten Pfosten lehnt und zu warten scheint. »Ja, ich versprach. Ich versprach, es nie zu erwähnen.« Die Bleiche spreizt die Beine, und Morgana wirft die mächtigen Kissen beiseite, zieht die Decken zurück, und ihre Hand, die weiße Spinne des Tages, bewegt sich hinkend über das rote Tuch, und die Huren wissen, daß nun die Show begonnen hat, die wirkliche Show, und Morgana versteht es, Spannung zu erzeugen, wie Peter Lorre, Tigrin, wenn er den Hairless Mexican Porfirio Montezuma Graf von Ombú spielte, und suchend, tastend, Milch und Sterne witternd, kriecht die Hand, die Spinne des Tages, langsam über die rote Seide, während die Capitana und ihre Huren gierig Erdnüsse kauen, die leeren Schalen zerdrücken und auf den Boden werfen, wo Elenita, das Handtuchmädchen, noch immer liegt, die vergessene Vergeßliche. Ich möchte die Capitana fragen, wie sie zu dem Bett kam. Aber die Capitana ist die Capitana, und sie schält Trauben mit einer Miene, in der sich Sinnlichkeit und Langeweile mischen, während ihr Blick auf der weißen Spinne ruht, die auf Morganas Fingernägeln geht, trunken und einsam, als trüge sie so viel verlorene, aber wiedererlangbare Größe, daß unmittelbare und flüchtige Lust unmöglich wären. Zentimeter um Zentimeter nähert sich des Tages Spinne der reglos wartenden rosasilbernen Fliege des Tages, welche die goldenen Nadeln eines Insektensammlers zwischen den gespreizten Beinen der Bleichen aufgespießt haben.

»Capitana, darf ich fragen, wo . . .«

»Ruhe, *caifán,* Ruhe. Möchtest du eine Traube?«

Das langsame Schluchzen des vergessenen Handtuchmädchens auf dem Boden ist der Wind, der die Segel der verbrecherischen Hand schwellt, der Hand, die über die rote Seide hüpft, kehrtmacht, weitergeht, zurückweicht, die Luft zerkratzt, sich rollt, gestikuliert, plaudert und befiehlt, deren Bewegungen so geschmeidig und klar wie das gesprochene Wort geworden sind und ebenso laut; und Elena liegt auf dem Boden zwischen spermaverschmiertem Toilettenpapier, Alkohollachen, Haufen leerer Erdnußschalen und dem Schuhberg, dessen Bändel schlummernde Würmer sind, die Morganas sich bewegende Klaue durch eine winzige Abweichung, eine minimale Ungenauigkeit in die Wächter-Schlangen der Pyramiden verwandeln kann.

»Sag mir, woher du das Bett hast, Capitana, oder ich mache der Schau ein Ende.«

»Nur zu, *caifán,* nur zu. Wen kümmert's?«

Schuhbändel, Würmer, Schlangen. Die Finger halten plötzlich inne. Sie sind nahe der Beute, aber sie zittern nicht. Die Beute ist in Reichweite, aber sie versuchen nicht, sie zu berühren. Die scharlachroten Fingernägel sind Messer einer Ritualschlachtung, aber sie schneiden nicht. Die Fliege ist hypnotisiert. Oder vielleicht versteht sie es, sich im entscheidenden Augenblick in nichts als von Grillenlärm erfüllte Luft zu verwandeln, in einen Chamäleonnebel, der verwehen und nichts als blanke, durchsichtige Leere zwischen den gespreizten Beinen der Bleichen zurücklassen wird. Die Fliege fürchtet sich nicht. Ihre Liebe selber fordert Demütigung, und sie weiß, daß alle wahre Gewalt reglos ist, daß sich im echten Chaos Ordnung und Klarheit spiegeln, daß Tugend die Summe individueller Sünden ist. Die Bleiche hebt die gespreizten Beine wie ein Hase, der, um den Schritt des Jägers besser zu hören, ein Ohr bewegt und damit sein Versteck enthüllt. Ihre Schenkel beben. Die Fliege ist auf den Angriff gefaßt, denn sie weiß, daß dieser endlich Frieden bringen wird, daß sie unvermeidlich zum Opfer werden muß, und sie beharrt darauf, sich freiwillig darzubringen: sie werden mich lebendig verschlingen, aber ich werde den Tod angenommen haben, ehe sie ihn mir auferlegen. Und so bebt der Bleichen Vagina, pulst, während die Huren Erdnüsse mampfen und Elena schluchzt, und die Spinnenfinger von Morgana dringen ein und spreizen sich, rotieren, vibrieren, mahlen Kakao, Kaffee, Mehl, Schaum, Öl, Hopfen, Sand, Dreck, mischen die Frucht der See, gleiten hinein und hinaus, von Seite zu Seite, und die Huren stöhnen, fallen auf die Knie, und mit einer Hand über dem Mund und der anderen zwischen den Beinen masturbieren sie neben dem Schuhhaufen, neben der vergessenen vergeßlichen Elena: Fliegen schwärmen in die Waben voll reichem Honig, ein Koyote springt einem Lamm an die Kehle, Salamander zeugen Alraune, und auf den abgelegenen geheimen Lagern der Welt verbinden sich Frauen mit Wölfen und Männer mit Hyänen, um neue Rassen zu zeugen, welche die Ameisen, die in den Ameisenhügeln der Städte leben, nie kennen werden: die Huren halten sich Mund und Scham zu, damit sie nicht die Säfte ihrer Lust verlieren, und Bruder Thomas, der masturbiert, so schnell er nur kann, ruft fast unzusammenhängend, daß die große Mühe der Zerstörung die ganze Kraft und Geduld des Lebens verlange, und Rosenarsch stöhnt: »Du versprachst, Ligeia, du versprachst! Sollte ich denn nicht mehr sein als Raúl, der eines Sonntags starb, nachdem er sich jeden Sonntag in die Seiten der Zeitung vergraben hatte, in die Klatschspalten oder Stierkampfanzeigen oder die Seiten seiner Rechnungsbücher oder seines Meßbuches? Sollte ich denn dies Leichentuch, das ich floh und dem ich mit dir entrann, auf ewig tragen? Haben wir darum zusammen gelebt?«

Strahlend und geduldig zeigt uns die tödlich Verwundete, durch sich selbst Verwundete, die Narbe ihrer Verletzung, die müde verfallene Pracht längst vergangener Zeiten, die feuchte, dunkle Hitze dessen, was Morganas nasse, eiskalte Hände finden und zwischen den gespreizten Beinen der Bleichen hervorziehen, während es still wird im Raum: ein Kreuz aus Drähten und eine blutverschmierte kleine Marionette, eine winzige Puppe aus Faden und Porzellan und harten Brotkrusten mit Augen aus schwarzen Fischeiern: sie zieht sie heraus, läßt sie von einem Finger baumeln und bewegt sie, während wir, ihr Publikum, gebannt auf das kleine lebende Pendel starren, von dessen Schwingungen unsere Augen rollen, sich unsere Schultern neigen und die Wände des Bordellzimmers taumeln. Mit offenem Mund und zusammengekniffenen Augen stehen wir ungläubig da; und Huren und Mönche sind gleichermaßen hypnotisiert von der winzigen Puppe, die aus falschen

Wehen hervorgegangen ist, um unsere Hände mit den langen Nägeln, unsere analen Kopulationen, unsere verwesenden, von schwarzen Fliegenschwärmen umschwirrten Leiber, unsere abgetrennten Stier- und Wildschweinköpfe, diese grausamen stumpfen Häupter mit groteskem Lächeln, herauszufordern und zu erschrecken, während die Miniaturgestalt eines Mannes von der gigantischen Kralle eines wahnsinnigen Falken emporgetragen wird und Morgana uns beobachtet und die Marionette gelassen hin und her, hin und her schaukeln läßt.

»Tolle Show, was?«

»Capitana, ist das echt?«

»Gottbewahre, die Vettel hatte sie irgendwo versteckt.«

»Du läßt dir von dieser Gringa einen Bären aufbinden. Natürlich war es nicht echt.«

Die Capitana ist die Capitana, sie schält und ißt lediglich ihre Trauben. Ich knie auf dem Boden und lausche dem Spott der Huren: Kinder der Knechtschaft, Töchter ewiger Leibeigenschaft, Schwerarbeiter und Lastenträger, aus den Hütten der Mühsal, den Bordellen der Bitternis, wie könnt ihr uns antworten, außer mit Gehässigkeit, welche Waffe bleibt euch gegen uns? Wie könnt ihr überleben, außer durch Gemeinheit und Vulgarität? Wie anders als mit spöttischen Obszönitäten könnt ihr die Luft durchschneiden, um euch von einer Welt zu befreien, die ihr verabscheut, um eine Welt zu schaffen, die ihr vielleicht lieben könntet? Ich höre sie, höre ihr Scherzen und Fluchen, aber ich sehe sie nicht an. Ich starre auf das zerwühlte Bett mit den geschnitzten Pfosten und mächtigen Kissen, zwischen denen die Bleiche liegt, die sagt, sie sei Elizabeth, genannt Ligeia, berühmt als Helena, als die Tempelhure von den Männern gekannt und gesucht, verehrt als Maria, die Mutter unseres Erlösers. Morganas Hand ist eine weiße Taube, und du, bleiche Tigrin, bist allein du selbst, zu deinen Füßen, unseren Stirnen, liegt die Puppe aus Draht und Gips, mit geronnenem Blut und Sperma verschmiert, und mit offenem Mund, der einmal nichts zu sagen, nichts zu verteidigen hat, steht Bruder Thomas da, während Jakob gelähmt auf den falschen Fötus starrt, Rosenarsch, der jetzt nicht Langschwanz ist, die Augen bedeckt und sich abwendet und nur Boston-Boy unberührt und beherrscht alles mit der leidenschaftslosen Ruhe eines orientalischen Potentaten auf Reisen beobachtet. Über den flachen Himmel des Zimmers wirft die Capitana ihren Zigarettenstummel, den Leitstern, der die Planetenbahnen durchkreuzt, nun auf seine Flugbahn einschwingt, einen Bogen zum Nachttopf beschreibt, wo die Sonne die Erde vernichtet und die Gezeiten des Meeres zurückgedrängt werden.

Boston-Boy setzt sich neben die Marionette auf den Boden. Er wirft mehrere Kupfermünzen neben sie, zieht an seiner Marihuana-Kippe und bläst einen Mundvoll dicken Rauch über das heilige Kind. Überrascht schaue ich ihn an. Hurensohn, nie kann man bei diesen Mönchen irgendeiner Sache sicher sein. Nun wickelt er die Puppe in Toilettenpapier und reicht sie Elena, die ihn zusammengekauert beobachtet hat, die mit altem, nie vergessenem Begehren gewartet und gehofft hat. Sie nimmt das kleine Bündel entgegen, hält es an die Brust und summt ihm etwas vor. Stolz und hochmütig sieht sie uns an. Und du, Tigrin, bist aufgestanden und verspürst nur Neugier, als du fragst: »So hast du es gerettet, Elena?«

Elena, das Handtuchmädchen, versteht nicht, aber lächelt und summt weiter.

»Beschütze es. Verbirg es. Dulde nicht, daß sie es enthaupten. Dulde nicht, daß sie es zum Abfall werfen. Dulde nicht, daß sie es in ihre Todesöfen schieben. Halte dein verlorenes Kind fest.«

»Die Statistiken über diese Öfen übertreiben maßlos«, bemerkt Boston-Boy Franz.

»Ein einziges Kind wäre schon eines zuviel gewesen.« Deine Stimme ist kalt, Tigrin. Du breitest die Arme aus.

Richter Morgana und Elena, das Handtuchmädchen, wissen nun beide, was sie zu tun haben. Elena bedeckt die Puppe und drückt sie zwischen die Brüste, als sie eilig die Kleider der Bleichen holt. Morgana geht zu dem Trenchcoat und durchsucht dessen geräumige Taschen nach Tuben und Flaschen mit Schönheitscremes und Gesichtswässern. Du, bleiche Ligeia, die du dank der Schwäche deines

Willens noch immer weder zu den Engeln noch zu den Verdammten gehörst, du wartest, bleiche Mutter Maria des Tempels und der Bordelle, und erlaubst Elena, der vergessenen Vergeßlichen, dir die Strümpfe anzuziehen, mit den Händen aus verbranntem Stein über deine glatten Beine zu streichen.

»Dulde nicht, daß sie dich mitten in der Nacht in ein Taxi drängen, Elena. Dulde nicht, daß sie dich in die Fabriken bringen, wo Engel gemacht werden, dulde nicht, daß sie dich im schwarzen Palast von Herodes aussetzen. Achte auf das, was du verborgen trägst. Achte darauf, kleine Elena mit dem Körper einer Traube, dulde nicht, daß sie es dir auskratzen, verschwinden lassen, unsichtbar machen. Dein Kind ist vielleicht das letzte Kind, das je auf der ganzen Welt geboren wird, Elena.«

Morgana, ein Reinfall als Richter und als Zofe nicht viel besser, klatscht mit beiden Händen, patsch patsch patsch, eine astringierende Flüssigkeit auf das Gesicht der Bleichen. Ja, du mußt dich deiner Schönheit erfreuen, sie nutzen und zur Schau stellen, meine Pepsicoatl. Und du, unser geduldiger Zuschauer und Betrachter, der du uns auf unserer gewundenen Reise durch diese lange Nacht gefolgt bist und – wie ich fest glaube – bis Tagesanbruch begleiten wirst, du mein geneigter, großzügiger, unentbehrlicher Leser, bist du dir bewußt, daß die Frauen der großen Vereinigten Staaten von Amerika jedes Jahr mehr für Kosmetika ausgeben, als das gesamte Volkseinkommen der Estados Unidos de . . . Mexico beträgt? Elena läßt die gelben Strumpfbänder um deine Schenkel schnappen, Tigrin, und Morgana salbt deinen schlanken Hals mit Creme. Deine Augen sind anklagende, verurteilende Finger, als du von Boston-Boy zu Rosenarsch blickst und bitter sagst: »Wo sind meine Kinder, ihr Verfluchten? Glaubt ihr, ihr hättet gewonnen, nur weil meine Kinder tot sind? Glaubt ihr, ich sei nun ganz allein, mein Leben sei mit dem Leben meiner Kinder erloschen? Scheiße. Ihr Narren. Ihr glaubt, es sei so einfach, das Leben einer Frau läßt sich nicht zerstören, außer durch die Frau selbst, und sie muß aus ihrer Mitte heraus handeln. Ihr Außenstehenden könnt es nicht antasten. Habt ihr sie nicht gesehen, ihr Schwachköpfe? Habt ihr sie nicht heute abend erst gesehen, als sie Limonade in dem kleinen Laden verkauften und ›Himmel und Hölle‹ im Schmutz spielten? Werdet ihr sie nicht morgen wieder sehen, stumm, halbnackt, wenn sie sich im Staub neben Landstraßen und Reisfeldern wälzen, auf dem Boden der Schlachtfelder? Sie sind das Leben einer Frau, ihr Idioten. Aller Frauen.«

Morganas Finger bearbeiten die leere weiße, gekalkte Haut und formen ein neues Gesicht. Elena befestigt den Büstenhalter mit zwei Kupferhaken. Morgana bietet Lippenstifte zur Auswahl: Flamenco-Rosa, Eiskoralle, Skelettrauch, Mondblässe. Die Bleiche wählt ein gedämpftes Rot.

»Du konntest mich erschöpfen und meine Empfindungen zerstören, konntest meinen Tastsinn ermüden, meine Nase beleidigen. Aber das war auch alles. Mehr nicht. Nicht mein Leben. Heute hassen und verdammen dich meine Sinne, und mein Haß ist ein langes geduldiges Warten, dessen Ende noch längst nicht gekommen ist. Und ebenso langlebig wie mein Haß wird die Liebe sein, die ihn nährt.«

Sie streichelt deine Wange, Tigrin. Sie richtet deine Lippen. Elena streckt dir den Schlüpfer mit der kupferfarbenen Spitze hin, du hebst erst das eine, dann das andere Bein und schreist: »Becky, Becky, warte auf mich! Ich komme zurück! Ich will alles glauben, was du mich lehrtest, selbst wenn es mich den Verstand kostet wie dich. Ich komme zurück, Becky, Mama. Ein für allemal wollen wir mit diesen verdammten Männern abrechnen.«

Morgana beendet ihr Werk. Die letzten Korrekturen: Brauen, Lider, nochmals die Lippen. Und nun kennen wir diese zuvor gesichtslose Frau. Sie hebt die nackten, sonnengebräunten Arme, bindet das Haar mit einem kupferfarbenen Band im Nacken und wirft es mit beiden Händen zurück. Immer sehen wir sie so mit emporgereckten Armen, während sie das Haar mit einem Band hochbindet. Manchmal im Profil, manchmal von hinten, manchmal von vorn, als wäre sie eine sich drehende Statue mit nichts als einem windgeblähten blauen Vorhang zum Kleid. Von vorn, im

Profil, von hinten, als Morgana sie langsam dreht und ihre Hände herabsinken. Wir begutachten Morganas Werk. Elena betrachtet es kniend. »Ja, Becky«, sagt die Frau mit dem neuen Gesicht ruhig, »der Gott Israels existiert und lebt, wenngleich fern von uns. Er ist nicht eine weitere Einbildung dieser lächerlichen Männer, die Frauen lieben, als wären sie Träume, und Träume, als wären sie Frauen, die unschuldige Kinder vor der Geburt durch Abtreibung und nach der Geburt in Gaskammern ermorden. Nein, Becky. Gott ist wirklich.« Sie ist eine schöne Jüdin. Eine schöne dunkle Jüdin, deren Schweißperlen wir auf den Schläfen, in den Achseln, auf der Oberlippe, im Einschnitt der Brüste sehen können. Eine dunkelhaarige Jüdin mit langen schwarzen Orgasmen. Die Entdeckung Amerikas. Land ahoi. Scheiße. »Ich komme heim, Becky. Noch eine einzige Reise werde ich machen und heimkommen.« Elena bedeckt sie mit dem feuchten Trenchcoat, und ihre Arme sinken herab.

»Elenita«, sagt die Capitana, »schäl mir eine Traube.«

»Wann wirst du mir die Geschichte dieses Monstrums von einem Bett erzählen, Capitana?«

»Schaff sie hier raus, *caifán.* Mit etwas Ordnung und Würde, bitte. Wer zahlt? Du? Gladiolo, stell die Rechnung aus und warte unten. Wenn ihr das Haus verlaßt, *caifán,* dann versucht, nicht die Aufmerksamkeit von sämtlichen Polizisten des Viertels zu erregen. Wir werden zwar ein wenig protegiert, aber nicht sehr. Und Gott weiß, was geschehen würde, wenn jemand diesen Hexensabbath herausfände, den du und deine ... Die Moneten, *caifán,* her mit den Moneten. Das alte Bett? Bah, kam es nicht recht gelegen? Einem geschenkten Gaul schaut man nicht ins Maul.«

»Aber du bist schon seit Jahren hier, Capitana. Ich weiß, daß du es weißt.«

»Seit Jahren, *caifán,* du sagst es. Lange Jahre und ein paar glückliche Tage.«

»Ich glaube, du warst schon hier, als das Haus eröffnet wurde.«

»Ja. Und ich erinnere mich auch an dich. Du warst noch

ein aufgeblasener Bengel, der von Zeit zu Zeit vorbeikam, um sein Horn schleifen zu lassen. Ich erinnere mich gut.«

»Vorsicht, Stufe.«

»Immer Kavalier, *caifán.* Danke, ich weiß das zu schätzen. Aber bitte, bring diese Werwölfe nicht wieder mit. Es schickt sich nicht, daß so viele gleichzeitig in einem Bett liegen. Der Ruf des Hauses leidet.«

»Ihr habt die Madame gehört, Werwölfe. Auf mit euch. In den Straßen ist Blut.«

»Sicher hast du vergessen, wie ich damals war.«

»Vergessen, Capitana? Wie könnte ich? Du warst Zucker. Eine reife Mango. Dich anzusehen genügte, um einen Mann . . .«

»Und heute Fettwanst und Doppelkinn. Aber noch immer munter. Noch immer auf Draht.«

»Erzähl mir von dem Bett. Ich bin neugierig.«

»Warum nicht, wenn es dich interessiert. Ich habe nichts dagegen. Nur ich hasse es, mich zu erinnern. Ich schaue nicht gern zurück. Es schmerzt. Nicht immer. Aber oft, verdammt zu oft. Also das Bett. Als wir hier einzogen, stand das Haus leer, bis auf den Patio, in dem Käfige mit Kanarienvögeln hingen, und bis auf das große Schlafzimmer, in dem das Bett stand. Sonst fanden wir nicht das geringste im ganzen Haus. O ja, den Perlvorhang, der noch immer zwischen der Bar und dem *living room* hängt, und hinter dem Bett eine Flasche Morphiumtabletten. Mit einer Spritze und ein paar Nadeln. Wie findest du das? Aber ich weiß nicht. Vielleicht starb sie an Krebs oder so. Die Señora, der das Haus gehörte, meine ich. Und ja, da war noch ein Gemälde, ein Porträt dieser ehrbaren Dame. Der Kopf einer Frau, aber ihr Gesicht war das Gesicht eines kleinen Mädchens. Sie war gestorben, und ihr Sohn hatte das Haus mit allem Drum und Dran verkauft, bis auf die Kanarienvögel in den Käfigen, das große Bett, das Bild und den Perlvorhang, und du weißt ja, wer der Käufer war und was für ein Gewerbe begann. Es hieß, der Sohn käme zurück, um Bett und Bild abzuholen. Er wolle sie zur Erinnerung an seine Mutter. Aber er kam nie. Wir beklagen uns nicht. Solche Betten werden heutzutage nicht mehr gemacht. Es hat uns verdammt gute Dienste geleistet. Ha, stell dir vor, diese sanfte Dame mit dem Mädchengesicht verbrachte darin ihr ganzes Leben. Schlief, fickte, gebar, träumte und starb schließlich darin, ganz allein zuletzt mit ihrem Heiligen Herz Jesu an der Wand und ihren Erinnerungen, die sie aus dem Schatten ansahen. Eine anständige, gottesfürchtige, wohlerzogene Dame, sauber wie weiße Handschuhe. Und nun, in weniger als einem halben Lebensalter, haben Tausende von Huren ihre Beine auf diesem alten Bett gespreizt. Scheiße, *caifán,* was ist in diesem Schlamassel, den wir Leben nennen, schon sicher? Die fromme Dame hat sich wohl im Grabe herumgewälzt, während wir uns auf ihren Matratzen wälzten. Danke, daß du heute nacht gekommen bist. Es tut gut, manchmal alte Freunde zu sehen. Komm wieder. Du weißt, das Haus gehört dir, wann immer du willst. Mach ihm die Türe auf, Gladiolo. Diese jungen Böcke allerdings ... laß sie draußen auf der Weide, wo sie sich nach Herzenslust austoben können. Im Stall ...« Schweigend zogen die sechs Mönche an ihr vorbei. Sie drückte meinen Arm und zog mein Ohr zu ihren Lippen herab. »Hör, *caifán,* komm einmal abends ganz allein. Vergiß deine kleine Mango nicht. Scheiße, du kannst beim Überqueren der Straße sterben. Besser, du stirbst im Bett, während du deine dicke, alte, heiße Mama fickst.«

Hinter uns fällt die Tür ins Schloß. Wir sind allein und erschöpft. Sobald wir im alten Lincoln-Kabriolett sitzen, wird keiner sprechen. Keiner wird wissen, wohin und weshalb wir fahren. Ich werde nichts wissen, nur daß ich aufzeichnen möchte, was sie mir erzählt haben, nur daß sie mir genug, mehr als genug erzählt haben und daß die ordentliche saubere Niederschrift meint, es mit all dem Sand einer endlosen Wüste aufzunehmen. Ich werde sie verraten. Es wird mir nichts anderes übrigbleiben, denn wie mein Vetter Pepe Bianco es ausdrückt, der zurückgezogen zwischen seinen Büchern in der Calle de Cerrito in Buenos Aires lebt, ist jeder Roman ein Verrat, eine Unredlichkeit, ein Vertrauensmißbrauch. Im Grunde sind wir nämlich höchst zufrieden mit dem Schein der Dinge, mit dem, was Tag für Tag gleichförmig abläuft und was durch seine ständige Wiederholung den Namen Wirklichkeit vielleicht sogar zu Recht verdient. *I don't give a damn* in den Drugstores auf dem Broadway, *Fiche moi la paix* in den Cafés auf dem Boulevard St.-Germain, *Andate a fare un culo* in den Restaurants der Piazza Campitelli, *Me importa madre* in den Supermärkten der Avenida de los Insurgentes, *Me importa un corno* in den Kinos der Lavalle-Straße und wer weiß, wie zum Teufel es noch heißt, aber wir können gewiß sein, daß man in den Hotels am Majakowski-Platz, auf den Zeltplätzen der Tatra und in den Geschäften der Carnaby Street das gleiche sagt. Warum also verzehren wir uns zu weniger als Schatten, um Bücher zu schreiben, in denen nur steht, daß die Wirklichkeit, auf die es ankommt, eine falsche ist und daß uns der Tod erwartet, wenn wir uns nicht mit Schein und Lügen schützen, die wie Perücken übergestülpt werden, mit wahnsinnigen Sehnsüchten, dem sehnsüchtigen Wahnsinn – um es deutlich zu sagen – eines Buches? Die Wahrheit fletscht uns von allen Seiten an. Nicht unsere Lüge bedroht uns, sondern die Wahrheit, die geduldig wie ein Diamant wartet, uns schläfrig, satt und zufrieden macht, um uns so zu besiegen, wie wir im Anfang aller Dinge besiegt wurden. Wenn wir es zuließen, würde uns die Wahrheit vernichten. Denn »Wahrheit« ist dasselbe wie der Anfang, und der Anfang war das Nichts, und das Nichts ist der Tod, und der Tod ist der Feind, und darum laßt uns alle zusammen lügen, oder wir werden gewiß alleine lügen. Die Wahrheit würde uns gern ein Bild des Anfangs geben, des Lebens, ehe es zu zweifeln lernte, ehe es von der Idee angesteckt wurde. Und dies Bild ist nichts anderes als das Bild des Endes: die Kehrseite der Schöpfung ist die Apokalypse. Und die »Lügen«, die wir erzählen, verraten »das Wahre«, nur um den Tag des Gerichts, an dem Anfang und Ende eins sein werden, von uns fernzuhalten. Doch nichtsdestoweniger zahlt die Literatur der ursprünglichen sterblichen, völlig unannehmbaren Macht ihren Tribut; wir erkennen sie an, denn nur so können wir sie kontrollieren und eingrenzen. Sie nicht anzuerkennen, nicht einzugrenzen hieße dem spitzzähnigen Wolf der mörderischen Reinheit die Tür öffnen. Und sollte dies geschehen, werden wir alle als kleine braune Exkremente enden, ausgetrocknet und geruchlos.

Die Mönche verstehen mich. Gewiß verstehen sie mich. Darum hat der bärtige Boston-Boy das Gaspedal bis zum Anschlag durchgetreten, und wir schießen über die Insurgentes wie ein Geschoß, das sein Ziel kennt. Gern wüßte ich, welches Ziel das ist, ob es dasjenige ist, das ich vermute. Aber wir sind alle zu müde. Ich blicke in ihre Gesichter, die neben meinem eigenen in der illusorischen Bewegungslosigkeit des schnellen Wagens verharren, und mir wird klar, daß ich wirklich nicht weiß, wer sie sind oder wer sie vor einem Augenblick waren, viel weniger noch, wer sie in einer Stunde sein werden. Der Wind der Aprilnacht, mexikanischer staubbeladener Wind, der von den trockenen Seebetten des flachen Tales herüberweht, verzerrt und entstellt die jungen Gesichter, und vielleicht befindet sich unter ihnen eines, das ich nie gekannt habe: kann nicht derselbe Wind, der aus dem Land entstand, das einst Wasser war, kann er nicht den Schal eines deutschen Studenten peitschen, der die 7.15-Uhr-Tram nimmt, das Haar eines jungen Liebespaares auf einer griechischen Insel voll Ziegen und Kiesel zausen, goldenen Nebel über die Köpfe der Barockstatuen auf der Karlsbrücke treiben, unter dem Wendekreis des Krebses in der verlorenen Polyphonie eines großen Requiems widerhallen, die dunstige Wärme eines jüdischen Viertels in Manhattan auflösen, die Augen eines alten Mannes schließen, der in der Sonne auf einer Bank in Mexico Citys Alameda Park sitzt? Ich bekenne, daß ich es nicht weiß. Es gibt viele Dinge, die ich nicht weiß. Frage mich an einem anderen Tag. Vielleicht werde ich dann weiser sein. Nun, in diesem Augenblick, da ich in dem durch die Nacht brausenden alten Lincoln sitze, weigere ich mich zuzugeben, daß, sollten mein Wille und meine Phantasie erschlaffen, die sechs jungen Gesichter und Körper, die mit mir reisen, in der Dunkelheit verwehen würden wie die winzigen Funken eines verglimmenden Feuers, daß sie – wie der Wind, der Wagen, die Nacht selbst – meine Geschöpfe sind und daß sie in einem Wirbel durchsichtiger Kreise verschwinden, ja selbst der Erinnerung entgleiten würden, wenn ich sie nicht länger mit meiner schöpferischen Liebe hielte. Ja, ich spreche davon, daß ich euch liebe, meine sechs Mönche, denn ihr seid meine sechs Mönche, meine sechs Mönchancen, Möncharaktere, Mönchamäleons, Mönchargen, Möncherubs, Mönchoruten, Mönchiffren, und als wir mit nahezu hundert Stundenkilometern durch die Aprilnacht brausen, sehen wir meine Landsleute, die ihre Karren durch die Gänge hell erleuchteter Supermärkte schieben und Lebensmittelkonserven kaufen, damit die Bomben ein wenig früher auf Peking fallen und die Welt ein wenig früher für Freiheit und Palmolive-Seife gerettet werde, die mit Hähnchen unterm Arm vor langsam sich drehenden Bratspießen stehen, damit die behelmten *Marines* den Rio Grande im Norden und den Bío-Bío im Süden überqueren und wir selbst die letzten *Viets* werden; wir sehen sie mit einem neuen Staubsauger aus Sears & Roebuck quellen, damit die Welt ein einziges brennendes Napalmfeld werde, sehen sie in ihre Chryslers, Plymouths und Dodges steigen, damit das Universum die Neue Ordnung des Friedens, der Ruhe und der Wohlanständigkeit verwirkliche, ohne all die beunruhigenden Spektren von Gelb, Schwarz und Rot und all die verwirrenden Erscheinungen wie ihr, meine Mönchristen, Möncholeriker, Mönchronisten, Mönchimären. Aber was ich jetzt höre, ist nicht mein Wind. Nie erzeugte ich einen Wind, der so pfeift, der mit seinem roten Licht blinkt und uns mit der behandschuhten Hand bedeutet, heranzufahren und vor der erleuchteten Glaskiste des Comercial Mexicana zu halten, wo nette Familien – wir sehen sie vom Auto aus durch Glas und noch mehr Glas: ein Markt wie ein Aquarium – mit Karren, Kinderwagen und Drahtkörben vorbeischieben, während ihre Kinder zwischen Ketchup-Flaschen, Salatköpfen und Kleenex-Schachteln für die kleinen Rotznasen ertrinken. Und die Kleenex-Schachteln und die Reihen der Artischockenmiliz (trocken unter ihren Blättern, Pablo) ersticken unter der Last so vieler Kinder, und der Mann in Braun schiebt die Schutzbrille hoch, schwingt sich von seinem Motorrad, kommt in glänzenden Stiefeln gewichtig auf uns zu, zückt Strafzettelblock und Bleistift, und Boston-Boy setzt ein unschuldiges Gesicht auf. Ruhig Blut, Boston-Boy. Ruhig Blut. Der Polizist will fünfzig Pesos, das ist alles. Es lebe der Kaiser Präsident, der auf der großen Pyramide thront. *Si haut que l'on soit placé, on n'est jamais plus haut que sur son cul,* sprach Vetter Michel, der Alte Mann vom Berg.

»Neunzig Stundenkilometer, Señor. Mindestens. Sehen Sie mich nicht so unschuldig an.«

»Nein, nein, Herr Wachtmeister. Ich bin nicht unschuldig.«

»So? Sie geben es also zu?«

»Alles, Herr Wachtmeister. Alles gebe ich zu.«

»Sachte, junger Mann. Sie zwingen mich noch, Sie einzulochen.«

»Ich habe nichts zu verbergen. Ich bekenne alles.«

»Und denken Sie daran, die jungen Damen müssen mitkommen . . .«

»Das ändert nichts. Ich nehme meine Verantwortung auf mich. In Wirklichkeit wollte ich sie gar nicht finden. Ich fürchtete mich.«

»Wenn Sie vorhaben, die Nacht im Loch zu verbringen, dann haben Sie allen Grund, sich zu fürchten.«

»Die Wahrheit ist, ich wähnte sie sicher. Man hatte mir gesagt, die Musiker würden ausgenommen, man würde ihnen nichts anhaben . . .«

»Niemand ist im Knast sicher, junger Mann. Niemand.«

»Ich sage Ihnen, sie war nicht wirklich in Gefahr. Es war nicht nötig, daß ich etwas unternahm. Warum auch. Gefährlich wäre es vielmehr gewesen, die Aufmerksamkeit auf sie zu lenken.«

»Im Knast respektieren sie keinen. Nicht einmal Großmütter. Verstehen Sie, was ich meine?«

»Ja. An solchen Orten ist man am besten unsichtbar. Hätte ich irgend jemand wissen lassen, daß ich nach ihr suchte, so hätte ich damit auf sie hingewiesen. Man hätte sie bemerkt, während sie bis dahin unbeachtet blieb. Sehen Sie, was ich meine, Herr Wachtmeister?«

»Ich sehe nur, daß Sie nicht nur zu schnell und unverantwortlich gefahren, sondern zu allem übrigen auch noch betrunken sind. Besoffen, wenn die jungen Damen das Wort verzeihen. Stockbesoffen. Selbst Ihre Hände zittern. Blasen Sie mal.«

»Hätte ich sie gefunden, so hätte ich ihr damit geschadet. Sie nicht finden, sie nur aus der Ferne sehen hieß ihr einen Gefallen tun. Und auch mich selbst hätte ich in Gefahr gebracht. Gut, ich akzeptiere das. Ich hätte das Vertrauen meiner Vorgesetzten verloren, vielleicht gar meinen Posten. Und es war mein erster Auftrag. Ich hatte studiert, um zu bauen, und nun, inmitten all der Zerstörung, hatte ich Gelegenheit dazu erhalten. Was mehr konnte ich verlangen?«

»Stellen Sie meine Geduld nicht auf die Probe.«

»Und eines Tages sah sie mich und erkannte mich nicht oder wollte mich nicht erkennen. Alles, was sie sah, war meine Uniform. ›Lassen Sie mich vorbei‹, sagte sie. Das war alles.«

»Ich glaube, Sie haben keine sehr klare Vorstellung von unserem Knast, junger Mann. Rauschgiftsüchtige und Perverse. Nicht gerade die beste Gesellschaft. Und die Zellen sind kalt wie das Grab.«

»Und was, wenn sich herausgestellt hätte, daß sie mich haßte? Was, wenn sie mich zurückgestoßen hätte? War es da nicht für uns beide besser, in unseren getrennten Welten jeder für sich zu bleiben, verbunden nur durch unsere Erinnerungen – Prag, die Karlsbrücke, den Sommer mit den Konzerten in den Waldstein-Gärten, das *Requiem*? Die Hoffnung und das Versprechen, die wir in jenen jungen Tagen waren? Schien das nicht weiser, Herr Wachtmeister, vernünftiger?«

»Im Knast tragen sie keine Glacéhandschuhe. Sie sind nicht gerade das, was man höflich und wohlerzogen nennt. Versuchen Sie sich in meine Lage zu versetzen. Über keinen will ich eine Nacht im Knast verhängen. Aber . . .«

»Und fliehen? Der Versuch zu fliehen?«

»Ah, versuchen Sie es nur, junger Mann, versuchen Sie es nur. Viele haben es schon versucht, und kein einziger hat es bis jetzt geschafft.«

»Um beide an dem verdammten Hochspannungsdraht getötet zu werden, von den Hunden des Hundekommandos gestellt, von einem Erschießungskommando an der Todesmauer hingerichtet zu werden? Oder einfach gefangen und zu den Öfen von Auschwitz abtransportiert zu werden?«

»Ich versuche Ihnen einen Gefallen zu tun, mein Freund. Hören Sie also auf, chinesisch zu reden. Ein wenig mehr Respekt für die Obrigkeit.«

»Nein, Herr Wachtmeister, es gab keinen Ausweg. Das einzig Vernünftige war, die Situation hinzunehmen und abzuwarten. Sie gehörte zu den Musikern, und die Musiker waren sicher. Eines Tages würde der Krieg enden. Warum also unser Leben töricht aufs Spiel setzen? Und zu allem übrigen war sie schwanger.«

»Sie riskieren gern 'ne Lippe, was, Junge?«

»Zu allem übrigen war sie schwanger.«

»Aber das wird Ihnen nicht helfen. Sehen Sie, Mann . . .«

»Sie war nicht treu gewesen. Sie hatte zu warten versprochen, ich sollte der erste sein. Es war nicht meine Schuld, daß ich nicht zu ihr zurückkehren konnte, Herr Wachtmeister. Habe etwa ich den Krieg erklärt? Ich überlegte, wie ich sie retten könnte. Ich schwöre es. Ich schmiedete Pläne, überlegte Tag und Nacht. Aber in ihrem Zustand war Flucht ausgeschlossen. Wir hätten warten müssen, bis das Kind geboren war und bei irgend jemand zurückbleiben konnte. Dann war es vielleicht zu schaffen. Und der Krieg würde vielleicht vorher enden und alles vergessen und vergeben sein . . .«

»Himmel, ist denn in dem ganzen Wagen kein einziger guter, gottesfürchtiger Mexikaner, der diesem verrückten Gringo die Lage erklären kann? Sie Señor, Sie mit dem Schnurrbart, Sie sehen wie ein Mexikaner aus, können Sie diesem Narr nicht sagen, er soll den Mund halten?«

»Aber sie mußten singen. Sie verstanden nicht, sich zu schützen. Eine Aufführung sollten sie darbieten, nichts weiter. Statt dessen boten sie Hohn und Herausforderung. Sie waren Narren, Herr Wachtmeister. Sie schrien, schrien *Libera me . . .*«

»Sie verstehen, Señor. Sie wollen ebensowenig wie ich, daß ich Sie auf die Wache bringe. Aber eine Liebe ist der anderen wert. Und wenn Sie es mit einem Mann zu tun haben, der die Autorität auf seiner Seite hat ...«

»Li-be-ra meee!«

»Danke, Señor. Vielen Dank. Sie verstehen.«

»Und danach, was hätte ich danach tun können? Sie selbst hatte sich zum Tode verurteilt. Sie selbst, ganz allein, während sie hätte sicher sein können. Wer war ich, um mich einzumischen? Ich, der junge, dem Lager zugeteilte Architekt, ein untergeordneter Funktionär, zudem ein Sudetendeutscher, kein richtiger Deutscher, ein Mann vielleicht, dessen Loyalität man nicht allzu sicher war, nichts als ein junger Mann, der seine Befehle auszuführen verstand ... sollte ich da zum Kommandanten gehen und bitten, Hanna Werner vom Transport der Musiker nach Auschwitz auszunehmen? Ich? Ich wollte verhindern, daß ihr neugeborenes Kind nach Auschwitz gebracht würde? Ist das nicht zum Lachen? Ich wollte mich einmischen? Die Hand heben und auch mich verurteilen, ohne ihr, die schon hoffnungslos verurteilt war, zu helfen? Ich? Ich hätte so verrückt sein können? Schreiben Sie das nieder, Herr Wachtmeister. Es ist ein guter Witz. Schreiben Sie es nieder, um mit Ihren Kameraden darüber zu lachen.«

»Reizen Sie mich nicht, junger Mann.«

»Schreiben Sie es nieder. Ich wollte die Bahn der Sterne durchkreuzen, wollte die Gezeiten des Meeres zurückdrängen ...«

»Ich sage Ihnen, es ist alles in Ordnung. Passen Sie nur auf, daß Ihr Fuß nicht zu schwer wird, das ist alles. Hier, meine Hand. Wir trennen uns als Freunde.«

Und Jakob, der reglos neben dem blonden Boston-Boy Frank Jellinek sitzt, schaut den Polizisten an und sagt wohl etwas, was wir nicht hören können, was der Wind aus dem Tal von Mexico City davonträgt – gurgelnder Wind, Wind der Paläste der Albinos, Wind der Buckligen und der Pfauen –, während der Mann in Braun zu seinem Motorrad zurückgeht, die fünfzig Pesos einsteckt, auf die es ihm allein ankam und die ich ihm schließlich gab. Nun müssen wir ausruhen, uns entspannen, etwas trinken und rauchen, aber Boston-Boy, der noch müder ist als wir anderen, läßt den Kopf aufs Steuer sinken und wird uns offensichtlich nirgendwo hinbringen. Wortlos steigt Jakob aus, geht um den Wagen herum, öffnet die Tür, schiebt Boston-Boy beiseite und läßt den Motor an, die Gänge krachen, und wir fahren los, während ich ein letztes Mal die Familien mit ihren Kinder- und Einkaufswagen betrachte und mich frage, ob nicht in jedem Augenblick, bei jedem Sonntagsessen, eine schreckliche Verwirrung entstehen kann, ob man die Artischocken nicht vielleicht an die Brust legen wird, während die Säuglinge in Öl gesotten werden. So fahren wir unter den Sternen und dem Wind los, und Morgana, die wie nach einem langen Schlaf wieder zum Leben erwacht, gähnt und fragt die Bleiche, ob sie sich der Spiele entsinne, die sie und Javier abends nach dem Essen zu spielen pflegten, und Rosenarsch sagt, ja, er entsinne sich, sie hätten Kriegsspiele gespielt, einander Fragen gestellt, etwa nach der Tonnage der britischen Zerstörer bei der Schlacht am Río de la Plata oder: Wer ist von Rundstedt, Ligeia, hast du je von ihm gehört? Oder Timoschenko, Gamelin oder Wavell. Bruder Thomas hat in aller Stille ein kleines Schild inmitten der Unordnung unter unseren Füßen entdeckt und befestigt es nun mit Klebestreifen am Seitenfenster:

FATE L'AMORE NON LA GUERRA

Und Rosenarsch wirft eine Tube Zahnpasta auf die Avenida de la Paz, denn wir sind nun unterwegs nach San Angel, und Morgana findet noch mehr Tuben und Flaschen für ihn, die er lachend hinauswirft, und alle singen nun populäre Lieder: »*Goodness hides behind its gates but even the President of the United States must sometimes stand naked. Là dove c'era l'erba ora c'è una citààà, I need a place to lie down*«, und sie kommentieren Bob Dylan, Celentano, »*Il ragazzo della Via Gluck, It's all right, ma, I'm only bleeding. Yester-days*«, schreien sie alle fröhlich im Chor. Und dieser Morgen, der heutige Morgen, über den ich eines Tages schreiben werde, wird ein verirrter Tagesanbruch sein, der seinen Namen nicht kennt. Mitternacht hat geschlagen, und hinter der Gasse, die zu meinem alten Haus führt, zirpen die Grillen; Jakob biegt vom Ring ab, parkt in einer Seitenstraße, und wir alle steigen widerwillig aus. Bruder Thomas wird nun wortlos singen, mit dem melodischen tiefen Summen, der heftigen Zärtlichkeit, die jenen unter uns natürlich ist, welche die Extreme des Daseins leben, damit andere die goldene Mitte genießen können. Der bärtige Boston-Boy wird den Deckel des Kofferraums öffnen, das nun leblose kleine Bündel herausnehmen und wieder unter dem Gehrock verstecken, dem Rock, dessen lange Schöße flattern wie die Wimpern des empfindsamsten Helden eines englischen Romantikers. Und Ezechiel hat uns gesagt, die Städte seien Häupter Goliaths, aber ich sage, David ist der Ritter, der über die Straßen der Welt wandert – von David Rastignac bis David Herzog. Morgana, unser Richter, und die Bleiche, meine Geliebte, die sich weigert, meine Geliebte zu sein, haben einander inzwischen um die Taille gefaßt, und Rosenarsch, der ihnen nicht von den Fersen weicht, folgt, indem er die Gitarre schlägt und fragt: »Waren wir zusammen in Griechenland, Ligeia?«

Er schlägt die Gitarre, begleitet Bruder Thomas' Summen und wartet auf die Antwort der Bleichen. Aber sie hat die listige Klugheit der aztekischen Mysterien gut gelernt und bietet unserem Richter nun eine Bestechung an, blinzelt Morgana zu, als wir die Ringstraße überqueren. »Das werde ich nie und niemandem verraten«, antwortet sie schließlich. »Es ist mein Geheimnis, und ich werde es für mich behalten. Was ändert es jetzt ohnehin? Ich habe aufgehört zu lügen. Von nun an wird mein Zeugnis sehr einfach sein: nichts als die lautere Wahrheit.«

»Schwört die Zeugin, daß alles, was sie gesagt hat, nicht wahr ist?« fragt Morgana und küßt das Ohr der Bleichen. *»We shall overcome«,* singt Bruder Thomas. Die Bleiche kuschelt sich in Richter Morganas Arm: »Nein, in gewisser Weise war es nicht wahr, so Gott und Perry Mason wollen.«

Ja, wir werden siegen . . . eines Tages. Was ändert es jetzt schon? Alles und nichts. Und nie hatte er verstanden, daß ihre Lüge nur die Antwort auf seine Lüge war. Josua wird die Schlacht von Jericho schlagen, und die Straßenkinder werden in Zeitungspapier gewickelt neben der modernen unentbehrlichen Ringstraße schlafen, dank der wir von unseren Villen in Pedregal, Coyoacán und San Angel binnen höchstens fünfzehn Minuten zur Stadtmitte brausen können. Er hatte sie nur geliebt, weil er andere Frauen in ihr sehen konnte. Diese Beleidigung hatte sie auf die gleiche Weise vergolten. Die Lügen, die sie einander erzählt hatten, addierten sich zu einer einsamen Wahrheit. Die Mauern werden einstürzen. Und Juan Soriano sagte, sein Vater hätte während der Revolution genau darum in der Kavallerie gekämpft, damit wohlhabende Herren in ihren Cadillacs über die herrliche Ringstraße fahren könnten. »Die Wahrheit? Was ist die Wahrheit? Ebensogut hätte ich dir erzählen können, daß ich hier in Mexico City und nicht in New York als Tochter russisch-jüdischer Einwanderer geboren wurde. Was wäre daran so befremdlich gewesen? Es gab viele solcher Einwanderer, und heute sind sie Bankiers, Filmproduzenten, Mathematiker, Biologen und Warenhausbesitzer. Warum sollten sie all das nicht sein, was ist daran auszusetzen? Ich hätte dir erzählen können, daß ich in Mexico City aufwuchs, nicht in New York. Deshalb gebe ich zu, daß alles, was ich gesagt habe, in gewissem Sinne falsch ist. Orte und Namen waren falsch. Aber nicht die Leute.« Wir werden über den Jordan blicken, und was werden wir sehen? Die Lichter des San Angel Inn Restaurants, Brüder. Fünfzig funkelnagelneue sehr große und sehr kleine Luxusautos, die davor parken. Und was werden wir hören? Silber und Glas, die klirrend gegen Silber und Glas stoßen, die Rasseln einer Gruppe *mariachi*-Musiker. »Nein, die Leute veränderte ich nicht. Meine Mutter war genauso, wie ich sie beschrieb . . . aber in der Colonia Hipódromo oder in der Bronx? Und auch mein Vater; aber verkaufte er scharfe Rasierklingen aus erstklassigem Stahl in einer Bude des La-Merced-Marktes oder auf einem Markte New Yorks? Was ist Wahrheit . . . man zahlt seinen Traum und nimmt seine Wirklichkeit. Und mein Bruder Jake wurde nicht im Central Park, sondern im Parque España ermordet und nicht von Harlem-Negern, sondern von ein paar gottverdammten halbwüchsigen mexikanischen Hurensöhnen.« Eine Schar Engel wird mich holen und auch euch, Brüder. Sie wird uns über den langen, langen Weg führen, der sich endlos ins Land unserer Gräber windet, wo – wenn unsere Traumboote je einlaufen – wir zumindest noch zu einem Schluck Kaffee kommen und eine letzte Nummer schieben werden. So floh auch sie. Und studierte dort, und sie begegneten sich. Soviel halte ich für mutmaßlich wahr. »Glaubst du mir jetzt?« Glauben wir ihr, Brüder? Warum nicht? Lügnern kann man am ehesten glauben.

Die Bleiche redet weiter zu unserem guten Richter Morgana, aber Boston-Boy, der sich ihr nähert wie ein Krebs einer Muschel, küßt ihre matten roten Lippen. Verdammt die beiden, verdammt der Kuß, verdammt die bittere Eifersucht, die ich empfinde. Die einzige Antwort, die uns das Schicksal erlaubt, ist solche Bitterkeit. Zwei junge Leute, die sich vor der Opuntienhecke, die meinen verlotterten Garten umschließt, küssen. Das ist alles. Es ist gewöhnlich genug. Es geschieht ständig. Doch einen Augenblick lang raubt es mir meine keusche kostbare Gelassenheit, ich werde Javier, Elizabeth und Franz, und in ihrem Namen wallt tiefe Bitterkeit in mir auf. Der Kuß dort drüben ist ein Vogel, dem ich nie wieder Schwingen verleihen kann. Es ist unmöglich. Und auch sie werden nie wieder genauso ihre Lippen vereinen, auf der Straße, jung, heiß, voll Feindseligkeit, die sie nicht einmal zu verbergen trachten, während sie gänzlich unschuldig den Verlust der Freiheit in der Entdeckung der Liebe riskieren, ohne die Furcht und den Zorn, die wir hinter unserer Langeweile, unserer mangelnden Neugier zu verstecken gelernt haben: na und? Wir haben eben die Grenze überschritten, Brüder, und sie haben sie noch nicht einmal erreicht, das ist's. Und über alles hinausgegangen sein heißt, daß man nirgendwohin gegangen ist. Nur wieder nach Hause zu der dicken, stacheligen Hecke, deren geheime Ein- und Ausgänge ich zu kennen glaube, freundliches Heim, süßes Heim, Eden, das durch seine entarteten Söhne gestürzt wurde, durch all jene, die lieber mit Eselskiefern bewaffnet in die Wüsten der Welt ziehen, als sich daheim sicher einzuschließen, die mit Stiefeln an den Füßen wegmarschieren und die, wenn sie auf Bahren heimkehren, aus der üppigen Wunde der raffinierten Hure Malinche bluten, der verräterischen Mutter, die sich vom Feind aufs Kreuz legen ließ, damit du und ich, meine Landsleute, eines Tages geboren würden. Oder glaubt ihr wirklich, es wäre besser gewesen, wenn die Spanier besiegt worden wären und wir weiter unter dem aztekischen Faschismus gelebt hätten? Wer war Cuauhtémoc? Baldur von Schirach, Brüder, Führer der Tenochtitlán-Jugend. Und weit klüger als er, ließen es die mexikanischen Frauen geschehen. Ewige Bitterkeit für ein dauerndes Geschick, das, ich muß es zugeben, wir noch nicht ganz gefunden haben. Aber bald, Mann, bald.

So: wir sind zurückgekehrt und durchqueren meinen Garten mit seinen Vulkanen und Bergen aus Abfall, seinen Seen und Meeren aus Schlamm. Wir erreichen mein Phantasieschloß, jenen hochgelegenen Ort der spitzen und runden Türme, der Zinnen und Schutzwälle, wo wir Belagerer und Belagerte sein können, wo wir ins Observatorium schlendern und unser Leben nach den Sternen ausrichten können, meine Pyramide, meine Festung, meine Basilika, mit einem Wort, mein *pad,* das, solltest du je hier vorbeikommen, hör gut zu, *soul brother,* auch dein *pad* ist, *any time, any time at all.* Wir klettern die stählerne Wendeltreppe – gewundene Ohrmuschel, stets hellhöriger Wächter und Späher des Hauses – hinauf und betreten hintereinander den riesigen Wohnraum, der im Augenblick finster ist wie Satans Arschloch und ebenso kalt, doch willig, uns so zu grüßen, wie wir ihn grüßen, seine Schatten, Farben und Gerüche dem Licht, den Farben und Gerüchen unseres Gefühls und Seins anzupassen. Und was tun wir? Zünden wir die Kerzen an, schichten wir ein Feuer im Kamin, rauchen, husten und summen wir, setzen wir uns in die alten Sessel und auf die schmutzigen Rohrmatten, verlangen wir etwas zu trinken, malen wir unsere Lippen an, kratzen wir unsere Eier, und suchen wir unser Bild in einem Spiegel im Dunkeln? Nein, nicht ganz. Einer von uns, der Priester ist, obwohl er wie ein Ivy-League-Student aussieht und die schwarze Aktenmappe eines Rechtsanwalts oder Handlungsreisenden trägt, tritt vor, entnimmt der Mappe eine kleine Tüte und bietet ihren Inhalt – getrocknete Träume – an. Die Mönche greifen zu, stecken die Pilzstückchen in den Mund und zerkauen sie langsam, während sie eine ihrer hämmernden Litaneien anstimmen und einstimmig singen: *»Wir sind die irrende Wahrheit, wir sind die einsame Menge, wir sind der heilige Aufruhr.* Wir, die schwarze Taube, das zernarbte Gesicht des verstümmelten Kindes, die Dornenkrone. Wir, der wartende Sand und das Salz der wilden Erde. In der Dunkelheit fassen sie sich bei den Händen, bilden einen Kreis, von dem ich ausgeschlossen bin, doch in den ich mich hineingezogen fühle. Aus der Mitte des Kreises ruft Jakob rauh und laut über den hämmernden Gesang hinweg: »Ich, Jakob Werner, geboren im Jahre null, verurteile Franz Jellinek, der vor zweitausend Jahren geboren wurde, zum Tode.«

Ich ziehe mich von ihnen zurück, fühle mich einsam und ironisch. Ich weiß, was sie wollen. Sie wollen mein wehrloses Zimmer in vier feuchte Gefängnismauern verwandeln. In die Ecken würden sie gern frischgeschnittenes Haar, herausgenommene Gebisse, Brillen und Zahnbürsten türmen. Sie würden es gern in ein wanderndes, endloses graues Labyrinth verwandeln, aus Zellen und Gängen und Zwingern, aus Holzzubern und Haken, auf denen schweißgetränkte Kleider hängen, die morgen wieder getragen werden müssen. Sie wollen, daß es hohl vom Klatschen eines Gummischlauches, vom Klicken der Vorhängeschlösser widerhallt. Ihr Gesang dauert an, und ich beginne zu zittern. *»Wir sind die androgynen Pagen. Wir sind die Cherubime der Unschuld. Wir sind die verzauberten Jungfrauen.* Wir sind der Ritus und das geopferte Lamm. Wir sind die Verheißung und die Erinnerung der Verheißung. Wir sind weder Männer noch Frauen, weder gut noch böse, weder Leib noch Seele, weder Essenz noch Akzidens, weder wirklich noch ideal, weder Bewußtsein noch Instinkt.« Ihre Stimmen sind nicht laut, doch sie scheinen den Raum zu füllen, bis er vor Geräusch überfließt. Sie schwanken im Dunkeln, ihre Hände sind verschlungen, ihr Gewicht balancieren sie leicht auf den Fußballen, und die Dunkelheit schwankt mit ihnen, und ich muß mich steif halten, um der lockenden Bewegung zu widerstehen, dieser Bewegung, die sich nicht beschreiben läßt, da sie sogar sich selbst nicht kennt, die für sie voller Bedeutung, für mich voller Sinnlosigkeit und Angst ist. Im Geiste entferne ich mich von ihnen, flüchte mich in den Gedanken, daß dies mein Haus ist und daß sie, meine Gäste, in dem Augenblick verschwinden müssen, da ich sie mir nicht länger vorstelle. Ich denke an Gershon und Becky, an Raúl und Ofelia. Auch ihr Haus ist es; hier wurden sie geboren, hier starben sie, hier lebten sie ihr müdes, gleichförmiges Leben, damit Javier und Elizabeth geboren werden, sich lieben, heiraten und hassen konnten. Ich denke an sie, aber bitterer Zweifel erfüllt mich: Warum wurden sie überhaupt geboren? Warum mußten sie sterben? Die Mönche stöhnen jetzt: Medusa, die wieder ums Leben ringt, die Furien, die blutrote Flüsse des Hasses verströmen. Dies ist nicht ihr Haus, noch habe ich je ihre Eltern gekannt. Sie sind allein sie selbst. Sie sind das andere, das Fremde, das Neue, vor allem das Neue: das, was sich nie wiederholt hat, wie es nie zuvor existierte. Und ihr fruchtbarer Gesang belehrt mich kalt, daß unsere Geschichte nicht die einzige Geschichte ist, daß es eine andere und größere gibt, in der die unsere weniger als ein kurzer Alptraum ist, dem nur ein paar kurze, unruhige Sekunden im ewigen Todesschlaf vorbehalten sind. Nun weiß ich, daß sie Jäger auf der Fährte einer Beute sind. Und die Beute bin ich. Keines meiner Worte kann sie aufhalten. Kein Argument, an das ich mich klammere, kann dem Zerstörungsgeist ihrer einzigen weißglühenden Intuition lange standhalten. Warum wurde Becky wahnsinnig? frage ich mich. Etwa, damit der Wahnsinn ihrer Tochter den Namen Vernunft verdienen könnte? Warum verschwand Raúl? Etwa, damit Javiers Flucht wie der Weg zu einem Treffen scheinen könnte? Ich ermahne mich, weiter zu denken. Hör nicht auf zu denken. Hör sie nicht. Sieh sie nicht. Nimm ein Streichholz und zünde eine Kerze an. Trage sie zu der Ecke, wo die alte Seekiste steht, staubig und voller Spinnweben, mit den grün angelaufenen Kupferschlössern und -schließen. Eine geräumige alte Überseekiste von der Art, wie sie heute nicht mehr gemacht werden, eine Kiste, groß genug, die Welt hineinzupacken, leer wie der Raum, mit so viel Fächern wie Sterne am Himmel. Mühsam öffne ich ein Schloß nach dem anderen. Nun, mit der Hand auf der Kiste, kann ich mich umdrehen und sie wieder ansehen. »Ein alter Mann, der sich auf viele Zauberkünste verstand, verkaufte mir diese Kiste«, sage ich ruhig. »Ein lächelnder alter Jude, der nicht weit von der Tacuba-Straße lebte und stets die Zunge in die Lücke eines fehlenden Schneidezahns legte.« Sie sehen mich an. Ich weise auf die verblichenen, zerfetzten Zettel der Lloyd-Triestino-Linie, die Siegel des griechischen Zolls. »Er war ein alter Jude, der mit vergessenem Trödel handelte, er war ein Sammler.« Sie haben aufgehört zu singen und hören mir zu, beobachten mich. Ich und nicht die Medusa wurde wiedergeboren. Ich klappe die beiden Hälften der Kiste auseinander. Auf der einen Seite türmen sich schmale Schubfächer, die andere ist ein einziges großes, vollgestopftes Fach: Kleider, Bündel, Schachteln; eine Geige, der schlanke Hals einer Baßviola, von dem ein Gewirr zerrissener Saiten hängt, ein Haufen rußiger Zylinder, nun, ihr wißt schon. Die Mönche nähern sich mir, und ich nehme den ersten Gegenstand heraus, ein zierliches Netz, wie das Haarnetz einer Frau – eine Bartbinde. Mit ernsthaftem Schnörkel überreiche ich sie dem bärtigen Boston-Boy, und mit ernstem Lächeln legt er sie an. Gegenstand zwei, die zerbrochene Geige, gebe ich Jakob, dem Träger des Ivy-League-Anzugs und der schwarzen Aktenmappe. Dann ein zerrissenes, vergilbtes Plakat mit den Worten GARBO LOVES TAYLOR. Rosenarsch nimmt es entgegen. Ein Currier-und-Ives-Druck: Schlitten, Schnee und steile Dächer eines Neu-England-Winters; ich gebe ihn der Bleichen. Für Rosenarsch einen Montgomery-Ward-Katalog von 1928. Wieder für Boston-Boy das Programm eines Konzerts in Prags Waldstein-Gärten: »1856 fand Brahms den Titel seines *Deutschen Requiems* in einem alten Heft seines Lehrers Schumann.« Nun ein abgenutzter lederner Geldbeutel, schwer wie Silber; ich reiche ihn der dunklen Morgana, und sie leert ihn in ihre Hand: eine Kaskade kleiner Kiesel, noch immer naß vom Meer, einige glänzend wie Spiegel, einige gelb wie Senf, Hemisphären der Tiefseestunden, behauene Eier, Sepiamonde, Spielzeug und Schatz der Kinder und Armen. Die Bleiche streckt die

Hände aus, um Morgana die Kiesel zu entreißen, die sie wie Juwelen gegen die Brust preßt. Und alle blicken auf Bruder Thomas, denn er hat ein altes Steroptikon erhalten, blickt durch die Linsen, während er rasch Doppelbildkarten hineinschiebt und wieder herauszieht, die ich einer der Schubladen entnehme und ihm reiche. Sie scharen sich um uns und wollen auch diese verblichenen Fotografien sehen, die so wirklich scheinen wie totes, halberinnertes Leben: der Hradschin in Prag, eine Konditorei auf der Avenida Santa Fe in Buenos Aires, ein Pfad mit einer Bank nahe einer Brücke in New Yorks Central Park, die Löwen, welche die Agora von Delos bewachen, ein Akt von Modigliani, die aufgebahrte Leiche des ermordeten Lew Trotzki, ein Szenenfoto von Joan Crawford im *Grand Hotel,* ein anderes von John Garfield in *The Fallen Sparrow* (mit Maureen O'Hara und Walter Slezak, Elizabeth), der Eingang der Kleinen Festung von Theresienstadt mit dem Spruch: *Arbeit macht frei.* Sie reißen das Steroptikon an sich, und es wandert von Hand zu Hand, schon zum nächsten, ehe der letzte deutlich sehen konnte. Niemand beachtet die Porträts der Operettenmonarchen Wilhelm und Franz Josef oder die bezaubernde handkolorierte Aufnahme der Belle Otero, die ein Paar türkische Pantöffelchen trägt und sonst nichts. Nun gelange ich zu den verbeulten, runden Blechdosen mit alten Filmen, deren beschriftete Zettel mit einem Leim aufgeklebt sind, der nach all diesen Jahren noch immer stinkt. Sie tragen Titel wie *Golem, Nosferatu, Der Blaue Engel, Vampir, Das Rheingold.* Einen der vergilbten Filme lasse ich durch die Finger gleiten, die langsame Folge von *Caligaris* zerbrochenen Bildern, braune, blaue und gelbe Quadrate, die in fünf Akten die Geschichte der Autorität und ihrer Phantome, der Vernunft und ihres Zusammenbruchs, des Verbrechens und seiner Freuden erzählen, des Verhaltens, das man in Irrenanstalten und Alpträumen findet, als seien diese die einzig wahre, die einzig angemessene Szenerie für Vorgänge, die auf der Straße oder im Büro unbeachtet bleiben, zum Alltäglichen gehören. Ich komme zu den Kleidern. Auf eine Seite werfe ich einen Rollkragenpullover, der noch immer feucht ist, noch immer nach Salzluft riecht, ein Paar Kordhosen mit dünnem, abgewetztem Hosenboden, ein Damenkostüm aus den Dreißigern, die Jacke im Herrenschnitt und die Bluse aus Pikee, eine phrygische Mütze, eine Tiroler Lederweste, eine braune Uniform, einen alten Umhang mit hoher Kapuze, einen graugestreiften Anzug, dünn und kalt, mit dem Davidstern in stumpfem verblichenem Gelb auf der Brust. Ich gelange nun zum Boden des Haufens, zu den Kleidern, die ich ihnen schenken möchte. Den purpurroten Mantel eines katholischen Kardinals für Bruder Thomas, der ihn anlegt und uns mit einem Finger über dem Daumen feierlich segnet. Eine schwarz-rote Kapuze für Rosenarsch. Reichbestickte Gewänder wie mittelalterliche Gobelins für die Bleiche; ein Regencape für Richter Morgana. Für den blonden Boston-Boy einen Priesterrock, der mit Darstellungen der Apokalypse bestickt ist. Und zuunterst liegt klein und schwer, eingehüllt in rote Seide, die ich Lage um Lage abwickle, weniger eilig denn ungewiß, da ich unsicher bin, wo er jetzt ist oder wer er ist oder was er vorhaben könnte, ob dies der Anfang oder das Ende meiner Show ist . . . ein Marionettenzwerg, den ich schließlich hochhebe und ihnen vorstelle, indem ich mit einem Finger versuche, den schlaffen Hals steif zu halten. Meine sechs Mönchlein weichen ein paar Schritte zurück und schütteln die neuen Kostüme. Ich stecke die Finger in den Mund der Marionette und verwandle den Ausdruck enttäuschter Wut in ein liebenswürdiges Lächeln. Ja, trotzdem wird er sich herbeilassen, uns zu besuchen. Ich drehe seinen Kopf ein wenig, und gedankenvoll schaut er in die Kiste zurück, auf das Nest winziger Grabsteine, unter denen winzige Puppen mit blonden und schwarzen Perücken, Krinolinen, Stiefeln, Peitschen und kleinen Gipsphalli liegen, auf die darüberhängenden Gemälde: Segelboote, die in den Hafen einlaufen, Kornfelder unter der Sonne. Er nickt beifällig, und die Mönche sehen gebannt zu, wie ich ihn auf mein Knie setze. Sie treten zurück, bis auf Boston-Boy Franz, der langsam neben die einzelne Kerze kniet. Ich berühre den Schnurrbart der kleinen Marionette, dann den schütteren, doch sorgfältig getrimmten Kinnbart. Sie wissen, daß er gleich sprechen wird, und da spricht er auch schon in einem tönenden Bariton, der nichts mit dem mißgebildeten kleinen Körper zu tun hat, aus dem man eine schrille Stimme erwartet hätte. »Sie haben meinen Schlaf gestört, junger Mann«, sagt er ernst und anklagend zu Boston-Boy. »Der Wirt der Kiste versicherte mir, dies sei ein ruhiger und stiller Ort.«

»Sie müssen uns verzeihen«, erwiderte Boston-Boy ebenso ernst. »Wir wußten nicht, daß ein Mieter in die Kiste gezogen war.«

Ich ziehe dem kleinen Mann die Handschuhe aus und lasse seinen höflichen, doch inquisitorischen Blick durch das Zimmer schweifen. Ein leichter Druck auf sein Zwerchfell, und er seufzt.

»So treffen wir uns also wieder, mein junger Freund.«

»Ja«, sagt Boston-Boy und nickt. Der kleine Mann auf meinem Knie seufzt erneut. Seine beiden Beine baumeln in der Luft, als er die kleinen Stiefel unter den Gamaschen streckt, als versuche er den Boden zu erreichen.

»Ich fragte mich, was aus Ihnen geworden war. Und ich fragte mich auch, was Sie und Ihr Freund mit meinen Puppen und Bildern wohl gemacht hatten.«

»Wie Sie sehen, Herr Urs, sind sie noch immer bei Ihnen, dort in der Kiste. Niemand hat etwas berührt.«

»Ja, ich habe es bemerkt, und ich muß gestehen, mit einer gewissen Erleichterung. Allerdings dachte ich daran, Ihnen alles zu schenken, Ihnen und Ihrem Freund, als eine Erinnerung an Ihren Nachbarn, an mich. Aber der Anfall kam zu plötzlich. Ich verrechnete mich und hatte zuletzt nicht mehr genug Zeit. Ich hatte mir gesagt: Ich werde meine Werke diesen jungen Herren schenken, die so höflich, wohlerzogen und verständnisvoll sind. Aber es muß nicht vor dem letzten Augenblick geschehen. Dann, wenn ich auf dem Sterbebett liege, wird es nicht weniger ein Geschenk sein, aber außerdem ein Vermächtnis, und als solches werden sie es verstehen. Aber ich hatte keine Zeit mehr. Ich verrechnete mich.«

»Das macht nichts, Herr Urs. Ich habe oft von Ihren Puppen und Bildern geträumt.«

»Ja, mein junger Freund, das ist wohl nur natürlich. Vielleicht sehen Sie nach so vielen Jahren nun klarer. Erinnern Sie sich vielleicht zufällig an das, was ich Ihnen damals sagte?«

»Gewiß, Herr Urs, Sie sagten uns, daß Sie auf Leinwand die alten Häuser und Straßen reproduzieren wollten, damit etwas . . .«

»Ja, damit etwas bliebe, wenn sie abgerissen und vergessen wären.«

»Genau. Sie sagten auch, daß Sie jedes Ihrer Werke zweimal malten. Einmal, wenn Sie die Szene mit ruhigem, und ein andermal, wenn Sie sie mit erregtem Blick betrachteten. Und wir könnten versichert sein, daß zwischen beiden ein Abgrund klaffe.«

»In der Tat. Und heute wie damals muß es der Zeit überlassen bleiben, über das Los meines Werkes zu befinden. Es konnte damals nicht beurteilt werden. Und selbst heute ist es noch zu früh. Heroismus wird erst dann verstanden, wenn seine erbitterten Feinde verschwunden sind. Dann endlich kann ohne Befangenheit geurteilt werden. Und ich muß gestehen, lieber junger Freund, daß ich mich heroisch fühlte, bei jeder Puppe, die ich reparierte, bei jedem Bild, das ich malte. Ich hörte auf, arm, mißgestalt und einsam zu sein, und wurde . . .«

»Ein kleiner Gott, Herr Urs. Ein Hausgott, einer der Familie.«

»Danke, vielen Dank. Selbst hätte ich nie gewagt, es so auszudrücken, aber Sie haben recht. Ich will Ihnen etwas sagen. Als sehr junger Mensch war ich wie wir alle gläubig. Aber der Glaube, den ich mit der Muttermilch eingesogen hatte, antwortete mir mit einem klaren Bild meiner Mißgestalt, denn der Glaube ist ein Spiegel, der uns reflektiert, er ist ein Schatten, den wir werfen, ein Schatten, der uns so hartnäckig folgt, daß wir ihm nur unter großer Anstrengung entfliehen können. Daher bewirkt der Glaube, daß wir unsere Zuversicht, ja unser ganzes Sein auf die Erscheinungen gründen, und seine Überzeugung kommt nicht aus dem Unsichtbaren, sondern vielmehr aus dem stets Sichtbaren. Für mich wäre eine solche Abhängigkeit offensichtlich verhängnisvoll gewesen. Eine Zeitlang tröstete ich mich mit dem Gedanken, daß ich vielleicht für das Wunder einer Verwandlung ausersehen sei. Aber schließlich erschöpfte sich meine Geduld, und ich beschloß, die Hoffnung, daß ich eines Tages auf einer Hochzeit zu Gast sein könne, wo ich Wasser in Wein verwandeln würde, gänzlich aufzugeben. Ich entsagte meinem Kindheitsglauben und tauschte dafür Wissen ein. Damals entdeckte ich, daß das Wissen geheim ist und zwei Gesichter besitzt, von denen eines – vielleicht verzerrt und mißgebildet wie mein Körper, vielleicht auch schön und kräftig wie meine Hände – von Anbeginn, seit es sie gab, von der sogenannten Zivilisation verborgen gehalten wurde; daß darum das Wissen Fragen stellt, die sich nicht beantworten lassen, denn die Hälfte der Existenz ist ihm verschlossen, wenn es nicht in die verschüttete Welt hinabsteigt, wo sich selbst nach so vielen Jahrhunderten die Wahrheit der Schöpfung noch immer findet. Es war eine überraschende Entdeckung, junger Freund. Sie änderte mein ganzes Leben.«

»Eine ansteckende Entdeckung, Herr Urs. Als Ulrich und ich Ihr Zimmer betraten, fühlten wir uns von etwas Ansteckendem umgeben, das wir weder berühren noch benennen konnten.«

»Freiheit, mutige menschliche Freiheit. Die Freiheit des überzeugten und engagierten Rebellen, die eines Tages die ganze Welt anstecken wird.« Rasch und elegant bewegte mein kleiner Mann die Finger, als spiele er Klavier. »Die völlige Freiheit macht uns natürlich krank, da wir stets glauben, nur dann gesund zu sein, wenn unsere Freiheit eingeschränkt ist.«

»Ihr wart nicht frei, verdammt, keiner von euch!« schreit Jakob den blonden Boston-Boy oder vielleicht die Marionette auf meinen Knien, vielleicht auch mich selbst an. »Ihr wart Sklaven! Ihr wart Deutsche, Deutsche! Eine Herde schafsköpfiger Phantome, die mit Eselskiefern in der Wüste jagten!«

»Ach«, der kleine Mann lächelt traurig, »warum sind Ihre Freunde immer so rauh? Die Dinge sind nicht ganz so einfach, wie er meint. Vermeiden Sie entschieden den Weg, den er eingeschlagen hat. Schließlich darf man nicht außer acht lassen, daß es gewisse Risiken gibt, die, wenn wir sie eingehen, viel größeren Lohn bringen als jeglicher Reichtum. Ich ließ meine Werke in dem Zimmer hängen, in dem ich starb, mein einziges Geschenk an die Welt, Summe und Inhalt meiner Tage, doch ohne im leisesten zu erwarten, daß sie beifällig aufgenommen würden. Die Vorstellung des triumphierenden Erfolges war mir völlig fremd. Glauben Sie, ich hätte die Welt evangelisieren, in Versuchung führen, bestechen oder bekehren wollen? O nein, nein, nie, mein junger Freund. Nie bot ich Jugend im Tausch für die Seele noch die Herrlichkeit der Welt für Anerkennung. Ich glaube ganz im Gegenteil, daß alles, was überlebt, zuletzt, wenn der günstige Augenblick kommt, die Früchte seiner Zähigkeit erntet. Mein Triumph war nicht und ist nicht von dieser lärmenden Welt. O nein, nein. Meine Freiheit liegt in meiner Abgeschiedenheit, und mein Sieg besteht darin, mich abseits zu halten, mich mit niemand und nichts zu identifizieren, außer vielleicht dem Nichts selbst. Ich bin sozusagen, junger Freund, ein dunkler Stern, der durch die Dunkelheit des Raumes zieht und unsichtbares Licht auf jene wirft, die weit weg in der gleichgültigen Sonne baden, ein Stern, der sie infiziert, der sie ansteckt, wie Sie so treffend bemerkten. Ließe ich mich von anderen Lebenssphären berühren, mischte ich mich unter die Menge, so würde ich augenblicklich aufhören, ich selbst zu sein. Nur darum kann ich in Versuchung führen, weil mich keiner erkennt. Ich sterbe in dem Augenblick, da ich in dem Gefühlschaos entdeckt werde, mit dem sich die Menschen über ihr Elend und über meine Fremdheit trösten. Denn ich habe getan, was keiner von ihnen je zu tun wagte. Und keiner weiß und ich werde es auch nicht verraten, ob meine Strafe nicht meine Belohnung sein wird.«

Langsam, mit zerzaustem Haar und leerem Blick nähert sich die Bleiche in den schimmernden Brokatgewändern. Als sie an Javier vorbeikommt, hält er sie fest und flüstert: »Nein, Jeanne, geh nicht in seine Nähe.«

Mein kleiner Mann streckt die schönen Hände aus. »Sie braucht nicht in meine Nähe zu kommen. Ich spotte der Entfernung, mein Freund.«

Ich lasse seine kleinen Finger zärtlich über den Satin seines Schlafrocks streichen. »Ah«, sagt er leise zur Bleichen. »So treffen wir uns wieder.«

»Jeanne. Jeanne.« Jakob scheint vor Verwirrung zu beben. Er sucht nach Worten, während der kleine Mann auf meinem Knie die winzigen Fingernägel an den gesteppten Seidenaufschlägen seines Schlafrocks poliert. »Jeanne«, sagt Jakob schließlich, »fürchte dich nicht vor deinen Visionen. Liebe deine Menstruation und deine Anfälle, Jeanne, deine Orgasmen geben dir Leben und Gesundheit. Ich schwöre es, Jeanne. Und auch mir geben sie Leben und Gesundheit. Schäme dich nicht. Fürchte dich nicht. Flüchte dich nicht in die falsche Welt der Worte, die sich so leicht meistern läßt. Wahrhaft schwer, Jeanne, ist nur die wirkliche Welt zu meistern, die verfluchte unglückliche Welt der schrecklichen Schmach, des Schweigens, der Niederlage und so fort.«

Die Bleiche tritt vor und berührt die blaue Pagode und die Drachen auf Herrn Urs von Schnepelbrückes rotem Schlafrock. Ihre Finger berühren die Seide, und sie verharrt reglos. Auch Jakob wagt sich nicht zu rühren, aber leise und ernst redet er auf sie ein: »Glaube ihre Lügen nicht, Jeanne. Kein Dichter ist Prophet der Folter. Keine Philosophie verkündet die Gerechtigkeit des Mordes. Sie sprechen vom Bösen, Jeanne, damit wir es vor uns und als Teil des Lebens sehen, damit wir dadurch verderben, Jeanne, und es uns in unserer Isolation besiege. Jeanne, laß dich nicht besiegen, meine Geliebte. Weder dein Körper noch dein Denken wird schlecht sein, wenn du berührst und dich berühren läßt. Er fürchtet sich, Jeanne. Denk stets daran, daß er sich fürchtet. Er will nicht, daß ihm das Leben nahekommt. Er will sich allein retten. Allein und durch die Zeugnisse des Todes, die ihm seine Illusion des Seins verschaffen . . .«

»Mein lieber junger Herr!« sagt Herr Urs sehr höflich. »Schließlich ist alles erlaubt.« Mit einem Ausdruck des Ekels weicht Jeanne von ihm zurück, stürzt verkrümmt und gewürgt zu Boden, speit die Hoden von Böcken aus und Teufel, die in haarige Würmer verwandelt sind. Jakob bedeckt das Ausgespiene mit einer Hand. »Ja«, erwidert er dem kleinen Mann auf meinem Knie, »alles Leben ist erlaubt. Aber nicht der Tod. Nicht der Tod!« Jeanne lacht und stöhnt, und ihr Herz hämmert wild, und sie zittert von Kopf bis Fuß. Nicht ohne Mühe schlägt mein kleiner Mann die Beine übereinander. »Ketzerei, Hexerei, Belial, wahre Freiheit, Namon, Blutdurst, Mord«, schreit die Bleiche, die gequälte Nonne. Sie verkrallt sich in ihre üppigen Gewänder und bittet uns, sie in den Fluß zu werfen. Sie krümmt sich auf dem Boden und murmelt: »Feuer, Schwefel, Dunkelheit und der Gestank der Verdammnis.« Jakob hält sie in den Armen und nimmt teil an ihren Zuckungen. Er legt die Lippen an ihre zusammengebissenen Zähne und flüstert: »Nein, Jeanne, nicht du und ich. In deinem Leiden liegt die Chance der Größe. Du und ich werden gegen uns ankämpfen, Jeanne. Wir werden es versuchen und scheitern und es wieder versuchen und wieder scheitern und bis zum Ende der alten Widersprüche gehen, um sie zu leben und aufzuheben, um uns von unserer alten Haut zu befreien und sie einzutauschen für die neue Haut neuer Widersprüche, die uns erwartet. Wir werden allein kämpfen, ohne andere zu verletzen, weder Bild noch Schrift, weder Kopf noch Schwanz, weder Adler noch Sonne.«

»Ich fürchte, das wird nicht genügen, junger Mann. Nein, es wird nicht genügen. Viel zu leicht werden Sie Verzeihung erlangen. Ich schlage vor, Sie tun etwas ganz Unverzeihliches. Nur dann verlohnt es sich, demütig nach Erlösung zu suchen.«

»Man muß niemand opfern, um der Einsamkeit zu entrinnen«, flüstert Jakob ins Ohr der Bleichen. Sie murmelt die einfachen Wörter der Kindheit: »Mutter, Vater? Papa? Juanita? Ferien? Ferien?« Ihr Finger weist auf den kleinen Mann auf meinem Knie. Auf den sitzenden blonden Boston-Boy. Nun deutet ihre geschlossene Faust aufs Fenster. Durch eine Bewegung des Körpers fleht sie das Fenster an, näher zu kommen und ihr, obwohl sie keine Kraft mehr zum Sprechen findet, eine Fluchtmöglichkeit zu bieten. Jakob streichelt sie zart. »Gib nicht auf, Jeanne. Er behauptet, seine Macht läge in der Isolation, aber er braucht Opfer, um der Einsamkeit zu entrinnen. Glaube an mich, Jeanne.

Glaube meinen Worten. Wir werden seiner kollektiven Gewalttätigkeit mit unserer individuellen Gewalttätigkeit begegnen. Mit unserem Leben werden wir Geschichte machen, damit er nicht mit unserem Tod Geschichte macht.«

Der kleine Mann lacht. »Immer wird es eine Macht, eine Ordnung, eine Begeisterung geben, durch die ich meine Proselyten gewinnen werde. Wie närrisch die Menschen sind mit ihren Trommeln und Kapellen, ihren Fahnen und Paraden. So grob, so grob. Bah, wer braucht schon ein schwarzes Hemd? Ein schlichter Flanellanzug genügt. Cäsar bedarf keiner Verkleidung. Er ist Cäsar, und er weiß es. Wird er mit dem Plebs auf der Straße verwechselt, dann desto besser. So kann er mit der Straßenmenge verschmelzen und unsichtbar sein Ziel erreichen. Und ich werde an seiner Seite sein.«

»Wir werden gestürzte Herren, doch unsere eigenen Herren sein«, flüstert Jakob, während er das Gesicht der Bleichen zärtlich zwischen den Händen dreht. »Beständiger Schmerz und großes Glück werden uns begleiten. Nur das verspreche ich dir.« – »Aber ich fühle nichts, Jakob«, erwidert sie. »Meine Brustwarzen sind entzündet, aber ich fühle sie nicht. Ich fühle weder das Feuer, das meine Füße verbrennt, noch die Nägel in meinen Händen . . .«

»Bah, Versprechen, natürlich.« Der kleine Mann lacht leise in sich hinein. »Von fern werde ich dich versuchen, jedes Versprechen, das du je gegeben hast, zu brechen. Komm her zu mir. Auch ich bin ewig.«

»Ich höre Musik«, unterbricht Boston-Boy.

»Schweig, mein junger Freund. Hör zu, genieße sie und sei still.«

»Ich sehe Licht, das sich rings um uns herabsenkt.«

»Idiot, nichts siehst du. Niemand spricht mit dir.«

»Du hast von meiner Versuchung gesprochen, von meiner Heimat, meinem Blut, meiner Phantasie und deiner Erinnerung, ja selbst von meiner Liebe. Sag mir . . . Nein, verzeih. Das gehört zur Rolle des Zeremonienmeisters.«

»Narr, Dummkopf, du hast kein Recht zu fragen. Du bist verurteilt.«

»Ich? Und was ist mit dir, der du mich angesteckt hast?«

»Wie er jeden unterwürfigen Portier angesteckt hat, der in der Halle eines jeden Hotels steht und sein kostbares Trinkgeld erwartet«, spricht Richter Morgana, indem sie näher kommt.

»Wie er die faschistischen Halbwüchsigen angesteckt hat, die als Tiroler Bursche oder bayrische Maid verkleidet mit einer Handvoll Flugblätter an der deutschen Grenze stehen und sie in vorbeifahrende Autos werfen, um die Erinnerung an Deutschlands Größe zu bewahren und die Hoffnung, es möge wieder groß werden, die kleine Landkarte des heutigen Deutschlands möge wieder zur großen Karte von Deutschlands ausgreifendem Traum werden.« Jakob hält die Bleiche fest in den Armen. »Sag mir«, fragt er sie leise, »wo warst du zu Hause?«

»In Holland, Herr. Vater. Hans. Ferien. Wir nehmen den Zug und fahren für lange in Ferien.«

»Und du?« zu Morgana gewandt.

»Jenseits der Oder. Auch wir waren mit dem Zug nach Süden in die Tschechoslowakei gefahren, und als ich von dem Lastwagen kletterte, der uns zur Festung brachte, ließ ich meine Puppe fallen, und ihr Kopf brach entzwei. Ich erinnere mich, daß ich weinte. Irgend jemand berührte meinen Kopf.«

»Und du?« zu Rosenarsch.

»Preßburg an der Donau. Kaum entsinne ich mich daran. Ich war ein Kind. Die Hunde bellten. Es war kalt. Sie zogen uns aus, trennten uns, und einer machte einen bitteren Witz: Arbeit macht kalt.«

»Und ich? Ich, der Sohn Hanna Werners, die im Oktober 1944 in einer Gaskammer von Auschwitz starb? Ich, ihr Sohn Jakob, der – zwei Wochen alt – von Theresienstadt nach Treblinka verschickt wurde? Und ihr, ihr anderen, der Chor der Kinderoper von Theresienstadt, bewundertet ihr nicht die Tüchtigkeit und Hingabe eurer Kerkermeister? Gefiel euch nicht die ausgezeichnete Konstruktion eurer Gefängnisse? Fühltet ihr euch nicht warm und geborgen durch die fanatische Aufmerksamkeit, die eure Wächter noch der letzten Einzelheit schenkten? Konntet ihr je anklagend auf den geringsten Mangel an Voraussicht, die geringste Leichtfertigkeit in der euch zuteil gewordenen Behandlung hinweisen? Mein Gott, was wolltet ihr? In einer Zelle zu leben, die Franz Jellinek erbaut hatte, war sicherer als ein Lufthansa-Flug.«

»Bah«, schnaubt Herr Urs. »Das Getto hat euch alle angesteckt. Und die Ansteckung des Gettos ist die wahre Ansteckung.« Seine Hände sind meiner Kontrolle entglitten. Sie berühren die Tastatur eines unsichtbaren Klaviers, schlagen groteske flatternde Arpeggien an, heftige Akkorde, eine sentimentale Melodie. »Die Neurose wurde im Getto geboren. Aus Angst vor der Lächerlichkeit.« Er starrt auf seine Fingernägel und verstummt. Die Bleiche, die nun mit müden Augen, erschöpft, aber gelassen wie ein Zauberer in ihren verschwenderischen Gewändern neben dem Kamin sitzt, schaut ihn schließlich an, weder furchtsam noch fasziniert.

»Nein, Sie verstehen nicht. Das Getto lehrte uns, daß nichts endet. Nichts je gelöst wird. Daß alles wieder und wieder gelebt werden muß, ein ums andere Mal.«

»Ja, du magst recht haben.« Der kleine Mann auf meinem Knie wird mit jedem Augenblick weicher und zugleich starrer zwischen meinen stützenden Händen. »Nur einmal, ein einziges Mal, meine lieben Freunde, verlor ich die Geduld und erlag der Versuchung, das Leben noch einmal neu zu leben.« Ich stelle ihn auf den Boden, und seine Beine geben unter ihm nach wie Fetzen. »Stolz verblendete mich. Nur einmal, gewiß, aber das war genug. Davor hatte ich in wahrer Demut gelebt. Aber dies eine Mal war ich in meinem Fleische schwach. Ich wollte einen unmittelbaren Beweis meiner Macht. Ich verriet meine Rolle, die eine Rolle des schlichten und unerschütterlichen Wartens hätte sein sollen. Die Rolle des Stolzes, der so stark ist, daß er aus sich selbst, ohne Tat überleben kann.« Ich hebe seine Arme über seinen Kopf und lasse ihn unsicher und schwach wie ein Kind von zwölf oder dreizehn Monaten zur Kiste laufen. »Ich beschloß es zu wagen. Zu sterben, nur um am dritten Tage wiederaufzuerstehen und zu beweisen, wer ich war, daß es zumindest noch einen anderen Erlöser gab, nicht nur IHN.« Ich führe ihn zu der Kiste und hülle ihn in die rote Seidendecke. »Am dritten Tag würde auch ich auferstehen und den Eisschrank verlassen. Ich schluckte die Pillen, legte mich ins Bett, deckte mich mit der Steppdecke zu und zog ein Kissen übers Gesicht und wartete. Und nun ... Gute Nacht, meine Herren und Damen. Ich muß Caligari werden. Ich muß nach Hause gehen.« Ich bedecke das gelbe Gesicht des Herrn Urs von Schnepelbrücke mit einer kleinen Decke.

Boston-Boy spricht das einzige Requiem: »Kein Mensch hat einen Anspruch auf Ewigkeit. Doch jede unserer Taten verlangt sie.« Er wendet sich um und sieht Jakob ins Gesicht. »War ich nicht trotz allem ein Mensch? Wenn ich unmenschlich war, blieb ich darum nicht doch ein Mensch? Wem schade ich heute? Die Wunde in meiner Seele ist vernarbt. Eine Seele aus Gelee wie die von Javier ist weit schuldiger als die meine. Vergebt die großen Träume, Brüder, und straft die lächerlichen kleinen Nickerchen. Brüder, Brüder, haben zwanzig Jahre des reinen Gewissens nicht genügt, Vergebung zu erlangen für das, was höchstens eine Unterlassungssünde war, eine Versuchung, der ich nachgab, ohne sie je recht zu verstehen?«

Richter Morgana lacht trocken. »Gewiß, gewiß. Kehr zurück. Die ganze Nation wird dich ehren.«

»Kehr zurück«, sagt Rosenarsch. »Krupp wird dir eine Stelle geben.«

»Oder IG-Farben«, wirft Jakob ein.

»Oder vielleicht die Bundeswehr«, sagt die Bleiche.

»Warum sollte er so weit gehen?« dröhnt Bruder Thomas' Baß. »Du brauchst nur nach Norden bis Laredo zu fahren und dort über die Grenze zu gehen. Dort sind heute die tüchtigen Fabriken. Dort wirst du einen Posten finden, um Napalm herzustellen oder Detergentien, die der Haut die Farbe entziehen.«

»Im Gegenteil, er muß weitergehen«, sagt Jakob. »Die Pflicht ruft. In Vietnam müssen mehr strategisch wichtige Flecken genommen werden. Der Angeklagte ist tüchtig. Er ist sorgfältig. Er führt Befehle energisch und genau aus. Solche beruflichen Qualitäten sind unbezahlbar. Er wird dringend für den Bau von Gefängnissen, Hinrichtungsanlagen und Krematorien gebraucht. In Kambodscha. In Laos. In Peru. Im Kongo. In Mexiko. In Spanien. In South Carolina. Oh, unendlich viel bleibt noch zu bauen. Es bleibt die Isolation zu organisieren. Nach seinem Bildnis. Ein großes Werk, das Hingabe und Verantwortung verlangt. Ehe das Jahrhundert endet, muß die gesamte Welt ein einziges großes Konzentrationslager werden. Jeder einzelne muß ein schwarzer Stern werden, der sich vereinsamt durch schwarzen Raum bewegt und – wenn überhaupt – unsichtbares Licht ausstrahlt. Der Angeklagte blickt in eine vielversprechende Zukunft.«

»Was zum Teufel weißt du schon?« sagt der noch immer kniende Angeklagte zornig. »Welche Spur ließ ich zurück? Ich starb, verschwand, wechselte den Namen. Aber ich schwöre, daß ich das Grab deiner Mutter suchte. Ich kehrte nach Prag zurück, und glaube mir, damals wollte das etwas heißen. Ich fand es nicht. Sie war namenlos. Ein anonymes Opfer im Mausoleum aller anonymen Opfer.«

»Aber du dachtest nie daran, Professor Maher zu besuchen, nicht?« Jakob massiert die Füße der Bleichen. »Er wohnte noch immer im gleichen alten Haus wie damals, in der gleichen Straße. All die Kriegsjahre hindurch hatte er Verfolgte zwischen seinen Flöten und Oboen versteckt und ihnen zur Flucht verholfen. Er rettete viele. Und nie vergaß er den jungen Mann und das junge Mädchen, die mit ihm zu essen pflegten und danach über Musik und Architektur redeten. Während der Besatzung ging der Professor nicht auf Nummer Sicher. Wieder und wieder riskierte er seinen Kopf. Und er tat es in eurem Namen, euretwegen, der Liebe wegen, an die er sich erinnerte.«

»Wie kannst du das wissen?« wiederholt der Angeklagte bitter, indem er aufsteht. »Wie kannst du irgend etwas wissen? Du warst ein Kind, ein Säugling, du konntest mit niemandem sprechen. Wer erzählte dir davon? Jene Zeit war nicht deine Zeit. Du kannst sie nicht kennen. Sie ist vergessen, dahin, unwiderruflich verloren.«

»Soll ich es dir zeigen?« Jakob springt auf die Füße, geht zu der alten Kiste, öffnet die schmalen Schubfächer und greift nach Papieren, Tigrin, die viele Jahre dort gelegen haben, ohne daß jemand sie berührte. Er wirft sie in die Luft, auf den Boden. »Da steht alles, Franz. Nichts geschah, was nicht sorgfältig aufgezeichnet worden wäre. Diese Papiere erinnern sich. Hier. Und hier. Und hier.«

Die Mönche fallen über die Papiere her. Über die ältesten, über die jüngsten. Über die vergilbten wie die anderen, die noch frisch und weiß sind. Zerknitterte Blätter, glatte Blätter. Vielleicht suchen sie nach der Erklärung, die ihnen erlauben wird, in Frieden ihrer Wege zu ziehen, wie es irgendwo heißt. Zeugnisse der Demütigung. Testamente der Not und der Dankbarkeit. Akten über Geburt und Tod unserer ewig wiederholten Legenden. Als ob eine derartige Erklärung möglich wäre. Als ob sich das Irrationale erklären ließe. Hab Vertrauen und fürchte dich nicht, Tigrin. Dieser Umschlag, den die Bleiche in deinem Namen vom Boden nimmt und aufreißt wie du vor so vielen Jahren, als ihr nach Mexiko zurückkehrtet, wird nichts erklären, obwohl sie uns den Brief vorliest: *»Sehr geehrter Herr, bezugnehmend auf Ihr Schreiben vom 12. April, sehen wir uns leider gezwungen, Ihnen mitzuteilen, daß wir im Augenblick Ihr Manuskript, das wir mit getrennter Post zurückschicken, nicht veröffentlichen können. Wir verbleiben hochachtungsvoll, Ihre . . .«* Und Professor Mahers Brief an Jakob wird immer nur eine Folge von Silben bleiben, obwohl Boston-Boy, der blonde Angeklagte, sie als Worte ausspricht: *»Nie liebte sie einen anderen Mann. Und ich kann schwören, gleichgültig, was er getan oder zu tun unterlassen haben mag, daß er sie immer liebte. Er sagte mir dies in eben dem Haus und neben dem Schreibtisch, an dem ich nun schreibe, und ich weiß, daß er die Wahrheit sprach; ich bin ein alter Mann und erkenne die Wahrheit. Als ich ihm zuerst begegnete, war er ein junger Mann, der diese Stadt, Musik und Architektur, vor allem aber sie liebte. Alte Menschen täuschen sich nie, Jakob. ›Professor‹, sagte er mir eines Abends, ›sorgen Sie sich nicht um sie. Ich werde sie immer beschützen. Immer. Nie werde ich sie verlassen.‹ Ich glaubte ihm. Du wirst dies lesen, wenn du ein Mann bist. Ich habe dir deinen Namen genannt, und ich nenne dir den seinen. Ich weiß nicht, was aus ihm geworden ist. Es hieß, er sei am letzten Kriegstag gefallen, aber die Meldung war verworren und mysteriös, und seine Eltern glaubten, es sei vielleicht eine falsche Identifizierung gewesen. Jeden-*

falls kehrte er nie zurück, und so ist er vielleicht wirklich tot. Sollte er jedoch leben, wirst du ihn vielleicht eines Tages aufsuchen wollen, wird dein Geist vielleicht diese Gewißheit verlangen, und vielleicht wird es dir gelingen, ihn zu finden. Aber vielleicht wird dich dieser Brief auch nur verstören und beunruhigen. Wenn ja, dann verzeih bitte einem alten Mann, der alle liebt, alle sehr liebt ...« Auch die vergessenen Seiten von Javiers Buch werden nichts Erhellendes beitragen, jenes aus dem Leim gegangenen Buches, das in einer der Schubladen zwischen Pappdeckeln mit der Aufschrift »Die Büchse der Pandora« gefunden wird. Rosenarsch liest: *»Der Name des Namens? Jason? Argonaut? Medea? Die Natur stirbt, aber ihre Namen bleiben, unverändert. Blume, Vogel, Fluß, Baum und Ernte sind für immer und ewig, die Rose und der Kolibri, der Nil, die Fichte, das Korn oder die Baumwolle. Der Tod in der Natur, das Sterben der Natur ändert keine Namen. Nicht so beim Menschen. Des Menschen Name stirbt mit ihm. Er will sich nicht wiederholen und ist bereit, teuer für diese Einmaligkeit zu zahlen. Aber ich möchte ein Mensch sein, der fortfährt, das Vergangene und das Zukünftige zu benennen. Jason. Argonaut. Medea. Damit nicht alles wieder von neuem erlernt, alles von Anfang an gelebt werden muß. Ordnung und Fortschritt? Die Losung ist weder menschlich noch treffend. Der Mensch macht keinen Fortschritt. Jedes Kind, das geboren wird, ist eine erste Schöpfung. Es muß alles für sich selbst und für die Welt wiederholen, all die alten Ereignisse, als habe sich nichts vor seiner Geburt ereignet. Es ist der Welt erster Säugling, erstes Kind, erster Jugendlicher, erster Liebhaber, erster Ehemann, erster Vater, erster Künstler, erster Soldat, erster Tyrann, erster Rebell und schließlich der Erde erster Leichnam ...«* Und nun stößt Bruder Thomas auf einen alten, brüchigen, zerfetzten Folianten, den er durchblättert und aus dem er vorliest: »Dies wurde offenbar 1776 in Uppsala gedruckt. Hört: *1703 säte ein Zauberer und Scharlatan, der sich selbst Doctor Caligari nannte, Schrecken und Tod von Dorf zu Dorf, von Jahrmarkt zu Jahrmarkt, und zwar durch sein gehorsames Medium, den Schlafwandler Cesare ...«*

Nein, Tigrin, sie bedeuten nichts. Warum sollten sie? Diese Briefe und Bücher schrieb und las ein junges Liebespaar vor dem Krieg auf einem langsamen Schiff der Lloyd-Triestino-Linie, und da die Bestimmung des Schiffes Griechenland oder China via Saturn und Sirius hieß, hatten sie Lichtjahre an Zeit totzuschlagen. Sie zerstreuten sich damit während der langen Stunden auf dem Meer und warfen die Papiere in die Fächer einer leeren Welt. Und ein alter Jude in der Tacuba-Straße verkaufte mir diese Welt sehr billig. Die Polizei hatte ihn erwischt, als er Jugendliche auf öffentlichen Toiletten belauschte. Er war ein Voyeur wie du und ich. Er konnte der Versuchung einfach nicht widerstehen, erzählte er mir. Nun wollte er sein ganzes Hab und Gut verkaufen und verschwinden. Er war ein Experte im Verschwinden. Er bot mir Celli, Zylinder, Schneiderpuppen und Leichenwagen an, sein ganzes großes Lager in dem alten Palast an der Tacuba-Straße hinter einem kahlen Patio mit trockenem Brunnen und einem aufstrebenden Portal aus bizarrem Stein, dessen verschlungene Säulen auf den Klauen einer riesigen Katze ruhten.

»Ich, Jakob Werner, geboren im Jahre null, verurteile Franz Jellinek, der vor zweitausend Jahren geboren wurde, zum Tode.«

Ich muß lachen, Tigrin. Mir scheint, diese sechs Mönche haben sich die Krankheit geholt, die sie kurieren wollen. Ich weiß nicht, ob ihre theatralischen Spiele etwas Wahres enthalten oder ob sie reine Karikaturen sind, die sie ausführen, um mich anzuführen, karikierte Szenen, die nicht das geringste mit dem Leben der Personen zu tun haben, die sie darstellen wollen – mit dir, Javier, Franz. Nichts weiß ich, nur daß der Prozeß gegen Franz mich weder von seiner Schuld noch von der Gerechtigkeit der verhängten Strafe überzeugt hat. Und auch, daß ich verdammt noch mal der Erzähler bin und ihre Geschicke in der Hand halten sollte, um sie nach Belieben zu gestalten, zu zerbrechen, zu ordnen oder zu verändern. Ja, das sollte ich. Aber meine Hand fühlt sich leer an, bis auf den Schweiß. Nun gehen sie zur Tür. Ich vertrete ihnen den Weg und sage undramatisch und meine Gelassenheit bewahrend: »*Cats,* ihr habt mich nicht überzeugt. Nicht im geringsten.«

Aber entweder hören sie mich nicht, oder sie wollen mich nicht hören. Sie gehen weiter und singen wieder eine ihrer endlosen Litaneien: »Er durchkreuzte die Bahn der

Sterne ...« Und ich würde sie gern verspotten, ihnen ins Gesicht sagen, daß sie mich belogen haben. Haben sie sich nicht gerühmt, des Lebens kleines Spiel allein zu spielen? Daß sie die Welt so hinnehmen, wie sie ist, daß wir alle auf diese oder jene Weise an der Schuld des einzelnen mitschuldig sind? Ich würde ihnen diese Worte gern ins Gesicht schleudern, aber in diesem Augenblick kann ich an nichts anderes denken als an Isabel ... an dich, Pussycat, in Javiers Armen in einem billigen Motel an der Straße nach Toluca.

»Er drängte die Gezeiten des Meeres zurück ...«

Bebend, tanzend, singend kommen sie langsam mit rollenden Augen und verhangenem Blick auf mich zu. Und ich begegne ihren Halluzinationen mit meiner unsicheren Vernunft. Dann vergebt ihm in Gottes Namen, vergebt ihm und denkt daran, daß auch er liebte und atmete und ...

»Er tötete die Frucht im Samen ...«

Aber heute schadet er niemand mehr. Ihm wurde verziehen, die Zeit hat ihm verziehen. Javier ist zehnmal weniger ein Mann, hundertmal mehr ein Verbrecher. Er verdient tausendmal mehr Strafe. Na, Tigrin? Genug? Dies ist eben eine Detektivgeschichte, und die Stunde der Abrechnung ist gekommen, in der wir Sünder nicht belohnen sollen, als wären sie Gerechte.

»Er ätzte den Mund des Kindes mit der Muttermilch, er stieg zum Himmel auf, ihn zu verderben, und hinab in die Hölle, sie aus der Unterwerfung zu befreien ...«

Isabel in einem kalten Motelzimmer mit ihrem lächerlichen Proffy, den sie nicht lächerlich zu finden scheint. Und auch die Bleiche ist nicht mein. Nie wird sie die Meine sein, und sie ist das einzige Begehren, das ich in dieser Nacht gefühlt habe. Scheiße, Scheiße. Dieser verdammte Kuß. Und wie überzeugend sie ihren falschen Ehemann beleidigte. Sie zeigte darin alte Gewohnheit. Dann Jakob, der sie streichelte, in seinen Armen hielt. Die Zärtlichkeit, mit der er sie beschützte. Und wie behutsam er sie zum Kamin führte. Jakob ist mein Rivale, das ist klar.

»Er gebot dem Mond, Gift zu regnen ...«

Ich kann ihnen meinen Zweifel und meine schlimme

Vorahnung nicht sagen. Vielleicht wird die Bleiche ohnehin nie mein sein, aber gewiß nicht, wenn ich meiner selbst unsicher scheine. So, *adiós,* Franz. Und nach deinem Abgang werde ich ihnen sagen, daß sie sich geirrt haben. Nicht jetzt. Jetzt werde ich zusammen mit ihnen rufen, daß man dir nicht vergeben darf, denn dir vergeben hieße der Vergebung jeglichen Sinn rauben. Erst später werde ich darauf bestehen, daß du den Tod nicht verdientest, daß du den Preis für dein Verbrechen, welcher Art es auch gewesen sein mag, gezahlt hast, gezahlt mit fünfundzwanzig langen Jahren des Anstands und der Rechtschaffenheit. Javier und Elizabeth haben ihre Hölle aufrechterhalten, haben Tag für Tag mehr Öl hineingegossen. Du nicht, Franz.

»Er gebot der Luft, Flammen zu regnen . . .«

Ich vertrete ihnen nicht länger den Weg. Ich drücke mich gegen die Wand, lasse sie vorbei, lasse sie vorbei. Jemand hat die einzelne Kerze ausgeblasen, und im Dunkeln versuche ich zu spüren, zu fühlen, zu riechen. Als die Bleiche vorbeigeht, würde ich gern die Hand ausstrecken, sie berühren und anhalten und ihr meine Zweifel erklären. Verdammt, was hat er denn getan? würde ich hartnäckig fragen. Und wem bedeutet es heute irgend etwas? Ich werde es nicht tun. Ich kann es nicht tun. Einer hinter dem anderen verlassen die sechs Mönche das Zimmer und gehen die Wendeltreppe hinunter. Ich kenne ihre Antwort. Es kommt nicht darauf an, was Franz tat oder nicht tat, Mann, er verkörpert einfach das Alte und wir das Neue, und das Alte muß gestürzt werden, muß weichen. Ja, der Zyklus ist zu Ende, und die neue Pyramide muß auf den Trümmern der alten errichtet werden. Und daher muß Franz sterben. Was tat er? Viel, wenig, nichts, es spielt keine Rolle. Trotzdem wüßte ich es gern. Vielleicht steht es irgendwo in einem der Hefte, auf einem der Papierfetzen, den ich bis jetzt noch nicht in den Fächern der Kiste gefunden habe. Denn es sind so viele dieser kleinen Fächer. Tausende. Und ich habe jetzt keine Zeit.

Ich gab den Kampf auf, Tigrin, und schloß mich ihnen an. Zugegeben, ohne viel Begeisterung, doch die schwache Erregung genügte, den Ausschlag zu geben. Ich wollte mit ihnen zusammen sagen, zum Teufel mit dem Alten. Zum Teufel mit dem Vierziger, der ich bin. Zurück zur Erinnerung an die Jugend, wenn nicht zur Jugend selbst. Du hättest dasselbe getan. Die mittleren Jahre sind das Allerletzte. So folgte ich ihnen die Treppe hinunter durch meinen verrotteten Garten, in die Gasse und über den Ring zu der Straße, in der ihr alter Lincoln geparkt war. In einem Halbkreis versammelten sie sich vor der Wagentür und wiesen auf die sechs kleinen schwarzen Hakenkreuze, die dort klebten. Fünf davon trugen große X-Zeichen, wie jene, die auf den Kampffliegern die Zahl der abgeschossenen Feinde anzeigen. Ein Mönch nach dem anderen trat vor, legte einen Finger auf eines der durchgestrichenen Hakenkreuze und erklärte knapp:

»Oberscharführer Heinrich Krüger. Organisierte den Transport der dreitausend Juden, die für die Ermordung des Protektors von Böhmen und Mähren umgebracht wurden.«

»Ruby Richter. SS-Wärterin der Frauenbäder in Auschwitz.«

»Leutnant Malachias von Dehm. Teilnehmer an der Zerstörung des Warschauer Gettos.«

»Lisbeth Fröhlich, gelernte Krankenschwester. Die Zubereitung vergifteter Marmelade für die physisch und geistig kranken Kinder, die nach Treblinka geschickt worden waren.«

»Lorenz Kemper. Werksingenieur. Die Herstellung von Zylindern für das als Zyklon-B bekannte Gas.«

Wer diese Leute waren? Ich weiß es nicht. Du wirst es für mich herausfinden, Isabel. Du wirst Franz zum Reden bringen und es mir dann erzählen. Du wirst mir helfen, die Akte auszufüllen. Aber ich weiß, daß diese Leute tot sind, und ich weiß, wer sie getötet hat. Vielleicht wäre es besser, nicht zu wissen, wer sie waren. Einfach diese nebelhaften Jahre zu vergessen, Jahre meiner Kindheit und Jugend, die zu einem noch immer merkwürdig unverblaßten Mosaik verschmolzen sind, einem Mosaik aus Filmen, Zeitungsschlagzeilen und Radioberichten, Kriminalgeschichten und zerbrochenen Schallplatten, aus den geschriebenen und gehörten Bruchstücken, die unser halbes Leben ausmachen. Nein, ich möchte es wissen. Du wirst es erfahren und mir erzählen, Pussycat. Ich habe noch immer dich, trotz deiner nachdrücklichen Behauptung, du seist im Schoß deiner törichten Mutter psychoanalysiert worden. Ja, noch immer habe ich dich. Und irgendwo singt eine ferne Stimme, und irgendwo weit von hier dämmert es auf der anderen Seite der dicken, runden Welt. Doch vielleicht gar nicht so weit weg von hier, obwohl ich keine Ahnung habe, wie spät es ist. Die sechs Mönche umringen mich, und düster starren wir auf die Hakenkreuze der Lincoln-Tür, die fünf, die durchkreuzt sind, das eine, das noch nicht markiert ist. Und ich denke: Aus Sand wird Wasser geboren und aus Wasser Fisch.

»Er machte das Haus des Lebens ausfindig und zerstörte es.«

Wirklich? Nun vielleicht. Vielleicht stimmt es.

Sein Stellvertreter, der blonde Boston-Boy, öffnet den Kofferraum des alten Wagens und läßt das Bündel, das er unter dem Gehrock getragen hat, in ein Nest aus Kleidern und Lumpen gleiten, ein kleines Bündel, das so lebendig ist wie ich, das wimmert, sich windet und sträubt. Er schlägt den Deckel zu, so daß das Bündel, was immer es auch sein mag, nicht entrinnen, ihn nicht angreifen kann. Und ich, der ich ein phantasieloses altes Wrack bin, hatte den Inhalt meiner erbeuteten Seekiste für recht ungewöhnlich gehalten. Ich habe nicht die geringste Ahnung, was Boston-Boy vorhat. Wie sollte ich auch? Das Irrationale läßt sich nicht erklären. Ich zucke die Achseln. Alle haben sich nun entspannt. Der letzte Akt ist zu Ende. Wir kehren zu unseren wirklichen Namen zurück, wie immer sie auch lauten, zu unserem wirklichen Sein, was immer das auch ist. Bruder Thomas lächelt und zieht ein Streichholz über den Hintern, über den gestickten Silberadler und die Schlange. Seine Marihuana glüht auf. Und nun gehen wir wieder auf einen Trip, Mann. *We are going to fly high, cats.* Hoch und weit, *swinging loose, swinging crazy,* wir verzaubern, rütteln die Dämonen auf, rocken und twisten und weiter, immer weiter, weiter, weiter. Also los, Mann, der Weg ist lang.

Elizabeth und Javier blickten noch immer auf die Mauer mit den Heuschreckengöttern. Sie sahen Franz nicht an. Sie sahen einander in die Augen. Javier wollte etwas sagen, aber Elizabeth verschloß seine Lippen mit ihrer Hand, und sie sahen einander weiter an. Das Meer empfing das Sonnenlicht, reflektierte und filterte es und sandte es verwandelt der Sonne zurück. Das Meer der grünen, blauen und violetten Streifen, Farben des Lebenswassers. Es überwältigt das Land der dunstigen Berge, die wie Schultern blaß und blau aus den Tiefen des Meeres ragen, wie das Rückgrat des müden, alten Meeresungeheuers. Und im Hafen von Rhodos sticht das Schiff in See. In einen schwarzen Schal gehüllt, runzlig und braun wie eine Nuß, aber mit glänzenden Augen und Zähnen steht Elena zwischen den Frauen, ruft laut den Himmel an und betet dann und wann. Die Frauen weinen und lachen unter Tränen. Ihre Männer verlassen sie heute auf dem Schiff. Sie verlassen die Insel, um in Schweden, Deutschland, der Schweiz, Dänemark, wo immer sie gebraucht werden, Arbeit zu finden. Sie werden aufhören, Bauern zu sein, und dafür Kellner und Mechaniker werden. Es weinen die schwarzgekleideten Ehefrauen, die runzligen Großmütter mit weißem Haar und schmalen Lippen, die jungen Kusinen. Alle lassen Gruppenaufnahmen von sich machen. Sofort hören sie auf zu weinen, lächeln für den Fotografen, verfluchen die ungeschickte Alte, die in diesem Augenblick vor der Kamera vorbeigeht. Ganz Rhodos lacht und weint, scherzt und ruft Abschiedsworte. Verkäufer von Sesambrot und Fleischpasteten. Alte Frauen mit schwarzen Turbanen. Lärmende Kinder. Pfiffe und Schreie von Stauern, die be- und entladen. Das Drängen der Träger.

»Verabschiedet Elena einen Verwandten?«

Sie weint und schreit. Sie wirft sich gegen den Schiffsrumpf, reißt den Schal herunter und kniet auf den Boden. Elizabeth winkt ihr zu, zieht das Taschentuch und winkt von neuem. Elena sieht sie und hebt die Arme zum Himmel, ihre Knöchel sind knotig und braun. Sie spreizt die Finger, um mit geschlossenen Augen einen langen Kuß zu schicken.

»Meinst du, sie ist unsretwegen gekommen?«

Die Trosse werden gelöst. Elizabeth verabschiedet sich von Rhodos, ohne daß sie zu weinen wagt. Sie überläßt es Elena und den Frauen der Insel, an ihrer Statt Tränen zu vergießen. Stimmen steigen von der braunen felsigen Erde auf, die nur durch das Meer schön ist, das Meer, über welches das Schiff nun fährt. Elena verliert sich in der Menge, weinend und rufend, immer wieder, immer schwächer.

In jener letzten Nacht, die zugleich die erste war, Tigrin, saßen die sechs Mönche, Isabel und ich unter den graugrünen, abblätternden Arkaden Cholulas auf Messingstühlen um die zwei Aluminiumtische eines Austerngeschäfts, das sich nach Einbruch der Dunkelheit in eine Schenke verwandelte. Ruhig lagen die Austern in großen Bottichen voll grauem Wasser. Ein alkoholgetränkter Wurm trieb in meiner Meskal-Flasche. Ich trank als einziger. Die anderen waren auf ihrem Trip. Sie schwebten, waren *high,* in weiter Ferne. *»Groovy, groovy«,* wiederholte immer wieder das Mädchen, das in einer anderen Nacht Richter Morgana gewesen war und in einem anderen Jahr vielleicht ein Kind, das in einem Zug nach Süden fuhr und eine Puppe trug, deren Kopf zerbrach. Eine kleine Gruppe Musikanten in glänzend lackierten Strohhüten, weißen Hemden und Drillichhosen stand neben uns und sang mit unreinen Stimmen zur Gitarre den *corrido Benjamín Argumedo. »Lo bajaron por la sierra, todo liado como un cohete.«* In unserer Nähe standen auch Frauen mit niedriger Stirn, kleinen Zähnen im dicken Zahnfleisch, das Haar in kurzen Zöpfen oder zu Knoten hochgesteckt, vorzeitig gealterte, in Schals gehüllte Frauen, deren Bäuche das nächste Kind wölbte, während sie das jüngste an der Hand hielten, in den Armen oder auf dem Rücken im *rebozo* trugen. Bloßfüßig liefen die Frauen vorbei, sammelten sich an der Mauer, starrten uns an und lachten lautlos, während sie einander ihre spaßigen Geheimnisse und geheimen Späße erzählten – fast unhörbar, mit dürftig modulierten Worten, verschliffene Ketten lautloser Silben. *Tanto pelear y pelear con el máuser en la mano.* Ungeduldig blickte ich zur Plaza, zur Straße, die zur Basilika auf der großen Pyramide führt, der Pyramide, die in Wirklichkeit aus sieben ineinandergeschachtelten Pyramiden besteht. Die Plaza war leer. Sie gehörte nun allein Cholulas Nachtschwärmern, den streunenden Hunden; manche waren gelb, manche schwarz, alle verloren, träge, gleichgültig, kraftlos und hungrig. Sie flöhten sich und kratzten an den Schwären, die ihre verkrüppelten, ausgemergelten Körper bedeckten. Ich hielt Ausschau, nicht so die Mönche. Weder sahen sie, noch hörten sie. Sie waren nun *high.* An ihre Kleider hatten sie kleine Blechabzeichen gesteckt wie die Sterne, welche die Sheriffs im Osten tragen. *Make Marijuana Legal. Baby Scratch My Back.* LSD NOT LBJ. *Abolish Reality.* Sie rauchten ihr Gras wie schwarze Fledermäuse und bemerkten nicht, daß ich zur Straße blickte und nach unseren Freunden ausschaute, während ich zugleich – als wakkerer mexikanischer Streiter (sag niemals sterben oder so etwas) – unter dem Tisch den Fuß ausstreckte und versuchte, den Fuß des Mädchens zu berühren, das in einer anderen Nacht die Bleiche war und Jeanne Féry und die Nonne und Helena von Troja und die Mutter Maria, du selbst, Tigrin. Ich streckte meine Zehenspitze nach ihr aus, aber sie beachtete mich nicht. Sie und Jakob hielten sich bei den Händen. *Para acabar fusilados en el panteón de Durango.* Ich wandte mich an dich, Isabel, die du mit geschlossenen Augen an meiner Schulter lehntest.

»Meinst du, sie werden kommen?«

Du antwortetest mir nicht. Die *mariachi*-Musiker spielten, und die Hunde kamen an unseren Tisch und schauten uns aus großen hoffnungsvollen Augen an, rote und gelbe Augen, entzündet und triefend. Und ich trank mein Meskal und beobachtete die Gesichter der sechs Mönche. Ich sah sie an einer Maskerade teilnehmen und Verkleidungen tragen, um den letzten Beweis der wahren Energie zu erbringen, der Energie, welche die Dinge ändert, die nie vergeudet ist, die, nachdem sie ausgegeben ist, zwar eine Zeitlang verloren sein mag, dann jedoch zurückkehrt, weil sie nicht wirklich verloren, sondern nur in andere Hände übergegangen war, in Hände, die sie eines Tages vielleicht zurückgeben werden. In staubigen, dreckbespritzten Kleidern saßen sie da, rauchten ihre Marihuana und lauschten den Musikanten, die in einer Aprilnacht für sie spielten.

»Ich habe Kopfweh«, sagtest du, Pussycat.

»Meinst du, daß sie kommen werden?«

»Ich weiß nicht.«

Die sechs jungen Mönche lächelten. Für die Passanten waren die schlammigen Kleider zweifellos ein Bestandteil ihrer Kostüme und dabei weniger auffällig als die Blechabzeichen. *Abolish Reality.* Die Vorübergehenden sahen uns an, dich und mich und die sechs Mönche, ohne uns zu verdächtigen. Warum sollte man uns auch verdächtigen? Die sechs Mönche waren nur komisch, und wer sollte schon wissen, daß ihre Komödie die von Laurel und Hardy war, der beiden Komiker, die es fertigbrachten, daß wir lachten, staunten und die unendlichen Möglichkeiten des Menschen fühlten, wenn sie ein altes Auto auseinandernahmen oder ein properes Vorstadthaus zertrümmerten. Auch die Soldaten beobachteten uns. Die Pistole im Gürtel, die Mütze schräg auf dem Kopf, eine blasse Messernarbe über Wange, Schläfe oder Hals und einen Zahnstocher zwischen den Zähnen, lehnten sie mit ausrasiertem Nacken an den Arkadensäulen und beobachteten uns mit spöttischem Lächeln. Und Jakob umarmte noch immer das Mädchen, das ich die Bleiche genannt habe, und er sah mich an, damit ich begriffe: Was mir vorausbestimmt schien, war für ihn konkret seine Freiheit, und wenn er einundzwanzig Jahre später ihre Folgen entdecken und sein Streben in die Tat umsetzen konnte, dann können auch alle anderen ebenso frei sein. Seine Tat, so sagte er mir bündig, bestand darin, im Namen der gesamten Menschheit gehandelt zu haben. Aber als er die Bleiche umarmte, fragte ich mich nach der Grenze, die das Modell vom reinen Fall trennt; an welchem Punkt hört Rache auf, privat zu sein, und wird frei und öffentlich, um einen Sinn zu ergeben, der in Ringen über den kleinen Kiesel einer Existenz – über den zufälligen Mittelpunkt, in diesem Fall das Leben Jakob Werners – hinauswächst.

Scheiße, sage ich mir, Schluß damit, laß es fallen, aus. Du bist nur eifersüchtig auf seine Jugend und das Mädchen, das er in den Armen hält. Du bist müde und verärgert, daß es so ausgegangen ist, ohne daß du das Zeug dazu hattest, ein Verbrechen zu verhindern, einen Mord, den du nicht billigtest, während du zugleich von den Verbrechern nicht als Kamerad, nicht als ihresgleichen angenommen wurdest. Weder verhindertest du es, noch nahmst du daran teil. Du dientest ihnen lediglich als Führer in einer seltsamen Pyramide, deren Herz eine mit Heuschrecken bemalte Wand ist. Ihr Führer, nicht ihr Mentor, durch die ganze Länge eines Lazaretts, wo dank unserer unausrottbaren Liebe zur Grausamkeit aus der Isolation, in der die Aussätzigen leben, die Illusion des Lebens entstehen kann.

»Werden sie kommen?« frage ich Isabel wieder.

»Ich weiß nicht. Ich bezweifle es. Sie saßen einfach dort und hielten sich bei den Händen.«

»Was sagten sie?«

»Betty redete, nicht Javier. Sie sagte ihm, es sei unwichtig. Das Leben müsse weitergehen.«

Das Mädchen, welche die Bleiche hieß, zog ihren Fuß von dem meinen zurück und sah mich belustigt und verächtlich an. Sehr langsam küßte sie Jakob.

Ich streichelte Isabels Haar. »Wenn wir gleich aufbrechen, können wir bei Tagesanbruch in Veracruz sein.«

»Nein, ich möchte das Meer jetzt nicht sehen.«

»Möchtest du lieber nach Mexico City zurück?«

»Ja.« Sie erhob sich, öffnete die Handtasche und suchte nach Kamm, Lippenstift und Spiegel. »Ja. Man kann hier nichts mehr tun. Kehren wir zurück. Ich bin erschöpft.«

Und die Gesichter der sechs Mönche beobachteten uns spöttisch. Das schwarze Gesicht. Das von strohblondem Haar verdeckte Gesicht des Jungen mit den rosa Hosen. Das gotische Gesicht, dessen Haut sich über spitze Backenknochen spannt und das dem Mädchen in Schwarz gehört. Jakob Werners zusammengekniffene Augen. Das göttlich bleiche Gesicht ohne Brauen und mit orange Lippen, das Gesicht der jungen Elizabeth vom ewig unerträglichen Leben, das nichtsdestoweniger ewig wert ist, gelebt zu werden. Das blonde, bärtige Gesicht aller Agonien. Sie sahen mich an, als ich neben Isabel stand. Und die dunkelhäutigen Frauen mit gewölbten Bäuchen und bloßen Füßen sahen mich an, die sabbernden, schläfrigen Hunde, die höhnisch dreinschauenden Soldaten.

»Ja, kehren wir zurück. Auch ich bin erschöpft.«

Sie alle sahen mich an, lächelten und verschränkten die Arme. *Ya no vivan tan engreídos con este mundo traidor.* Ich nahm eine Handvoll Erdnüsse und warf sie einem der Musikanten ins Gesicht.

»He, du! Immer mit der Ruhe.«

Er legte die Gitarre nieder. Ein Mann mit dickem Schnurrbart. Mit den Bewegungen eines schwarzen Panthers kam er auf unseren Tisch zu.

»Es langt, Säufer. Halt's Maul! Respekt für die Musikanten.«

Ich warf noch eine Handvoll Erdnüsse in sein Gesicht, und die Soldaten, die an den Arkadensäulen lehnten, richteten sich auf und griffen an die Pistolenkolben, die dickleibigen Frauen bedeckten die Köpfe der Kinder mit ihren Schals und traten beiseite, während die Hunde hinkend davonrannten – ein angezogenes Bein, vielleicht auch nur einen Stumpf, in der Luft, die nackte Haut voll grindiger Flecken, und die Soldaten zogen die Pistolen und rannten an den Arkaden entlang auf uns zu, zur Schenke, wo sich die Musikanten anschickten, über uns herzufallen und uns krumm und lahm zu schlagen.

Unvermittelt stand Jakob auf und zog gelassen ein blutiges Messer aus der Aktentasche.

All dies, Tigrin, erzähltest du mir an dem Nachmittag, als man dir erlaubte, mich zu besuchen.

Diese Stätten sind immer weitab von den menschenbelebten Straßen, von den kleinen und großen Städten. Sie müssen weitab sein, denn sonst würden sie ihren Sinn verlieren. Ich weiß nicht, was du zahlen mußtest, ehe sie dich hereinließen, was du tun mußtest. Ich will es mir nicht ausmalen. Aber du hattest immer gesagt: Eines Tages werde ich dir alles erzählen, und ich hatte keinen Grund, an deinem Wort zu zweifeln.

Natürlich mußtest du draußen bleiben, vor meiner Tür.

Selbst dort riskiertest du noch genug. Deine Stimme erreichte mich sehr schwach, sehr leise, aber dann fingen sie die Wände meiner Zelle und verstärkten sie. Deshalb näherte ich mich dir nicht. Ich hatte das Gesicht jenem Teil der Wand zugekehrt, der ein Fenster vortäuscht, und bemächtigte mich deiner Stimme, ehe sie allem entfloh, ehe sie erstarb.

Man muß viel tun, ehe man versteht, was sie sagen. Dies Seiltanzen ist mein täglich Brot, das ich esse, um zu verstehen. Da sie nie gelebt haben, kein Leben, das diesen Namen verdiente, wissen sie nichts, kennen sie nicht einmal die Geheimnisse dieser ihrer Stätte. Sie haben die Isolation geschaffen und glauben, vier Wände könnten sie enthalten. Aber nichts ist völlig isoliert. Nichts, Tigrin.

Sie würden staunen, wenn sie hier mit mir lebten und entdeckten, daß die vollkommene Stille der ersten Tage nur ein Universum von Geräuschen ankündigt, die man erst einzeln hört, bis sie dann zu einem Muster, einer Ordnung verschmelzen. Wenn einer von uns zu seinem Unglück davon spricht, dann lachen sie und nennen es reine Phantasie. Ja, es ist schlimm, eingesperrt zu leben. Nach und nach, fast unmerklich, werden die Schrauben angezogen. Sie selbst beginnen sich vorzustellen, was wir uns vorstellen, und dann sind wir nicht länger allein: auch sie leben eingesperrt. Sie wissen es, und sie wissen, daß es dem Autoritätsprinzip widerspricht, das sie durchzusetzen suchen. Und dann geben sie dir nichts mehr zu essen, Tigrin, damit du keine Verdauungsbeschwerden hast. Oder sie mästen dich mit einem zähflüssigen Papp, weil sie glauben, deine Phantasie sei die Ausgeburt des Hungers und werde von ihm geschärft. Oder sie bedecken den Boden mit Baumwollmatratzen, um die Geräusche zu dämpfen.

So erzähle ich ihnen nichts. Ich spiele den stummen Idioten und behalte das Gehörte für mich. All die Stimmen, die durch den Stein dringen. Das Keuchen der Liebe, das Geschrei eines Streits. Die scharfen Kommandos, das Fallen von Erdklumpen. Die Gewehrsalven, das Klatschen eines Gummischlauchs. Das Winseln von Tieren und das Weinen von Kindern. Die Nachtmusik einer ewigen Ruhe und die Millionen Schritte, die vorbeischlurfen. Das Stöhnen, das ich Nacht für Nacht höre, wenn ich das Ohr an den Boden lege, um mich irgendwie mit jemandem zu verständigen, der unter meinen Fußsohlen begraben sein muß.

Es macht mich glücklich, daß du zu mir gekommen bist. Du wirst mir erzählen, daß du und Javier den Leichnam hinter euch herzogt, als ihr die Pyramide verließet. Als erstes erblicktet ihr den geparkten Lincoln. Ihr ließet den Leichnam auf den Eisenschienen liegen und nutztet die traurige Nacht Cholulas, die lautlos war wie herabschwebender Staub und pechschwarz am Fuß der Pyramide und der Kirche neben der Irrenanstalt, um euch eurer Last zu entledigen. Du öffnetest den Kofferraum des Lincoln, und Javier packte den Toten. Aber in dem Kofferraum fandest du etwas, was du nicht erwartet hattest. Etwas Lebendiges, eingewickelt wie eine Mumie, ein kleines Bündel, das sich bewegte und wimmerte. Du fürchtetest dich. Hinter diesen bandagenartigen Hüllen war Leben, vielleicht sogar mehr als nur ein Leben. Auch Javier fürchtete sich, aber bei ihm zeigte sich die Angst als Handeln. Er ging zurück, holte den Leichnam und schleifte ihn durch die traurige, stille Dunkelheit zum Wagen, eine Dunkelheit, die so geheim war wie die tiefsten Winkel der Erde. Er nahm den Leichnam unter den Achseln, du mußtest ihn bei den Füßen pakken, und mühsam hobt ihr ihn zwischen euch und ließet ihn in den Kofferraum fallen. Javier wollte den Deckel sofort zuschlagen. Du zögertest. Als der Körper des Toten gefallen war, hattet ihr einen leisen Schrei vernommen, und einen Augenblick stelltet ihr euch, als könntet ihr ihn nicht identifizieren; es hätte der Schrei einer Nonne in der Kirche oben auf der Hügelpyramide sein können oder der Schrei eines Patienten in der nahen Irrenanstalt, vielleicht sogar nur eine Grille. Aber ihr wußtet die ganze Zeit, daß der Schrei aus dem Kofferraum gedrungen war. Du griffst unter den Leichnam und zogst das kleine lebende Bündel heraus, hieltest es in den Armen, ohne zu wissen, was es war. Javier wollte, daß du es daließest. Er sagte, es gehöre dir nicht, es ginge dich nichts an, er wolle den Deckel schließen, und dann bloß weg von hier. Aber du wiegtest das Bündel in den Armen, nahmst es an, nahmst alles an und wußtest, daß dir der Inhalt der straffen Hüllen gehöre und zugleich nicht gehöre und daß die Welt voller Rätsel und Geheimnisse sei, denen man nicht zu genau nachgehen sollte, falls man nicht eine Katastrophe beschwören will. Und wen konntest du schon fragen? Du ranntest, Tigrin, ohne zu wissen wohin. Du hättest den steilen Weg zur Kirche hinaufhasten können oder die Straße nach Cholula hinein oder um die Pyramide herum zur Irrenanstalt. Du wähltest letztere, denn du wußtest, daß dort Ärzte und Schwestern seien. So ranntest du zu dem breiten Tor der weitläufigen Anlage und legtest das Bündel dort nieder, wo man es finden würde. Dann kehrtest du zu deinem Mann zurück, Tigrin, wie du immer zu ihm zurückkehrst, zu Javier, der neben dem geschlossenen Kofferraum wartete, in dem eine neue Haut verweste, an Stelle der anderen, die du davor gerettet hattest. Immer wirst du wissen, wen du zu umsorgen und zu beschützen hast, Tigrin. Und es soll keiner etwas von Angst sagen.

Jetzt mußt du gehen. Ich glaube, du bist einen weiten Weg gegangen, nur um diese wenigen Minuten bei mir zu sein, denn wie ich schon sagte, diese Stätten sind immer weitab von aller Zivilisation. Gern würde ich glauben, daß du, um mich zu erreichen, den Einfluß wichtiger Bekannter bemühen und hohe Bestechungssummen zahlen mußtest. Doch ich weiß, daß auch du möglicherweise hier eingesperrt bist, genau wie ich. Denn deine Eltern waren so infiziert oder der Infektion zumindest so verdächtigt wie wir alle. Ich werde nicht sagen, daß du vom verseuchten Boden Nazareths zu diesem Land gekommen bist, wo die Toten leben, die sich selbst auferwecken, zu diesem Palast Unseres Herrn Lazarus. Ja, auch Lazarus lebt hier. Er, der Herr der Auferstehungen. Er, der unserem Haus seinen Namen gegeben hat wie auch der Pyramide und der Kirche, die sie krönt. Wenn man auf den Zehenspitzen am Fenster steht, sieht man manchmal – nicht immer, aber manchmal – die Pyramide und die Kirche, oder zumindest meint man sie zu sehen.

Es ist nun Zeit, daß du gehst, Tigrin. Cesare, der Schlafwandler, dient seinem unsterblichen Herrn gut, und sollte er Verdacht schöpfen, daß ich dir gelauscht habe, würde er mich vielleicht mit einer Kopfgrippe, einer Magenverstimmung oder plötzlichem stechendem Hunger ermorden. Es ist Essenszeit, Tigrin. Der gelbe Hund nagt an den Knochen des maskierten Kindes und wird bald damit fertig sein. Ich kann das Gesicht des Kindes nicht erkennen, doch bin ich sicher, daß es nicht lacht. Unsere Kinder lachen nie, wenn sie nicht gerade komische Masken tragen, lustige Gesichter aus Zucker, süße Skelette und Totenköpfe, die an ihrer Stelle lachen. Und der Tod ist das Marionettentheater, wo die traurigen Augen unserer Kinder ihre eigenen Gesichter auf dem weißen Schädel sehen, denn sie wissen, daß lange bevor ihre Kindheit endet, auch ihre Köpfe weiße Schädel sein werden.

Geh, Tigrin, geh. Der gelbe Hund wendet sich von den Knochen ab. Er ist nur mit schmutzigen Fetzen angebunden, die jeden Augenblick reißen können, und dann . . . Ich weiß, daß sein Hunger noch längst nicht gestillt ist.

Bis dann, Tigrin. *Take it easy. Stay loose.* Und vergiß nicht deinen dich immer liebenden

Freddy Lambert

Tonantzintla, März 1962
New York, Oktober 1965
Paris, September 1966

Übersetzung fremdsprachiger Textstellen

7 *... comme si nous nous trouvions ...* (frz.) ... als befänden wir uns am Vorabend einer unwahrscheinlichen Katastrophe oder am Tage nach einem unmöglichen Fest ...

18 *Statum est hominibus ...* (lat.) Es ist den Menschen gegeben, sich zu erinnern und danach zu urteilen

19 *»I'll give you ...«* (engl.) »Ich werde dir / deine Zeit zurückgeben«

charro (span.) mexikanischer Reiter in malerischer Tracht

20 *Property of the Monks* (engl.) Eigentum der Mönche

21 *»Tout ce qu'on regarde ...«* (frz.) »Alles, was man betrachtet, ist falsch«

»Et puisque cette magie ...« (frz.) »Und da diese Magie in den Büchern vorhergesehen und beschrieben wurde, wird der illusorische Unterschied, den er einführt, nie mehr als eine verzauberte Einsamkeit sein«

29 *Oh, the royal cocks!* (engl.) Oh, die königlichen Hähne!

And then she went on the dole (engl.) Und dann ging sie stempeln

32 *That bitchy smile of yours* (engl.) Dein gemeines Lächeln

»Very funny« (engl.) »Sehr witzig«

»Yes, isn't it?« (engl.) »Ja, nicht wahr?«

35 *»Are you sure, Franz?«* (engl.) »Bist du sicher, Franz?«

40 *»Perchè sì fuggo ...?«* (ital.) »Aber warum fliehe ich vor dieser klaren Täuschung?«

52 *caifán* (span.) Wortverdreher

»I'll wear ...« (engl.) »Ich werde meine Hosenbeine hochgekrempelt tragen«

57 *Klondike Lizzie, the Pebble Rush* (engl.) Klondike Lizzie, die Kieselspringerin

58 *Now you see me ...* (engl.) Jetzt siehst du mich, jetzt nicht

61 *It's the wrong song ...* (engl.) Es ist das falsche Lied, im falschen Stil, obwohl dein Lächeln lieblich ist, es ist das falsche Lächeln ...

61 *»You don't know ...«* (engl.) »Du weißt nicht, wie glücklich ich bin, daß wir uns getroffen haben. Ich fühl mich seltsam zu dir hingezogen ...«
62 *There's someone ...* (engl.) ... Da ist jemand, den ich so sehr zu vergessen suche ...
63 *»Don't you want to forget ...«* (engl.) »Willst du nicht auch jemanden vergessen...«
64 *»Phragmites communis«* (lat.) »Gemeines Schilfrohr«
»Un roseau pensant ...« (frz.) »Ein denkendes Schilfrohr ...«
66 *Just a deterioratin' little boy ...* (engl.) Nur ein heruntergekommener kleiner Junge ...
68 *chongos zamoranos* (span.) mexikanische Süßspeise
82 *Ship of Fools* (engl.) »Das Narrenschiff« (Sebastian Brant, 1458–1521)
»... and all the rest« (engl.) »... und all das andere«
84 *»It's pure camp ...«* (engl.) »Das ist total belanglos. Völlig unwichtig«
»Oh, I don't care ...« (engl.) »Oh, es macht mir nichts aus, ob es regnet oder schneit, solange ich meinen Plastejesus habe«
85 *»There is flies on you ...«* (engl.) »Du bist nicht vollkommen und ich bin nicht vollkommen, wohl aber der alte J. C.«
86 *»We played footsie ...«* (engl.) »Wir haben gefüßelt, Herr Staatsanwalt«
»Gulp!« (engl.) »Schluck!«, lautmalerischer Begriff aus der Comic-Sprache
87 *The Grapes of Wrath* (engl.) »Früchte des Zorns« (John Steinbeck, 1902–1968)
88 *»The Last Time ...«* (engl.) »Als ich das letztemal Paris sah ...«
»San Francisco, hier komme ich«
89 *supporting actors* (engl.) Nebendarsteller
90 *»There you go again«* (engl.) »Da fängst du schon wieder an«
91 *This is the home ...* (engl.) Hier sind Goodyear-Reifen zu Hause ... Hier wird Weizenschrot hergestellt
»Help, I need somebody ...« (engl.) »Hilfe, ich brauche jemanden ...«
»Not just anybody ...« (engl.) »Nicht irgendwen ...«
92 *any time at all* (engl.) zu jeder Zeit
99 *»Superstitio et perfidia«* (lat.) »Aberglaube und Unglaube«
112 *»les douleurs continuelles ...«* (frz.) »die ständigen Schmerzen« ... »die große Freude«
114 *»... that it was just one of those crazy flings«* (engl.) »... daß es einfach eines dieser verrückten Abenteuer war«
115 *»Too hot not to cool down«* (engl.) »Zu heiß, man kühlt nicht ab«

116 *»De l'amour j'ai toutes les fureurs …«* (frz.) »Von der Liebe habe ich alle Leidenschaften …«

117 *»This cold night …«* (engl.) »Diese kalte Nacht wird uns alle zu Narren oder Verrückten machen«

»Dost thou call me fool, boy?« – *»A bitter fool!«* (engl.) »Nennest du mich einen Narren, Junge?« – »Einen bitteren Narren!«

»All thy other titles …« (engl.) »All deine anderen Titel hast du aufgegeben. Mit denen du geboren wardst«

»Womb to the tomb« (engl.) »Von der Wiege bis zum Grabe«

118 *»… the Rockies …«* (engl.) »… die Rocky Mountains können zersplittern, Gibraltar kann einstürzen …, sie sind nur aus Staub, aber unsere Liebe wird bestehen«

120 *»Lo bajaron …«* (span.) »Sie trugen ihn die Berge herab, eingewickelt wie eine Rakete … sie bringen ihn von San Miguel, sie bringen ihn nach Sombrerete … Hör zu, mein General … auch ich war ein tapferer Mann: ich möchte, daß du mich erschießt vor den Augen der Leute … so viele kämpfen und kämpfen, mit der Mauser in der Hand …«

121 *»… para acabar …«* (span.) »… um schließlich füsiliert in der Leichenhalle von Durango zu enden …«

»J'aime …« (frz.) »Ich liebe, ich werde es gestehen, diesen großzügigen Stolz, der sich nie dem Joch der Liebe gebeugt hat …«

»Mourez donc …« (frz.) »So sterbt denn und wahrt ein unmenschliches Schweigen, aber um eure Augen zu schließen, sucht eine andere Hand«

»… ya no vivan …« (span.) »… seid nicht mehr so stolz auf diese verräterische Welt …«

122 *»burning bright …«* (engl.) »brennend hell in den Wäldern der Nacht«

123 *»Et Phèdre …«* (frz.) »Und Phädra, ins Labyrinth mit dir hinabgestiegen, würde sich mit dir retten oder verderben!«

131 *enchiladas* (span.) Pasteten

Latins are … (engl.) Lateinamerikaner sind lausige Liebhaber

132 *»Dónde están …«* (span.) »Wo sind meine teuren Freunde von damals? Bei Brot und Wasser!«

»Este tango …« (span.) »Dieser Tango vereinte uns in jenen unvergeßlichen Nächten von Armenonville«

134 *»J'étais une vraie cinglée …«* (frz.) »Ich war reineweg vernarrt in das argentinische Kino …«

Los Muchachos … (span.) »Die Jungen von früher benutzten keine Präservative«

136 *Noches del Palais* … (span.) »Nächte des Eispalastes … Illusion … du bist nicht mehr … mein Herz zieht sich zusammen …«
138 *Me dejaste* … (span.) »Du verließest mich am Palmenbaum, du stahlst mir …«
152 … *quant' è lungo* … (ital.) … wie schlank, oh, wie schön ist doch der Herr, du bist glücklich, Fräulein, du bist sehr glücklich
155 … *não pode ser* … (port.) … das kann nicht sein …
160 *»Sweet and lovely …«* (engl.) »Süß und lieblich, tralala, das Mädchen mit dem Ipanema-Lächeln«
166 *Pitee ye poore Monsters!* (engl.) Mitleid mit euch armen Monstern!
fools that we are (engl.) Narren, die wir sind
167 *when the burly-burly's done* (engl.) wenn der Wirrwarr ist zerronnen
this mortal coil (engl.) diese Mühsal des Irdischen
169 *Orrida maestà …!* (ital.) Grauenhafte Erhabenheit in dem wilden Anblick!
»Jusqu'à cette froideur par où tu m'es plus belle!« (frz.) »Die Kälte noch: Sie macht dich schöner mir«
171 *»It stinks, caifán. It really stinks«* (engl.) »Es stinkt, caifán. Es stinkt wirklich«
172 *con men and bouncers and pimps* … (engl.) Hochstapler und Rausschmeißer und Zuhälter … Es war eine morsche, sentimentale, geile Welt
173 *»Didn't that show you …«* (engl.) »Hat dir das nicht gezeigt, daß der Lohn der Sünde nicht Tod, sondern Isolation ist?«
»Get off my neck, caifán« (engl.) »Bleib mir vom Hals, caifán«
183 *»Fellow workers …«* (engl.) »Kumpels, ihr habt in allen Kriegen gekämpft …«
184 *You have* … (engl.) Ihr habt alle Länder durchstreift
185 *Have you harvested …?* (engl.) Habt ihr die Früchte eurer Arbeit geerntet?
195 *quenelles* (frz.) Fleischklößchen
»If I had …« (engl.) »Hätt' ich einen Hammer …«
»I'd hammer …« (engl.) »Würde ich am Morgen hämmern … Hätt' ich eine Glocke … Würde ich am Morgen läuten … Es ist die Glocke der Freiheit …«
199 *»Beulah, peel me a grape«* (engl.) »Beulah, schäl mir eine Frucht«
200 *social climbing* (engl.) gesellschaftlicher Aufstieg
210 *Moi, j'aurais porté …?* (frz.) Ich sollte eine ganze Gesellschaft in meinem Kopf herumgetragen haben?

215 *»I think ...«* (engl.) »Ich glaube manchmal, daß alle Mexikaner einfach Vergeltung wollen«

217 *»twist again ...«* (engl.) »wieder Twist tanzen wie im letzten Sommer, wieder Twist tanzen wie letzte Nacht ... Aber letzten Sommer haben wir nicht Twist getanzt, gottverflucht, letzten Sommer waren wir jung, wir waren auf den Inseln und wir liebten uns. Und damals im Sommer davor haben wir auch keinen Twist getanzt: wir liebten uns, fickten, um die Zeit totzuschlagen, und lasen dabei Robert Lowell und Octavio Paz und William Styron und die Nachmittagsschauer kamen und wir waren müde vom Lesen und du kamst schon steif zu mir und ich wartete auf dich und wir liebten uns, als wäre ich eine läufige Hündin, ohne es wirklich zu wollen, nur danach riechend und es brauchend, es vom Sommer erwartend, von den langen, regnerischen Nachmittagen, den schwülen und braungesichtigen Nachmittagen von Mexico City, fickend«

218 *Oh, Mexico City ...?* (engl.) Oh, Mexico City, wenn all deine Kloaken Wohlgeruch wären und deine modernen Apartments ihre Risse verlören, würden deine Frauen aufhören, so traurig auszusehen, deine Männer so närrisch?

219 *tamales* (span.) Maisfladen

222 *»Okay, okay ...«* (engl.) »Okay, okay, immer mit der Ruhe«

226 *»By repeating crime ...«* (engl.) »Durch Wiederholung des Verbrechens überlebt selbst eine Königin ihre kurze Zeit«

236 *»Look, Javier ...«* (engl.) »Schau, Javier, du kannst einfach kein alternder Beatnik sein. Es ist unmöglich«

When you say that ... (engl.) Wenn du das sagst, lächle, Kumpel

239 *bejgl* (jidd.) Brezel

241 *»The Mississippi ...«* (engl.) »Der Mississippi ist unsere Beachtung wert, Kinder. Er ist kein gewöhnlicher Fluß, sondern im Gegenteil in jeder Hinsicht bemerkenswert«

242 *»Liz is a kike!«* (engl.) »Liz ist Jüdin!«

243 *Oh, say can you see ...* (engl.) Oh, sag, verstehst du, du hast in allen Kriegen gekämpft ... laß uns nach Amerika gehen, sagte ein Jude aus Kiew zu seiner Frau, nachdem er sein Eigentum in einem Pogrom verloren hatte. Laß uns diesen höllischen Ort verlassen, wo Menschen Bestien sind, und laß uns nach Amerika gehen, wo es kein Getto und keine Schranken gibt, wo es keine Pogrome gibt, wo sogar Juden Menschen sind

245 *»Touché!«* (frz.) »Treffer!«

247 *»I can't stand ...«* (engl.) »Ich kann die Zimperlichkeit dieser Frau nicht ertragen«
252 *»I love you ...«* (engl.) »Ich liebe dich, weil du mir Dinge sagst, die ich hören möchte«
253 *»There's a place ...«* (engl.) »Es gibt einen Ort, wo ich hingehen kann«
»In my mind ...« (engl.) »In meinem Herzen ist keine Sorge, / Weißt du das nicht?«
254 *»What am I ...«* (engl.) »Was soll ich tun? / Gib mir deinen Ring zurück / Und ich werde dich freigeben: / Geh mit ihm«
»There'll be ...« (engl.) »Es wird kein trauriges Morgen geben,/ Weißt du das nicht?«
255 *»It's been ...«* (engl.) »Es war eines harten Tages Abend«
256 *»You can't buy my love«* (engl.) »Du kannst meine Liebe nicht kaufen«
»Hesitatin' Mama ...« (engl.) »Zögernde Mama, zögernder Blues, / Sag mir, wie lange ich warten muß«
jus primae noctis (lat.) das Recht der ersten Nacht
257 *»She's got ...«* (engl.) »Sie hat den Teufel im Herzen«
266 *»Pivo! Pivo!«* (tschech.) »Bier! Bier!«
268 *knejdlik* (tschech.) Knödel
273 *»Dies irae ...«* (lat.) »Tag des Zornes, Tag der Tränen. Wird die Welt zu Asche wandeln, wie es David und Sybill' bezeugen«
282 *»It's so nice ...«* (engl.) »Es ist so schön, einen Mann im Hause zu haben«
283 *»Zero hits ...«* (engl.) »Null schlägt, Null läuft, ein großer Irrtum«
by going underground (engl.) indem sie untertauchen
284 *The Making ...* (engl.) »Wie macht man einen Erlöser«
285 *going cool and high ...* (engl.) cool und high, besessen und frei, er packte es, er kapierte es, schwungvoll
a cat like that (engl.) ein Typ wie er
286 *en attendant Golgotha* (frz.) Warten auf Golgatha
Qui jacet ... (lat.) Hier ruht S. S.
288 *Lux aeterna ...* (lat.) Das ewige Licht leuchtet ihnen, Herr, mit allen Deinen Heiligen in Ewigkeit
295 *»Oh, shucks«* (engl.) »Oh, Mann«
300 *»rape unto others ...«* (engl.) »tu anderen Gewalt an, wie sie dir Gewalt antun würden«
309 *hindsight* (engl.) eine verspätete Einsicht
310 *»Je vous ai compris«* (frz.) »Ich habe Sie verstanden«

316 *»Pretty woman …«* (engl.) »Schöne Frau, erbarme dich meiner«

318 *»Valentín como …«* (span.) »Valentín, da er ein Mann war, gab ihnen keineswegs recht … Dies sind die Morgengesänge eines tapferen Mannes, der Valentín hieß«

319 *Madre mía de Guadelupe* … Madonna von Guadelupe …

324 *that like a dream* … (engl.) daß, wie der von einem noch Schlafenden gedeutete Traum, die Deutung nur der nächste Raum des Traumes ist

332 *»Goddammit …«* (engl.) »Gottverdammt, ein Kind noch.« – »Es ist nicht unsere Schuld, daß sie ihre Kinder kämpfen lassen.« – »Ich hab nur geübt. Wie zur Hölle sollte ich wissen, daß ich ihn auf diese Entfernung treffen würde?« – »Tut mir leid, Kerl, falls das helfen sollte. Komm mit. Der Krieg ist vorbei«

333 *L'Age d'Or* (frz.) das Goldene Zeitalter

334 *We Shall Overcome* … (engl.) Wir werden siegen und die Mauern werden einstürzen

335 *Thou art a Man* … (engl.) Du bist ein Mensch, Gott ist nicht mehr; deine eigene Menschlichkeit lerne anzubeten
vieux jeu (frz.) altes Spiel

342 *»What sort …?«* (engl.) »Was für 'ne Art Absteige ist denn das hier?«

343 *Cerveza Corona* … (span.) Corona-Bier, das Helle mit Klasse (Wortspiel, auch: die Blonde mit Klasse)

351 *»Hey! There's hot water«* (engl.) »Hey! Es gibt heißes Wasser«

355 *»Just plain middle-aged«* (engl.) »Eben nicht mehr die Jüngsten«

356 *»You dirty …«* (engl.) »Du dreckiger, kotzender Geizkragen!«

375 *»Lacrimosa dies illa …«* (lat.) »Tränenreich der Tag wird werden, / Wenn der Mensch vom Staub der Erden / zum Gericht wird sich erheben«

376 *»Rex tremendae majestatis …«* (lat.) »König, dessen Majestät wirkt Schrecken, / Gnad' gibst, die nach dir sich strecken, / Rette mich, du Quell der Gnade«

378 *»Confutatis maledictis …«* (lat.) »Stürzen hin die Maledeiten, / die der Flammenglut Geweihten, / ruf mich mit den Benedeiten«

386 *»Huic ergo parce …«* (lat.) »Wolltest ihm dann, Gott, vergeben. / Milder Jesu, lieber Herre, / Schenke allen Ruh. Amen«

389 *»Hostias et preces …«* (lat.) »Opfer und Gebet bringen wir dir, Herr, lobsingend dar … Empfange uns, Herr, auf dem Weg in den Tod.«

390 *»Benedictus qui venit ...«* (lat.) »Laß sie, o Herr, vom Tode übergehen zum Leben«
»Agnus Dei ...« (lat.) »Lamm Gottes, der Du trägst die Sünden der Welt, gib ihnen Ruhe«
391 *»Libera me!«* (lat.) »Befreie mich!«
411 *»Now the day ...«* (engl.) »Nun ist der Tag gekommen, / Jener Tag ist gekommen, oh, oh, oh, / Der Jüngste Tag, der Jüngste Tag ... Menschen, Menschen, zählt eure Stunden, / Die Minuten, die bleiben, oh, oh, oh / ... Öffnet eure Augen, Tod und Natur, / Der Jüngste Tag, oh, oh, oh, / Laßt die Schöpfung aufstehn und erzittern ... Was sagte David der Sibylle? / Es wird kein Entrinnen geben«
412 *»For, oh, oh ...«* (engl.) »Weil, oh, oh, jener Tag gekommen ist, / Niemand versteckt sich für immer«
charro (span.) mexikanischer Bauer
413 *groovy* (engl.) toll
419 *minstrel show* (engl.) Minnesang-Show
burro (span.) Esel
425 *Stuff it* (engl.) Fick dich
»shave and a haircut ...« (engl.) »rasieren und einen Haarschnitt, 25 cents« ... »geht eure gottverdammten Mütter ficken«
428 *»Pretty Woman ...«* (engl.) »Schöne Frau, heilige Mama, erbarme dich meiner«
433 *joven* (span.) Junge
440 *Jey joneybonch ...* (engl./span.) Liebestäubchen. Mach mir ein Löchlein, Kirschblüte. Fick-fick ...
441 *língua franca* (span.) ungeschminkte Sprache
»What is left ...« (engl.) »Was ist von unserem Traum geblieben?«
442 *»Avez-vous ...«* (frz.) »Haben Sie schon einen Toten geohrfeigt? Haben Sie schon einen Juden getötet?«
454 *I don't give ...* (engl./frz./ital./span.) Ich scheiß drauf ...
457 *Si haut ...* (frz.) So hoch man auch gesetzt wird, man ist nie höher als auf seinem Hintern
461 *Fate l'amore ...* (ital.) Macht Liebe, nicht Krieg
»Goodness hides ...« (engl./ital.) »Die Tugend versteckt sich hinter ihren Toren, aber sogar der Präsident der Vereinigten Staaten muß manchmal nackt dastehn. Dort, wo es Gras gab, steht jetzt eine Stadt, Ich brauche einen Platz, mich auszuruhen« ... »Der Junge aus der Gluck-Straße, Es ist alles in Ordnung, Ma, ich blute nur«
465 *pad* (engl.) Kissen

488 *We are going* … (engl.) Wir wollen hoch hinaus, Leute … lokker, irre

491 *Make Marijuana* … (engl.) Legalisiert Marihuana. – Baby, kratz meinen Rücken. – LSD statt LBJ (Lyndon B. Johnson). Schafft die Wirklichkeit ab

498 *Take it easy* … (engl.) Nimm's leicht. Bleib locker

Inhalt

NEUERSCHEINUNG '89

Federico Fellini
Filmszenarien 2

Zusammengestellt, mit einer Dokumentation
»Fellini über seine Filme«
und ausgewählten Szenenfotos versehen
von Heidi Brang
Aus dem Italienischen
von Trude Fein, Renate Heimbucher-Bengs
und Beatrice Schlag
Dramenreihe
Etwa 576 Seiten sowie 16 Seiten Fotos
Leinen · 19,00 M

Federico Fellini, Jahrgang 1920, einem der erfolgreichsten Meister der Filmkunst, scheinen die Geschichten nicht auszugehen, die er seit über dreißig Jahren auf die Leinwand bringt. Immer erfindet er sich eine neue, denn »der nächste Film wird zwangsläufig ganz anders sein ...«. Nachdem Volk und Welt 1983 in einem Band fünf heute »klassische« Filmszenarien publizierte, enthält die vorliegende Ausgabe die fünf neuesten Filme Fellinis: »Orchesterprobe« (1976), »Die Stadt der Frauen« (1980), »Das Schiff der Träume« (1983), »Ginger und Fred« (1986) und »Intervista« (1987). Aussagen Fellinis zu seinen Werken und Szenenfotos ergänzen diesen umfassenden Einblick in sein Schaffen der achtziger Jahre

NEUERSCHEINUNG '89

J. M. G. Le Clézio
Der Goldsucher

Roman
Aus dem Französischen
von Rolf und Hedda Soellner
Etwa 328 Seiten · Leinen · 9,20 M

Der Schauplatz dieses Romans reicht von der Westküste der Insel Mauritius bis hin zu den Schützengräben bei Yprés. In klarer, poetischer Sprache gestaltet J. M. G. Le Clézio, Jahrgang 1940, das Schicksal eines Mannes, der, aus einer idyllischen Kindheit gerissen, die Enge städtischer Bürgerlichkeit kennenlernt, sich auf die Suche nach einem Goldschatz begibt, 1914 als Freiwilliger an die Front geht, nach Mauritius zurückkehrt und schließlich »zur anderen Seite der Welt gelangt, an einen Ort, wo man weder die Zeichen des Himmels noch den Krieg der Menschen fürchtet«. Die Abenteuer des Helden werden somit zu Metaphern für die Suche des Menschen nach einer Alternative zur zerstörerischen bürgerlichen Zivilisation. 1987 erschien bei Volk und Welt Le Clézios preisgekrönter Romanerstling »Das Protokoll«.